Die überwiegende Mehrheit der europäischen Bevölkerung konnte im Mittelalter weder lesen noch schreiben. Deshalb war es diesen Menschen nicht möglich, selbst Zeugnis über ihre Lebensumstände abzulegen. Aus diesem Grund hat auch die Geschichtswissenschaft das Weltbild und die Kultur der »schweigenden Mehrheit« lange Zeit vernachlässigt.

Auch wenn es keine Textzeugnisse *von* den einfachen Menschen jener Zeit gibt, so existieren doch vielfältige Quellentexte, sie sich *an* sie richten. Es sind solche Texte, die der Autor in den Blick nimmt und von denen er zeigen kann, daß sie nicht nur die Ansichten ihrer gelehrten Verfasser widerspiegeln, sondern auch die Sorgen, Probleme, Sehnsüchte und Ängste der Adressaten offenlegen.

Aus Sagen, Predigten, Heiligenviten, Segens- und Fluchformeln rekonstruiert Aaron J. Gurjewitsch das Weltbild, das Wertesystem und die religiösen Einstellungen von Bauern und Städtern, von Handwerkern und niederen Klerikern. Die »stummen Zeugen des Mittelalters« werden so auf eindrucksvolle Weise zum Sprechen gebracht.

Aaron J. Gurjewitsch, geboren 1924, studierte in Moskau Geschichte und wurde dort 1950 promoviert. Er forschte und lehrte am Institut für allgemeine Geschichte an der Akademie der Wissenschaften in Moskau, zu dessen leitenden Mitarbeitern er bis heute gehört. Seine Bücher wurden in zahlreiche Sprachen übersetzt.

Er veröffentlichte 1972 »Das Weltbild des mittelalterlichen Menschen« und später »Mittelalterliche Volkskultur« (DDR 1986, Bundesrepublik Deutschland 1987).

Unsere Adresse im Internet: www.fischer-tb.de

Aaron J. Gurjewitsch

Stumme Zeugen des Mittelalters

Weltbild und Kultur
der einfachen Menschen

Aus dem Russischen übersetzt
von Ulrike Fromm

Fischer Taschenbuch Verlag

Veröffentlicht im Fischer Taschenbuch Verlag GmbH,
Frankfurt am Main, März 2000

Die Originalausgabe erschien 1990 in Moskau.
Lizenzausgabe mit freundlicher Genehmigung
des Böhlau Verlages Weimar Köln Wien
© 1997 by Böhlau Verlag GmbH & Cie, Köln
Gesamtherstellung: Clausen & Bosse, Leck
Printed in Germany
ISBN 3-596-14169-9

Inhalt

Vorwort zur deutschen Ausgabe

Die Übersetzung eines Buches in eine fremde Sprache bedeutet gewissermaßen die Entstehung eines ganz neuen Buches, denn es wird neben andere Texte und darüber hinaus in den Kontext einer anderen Kultur gestellt. Im übrigen hoffe ich, daß der Schlüssel zum adäquaten Verständnis meines Buches in meinen früheren Publikationen in deutscher Sprache zu finden ist, denn die vorliegende Arbeit schließt inhaltlich und methodisch an die Bücher »Das Weltbild des mittelalterlichen Menschen« und besonders »Mittelalterliche Volkskultur« an. Ich versuche, durch die Analyse mittelalterlicher Schriftdenkmäler zur Vorstellungs- und Glaubenswelt dieser Zeit und den Ideen der mündlichen Tradition vorzudringen.

Dabei gehe ich von dem Gedanken aus, daß die Wurzeln mittelalterlicher Literatur bis zu den Einstellungen und Traditionen zurückreichen, die nur mündlich vorlagen. Daher stellt sich dem Historiker heute die Aufgabe, sich das Element des gesprochenen Wortes so weit, wie dies möglich ist, zu erschließen. Die Frage nach der Wechselwirkung und gegenseitigen Einflußnahme von Mündlichem und Schriftlichem ist heute das zentrale Problem der Mediävistik. Dieses Problem ist sehr schwer zu lösen, und die bislang erzielten Resultate können die Grenzen von Hypothesen kaum überschreiten.

In diesem Zusammenhang halte ich es für angebracht, mich auf meine Polemik mit Prof. Dieter Harmening zu beziehen (Bayrisches Jahrbuch. Institut für Volkskunde). Die Diskussion läuft im Kern auf folgendes hinaus: Prof. Harmening hat eine sehr starke Abhängigkeit der Texte der *Poenitentialbücher* von Texten festgestellt, die ihnen zeitlich vorausgingen, und zieht daher die Möglichkeit in Zweifel, daß sie zur Untersuchung von Volksglauben und -gewohnheiten herangezogen werden könnten.

Obwohl ich mit ihm übereinstimme, daß in diesen Texten der Traditionalismus herrscht, gehe ich von der Annahme aus, daß die *Poenitenti-*

albücher (libri poenitentiales) als Hilfe für Beichtväter dienten. Deshalb ist es nicht vorstellbar, daß diese Sammlungen keinen Widerhall des Volksglaubens enthielten, den die Kirche auszurotten bestrebt war. Zwischen dem Text, dessen sich der Geistliche bediente, und der Gemeinde, in der er wirkte, gab es meiner Überzeugung nach eine Rückkoppelung (feedback).

Es ist klar, daß dieses Prinzip nicht vorbehaltlos auf alle Genres des mittelalterlichen kirchlichen Schrifttums angewendet werden kann, und in jedem konkreten Fall treten besondere Probleme auf. Dennoch bleibt es eine aktuelle Frage, ob es eine, wenn auch widersprüchliche, Verbindung zwischen dem schriftlichen Text einerseits und sowohl seinem sozialen Entstehungsumfeld als auch seinem Zielpublikum andererseits gibt.

In den Jahren, die seit der Niederschrift meines Buches vergangen sind, wurden neue Forschungsarbeiten veröffentlicht, in denen das Problem der Wechselwirkung von mündlicher und schriftlicher Tradition untersucht wurde. Ich halte es für notwendig, auf die Forschungen von Michael Curschmann über die Rolle mündlicher Tradition in den Texten des Nibelungenzyklus zu verweisen – M. Curschmann, »Zur Wechselwirkung von Literatur und Sage. Das Buch von Kriemhild und Dietrich von Bern – Beiträge zur Geschichte der deutschen Sprache und Literatur«, III, 1989, S. 390–410; »Dichter aelter Maere – Grundlagen des Verstehens mittelalterlicher Literatur«, Stuttgart 1982, S. 55–71. In allgemeinerer Form wird die Frage nach dem Stellenwert mündlicher Traditionen in der Entwicklung der Kultur des Frühen Mittelalters in dem Buch von M. Richter »The Formation of the Medieval West. Studies in the oral culture of the Barbarians«, NY 1994, gestellt. Der Verfasser konzentriert sich auf die Fränkische Epoche und besonders auf die Welt des Alten Irlands. Dies ist ein wesentlicher Punkt, denn die keltische Welt mit ihren reichen Traditionen bleibt gewöhnlich außerhalb des Gesichtskreises der Mediävistik. Hingegen hat das reichhaltige Quellenmaterial, das von der mündlichen Kultur der Germanen zeugt, leider nicht die Aufmerksamkeit Professor Richters geweckt. Ich selbst habe dieser Seite der mittelalterlichen Kultur nur einen Teil meines Buches gewidmet, weil ich speziell über die eddische Poesie und die Sagas auch schon in anderen Arbeiten geschrieben habe.

Die Frage nach der Wechselwirkung verschiedener kultureller Traditionen stelle ich auch anhand von geschichtlichem Material vom Ende des Mittelalters und Beginn der Neuzeit. In dem Kapitel meines Buches, das der Jagd auf Hexen im 15.–17. Jh. gewidmet ist, konnte die 1989 erschienene hervorragende Monographie C. Ginzburgs natürlich nicht berücksichtigt werden. Er zeigt hier die dramatischen Folgen des »Aufeinandertreffens« des alten euroasiatischen Mythos, verbunden mit Fruchtbarkeitskult und Totenverehrung, und der Theologie des Hexenwesens, die sich vom 13. Jh an und verstärkt seit dem Ende des 15. Jh.s entwickelte. Ebenfalls nicht erwähnt wurde in diesem Kapitel die Forschung zur Hexenverfolgung der letzten Jahre in Deutschland.

Die Richtungen, der die oben erwähnten Forschungsarbeiten angehören, sind unter der Bezeichnung »historische Anthropologie« bekannt geworden. In dem Buch von L. Scholze-Irrlitz: »Moderne Konturen historischer Anthropologie. Eine vergleichende Studie zu den Arbeiten von Jacques Le Goff und Aaron J. Gurjewitsch«, Frankfurt a. M. 1994, kann man nachlesen, wodurch diese wissenschaftliche Strömung gekennzeichnet ist. Die historische Anthropologie konzentriert sich auf die Untersuchung der Mentalität, die Arten der Weltwahrnehmung von Menschen früherer Epochen. Die Historiker sind nicht in der Lage, die Handlungen von Individuen und gesellschaftlichen Gruppen zu verstehen, wenn sie nicht in vollem Maße die ihnen eigene Weltsicht berücksichtigen. Die Geschichte muß »von innen heraus« verstanden werden. Aber die Historiker schenken leider den besonderen Strukturen der menschlichen Persönlichkeit einer bestimmten Periode nur selten Beachtung.

Deshalb habe ich mich in meinem letzten Buch »Das Individuum im europäischen Mittelalter«, München 1994, bemüht, die Eigenheiten des Individuums dieser Epoche aufzuzeigen. Viele Historiker halten immer noch an der traditionellen Sichtweise fest, diese Individualität zu negieren. Aber die historische Anthropologie interessiert sich nicht nur und nicht so sehr für die herausragenden Persönlichkeiten, als vielmehr für die gewöhnlichen Akteure des historischen Dramas. Dieser Ansatz ist es, der mein neues Buch mit den Arbeiten, die ich früher herausgegeben habe, verbindet.

Moskau, im Dezember 1995   *A. J. Gurjewitsch*

Einleitung

Der Begriff des Mittelalters muß eher inhaltlich als chronologisch aufgefaßt werden. Es ist üblich und fast schon selbstverständlich geworden, diesen Terminus mit einem gewissen wertenden Sinn zu belegen: »rückständig«, »reaktionär«, »unzivilisiert«, »von klerikalem Geist durchsetzt«. Aber noch im vergangenen Jahrhundert wurde mit Recht gesagt, daß es ziemlich bequem sei, auf Kosten des Mittelalters liberal zu sein. Die Sünden der eigenen Zeit würden dabei außer acht gelassen und als Überbleibsel aus einer anderen Epoche ausgegeben. Diese Tradition reicht bis zu den Humanisten und Aufklärern zurück. Das Mittelalter hat der Gegenwart sozusagen ein moralisches Alibi gegeben.

Neben dieser Denktradition existierte aber noch eine andere: die romantische Verklärung des Mittelalters. Man suchte in ihm nach einem Heldenmut, der in späterer Zeit verlorenging, oder nach farbenprächtiger Exotik. Von diesem Standpunkt aus wurde das Mittelalter als Vorwurf an die Neuzeit benutzt, der die frühere sittliche Ganzheitlichkeit fehlt. Beide Betrachtungsweisen vereint die Tendenz, für den ganzen Reichtum und die Vielfalt einer ihrer zeitlichen Ausdehnung nach gewaltigen Epoche einen gemeinsamen Nenner finden zu wollen, sie eindeutig wertmäßig einzuordnen. In diesem Streben nach einem eindeutigen Urteil ist auch der Mangel beider Ansätze zu sehen.

Kann man das überhaupt vermeiden? Es stimmt zwar, daß die Geschichtsforschung zu den ethischen Wissenschaften gehört und es den Historikern unmöglich ist, ihren eigenen Standpunkt gegenüber ihrem Forschungsgegenstand vollkommen auszuklammern. Aber sie können bis zu einem gewissen Grad ihre wissenschaftliche Position kontrollieren. Zum einen gibt es den Weg, sich subjektiv in eine andere menschliche Kultur »hineinzuleben«, die Gedanken von Menschen nachzuvollziehen, die in der Vergangenheit gelebt haben. Die Alternative dazu ist die Position des »außenstehenden« Wissenschaftlers, der diese andere Kultur von einem äußeren Standpunkt aus untersucht. Der Forschende ist vom Gegenstand seiner Beobachtungen nicht nur zeitlich, sondern auch von seinem Wesen her getrennt, denn er gehört zu einem anderen mentalen Universum mit anderer historischer Erfahrung und eigener Perspektive. Die Position des »Außenstehenden« setzt die Einsicht voraus, daß der Beobachter sich intellektuell mit Menschen auseinandersetzt, deren Gedanken, Gefühle und Weltbild ihm unbekannt sind, und daß es seine Aufgabe als Historiker ist, dieses Rätsel nach Möglichkeit zu lösen. Es geht nicht einfach um eine wahllose Lektüre fremder Ansichten, sondern um das zeitraubende Dechiffrieren von Botschaften, die bis zu uns vorgedrungen sind, um das kraftaufwendige Entziffern von Hieroglyphen aus einer anderen, uns schon in vielem fremden Kultur. Eine solche Einstellung könnte bis zu einem gewissen Grad übereilte Verallgemeinerungen und ein tendenziöses und einseitig voreingenommenes Urteil verhindern.

Diese Sichtweise eines »Außenstehenden« – ihre Begründung geht auf M. M. Bachtin zurück – vertritt der Autor dieses Buches und möchte sie dem Leser nahebringen. Ich bin weit davon entfernt, das Mittelalter zu idealisieren oder es andererseits in düsteren Farben zu malen. Ich möchte es in seiner unwiederholbaren Eigentümlichkeit begreifen, wobei ich mir über die Schwierigkeiten im klaren bin, die darin liegen.

Eine solche Position hat nichts gemein mit der Leidenschaftslosigkeit eines naturwissenschaftlichen Ansatzes. Ein Historiker der menschlichen Kultur ist kein Entomologe und kein Astronom. Er untersucht etwas, das ihm gleicht, nämlich Menschen. Sie haben zwar zu einer anderen Zeit gelebt, aber gedacht, gelitten, sich gefreut, materielle und geistige Werte geschaffen wie wir selbst und sind gerade deshalb interessant für uns. Eine menschliche Persönlichkeit hat es zwar immer gegeben, aber sie war stets historisch konkret bestimmt. Die jeweilige soziale und kulturelle Situation bedingte die Weltempfindung und die Verhaltensweise der Menschen.

Welchen Gegenstand ein Historiker auch speziell untersucht, etwa Ökonomie, politisches System, soziale Beziehungen, geistiges Leben: Der Weg zu seiner Erkenntnis liegt in der Analyse der Quellen, die von Menschen geschaffen wurden. Das erste, was ihm in seinen Quellen begegnet, ist das menschliche Bewußtsein, das sie geprägt hat. Deshalb muß der Historiker auch zugleich immer Kulturhistoriker sein, ein Historiker der menschlichen Mentalität. Er muß die geistigen Einstellungen der Menschen jener Epoche, ihr begriffliches »Instrumentarium« und ihre Art der Weltwahrnehmung kennen. Wenn er die geistige Struktur der Menschen nicht berücksichtigt, die uns die literarischen

Zeugnisse hinterlassen haben, ist er nicht in der Lage, ihren Inhalt zu verstehen und sie richtig auszulegen.

Auf dem Historiker lastet eine kolossale Verantwortung: Er bemüht sich, das geistige Universum derer, die seit langem und unwiederbringlich der Vergangenheit angehören, »wiederzubeleben«. Seine wissenschaftliche und moralische Pflicht besteht darin, dieses Universum wahrheitsgetreu wiederherzustellen, nach Möglichkeit ohne ihm Merkmale zuzuschreiben, die ihm nicht eigen waren. Die Verantwortung des Historikers ist eine doppelte; einerseits vor den Menschen, die in der Vergangenheit gelebt haben, andererseits vor seinen eigenen Zeitgenossen. Er tritt in der Rolle des Vermittlers zwischen beiden Seiten auf und versucht im Namen seiner Kultur, einen Dialog mit der Kultur einer anderen Zeit herzustellen. Die Fragen, die er den Menschen in der Vergangenheit stellt, werden von der Gegenwart, heutigen Interessen und Problemen diktiert. Denn welche Fragen er stellt und auch nur stellen kann, wird ihm von seiner eigenen Kultur und seiner Weltsicht vorgegeben. Das ganze Problem besteht darin, die Antworten der Menschen aus der Vergangenheit genau anzuhören und ihnen nicht die eigenen Antworten aufzudrängen. Auf diese Weise ist es möglich, in einen Dialog mit ihnen zu treten. Denn die Zeugnisse, die sie uns hinterlassen haben, enthalten die Antworten, man muß die Quellen nur richtig befragen. Dann erweisen sich diese Texte (im weitesten Sinne) als unerschöpfliche Erkenntnisquellen der geistigen Welt einer anderen Epoche.

Weiterhin ist der Historiker moralisch verantwortlich dafür, daß vorangegangene Stadien der Geschichte nicht als eine Art niederer Entwicklungsstufe aufgefaßt werden. Wir sollten nicht von oben herab auf die Vergangenheit blicken, sondern uns um einen gleichberechtigten Dialog mit den Verfassern der von uns ausgewerteten Texte und mit ihren Zeitgenossen bemühen.

In einer Straße des alten Tallin kann man folgendes Bild beobachten: Auf der einen Straßenseite befinden sich auf dem Giebel einer Kaufmannsgilde Statuen von Menschen in mittelalterlicher Kleidung, deren Gesichter Frömmigkeit ausdrücken. Auf der gegenüberliegenden Straßenseite ragt ein Haus aus einer späteren Bauepoche empor, auf dessen Dach ein in Stein gehauener Kopf angebracht ist. Ein Mensch mit Perücke betrachtet durch eine Brille skeptisch und mit hochmütigem Lachen die Figuren ihm gegenüber. Es ist der Blick der Aufklärung auf das Mittelalter! Ich sehe in dieser Szene eine aufschlußreiche Warnung an den Historiker. Die Geschichtswissenschaft darf nicht das Gefühl der eigenen Überlegenheit lehren, sondern muß zu gegenseitigem Verständnis erziehen. Nicht urteilen, sondern verstehen – so sollte ihre Devise, besonders am Ende des 20. Jh.s, lauten.

Aber wen verstehen? Etwa nur große Dichter, Denker, Künstler aus der Vergangenheit, deren Werke wir sammeln, pflegen und studieren? Doch sie lebten in einem speziellen sozialen Umfeld, waren Kinder ihrer eigenen Zeit. Und was das für eine Zeit war, kann man nur verstehen, wenn man auch die Rahmenbedingungen kennt, in denen diese Schöpfer lebten, und die geistige Umgebung, die sie hervorgebracht und ihnen das Material für ihr Schaffen geliefert hat. Aber die Zeit ist gekommen, sich nicht länger mit der Untersuchung nur der größten Errungenschaften der mittelalterlichen Kultur zufriedenzugeben. Man muß begreifen, daß diese Meisterwerke in einer Sprache geschrieben wurden, die allen Mitgliedern einer Gesellschaft gehörte (Sprache im semiotischen Sinne als System symbolischer Einheiten, mit Hilfe deren sich die Kultur ausdrückte). Bei einer solchen Einstellung verändert sich unweigerlich auch der Begriff »Mittelalter« selbst.

Nicht in allen Perioden war das Mittelalter in gleichem Maße »mittelalterlich«. In verschiedenen Zeitabschnitten zeigten sich seine wesentlichen Charakteristika auf unterschiedliche Weise. Im Frühmittelalter, dessen Beginn kaum unstreitig festgelegt werden kann, waren noch lange Zeit Elemente der antiken Kultur und ihrer sozialen Beziehungen stark vertreten; erst allmählich zeichneten sich die eigentlichen »mittelalterlichen« Formen des sozialen und geistigen Lebens ab, die das Mittelalter zu einer besonderen historischen Epoche machen, die sich sowohl von der Antike als auch von den zeitlich parallelen außereuropäischen Zivilisationen unterscheidet. Im Verlauf der mittelalterlichen Epoche legte Europa einen immens weiten, von radikalen Veränderungen begleiteten Weg zurück, die überall ohne Ausnahme stattfanden. Diese Veränderungen werden im Voranschreiten der Technik und des Handels sichtbar oder im Wachsen der Städte, die weder mit den antiken Poleis noch mit den Städten der Neuzeit vergleichbar sind. Sie werden auch deutlich in den Produktionsformen und der Ausbeutung der großen Masse der Bevölkerung, der Bauernschaft, sowie in der Struktur der herrschenden Klasse der feudalen Gesellschaft. Wohl noch stärker ins Auge springen die Veränderungen in der geistigen Sphäre, auf den Gebieten der Kunst, Literatur und Theologie. Nach all diesen Merkmalen teilt man das Mittelalter traditionell in mehrere Abschnitte ein: Frühes Mittelalter, Hochmittelalter, Niedergang des Mittelalters bzw. Spätmittelalter.

Wenn der Historiker seinen Betrachtungswinkel auf diese riesige Epoche ändert und seine Aufmerksamkeit nicht auf die höchsten Kulturformen und intellektuellen Leistungen richtet, wie sie etwa in der Philosophie, bei Architekturstilen, in der Lyrik oder im Roman zu finden sind, sondern auf die grundlegenden Erscheinungsformen des Weltempfindens des gewöhnlichen Menschen, dann scheint die genannte periodische Einteilung des Mittelalters kaum relevant zu sein. Das Weltempfinden und die Weltsicht des Menschen in einer ihrer Natur nach agrarischen Gesellschaft veränderten sich ungleich langsamer als die Kultur der gebildeten Leute; sie veränderten sich zwar, aber die Rhythmen der Veränderung waren hier vollkommen andere. Man bekommt den Eindruck, daß die Dynamik der elitären Formen des geistigen Lebens den Veränderungen »im Inneren« um einiges vorauseilte. Das Weltbild des mittelalterlichen Menschen war nicht monolithisch, es differierte in Abhängigkeit von der Lage der jeweiligen gesellschaftlichen Schicht.

Ein Historiker, der sich der Erforschung der »einfachen« Formen der mittelalterlichen Kultur und Mentalität zugewandt hat, muß sich dessen bewußt sein, daß die Einstellungen und das Verhalten dieser Lebensweise sich durch ungewöhnliche Stabilität, Zählebigkeit und Widerstand gegen Veränderungen auszeichneten. Bei einem solchen Ansatz wird das Mittelalter nicht in bestimmte chronologische Perioden gezwängt. Renaissance, Barock, Reformation und sogar die frühe Aufklärung stellen noch keine so radikalen Wandlungen dar, daß mit ihnen auch die Mentalität geendet hätte, die dem mittelalterlichen Menschen, dem Bauern wie dem Bürger, eigen war.

M. Bloch zeigte in seiner Zeit, wie der Glaube der Franzosen und Engländer an die wundertätigen Fähigkeiten ihrer Monarchen, Skrofulose durch Berührung zu heilen, der erstmals im 12. oder 13. Jh. schriftlich fixiert worden ist, bis zum Ende des 18. und Beginn des 19. Jh.s weiterexistierte. Seit der Mitte des 13. Jh.s war die Anbetung des heiligen Guinefort durch die Bauern bekannt. Die Verehrung dieses Heilers von Kinderkrankheiten, der sich als Windhund erwies, setzte sich in der Region um Lyon bis ins letzte Viertel des 19. Jh.s fort. Solche und ähnliche »Sonderbarkeiten« und »Widersinnigkeiten« lassen die Geschichtsforschung annehmen, daß bestimmte Zuge des Weltbildes und Volksglaubens sich in der Masse des Volkes noch ein Jahrhundert lang hielten, nachdem das Mittelalter »offiziell« geendet hatte. »Die Entzauberung der Welt« als Resultat des Anwachsens der »Rationalität« (M. Weber) bei der Herausbildung des Weltbilds der Neuzeit in den Kreisen der Gebildeten hat bei den breiten Massen der europäischen Bevölkerung, vor allem der Bauernschaft, zweifellos wesentlich später und nur teilweise stattgefunden. Man kann nicht umhin, J. Le Goff zuzustimmen, daß sich das Mittelalter von diesem anderen Standpunkt aus als eine wesentlich längere Epoche erweist, als die traditionelle Forschung angenommen hat.

Die Frage, wann sich der Übergang zu einer rationaleren Weltsicht vollzogen hat, ist nicht so eindeutig zu lösen, wie es sich den Aufklärern darstellte. Auch in ihrer Folge gab es Wissenschaftler, die sich einbildeten, daß die »mittelalterliche«, »rückständige« Weltanschauung in einer darauffolgenden, uns näherstehenden Periode ihr Ende gefunden habe. Rationales und Irrationales, Logisches und »Prälogisches« sind nicht nur aufeinanderfolgende Etappen der Entwicklung des Denkens in der Geschichte Europas, es sind eher gemeinsam existierende und miteinander verflochtene Schichten im menschlichen Bewußtsein unterschiedlichster Perioden. Rationalität war in gewissem Sinn auch den Menschen im Mittelalter zu eigen, und auf der anderen Seite ist auch das »modernistischste« Bewußtsein nicht frei von Irrationalismus. Dies ist jedoch ein spezielles Thema, das man an dieser Stelle nicht weiter ausführen sollte. Aber es ist offensichtlich, daß gerade die Kompliziertheit und Widersprüchlichkeit des menschlichen Bewußtseins die Wissenschaft dazu anregt, sich mehr auf die Entdeckung eben dieser Vielschichtigkeit des geistigen Potentials der Menschen anderer Epochen, besonders des Mittelalters, zu konzentrieren.

Die Historiker der »Schule der Annales« formulieren das Problem als Gegensatz von »gelehrter« und »folkloristischer« Kultur; die Spezifik der letzteren ist schon mehrfach untersucht worden. Es ist bezeichnend, daß gleichzeitig und unabhängig von dieser einflußreichen Richtung in der gegenwärtigen Geschichtsschreibung M. M. Bachtin eine teilweise ähnliche Meinung vertritt. Das Studium der Romane von E. Rabelais ließ Bachtin zu dem Schluß kommen, daß sich in ihnen der Kampf zweier Kulturen im Mittelalter zeigte und zum Vorschein kam: die kirchliche, wissenschaftliche, offizielle auf der einen und die volkstümliche, karnevalistische, Spottkultur auf der anderen Seite. Nach Bachtin ist die karnevalistische Kultur, deren Ursprünge in der grauen Vorzeit liegen und die sich in allen grundlegenden »Parametern« zutiefst von der offiziellen unterscheidet, ihr gar feindlich gegenübersteht, eigentlich nur im Zeitalter der Renaissance in die »große« Literatur »durchgedrungen«, wobei sie sie stark befruchtete. In der Folgeepoche verflacht und degeneriert die Volkskultur und bleibt lediglich in Form von Fragmenten und Überresten erhalten, die aber in einigen Fällen so bedeutend sind, daß diese Kultur zum Bestandteil der künstlerischen Welt eines Schriftstellers wie N. Gogol werden konnte. Bachtin war geneigt, im Mittelalter nur den Widerstreit zweier Kulturen zu sehen: Er trennt die offizielle Kultur scharf von der Volkskultur und führt letztere auf die ambivalente Tradition der Spottkultur zurück.

Mir scheint es angebracht zu sein, diese Fragestellung zu präzisieren und zu vertiefen. Die Frage läuft weder auf einen Gegensatz noch auf eine Wechselwirkung der Kulturen der Gebildeten und der Ungebildeten, einer »offiziellen« und einer »Volkskultur«, hinaus. Ich meine, daß man von einer mittelalterlichen Kultur als ganzer sprechen sollte, in der man verschiedene Ebenen und Schichten feststellen soll und kann. Das, was man Volkskultur nennt, war den gebildeten Schichten der Gesellschaft, auch der Geistlichkeit, ganz und gar nicht fremd. Darüber hinaus sind wir nicht in der Lage, in den verfügbaren mittelalterlichen Texten eine folkloristische Kultur »in Reinform« zu beobachten, und nicht nur deshalb, weil ihre Träger nicht die Möglichkeit hatten, ihre Ansichten in Schriftform zum Ausdruck zu bringen. Der Grund hierfür liegt vielmehr darin, daß eine solch »reine« Volkskultur im Mittelalter schon nicht mehr existierte. Ein beliebiger Mensch dieser Zeit, auch der ungebildetste und rückständigste aus dem hintersten Winkel, hatte auf die eine oder andere Weise Elemente des Christentums und der kirchlichen Weltanschauung verinnerlicht, wenn auch fragmentarisch, primitiv und verzerrt. Auf der anderen Seite mußte im Bewußtsein selbst der gebildetsten Leute, die sich auf die Heilige Schrift stützten und durch die Schule der Patristik, der biblischen Exegese und des Aristotelismus gegangen waren, eine Schicht von Volksglauben und mythologischen Bildern vorhanden sein, wenn auch in unterdrückter, latenter Form. Das Wechselverhältnis zwischen all diesen Komponenten war bei den gebildeten Eliten und den ungebildeten Massen natürlich unterschiedlich, aber Vielschichtigkeit und Widersprüchlichkeit im Bewußtsein waren Gemeingut aller Menschen, vom Scholastiker, Kirchenprälaten und Universitätsprofessor bis hin zum einfachen Menschen. Daher können wir diese Vermischung, Symbiose und unauflösliche Einheit auch auf allen Ebenen des mittelalterlichen geistigen Lebens finden.

Die mittelalterliche Kultur als komplizierte und widersprüchliche Verschmelzung all dieser Komponenten zu verstehen ist das aktuelle und höchst fesselnde Problem der gegenwärtigen historischen Forschung. Aber ein solches Ziel zu erreichen kann kaum Aufgabe eines einzelnen

Historikers sein. Es handelt sich eher um eine übergeordnete Aufgabe, die man nicht aus dem Blick verlieren sollte. Meine Ambitionen reichen nicht so weit. Ich habe die Absicht, die Aufmerksamkeit auf jene Aspekte der mittelalterlichen Mentalität zu lenken, die bisher noch selten Gegenstand von Forschungen gewesen sind – ich will versuchen, mich der Kultur nicht von ihren höchsten Errungenschaften her zu nähern, sondern sozusagen »von unten«. Der Gehalt des geistigen Lebens einfacher Menschen, des Bauern, des Städters, des Mönches, des Pfarrgeistlichen, soweit es in den mittelalterlichen Texten unterschiedlicher Herkunft und zeitlicher Zuordnung dieses »langen Mittelalters« beobachtet werden kann: Das ist das Thema der Essays, die in diesem Buch zusammengefaßt sind.

Zum Teil habe ich mir diese Aufgabe auch schon in anderen Arbeiten gestellt. Hier nun richte ich meine Aufmerksamkeit hauptsächlich auf Quellen, die ich zuvor noch nicht intensiv herangezogen hatte, und auf Probleme, die speziell von mir noch nicht untersucht worden sind. Während das Buch »Mittelalterliche Volkskultur« vorwiegend die Periode des Frühen Mittelalters umfaßt, steht im vorliegenden Buch im Zentrum der Aufmerksamkeit besonders das 13. Jh. und seine kulturellen Erscheinungen, die auf verschiedene Weise ein Licht auf die Weltauffassung des gewöhnlichen Menschen werfen. Daneben wird der Versuch unternommen, den Untersuchungszeitraum auch auf das Ende des Mittelalters bis hin zum Beginn der Neuzeit auszudehnen, um das weitere Schicksal der traditionellen Volkskultur zu verfolgen. Keinesfalls beabsichtige ich, eine vollständige Geschichte der Kultur der einfachen Leute des gesamten Mittelalters zu schreiben, und die zeitlichen wie inhaltlichen Lücken sind offenkundig.

Teil I
Der Beginn des Mittelalters

Die einfachen Leute in der Kultur
des Frühen Mittelalters

Die Historiker verfügen kaum über Material, das es ihnen ermöglichen würde, die geistigen Aspekte des Lebens des einfachen Volkes zu Beginn des Mittelalters näher kennenzulernen. Solche Quellen könnten ebenfalls Licht in die Frage bringen, wie sich das Volk und die herrschende Klasse ihren Platz in der Gesellschaft selbst bewußtgemacht haben. Sie könnten erhellen, welche Selbsteinschätzung das Volk – d. h. in erster Linie die Bauernschaft – von seiner Arbeit und seiner sozialen Rolle hatte und wie die Charakteristika der Volkskultur und ihre Beziehung zur feudalen Kultur generell waren. Aus dem bäuerlichen Milieu ist uns natürlich so gut wie nichts überliefert worden, und so blieb die Bauernschaft die »schweigende Mehrheit« der mittelalterlichen Gesellschaft. Von den Vertretern der sozialen Oberschichten werden die Bauern ebenfalls äußerst selten in den Quellen erwähnt – mit Ausnahme der Fälle, in denen ihre Pflichten, ihre Formen der Abhängigkeit oder ihr Ungehorsam zur Sprache kommen.

All das läßt sich unschwer erklären. In der Periode des Frühen Mittelalters hatten sich die ideologischen Positionen der Feudalherren und der Bauern noch nicht herausgebildet. Die Bauernschaft, die gerade erst als spezifische Klasse der Gesellschaft entstand, verlor sich in weltanschaulicher Hinsicht in den breiteren und noch unbestimmten Schichten der »Freien« und »Sklaven«, »Heiden« oder »Christen«, »Häretiker« oder »Katholiken«. Die Existenz der Bauernschaft, der einfachen Menschen, wird in den Quellen stillschweigend vorausgesetzt, aber fast nie direkt erwähnt. Es ist längst nicht immer klar, ob in diesem oder jenem Text die Rede von den Bauern ist – und nur von ihnen. In den relativ seltenen Fällen, in denen wir augenscheinlich Zeugnisse des bäuerlichen Lebens vor uns haben, sind die Autoren ausgerechnet der Quellen, die für uns von besonderem Interesse sind, keine Bauern. Hier ein Beispiel: In einer in Verona entdeckten Handschrift aus dem 8. oder 9. Jh., die im örtlichen Dialekt verfaßt wurde, taucht der folgende Ausdruck auf: »Er treibt

Ochsen an, beackert weiße Felder, führt einen weißen Pflug und sät schwarze Saat.« Diesen Text hielt der Herausgeber für ein Werk bäuerlicher Poesie; in Wirklichkeit haben wir aber eine gelehrte Metapher oder ein Rätsel vor uns, in dem die Mühen des Schreibenden dargestellt werden, wobei das »weiße Feld« die Seite, der »weiße Pflug« die Feder und die »schwarze Saat« die Tinte ist (101, S. 318)[*].

Ist in den Quellen dann doch einmal von den Bauern die Rede, werden sie in Form einer nicht weiter untergliederten Masse dargestellt. Die Freien, Abhängigen und Sklaven, deren Ansichten und Stimmungen sich, wie man sich leicht vorstellen kann, in vielem voneinander unterschieden, treten in den Werken des Frühen Mittelalters unter der gemeinsamen Bezeichnung »Landvolk« (*rustici*) auf, heißen »plebs«, »pauperes« usw. Nicht immer werden die einfachen Menschen terminologisch auch vom Adel abgegrenzt; beide können als »freie Menschen« bezeichnet werden (*liberi homines, ingenui, franci*).

Aufs engste mit der herrschenden Klasse verbunden war die Kirche, die manchmal auch objektiv ihre Interessen vertrat. Zugleich bestand sie aber darauf, die Interessen des ganzen Volkes zu vertreten. Nach der Lehre über eine einige und harmonische »Gemeinschaft der Christen« (*corpus Christianorum*) gab es scheinbar keine sozialen Widersprüche, da die Geistlichkeit sie vertuschte. In den Werken von Mönchen und anderen Geistlichen (und fast alle existierenden Quellen entstammen diesem Kreis) wurde die soziale Ordnung auf ihre eigene Weise dargestellt. Die wirkliche Gesellschaft sah anders aus. Sie teilte sich in Herren und Untertanen, Reiche und Arme, Unterdrücker und Unterdrückte, aber solche Einteilungen traten, wenn sie nicht ganz ignoriert wurden, vor der aus Sicht der Kirche wesentlicheren Einteilung in Gerechte und Sünder, Christen und Ungläubige, Gute und Böse in den Hintergrund. Das soziale Leben wurde von geistlichen Autoren in erster Linie als die Beziehung zu Gott und mit dem Ziel der Seelenrettung gesehen.

In Hinsicht auf die Wege der Rettung und ihre Perspektiven bei Leuten verschiedener sozialer Stellung hat die Geistlichkeit bisweilen den vordersten Platz den Armen, Elenden und denen, die frei von Hochmut waren, eingeräumt. In diesem vergeistigten Bild kamen die von Christus Auserwählten nicht aus den herrschenden, sondern aus den niederen Schichten. Der soziale Sinn einer solchen Predigt ist klar. Aber daraus

---

[*] Verwendete Zitierfolge: Die erste Ziffer in den Klammern verweist auf die Bibliographie am Ende des Buches, die folgende benennt die Seite oder, in poetischen Texten, die Zeile. In den übrigen Fällen richten sich die Ziffern nach der jeweils verwendeten Einteilung des Textes.

folgt, wie kompliziert es ist, die speziellen ideologischen Positionen der verschiedenen Schichten und Klassen der frühfeudalen Gesellschaft herauszufiltern. Wir wissen fast überhaupt nichts darüber, wie die Bauern sich ihre Lage selbst bewußtgemacht haben. Zugleich haben wir einige Mühe, die Meinung der sich bildenden Feudalklasse über die Bauern in Worte zu fassen, denn das kirchliche Predigen einer allumfassenden Liebe und Barmherzigkeit stimmte nicht mit den Anschauungen der weltlichen Herren überein. Hieraus ergab sich vielmehr für die Feudalherren ein wesentlicher Hinderungsgrund, ihre wahre Einstellung zum einfachen Volk offen zu äußern.

Mit anderen Worten, die geistliche Herrschaft der Kirche bedingte eine spezifische Art und Weise der strukturellen Beschreibung der Gesellschaft und der gegenseitigen Beziehungen ihrer einzelnen Gruppen – eine Sprache, deren Entschlüsselung in den Kategorien der Klassenideologie nicht immer möglich ist, um so mehr als die Klassen selbst gerade erst im Entstehen begriffen waren. Daher muß man sich auf vereinzelte Beobachtungen zur Lage des einfachen Volkes in der Periode des Frühmittelalters beschränken. Wie werden nun unter dieser Prämisse die einzelnen Aspekte des Weltverständnisses der Bauernschaft und ihre Beurteilung durch die sich zu dieser Zeit bildende feudale Ideologie dargestellt?

1. Die einfachen Leute in der Literatur des Frühen Mittelalters

Die Bauernschaft und das bäuerliche Leben spiegeln sich beinahe überhaupt nicht im sozialen Weltbild wider, welches in den Vorstellungen dieser Epoche sichtbar wird. Das allein ist schon sehr symptomatisch. Die Gesellschaft, die von ihrer Natur her agrarisch war und sich auf die Ausbeutung und Unterdrückung breiter Schichten der dörflichen Bevölkerung gründete, erlaubte sich sozusagen, ihre eigene Mehrheit ideologisch zu ignorieren. Der Bauer war gleichsam »ausgeklammert«. Sollte er in den literarischen Texten dieser Zeit tatsächlich einmal gemeint gewesen sein, war es nicht notwendig oder üblich, über ihn nachzudenken oder ihn speziell zu erwähnen. Natürlich führte das Vorhandensein einer solchen Schicht oder Klasse in der Gesellschaft zu einem Komplex von Problemen, aber zumindest vorerst waren die Bauern zumeist außerhalb des Gesichtskreises der gebildeten Leute.

Für diese Ausgrenzung gibt es verschiedene Gründe. Die frühmittelalterliche Literatur besteht vorwiegend in Lebensbeschreibungen von Heiligen oder in Heldenepen. Die wichtige handelnde Figur des hagiographischen Erzählens ist der Heilige, die der Epen der edle Krieger. Diese beiden Figuren verkörperten die vorherrschenden gesellschaftlichen Ideale, und diejenigen, die ihnen nicht entsprachen, wurden von der Literatur übergangen. Den Leuten, die aus dem einfachen Volk, aus der Bauernschaft stammten, war zu dieser Zeit der Zugang zur Literatur bis auf äußerst wenige Ausnahmen verschlossen. Übrigens bemerkt J. Le Goff zu Recht, daß die Bauernschaft, die aus der Literatur des Frühen Mittelalters verbannt worden war, in einem anderen Gewand in sie zurückkehrt, und zwar unter dem Namen »Heiden« (*pagani, rustici pagani*), »Sünder«, »Arme« und schließlich »Unwissende«, »ungebildete Leute« – das Wort *rusticus* hat mehr und mehr genau diese Bedeutungsnuance erhalten (153, S. 131 ff.).

Lassen wir die Gleichsetzung der Bauern mit Heiden zunächst unberücksichtigt und wenden wir uns den beiden letzten Kategorien zu. Vor allem der Terminus *pauper* wurde in dieser Periode nicht eindeutig verwendet. Er verwies auf tatsächliche Armut und Elend und war häufig ein Synonym für soziale Erniedrigung und nicht vorhandene ständische Gleichberechtigung; deshalb war die Gegenüberstellung der Begriffe *potens* (»der Mächtige«) und *pauper* nichts Ungewöhnliches. Zu den Bedeutungen, die in diesen Termini enthalten sind, gehörten bei *potens* neben Reichtum auch politische Macht und gesellschaftlicher Einfluß, Zugehörigkeit zum Adel und zur herrschenden Schicht, bei *pauper* nicht nur Armut, sondern insbesondere auch soziale Minderwertigkeit, Abhängigkeit und Unfreiheit. In manchen frühmittelalterlichen Texten ist der Terminus *pauper* allgemein kaum wörtlich zu verstehen, denn der damit gemeinte »Arme« muß durchaus nicht arm gewesen sein – es reichte, wenn er dem einfachen Volk, den nicht adligen, unterstellten Leuten angehörte. Man könnte vermuten, daß in einem solchen Fall die Bezeichnung der Bauern in der Literatur als *pauperes* ein Symptom dafür war, daß sie anderen Herren untergeordnet waren oder daß es zumindest eine Tendenz in diese Richtung gab.

Nicht weniger charakteristisch ist die Verwendung des Terminus *rusticus* in der Bedeutung »Unwissender«, »Ungebildeter«. Die Bauernschaft stand der offiziellen Kultur, deren Träger die Geistlichkeit war, fern. Im Prozeß der kulturellen »Verdrängung« der Bauern spielte die Kirche mit ihrer lateinischen Bildung eine sehr große Rolle. Charakte-

ristisch ist ein Wortspiel, zu dem Milo griff, der Autor der »Lebensbeschreibung des heiligen Amandus« (9. Jh.). Der Hagiograph wendet
sich an den Leser und bittet darum, seine »Grobheit« (*rusticitas*) zu
entschuldigen, »weil *rusticatio* vom Allerhöchsten geschaffen wurde«[1].
Dabei hat der Erzähler einen Spruch des biblischen Buches »Jesus
Sirach« aus den Weisheitsbüchern (7:15) im Sinn: »Verachte nicht die
mühevolle Arbeit noch den Ackerbau, der vom Allerhöchsten geschaffen« (»Non oderis laboriosa opera et rusticationem creatam ab Altissimo«). *Rusticitas* (»Unwissenheit«, »Ungebildetheit«, »Grobheit«,
»Ungeschlachtheit«) und *rusticatio* (»dörfliches Leben«, »bäuerliche
Arbeit«, »Feldwirtschaft«) stellen sich als Synonyme heraus. Der Sprache der Schriftkundigen wurde die »bäuerliche Sprache« (*sermo rusticus*) entgegengestellt, wobei die Beurteilung offenkundig zuungunsten
des einfachen Volkes ausfiel (153, S. 223 ff.).

Im Grunde genommen haben auch dort, wo die Begriffe *paupertas*
und *rusticitas* in der oben erwähnten Bedeutung verwendet wurden, die
Literaturdenkmäler nicht die Bauernschaft dargestellt; auf *sermo rusticus*
konnte sich jeder beliebige ungebildete Mensch unterhalten. Wichtig ist
jedoch etwas anderes: Gerade die Termini, mit denen die Bauern bezeichnet wurden, wurden zu Synonymen für die Eigenschaften, welche
in der entstandenen feudalen Gesellschaft als negativ angesehen worden
sind: »unwissend«, »ungebildet«, »untertan«, »nicht mit vollen Rechten
ausgestattet«, »Heide«, »Sünder«. Mit anderen Worten hat gerade der
Bauer in den Augen der Autoren dieser Zeit alle negativen Seiten des sozialen, ökonomischen, kulturellen und religiösen Lebens verkörpert.

Welche Eigenschaften sollte nun nach alledem vom Standpunkt der
kirchlichen Autoren aus betrachtet ein »idealer« Bauer jener Zeit haben?
Wahrscheinlich kann man darüber am besten auf der Grundlage des
Mitte des 7. Jh.s von Pseudo-Cyprian verfaßten Verzeichnisses »Irrtümer
und Missetaten der Welt« urteilen. Diese zwölf personifizierten Sünden
lauten folgendermaßen: »… untätiger Weiser, alter Mann ohne Religion,
unfolgsamer Jüngling, Reicher ohne Mildtätigkeit, schamlose Frau, Herr
ohne Tugend, streitsüchtiger Christ, stolzer Armer, König ohne Gerechtigkeit, nachlässiger Bischof, aufsässiger Plebs, Volk ohne Gesetz« (153,
S. 136). Wenn man in dieser Aufzählung Hinweise auf die einfachen
Leute sucht, sind *pauper superbus, plebs sine disciplina, populus sine lege*
die wesentlichen sozialen »Bösewichte«. Stolz, Ungehorsam – das ist es,
was der Geistlichkeit beim einfachen Volk Angst einjagt, also auch dem
Ersteller dieser Liste. Folglich ist das »Ideal« der Bauernschaft in den

Augen der Kirche und der sich bildenden herrschenden Klasse das sanfte und sich still verhaltende, gebändigte, gesetzestreue Volk.

So standen die Dinge zur Zeit des sich herausbildenden Feudalismus. In der Literatur des 10. und 11. Jh.s ist der Bauer entweder nach wie vor abwesend, oder seine Erwähnung bietet gewöhnlich nicht mehr als einen Anlaß, Bedauern und Mitgefühl oder Haß und Geringschätzung auszudrücken. Von seltenen Ausnahmen abgesehen tritt er in den Quellen nicht als Subjekt auf, das eigene Gedanken und Gefühle hat. Die Autoren der Werke, die auf die eine oder andere Weise das Leben der Bauernschaft betreffen, sind entweder Kleriker, die häufig selbst aus der Bauernschaft hervorgegangen, aber in der Regel von der kirchlichen Ideologie durchdrungen sind, oder Ritter. Es erstaunt nicht, daß die Sehnsüchte und Befindlichkeiten der Bauern in der frühmittelalterlichen Literatur fast keine Spuren hinterlassen konnten.

In der französischen Poesie und in der Poesie der Vaganten werden die Bauern, wenn überhaupt, scharf erniedrigend und abwertend eingeschätzt. In einer parodistischen Liturgie findet der Haß der Vaganten auf die Bauern den offensten Ausdruck: »Allmächtiger Gott, der du ewige Zwietracht zwischen Kleriker und Bauer gesät hast und alle Bauern als Leibeigene der Herren schufst, gib ... daß wir uns von ihrer Mühsal ernähren, ihre Frauen und Töchter genießen und über ihre Sterblichkeit ewig glücklich sind.« In einer »grammatischen Übung« dekliniert der Vagant das Wort »Bauer« folgendermaßen: »... dieser Bauer, dieses Bauerntölpels, diesem Schurken, diesen Lumpen ...« und so weiter, in der Einzahl und Mehrzahl. Im »Bauernkatechismus« lesen wir: »Was ist der Bauer? Ein Substantiv. Welchen Geschlechts? Des Eselsgeschlechts: weil er in allen seinen Taten und Arbeiten einem Esel gleicht. Welchen Aspekts? Des unvollendeten: Weil er keine eigene Gestalt hat noch jemandem ähnlich ist. Welcher Deklination? Der dritten: weil, ehe der Hahn zweimal gekräht hat, sich der Bauer schon dreimal besudelt hat ...« (159, S. 197) – und im selben Geist geht es weiter.

Der Haß auf die Bauern – Unmenschen, die außerhalb von Moral und Kultur stehen – verbindet die Vaganten mit den Rittern. In der französischen Literatur jener Zeit war dies die vorherrschende Einstellung. Sie blieb auch in der Folgezeit erhalten.

In Deutschland, wo die Prozesse der Bildung der bäuerlichen Klasse langsamer als in Frankreich (und auf einer anderen sozialen Grundlage) abliefen, hat sich natürlich auch die Formierung von Ansichten hinausgezögert, nach denen die Bauern die niedere und erniedrigte Schicht der

Gesellschaft sind. In der deutschen Literatur hat sich ziemlich lange eine patriarchalische Interpretation der Beziehungen zwischen dem Adel und dem einfachen Volk gehalten. Der Dorfbewohner wurde hier nicht unbedingt mit negativen oder abstoßenden Zügen versehen. Es gab keinen – zumindest keinen konsequent durchgeführten und scharf zum Ausdruck gebrachten – Gegensatz der moralischen Bewertung der Aristokratie und der einfachen Leute.

In diesem Sinne verdienen die beiden Werke »Unibos« und »Ruodlieb« Aufmerksamkeit. Im zuerst genannten findet ein Armer, der nur einen einzigen Ochsen besitzt (daher auch seine Bezeichnung »der Einochs«) einen Schatz und wird reich, indem er die Anführer des Dorfes, den Pfarrer, den Schulzen und den Gutsverwalter überlistet. Der Bauer erweist sich als klüger und schlauer als sie, sie hingegen – die Verkörperung von Habgier und Dummheit – vernichten, nachdem sie von Unibos betrogen wurden, als erstes mit eigenen Händen ihre Haustiere, dann töten sie ihre Frauen, und am Schluß kommen sie selbst ums Leben. Das Gedicht eröffnet eine lange Reihe deutscher Schwänke und humorvoller Volkserzählungen. Es teilt mit ihnen sowohl das Sujet und die künstlerischen Besonderheiten als auch das kritische Verhältnis zu denen, die sich auf der sozialen Leiter oberhalb der einfachen Leute befinden. Die moralische und intellektuelle Überlegenheit liegt in diesem Gedicht vollständig beim armen Dorfbewohner. Hinter dem groben Humor des Gedichtes steckt offensichtlich eine Volkstradition. Im Gedicht wird die Gesellschaft eher in Kluge und Dumme unterteilt als nach sozialrechtlichen Merkmalen; Geist und Findigkeit jedoch ist der Autor beim einfachen Bauern zu suchen geneigt und nicht beim Priester oder bei Amtspersonen des Dorfes (55). Die Macht, die die Welt lenkt, ist nach Auffassung des anonymen Autors das »Schicksal«, der »Zufall« (fortuna); zum Vertreter Gottes im Dorf, dem Pfarrer, und zur Kirche selbst und ihrer Lehre ist seine Einstellung relativ geringschätzig. Sowohl in der feldwirtschaftlichen Arbeit als auch in der bäuerlichen Armut findet der Autor nichts Entwürdigendes.

Im Unterschied zu den späteren Schwänken sind »Unibos« (wie auch »Ruodlieb«) in lateinischer Sprache geschrieben. Der Zeitpunkt ihres Entstehens ist unklar (augenscheinlich das 10. oder 11. Jh.). Die lateinische Sprache des Gedichts kann als Beleg dafür gewertet werden, daß es von einem Kleriker geschrieben wurde. Wenn das tatsächlich so war, stand dieser Geistliche zweifellos mit seiner gefühlsmäßigen Verfassung den unteren Schichten der Gesellschaft nahe. Der Held des Gedichts tritt als eigentümlicher Rächer der Armen und Schwachen auf, sein Sieg im Kampf mit den Vertretern der »Dorfaristokratie« ist ein Triumph der Gerechtigkeit, wie sie von den damaligen Bauern verstanden wurde.

»Ruodlieb«, ein Schriftdenkmal aus der ersten Hälfte des 11. Jh.s, ebenfalls anonym und womöglich ebenfalls der Feder eines Mönchs entsprungen (man nimmt an, daß das Gedicht im bayrischen Kloster Tegernsee entstanden ist), ist dem Sujet und der Struktur nach komplexer als »Unibos«. Während man das Gedicht »der Einochs« mit einiger Begründung einen bäuerlichen Schwank nennen kann, zeichnet »Ruodlieb« ein bei weitem vielseitigeres und komplizierteres Bild der Gesellschaft. Die Handlung spielt in verschiedenen Teilen Deutschlands und entwickelt sich in unterschiedlichen sozialen Sphären. Welchen Platz nimmt nun das bäuerliche Leben in der allgemeinen Struktur des Gedichtes ein, und wie wird dieses Leben dargestellt?

»Ruodlieb« thematisiert die Ideale eines gerechten Königs und heldenmütigen Ritters; jedoch figuriert neben ihnen noch eine andere handelnde Person, die in ebenso positiven Farben gezeichnet wird: der Bauer. Der Inhalt des Gedichts ist kurz folgender: Der Ritter Ruodlieb dient treu dem König. Bei seinem Abschied erhält Ruodlieb von ihm ein Dutzend nützlicher Ratschläge, die in der Hauptsache die sittliche Lebensführung betreffen. Unter diesen sind auch folgende: »Trau keinem Rothaarigen«, »reit' nicht über ein Stoppelfeld«, »übernachte nicht bei einem alten Mann, der eine junge Frau hat«. Ruodlieb beherzigt jedoch den ersten Rat nicht und nimmt einen rothaarigen Jüngling, der ihm begegnet, zum Begleiter. Dieser versucht sofort, ihn zu bestehlen. Dann zerstampft Rufus (»der Rothaarige«) das dörfliche Getreidefeld, und die erbosten Bauern springen hart mit ihm um. Die Wanderer kommen ins Dorf und fragen, bei wem man sich einquartieren könne. Die Episode im Dorf ist für uns im gegebenen Kontext von größtem Interesse.

Ruodlieb wird in ein reiches Haus geschickt, dessen Hausherr vorher im selben Haus ein einfacher Dienstbote des früheren Herrn gewesen war und sich dessen volles Vertrauen erworben hatte; nach dem Tod des Herrn hat er dessen Witwe geheiratet. Er ist so wohlhabend, daß er sogar dem Grafen mit einem Hundert von Rittern Gastfreundschaft gewähren könnte, und hat eine solche Menge Vieh, daß er nicht in der Lage ist, die genaue Anzahl zu nennen. Die Türen seines Hauses sind immer geöffnet für alle Bedürftigen. Ruodlieb wird dort ein würdiger Empfang bereitet, und er nimmt an einem Festgelage teil, bei dem Wein und zahlreiche Speisen gereicht werden. Am Ende des Festmahls schenkt der Gast der

Hausherrin einen kostbaren Mantel. Rufus hat sich in der Zwischenzeit als Gast einem alten Mann aufgedrängt, der mit einer jungen Frau verheiratet ist, und versucht sogleich, diese zu verführen; als er vom Ehemann erwischt wird, tötet er diesen. Die letzte überlieferte Szene des Gedichts (in der erhaltenen Version, denn der Schluß ist verlorengegangen) spielt sich auf einer Dorfversammlung ab. Die junge Witwe gesteht ihren Fehltritt ein und nimmt freiwillig eine schwere Buße auf sich, den rothaarigen Banditen verurteilt man zum Tod (61, S. 287–361).

Das Gedicht enthält eine Vielzahl von Details aus dem dörflichen Leben. Beschrieben werden bäuerlicher Reichtum, kostbare häusliche Gegenstände, reichhaltige Bewirtung, Kleidung und Geschenke, die ausgeteilt und empfangen werden, das Dorfgericht, das von gewählten Personen aus der Bauernschaft abgehalten wird. Wiedergegeben sind sogar die authentischen Realien des Volksrechts. Mit dem Status des Bauern ist nicht ein bestimmter Charaktertyp verbunden, wie es für die mittelalterliche französische Literatur charakteristisch ist, die dem Bauern gleichbleibend feindlich gegenübersteht. Seite an Seite mit dem idealisierten Bauern, der sich mit Hilfe seiner moralischen Qualitäten aus der Dienerschaft zu Reichtum emporgearbeitet hat, steht im Gedicht der karikiert böse und mißgestaltete alte Bauer, ebenso wie neben dem vorbildlichen König und Ritter Ruodlieb hier der als unedel gekennzeichnete Rufus agiert. Im Zentrum der Aufmerksamkeit des Gedichtautors stehen die ethischen, nicht die ständischen Gegensätze. Der Gegensatz von Gut und Böse durchzieht alle Schichten der Bevölkerung. Das dörfliche Leben ist hier nicht dem höfischen entgegengestellt: Die Prinzipien der Gerechtigkeit und Enthaltsamkeit haben für den Ritter und den Bauern die gleiche Macht.

Jedoch wird im Unterschied zu »Unibos«, wo der Held ein Armer ist, im »Ruodlieb« das Loblied auf einen wohlhabenden, glücklichen Bauern gesungen. Zwischen den Herrschaften und ihrem Gesinde werden Beziehungen beispielhafter Gemeinschaft und gegenseitigen Wohlwollens unterhalten; Eifer und Ehrlichkeit öffnet auch den Armen einen Weg zu Achtung und Wohlstand. Das Dorf, wie es im Gedicht gezeichnet wird, stellt einen sich selbst genügenden Kreis dar, deren Bewohner selbständig über alle Angelegenheiten entscheiden, bis hin zur Bestrafung eines Verbrechers durch das Urteil des örtlichen Gerichts. Der Leser würde vergeblich versuchen herauszufinden, wem die dörfliche Bevölkerung unterstellt ist, ob sie sich in Abhängigkeit von jemandem befindet und ähnliches. Diese Fragen beschäftigen den Autor nicht. Er zeichnet ein offensichtlich beschönigtes Bild des dörflichen Lebens, bei dem die Idylle nicht durch soziale Konflikte gestört wird, sondern ausschließlich als Folge der Verletzung moralischer Gesetze.

»Ruodlieb« eröffnet dem Forscher die einzigartige Möglichkeit, sich mit einigen Zügen des bäuerlichen Selbstbewußtseins in der Periode des beginnenden Feudalismus bekannt zu machen; jedoch darf man nicht die Tendenz zur erhöhenden Stilisierung außer acht lassen, die das Gedicht durchzieht, wenn man die hier widergespiegelte Welt der bäuerlichen Ideen richtig verstehen will.

Die Stimmungsbilder, die diese beiden Werke charakterisieren, sind zum Teil auch in einzelnen Denkmälern der deutschen Literatur darauffolgender Perioden enthalten: In dem Gedicht »Über das Recht«, dessen handelnde Personen, ein Herr und ein Arbeiter, »nach dem Recht gleich« vor Gott, zusammen den Wald roden und ehrlich zwischen sich die Früchte ihrer Arbeit aufteilen, oder im »Armen Heinrich« von Hartmann von Aue, das die Beziehungen zwischen dem Herrn und seinem Diener darstellt, die durch gegenseitige unerschütterliche Treue gekennzeichnet sind.

Mit zunehmender Herausbildung der bäuerlichen Klasse und der weiteren Entwicklung des feudalen Systems wurde der klassenbedingte Haß der Herren auf die Bauern und ihre Mißachtung durch die Städter und gebildeten Leute jedoch zu einem Allgemeinplatz sowohl in der deutschen als auch in der französischen Literatur.

2. Die Bauernschaft im christlichen Weltbild der frühfeudalen Gesellschaft

Die Kirche beteiligte sich natürlich nicht an der offenen Feindseligkeit gegen die Bauern, die unvereinbar war mit dem Predigen von Demut, Liebe zum Nächsten und der Gleichheit aller vor Gott. Ihre Aufgabe bestand darin, nach Möglichkeit die sozialen Konflikte und Antagonismen auszugleichen, aber sie blieb dabei im wesentlichen auf der Seite der Herrschenden, zu denen die kirchlich-aristokratischen Oberschichten selbst gehörten. In Übereinstimmung damit bildete sich auch die ideologische Position der Geistlichkeit heraus. Sie wandte sich an die Starken dieser Welt und rief sie zur Barmherzigkeit gegenüber den Unterdrückten und Elenden auf. Die kirchlichen Autoren verurteilten die weltlichen Magnaten für die von ihnen ausgeübte Unterdrückung der kleinen Leute

und Grausamkeit im Umgang mit Untertanen. Diese Tradition der Anklage des sozialen Bösen reichte bis in ganz entfernte Zeiten zurück: Neben der Periode des frühen Christentums können wir als Beispiel die
Klagen des Salvian von Marseille (5. Jh.) über die hoffnungslose Lage der
unterdrückten Massen im römischen Imperium heranziehen, die es vor-
zogen, mit den Barbaren zu leben, anstatt die Unterjochung durch den
eigenen Staat zu ertragen.

Jonas, der Bischof von Orléans (9. Jh.), der Blitz und Donner auf die
Köpfe der »Potentaten« herabbeschwor, erinnerte sie daran, daß »ihrer
Natur nach ihre Sklaven und überhaupt alle Armen ihnen gleich seien«
(120, S. 51). Zu Beginn des 11. Jh.s grämte sich Adalbero, der Bischof von
Laôn, in einem satirischen Poem, das Robert dem Frommen, dem König
von Frankreich, gewidmet war, über die Gesetzlosigkeit und Lasterhaf-
tigkeit der oberen Schichten und betrauerte die unglückliche Lage der
abhängigen Bauern, welche alles entbehren mußten, obwohl sie mit ihrer
Arbeit die ganze Gesellschaft unterhielten. »Sind die Tränen und das
Stöhnen der Leibeigenen nicht grenzenlos?« fragte er (3, S. 781 – 782).

Dieses Mitgefühl mit den niederen Schichten der Gesellschaft und die
Verurteilung ihrer mächtigen Unterdrücker entsprangen zum wesentlichen Teil der Soziallehre der Kirche, bei der Reichtum Verdacht erregte
und die die Armut pries, da sie diese als idealen Zustand betrachtete. Es
ist wahr, die Verurteilung des Reichtums, die in den Werken der Kirchenväter des 3.–5. Jh.s so entschieden zum Ausdruck kam, war weniger
stark in der Literatur jener Zeit ausgeprägt, in der die Kirche selbst zur
mächtigsten Eigentümerin wurde. Die Verherrlichung der Armut zieht
sich als Leitmotiv durch alle literarischen Denkmäler des Frühen Mittelalters. In den Armen erblickte man die von Gott Auserwählten; diese
»Auserwähltheit« sollte ihnen auf ihre Art als moralische Kompensation
für die irdischen Unbilden dienen. »Es ist leichter, daß ein Kamel durch
ein Nadelöhr gehe, als daß ein Reicher ins Reich Gottes komme« – diese
Sentenz aus dem Evangelium (Matthäus 19:24) war im Mittelalter populär. Doch hat die Geistlichkeit niemals darauf bestanden, daß die Worte
des Neuen Testamentes wörtlich zu verstehen seien und man dem Reichtum entsagen müsse, wenn man ihnen Folge leisten wolle – obwohl es
auch niemandem untersagt war, sein Vermögen zu verteilen und freiwillige Armut zu geloben.

Das Programm der Kirche lief in dieser Beziehung praktisch auf die
Forderung nach Almosen für die Armen hinaus. Über Möglichkeiten
der Beseitigung der Armut dachte man nicht nach. Sie wurde durch die

Almosen geradezu verewigt, denn diese bewirkten bei den Elenden, die sich von den Brotkrumen der Reichen ernährten, ein Verharren in ihrer abhängigen Lage. Der Armut wurde ein Status moralischer Würde verliehen. Ein bestimmter Armutskult brachte nach dem Zeugnis einer Reihe kirchlicher Autoren einen von ihnen verurteilten »Hochmut der Armen« hervor. In den Lebensbeschreibungen der Heiligen wurde dieser »Überheblichkeit der Armen« mitunter Auftrieb gegeben. Germanus, der Bischof von Paris, der vom König Hildebert ein Roß mit Wagen als Geschenk erhalten hatte, verwendete diese Gabe für die Auslösung eines Gefangenen, obwohl der König den Heiligen gebeten hatte, sein Geschenk an niemanden weiterzugeben. Der Autor der Lebensbeschreibung sagt: »Für den Geistlichen bedeutete die Stimme des Armen mehr als die des Königs« (59, S. 385). Als wahrhafte Hymne auf die freiwillige Armut klingt eine Legende in Gedichtform über den heiligen Alexios, der sich von seinen reichen Eltern zurückzog und im Elend starb (56).

In den Armen sah man nicht so sehr die Unglücklichen, deren beklagenswertes Schicksal man erleichtern müsse, als vielmehr die Retter der Reichen. Die Armen existierten, damit die Reichen sich von ihren Sünden loskaufen konnten; und die Armen brauchten die Reichen, um sich von ihnen ernähren zu können. »Das Almosen für einen Armen«, schrieb Alkuin gegen Ende des 8. Jh.s, »ermöglicht es dem Geber, ins Paradies zu gelangen«; »irdische Schätze, die einem Armen gegeben werden, verwandeln sich in ewige Reichtümer«, sprach ihm sein Schüler Hrabanus Maurus (160, S. 186) nach. Auf diese Art und Weise wurde die Armut nicht als soziales Problem bewußt, welches zu lösen die Aufgabe der Gesellschaft gewesen wäre. Es ist zu beachten, daß dabei nicht die Lage dieses oder jenes Mitglieds der Gesellschaft oder einer ihrer sozialen Kategorien in den Vordergrund gestellt wurde, sondern das gegenseitige Dienen aller zum Wohl des Ganzen.

Die Kirche vertrat die Position, nach der die herausgebildete Ordnung erhalten werden müsse, und lehrte, daß jedes Mitglied der Gesellschaft entsprechend seiner Lage leben müsse und keine Veränderungen seines rechtlichen oder eigentumsbezogenen Status anstreben dürfe. Dadurch, daß sie die sozialen Gegensätze auf eine vergeistigte Ebene brachte, stellte die kirchliche Lehre sie als Illusionen dar: Da das wahre Leben eines Menschen das Leben der Seele ist, die Einheit mit Gott, hat sein gesellschaftliches Verhalten letzten Endes nur das eine Ziel, die unsterbliche Seele nicht mit Sünden zu belasten. Dabei stand der Hochmut an erster Stelle, und es war leicht, unter diese religiös-moralische Kategorie alle Versuche zu subsumieren, die darauf zielten, seinem Schicksal zu entrinnen.

Die Verurteilung des privaten Eigentums durch die Kirche hatte in höchstem Maße abstrakten Charakter. Das Land, das Gott geschaffen hatte, war den Menschen mit allem, was darauf wächst und existiert, zum gemeinschaftlichen Gebrauch gegeben worden. Der Eigennutz der Menschen nach dem Sündenfall führte zur Entstehung des Privateigentums. Deshalb ist nur die Armut gerecht; in den Augen der Gesellschaft erfreute sie sich einer hohen sittlichen Würde. Der Arme, vom Standpunkt der kirchlichen Lehre aus gesehen, war gleichzeitig sowohl ein Gegenstand des Mitgefühls oder des Mitleids als auch ein Vorbild zur Nachahmung; in ihm verkörperte sich das wesentliche Ideal des Mittelalters.

Im weiteren werden wir uns davon überzeugen können, daß auf einer entwickelteren Gesellschaftsstufe die kirchliche Lehre sich wesentlich modifizieren und damit den realen sozialen Bedürfnissen der Gläubigen, im besonderen der Städter, Rechnung tragen wird. Vorläufig nahm die Kirche aber eine vorwiegend konservative Position ein. Diese Tendenz kommt deutlich in den literarischen Werken zum Ausdruck, die sich auf die eine oder andere Weise mit der Bauernschaft befassen.

Es ist anzunehmen, daß die Leute sich auch schon im Frühen Mittelalter Gedanken über die Struktur der Gesellschaft, über ihre Zusammensetzung und die Wechselbeziehungen der gesellschaftlichen Gruppen gemacht haben. Die vorhandenen Denkstrukturen bedingten die Arten und Formen, in denen das gesellschaftliche Leben den Menschen ins Bewußtsein drang. Im 9. und 10. Jh. entstand die Lehre von einer dreifachen Aufgliederung der Gesellschaft, und diese gewann mit der Zeit an Popularität. Obwohl die Entstehung dieses Denkkonstrukts weit zurücklag, führte ihr ideologischer Kern unter dem Siegeszug des Katholizismus zu der Auffassung, daß die irdische Hierarchie nichts anderes ist als das Erzeugnis und Abbild der himmlischen Hierarchie. Beide wurden nach dem Vorbild der göttlichen Dreifaltigkeit geschaffen. In vollendeter Form wird diese Konzeption in den Werken des Pseudo-Dionysius Areopagites vorgelegt, welche im Westen im 9. Jh. in der lateinischen Übersetzung des Johannes Scottus Eriugena bekanntgeworden sind.

Die Gesellschaft teilt sich nach dieser Lehre in drei Stände oder Kategorien (*ordines*), die sich wechselseitig ergänzen und die ein harmonisches Ganzes, eine soziale Ordnung, bilden (der Terminus *ordo* sollte genau diesen Begriff ausdrücken).

Das gesamte Schema zu begreifen, zu dechiffrieren und präzisieren nahm lange Zeit in Anspruch, und erst nach und nach wurde eine vollständig befriedigende Formel ausgearbeitet. Die drei »Stände« werden schon beim Sendschreiben des Papstes Zacharias an König Pippin erwähnt (16, S. 480). Zu Beginn des 9. Jh.s schrieb der Bischof von Orléans und karolingische Poet Theodulf über die drei »Orden«: »Die Mönche, die am Fuße des Thrones des Herrn verharren; die Priester, die die Gläubigen auf die Rettung vorbereiten; die Weltlichen, die das Rad der Mühle drehen« (120, S. 50). Bei einer solchen abstrahierten moralisch-religiösen Interpretation der Gesellschaft ist es unmöglich, die tatsächliche Beurteilung des einfachen Volkes durch die Geistlichkeit aufzudecken. Doch am Ende dieses Jahrhunderts erhält die Formel von der Dreiteilung der Gesellschaft einen neuen Blickwinkel und einen prinzipiell anderen Sinn. In seiner Übersetzung des Traktats von Boethius »Über den Trost der Philosophie« aus dem Lateinischen ins Altenglische schließt der König Alfred einen Text mit ein, der im Original fehlt. Der englische König zeichnet die Gestalt eines idealen Herrschers und schreibt, daß für die erfolgreiche Verwirklichung einer monarchistischen Mission drei »Zustände« notwendig sind: »diejenigen, die beten« (*gebedmen*), »diejenigen, die Krieg führen« (*fyrdmen*) und diejenigen, »die arbeiten« (*weorcmen*) (32, S. 40). Schon hier wird der Versuch unternommen, die Gesellschaft nicht wie Theodulf in seiner Rettungstheologie darzustellen, sondern als funktional aufgeteiltes Ganzes, bei dem jeder Teil die anderen ergänzt und der Verwirklichung einer gemeinsamen Aufgabe dient.

Die innere Struktur des geistlich geprägten *ordo* wird von einer anderen Aufgliederung der Gesellschaft verdrängt, und zwar nach den von den einzelnen Gruppen ausgeübten staatlich bedeutsamen Funktionen. Entsprechend werden die Weltlichen in Krieger und Bauern eingeteilt. Diese Formel unterstützten auch die englischen kirchlichen Autoren der folgenden zwei Jahrhunderte.

Auf dem europäischen Kontinent verlieh ganz am Ende des 10. Jh.s Abbo von Fleury der dreigliedrigen Formel folgende Gestalt: Die Gesellschaft besteht aus zwei »Orden«, den Klerikern und den Weltlichen. Letztere teilen sich in »Feldarbeiter« (*agricolae*) und »Krieger« (*agonistae*). Mit einem ähnlichen Bild nahm zu Beginn des 12. Jh.s der polnische Chronist Gallus Anonymus eine Teilung in »kriegführende Ritter« (*milites bellicosi*) und »arbeitsliebende Feldarbeiter« (*rustici laboriosi*) vor (22, S. 8).

Die einfachen Leute, die Arbeitenden, die Bauern also, erhalten im

»soziologischen Schema« der Denker des frühen Mittelalters einen eigenen Platz. Zu Beginn des 11. Jh.s betonte Adalbero von Laôn die Einheit der Gesellschaft als »Haus Gottes«, d. h. ihre Beziehung zu Gott, und ihre Aufteilung in »Freie« und »Unfreie«, abhängig vom persönlichen Status, d. h. in Übereinstimmung mit dem »menschlichen Gesetz«. Gleichzeitig proklamierte er die Dreieinigkeit der sozialen Struktur, die bedingt war durch die Funktionen, die von jedem der »Orden« ausgefüllt wurden. In diesem Sinn teilte sich die Gesellschaft, wie bei Alfred, in die »Betenden«, »Kriegführenden« und »Arbeitenden«. Diese drei »Orden« leben zusammen, und eine »Trennung ist für sie unerträglich«, da die Dienste der einen die Existenz der anderen möglich machen und alle sich aufeinander stützen (3, S. 782). Ein ähnliches dreifunktionales Schema der Gesellschaft entwickelte gleichzeitig auch der Bischof von Cambrai, Gerhard (111, S. 35 ff.).

Die dreifache Teilung der Gesellschaft ist nicht die einzige, die man in der frühmittelalterlichen Literatur finden kann. Noch in der Mitte des 8. Jh.s unterschied der Heilige Bonifatius *ordo* der Herren und *ordo* der Untertanen, *ordo* der Reichen und *ordo* der Armen (was man, wie es scheint, fast besser als zweifache Teilung auslegen kann denn als vierfache), und der heilige Benedikt von Aniane schrieb im 9. Jh. über die »Orden« der Alten und Jungen, der Herren, Reichen, Armen, Adligen, Nichtadligen usw. (120, S. 51, 144). Im darauffolgenden Jahrhundert verwendet Rather von Verona anstelle des durch die frühchristliche Überlieferung belasteten Begriffs *ordo* den rein weltlichen Begriff »Rang«, »Dienstgrad« (conditio), während die Autoren des 12. und 13. Jh.s bereits den Begriff »Status« benutzen, den sie mit detaillierten und nuancierten Abstufungen versehen.

Wenn man sich auf die Periode des Frühen Mittelalters beschränkt (weil die Denker einer späteren Zeit im großen und ganzen andere Ansichten zur sozialen Struktur vertraten), gibt es alle Gründe dafür, anzunehmen, daß das dreiteilige Schema das maßgeblichste war und sich durch Ausgereiftheit und Vollkommenheit auszeichnete. Die Idee von der Zusammenarbeit und gegenseitigen Hilfe der ein soziales Ganzes darstellenden *ordines*, von denen jeder seit Ewigkeiten und unabänderlich existiert, wie auch die umfassende gottgegebene Weltordnung unabänderlich und ewig ist, rechtfertigte die untergebene Position der Bauernschaft und diente den Interessen der sich herausbildenden feudalen Monarchie (153, S. 80 ff.; 154; 192). Dieses Schema erwiderte darüber hinaus das tief im mittelalterlichen Bewußtsein verwurzelte Bedürfnis, das Einzelne unter dem Zeichen des Ganzen zu sehen; das Wohlergehen des Ganzen hängt von der Beständigkeit und Unteilbarkeit seiner Komponenten ab. Was den einfachen Menschen, die Bauernschaft anbetrifft, so ist nach den Worten der Autoren des oben erwähnten Schemas ihre Arbeit genauso wesentlich und notwendig für die Kategorien der »Betenden« und »Krieger« wie die Dienste der Geistlichkeit und des Rittertums lebenswichtig für die »Ackerbauern« sind. Die Harmonie der Klassen und die Vorstellung, daß es keine Mobilität zwischen den sozialen Gruppen geben kann, ist das Denkideal dieser Epoche.

Da sie aus dem einen oder anderen Grund eine Charakterisierung der Gesellschaft als Ganzes wünschten, setzten die kirchlichen Autoren der sozialen Wirklichkeit eine abstrakte dreiteilige Konstruktion auf, die sie offensichtlich für vollständig angemessen hielten. Angemessenheit bedeutete keine objektive »Widerspiegelung« der Vielfalt der Lebensprozesse, denn daran bestand kein Interesse. Gefordert wurde lediglich die Übereinstimmung mit den höchsten, ideellen Denkmustern, mit, wie in diesem Fall, dem Prinzip der Dreiteiligkeit der einheitlichen Welt. Unter der Herrschaft des theologischen Denkens konnte das Bewußtwerden der sozialen Beziehungen nur eines bedeuten: ihre Darstellung in Übereinstimmung mit a priori gesetzten mythologischen Erklärungsmustern. Das sieht man daran, mit welcher Leichtigkeit die klassenmäßig-ständische Teilung der Gesellschaft von biblischen Prototypen hergeleitet worden war (wieder nach den Regeln des dreiteiligen Schemas!): Ritter, Freie und Unfreie stammen von drei Brüdern, den Söhnen Noahs, ab: der Ritter von Japheth, der Freie von Sem, der Abhängige von Ham (29, S. 166). Nach der »Wiener Genesis« (11. Jh.) ist die Quelle der bäuerlichen Unfreiheit die Verfluchung Hams durch Noah – eine Auslegung, welcher zu späterer Zeit durch den »Sachsenspiegel« widersprochen wurde.

Das dreiteilige Schema fand seine Widerspiegelung auch in der Poesie. So lesen wir im deutschen Gedicht »Frauenlob«: »Von Beginn an war die Menschheit, wie ich gelesen habe, in drei Teile geteilt: Bauern, Ritter und Geistliche.« In der deutschen Poesie wird auch die gegenseitige Abhängigkeit der Stände betont. »Geistlicher, Ritter und Bauer sollen Kameraden sein. Der Bauer soll die Erde für den Geistlichen und den Ritter bearbeiten, der Geistliche soll den Bauern und den Ritter vor dem Hades retten, und der edle Ritter soll den Geistlichen und den Bauern vor drohenden Bösewichtern verteidigen« (130, S. 2–3). Bei allen Unterschieden in der Auslegung der christlichen dreiteiligen Formel blieb sie die ideologische Begründung der bäuerlichen Abhängigkeit und der Unzerstörbarkeit der gesellschaftlichen Ordnung, die sich auf die Arbeit der Feldarbeiter stützte.

3. Freiheit und Unfreiheit im gesellschaftlichen Bewußtsein des Frühen Mittelalters

Die oben betrachteten sozialen Strukturmodelle entstanden in den Kreisen der Gebildeten und brachten die Ansichten der herrschenden Klasse zum Ausdruck, vor allem der Kirche, die mittels der Predigt bestrebt war, diese Ideen dem einfachen Volk zu suggerieren. Im übrigen hatten die Bauern auch eigene Vorstellungen über die gesellschaftliche Ordnung und den Platz, den sie darin einnahmen. Besonders wichtig für den Teil der Gesellschaft, der im hier untersuchten Zeitraum zur Abhängigkeit von den mächtigen Grundbesitzern genötigt war, war die Idee der Freiheit. Dieser Aspekt der Weltanschauung der freien Leute trat in den Aufzeichnungen der Gewohnheitsrechte, vor allem der sogenannten *leges barbarorum*, besonders deutlich hervor.

In der barbarischen Gesellschaft war die soziale Struktur relativ stark aufgegliedert. Die Zugehörigkeit der einen oder anderen Person zum Adel, zum gewöhnlichen Freien oder Abhängigen kam nicht nur in der materiell-wirtschaftlichen Lage, im Verhältnis zu den Produktionsmitteln oder in bestimmten Rechten zum Ausdruck, sondern auch in der Weltanschauung und dem sozialen Verhalten. Weil das Individuum im wesentlichen noch nicht aus der Sippe, d. h. dem Kreis der Verwandten, der Großfamilie, dem Patronymikon, hervorgetreten war, determinierte die Herkunft seine ganze Lebensweise. Die Begriffe »altes Familiengeschlecht«, »Adel«, »Bewußtsein der Herkunft« waren ein unabdingbarer und wesentlicher Teil seines Selbstbewußtseins. Ein erhöhtes Interesse an der Genealogie und eine ausgeprägte Kenntnis der familiären Überlieferung treten naturgemäß in Stadien auf, in denen die Geschichte auf Mythos oder Abstammung (gewöhnlich beides zusammen) zurückgeführt wird. Hier zeigte sich das große Feingefühl der barbarischen Gesellschaft allem gegenüber, was ihren Status betraf, eine Sensibilität, die auch die feudale Gesellschaft bewahrt hat. Daneben dienten außerdem die Wehrgeldgradationen, die in den *leges barbarorum* fixiert sind, als Mittel für die Bewertung der gesellschaftlichen Bedeutung von Person, Geschlecht und Familie; die Skala der Wehrgelder sah zum Beispiel vor, daß im Falle einer Rechtsverletzung adlige Personen eine erhöhte Summe zahlen mußten. Diese Skala präsentiert uns offensichtlich vereinfacht die sozialen Einstufungen der Barbaren – in Wirklichkeit waren sie wesentlich differenzierter und zeigten ein sehr entwickeltes Gefühl für Abstammungszugehörigkeit. Nicht nur bei Adligen, sondern bei einer breiten Schicht gewöhnlicher Freier existierten verschiedenste Nuancen von Freiheit, Herkünften, Rängen. Das geht insbesondere aus der außergewöhnlich entwickelten und flexiblen Terminologie der skandinavischen Quellen des Frühen Mittelalters hervor, welche das Bewußtsein der Mitglieder der barbarischen Gesellschaft genauer wiedergeben als die lateinische Terminologie der kontinentalen »barbarischen Rechte«.

In der barbarischen Gesellschaft existierte eine so scharfe Grenzlinie zwischen den frei Geborenen und den Unfreien, daß ihre Überwindung entweder unmöglich oder äußerst schwierig war. Die Ehe eines Freien mit einer Sklavin zog eine Versklavung des ersteren nach sich oder wurde sogar mit dem Tod bestraft, denn ein solches Zusammenleben brachte die Freiheit in üblen Ruf. Seine Befreiung versetzte einen Sklaven nicht in den Status der frei Geborenen; er wechselte in die Kategorie derjenigen mit begrenzten Rechten, und erst nach Ablauf mehrerer Generationen konnten die Nachkommen der Freigelassenen sich mehr oder weniger vollständig den Freien angleichen, jedoch blieb die Erinnerung an ihre unfreie Vergangenheit erhalten. Diese Haltung blieb auch in späteren Zeiten lebendig. Thegan, der Autor der »Lebensbeschreibung Ludwigs«, schrieb, an den Erzbischof Ebo von Reims gerichtet, der von königlichen Sklaven abstammte: »Der Herrscher machte dich frei, aber nicht adlig, denn das ist unmöglich« (118, S. 157).

All das sind Symptome für ein sensibilisiertes Gefühl höherer Würde, für das Bewußtsein der durch Herkunft ererbten vollen Rechte und Freiheiten des Mitglieds der barbarischen Gesellschaft. In der Vorstellung der Barbaren sind die persönlichen Eigenschaften eines Menschen von freier Geburt und eines Sklaven nicht vergleichbar; vom ersteren wurden natürlich edle Handlungen erwartet, Tapferkeit, unablässige Sorge um den Erhalt seiner persönlichen und familiären Ehre (was eigentlich ein und dasselbe war); der letztere, vom Standpunkt der Freien und Adligen aus gesehen, ist niederträchtig, verräterisch, feige und nur der Verachtung oder des Mitleids würdig. Der treue und tapfere Sklave, der ehrlich und ohne Furcht seinem Herrn dient, wurde als Unikum gepriesen. Der fränkische Historiker Nithard, der die adligen Herren verurteilte, welche sich an den Zwieträchten des 9. Jh.s beteiligten, schrieb: »Sie waren ihrem gegebenen Wort nicht treu wie einfache Sklaven« (109, S. 30 ff.) Solche Einschätzungen spiegeln eine tiefe Verwurzelung von Vorstellungen über die Wechselbeziehungen der sozialen und sittlichen Unterschiede zwischen Sklaven und Freien im Bewußtsein der Menschen des Frühen Mittelalters wider. In einer solchen moralischen Atmosphäre bildeten sich die Charaktere heraus und verstärkte sich die traditionelle Teilung in diese zwei entgegengesetzten Kategorien.

Aber schon in der Anfangsperiode der barbarischen Königreiche zeigen sich in den Quellen aus dem Gebiet des von den Germanen eroberten Römischen Imperiums nuanciertere soziale Abstufungen. Augenscheinlich war die Aufgliederung der Gesellschaft in Freie und Sklaven nicht fähig, das reale Spektrum der gesellschaftlichen Beziehungen auszudrücken, und in den Augen sowohl der Gesetzgeber als auch der Chronisten teilte sich die Gesellschaft in »Adlige«, »Wohlgeborene«, »Bessere«, Leute »mittleren Standes« und »Geringe«, »Niedrige« »Nichtadlige«, »Schlechtere«. All diese und ähnliche Termini haben einen wertenden Charakter: Durch sie wird die Existenz von »Besseren« und »Schlechteren« unter den Freien eingestanden. Es ist möglich, daß sich unter den »Niedrigen«, die bei den Chronisten erwähnt und als sozial nicht vollwertig erachtet wurden, auch Sklaven befanden, weil sowohl einfache Freie als auch Unfreie oder Abhängige gleichsam den Adligen und Wohlgeborenen gegenüberstanden. Sie vereinigten sich im »Pöbel«, »Plebs«, »unbedeutenden einfachen Volk«. Solche Einschätzungen können sich auf einen den Besitz betreffenden, rechtlichen oder standesmäßigen Status beziehen, aber sie enthalten implizit auch eine moralische Wertung.

Nichtsdestoweniger dauerte das Bewußtsein eines Gegensatzes zwischen Freien und Sklaven in der frühfeudalen Periode noch an, als er in der Praxis schon zu verwischen begann – und zwar erstens infolge der sozialen Degradierung einer großen Zahl von Freien, die nach und nach in persönliche und materielle Abhängigkeit gerieten, und zweitens als Resultat der Sklavenbefreiung, nach der die Sklaven ebenso wie viele Freie zu minderfreien Bauern wurden. Sowohl die einen als auch die anderen waren Untergebene. Jedoch verlief in verschiedenen Ländern die Abschaffung der Sklaverei in unterschiedlichem Tempo, und daher wurden auch die Vorstellungen über den der sozialen Struktur zugrundeliegenden Gegensatz »Freier–Sklave« unterschiedlich schnell überwunden. In Frankreich bildete sich schneller als in England (ganz zu schweigen von den skandinavischen Ländern) eine neue Haltung zum Status des abhängigen Bauern heraus. Die Merkmale der Freiheit und des Sklaventums vermischten sich und nahmen dabei eine neue Qualität an. Der Terminus *colonus*, der zu Anfang nur Leute einer Schicht der abhängigen Bevölkerung bezeichnet hatte, büßte nun seine Bestimmtheit ein, von nun an wurde er sowohl auf die Bauern angewendet, die die Elemente der persönlichen Freiheit bewahrt hatten, als auch auf die angesiedelten Sklaven.

In einer der Kapitularien wiederholt Karl der Große (oder sein Schreiber) die Formel des römischen Rechts, die eine Teilung der Gesellschaft nur in Freie und Sklaven kannte: »es existieren keine anderen Menschen außer Freien und Sklaven«[2]. Möglicherweise kam eine solche Betrachtungsweise der sozialen Struktur den Vertretern der Macht entgegen, dennoch drückte sie in keiner Weise die tatsächliche Lage im karolingischen Staat aus, unter dessen Herrschaft »Menschen verschiedenen Standes« lebten (11, I, No 154). Die »volle« Freiheit und die »unwiderrufliche« Unterjochung waren nicht mehr als zwei Pole, zwischen denen unzählige Abstufungen lagen. Die klare Abgrenzung der Freien von den Sklaven, die sowohl in der antiken als auch in der barbarischen Gesellschaft existiert hatte, verschwand in der Periode des entstehenden Feudalismus nicht vollständig, weichte aber teilweise auf und überließ den Platz sozial und rechtlich einer bunten Vielfalt. Inwieweit die traditionelle Gegenüberstellung von Freien und Sklaven schon in der frühfeudalen Gesellschaft nicht der Realität entsprach, wird am besten in einem Testament aus der zweiten Hälfte des 8. Jh.s sichtbar. Hier wird die Übergabe zweier Sklaven (*servos*) an die Kirche erwähnt, von denen »der eine frei und der andere ein Sklave ist« (*unus est liber et alter servus*). In einem Schriftstück aus Cluny (11. Jh.) werden die Formalitäten der Schenkung einer Villa »mit Sklaven und Sklavinnen (*cum servis et ancillis*), die auf diesem Erbbesitz leben ... seien es Freie, seien es Sklaven« geregelt (*sive sint liberi, sive sint servi*) (93, S. 337–338). Der englische König Knut klagte zu Beginn des 11. Jh.s über das Bestreben der Lords, ihre Untergebenen ganz nach Gutdünken mal als Freie, mal als Nichtfreie anzugeben.

Willkür der Feudalherren? Ausradieren des früheren sozial-juristischen Gegensatzes von Sklaven und Freien? Zweifellos. Es taucht aber eine Frage auf: Wie machten sich diese »freien Sklaven« oder »unfreien Freien« selbst solche Verschiebungen in ihrem Status bewußt? Leider ist die Analyse gerade solcher Erscheinungen als Fakten des gesellschaftlichen Bewußtseins äußerst schwierig: Über die ideologische und sozialpsychologische Seite des Problems schweigen unsere Quellen.

Man kann jedoch kaum daran zweifeln, daß das Verschwimmen der Grenzen zwischen gewöhnlichen Freien und Sklaven von tiefen weltanschaulichen Bewegungen begleitet war. Waren in der vorangegangenen Epoche die Vorstellungen über das Wesen von Freiheit und Unfreiheit vollkommen festgelegt und klar, so transformierten sie sich während des Übergangs zum feudalen System mehr und mehr. Die Beweglichkeit und Unbeständigkeit der sozialen Terminologie im Frühen Mittelalter verweist auf diese Veränderungen in der Auslegung der traditionellen Begriffe und der hinter ihnen stehenden Werte. Die Tatsache, daß in den schriftlichen Zeugnissen angefangen mit der Karolingerzeit »die Leute des Königs« oder »die Leute der Kirche« (die »Leute« dieses oder jenes Heiligen) sowohl freie Grundstückpächter als auch Unfreie bezeichnen konnte, spricht für sich selbst. Ein ehemaliger Freier, der in einen vom Grundherrn Abhängigen verwandelt worden war, wurde im Laufe der Zeit aus dem System der öffentlich-rechtlichen Beziehungen ausgeschlossen, besuchte keine Volksversammlung mehr, leistete keinen Kriegsdienst und wurde seinem Herrn rechtlich unterstellt, der ihn wie einen Sklaven körperlich züchtigen konnte. Es ist klar, daß bei den Leuten, die die Erinnerung an ihre mit vollen Rechten ausgestatteten und unabhängigen Vorfahren bewahrt hatten, das Bewußtsein des Verlustes der Freiheit starke negative Gefühle hervorrief. Darüber erfahren wir aus den Quellen nicht viel. Aber der oben zitierte Thegan schreibt zum Beispiel, daß die Gesandten des Imperators Ludwig des Frommen »eine Unzahl an Menschen fanden, die durch den Entzug des Erbes oder der Freiheit ihrer Väter zutiefst betrübt waren« (118, S. 157).

Die Kirche begünstigte zum Teil die Entschärfung solcher Konflikte, indem sie Demut predigte und die ganze Freiheitsproblematik von der sozialpolitischen auf die spirituelle Ebene übertrug. Sie bewegte das einfache Volk dazu, seine neue Lage als gegeben und dem Willen Gottes entsprechend anzusehen, aber eine solche Veränderung im gesellschaftlichen Bewußtsein war natürlich ein langer und komplizierter Prozeß. Die Christianisierung stieß mit anderen Denktraditionen zusammen. Die Bauern, die bestrebt waren, der Unterjochung und sozialen Erniedrigung zu entgehen, verstanden ihren Protest und Aufstand als Rückkehr zum heidnischen Glauben, zu einer »alten Ordnung« – z. B. die sächsischen Stellinga, die in den 40er Jahren des 9. Jh.s gegen ihre eigenen und die fränkischen Herren aufgetreten waren. Zum »Recht des heiligen Olaf« wollten die norwegischen Birkebeiner zurückkehren; dies waren Aufständische, die sich im letzten Viertel des 12. Jh.s den Gegnern der sich auf den Adel und die Kirche stützenden Monarchen anschlossen. Englische Bauern beriefen sich am Vorabend der normannischen Eroberung im Jahr 1066 auf die Gesetze »Eduard des Bekenners«.

Die Bauern oder zumindest ein Teil von ihnen begriff sich selbst noch als frei. Sie gingen mit diesem Anliegen vor die Gerichte, wo sie ihren durch Geburt erhaltenen Status verteidigten, und proklamierten bei Aufständen öffentlich ihre Freiheit und Gleichberechtigung mit dem Adel. Von der herrschenden Klasse wurden sie jedoch schon als Unfreie betrachtet. Im oben zitierten Gedicht von Adalbero werden die »Arbeitenden« mit den Sklaven auf eine Stufe gestellt, während als »frei« nur die Adeligen bezeichnet werden (»diejenigen, die beten« oder »die, die kämpfen«). Eine solche Divergenz in der Auslegung der Lage der Bauernschaft war eine der Ursachen scharfer sozialer Konflikte im Frühen Mittelalter, und sie blieb es auch in der Folgezeit.

4. Die Bewertung der bäuerlichen Arbeit

Die bäuerliche Arbeit wurde in der frühfeudalen Gesellschaft widersprüchlich, aber im ganzen vergleichsweise niedrig bewertet. Erstens war das Erbe der vorausgegangenen gesellschaftlichen Formationen in dieser Hinsicht nicht günstig, und zweitens mußte in einer von der kriegerischen und kirchlichen Aristokratie geführten Gesellschaft die Arbeit unweigerlich an die Peripherie der gesellschaftlichen Lebensfunktionen und des Wahrnehmens der Wirklichkeit gedrängt werden.

In der Antike wurde die Arbeit nicht als Tugend und notwendige Eigenschaft des Lebens angesehen; der Mensch war vorzugsweise homo politicus. Die spätantike Zivilisation gestand der physischen Arbeit keine große Wertschätzung zu. Der Terminus negotium (»Werk«, »Beschäftigung«, »Arbeit«) hatte auch die Bedeutung »Verdruß«, »Unannehmlichkeit«; dieses Wort war abgeleitet von otium (»Muße«, »Ruhe«, »ruhiges Leben«) und drückte die Negierung dieses Begriffs aus. Am Ende der antiken Epoche wurde auch die Beschäftigung mit der Landarbeit nicht mehr zu den bürgerlichen Tugenden gezählt, wie noch in der patriarchalischeren Periode zu Zeiten des Cincinnatus. Während des Imperiums war in herrschaftlichen Kreisen die Vorstellung allgemein verbreitet, daß physisch arbeitende Menschen einen angeborenen Hang zur Niedertracht hätten. Gleichzeitig fanden jedoch auch die Lehren der Kyniker, Senecas, Epiktets, die versuchten, diese negative Einstellung zur

Arbeit zu überwinden, einige Anerkennung. Eine hohe Wertschätzung wurde der Arbeit nur von den Arbeitenden selbst beigemessen.

Die Abkehr von der Sklaverei fand ihren Ausdruck im Christentum. »Wenn jemand nicht will arbeiten, der soll auch nicht essen« (2. Brief des Paulus an die Thessalonicher, 3:10). Mit diesem Prinzip des frühen Christentums begann die Ablehnung der antiken Einstellung zur Arbeit, und man fing an, die Arbeit als normalen menschlichen Zustand zu betrachten. Der Müßiggang hingegen wurde zu den schlimmsten Sünden gezählt. Die christliche Lehre bewertete die irdischen Einrichtungen vom Standpunkt ihrer Tauglichkeit als Mittel für die Annäherung an Gott, und in diesem Sinn wurde auch das Verhältnis zur Arbeit bestimmt. Die Arbeit, das Eigentum, die Armut und der Reichtum nehmen als Sujets in der frühchristlichen Literatur keinen geringen Raum ein. Ihre Interpretation kann nur richtig verstanden werden, wenn man beachtet, daß all diese Fragen in einen religiös-ethischen Kontext gestellt und unausweichlich spiritualisiert wurden. Dabei handelte es sich keineswegs um ein System »ökonomischer Ansichten«. Die eigentlich ökonomische Problematik war dem Bewußtsein der Evangelisten und Kirchenväter, aber auch dem der mittelalterlichen Theoretiker fremd – sie ist hier in ganz andere begriffliche Zusammenhänge gestellt worden und kann nur in einem breiteren weltanschaulichen Rahmen verstanden werden.

Aber neben dem antiken und christlichen Erbe ging auch das barbarische Erbe in das Mittelalter ein. Zur produktiven Arbeit verhielt sich die barbarische Gesellschaft ebenfalls sehr widersprüchlich. Der Hauptteil der Bevölkerung war beteiligt an landwirtschaftlichen und handwerklichen Arbeiten. Das freie Stammesmitglied, der Krieger, der Teilnehmer an Volksversammlungen, war außerdem auch Hausherr, Viehzüchter und Ackerbauer. Nur die Eigentümer einer großen Anzahl von Sklaven waren vollkommen von der Arbeit befreit und konnten ein Leben im Müßiggang führen, wie es Tacitus beschrieb, als er von den altgermanischen Kriegern und ihren Führern erzählte. Jedoch wurde die Arbeit von den Kriegern kaum hoch eingeschätzt. Es ist natürlich, daß sich in einer Gesellschaft, die in beträchtlichem Maße von Kriegen, Eroberungen und Plünderungen lebte, heroische Verhaltensideale herausbildeten. Als würdigste Beschäftigung eines freien Menschen galt das Kriegshandwerk; sie brachte ihm Ruhm und Beute. In der einen oder anderen Weise waren daran alle Stammesmitglieder beteiligt, und daher konnten wahrscheinlich die einfachen Freien, die ihre Zeit zwischen Heerfahrten und Bestellung der Felder aufteilen mußten, diese beiden Beschäftigungen nicht gleich hoch stellen. Die freie Arbeit auf eigenem Besitz wurde zwar von niemandem auf eine niedrige Stufe gestellt, aber konnte sie dem Vergleich mit den Heldentaten der Krieger standhalten?

Wie die römischen Autoren versichern, beschäftigten sich die Germanen nicht besonders eifrig mit der Feldarbeit (Caesar), und es war »wesentlich schwieriger, sie dazu zu überreden, das Feld zu beackern und ein ganzes Jahr auf die Ernte zu warten, als sie dazu zu bewegen, sich mit dem Feind zu schlagen und sich Wunden zufügen zu lassen; darüber hinaus ist es nach ihren Vorstellungen Faulenzerei und Kleinmut, wenn man mit Schweiß das erwirbt, was mit Blut errungen werden kann« (Tacitus) (53, Kap. XIV). Solche Auffassungen sind zwar nach der Bekanntschaft mit dem kriegerischsten Teil der Germanen entstanden, aber ist es nicht bezeichnend, daß es auch später in der germanischen und skandinavischen Poesie kaum Lobpreisungen der friedlichen Feldarbeit gibt, ja nicht einmal ihre Erwähnung selbst?

Die Gruppen, die den Ton in der barbarischen Gesellschaft angaben und ein bestimmtes Verhaltensideal prägten, waren in der Hauptsache Gefolgschaften der Häuptlinge. Auch nach der Ansiedlung der barbarischen Stämme und Bünde auf den eroberten Territorien trennte sich der einfache Freie, der ein Stück Land kultivierte oder eine Herde bewachte, nicht von den Waffen, sie waren nach wie vor der wichtigste Beweis seiner freien Herkunft und seiner vollen Rechte.

Die Lage mußte sich ändern, als das freie Stammesmitglied endgültig ein Arbeitender wurde, dessen Los einzig und allein in der Herstellung materieller Güter bestand. Jedoch konnte die Feudalisierung sich nicht günstig auf eine höhere Bewertung der Arbeit, die von nun an erzwungen wurde, auswirken. Arbeit war für einen abhängigen Bauern eine harte materielle und soziale Notwendigkeit, aber es verging noch sehr viel Zeit, bevor sie zudem auch als Maß moralischer Würde angesehen wurde. Die Geistlichkeit, der bewußt war, welche Rolle die bäuerliche Arbeit für das Wohl der Gesellschaft spielte, trug in gewisser Weise zur Rehabilitierung der landwirtschaftlichen Arbeit bei.

Im Grunde genommen war die Arbeit in der Vorstellung jener früheren Zeit keine eigene Kategorie lebensnotwendiger Erscheinungen. Nach den in der frühfeudalen Gesellschaft vorherrschenden Auffassungen wurde jede Funktion, die von einem Menschen oder einer Gruppe ausgeführt wurde, vom Standpunkt ihres Nutzens und ihrer Notwendigkeit für die Aufrechterhaltung des sozialen Ganzen gesehen. In der weiter oben charakterisierten Theorie der dreifunktionalen Aufteilung der Gesellschaft fand die bäuerliche Arbeit ihren Platz neben der kriegerischen Aktivität des Rittertums und der predigenden, seelenrettenden Tätigkeit der Geistlichkeit und der Klöster und erhielt somit die notwendige Anerkennung. In diesem Vorstellungssystem war nicht die Abgrenzung der produktiven von der nichtproduktiven Arbeit, sondern das Dienen eines jeden der »Orden« zum Nutzen des gesamten gesellschaftlichen Organismus wesentlich.

Und doch blieb die moralische Bewertung der Arbeit in der frühfeudalen Gesellschaft zwiespältig. Die Kirche betrachtete es als Folge der Erbsünde, daß man ewig schaffen mußte. Solange sich die ersten Menschen im Paradies befunden hatten, mußten sie sich nicht um Nahrung sorgen, durch den Sündenfall jedoch riefen sie die Vergeltung des Herrn hervor. Als Strafe verdammte Gott das Geschlecht Adams dazu, das tägliche Brot im Schweiße des Angesichts zu verdienen. Diese biblische Konzeption der Arbeit als Bestrafung ging in die Ethik des christlichen Mittelalters ein. Christus und seinen Jüngern kam es nicht zu, sich um den Erwerb des täglichen Brotes zu kümmern. Das beschauliche Leben, das den Menschen näher zur Heiligkeit hinführte, stellten die Theologen über das tätige; infolgedessen nahmen die Mönche auf der Treppe des Aufstiegs zu Gott eine höhere Stufe ein als alle anderen Leute.

Aber gleichzeitig sah man die Arbeit als notwendige Tätigkeit des Menschen an, welcher kraft der Unvollkommenheit seiner Natur nicht umhinkann zu arbeiten. Die wichtigste Frage war: Was ist das Ziel der Arbeit? Bereicherung und das Anhäufen von Reichtümern wurden verurteilt. Blieben zwei andere Ziele. Das eine war praktischer Natur: die Aufrechterhaltung der irdischen Existenz des Menschen; das andere moralischer: die Arbeit als Mittel der Erziehung und Selbstbezähmung. Weil das menschliche Leben als Kampfplatz eines ständigen Widerstreites der Kräfte des Guten und des Bösen erschien, betrachtete man jegliche Art der Tätigkeit unter ethischen Gesichtspunkten. Müßiggang ist »der Feind der Seele«, der sie mit allen Untugenden bedroht, aber die Arbeit ist in der Lage, das Fleisch zu bezähmen und Disziplin und Fleiß zu begünstigen. Dabei hatte man nicht so sehr den praktischen Nutzen der Arbeit im Sinn als vielmehr ein ideelles Ziel – und zwar höhere Vollkommenheit zu erreichen.

De facto ließ man sich aber höchstens in den Klöstern von solchen Vorstellungen leiten. Hier waren die körperlichen Übungen, zumindest nach den Ideen der Verfasser des klösterlichen, in erster Linie benediktinischen Reglements, einem geistlichen Ziel untergeordnet. Die Arbeit als eine Spielart der Askese – das war das Ideal des Frühen Mittelalters. Es existierte eine Hierarchie verschiedener Arten von Arbeitstätigkeiten. Ganz abgesehen von den Aktivitäten der Wucherer, die man bedingungslos und entschieden verurteilte, sowie vom Handel, der in der Regel Verdacht erregte, gab es eine Reihe von Berufen, die zum Beispiel für Geistliche verboten waren (darunter viele Zweige des Handwerks). Die angesehenste Arbeit war die landwirtschaftliche. In der hagiographischen Literatur wird nicht selten ein Heiliger erwähnt, welcher friedlich hinter dem Pflug herschreitet oder eine Herde hütet. Der englische Bischof Aelfric, der in seinem »Gespräch« über die Wichtigkeit der verschiedenen Beschäftigungen für das menschliche Leben sprach, betonte, daß am nützlichsten von allen die Arbeit des Landmanns sei. »Wir alle ziehen es vor, mit dir zu leben, Pflüger, als mit dir, Schmied, denn der Pflüger gibt uns Brot und zu trinken, aber was kannst du, Schmied, uns in deiner Schmiede anderes anbieten als Funken, das Schlagen der Hämmer und den Wind aus den Blasebälgen?« (4). In der theologischen Belehrung »Der Lichtbringer« des Honorius Augustodunensis (ausgehendes 11. Jh.) werden Personen aufgezählt, die in den Hades kommen werden; unter ihnen sind die sündigen Priester, die raubenden Ritter, die betrügerischen und profitsüchtigen Kaufleute, die Jongleure, Diener Satans, und »fast alle« Handwerker. Demgegenüber heißt es, daß die Bauern »größtenteils gerettet werden«, »weil sie ein einfaches Leben führen und das Volk Gottes ernähren« (34, S. 427–429). Als Belohnung wird ihnen das Vergnügen zuteil werden, den Qualen der Sünder im Höllenfeuer zuzusehen. Honorius hat zu einer Zeit geschrieben, zu der man sich bereits auf neue Weise der Natur und sozialen Rolle der Arbeit bewußt zu werden begann, aber die angeführte Abhandlung ist noch vollständig nach den Einstellungen der agrarischen Gesellschaft formuliert.

Folglich existierten in der frühfeudalen Periode zwei Beurteilungen der Bauernschaft, ihrer Arbeit und ihres Platzes im System der gesellschaftlichen Beziehungen. Die eine ist eine negative: Die Bauern verdienen Verachtung als Wesen niederer Herkunft, die außerhalb der Gesellschaft stehen. Sie dienen lediglich als Objekte zur Ausbeutung. Die andere Beurteilung ist verbunden mit der Einsicht in die Bedeutung der Bauernschaft für das allgemeine Wohl. Beide Beurteilungen entstanden in Kreisen, die im Prinzip den Bauern antagonistisch gegenüberstanden: Die erste ist aus einem offen egoistischen Standpunkt der herrschenden Klasse, ihrem aristokratischen Selbstbewußtsein und dem Gefühl der Überlegenheit über das einfache Volk hervorgegangen. Die zweite Einschätzung dagegen setzt einen umfassenderen Blick auf die Lage der Dinge voraus: Dies ist der Standpunkt der Kirche, welche auch zur privilegierten Schicht der Gesellschaft gehörte, diese aber als organisches System betrachtete und folgerichtig in jeder sozialen Gruppe einen Funktionsträger sah, der dem vom Monarchen geleiteten corpus Christianorum diente. Dabei wird die Schärfe der Widersprüche gemildert, und es scheint, als ob sie durch die Übertragung der gesamten Problematik auf eine höhere, moralisch-religiöse Ebene »verschwindet«. Eine solche »Entmaterialisierung« der gesellschaftlichen Beziehungen zeigte die elementaren Bedürfnisse der herrschenden Klasse besser und vollständiger als der direkte Haß und die Geringschätzung des Bauern, die typisch für die Vaganten und Troubadoure waren.

Mit diesen beiden Standpunkten waren auch zwei divergierende Einstellungen zur täglichen Arbeitszeit verbunden. Der Feudalherr könnte an einer Vermehrung der Arbeitstage, die vom Bauern im Frondienst geleistet wurden, interessiert gewesen sein, die Kirche hingegen hielt Wache über die Zeit, während der nicht gearbeitet werden durfte, und bestrafte die Verbotsbrecher. Solche Verbote wurden jedoch nicht nur von den Arbeitenden gebrochen, die gezwungen wurden, kirchliche Feiertage zu ignorieren und an ihnen zu arbeiten, sondern auch von den Herren selbst, die ihre Leute dazu zwangen.

Über die Beziehungen der Bauern selbst zu ihrer Arbeit gibt es in den Schriftdenkmälern des Frühen Mittelalters keine Aussagen. Eine Ausnahme stellen die skandinavischen Quellen dar, die genügend Hinweise darauf enthalten, daß die Menschen der »Sagenepoche« die physische Arbeit nicht verabscheuten. Mit ihr beschäftigten sich sogar die Wohlhabenden und Adligen, die über Abhängige und Sklaven herrschten. Ebenso gibt der Held des deutschen, in lateinischer Sprache geschriebenen Poems »Waltharius« (9. Jh.), zu, daß er, wenn er in den Stand der Ehe treten und ein Familienleben führen wolle, den Dienst eines Kriegers am Hof eines mächtigen Herrschers aufgeben und »Häuser errichten, Land bebauen« müsse.

In dem »Lied über Rig« aus der Edda, das die »mythologische Soziologie der Skandinavier« verkörpert, wird davon erzählt, daß der Gott Heimdal, der den Namen Rig angenommen hat, nacheinander die Wohnstätten des Urgroßvaters und der Urgroßmutter, des Großvaters und der Großmutter und zum Schluß des Vaters und der Mutter aufsucht. Aus der Beziehung Rigs zur Urgroßmutter wird Träl geboren, aus dem das Geschlecht der Sklaven hervorgeht (*praell* – Sklave), mit der Großmutter zeugt er Karl, d. h. den Bauern, und die Mutter gebiert den wohlgeborenen und kriegerischen Jarl, dessen Sohn Kon ist (davon kommt *konungr* – Konung, König). Diese Überlieferung erklärt die Genese der drei sozialen Schichten, die im Frühen Mittelalter die Gesellschaft Nordeuropas bildeten. Die Gottheit ging von weniger vollkommenen Schöpfungen zu vollkommeneren über.

In der Darstellung des Autors dieses Liedes hat Träl ein abstoßendes Äußeres, ist mit schwerer und schmutziger Arbeit beschäftigt: Er hütet und füttert das Vieh, mistet aus, sticht Torf. Karl ist wohlgestalt, er ist ein Landmann; die Beschäftigungen von Jarl sind der Krieg und die Jagd. In einem anderen Poem aus der eddischen Dichtung, einer Sammlung von Aphorismen über Lebensweisheit, »Des Hohen Rede«, kommt die Sprache auf die Notwendigkeit, fleißig zu arbeiten: »Früh steht auf, // wer ohne Hilfe // zur Arbeit schreitet; // die Schlaftrunkenheit am Morgen // ist der Arbeit ein Hindernis // wer munter ist, der ist auch reich« (15, S. 26). Somit wird die Feldarbeit nicht als entwürdigend angesehen. Die erhaltenen Fragmente der Lieder über die Arbeit zeugen von einer Poetisierung der Arbeit. Es ist nicht ausgeschlossen, daß ähnliches auch die alten bäuerlichen Rituale besagen, die eine reiche Ernte sichern sollten.

Die Poetisierung der Landarbeit im Frühen Mittelalter kann man teilweise auch an den Kunstdenkmälern verfolgen. Der mittelalterliche Kalender war landwirtschaftlich geprägt. In den Abbildungen von Kalendern, welche man in Kunst- und Literaturdenkmälern finden kann, symbolisierte jeder Monat bestimmte Feldarbeiten. Im Unterschied zu den antiken Kalendern, in denen sich astronomische Zeichen mit passiven menschlichen Gestalten verbanden, fanden sich in den Kalendern des mittelalterlichen Europas Darstellungen für die Monate typischer Arbeiten mit aktiv handelnden, arbeitenden Menschen. Die irdische Tätigkeit vollbringt der Mensch vor dem Antlitz der himmlischen Welt, und er fügt sich ein in den einheitlichen harmonischen Rhythmus der Natur, welche im christlichen Sinn als Dienerin des Schöpfers ausgelegt wird. Solcherlei Darstellungen verkörpern natürlich nicht unmittelbar die Geistesrichtungen und die Ethik der Bauernschaft, aber sie sind symptomatisch für die veränderte Einschätzung der Arbeit in der Gesellschaft und zeugen damit indirekt von der gewachsenen Rolle der Bauernschaft beim wirtschaftlichen Prozeß im Leben Europas.

Obwohl in dieser Periode die Entwicklung der Technik nicht stagnierte und einige wesentliche Neuerungen entstanden, muß man im

ganzen einen ausgesprochenen Konservatismus des »technischen Gedankens« konstatieren. Das gesellschaftliche Bewußtsein dieser Epoche
war nach Ansicht J. Le Goffs »antitechnisch« (152, S. 252). Der französische Historiker nimmt an, daß »schuld« daran die herrschende Klasse
war: Die Ritterschaft war ausschließlich an einer Förderung des Kriegs-
wesens interessiert, die Geistlichkeit setzte sich nur für den Kirchenbau
ein. Le Goff richtet die Aufmerksamkeit auf ein aufschlußreiches Phänomen: Lange Zeit erscheinen Arbeitswerkzeuge und Produktions-
prozesse in Kunst und Literatur hauptsächlich als Symbole oder Alle-
goriemittel, als Attribute von Heiligen. Ihr unmittelbarer Wert und
praktischer Nutzen für die Kultur wurden ignoriert. Anscheinend war
im Frühen Mittelalter das Bewußtsein allgemein antitechnisch. Die Einstellungen der herrschenden Klasse kann man nur verstehen, wenn man
diesen allgemeinen Konservatismus des Denkens berücksichtigt, und das
war hauptsächlich ein Konservatismus des bäuerlichen Denkens. »Die
alten Zeiten, die Sitten der Vorfahren«, das sind die Schlüsselbegriffe, die
zu den Geheimnissen des geistigen Lebens und des Verhaltens der Bauernschaft führen, ob es nun um die Ordnung in den Gemeinden, die
technischen Neuerungen oder den religiösen Glauben geht.

5. Zwischen Heidentum und Christentum

Weil die Kirche die Bedeutung des einfachen Volkes als materiellen
Rückhalt der Gesellschaft anerkannte und Sorge dafür trug, daß die Beziehungen zwischen den einzelnen Teilen des sozialen Organismus nicht
sein gesamtes Gleichgewicht störten, schenkte sie dem Glauben und den
religiösen Praktiken der Massen hohe Aufmerksamkeit. Im höchsten
Grad symptomatisch ist die Gleichsetzung der Begriffe »Landmann«
(rusticus) und »Heide« (paganus) in den Literaturdenkmälern des beginnenden Mittelalters.

Die Christianisierung verlief nicht so glatt und schnell, wie es manche
Lebensbeschreibungen von Heiligen schildern. Das Beispiel des gerechten Lebens eines einzelnen Einsiedlers, seiner Predigten und sogar der
mit Gottes Hilfe von ihm vollbrachten Wunder reichte nicht dazu aus,
um die Bevölkerung, die traditionell dem heidnischen Kult anhing, zum
wahren Glauben bekehren zu können. Es ist hinlänglich bekannt, welche
wichtige Rolle bei der Bekehrung zur neuen Religion die staatliche
Macht spielte, die mit ihrer Stärke und Autorität die Ausrottung des

Heidentums und die Verbreitung der christlichen Ordnungen unterstützte. Und trotzdem mußte sogar noch lange Zeit nach der Beendigung ihrer missionarischen Tätigkeit die Geistlichkeit mit den beständigen Überresten des Heidentums unter der Bauernschaft aneinandergeraten. Eine Anklage bäuerlichen heidnischen Kultes findet man bei vielen kirchlichen Autoren – bei Caesarius von Arles und Martin von Braga (6. Jh.), Eligius von Noyon (7. Jh.), Burkhard von Würzburg und Pirmin von Reichenau (8. Jh.), Hrabanus Maurus (9. Jh.) und anderen. Über die Maßnahmen zur Ausrottung des Heidentums sprechen die Resolutionen der kirchlichen Konzile, die Sendschreiben und Dekretalen der Päpste, die Paragraphen der staatlichen Gesetzgebung und die kirchlichen Bußkodexe. Besondere Aufmerksamkeit verdient das »Verzeichnis der Aberglauben und der heidnischen Bräuche«, in welchem gedrängt die vielfältigen Formen des Volksglaubens und der Bräuche aufgezählt wurden, die von der Kirche verfolgt wurden. Diese Liste wurde im fränkischen Staat im 8. Jh. zusammengestellt und anscheinend von der Geistlichkeit während der christlichen Mission des Bonifatius angewendet. Die hier genannten Aberglauben waren allerorts in der germanischen und romanischen Bevölkerung verbreitet.

Die Kirche vernichtete die Tempel und Götzen, indem sie es verbot, die Götzen anzubeten, Opfergaben zu bringen und heidnische Feiertage und Rituale zu begehen. Einer Verfolgung waren Beerdigungszeremonien ausgesetzt, die von Einäscherung und rituellen Festmählern begleitet wurden; »Das Verzeichnis der Aberglauben ...« beginnt mit der Nennung der »Gotteslästerungen« gegenüber Verstorbenen und Gräbern. Alle Kulte der Naturkräfte, Volksbräuche, die in Wäldern und Hainen, auf Felsen und an nahen Quellen ausgeübt wurden, wurden als gotteswidrig aufgefaßt. Strenge Bestrafungen drohten denen, die sich mit Wahrsagungen, Beschwörungen und Voraussagen der Zukunft beschäftigten oder daran glaubten.

Viele der heidnischen Bräuche, gegen die die Kirchenleute und die sie unterstützende Monarchie ihren Zorn richteten, waren offensichtlich agrarischer, bäuerlicher Herkunft. Im »Verzeichnis der Aberglauben ...« ist speziell die Rede »von den Furchen, welche um die Dörfer laufen«. Dabei hatte man offensichtlich ein rituelles Pflügen im Sinn. In derselben »Liste« ist die Rede von einem Götzenbild, welches auf freiem Feld herumgetragen wird. In einer anderen Quelle werden Bäume und Opferstätten erwähnt, die von gewissen Heiden auf ihren Feldern oder in Villen errichtet werden, wo »diese Unglücklichen« Gelübde ablegen

(9, S. 26). Der heilige Eligius entlarvte Verhexungen des Viehs, und die »Predigten gegen die Gotteslästerung« beschreiben bäuerliche Rituale vor dem Beginn des Pflügens (9, S. 45), bei denen Beobachtungen von himmlischen Lichtern eine Rolle spielten. Die Ergebenheit solchen Ritualen gegenüber zu überwinden war nicht einfach. Die Äbtissin Marcsvidis, die Gründerin eines der westfälischen Klöster, erlaubte ungefähr um das Jahr 939 ihren Bauern, jährlich zu Pfingsten eine Prozession »als Ersatz für den heidnischen Rundgang um die Felder« zu veranstalten – zu dem Zweck, »daß die Ernte auf den Feldern reicher wird« (194, S. 50–51). Der ehemals heidnische Brauch war im wesentlichen erhalten geblieben und nur ein wenig an einen christlichen Brauch angeglichen worden.

Die Kirche mußte auch in einigen anderen Fällen mit den heidnischen Traditionen rechnen. Der Papst Gregor I. empfiehlt in seinem Sendschreiben an den Erzbischof von Canterbury, Mellitus, der englischen Geistlichkeit, ihre Mission mit Vorsicht zu erfüllen und nicht zu versuchen, mit einem Schlag mit dem Heidentum zu brechen. Er rät im besonderen, nicht die Götzentempel selbst zu zerstören, sondern nur die Götzen: Wenn man die alten Heiligtümer mit Weihwasser besprengt, kann man sie für die neuen Ziele benutzen, indem man in ihnen christliche Altäre und Heiligenreliquien unterbringt, damit die Neubekehrten an ihren bekannten und gewohnten Plätzen mit größerer Leichtigkeit vom Irrtum zur wahren Religion finden können. Weil diese Leute die Gewohnheit haben, den Dämonen eine größere Anzahl Vieh zu opfern, fährt der Papst fort, »muß man ihnen anstatt dessen irgend etwas Feierliches geben«, das ihnen erlaubt – natürlich an den Tagen der Heiligen – religiöse Gastmähler vorzubereiten, »... damit sie die Tiere nicht dem Teufel zum Opfer bringen, sondern sie für die eigene Ernährung zum Ruhm des Herrn töten und ihm für alles danken«. »Weil ihnen einige äußerliche Vergnügungen gelassen werden, wird es leichter für sie sein, innere Freuden zu empfinden.« Denn es besteht kein Zweifel daran, fährt der römische Hohepriester fort, daß es nicht auf Anhieb möglich sein wird, die groben Denkweisen vollständig zu bereinigen, und »daher muß man allmählich vorgehen, in der Weise wie der Herr sich dem auserwählten Volk offenbart hat«. »So ist es auch mit den Herzen der Leute, die einer Veränderung unterliegen; sie müssen eines Teils der Opferhandlungen entsagen, um dabei einen anderen zu erhalten, und selbst wenn dies dieselben Tiere sein werden, die sie auch früher gewohnheitsmäßig opferten – sofern sie beginnen, sie Gott und nicht den Götzen zu opfern, wird die Opferung selbst schon eine andere sein als zuvor« (7, I, 30).

Mit dem Vorschlag, die Psyche der gerade Bekehrten zu berücksichtigen, wollte Gregor I. nach Möglichkeit den scharfen Konflikt zweier Religionen vermeiden – allerdings gibt es keine Daten, die bei der Taufe der Angelsachsen oder irgendwelcher anderer Heiden von der Anwendung der vom Papst empfohlenen Toleranz und Vorsicht zeugen. Die Forcierung des Christianisierungsprozesses war eine der Ursachen scharfer Auseinandersetzungen, weil die Masse der Bevölkerung mit dem alten Glauben häufig die Tradition der Freiheit und Unabhängigkeit des Volkes assoziierte. Dagegen trat die Verbindung der christlichen Kirche mit der staatlichen Macht und der Unterdrückung, die diese mit sich brachte, relativ deutlich zum Vorschein.

Der Kampf gegen das Heidentum war auf diese Art und Weise ein integraler Bestandteil der feudalen Unterwerfung der Bauernschaft. All dies machte das Heidentum zum Feind der frühfeudalen Monarchie, welche die entschiedensten Maßnahmen zu seiner Ausrottung unternahm. Vorschriften gegen die gottlosen Praktiken der Heiden erließen zum Beispiel die Mehrzahl der Monarchen des fränkischen Königshauses, angefangen mit Hildebert bis zu Ludwig dem Frommen. Die größte Aktivität im Kampf gegen das Heidentum legte Karl der Große an den Tag (Kapitularien aus den Jahren 769, 779, 794, 802–803, 809, die »Allgemeine Ermahnung« aus dem Jahr 787, sächsische Kapitularien und andere Edikte und Vorschriften). »Man soll alle Leute zum Erlernen des ›Credo‹ und des ›Vaterunser‹ oder des ›Glaubensbekenntnisses‹ zwingen«, lautete eine dieser Kapitularien. »Und wenn jemand sie nicht kennt, soll er geschlagen werden, oder er soll sich jeglichen Getränks außer Wasser enthalten bis zu dem Zeitpunkt, zu dem er sie vollständig hersagen kann, und wenn er nicht Folge leistet, soll er uns vorgeführt werden. Die Frauen sollen durch Züchtigung oder Fasten gezwungen werden. Unsere Gesandten sollen den Bischöfen dabei helfen, darauf zu achten, daß dies ausgeführt wird, und auch die Grafen, wenn wir ihnen unsere Gunst erweisen sollen, sollen den Bischöfen helfen, das Volk zur Aneignung des Glaubens zu zwingen« (11, S. 257). Die Schwierigkeiten beim Erlernen von Gebeten waren aber natürlich keine Frage des Gedächtnisses.

Das Thema der Ausrottung des Heidentums durchzieht von Anfang an – von der Niederschrift des Rechts von Kent und Wessex im 7. Jh. bis zu den »Gesetzen Knuts« (Anfang des 11. Jh.s) – auch die angelsächsische Gesetzgebung. Kaum aus der reinen Neigung heraus, biblische Texte zu zitieren, fügte der König Alfred der Einleitung zu seinen Gesetzen alttestamentliche Verbote der Götzenverehrung hinzu. Eben in dieser Zeit (Ende des 9. Jh.s) schrieb der Papst Formosus über die »abscheulichen Rituale der Heiden«, welche erneut in England Verbreitung fanden.

Ungeachtet aller Maßnahmen war das Heidentum nicht vollständig vernichtet. Und nach der Christianisierung wurden in einigen germanischen Gegenden Europas alte Gewohnheiten der Leichenverbrennung und andere von der Kirche verbotene Beerdigungsriten praktiziert. Gregor von Tours verurteilte die Arianer, die abwechselnd die kirchlichen Altäre und die heidnischen Götzentempel besuchten (24, V 43). Solche Handlungen waren aber keineswegs ein besonderes Merkmal der Häretiker, sie wurden auch von denen ausgeübt, die man als Katholiken betrachtete. In den isländischen Quellen werden Menschen »gemischten Glaubens« erwähnt: Sie besuchten die Kirche und beteten Christus an. Aber in den entscheidenden Momenten des Lebens, wenn das Bedürfnis nach Beistand durch die übernatürlichen Kräfte besonders stark empfunden wurde, wandten sie sich Thor und magischen Mitteln zu. Wie Beda der Ehrwürdige über den König von Anglien Raedwald berichtet, nahm dieser eine Zeitlang das Christentum an, doch dann kehrte er zum Heidentum zurück. Er diente nun augenscheinlich gleichzeitig Christus und den Götzen, die er früher angebetet hatte, ganz »nach der Gewohnheit der alten Samariter« (welche nach dem Alten Testament die Neigung hatten, fremde Götter anzunehmen und sie neben ihren eigenen anzubeten). In ein und demselben Tempel hatte er einen Altar für den christlichen Gottesdienst und einen kleineren für die Opfergaben an die Dämonen (7, II, 15). Die frühmittelalterliche Kunst hat vielfach verschiedenste heidnische Motive in sich aufgenommen und sie zu Zwecken eingesetzt, die der ursprünglichen Bestimmung fremd waren. Mit besonderem Argwohn schauten Kirche und Staat auf die rituellen Gelage und Versammlungen der Bevölkerung, während derer getrunken, getanzt und anderen, ebenso gegen Gott gerichteten und vom Teufel eingegebenen Tätigkeiten nachgegangen wurde. Die bei diesen Gildeversammlungen gesungenen Lieder wurden von der Geistlichkeit, die den kulturellen Traditionen des einfachen Volkes feindlich gegenüberstand, verurteilt. Die Verbote der Gilden und Treueide, die ihre Mitglieder untereinander austauschten, sind in den Kapitularien von 779 und im Edikt von 789 enthalten. Auch z. B. Caesar von Arelat sprach sich gegen die »unanständigen Ausdrücke der Liebe und Haltlosigkeit« aus, gegen die »zügellosen Lieder« und »die Tänze und Reigen selbst vor den Kirchen«. Der heilige Eligius rief dazu auf, »die teuflischen Spiele und heidnischen Lieder zu verbieten«, und Hrabanus Maurus wetterte gegen die »Spiele der Gaukler und gleichsam wie vergifteten Lieder, deren Wesen teuflische Verführung und Versuchung ist« (9, S. 70–71).

Es wäre jedoch ein Fehler, all diese Abweichungen vom wahren Glauben nur als Überbleibsel des Heidentums anzusehen. Das »Heidentum«, mit dem die Kirche nicht nur zu dieser Zeit zu tun hatte, sondern im Grunde genommen im Verlauf des gesamten Mittelalters, hatte ganz und gar nicht an Boden verloren, und es existierte nicht nur aufgrund des Gesetzes der Trägheit fort. Es war eine mächtige Kraft, aber darf man sie wirklich Heidentum nennen? Bei allen Unterschieden zur komplizierten, detailliert von der Kirche ausgearbeiteten Theologie und zum christlichen Kult, zu den kirchlichen Institutionen mit ihrer gewaltigen Hierarchie von Bediensteten, gab es auch beim Heidentum einen Komplex von Vorstellungen über Götter und die ihnen untergeordneten Kräfte. Nicht zufällig kämpfte die Kirche zur Zeit der Christianisierung vor allem gegen den heidnischen Kult und die damit verbundenen Gegenstände und Symbole, wobei sie die Götzen und Tempel vernichtete und der Bevölkerung verbot, ihre früheren mit diesen Kulten verbundenen Bräuche und Opferhandlungen aufrechtzuerhalten.

Aber hinter dem Kult als solchem verbarg sich ein gewisses System an Vorstellungen und Denkgewohnheiten, das verhältnismäßig unabhängig vom Glauben an die eine oder andere Gottheit war. Die Vernichtung der Tempel und das Ersetzen der heidnischen Feiertage durch kirchliche führte für sich allein genommen noch nicht zur Abwendung der Bevölkerung von ihrem traditionellen Blick auf die Welt und die Kräfte, die sie lenken. Mit verschiedenen Mitteln gelang es der Kirche, den frisch Bekehrten zu beweisen, daß Christus der mächtigere Gott war als Wodan (Odin) oder Donar (Thor), und die früheren Götter an die Peripherie des religiösen Bewußtseins zurückzudrängen. Sie wandelte sie in eine teuflische Macht um oder übernahm in einzelnen Fällen einige Züge in die Charaktere von Heiligen, auf die die entsprechenden, früher von den heidnischen Gottheiten ausgeübten Funktionen übertragen wurden. Infolgedessen festigte sich der kirchliche Ritus, der im Prinzip dem Heidentum feindlich gegenüberstand und vom Standpunkt der Theologen mit den alten Volksbräuchen nichts gemein hatte. In praktischer Hinsicht entschädigte er aber zum Teil die ehemaligen Heiden, die nicht bis zum höheren transzendenten Sinn der christlichen Liturgie, die ihrer Auffassungsgabe kaum zugänglich war, vordrangen. Sie erblickten darin einen Komplex von Ritualen, die zum Teil ihre praktisch-religiösen Bedürfnisse befriedigten. Aber nur teilweise, denn die rituellen Zechereien und Götzenopfer schöpften auch vor der Taufe keineswegs die Mittel voll aus, mit denen sich der Mensch in der agrarischen Gesellschaft bemühte, seinen Wohlstand und seine Sicherheit zu gewährleisten.

Unter der Oberfläche religiösen Bewußtseins, sei es nun Christentum oder Heidentum, breitete sich eine mächtige Schicht archaischer, »althergebrachter« Stereotype der praktischen oder intellektuellen »Weltaneignung« aus, welche schwerlich als religiös im engeren Sinne des Wortes bezeichnet werden kann. Die Religion (ich meine natürlich nur das Christentum und jene Formen des Heidentums, mit denen die Kirche gezwungenermaßen in den romanischen und barbarischen Teilen Europas zusammenstieß) war verbunden mit Menschwerdung und Vergeistigung der Natur, welcher anthropomorphe Eigenschaften und Züge zugeschrieben wurden: Durch diese »Personifizierung« fiel es dem Menschen leichter, mit den Naturkräften zu leben. Daneben hatten sich im Bewußtsein der Masse der Dorfbevölkerung ungeachtet des Glaubens an die Götter und gewissermaßen davon unabhängig (weil die alten Gottheiten durch einen neuen Gott ersetzt worden waren) ganz andere Verhaltensdirektiven erhalten. Diese waren nicht durch Übertragung menschlicher Eigenschaften auf die übrige Welt entstanden, sondern umgekehrt durch Ausdehnung der Naturmerkmale auf den Menschen. Die Menschen beobachteten an sich dieselben Eigenschaften, die auch in ihrer gesamten natürlichen Umwelt anzutreffen waren. Eigentlich nahmen sie sie nicht als »Umgebung« oder »Umwelt« wahr, sondern sie empfanden sich als ihr integraler Bestandteil, da sie selbst unmittelbar in den Kreislauf der Naturerscheinungen eingeschlossen waren.

Diese Teilnahme am Pulsieren des Universums, die sowohl im beständigen Einwirken der Natur auf den Menschen als auch in seiner ebenso notwendigen Einwirkung auf den Gang der Dinge in der Natur, und zwar unter Zuhilfenahme eines ganzen Systems übernatürlicher Mittel, zum Ausdruck kam, ist nichts anderes als Magie. Die magische Beziehung zur Welt war in der Periode des Frühen Mittelalters kein einfaches Überbleibsel des Heidentums, sondern ein wichtiger Aspekt der Weltanschauung und Praxis der dörflichen Bevölkerung. Die Weltanschauung dieser Menschen war dem Wesen nach magisch, wenn man sie auf der Grundlage der Quellen beurteilt, die ihr Leben und ihre Ansichten widerspiegeln (insoweit das überhaupt in dieser Periode möglich ist). Das gesamte Alltagsleben des mittelalterlichen Dorfes zeugt davon, daß wir tatsächlich ein »magisches Bild von der Welt« vor uns haben.

Unter den Quellen, die uns relativ umfangreich mit dem Aberglauben und den Ritualen des Dorflebens im Frühen Mittelalter bekanntmachen, haben die *poenitentialia* (»Bußbücher«) der katholischen Kirche den größten Wert. Es waren Anleitungen für Beichtväter, die Listen von Sünden enthielten und Bußen dafür festlegten. Mitunter waren sie in Form detaillierter Fragelisten niedergeschrieben, die die Pfarrer bei der Beichte anwenden mußten, wobei sie ihnen die aus ihrer Sicht notwendigen Fragen entnahmen und sie dabei aus dem Lateinischen in die dem Beichtenden verständliche Sprache übersetzten. Diese praktischen Anleitungen waren für den Teil der Geistlichkeit bestimmt, der der Gemeinde am nächsten stand, ihr religiöses Leben kannte und es bei seiner Amtsausübung im Auge zu behalten hatte. Es ist klar, daß in diesen Quellen nur die Fragen enthalten sind, die vom Geistlichen gestellt wurden, aber nicht die Antworten der Gemeindemitglieder. Ungeachtet ihres stark stereotypen Inhalts (ein beträchtlicher Teil des Materials der frühen Bußbücher ging fast ohne Änderung in die späteren über) kann man unmöglich den Standpunkt vertreten, daß diese Quellen rein traditionellen Charakter haben, der nicht die Realität zum Ausdruck bringt (134). In Wirklichkeit waren die Fragen der Bußbücher in starkem Maße vom Leben diktiert, stützten sich auf die Erfahrungen in der Beichte und sind deshalb wertvolle Bezeugungen für die Charakterisierung der nichtorthodoxen Formen der Volksreligiosität.

Die Kirche kämpfte gegen alle Sünden an, aber der wichtigste und gefährlichste Feind aus der Sicht der Verfasser der Bußbücher war wohl das »Heidentum«. Dieses »Heidentum«, dessen die Pater die Gemeinde beschuldigten, war vollkommen relativer Natur; wenn die Leute tatsächlich den Gottesdienst besuchen, zur Beichte gehen und in der Lage sind, das Glaubensbekenntnis zu rezitieren (mit dem das Gespräch des Geistlichen mit dem Gemeindemitglied begann), ist es problematisch, sie nicht als Christen zu bezeichnen. Folglich handelt es sich um ein Heidentum von Christen, wenn überhaupt um Heidentum. Es geht also mit anderen Worten um das religiös-moralische Verhalten der Gemeindemitglieder, das von der Kirche nicht etwa deshalb als sündig und gegen Gott gerichtet verurteilt wurde, weil sie nicht an Gott geglaubt und es abgelehnt hätten, seinen Dienern Folge zu leisten, sondern deshalb, weil diese Leute neben der christlichen Konfession an jeglicher Form des Aberglaubens und an im Widerspruch zur Kirche stehenden religiös-magischen Praktiken festhielten. Unwillkürlich taucht die Frage auf: Wie eingehend und genau haben sie denn die christliche Lehre selbst überhaupt wahrgenommen?

Es wäre sehr riskant, nur auf der Grundlage offizieller religiöser Texte dieser Zeit oder der Werke von Theologen auf das mittelalterliche Christentum zu schließen. Auch die wesentlichen Berichtigungen würde man kaum als genügend betrachten, die beim Studium der Ketzerei gemacht werden, denn auch die Ketzerei stellte eine unorthodoxe Form desselben Christentums dar. Die Häretiker forderten eine Rückkehr zum »ursprünglichen«, »wahren« Wort Christi. Und außerdem, das darf man nicht vergessen, standen sie in zahlenmäßiger Hinsicht bis zur Reformation immer den rechtgläubigen Christen nach, besonders im Frühen Mittelalter. Aber wie war er, dieser Durchschnittskatholik, der keine heidnischen Götter anbetete und nicht der Häresie verfiel, die Kirche besuchte und sich nicht der Beichte entzog? Genau von ihm ist die Rede in den Bußbüchern.

Das Verhalten dieser Gemeindemitglieder, das will ich erneut betonen, wird bedingt durch eine beständige, intensive Wechselwirkung und Einheit mit der Natur. Damit die kosmische Ordnung nicht verletzt würde, waren, um beispielsweise die Zeit des Neumonds hervorzurufen, bestimmte magische Rituale und Beschwörungen unerläßlich, welche dem Mond »sein Leuchten wiedergeben würden«[3]. Die Rituale der Einflußnahme auf die »Elemente« waren notwendig dafür, während der Zeit der Dürre Regen hervorzurufen; in einem der Bußbücher ist detailliert die Zauberprozedur des »Herauslockens« des Regens aus dem Fluß durch die Kinder des Dorfes beschrieben (47, S. 452). Das Feld würde die Ernte nicht ohne Opfergaben hergeben, die genauso nötig sind wie Pflügen und Saat, und die Haustiere und Vögel würden nur mit Nachkommen gesegnet sein, wenn die Hausherrin bestimmte magische Rituale durchführte. Die Bußbücher verurteilen die Magier, die Stürme heraufbeschwören (48, S. 308, 811). Ein solches Verhältnis zur Natur ist nicht eine bestimmte Summe von Mitteln, die die natürliche Kausalität »vervollständigen« und zum »gewöhnlichen« Gang der Dinge beitragen – nach der Überzeugung dieser Menschen ist die Magie ein Bestandteil des Weltkreislaufs, welche das Natürliche und Übernatürliche in einem unauflöslichen Ganzen vereinigt.

Analog dazu, wie sich die Menschen in die Prozesse in der Natur einschalten und ihnen dabei durch rituelle Handlungen helfen, beeinflußt umgekehrt auch die Natur direkt das Schicksal der Menschen. Der

Mensch im Frühen Mittelalter will, indem er die Bewegungen der Sterne und Planeten beobachtet, dem Vogelflug folgt, Vorzeichen untersucht, eine Erfolgsgewähr für seine Tätigkeit haben. Zu den Januarkalenden schmücken sich die Feiernden mit Kalbs- und Hirschfellen. Sie empfinden ihre Einheit mit der Natur und demonstrieren sie anschaulich. Diese Einheit wird während der Volksspiele und Opferungen an die Naturkräfte, die unter freiem Himmel, an Quellen, in Hainen und auf Felsen stattfinden, wiedererzeugt. Indem sie diese Menschenansammlungen strengstens verbot, versuchte die Kirche, die Gemeinde aus dem Schoß der Natur herauszureißen, weil vom Standpunkt der Geistlichkeit aus gesehen der Mensch nur im Haus Gottes in Kontakt mit der höchsten Macht treten darf.

Jedoch entsprachen die Vorstellungen in der Gemeinde von dieser die Welt lenkenden Macht ganz und gar nicht den vom Christentum gelehrten. Diese Macht war das Schicksal, seine konkreten Verkörperungen die mächtige Holda oder Hulda (dt. »Frau Holle«), die die Hausfrauen und Wöchnerinnen begünstigende Frija, »die drei Schwestern« – die Parzen und andere Wesen, die in einer späteren Zeit in das Volksmärchen und die Legende eingingen, aber während des Frühmittelalters Gegenstand der Anbetung waren. Gerade auf den Glauben an das Schicksal gründeten sich die Wahrsagungen, der Blick in die Zukunft, gegen die die Autoren der Bußbücher ihren Zorn richteten. Die magischen Zeremonien wurden von ihnen als Versuche betrachtet, »dem göttlichen Schicksal zu entrinnen«. Nach all dem zu urteilen, war der Begriff der göttlichen Vorsehung dem Bewußtsein der Menschen der agrarischen Gesellschaft fremd, welche die Welt in konkreten Bildern, weit von Abstraktion entfernt, wahrnahmen. »Hast du dich auch nicht der Kunst der Wahrsagung oder Magie zugewandt, wenn du irgendeine Sache angefangen hast, anstatt den Namen Gottes anzurufen?«, fragt ein Beichtvater ein Gemeindemitglied (47, S. 431). »Du meinst doch nicht«, ruft er aus, wobei er sich an den in »Heidentum« verfallenen Sünder wendet, »daß der Hahn mit seinem Schrei schneller das Böse verjagen kann als göttliche Vernunft?« (47, S. 442). Die Kirche hatte verboten, an Werwölfe zu glauben, und ein kirchlicher Autor stellte eine rhetorische Frage: »Hast du wirklich geglaubt, daß irgend jemand außer dem allmächtigen Gott fähig ist, ein Geschöpf Gottes in eine andere Form oder ein anderes Wesen zu verwandeln?« (47, S. 442).

In Übereinstimmung mit der christlichen Lehre ist die Natur nur eine Dienerin des Schöpfers. Unterdessen spielt sie in der Weltanschauung der Menschen, an die die Fragen der Bußbücher sich richten, eine vollkommen andere Rolle: Gerade die Natur und ihre Kräfte beten sie an, auf sie versuchen sie einzuwirken, und von ihr erwarten sie Hilfe. Der Glaube an die Naturkräfte ist auch die Grundlage aller Volksmedizin und des äußerst verzweigten Systems zauberkräftiger und verderblicher Mittel, gegen die die Geistlichkeit ebenso zu Felde zog. Als besonders gefährlich schätzte die Kirche die Frauen ein, die sich mit der Herstellung jeglicher Art von Mixturen und Amuletten beschäftigten. Die Frau erschien überhaupt als den Kräften der Natur näherstehend und ihnen enger verbunden. In den Handbüchern für Beichtväter wird dem Glauben an die Fähigkeit bestimmter Frauen, in den Nächten zum Hexensabbat zu fliegen und »der heidnischen Göttin Diana als einer Herrin zu dienen« (47, S. 429), große Aufmerksamkeit gewidmet. All dieser Glauben, versichern die Bußbücher, ist nichts anderes als teuflische Eingebung.

Die Verfasser der *poenitentialia* geben zu, daß die gefährlichen und trügerischen Irrtümer, gegen die sie entschieden, aber dem Anschein nach nicht allzu erfolgreich ankämpften, im Volk weit verbreitet und Gemeingut einer »Unmenge von Dummen« sind.

Die Ursprünge eines solchen Glaubens, der so weit vom Christentum entfernt liegt, sind unterschiedlicher Art. Es ist schon schwierig, in ihnen germanische von romanischen oder keltischen Motiven zu unterscheiden. Wesentlich ist nicht die Herkunft dieser oder jener Ideen oder Vorstellungen, sondern ein ganz anderer Umstand: das Bewußtsein des Menschen im Frühmittelalter, in erster Linie des Dorfbewohners, war ein fruchtbarer Nährboden für die Reproduktion solcher Art von Aberglauben. Der Bauer dieser Epoche, unmittelbar in den Kreislauf der Naturerscheinungen eingebunden und ihm unfreiwillig und unausweichlich sein ganzes Leben lang unterworfen, war nicht fähig, hinter die Grenzen der archaischen Weltauffassung vorzustoßen, deren Fragmente wir in den Fragelisten der Bußbücher finden (wie auch in anderen Quellen, freilich nicht in solch konzentrierter Form) und die in vielem dem christlichen Weltbild widersprach.

Einer der grundlegenden Züge dieser archaischen Weltauffassung war die Zyklizität. Die Zeit, in der die agrarische Gesellschaft lebt, ist eine Naturzeit, eine Abfolge der jährlichen Zyklen mit ihrer ewigen Wiederholung. Die zeitlichen Orientierungspunkte, die in diesem Gedankensystem bedeutsam waren, sind durch den Wechsel der Jahreszeiten vorgegeben. An bestimmten Punkten des Zyklus sind Feiertage eingerichtet

worden (die Bußbücher warnen vor heidnischen Ritualen zu den Januarkalenden). In der bäuerlichen Welt entsteht im Prinzip nichts Neues, alles wiederholt sich, das Leben des Menschen von der Geburt bis zum
Tod verläuft immer gleich, es gibt für alle ein und denselben Kreis von
Ereignissen. Die schon eine Ewigkeit während Wiederholung der gegebenen Verhaltensstereotype und Vollziehung der traditionellen Rituale
durch Menschen, die ganz und gar von der Routine der Landwirtschaft
in Anspruch genommen sind, erschwert die Suche nach Neuem und auch
das Interesse daran.

Aber insoweit sich das einfache Volk den christlichen Glauben angeeignet hat, mußte ihm das eigene Teilhaben an der Geschichte der Rettung zu Bewußtsein gekommen sein. Folglich muß ihm auch seine Ein-
geschlossenheit in den Prozeß der Bewegung in eine bestimmte Richtung
– zum Ende der Welt, zum Jüngsten Gericht und zur Vergeltung der Sünden – deutlich geworden sein. Es ist durchaus möglich, daß sich gerade
durch die Angst vor Bestrafung (und die Angst ist in einem solchen System des Bewußtseins ein mächtiger Faktor) diejenigen, die noch vor
kurzer Zeit Heiden gewesen waren, bis zu einem gewissen Grad der Idee
der Geschichte als linearem Zeitverlauf anschließen konnten.

So haben wir also unter dem Christentum, sei es nun gut oder schlecht
angenommen worden, eine archaischere Schicht des Bewußtseins und
die entsprechenden Glaubensinhalte und Methoden der Lebensorientie-
rung und des Verhaltens bloßgelegt und stoßen auf das Problem, daß es
hier Wechselbeziehungen und gegenseitige Einflußnahme gab. Leider
geben die Quellen keine Möglichkeit, sich ausreichend mit der inneren
Welt des Bauern dieser Zeit auseinanderzusetzen. Seine Persönlichkeit ist
in ihnen verwischt, und er tritt als Typ und nicht als Individuum auf. Die
Bußbücher stellen durch ihre Spezifik nur die Widersprüche zwischen
zwei Weltanschauungen dar und behandeln sie als unversöhnlich: Das
Christentum ist der Weg der Wahrheit und der Rettung, das Heidentum
der sündige Irrtum. In Wirklichkeit war alles wahrscheinlich wesentlich
komplizierter. In dem Dialog, der von den Beichtinstruktionen gefordert
wurde, hören wir nur die Stimme des Geistlichen, der die Vergehen aus-
kundschaftete, nicht aber die Beichte selbst mit ihren Geständnissen,
Unschlüssigkeiten, Versuchen der Selbstrechtfertigung und vielleicht
auch ihrem Verschweigen. Es ist nicht ausgeschlossen, daß der Bauer als
Folge des Aufeinandertreffens der beiden oben erwähnten Weltbilder
einen inneren Konflikt durchlebte, der unserem Blick dadurch ent-
schlüpft.

Der Historiker muß sich auf folgende Feststellung beschränken: Die christliche Predigt erzeugte durch die Art, wie sie von der Masse der Bevölkerung aufgenommen wurde, eine höchst spezifische Synthese der Weltanschauungen. Die Christianisierung der Bauern führte zur Herausbildung von Ansichten, die weit entfernt von dem waren, wonach die Geistlichkeit trachtete. Die Elemente der neuen Religion bildeten mit der mächtigen Schicht archaischer Glaubensinhalte und Weltvorstellungen, die in vielem das Verhalten der Bauernschaft bestimmten, eine Synthese.

6. Der Bauer und das kirchliche Ideal der Heiligkeit

In den barbarisierten Regionen Europas wies die Kultur in den ersten Jahrhunderten des Mittelalters in sozialer Hinsicht keine scharfen Unterschiede auf. Die gemeinsamen Ideale der gesamten barbarischen Gesellschaft verloren nicht sofort ihre Gültigkeit, als der Übergang zum Feudalismus einsetzte. In der barbarischen Gesellschaft waren diese Ideale hauptsächlich heroischer Natur: Die Heldentaten, welche am höchsten geschätzt wurden, waren stets mit Krieg verbunden. Die Heldenlieder und -sagen der Germanen, die unmittelbar die Geisteshaltung und ethischen Normen der kriegerischsten Elemente der Gesellschaft, des Adels, ausdrückten, entsprachen daneben auch dem Geschmack und dem Sinnen und Trachten aller Freien. Deutsche Bauern sangen, wie die »Quedlinburger Annalen« (10. Jh.) belegen, Lieder über Dietrich von Bern, also Heldenlieder über Theoderich (49, III, S. 31)[4]. In der Vita des heiligen Liudger wird der Sänger Bernlew erwähnt, der bei den Friesen wegen der von ihm vorgetragenen Lieder über alte Heldentaten und Kriegszüge der Könige sehr beliebt war (49, II, S. 410). Besonders kultiviert wurde die heroische Poesie in Nordeuropa, bei den Skandinaviern und Angelsachsen.

Im Zuge der Entwicklung von Klassengegensätzen wurde die Bauernschaft unaufhaltsam von diesen kulturellen Werten zurückgedrängt, die allmählich zu Monopolbesitz der herrschenden Klasse wurden. Dieser Prozeß wurde in erster Linie durch das steigende Mißverhältnis zwischen dem ideellen Gehalt der Heldenpoesie und der realen Lage der Bauern hervorgerufen, deren Interessen durch die Macht des Faktischen immer stärker eingeengt wurden und sich der Routine des dörflichen Lebens unterordneten. In der Welt des kriegerischen Epos, für das die Ritterschaft das gleiche Interesse an den Tag legte wie ihr ferner Vorgänger, der vorfeudale Adel, war kein Platz für den einfachen Menschen. In noch geringerem Maße konnte man ihn in den neuen Genres der aristokratischen Dichtung finden, und zwar im Ritterroman und den »Heldenliedern« (*chansons de gestes*). Und dennoch gibt es keine Grundlage für die Behauptung, daß die ritterlichen Epen »Rolandlied« und »Nibelungenlied« dem einfachen Volk völlig fremd sind. Diese Werke entsprachen zwar unmittelbar den Idealen der aristokratischen Oberschichten, aber daneben kommen in gewissem Maß auch Vorstellungen zum Ausdruck, die Allgemeingut im Volk waren. Sie standen in Zusammenhang mit dem sich in der feudalen Epoche allmählich herausbildenden Bewußtsein, einem ganz bestimmten Volk anzugehören.

Anders stand es mit den Heiligenviten oder Heiligenlegenden, dem beliebtesten Genre der mittelalterlichen Literatur. Diese Viten waren keine Werke der Volkskunst; sie wurden von Geistlichen geschaffen und aufgeschrieben, nicht selten auf unmittelbare Anweisung der kirchlichen Hierarchien. Gerichtet waren sie aber an breiteste Kreise der Bevölkerung und erfreuten sich außergewöhnlicher Popularität. Das Publikum, für das die Heiligenlegenden vorgesehen waren, gab diesen Werken eine bestimmte Prägung. In ihnen wurden Themen aufgeworfen, die von brennendem Interesse für den gewöhnlichen Gläubigen waren. Die hagiographischen Werke erfüllten eine wichtige religiös-didaktische und propagandistische Funktion. Daher wurden in den Legenden auch soziale Probleme angesprochen, und die darin enthaltene Theologie war grob und primitivisiert dargestellt.

Der Glaube an die Heiligen entsprach vollkommen den magischen Gewohnheiten und Neigungen des einfachen Menschen, der sich nicht in den christlichen Sakramenten und subtilen Feinheiten der Theologie auskannte, aber gern an Wunder glaubte und zugleich nach ihnen verlangte. Die Allmacht des Heiligen, die sogar von Dämonen anerkannt wurde, seine Autorität, die die Autorität jedweder irdischen Kraft überstieg, all das mußte dem einfachen Menschen natürlich imponieren. Die Geistlichkeit nutzte den Glauben an Wunder für ihre Interessen aus (die Verbreitung und Festigung des Glaubens, das Anziehen von Pilgern an einem bestimmten geheiligten Ort, die Vermehrung der Gaben an die Klöster) und versuchte gleichzeitig, ihn hin und wieder einzudämmen. Nicht in jedem Fall erkannte sie die Echtheit eines Wunders an, denn es konnte sich auch um ein Schein-Wunder handeln, das durch Intrigen des Teufels suggeriert worden war! Die kirchlichen Autoren seit der Zeit des

Augustinus versicherten, daß ein Wunder nicht das Wichtigste für einen Heiligen sei, aber die Heiligen, die nicht durch Wunder berühmt waren, hatten im Volk keine Popularität. Die Geistlichkeit wurde mit dem beständigen Bestreben des einfachen Volkes konfrontiert, Wunder zu »bekommen« und dadurch sein Bedürfnis nach Wundern, nach einer Magie in neuem Gewand, letztendlich nach sozial-religiöser Vertröstung zu befriedigen. Diese konnte als Kompensation für die Unvollkommenheit und Prosaik des alltäglichen Lebens dienen.

Das Wunder war ein zu effektives Mittel der sozialpsychologischen Einflußnahme auf die Massen, als daß die Kirche es sich hätte erlauben können, darüber hinwegzusehen. Da das gesellschaftliche Bedürfnis nach etwas Wunderbarem derart stark war, bemühte sich die Geistlichkeit, sich seiner in für sie vorteilhafter Weise zu bedienen. Während sich bei den Heiden alle möglichen Zauberer mit Magie beschäftigen konnten, »Mathematiker« und überhaupt alle in diesen Dingen erfahrenen Leute (diese Tradition ist im Zaubermärchen erhalten geblieben), wurde bei den Christen das Wunder zum Monopoleigentum des von der Kirche anerkannten und kanonisierten Heiligen; jede »Eigenbetätigung« war streng verboten. Auf diese Weise befand sich der Bereich des Übernatürlichen unter der ideologischen Kontrolle der Geistlichkeit. Die Heiligen wurden zu unerläßlichen Fürsprechern und Verteidigern vor einer weit entfernten und abstrakten Gottheit, die dem einfachen Menschen fremd und wenig verständlich war.

Die Legenden von Heiligen sind äußerst einfach, allgemeinverständlich und populär. Der Heilige ist nichts weiter als ein christianisierter Magier, der Wunder vollbringt und die Schwachen und Erniedrigten heilt und beschützt. Man gewinnt den Eindruck, als würden seine Züge den Verfassern der Heiligenlegende von seiner Zuhörerschaft geradezu aufgezwungen, und sie schrieben den Heiligen dann jene Eigenschaften und Züge zu, die das einfache Volk bei ihnen zu finden erwartete. Die Denkstruktur in der Hagiographie ist primitiv. Die Finten, zu denen die Heiligen greifen, um den Teufel zu überrumpeln, entsprechen der List, wie sie sich in den Volksmärchen findet. Es genügt – als ein Beispiel, das nicht der groben Komik entbehrt –, einen Rechtsstreit um die Seele der Dirne Afra zwischen dem Bischof Narcissus und dem Teufel anzuführen (14, S. 58–60). Die Beziehungen zwischen den Gläubigen und den Heiligen stellten sich die Bauern als Beziehungen der gegenseitigen Hilfe und des Schutzes vor. Als die Leute des Erzbischofs von Orleans am Sarg mit den Reliquien des heiligen Martin von Tours erschienen, um einen

Geflohenen zu ergreifen, liefen die Nachbarbauern, die sich bewaffnet hatten, in Scharen zusammen und erklärten, daß »sie es nicht dulden, daß ihrem Heiligen eine Schmach zugefügt wird« (118, S. 179). Der eigene Heilige wurde höher geschätzt als »fremde«, und man war stolz auf seine Macht.

In der Hagiographie des Frühen Mittelalters nehmen Motive der Hilfe des Heiligen für die Armen, Witwen und Waisen, also sozial Benachteiligten, einen großen Raum ein. Großer Popularität erfreute sich im Verlauf des Mittelalters die Legende über Peter Publicanus, der sich durch ein Almosen an einen Armen rettete (146). Die Unterstützung der Bettler und Elenden ist das Lieblingsthema der Hagiographie. Besonders häufig findet man in den Heiligenlegenden aus der Merowingerzeit die Befreiung eines Gefangenen, Sklaven oder Verbrechers, der zu Kerker oder zum Tod verurteilt wurde, durch einen Heiligen. In den Viten, die dieses Thema behandeln, das dem kleinen Mann offensichtlich am Herzen lag, treten als handelnde Personen ein barmherziger Heiliger und ein grausamer Richter auf.

Der Beschützer der Elenden, der Heilige, ist dabei aber keineswegs ein Gegner der weltlichen Macht und ein Kämpfer gegen die Unterdrückung; er steht über dieser Macht in dem Sinne, daß die Kirche gerechter als der Staat und das »Reich Gottes« wahrhaftiger als das zeitlich begrenzte »irdische Reich« ist. Der Heilige tritt ganz und gar nicht als prinzipieller Gegner der Sklaverei und der Unterdrückung auf, und wenn deren Folgen dank seines wundersamen Eingreifens gemildert werden, stellt dies lediglich einen speziellen Fall dar. Wenn in den Heiligenlegenden ein schlechter König oder Herr dargestellt werden, handelt es sich ebenfalls immer um eine konkrete Person; böse kann nur dieser oder jener Mensch sein, aber nicht eine ganze Institution oder ein Stand. Beispielsweise ist so das Eingreifen des heiligen Lantfried zur Verteidigung der Pächter eines Klosters vor dem grausamen Verwalter zu verstehen (137, S. 35 ff.) oder des heiligen Servatius, der auf der Seite der abhängigen Bauern stand, die von einem ungerechten Vogt niedergedrückt wurden (49, VII, S. 189). Es geht hier nicht um einem moralischen Gegensatz zwischen den Menschen am oberen und unteren Rand der Gesellschaft. Nach den Heiligenlegenden ist das ideale Verhalten eines Herren Weichheit und Barmherzigkeit seinen Untertanen gegenüber; eine entgegengesetzte Handlungsweise kann nur durch den Einfluß des Heiligen korrigiert werden. Der einfache Mensch hingegen muß ergeben die Mühsal seines Lebens ertragen. Unfreiheit und Ungleichheit sind der natürliche

Zustand der Gesellschaft, in dem der Auserwählte Gottes, die handelnde Person der Vita, aktiv wird. Wie selbstverständlich werden auch Sklaven und andere abhängige Personen, die den Heiligen selbst unterstellt sind, in den Viten erwähnt. Der heilige Gamalbert (Bayern) stiftete Frieden unter seinen Sklaven, die sich untereinander zerstritten hatten, indem er ihnen Kleider und andere Güter schenkte; er schonte sie bei harten Arbeiten, aber weiter nichts (49, VII, S. 25). Wenn sie die Befreiung von Gefangenen aus dem Kerker zum Thema machten, demonstrierten die Hagiographen die wundersame Macht des Heiligen und nicht etwa sein Bestreben, die himmelschreiende soziale Ungerechtigkeit zu beheben. Die Heilung von Kranken, die Verteilung von Schätzen, großzügige Almosen: Das waren vollkommen ausreichende Beweise der Heiligkeit.

Man muß anmerken, daß die Heiligen der Hagiographie im Frühen Mittelalter in aller Regel adliger Abstammung waren und einen hohen sozialen Rang bekleideten. Einer der verbreitetsten »Gemeinplätze« der Hagiographie dieser Zeit ist ein Heiliger, der von Geburt her adlig und von seiner Religiosität her noch edler ist. Ausnahmen von dieser Regel sind äußerst selten. Die Grundtriade in der Struktur der frühmittelalterlichen Vita, »Volk – König – Heiliger«, wird später durch ein neues Mitglied ergänzt, den »Adel«, wobei dieser allmählich den Monarchen in den Hintergrund drängt oder ihn vollständig ersetzt. Die Legenden über Heilige spiegeln die wachsende Feudalisierung des sozialen Lebens wider. Schon in der Merowinger Hagiographie wird das gegensätzliche Begriffspaar *fidelis – perfidus* sowohl in der Bedeutung »Gläubiger – Ungläubiger« als auch in der Bedeutung »Treuer – Untreuer« gebraucht. Diese Bedeutungsverschiebung, die Ausdehnung von rein religiös-konfessionellen Bedeutungen, ist ein wesentliches Symptom der Wandlung des gesellschaftlichen Bewußtseins. In der Zeit der Karolinger wird der Begriff *fidelis* zum *terminus technicus* (128, S. 359–360). Die Ideologie der feudalen Treue wurde organisch in die kirchliche Literatur eingebunden und übte durch die Heiligenlegenden Einfluß auf breite Volksschichten aus.

7. Die Bauernschaft und die sozial-ethnischen Prozesse
im Frühen Mittelalter

Während schon die Probleme der Herausbildung der Völkerschaften und inwieweit sie sich im untersuchten Zeitraum vollzog, allgemein noch äußerst unzureichend erforscht sind, so ist die Frage nach der Rolle, die in diesem Prozeß die Bauernschaft spielte, und nach ihrem »ethnischen Bewußtsein« im Grunde genommen noch gar nicht gestellt worden. Will man die ethnopsychologischen Einstellungen der frühfeudalen Bauernschaft untersuchen, muß man sich deshalb auf wenige Erwägungen beschränken.

Die Ansiedlung der Barbaren in den von ihnen eroberten Provinzen des Römischen Imperiums führte dazu, daß auf demselben Territorium zwei oder sogar mehrere ethnische Gruppen nebeneinander existierten. Die Gegensätze zwischen den Eingewanderten und der ansässigen romanisierten Bevölkerung blieben anfangs bestehen. Das kulturelle Niveau auch in alltäglichen Dingen, die Sprache, die Tradition, das Rechtsbewußtsein, all das war äußerst unterschiedlich. Und obwohl die Germanen nicht selten in unmittelbarer Nähe der »Römer« siedelten und in vielfältigen Beziehungen mit ihnen standen, hielt sich der ethnische Antagonismus relativ lange. Der Auvergner Sidonius Apollinarius klagte in der zweiten Hälfte des 5. Jh.s in seinem in Versform verfaßten Sendschreiben über die Unfähigkeit, die Venus zu besingen, wenn man »inmitten einer Horde von Zottigen« lebt. Unter der Germanenherrschaft mußte der feinsinnige Poet ihre barbarische Grobheit und Ungezogenheit ertragen und gegen seinen Willen die Lieder der »vollgefressenen Burgunder« loben, die einen üblen Geruch von Zwiebeln und Knoblauch verströmten, obgleich diese »siebenfüßigen Patrone« sich ihm gegenüber sehr gutmütig verhielten (2, S. 91 – 92).

Eines der Kennzeichen des ethnischen Antagonismus war die erniedrigte rechtliche Lage der unterworfenen Bevölkerung. In den Rechtsschriften wird der »Römer« dem Germanen als Mensch mit beschränkter Rechtsfähigkeit gegenübergestellt: Der zu leistende Schadenersatz für einen ihm zugefügten Schaden ist geringer als die den Barbaren zustehenden Wergelder und andere Zahlungen. Der gewöhnliche freie Barbar nimmt auf der Skala der sozialjuristischen Wertungen mitunter einen höheren Platz ein als der römische Besitzer, von den Vertretern der abhängigen romanischen Bevölkerung ganz zu schweigen. Die Antagonismen zwischen den Stämmen behielten auch hinsichtlich jener breiten heterogenen Schicht, welche später die Bauernschaft bildete, ihre Gültigkeit. Die Einhaltung des Prinzips des »persönlichen Rechts«, nach dem Personen unterschiedlicher Stammeszugehörigkeit »jeder nach seinem Gesetz« lebten, machte Kleinproduzenten uneinig. Eine wichtige Rolle spielten dabei in einigen barbarischen Königreichen religiöse Gegensätze zwischen barbarischen Arianern und rechtgläubigen Christen, den »Römern«. Es ergaben sich wohl auch Unterschiede innerhalb von Stammes- und territorialen Gruppen der Germanen selbst; auch unter ihresgleichen haben diese nicht immer Gleichheit gewahrt.

Das hohe Selbstbewußtsein der Freien in der barbarischen Gesellschaft, von dem oben die Rede war, war bedingt durch das Bewußtsein ihrer Zugehörigkeit zu einem Stamm, der sich unter dem Schutz der Götter befand. Die Vorstellung von der Auserwähltheit des eigenen Volkes blieb auch erhalten, als das Christentum schon gesiegt hatte, das den Glauben höher als Stammes- oder nationale Zugehörigkeit stellte. Als beredtes Zeugnis dieses aus der Abstammung resultierenden Selbstbewußtseins kann der Prolog zum Salischen Recht (etwa Mitte des 8. Jh.s) dienen: »Das Volk der Franken ist ruhmreich. Es wurde von Gott dem Allmächtigen erschaffen, es ist stark im Kampfe, standhaft beim Friedensvertrag, klug im Rat, von edler Gestalt, ungetrübt in seiner Reinheit, vortrefflich in der Haltung, kühn, schnell und unnachgiebig, zum katholischen Glauben bekehrt, frei von Häresie. Als es noch an der Barbarei festhielt, suchte es seinen Bräuchen entsprechend durch göttliche Eingebung den Schlüssel zum Wissen, strebte nach Gerechtigkeit und bewahrte Frömmigkeit ... Ruhm sei Christus, der die Franken liebgewonnen hat! Er erhalte ihr Reich und erfülle ihre Herrscher mit dem Licht seiner Gnade! Denn dies ist ein tapferer und starker Stamm, welcher mit Waffen das schwere Joch der Römer von sich abschüttelte und, als es der Heiligkeit der Taufe gewahr wurde, die Körper der heiligen Märtyrer mit Gold und kostbaren Steinen reich schmückte.« Wir haben hier eine Mischung idealer Traditionen der barbarischen Gesellschaft mit christlicher Religion und monarchischer Ideologie vor uns (ein bedeutender Teil der Tugenden, die hier den Franken zugeschrieben wurden, spiegelt germanische Ideale der heroischen Zeit wider). Es ist eine eigentümliche historische Apologie der Überlegenheit der Franken über andere Völker und der Begründung der Herrschaft über sie. Selbst der Stammesname, *Franci*, war ein Synonym ihrer Freiheit, und in den Quellen werden einerseits die Begriffe *Franci* und *liberi, nobiles* (»Freie«, »Adlige«) gleichgestellt und andererseits *Francus* und *debilior persona* (»schwacher«, »unbedeutender Mensch«) in Gegensatz gebracht (11, I, Nr. 7).

Aber im Laufe der Zeit trat an die Stelle des Antagonismus zwischen den Germanen und »Römern« der Antagonismus zwischen den Bewohnern einzelner Gebiete. M. Bloch führt eine Reihe von Aussagen westeuropäischer Autoren des 9.–11. Jh.s an, die die Geringschätzung der Vertreter einzelner Stämme und Gebiete ihren Nachbarn oder den Mitgliedern anderer Stämme gegenüber ausdrücken: die Neustrier, die sich selbst für die »edelmütigsten Menschen der Welt« halten, brandmarken die Aquitaner als »Ungläubige« und die Burgunder als »Feiglinge«; die Aquitaner ihrerseits beschimpfen die »Perversität« der Franken; die Sachsen sprechen von der »Niedertracht« der Thüringer, der »Habsucht« der Bayern und den »Plünderungen« der Alemannen. Bloch erwähnt den »Patriotismus« des sächsischen Chronisten Widukind, dem ein Teil derartiger Einschätzungen zuzuschreiben ist – aber es ist der Patriotismus eines Sachsen und nicht der eines Germanen (88, S. 598).

Nichtsdestoweniger fand allmählich eine Annäherung und Vermischung der unterschiedlichen ethnischen Gruppen statt, die zweifellos durch die in den frühfeudalen Königreichen verlaufenden sozialökonomischen Prozesse beschleunigt wurden. Die Aufhebung des Verbots gemischter Ehen zwischen den Germanen und der romanisierten Bevölkerung – in der Praxis waren solche Ehen sehr häufig geworden – war dafür bezeichnend: Sie zeugt davon, wie die althergebrachten Vorstellungen von der Fremdartigkeit und Feindseligkeit aller anderen Leute außer »den eigenen«, den Mitgliedern fest umrissener Gruppen, Stämme oder Geschlechter, abbröckelten. In den Königreichen, zu deren Bevölkerung mehrere Stämme gehörten, glichen sich die Unterschiede, die zwischen ihnen bestanden hatten, zum Teil aus. So gebraucht in Anglien schon zu Beginn des 8. Jh.s Beda den Terminus *Angli* nicht nur für die Angeln, sondern für die gesamte Bevölkerung von Britannien, seien es Angeln, Sachsen oder andere ethnische Gruppen von Germanen. Isidor von Sevilla bezeichnet die Angehörigen des gotischen Staates unabhängig von ihrer Herkunft mit »gotisches Volk« (*gens Gothorum*). Allerdings ist das Bewußtsein, einem frühmittelalterlichen »Urvolk« anzugehören, wohl kaum stark entwickelt gewesen. In Verhältnissen, in denen sich Beziehungen persönlicher Abhängigkeit entwickelten, erwies sich das Gefühl der Treue dem Lehnsherrn gegenüber als stärker als andere Gruppenemotionen. Im 9. Jh. nannten die Franken sich selbst »Leute Karls des

Kahlen« (*Carlenses*, Karlinger), ebenso wie ihre Nachbarn sich »Leute Lothars« nannten.

Die Werke der Kirchenschriftsteller und auch die Schriftdenkmäler mit gesetzgebendem Charakter erlauben keinen näheren Einblick in die Veränderungen der Ethnopsychologie des einfachen Menschen. Ein wenig Licht darauf kann aber die Namensforschung werfen.

Die Untersuchung des Bestandes an Vornamen in Frankreich zeigte, daß das spezifische Gewicht der germanischen Vornamen (prozentual) unablässig stieg, obwohl die Germanen nur einen verhältnismäßig kleinen Prozentsatz der Bevölkerung des Landes ausmachten: von 25 % im 5. Jh. auf 50 % im 6. Jh. und auf 80 % im 9. Jh. (74). Es ist dabei natürlich, daß die germanischen Vornamen nicht nur der gallo-romanische Adel annahm, der bemüht war, sich den oberen Schichten der Eroberer anzugleichen, sondern auch das einfache Volk. Dies geht mit Bestimmtheit aus der Analyse der Vornamen hervor, die in den Polyptychen von Saint-Germain und Reims und anderen Quellen, in denen bäuerliche Vornamen festgehalten wurden, niedergeschrieben sind. Der Prozeß der Germanisierung der Vornamen ist im 9. Jh. abgeschlossen, woraus man auf eine Annäherung des sozialen Status der Nachkommen der Urbevölkerung an den Status der Germanen schließen kann.

Der Charakter der Namensschöpfung in dieser Periode deutet darauf hin, daß sich die Vertreter verschiedener ethnischer Gruppen untereinander vermischt haben. Es entstanden neue Namen, die aus isolierten Silben zusammengesetzt wurden, welche zum einen Teil dem germanischen und zum anderen Teil dem romanischen anthroponymischen System entlehnt worden waren (66, S. 54ff.).

Beobachtungen zur Sprachgeschichte im Frühen Mittelalter stimmen im wesentlichen mit den Schlußfolgerungen der Namensforscher überein. Zum 8. Jh. verschwanden im fränkischen Staat und einigen anderen barbarischen Königreichen (besonders im gotischen Spanien) beinahe vollkommen die speziellen germanischen Dialekte. Die Bevölkerung verstand das Lateinische nicht, und so entstand eine weitere Barriere zwischen den Oberen und Unteren der Gesellschaft. »Den philosophierenden Rhetor verstehen lediglich einzelne«, bemerkte Gregor von Tours, »die Sprache des Bauern jedoch viele« (86). Die Synode von Tours im Jahr 813 schrieb den Bischöfen vor, die Worte der Predigt in die romanische oder althochdeutsche Sprache zu übersetzen, damit sie die Pfarrgemeinde verstünde (13, II, S. 288).

Den Bauern war lateinische Bildung fremd. Die Kenntnis des Lateinischen galt in der Mehrzahl der Länder West- und Zentraleuropas als Synonym für Schriftkundigkeit. Eine Ausnahme stellten lediglich das angelsächsische Britannien und die skandinavischen Länder dar, wo neben dem Lateinischen auch eine Schriftsprache der einheimischen Sprachen existierte und sogar vorherrschte. Gleichzeitig war Latein eines der spezifischen Merkmale der privilegierten Schicht. Das hinderte einen nicht geringen Teil der weltlichen Feudalherren aber nicht daran, Analphabeten zu bleiben. Für sie konnte die Unkenntnis des Lateinischen kein Zeichen von Diskriminierung sein, weil erstens Bildung nicht notwendigerweise zum kriegerischen Ideal gehörte und zweitens gegebenenfalls schriftkundige Kleriker in ihren Diensten standen, die das erforderliche Dokument erstellen oder vorlesen konnten.

Der Bauer hingegen (und überhaupt der einfache Mensch), der weder zum *ordo* der »Betenden« noch zum *ordo* der »Krieger« gehörte, wurde als Verkörperung von Unwissenheit betrachtet. Sein Gemeingut war die heimische Mundart, welche in der Hierarchie der Sprachen den untersten Platz einnahm; in der hierarchisierten Welt wurde allem ein gebührender Platz in der Rangordnung ihrer Vollkommenheiten und Funktionen zugewiesen, darunter auch den Sprachen. Im Terminus *illitteratus* (»ungebildet«, »der Schrift unkundig«) schwang die Bedeutung »sozial nicht vollwertig« mit, ebenso auch bei *sermo rusticus* (»Sprache der Dorfbewohner«, »grobe Sprache der Bauern«). Es verstand sich von selbst, daß diese Sprache zum Schaffen oder Bewahren kultureller Werte nicht geeignet war. In jedem Fall konnten in dieser Sprache solche Werte nicht so sehr erschaffen als vielmehr reproduziert werden – sie diente gewissermaßen als Echo des Lateinischen.

Bekannt ist eine Erzählung Bedas über den schriftunkundigen Sänger Caedmon. Er war ein einfacher Klosterschüler und hütete das Vieh. Als er eine Lesung der Heiligen Schrift in der Übersetzung seiner Muttersprache gehört hatte, arbeitete Caedmon den Inhalt in ein Lied um. Wie Beda betont, hat Caedmon niemals »frivole und nutzlose Lieder« geschaffen (wie sie anscheinend im Volk verbreitet waren), sondern ausschließlich Poeme religiösen Inhalts. Dies war eine Gabe Gottes, die er dem einfachen Menschen gesandt hatte. Das Wunder bestand darin, daß es Caedmon gelang, in englischer Sprache den wörtlichen Sinn der Heiligen Schrift auszudrücken, wobei an Schönheit und Würde des Textes nichts verlorenging (7, IV 24). Dieses Beispiel zeigt, daß auch die »Bauernsprache« in bestimmten Fällen zum Ruhm des Herrn dienen konnte, aber dazu bedurfte es der Einwirkung einer höheren Kraft, so wie es mit

Caedmon geschah: Er hatte im Traum eine Erscheinung und fand sich danach in einen Zustand versetzt, in dem er sogar Vorfälle der alt- und neutestamentlichen Geschichte besingen konnte, von denen er bis dahin noch nichts gehört hatte.

Auf diese Art und Weise wurden die Sprachunterschiede zwischen den »Römern« und den Germanen durch den Gegensatz zwischen dem aristokratischen Latein und den Volkssprachen abgelöst, der für einige Jahrhunderte die sprachliche Situation in der katholischen Welt bestimmte. Dieser Bilinguismus hatte einen deutlich sozialen Charakter, der die oberen und unteren Schichten der Gesellschaft noch stärker voneinander trennte. Das Latein und die Volksdialekte brachten zwei Denkweisen zum Ausdruck, die sich in vielem voneinander unterschieden. Nicht ohne Grund entstanden die deutschen erläuternden Glossenapparate zu lateinischen Gesetzessammlungen: Dem Bewußtsein der einfachen Menschen blieb sogar der Aufbau der lateinischen Sprache fremd. Stellt man lateinische Dokumente und deutsche Dokumente einander gegenüber, kann man die grundlegenden Unterschiede in der Struktur des Denkens ihrer Verfasser beobachten (135, S. 356 ff.). Abstraktionen ließen sich unschwer in Latein ausdrücken; es eignete sich gut für die Formulierung theologischer und politisch-ideologischer Prinzipien. Die Volkssprache des Frühen Mittelalters hingegen war auf die Wiedergabe konkret-bildlicher, anschaulicher Vorstellungen ausgerichtet. In der Sprache wurde wohl deutlicher als in jedem anderen Bereich des geistigen Lebens der immer größer werdende Riß zwischen der Kultur des einfachen Volkes und der Kultur der Gebildeten fixiert.

Zum Abschluß stellen wir folgendes Paradoxon fest: Der einfache Mensch und vor allem der Bauer war unterdrückt, ohne Rechte und wurde von der herrschenden Klasse ignoriert und verachtet. Zugleich dominierte er in gewissem Sinne das geistige Leben des Frühen Mittelalters, obwohl weder er noch die übrige Gesellschaft sich dieser Tatsache bewußt waren. Die Beziehung des Menschen zur Natur war so beschaffen, daß sie ihn unmittelbar mit einschloß und keine Distanz zwischen ihm und der natürlichen Umwelt entstehen ließ, wie man sie später nur in der Stadt deutlich würde wahrnehmen können. Die zyklische Wahrnehmung der Zeit, die einem natürlichen Rhythmus unterworfen war, und die Idee der vollständigen Analogie des Weltalls (Makrokosmos) mit dem menschlichen Mikrokosmos waren wesentliche Merkmale der Weltwahrnehmung im Frühen Mittelalter, die in ungeheurem Maße durch den agrarischen Charakter der Gesellschaft bedingt waren.

Das dörfliche Leben mit seiner gemessenen Langsamkeit und seinem periodischen Wechsel, den ewig wiederkehrenden Jahreszeiten mit ihren saisonbedingten Ernten, war der Hauptregulator des sozialen Rhythmus der Gesellschaft. Die vorherrschende Einstellung war das Festhalten an der Tradition, die am deutlichsten in der Hinwendung zur Vergangenheit und in der Feindseligkeit oder dem Mißtrauen jeder beliebigen Neuerung gegenüber zutage tritt, die als unerhört empfunden und daher nicht gebilligt wurde. Der Konservatismus allen gesellschaftlichen Lebens, angefangen mit der Art der Wirtschaftsführung und den Siedlungsformen bis hin zu den Denkgewohnheiten, die Herrschaft des Stereotyps im künstlerischen Schaffen: Sind diese grundlegenden Merkmale des gesellschaftlichen Bewußtseins dieser Epoche nicht mit dem Vorherrschen der Bauernschaft in der frühfeudalen Struktur verbunden? Kann man denn die Beständigkeit des magischen Denkens im Europa dieser Zeit erklären, wenn man seine bäuerliche Herkunft außer acht läßt? Wir werden im folgenden sehen, wie dieses magische Denken in beträchtlichem Maße auch der Kirche aufgedrängt wurde.

Ich bin von der Feststellung ausgegangen, daß dem Bauern kaum Platz in der frühmittelalterlichen Kultur eingeräumt wurde, die ihn als eine Art »unendlich winzige Größe« behandelte. Aber wie sich herausstellt, ist diese Größe in Wirklichkeit nicht so winzig. Die Figur des Bauern steht zwar tatsächlich nicht im Vordergrund, und man braucht bestimmte »Reagenzien«, um sie sichtbar zu machen. In diesem Sinne erinnert die Kultur des Frühen Mittelalters an einen Palimpsest, bei dem neue Schriftzeichen den ersten Text verbergen. Ihn zu lesen stellt eine Aufgabe dar, welche die historische Wissenschaft bisher noch nicht vollbracht hat.

Teil II
Das dreizehnte Jahrhundert

Das dreizehnte Jahrhundert

Wesentlich mehr Material über die im Volk verbreiteten Glauben und Vorstellungen als das Frühmittelalter liefert uns das 13. Jh. Nach Auffassung von J. Le Goff und J.-C. Schmitt war dies die Zeit des »Durchbruchs« des lebendigen Wortes, wie man es auf den städtischen Plätzen und sogar auf dem Dorf vernehmen konnte, ins Schrifttum (157, S. 257–279).

In der Predigt, die mit der Tätigkeit der neuen Bettelorden eine beispiellose Blütezeit erlebt, ist der Widerhall der Sprache des einfachen Menschen deutlich zu vernehmen, denn an ihn ist die Predigt der Franziskaner- und Dominikanermönche gerichtet. Diese Mönche wirkten inmitten des Volkes und suchten mit ihm eine gemeinsame Sprache. Die Predigten waren angefüllt mit der Beschreibung von Szenen aus dem Leben der Gläubigen, und obwohl diese Anekdoten (*Exempla*) zweifellos stilisiert und aus dem Blickwinkel didaktischen Moralisierens heraus geschrieben wurden, lüften sie ein wenig den Schleier von vielen Geheimnissen des geistigen Universums der Städter, Bauern, Mönche und kleinen Ritter.

In den epischen Schriftdenkmälern werden die Motive der alten Sagen und Legenden zu neuem Leben erweckt. Natürlich verkörperte das Epos des 13. Jh.s die Ethik und die Vorstellungen des Rittertums, aber wenn man es näher betrachtet, kann man in ihm ganz allgemein bestimmte Aspekte des Weltbildes der Menschen dieser Epoche erkennen.

Das 13. Jh. ist das Jahrhundert des Aufblühens der städtischen Literatur und vor allem einer so spezifischen Form dieses Genres wie dem *Fabliau*. In diesen unterhaltsamen und fröhlichen, manchmal satirischen Novellen in Gedichtform ziehen die unterschiedlichsten sozialen Typen an uns vorüber. Im *Fabliau* findet man den Ausdruck der Geisteshaltung der einfachen Städter, teilweise auch anderer Schichten der Bevölkerung, Alltäglichkeit und niedrige Aspekte des Daseins, denen in anderen Genres der mittelalterlichen Literatur keine Aufmerksamkeit gewidmet wurde.

Aber das geistige Leben im 13. Jh. würde vor dem inneren Auge des Historikers ein verarmtes und unvollkommenes Bild ergeben, wenn er eine höchst eigentümliche intellektuelle Bewegung außer acht ließe, die sich zur selben Zeit im Norden Europas entfaltete. Ich denke hier an die Blüte der altskandinavischen Literatur, die ebenfalls in das 13. Jh. fällt. Die Aufzeichnungen der Lieder über die heidnischen Götter und die Helden der grauen Vorzeit, das Sagawerk über die Isländer und über norwegische Könige (Konungr) sind die hervorstechendsten Erscheinungen der mittelalterlichen Kultur in ihrer nordischen Variante. Diese Schriftdenkmäler werden intensiv untersucht, aber in der Regel nicht in die allgemeine geistige Entwicklung Westeuropas der uns interessierenden Periode mit einbezogen. Indessen könnte man sich durch die Analyse dieser altnordischen Sagas und Lieder mit Aspekten mittelalterlicher Weltsicht vertraut machen, die nicht nur skandinavische »Exotik«, sondern auch tiefere Schichten des menschlichen Bewußtseins dieser Zeit aufzeigen und sich in Quellen anderer europäischer Länder nicht niedergeschlagen haben. Das »Zurückbleiben« Skandinaviens vom Tempo der europäischen sozialen und kulturellen Entwicklung, sein verhältnismäßig später Anschluß an die christliche Kultur trug dazu bei, daß hier archaische Traditionen des Geisteslebens lange Zeit »konserviert« wurden. Diese existierten zweifellos (teilweise in anderer Form) auch auf dem Kontinent, aber waren hier unter dem Druck der kirchlichen und feudalen Ideologie in tiefe »Illegalität« übergegangen.

Ich möchte eine Analyse der einzelnen Formen schriftlicher Quellen des 13. Jh.s vornehmen und damit versuchen, von verschiedenen Seiten auf die innere Welt des Menschen zu blicken. Von der offiziellen Ideologie des Mittelalters, die in den »höchsten« Gattungen der damaligen Literatur und Aussagen der Scholastiker, Theologen und anderer Theoretiker verkörpert war, wurde diese im wesentlichen ignoriert.

Eines der kennzeichnendsten Merkmale der Quellen des 13. Jh.s, das die Grundveränderungen im Bewußtsein der Bevölkerung Westeuropas zeigt, ist das geschärfte Zeitgefühl. Zu Beginn des Mittelalters war in Wahrheit die Zeitwahrnehmung der Idee der Ewigkeit, die von den Geistlichen und Denkern unentwegt gepredigt wurde, untergeordnet. Sie versuchten, der Gemeinde die Idee näherzubringen, daß ähnlich wie das Leben des Körpers nicht mit dem des Geistes verglichen werden kann, auch die irdische Zeit, die Lebenszeit eines vergänglichen Menschen, nichts ist im Vergleich zur Ewigkeit, auf die es alles Sinnen und Trachten zu richten gilt. In der bildenden Kunst sind die zu feierlichen

Posen erstarrten Figuren wie aus dem Lauf der Zeit herausgenommen und in einen Bezug zur Ewigkeit gebracht worden. Aus diesem Grund und nicht etwa, weil die Künstler des Frühen Mittelalters sozusagen »ungeschickt« oder »naiv« gewesen wären, haben sie den individuellen Zügen des dargestellten Menschen keine große (oder überhaupt keine) Aufmerksamkeit gewidmet. Der gegenwärtige Moment, der Augenblick also, verdiente keinerlei Interesse.

Aber diese Achtlosigkeit gegenüber dem Zeitverlauf war nicht nur eine Folge der religiösen Einstellung zur Ewigkeit. Sie war charakteristisch für das Bewußtsein, das an Mythos und Überlieferung orientiert war. »Kein Ding war eher: es ist doppelt so alt« – besser als mit diesen Worten aus dem eddischen »Lied des Hamdir« kann die Einstellung eines archaischen Bewußtseins bezüglich des Zeitverlaufs nicht gezeigt werden. Die Begebenheiten, die im Mythos gepriesen wurden, haben sich in grauer Vorzeit ereignet – man weiß nicht, vor wie langer Zeit –, und es besteht keine Notwendigkeit, diese heroischen Taten irgendwie auf der Zeitskala zu lokalisieren. Diese Ereignisse, denen ein absoluter Wert zugeschrieben wird, sind durch die epische Distanz getrennt von dem Zeitpunkt, zu dem sie besungen werden. Bereits im 13. Jh., als sich wie schon erwähnt ein neues Zeitempfinden herausbildet, werden Versuche unternommen, eine »Brücke der Zeit« von der epischen alten Zeit zur Gegenwart zu schlagen. Im selben 13. Jh. »verknüpft« Snorri Sturluson Ereignisse aus dem Leben der skandinavischen heidnischen Götter, die von ihm in Menschen verwandelt wurden – aber natürlich in Menschen besonderer Art, und zwar in eigentümliche »Kulturhelden« – mit der Geschichte der Königsdynastien Schwedens und Norwegens. In eben diesem 13. Jh. erschafft der Autor des »Nibelungenlieds« mit diesem Werk eine komplizierte Komposition, in der sich die legendäre alte Zeit, ausgeschmückt durch Mythen und Märchen, mit der historischen Zeit verbindet.

Wie wir sehen, dringt das neue Zeitbewußtsein tatsächlich im 13. Jh. in das Schrifttum ein. Wie könnte man an dieser Stelle nicht daran erinnern, daß am Ende eben dieses Jahrhunderts die mechanische Uhr erfunden wurde, welche bald schon Rathaustürme und Kirchen der größten Städte Europas schmückte: im Jahr 1300 in Paris, 1309 in Mailand, 1314 in Caen, 1325 in Florenz, danach in London, Padua, Straßburg, Genua, Bologna, Siena, Ferrara. Zu jeder Tages- und Nachtstunde schlug sie mit lautem Klang oder wie in Straßburg mit dem Schrei eines aufgezogenen Hahns. Die neue Erfindung, die das stark gestiegene Bedürfnis der Gesellschaft (vor allem der städtischen Bürger) deutlich machte, die Zeit genau bestimmen zu können, war zweifellos ein Symptom der veränderten Einstellung zur Zeit. Die sakrale Zeit, die Zeit, auf die die Kirche das Monopol erhoben hatte, wurde zurückgedrängt von der weltlichen Zeit, der Zeit der Arbeit und der Muße, der »Zeit der Kaufleute«, wie J. Le Goff es ausdrückt.

Deshalb stoßen wir in der Literatur des 13. Jh.s in unterschiedlichsten Genres, vom Epos bis zu den lehrhaften »Beispielen« (*Exempla*) und von den Jenseits-»Visionen« bis zur Predigt, auf das Problem der Zeitwahrnehmung und -deutung (ich habe hier nur die Formen des mittelalterlichen Schrifttums erwähnt, die sich an breite Bevölkerungsschichten richteten und ihre Impulse aufnahmen). Wir begegnen sogar dem Nachdenken über die Natur der Zeit, werden also mit der Frage konfrontiert, was die Zeit für den Menschen im Mittelalter darstellte. Ist diese Veränderung nicht ein klares Symptom der Transformation des menschlichen Bewußtseins, der Verinnerlichung der Zeit als notwendiger »Parameter« der mittelalterlichen Persönlichkeit?

In den von uns untersuchten Quellen tritt die Zeit als untrennbarer Bestandteil auf und dient als Grundlage der stofflichen Organisation bei Werken verschiedener Genres, und zwar in Form eines sogenannten »Chronotopos«. Darunter ist eine räumlich-zeitliche Einheit zu verstehen, die in vielem durch die strukturellen Besonderheiten und die Poetik der jeweiligen Gattung mittelalterlichen Schrifttums bestimmt wird.

Aber wir haben hier nicht nur eine Poetik vor uns, sondern es handelt sich um ein Symptom der Veränderungen des gesellschaftlichen Bewußtseins. Etwas Ähnliches spielte sich gleichzeitig auch in der Ikonographie ab. Wir erinnern uns, daß man gerade im 13 Jh. in der Kunst beginnt, den Menschen in der zeitlichen Bestimmtheit seines Lebens darzustellen und nicht als einen abstrakten Typ, welcher verallgemeinerten und idealen »Stammes«- oder »Standes«-kriterien entspricht, sondern als Träger individueller Eigenschaften. Damit wurde der Übergang zum Porträt einer späteren Zeit vorbereitet. Die Frage nach dem »Chronotopos«, die meiner Auffassung nach über die Grenzen der literarischen Genres hinausgeht, gewinnt daher besondere Bedeutung.

Zeit, Schicksal,
Mythos und Geschichte
in der Saga

Die Saga ist ein Erzählgenre, das nur in Skandinavien und hier vorwiegend bei den Isländern anzutreffen ist. Da die Saga im Grenzbereich zwischen Folklore und Literatur angesiedelt ist, weist sie einige Besonderheiten auf. Die in ihr enthaltenen deutlichen Spuren mündlicher Volkstraditionen, besonders der Umgangssprache, verbinden die Saga mit der Folklore. Bei beiden Genres tritt der Verfasser für gewöhnlich nicht in Erscheinung, und seine Erzählweise zeigt keine individuellen Züge. Ein weiterer wesentlicher Punkt ist, daß sich bei beiden Genres der Erzähler in der Regel seiner Rolle als Autor nicht bewußt wird. Die Sagas, die zunächst in mündlicher Überlieferung existierten, waren wahrscheinlich gewissen Veränderungen ausgesetzt, als sie schriftlich fixiert wurden. Dieser Prozeß hat vorwiegend im 13. Jh. stattgefunden; wir kennen sie natürlich nur in ihren endgültigen Fassungen.

Die Saga zeichnet sich durch einen außerordentlich ruhigen und objektiven Erzählstil, also durch die Betonung von Fakten aus. Es werden hier ausschließlich Ereignisse dargestellt. Wir erfahren etwas über die Taten und die Gespräche der Isländer, aber es wird nichts über ihre Gemütsbewegungen ausgesagt; sie treten nur in ihren Handlungen zutage. Auch wird nichts mitgeteilt über die Haltung des Erzählers zu den dargestellten Personen oder Handlungen. Wir finden in der Saga keinerlei Moralisierung, die doch sonst so charakteristisch für die mittelalterliche Literatur ist.

Die Sagas kennen keine erdachten Helden; alle Personen, von denen hier die Rede ist, haben tatsächlich während der »Sagaepoche« in Island und anderen Ländern gelebt. In jedem Fall waren die Isländer, die die Sagas erzählt, aufgeschrieben und gehört oder gelesen haben, vollkommen von der Authentizität der hier dargestellten Personen überzeugt, mit denen sie nicht selten verwandtschaftliche Beziehungen verbanden. Ebenso zweifelten sie nicht im geringsten daran, daß die in der Saga erwähnten Ereignisse tatsächlich stattgefunden haben. Die Kategorie der künstle-

rischen Erfindung oder Übertreibung war dem Bewußtsein der Saga-
erzähler noch vollkommen fremd.

Die Saga entstand in einer Gesellschaft, in der sich künstlerische und
historische Erzählung noch nicht in unterschiedliche Gattungen geteilt
hatten. Die Saga ist sowohl das eine als auch das andere, ist weder Geschichte noch Roman. Lebendigkeit und Dramatik der Erzählung sind
nicht Ergebnis eines wohlüberlegten künstlerischen Willens und schrift-
stellerischen Handwerks, sondern direkter Ausdruck des Bewußtseins
und Erlebens der Isländer in der Entstehungszeit der Sagas. Der Autor
eines realistischen Romans der Neuzeit erreicht künstlerische Wahrheit,
indem er die mannigfaltige Wirklichkeit in ihrer Tiefe erfaßt und bestimmte Erscheinungen herausgreift, verallgemeinert und bewußt in
künstlerische Bilder, in Typen umsetzt. Der Autor oder Erzähler der
Saga verallgemeinert nicht, sondern berichtet über reale Geschehnisse
und Menschen. Geleitet wird er dabei nur von seinem eigenen Interesse
und dem seiner Mitmenschen an Erscheinungen, die der Erinnerung und
Weitergabe von Generation zu Generation würdig sind, wozu die Taten
der Vorfahren, Stammesfehden, Versammlungen zum Thing etc. gehören.

Aber die Saga ist nicht nur unvergleichbar mit der Literatur der Neuzeit, man kann sie auch nicht ganz mit den Genres vergleichen, die zeit-
gleich mit ihr im mittelalterlichen Europa verbreitet waren. Die Saga ist
kein Epos. Während im »Rolandlied« oder im »Nibelungenlied« epische
Personen auftreten, ideelle Ritter und Herrscher, von denen jeder eine
bestimmte negative oder positive Eigenschaft verkörpert, d. h. eine absolute Personifizierung von z. B. Treue oder Hinterlist darstellt, haben wir
in den Sagas durchweg ganz reale, irdische Menschen mit ihren individuellen Besonderheiten vor uns, die auf unterschiedlichste Weise handeln.
In manchen Fällen sind diese Handlungen gut, in anderen sind sie böse.
Im Ritterroman agiert der Held in einer künstlich konstruierten Welt,
etwa in einem idealen Schloß oder an einem Ort, der geographisch völlig
unbestimmt ist und sich außerhalb von Zeit und konkreten Lebensumständen befindet; in der Saga hingegen bewohnen die Personen ganz
reale Gehöfte, beschäftigen sich mit ausgesprochen prosaischen Dingen
und gleichen in alledem vollkommen den Isländern, die die Sagas gehört
oder gelesen haben.

Dem Pathos der ritterlichen oder kirchlichen Literatur, welche im feudalen Europa vorherrschte, stellt die Isländersaga eine äußerste Zurückhaltung bei den Ausdrucksmitteln entgegen. Obwohl viele Sagas einen

übermäßigen Umfang haben, werden in ihnen doch nie viele Worte gemacht. Sogar über die wichtigsten Ereignisse wird hier ausgesprochen lakonisch berichtet. Ein wesentliches Element in den Sagas sind die Dialoge, jedoch zeichnet sich die Sprache der Helden in ihnen ebenfalls durch außergewöhnliche Genauigkeit und Knappheit aus. Worte und Handlungen sind beide gleichermaßen wesentlich, und die Dialoge verlangsamen keineswegs den Erzählverlauf.

Der bäuerliche »praktische Realismus« in den Sagas ist von jeder geschraubten Ausdrucksweise und aristokratischen Sprachetikette weit entfernt. Ihm fehlen alle Arten literarischer Klischees und Vergleiche; der Phantasie wird hier kein freier Lauf gelassen. Die Personen und Ereignisse, die in der isländischen Saga erwähnt werden, sind weitestgehend dem Umfeld angeglichen, in dem die Saga entstand und gehört oder gelesen wurde, auch wenn ein großer zeitlicher Abstand zwischen beiden zeitlichen Ebenen lag: Bei der »Sagaepoche«, das heißt der Zeit, die in ihnen dargestellt ist, handelt es sich um das 10.–11. Jh. (genauer, um die Periode zwischen 930 und 1030); niedergeschrieben wurden die Sagas im 13. Jh. Aber im Grunde genommen kann man die Distanz zwischen diesen Zeiträumen vernachlässigen.

Die Saga ist nicht in einem gehobenen Erzählstil verfaßt. Das ganze spannungsreiche, alltägliche Leben Islands erschließt sich hier direkt und unmittelbar und nicht durch das Prisma künstlerischer Topoi und literarischer Traditionen.

Obwohl die Sagas in christlicher Zeit aufgezeichnet wurden, ist der Geist, der sie durchdringt, im wesentlichen ein heidnischer. Die wichtigste treibende Kraft ist das Schicksal. Diesen entscheidenden Faktor muß man berücksichtigen, wenn man die Eigenart der Saga als Genre verstehen will. Denn ihre Besonderheiten – der zurückhaltende Ton, der sparsame Umgang mit Worten, die Objektivität und Aufrichtigkeit der Erzählung, die »Prosaik« und Alltäglichkeit der beschriebenen Ereignisse – können nicht verbergen, daß es sich bei der Saga keineswegs um eine einfache »Sittenchronik« handelt. Die Saga berichtet in der Regel von den Momenten im Leben der Isländer, in denen sie ernsthaft mit dem Schicksal ringen und die Schicksale verschiedener Individuen sich kreuzen und miteinander in Konflikt geraten. Diese Prüfung durch das Schicksal stellt die Helden nicht selten vor das Angesicht des Todes, und dabei wird von ihnen ein angemessenes und würdiges Verhalten erwartet. Gerade in solchen Momenten offenbart sich am stärksten das Wesen eines Menschen, wie es sich die Skandinavier dieser Zeit vorgestellt haben. Deshalb zeichnen sich die Sagas bei all ihrer »absoluten Nüchternheit« durch komplizierte Dramatik aus und erinnern damit zum Teil an die Dramatik der eddischen Heldenlieder.

Die Königssaga hingegen, die den gleichen Ursprung wie die oben beschriebene Familiensaga und viele konstitutive Besonderheiten des Genres mit ihr gemeinsam hat, unterscheidet sich in anderen Punkten grundlegend von ihr. Die Königssaga hat ein anderes Sujet. In ihr werden nicht die Wechselfälle des Lebens einzelner Familien oder Stämme und die Konflikte zwischen ihnen behandelt, es werden keine zeitlich begrenzten Episoden aus der Geschichte irgendeines Winkels Islands dargestellt, sondern die Geschichte des Landes und Staates, die einer beständigen chronologischen Aufzeichnung bedurfte. Eine solche Aufgabe wäre nicht zu bewältigen gewesen, hätte man sich lediglich der Mittel bedient, über die auch die Autoren der Isländersagas verfügten. Es war das Bedürfnis entstanden, über einen vielschichtigeren Komplex von Fakten und Personen zu berichten, über den verhältnismäßig engen chronologischen Rahmen der Familiensaga hinauszugehen und größere Gebiete des Landes mit einzubeziehen, in denen sich Ereignisse der »großen« Geschichte abspielten. Dies mußte zwangsläufig zu einer Transformation der Gattung führen.

Vor allem die äußere Geschlossenheit wurde allmählich aufgeweicht. Die Königssaga ist schon keine abgeschlossene Einheit mehr: Sie ist der Teil eines größeren Ganzen. Die größte Sagasammlung über Könige, der »Weltkreis« (*Heimskringla*) (50), die für gewöhnlich dem Isländer Snorri Sturluson zugeschrieben wird, enthält sechzehn Sagas. Bis auf die erste, die *Ynglinga Saga*, die legendäre Geschichte der Ahnen der schwedischen und norwegischen Könige, ist jede von ihnen die Geschichte eines norwegischen Königs. Alle zusammen bilden sie die fortlaufende Geschichte des norwegischen Königtums von seinen Anfängen bis zum letzten Viertel des 12. Jh.s. Einer einzelnen Königssaga können die kompositorische Geschlossenheit und innere Einheit fehlen, die kennzeichnend für die Familiensaga sind. Allerdings gilt dies nicht für die »Saga über Sverrir« (*Sverris saga*), einem usurpatorischen König im letzten Viertel des 12. und zu Beginn des 13. Jahrhunderts. Diese Saga ist früher als der »Weltkreis« aufgezeichnet worden. Aber es ist bezeichnend, daß die Darstellung im »Weltkreis« an dem Punkt der Geschichte Norwegens (im Jahr 1177) abbricht, mit dem die *Sverris Saga* beginnt – offensichtlich sah Snorri Sturluson seine Aufgabe darin, über alle norwegischen Könige zu berichten, die Sverrir vorausgingen. So mußten der

»Weltkreis« und die *Sverris Saga* zusammen eine Art historiographisches Ganzes bilden. Die Auflösung der inhaltlich begrenzten und in sich geschlossenen Darstellung und die damit verbundene Vereinheitlichung der Königssagas ließ die Wechselwirkungen des historischen Prozesses deutlicher werden.

Darüber hinaus erfuhr das Sagagenre eine wesentliche innere Umwandlung. Es entstand ein Widerspruch zwischen der traditionellen Darstellung menschlicher Schicksale und Konflikte einerseits und neuen Problemen, die nur durch Einbeziehung eines breiteren und heterogeneren historischen Materials gelöst werden konnten, andererseits. Man mußte mit den Darstellungsmitteln der Familiensaga nun nicht mehr individuelle Lebenssituationen wiedergeben, sondern Ereignisse, in die große Volksmassen, ja ganze Völker und Staaten verwickelt waren. Soziologisch gesehen drückt dieser Widerspruch den realen historischen Widerspruch zwischen der Stammesorganisation, die schon bald der Vergangenheit angehörte, und der sich formierenden Staatsordnung der Feudalgesellschaft aus.

Man würde die ideologischen und sozialpsychologischen Einstellungen in der Königssaga wohl kaum richtig einschätzen, wenn man sie nur ihrem Verfasser zuschreiben würde. Sie sind von einer ganzen Epoche geschaffen worden, und die »Krise des Genres«, die die Analyse der Königssaga verdeutlicht, kann nur vor dem Hintergrund der Veränderungen im Weltbild der Gesellschaft verstanden werden. Diese Weltsicht ist in vielen Punkten nicht klar und bewußt formuliert worden: Der Autor der Königssaga ist nicht geneigt, sich in abstrakten allgemeinen Überlegungen zu ergehen, sondern vermittelt seine Ideen konkret durch die Handlungen und Gespräche der Helden und durch die Auswahl der Episoden. Wie bereits bemerkt, verlangte das Sagagenre dies seinem Autor ab: seine aktive Einmischung in die Geschichte war verboten! Aber der wichtigste Punkt ist, daß dieses Weltbild kaum so weit durchdacht und geäußert worden sein kann, wie es, sagen wir, die Grundthesen der providenzialistisch-theologischen Konzeption der westeuropäischen katholischen Historiker dieser Zeit postulierten. In der Saga finden wir eher das unmittelbare Erleben eines historischen Prozesses als dessen bewußtes Verstehen. Das macht die Königssaga zu einer höchst wertvollen Quelle für die Untersuchung des Weltbildes des mittelalterlichen Menschen.

Von großer Bedeutung ist die Tatsache, daß es in der altisländischen Sprache den Begriff »Geschichte« nicht gibt. Das Wort *saga* bedeutete

»das, wovon erzählt wird«, »Legende« und nicht Geschichte im eigentlichen Sinne. Ebensowenig existiert im Altisländischen das Wort »Historiker«. Mit dem Terminus fróðr (»gelehrt«, »kundig«, »klug«) bezeichnete man hauptsächlich Schriftsteller, die Werke geschichtlichen Inhalts hinterlassen hatten. Daß die Termini »Geschichte« und »Historiker« nicht existent waren, zeugt davon, daß es keinen eigenen Zweig historischen Wissens gab. Die zwei Bedeutungen des Wortes »Geschichte«, die wir deutlich unterscheiden – Ereignisse, die sich tatsächlich einmal zugetragen haben, zum einen und Erzählungen über diese Ereignisse zum anderen – waren wohl kaum schon ins Bewußtsein der Skandinavier des Mittelalters gerückt. Saga ist beides: das, was vorgefallen ist und die Erzählung darüber. »Jat Verðr at segja svá hverja sögu sem hún gengr« (»jede Saga muß so erzählt werden, wie sie sich zugetragen hat«), lautete ein geflügeltes Wort. Der Bericht des Vorgefallenen hat deshalb keinen subjektiven Charakter, und es ist unmöglich, ihn je nach Laune, Geschmack oder Ansichten des Autors so oder auch anders aufzubauen. Es gibt nur eine Art und Weise der Darstellung: »so, wie alles geschehen ist«. Deshalb verschwindet die Persönlichkeit des Autors hinter der Erzählung, und er wird zum Sprachrohr der Geschichte. Es ist nicht seine Aufgabe, eine schon existierende Saga aufs neue und auf seine Art wiederzugeben, wenn diese bereits in hinlänglich vollständiger und glaubwürdiger Form vorliegt, sondern er ist dazu berufen, sie fortzusetzen. Wie wir schon gesehen haben, führt Snorri Sturluson die letzte Saga des »Weltkreises« (die Saga über Magnus Erlingsson) bis zu dem Punkt aus, an dem die Sverris Saga beginnt, die bereits zuvor niedergeschrieben wurde, und erweitert sie damit.

Da der Verfasser auf eine entpersonifizierte und scheinbar völlig adäquate Geschichtsdarstellung in der Saga eingestellt ist und es für ihn außerdem keine gnoseologische Distanz oder einen Übergang vom Ereignis zur Mitteilung über das Ereignis gibt, kann seine historische Konzeption nicht klar und deutlich von ihm selbst formuliert worden sein. Sie zeigt sich nur indirekt, und zwar im wesentlichen in den Kriterien, nach denen er sich beim Aufbau seiner Erzählung und Charakterisierung seiner Personen richtet. Folglich muß man diese Kriterien im Text der Königssaga aufzeigen, wenn man etwas über die historischen Vorstellungen des Autors erfahren will.

Um dies zu leisten, muß man auf grundlegende soziale und ethische Werte eingehen, die den Verfasser der Saga beim Darstellen der Geschichte inspirierten. Welche treibenden Kräfte hat er in der Geschichte gesehen, und wodurch ließ er sich leiten, wenn er aus dem verfügbaren Material etwas auswählte, das zu beschreiben er für wert hielt? Folglich müssen wir solche Fragen untersuchen wie die Vorstellungen von der Zeit, wie sie sich in den Königssagas niedergeschlagen haben, die Auslegung von Weissagungen und prophetischen Träumen, in denen sich die Zukunft offenbarte, die Konzeption des Schicksals und die damit verbundenen Begriffe von Tod und Ehre, Mythos und Geschichte. Mit anderen Worten, wir müssen uns mit dem kulturell-psychologischen Apparat vertraut machen, durch den, eigentümlich gebrochen, die Bilder der historischen Wirklichkeit gingen. Die Königssagas werden uns vor allem deshalb interessieren, weil in ihnen das Wissen über die Vergangenheit auf spezielle Weise fixiert worden ist. Sie sind ein bestimmter Typ des sozialen Gedächtnisses, der durch seine unwiederholbare sozialkulturelle Umgebung bedingt wurde. Die Königssagas sind die Form, in der die mittelalterliche skandinavische Kultur sich Rechenschaft über sich selbst und ihre Vergangenheit ablegte.

Ein wesentliches Element der historischen Erzählung ist die Zeit, denn außerhalb der Zeit ist keinerlei Mitteilung über Ereignisse der Vergangenheit vorstellbar. Will man die Geschichtsauffassung, die den Königssagas zugrunde liegt, verdeutlichen, muß man daher aufzeigen, wie die Skandinavier den Zeitverlauf wahrgenommen haben und wie er im »Weltkreis« dargestellt wird.

Wenn wir mit heutigen Vorstellungen über Chronologie an das Problem der Zeitrechnung in den Königssagas herangehen – und anders ist eine Darstellung des Geschichtsverlaufs unmöglich –, treffen wir auf ein Paradoxon. Auf der einen Seite trifft man in den Sagas auf eine Vielzahl unterschiedlicher Angaben zur Zeit, auf der anderen Seite jedoch sind all diese Aussagen mehr oder weniger unbestimmt und nicht übersetzbar in die Sprache chronologischer Tabellen. Die Geschichtsforschung hat sich einige Mühe damit gegeben, eine Chronologie der in den Sagas beschriebenen Ereignisse aufzustellen. Aber erstens ist sie bei weitem nicht immer genau (insbesondere nicht bis zum 11. Jh.), und zweitens sind die Ereignisse in den Sagas in der Regel auf indirektem Weg mit der Chronologie der allgemeinen europäischen Geschichte abgestimmt worden, und zwar durch Vergleiche der Sagas mit Chroniken und anderen historischen Quellen nichtskandinavischer Herkunft.

Die größte Schwierigkeit für einen Historiker, der die in den Sagas erwähnten Ereignisse datieren will, besteht darin, daß keine Hinweise auf eine christliche oder andere Zeitrechnung enthalten sind. Jede Zeitrechnung setzt einen Anfangszeitpunkt voraus. Bei den alten Römern ist das das Jahr der Gründung Roms, in der christlichen Epoche entweder die Erschaffung der Welt oder die Geburt Christi. Das Christentum wurde in Island offiziell um 1000 n. Chr. angenommen, in Norwegen etwa gegen Ende des 10., Anfang des 11. Jh.s. Obwohl der »Weltkreis« bereits in christlicher Zeit niedergeschrieben wurde, ist die Chronologie des Evangeliums (»von der Geburt des Herrn«, »von der Inkarnation Christi«) ihm vollkommen fremd.

Aber welche Art zeitlicher Orientierung finden wir nun im »Weltkreis«, und wodurch wurde sie bedingt?

Die Königssaga ist keine Chronik. Die historischen Angaben in ihr sind nicht auf der Zeitachse eingeordnet, obwohl den isländischen Wissenschaftlern, wie aus anderen Werken hervorgeht, die europäische Chronographie und die ihr zugrunde liegende Zeitrechnung bekannt war und sie sie nötigenfalls hätten anwenden können. Daß in den Königssagas die historische Zeit auf andere Weise bestimmt wird, liegt in der Spezifik des Sagagenres und dem damit verbundenen Bewußtsein. Der Kern, um den herum die Erzählhandlung aufgebaut wird, ist das Leben eines Königs, sein Machtantritt und Episoden, die mit seiner Regierung verbunden sind. Eine solche Erzählung ist in der Regel zeitlich folgerichtig gegliedert.

Die Saga stützt sich auf die Genealogie. Der Autor berichtet in der Regel über die Vorfahren des Helden. Für die Skandinavier dieser Epoche war es wesentlicher, den Stammbaum eines Menschen zu kennen, als seine Koordinaten auf der chronologischen Skala. Wenn die Herkunft und der Wohnort eines Menschen bekannt sind und seine Verwandten, familiären Bindungen durch Ehe und freundschaftlichen Bande genannt wurden, ist über ihn genug gesagt worden, damit der mittelalterliche Mensch ihn mit gebührender Klarheit in seinem Bewußtsein lokalisieren und den Ereignissen in seinem Leben folgen kann. Die Frage, in welchem Jahr nach Christi Geburt diese stattgefunden haben, ist für ihn überflüssig. Beispielsweise teilt Snorri Sturluson in der offenbar legendären Erzählung über den erfolglosen Versuch des dänischen Königs, die Isländer für ein Schmählied über ihn zu bestrafen (ein solches Lied mußte nach ihrer Überzeugung seinem Wohlergehen Schaden zufügen), eine ganz realistische Einzelheit mit: die Aufzählung von Namen bekannter Isländer, die in dieser Zeit an verschiedenen Orten der Insel gelebt haben. Schon dadurch wird das Ereignis zeitlich fixiert.

Wenn Snorri also in der *Ynglinga Saga*, der ersten Saga des »Weltkreises«, die legendären Könige, Nachfahren der heidnischen Götter-Asen und Vorfahren der historischen Könige von Schweden und Norwegen, der Reihe nach beschreibt, tauchte bei seinen Zeitgenossen wohl kaum die Frage auf, wann das war und in welchen Jahren dieser oder jener Vertreter der dreißig Generationen von Königen, die König Rognvald dem Ruhmreichen vorausgingen, gelebt hat[5]. Nicht etwa, weil die Leser des »Weltkreises« Zweifel an ihrer realen Existenz gehabt hätten, denn auf dieselbe Weise sind auch die historisch völlig gesicherten späteren norwegischen Könige beschrieben! Der Begriff des Datums im heutigen Sinne – als Hinweis auf Jahr, Monat und Tag – ist ihnen fremd. Das Datum ist eine Abstraktion, die Zeit hingegen verläuft für die alten Skandinavier nicht linear und ohne Unterbrechungen, sondern stellt eine Kette menschlicher Generationen dar. Die Zeit wird nämlich von ihnen noch in bedeutendem Maße als zyklisch, als Wiederholung wahrgenommen und durchlebt. Diese Wahrnehmung war zu unmittelbar, als daß man sich ihrer bewußt geworden und sie begriffen hätte. Der Mensch in der Saga ist ein Glied in der Kette der Generationen. Diese lösen einander ab, ähnlich wie sich die Jahreszeiten ablösen, und in nachfolgenden Generationen treten möglicherweise Menschen auf, die in allem ihren Vorfahren ähneln: Stammestraditionen, Familienheiligtümer, Gräber der Vorfahren und Stammesnamen werden weitergegeben und mit ihnen auch die Eigenschaften dieser Vorfahren. Ein solches Verhältnis zur Zeit ist charakteristisch für die Stammesgesellschaft, die auf traditioneller Grundlage reproduziert wird. Die Begriffe, die bei den Skandinaviern die Zeit benennen und natürlich auf uralte Zeiten zurückgehen, verweisen fast alle auf die Zyklizität ihrer Wahrnehmung oder auf die Verbindung des Zeitverlaufs mit dem menschlichen Leben: *ár* (»Jahr«, »Ernte«, »Fruchtbarkeit«); *tið* (»Zeit«, »Saison« [Jahreszeit] – vgl. engl. *tide* [»Flut«]); *öld* (»Zeit«, »Zeitalter«, »Menschengeschlecht«, »Volk«).

Aber die zyklische Zeitrechnung nach dem genealogischen Prinzip ist nur ein Aspekt der Zeitdarstellung in den Sagas. Er spiegelt die archaischste Schicht des gesellschaftlichen Bewußtseins wider, die in den Königssagas von anderen Vorstellungen überlagert ist.

In den Sagas ist nicht die einfache Abfolge von Zeiten Objekt der Beschreibung, sondern nur Zeitabschnitte mit vom Standpunkt des Autors bedeutendem Inhalt werden beschrieben. Folglich umfaßt die Saga eine Reihe von Episoden, die eine auf die andere folgen, aber nicht immer und unbedingt unmittelbar zeitlich verbunden sind. Die Zeit ist ein Parameter menschlichen Tuns: wo nichts passiert, da ist sozusagen auch keine Zeit, denn es ist unmöglich, sie wahrzunehmen.

Allerdings kann dieses Prinzip in der Königssaga schon nicht mehr konsequent durchgehalten werden, da sie die gesamte Periode einer Königsherrschaft umfaßt. Hier ist es unmöglich, den Zeitverlauf überhaupt nicht wahrzunehmen, auch wenn einmal, wie es scheint, nichts besonders Bemerkenswertes geschieht. Deshalb muß der Autor mitunter ergänzendes Material suchen, mit dem er solche zeitlichen »Leerstellen« ausfüllen kann. Darüber hinaus teilt er mit, wie viele Jahre der jeweilige König gelebt oder regiert, in welchem Lebensjahr sich dies oder jenes ereignet hat. Besonders häufig gibt es solche Meilensteine in der zentralen Saga des »Weltkreises«, der *Saga Olafs des Heiligen*. Olaf hat nicht etwa länger als die anderen regiert (im Gegenteil, seine Herrschaft dauerte nur fünfzehn Jahre), sondern sie war die bedeutsamste in der Geschichte Norwegens.

Die Königssaga kennt keine »absolute« Chronologie, deren Zählsystem unabhängig vom Inhalt der Saga wäre, aber sie hat ihre eigenen zeitlichen Orientierungspunkte, die der Darstellung eine deutlichere chronologische Ausrichtung verleihen als bei der Familiensaga. Der Rhythmus des einzelnen menschlichen Lebens und sogar Volkes und Staates wurde teilweise durch Naturzyklen bestimmt. Im Frühjahr sammelten die Könige eine Flotte und begaben sich auf Heerfahrt, im Winter saßen sie in ihren Gehöften oder fuhren zu Festmählern und zum Empfangen von Abgaben in verschiedene Teile des Königreichs. Sehr häufig wird in der Königssaga verschiedenartiges Material um einen solchen zeitlichen Orientierungspunkt gruppiert.

Die Zeit – das ist der Verlauf des menschlichen Lebens, sie existiert nicht außerhalb und neben den Menschen und ihren Tätigkeiten. Im Prolog zum »Weltkreis« hebt Snorri zwei Epochen der Geschichte heraus: das »Brandzeitalter« (*brunaöld*) und das »Hügelzeitalter« (*haugsöld*). Im Altertum, schreibt er, wurden die Toten zur Beerdigung auf Scheiterhaufen verbrannt und zur Erinnerung an die Verstorbenen errichtete man Gedenksteine; aber als der Gott Freyr in einem Hügelgrab in Uppsala beigesetzt wurde, begannen viele Führer zu diesem neuen Brauch überzugehen (einer euhemeristischen Tradition folgend[6], verwandelt Snorri Sturluson die alten Götter-Asen in Vorfahren der Könige). Nachdem man einen dänischen König, Danr den Stolzen, auf seinen Befehl hin in königlichen Gewändern und Waffen zusammen mit seinem Pferd und einer Unmenge Kostbarkeiten in einem Hügelgrab beigesetzt hatte, begann das Hügelzeitalter. »Aber noch lange Zeit nachher dauerte das Brandzeitalter bei Schweden und Norwegern an«, fügt Snorri hinzu, wobei er unbeabsichtigt die eigentümliche Auffassung des Begriffs »Zeitalter« aufdeckt. Dieser bezeichnet nicht zeitliche Dauer – denn ein Zeitalter dauerte hier auch dann noch an, während ein anderes begonnen hatte –, sondern einen bestimmten menschlichen Zustand, die Geltungsdauer eines Brauchs. Es wurde schon erwähnt, daß der Terminus *öld* sowohl »Zeitalter« als auch »menschliches Geschlecht« bedeutete.

Dieselbe Auffassung von Zeit als Dauer des Lebens der Menschen kann man auch bei dem Brauch beobachten, nach welchem Verträge und Vereinbarungen zwischen Menschen in Kraft sind, solange diese leben. Als die Könige Ingjaldr und Granmar einen Friedensvertrag schlossen, sollte dieser Friede »eingehalten werden, solange drei Könige lebten« (62, Kap.38), und die *boendr* (Freibauern) versprachen, dem König Hakon dem Guten so lange zu gehorchen, wie einer von ihnen am Leben sei, wenn der König ihren heidnischen Glauben erfüllen würde (Hakon versuchte, allerdings ohne Erfolg, die Norweger zum Christentum zu bekehren).

Aber besonders deutlich äußert sich die Verknüpfung von Zeit mit menschlichen Handlungen in der Überzeugung, daß die Menschen fähig sind, auf den Gang der Zeit einzuwirken und ihre Qualität zu bestimmen. Die verschiedenen Zeitabschnitte sind nach ihrer Vorstellung unterschiedlich mit Ereignissen angefüllt und haben verschiedene Wertigkeiten. Der Terminus »Jahr« bedeutete daneben auch »Ernte«. In der heidnischen Epoche konnte man im Norden den Brauch beobachten, jährlich Festessen zu veranstalten und Opfer zu bringen, damit das Jahr und die Ernte gut und reich werden würden. Folglich nahm man an, daß von diesen Essen und Opfern die Qualität der Zeit abhing. Wahrscheinlich glaubten im Altertum die Skandinavier daran, daß ohne solche Zeremonien und Gaben an die Götter das neue Jahr überhaupt nicht beginnen konnte. Im König schlummerte irgendeine Kraft, mit Hilfe derer er einen günstigen Gang der Zeit und das Wohlergehen seines Volkes gewährleistete.

Am häufigsten werden solche Dinge in der *Ynglinga Saga* erwähnt. Die wichtigste Funktion der alten Könige bestand darin, mit ihren sakralen Handlungen eine »gute Ernte« und Frieden im Land zu begünstigen: Odin, Freyr und andere heidnische Gottheiten, die sich im »Weltkreis« in »Kulturhelden« verwandelt hatten, sind »glücklich in der Ernte«

(*ársaell*). Über Odin wird gesagt, daß die ganze Bevölkerung von Schweden eine Abgabe an ihn entrichtete (»jedermann einen Pfennig«), und dafür verteidigte er das Land und brachte Opfer, damit es ein gutes Jahr und eine reiche Ernte gäbe. Unter Freyr brachte man in allen Ländern eine gute Ernte ein, und die Bewohner Schwedens schrieben dies ihm zu und beteten ihn daher eifriger an als andere Götter, weil zu seiner Zeit das Volk durch Frieden und gute Ernten besser lebte als vorher. Nach Freyrs Tod verbargen sie ihn drei Jahre lang in einem Hügelgrab, erklärten, er sei lebendig, und hielten damit »die gute Zeit und den Frieden« aufrecht. Auf diese Weise wurde auch mit seinem Sohn verfahren. Aber unter dem König Domaldi wurden die Ernten magerer, und in Schweden brach Hunger aus. Da veranstalteten seine Bewohner in Uppsala große Opferungen. Im ersten Jahr opferten sie Ochsen, aber das half nicht: Die Ernten verbesserten sich auch im folgenden Jahr nicht, in welchem Menschenopfer gebracht wurden. Im dritten Jahr entschieden die Führer auf einer Versammlung in Uppsala, daß der Hunger von Domaldi käme, und sprachen sich dafür aus, ihn zum Opfer zu bringen; der König wurde getötet und mit seinem Blut der Altar gewaschen. Danach herrschte unter Domaldis Sohn im Land Frieden, und es gab eine gute Ernte. Unter einem der nachfolgenden Könige, Olaf dem Baumfäller, brach wieder wegen einer Mißernte Hunger aus. Snorri begründet dies einerseits ganz rational mit dem Bevölkerungszuwachs und daß die Erde dadurch nicht mehr alle ernähren könne. Andererseits weist er darauf hin, daß sich der König wenig mit Opferungen abgegeben und das den Schweden nicht gefallen habe, die daran gewöhnt waren, ihrem König sowohl Ernten als auch Mißernten zuzuschreiben. Sie nahmen an, daß der Schuldige für den Hunger König Olaf war und töteten ihn in seinem eigenen Haus, um ihn Odin »um der Ernte willen« zu opfern (62, Kap. 43).

Von den Königen hatte bezüglich der Ernten König Halfdan der Schwarze am meisten Glück, und nach seinem Tod baten die Bewohner aller Gebiete darum, daß man seinen Körper in ihrer Erde begrub, »denn sie glaubten, daß es bei denen, die ihn besaßen, gute Ernten geben würde«. Mit allgemeinem Einverständnis teilte man den Körper Halfdans in vier Teile: den Kopf begrub man in einem Hügelgrab in Hringariki, und die anderen Teile teilte man durch das Los unter den übrigen Regionen Upplands auf und bestattete sie ebenfalls in Hügelgräbern, die alle nach Halfdan benannt wurden.

Hinter dieser Art Vorstellungen, die man bei den unterschiedlichsten Völkern der Welt antrifft, verbirgt sich die Idee von der Fähigkeit des

Herrschers, auf die Zeit einzuwirken und ihren Charakter und Inhalt zu bestimmen. Die Zeit kann »gut« oder »nicht gut« sein, es existiert ein Glauben an ihre qualitative Verschiedenartigkeit. Diese Fähigkeit des Herrschers hängt nicht von seinen persönlichen Eigenschaften ab, sondern hat magischen Charakter. Die Macht selbst wird als sakral aufgefaßt: Der König steht in besonderer Beziehung zu den höheren Kräften, und deshalb kann er auf die Ernte und die Zeit nicht nur zu Lebzeiten, sondern auch nach seinem Tod günstig einwirken.

Vom Glauben der Skandinavier an die menschliche Fähigkeit, mit Hilfe der Götter auf die Zeit einzuwirken, zeugt eine Legende vom König Aun, der Odin seine Söhne opferte, weil er sein Leben verlängern wollte. Als er seinen ersten Sohn geopfert hatte, schenkte Odin ihm noch sechzig Lebensjahre, obwohl Aun schon ein Greis war. Nachdem diese Zeit abgelaufen war, veranstaltete der König erneut ein Blutopfer und erhielt von Odin die Antwort, daß er so lange am Leben bliebe, wie er ihm alle zehn Jahre einen Sohn opfere. Auf diese Weise opferte Aun sieben Söhne und wurde so altersschwach, daß er sich nicht mehr bewegen konnte und getragen werden mußte. Die Opferung des achten Sohnes brachte ihm noch einmal zehn weitere Lebensjahre ein, aber er konnte sich schon nicht mehr aus dem Bett erheben. Nach dem Darbringen des neunten Opfers wurde Aun aus einem Horn Nahrung eingeflößt wie einem Säugling. Ihm war noch ein letzter Sohn geblieben, aber die Schweden verhinderten dessen Opferung, und so starb Aun (62, Kap. 25).

Es ist kaum sinnvoll, in dieser Legende den Widerklang des Mythos von Kronos, der seine Kinder verschlungen hat, zu suchen. Das Thema der Einwirkung auf die Zeit und der Überwindung des Alterns faszinierte die Skandinavier, die den Mythos vom Apfel geschaffen hatten, welchen die Göttin Idunn aufbewahrte: Wenn sie von ihm aßen, holten sich die Asen die Jugend zurück. Interessant, daß in der Legende über Aun nicht die Frage auftaucht, weshalb die Söhne des Königs so lange lebten, denn sie waren schließlich auch außergewöhnlich lange am Leben (einige mehr als hundert Jahre), um Opfer ihres lebenshungrigen Vaters zu werden.

Die Einflußnahme auf die Zeit ist eine bestimmte Form der Beziehung zur Zukunft. Von Weissagungen und prophetischen Träumen wird weiter unten die Rede sein. Aber schon jetzt muß man unterstreichen, daß die Vorstellung von der Fähigkeit vieler Personen in den Sagas, in die Zukunft zu sehen, durch ein bestimmtes Verständnis von der Natur der Zeit bedingt war. Die Vergangenheit war bereits verronnen, aber bei einer zyklischen Zeitwahrnehmung ging man davon aus, daß sie eines Tages zurückkehren würde. Die Zukunft gibt es noch nicht, aber dennoch schlummert sie schon irgendwo. Daher sind die Seher in der Lage, sie mit Gewißheit vorauszusagen.

Von der Zeit hatte man ähnliche Vorstellungen wie vom Raum: Etwas, das zeitlich in weiter Entfernung lag (in der Vergangenheit oder in der Zukunft), stellte man sich als etwas genauso Reales vor wie etwas räumlich weit Entferntes. Eine solche Beziehung zur Zukunft, die wie gleichzeitig mit Gegenwart und Vergangenheit existiert, ist für die isländische Saga nichts Spezifisches, denn eine solche Zeitvorstellung liegt der Vorstellung vieler Völker über Zeit und Schicksal zugrunde. Aber wie wir uns weiter überzeugen werden, erhält das Thema der Zukunft und der Fähigkeit, sie vorherzusehen und weiszusagen, in den Königssagas einen neuen Sinn und erfüllt eine wichtige Rolle in einer latent in ihnen vorhandenen historischen Konzeption.

Im »Weltkreis« gibt es wie auch in anderen Sagas eine Vielzahl von Anachronismen: Verhältnisse, die offensichtlich in späterer Zeit entstanden sind, werden in die Vergangenheit übertragen. Da wir uns bei diesen Irrtümern nicht länger aufhalten wollen, nehmen wir uns die Frage vor: Wodurch werden die Anachronismen verursacht? Snorri weiß, daß die Geschichte Veränderungen mit sich bringt, daß das menschliche Leben unbeständig und vergänglich ist. Aber die Veränderungen, die für die Menschen von Bedeutung sind, betreffen wenig oder überhaupt nicht die Wirtschaft, die Lebensweise, die Moral, das Recht, die sozialen Beziehungen. Wie auch andere mittelalterliche Historiker bemerkt Snorri nicht die Historizität alles Existierenden. Die Zeit fließt nicht in allen Lebenssphären, das menschliche Drama spielt sich auf verhältnismäßig unbeweglichem Hintergrund ab; in jedem Fall ändern sich diese Dekorationen wenig und lediglich in Details. Denn die Zeit glich für die alten Skandinavier, wie wir gesehen haben, dem menschlichen Leben, sie ist die Existenzform des menschlichen Geschlechts.

Die Königssagas stützen sich hauptsächlich auf jene Zeitwahrnehmung, die man in den Sagas über die Isländer findet. Sie wandeln sie jedoch etwas ab, da es notwendig wird, ein schwierigeres Sujet darzustellen, das neue chronologische Rahmen und eine größere Aufmerksamkeit der Zeit gegenüber erfordert. Die Zeit in den Königssagas ist schon keine »Stammeszeit« oder »örtliche Zeit« mehr, die die Ereignisse in nur einem Teil Islands betrifft, sondern eine »staatliche«, historische. In der Periode, die der »Weltkreis« umfaßt (vom 9. Jh. bis zum Jahr 1177, wenn man die vorausgehende legendäre Periode unberücksichtigt läßt, die in der *Ynglinga Saga* dargestellt wird), hat sich nicht einfach nur unvergleichbar mehr ereignet als in den Isländersagas, sondern es haben unumkehrbare Prozesse von riesiger Bedeutung stattgefunden: die politische Vereinigung Norwegens unter dem Regime eines einzigen Königs und die Christianisierung seiner Bevölkerung. Es ist daher natürlich, daß in den Königssagas die Schärfe des Wahrnehmungsvermögens bezüglich des Zeitverlaufs wächst.

Daneben wird die Zeit zum Teil reich an christlichen Realien. Die Dauer des menschlichen Lebens wird nach dem neuen Glauben nicht vom Schicksal bestimmt, das im »Weltkreis« häufig erwähnt wird, sondern hängt von Gott ab. Als König Ingi den Rat seiner Anhänger ablehnt, nicht an einer Schlacht mit den Feinden teilzunehmen und zu fliehen, bemerkt er: »Gott schütze mein Leben, solange es noch währen soll...« (25, Kap. 17). Frühere Vorstellungen von der Zeit vereinigen sich mit neuen, nach denen die Zeit von Gott geschaffen wurde.

Was bringt die Zeit mit sich: Fortschritt oder Niedergang? Dies ist eine der grundlegenden Fragen, deren Antwort vielfach den Charakter einer gesamten Kultur bestimmt. Der »Weltkreis« wurde in einer Gesellschaft geschrieben, in der sich der Konflikt zwischen zwei Weltanschauungen, der christlichen und der heidnischen, noch lange nicht aufgelöst hatte. Doch für ein solches Weltverständnis sind auch unterschiedliche Bewertungen des Zeitverlaufs charakteristisch. Die heidnische Wahrnehmung des Lebens gründet sich auf den Mythos; der Mythos hingegen setzt die Möglichkeit der Wiederholung eines ursprünglichen Zustands voraus, dem eine besondere Bedeutung beigemessen wird. Diese ursprüngliche Zeit, zu der die Welt geschaffen wurde und die Verhaltensmuster der Menschen festgelegt worden sind, kehrt beim Wiedererwekken des Mythos, bei Feiern und Opferungen zurück. Im Vergleich zur mythologischen Zeit, in der die entfernte Vergangenheit und die Ewigkeit zusammenfließen, ist die laufende irdische Zeit nicht selbständig und hat keinen eigenen Wert. Deshalb liegt die bessere Zeit in der Vergangenheit, die gegenwärtige Welt geht dem Untergang und Ende entgegen. Ungewöhnlich intensiv kommt dieses Weltverständnis in »Der Seherin Gesicht« zum Ausdruck, dem bemerkenswertesten Lied aus der »Älteren Edda«, in dem die Quintessenz der altskandinavischen heidnischen Philosophie konzentriert ist. Im Widerspruch zum pessimistischen Blick auf das Schicksal der Götter und Menschen, die dem Untergang geweiht sind, steht der Schlußteil dieses Liedes, der eine Erneuerung und Wiedergeburt der Welt verspricht. Aber das ist entweder das Ergebnis christlicher Einflüsse oder der Ausdruck einer zyklischen Konzeption.

Das christliche Zeitverständnis stützt sich zum Teil auch auf den Mythos und ist ebenfalls mit einem ständigen Wiederbeleben der sakralen Zeit bei den Sakramenten und an Feiertagen verbunden; auch hier erfährt die irdische Zeit eine verminderte Einschätzung im Vergleich zur Ewigkeit, die ihren Platz bei Gott hat. Aber der christliche Mythos ist ein Mythos, der wesentlich umgeformt und mit neuen Elementen versehen ist. Dieses Verständnis von Zeit geht aus der Eschatologie hervor: Die Zukunft, das Ende der Welt, bringt sowohl Vergeltung als auch Entschädigung mit sich. Da die Welt sich auf die Verschmelzung mit Gott zubewegt, gingen die christlichen Historiker des Mittelalters, die eine Geschichte der menschlichen Armut und des Leids sowie des Anwachsens des Bösen in der Welt geschrieben haben, aber von der Gewißheit aus, daß die Geschichte der Menschheit ein glückliches Ende haben wird: durch ein zweites Erscheinen des Retters. Der Pessimismus bezüglich des irdischen Lebens verband sich bei ihnen mit einem transzendentalen Optimismus. Die menschliche Zeit wird sich am Ende in göttlicher Ewigkeit verlieren.

Während die heidnische Weltwahrnehmung im Zeichen des Vergangenen steht, weil die Welt als ewige Wiederholung von schon einmal Dagewesenem gesehen wird, wird in der christlichen Weltanschauung neben dem Vergangenen auch der Zukunft eine prinzipielle Bedeutung zugemessen. Die Zeit erscheint, als sei sie »eingespannt« zwischen der sakralen Vergangenheit (der Schöpfung der Welt und dem erlösenden Opfer Christi) und der Zukunft (dem Ende der Welt und dem zweiten Erscheinen des Heilands).

Weiter oben wurde die Periodisierung der frühen Geschichte Skandinaviens erwähnt, die im »Prolog« zum »Weltkreis« vorgenommen wird: Das »Brandzeitalter« wird vom »Hügelzeitalter« abgelöst. Aber nirgends entwickelt Snorri eine andere Zeiteinteilung, die doch vom Standpunkt eines Christen aus viel wesentlicher hätte sein müssen, nämlich die Zeit des Heidentums und die darauffolgende Zeit des Triumphes des wahren Glaubens. Denn dies war das historische Schema aller mittelalterlichen kirchlichen Geschichtsschreibung, besonders im Frühmittelalter (neben den Lehren von den vier Weltreichen und von den Lebensaltern der Menschheit). Freilich wird in den Königssagas der Übergang vom Heidentum zum Christentum dargestellt, und es zeichnet sich eine zentrale Episode in dieser Entwicklung ab – die Regierungszeit und der Märtyrertod Olafs des Heiligen, bei dem die Christianisierung den entscheidenden Sieg davongetragen hat. Und dennoch hat die providenzialistische Konzeption der christlichen Geschichtsschreibung im »Weltkreis« keine eigenständige Bedeutung. Man findet sie in den Worten verschiedener Personen, in den Verweisen auf den göttlichen Willen und in den Erzählungen von den Wundern des heiligen Olaf, die von der Allmacht Gottes und von seinem Einfluß auf das menschliche Tun zeugen mußten, wieder, aber keine der christlichen Episoden im »Weltkreis« bindet sich organisch in die Erzählung ein und bestimmt die Konzeption der Geschichte. Wie wir weiter sehen werden, wird in dieser Konzeption der heidnische Mythos mit seltsam verdrehten christlichen Vorstellungen vermischt.

In den Sagas wird häufig das Motiv des prophetischen Traums und der Weissagung verwendet. Diese Träume und Prophezeiungen stellen ein wichtiges Grundelement und eine wesentliche Darstellungsform der Saga dar, die der Erzählung neben der unterhaltenden Wirkung eine starke Spannung verleiht. Das Motiv der Vorhersage der Zukunft ist unmittelbar mit der Idee des Schicksals verbunden, das die Welt und das menschliche Leben lenkt und dem niemand entrinnen kann. Es offenbart sich hier auf wunderbare Weise, schon bevor es real eintritt. Die Idee des Schicksals wiederum wirft grundsätzliche ethische Probleme auf: Der Mensch, der sein eigenes Schicksal kennt, entwickelt unausweichlich eine Beziehung dazu. Furchtlos muß er dem Los begegnen, das ihm bereitet wurde, und das Wissen darum verleiht allem Geschehen eine tragische Grundstimmung.

In den Träumen, die dem Menschen gewissermaßen durch geheimnisvolle Kräfte gesandt werden, wird ein Stück Schicksal sichtbar. Deshalb hat der Held in der Saga meist im kritischen Moment seines Lebens einen prophetischen Traum, wenn das Schicksal »nahe« ist und bestimmte Bedingungen günstig dafür sind, daß ein solcher Traum erscheint.

Die Formen der Prophetie haben in den Königssagas einen zusätzlichen Sinn. Im Unterschied zur Familiensaga, in der die Weissagungen individuelle Schicksale oder in einem größeren Rahmen das Schicksal dieser oder jener Familie betreffen, sind sie hier mit der Deutung der Geschichte eines ganzen Staates verbunden. Die Schicksale von Dynastien und Königreichen werden vorausgesagt, und in einzelnen Fällen wird eine Einschätzung des weiteren Geschichtsverlaufs gegeben. In der Form der Prophezeiung kann man daher die historische Konzeption erkennen, die der Königssaga zugrunde liegt. Diese Auffassung von Geschichte hängt damit zusammen, daß es für den Verfasser einer Saga unmöglich ist, seinen Standpunkt direkt zu äußern. Der prophetische Traum enthält gewisse Symbole und Andeutungen, öffnet den Weg zur Verallgemeinerung und deutet auf das Wesen der aktuellen und noch bevorstehenden Ereignisse hin. Das hilft uns zu verstehen, wie der Autor und seine Zeitgenossen sich die Geschichte vorgestellt haben.

Lassen wir die prophetischen Träume über das persönliche Schicksal dieses oder jenes Herrschers einmal außer acht (aus diesen Träumen kann man ein allgemeines Geschichtskonzept nicht erschließen) und wenden uns den Träumen zu, die einen Hinweis auf das Schicksal des Landes enthalten. Träume dieser Art erzählte der Anwärter auf den norwegischen Thron Sverrir, der im letzten Viertel des 12. Jh.s die Bewegung gegen die herrschende Dynastie anführte. Sverrir ist eine besondere Saga gewidmet, die wie bereits erwähnt zu einem früheren Zeitpunkt als der »Weltkreis« niedergeschrieben wurde (51). Der erste Teil dieser Saga wurde von einem isländischen Abt auf Anweisung Sverrirs selbst erstellt, und natürlich hat der Standpunkt des Usurpators Einfluß auf den Charakter und die Färbung des Erzählverlaufs in der Saga von Sverrir (*Sverris Saga*) ausgeübt. Im Unterschied zu den Sagas des »Weltkreises«, die die Geschichte Norwegens post factum zeigen (Snorri Sturluson lebte lange nach den von ihm beschriebenen Ereignissen), berichtet die *Sverris Saga* von Dingen, die noch nicht lange zurücklagen. Daher herrscht in ihr auch ein anderer Ton vor, und es wurden zum Teil andere Ziele damit verfolgt. Sverrir, ein Unbekannter von den Färöern, gab sich als unehelicher Sohn des seligen norwegischen Königs Sigurd Mund aus, und es ist ganz verständlich, daß er für seinen Anspruch auf den Thron eine Rechtfertigung brauchte. Diese Begründung sollten ihm die prophetischen Träume liefern, von denen er selbst erzählt hat.

Das wichtigste Argument zugunsten der »Legitimität« seiner Macht ist nicht die Genealogie. Sverrir sieht im Traum den verstorbenen König Olaf den Heiligen, den »himmlischen Patron Norwegens«, und dieser händigt ihm sein Schwert und Kampfesbanner aus, verteidigt Sverrir mit seinem Schild und gibt ihm den Namen Magnus (Magnus hieß Olafs Sohn, aber daneben bedeutet *magnus* lat. »groß«). Also stützt sich der Anspruch Sverrirs im Unterschied zu den Ansprüchen anderer Thronanwärter nicht auf die Herkunft aus einem Königsgeschlecht (in dieser Beziehung hatte der Gegner Sverrirs, der König Magnus Erlingsson,

Vorteile), sondern beruht auf der engen Verbindung Sverrirs zu dem in den Augen der Gesellschaft heiligen König Olaf, der sie christianisiert hatte und höchste Autorität genoß. Diese Verbindung ließ sich nicht aus einer gemeinsamen Abstammung herleiten, sondern war mystischer, sakraler Natur.

Einen anderen Charakter haben die »dynastischen« Träume im »Weltkreis«. Snorri Sturluson zeigt, daß in dieser Art von Träumen das Motiv des Baumes verwendet wird, der ein Geschlecht von Königen symbolisiert. Der Ehefrau des Königs Halfdan des Schwarzen, Ragnhild, träumte einmal, daß sie im Garten einen Stachel von ihrem Kleid herunterreißt. In ihrer Hand wächst dieser Stachel zu einem großen Zweig, dessen eines Ende die Erde berührt und schnell Wurzeln treibt, während das andere Ende sich hoch in den Himmel erhebt. Bald erreicht der Baum solche Ausmaße, daß Ragnhild kaum seinen Gipfel sehen kann, und zudem ist er ungewöhnlich dick. Der untere Teil des Baumes ist blutrot, aber je höher der Stamm, desto heller und grüner wird er, und die Zweige, von denen es eine Vielzahl gibt, sind weiß wie Schnee. Dieser weitverzweigte Baum bedeckt ganz Norwegen, streckt sich gar bis über seine Grenzen hinaus.

In einer anderen Saga teilt Snorri den Sinn dieser Vision mit: Der Baum symbolisiert den König Harald Schönhaar, den Sohn Ragnhilds, die Farben des Baumes symbolisieren die Blütezeit seiner Königsherrschaft: Die Tatsache, daß er oben schneeweiß ist, bedeutet, daß Harald so lange leben wird, bis er graue Haare hat. Die Zweige hingegen sind seine zahlreiche Nachkommenschaft, welche dazu prädestiniert war, sich im ganzen Land zu verbreiten (27, Kap. 42). Einen Traum mit einem ähnlichen Sinn hatte auch der Vater Harald Schönhaars, Halfdan der Schwarze: Ihm träumte, daß ihm lange und lockige Haare wüchsen, wobei eine Locke besonders schön und lang war. Ein Weiser legte dem König seinen Traum folgendermaßen aus: Er werde eine lange Reihe von Nachkommen haben, die ruhmreich das Land regieren werden. Aber einer seiner Nachkommen werde der Größte und Edelmütigste sein. »Und nach allgemeiner Meinung«, fügt Snorri hinzu, »sagte diese Locke den heiligen König Olaf voraus« (26, Kap. 7).

In den Träumen Ragnhilds und Halfdans des Schwarzen kann man einige Elemente des historischen Konzepts Snorris finden. Die königliche Dynastie, die von Harald Schönhaar, dem ersten Vereiniger Norwegens (Ende des 9. bis Anfang des 10. Jh.s) gegründet worden war und die auch zu Snorris Zeiten noch das Land regierte (weil Sverrir, Herrscher zu

Snorris Zeiten und Großvater Hakons Hakonarsons, sich, wie wir wissen, als Abkömmling dieser Dynastie ausgab), erfüllt eine bestimmte historische Mission. Sie besteht in der Hauptsache darin, daß die Nachfahren Halfdans des Schwarzen in der Folge das ganze Land vereinigten. Aber das Wichtigste ist, daß aus dieser Dynastie der heilige König Olaf hervorging. Wenn man aus der Retrospektive auf dieses Königsgeschlecht schaut, bestand seine heilige Vorbestimmung daher in der Geburt des »ewigen Königs von Norwegen«, des himmlischen Schutzherrn seiner Könige, Olafs des Heiligen. Die Geschichte Norwegens und seines Königsgeschlechts gliedert sich im »Weltkreis« deutlich in drei Etappen: seine Vereinigung unter den Vorgängern Olafs des Heiligen, die Christianisierung, die von diesem König durchgeführt wurde, und die Landesgeschichte unter seinen Nachfolgern. Die zentrale Etappe – die Regierung Olafs des Heiligen – bildet klar den Höhepunkt. Die Träume Ragnhilds und Halfdans des Schwarzen sagen in gewisser Weise den weiteren Verlauf der Geschichte, und zwar ihren wichtigsten Augenblick, voraus.

Das Thema des »ewigen Königs von Norwegen« kommt auch in den Träumen vor, die in der *Saga Olafs des Heiligen* genannt werden. Nachdem er eine Reihe von Heldentaten im Westen vollbracht hatte, hat der junge Wikinger Olaf Haraldsson in Erwartung eines günstigen Windes für die Ausfahrt von Spanien in Richtung Nahen Osten einen wunderbaren Traum: Ihm erscheint ein furchteinflößender schöner Mensch, welcher weitere Piratenexpeditionen verbietet: »Kehre in deine Heimat zurück, weil du auf ewig König über Norwegen sein wirst.« Olaf versteht, daß der Traum ihm prophezeit, Herrscher von Norwegen zu werden, und daß seine Nachkommen dort noch lange Zeit nach ihm regieren würden (40, Kap. 18). Aber er erfaßt noch nicht den Sinn der Voraussage, daß es ihm beschieden ist, König von Norwegen »auf ewig« zu werden. Er kommt in Norwegen an, und seine Odyssee beginnt: die Befreiung des Landes von der Macht von Fremdlingen, die Christianisierung seiner Bevölkerung, die Einführung von Ordnung und Gesetz, was den Widerstand eines Teils des Adels und der *boendr* hervorruft und zur Vertreibung des Königs, zu seiner anschließenden Rückkehr und schließlich zu seinem Tod in der Schlacht bei Stiklastadir im Jahr 1030 führt. Hier verteidigt er die Sache Christi und erlangt die Heiligkeit eines Märtyrers. Bald nach seinem Tod wird er von der Kirche heiliggesprochen und zum »ewigen Patron Norwegens« ernannt.

Einen ähnlichen Sinn hatten auch einige andere Träume und Visionen

Olafs Haraldssons. Vor dem Beginn der Schlacht bei Stiklastadir erschien ihm eine hohe Treppe, die er so hoch hinaufstieg, daß sich die Himmel öffneten. »Ich bin bis zur höchsten Stufe emporgestiegen, als du mich geweckt hast«, sagte der erwachte Olaf zu seinem Kampfgenossen. Dieser antwortete, daß ihm dieser Traum weniger gefiele als dem König (eine für die Saga typische Wendung: Anstatt zu sagen »dieser Traum hat ihm überhaupt nicht gefallen«, wird gesagt, daß er »wenig gefallen habe«). Das kann bedeuten, daß Olaf in der anstehenden Schlacht der Tod erwartet (40, Kap. 214). Aber der wahre Sinn der Vision des Königs ist ein anderer: Die Treppe, die in den Himmel führte und die er bis ganz nach oben hinaufstieg (die biblische »Jakobsleiter«), ist ein Zeichen der künftigen Himmelfahrt Olafs in der Eigenschaft als heiliger und ewiger König von Norwegen.

Bei den anderen Träumen Olafs wollen wir uns nicht aufhalten und erwähnen noch einen Traum seines Sohnes Magnus des Guten. Ihm erscheint im Traum der Vater und stellt die Frage, was er beabsichtige: mit ihm zu gehen oder der Mächtigste der Könige zu werden, lange zu leben und Taten zu vollbringen, die er kaum wird sühnen können? Magnus überläßt die Entscheidung dem Willen des Vaters, und es scheint ihm, daß der heilige König antwortet: »In diesem Fall geh mit mir.« Bald darauf stirbt Magnus. Man kann annehmen, daß die »unrechten Dinge«, die zu vollbringen der heilige Olaf Magnus warnt, die Zwistigkeiten sind, die in Norwegen bei den nachfolgenden Generationen von Königen aufflammten, und in der Saga wird die Haltung Snorris dazu in dieser mittelbaren Form ausgedrückt. Aber hier zeigt sich ein weiteres wesentliches Motiv: Der Wert der irdischen Macht der Könige wird in Zweifel gezogen, und ihr entgegengestellt wird das jenseitige Leben. Der Wert irdischer Macht ist ein relativer, denn diese Macht kann zur Quelle von Unglück und Verderben der Seele werden, der Wert des jenseitigen Lebens hingegen ist absolut.

Die durch das Christentum hervorgerufene Umbewertung der königlichen Macht kann man im »Weltkreis« nicht nur in diesem Traum beobachten. Die Größe Olafs des Heiligen offenbart sich zur Gänze nicht in seinen irdischen Taten und Siegen, sondern in seiner Verbindung mit der göttlichen Kraft: Das Irdische und Vergängliche wird in einen Gegensatz zum Himmlischen und Ewigen gebracht. Infolgedessen erscheint der weitere Kampf zwischen Königen und ihren Herausforderern, deren Erzählung einige der letzten Sagas des »Weltkreises« füllt, als kleinliches Gezänk ohne hohe ethische Würde und Rechtfertigung. Es steht in scharfem Kontrast zu der erhabenen Gestalt des heiligen Olaf, der von Zeit zu Zeit Wunder vollbringt und damit die in irdische Streitigkeiten verstrickten Menschen an das Ewige und Höchste mahnt.

Daß die Geschichte der norwegischen Könige nach Olaf Haraldsson sich quasi vor dem Hintergrund der immer offenkundiger werdenden Heiligkeit dieses Königs darstellt, verleiht der Erzählung einen bestimmten Sinn, welcher in den der *Saga Olafs des Heiligen* vorausgehenden Sagas nicht vorhanden war. Dort fand die Geschichte letzten Endes nur auf der irdischen Ebene statt, und die Heldentaten der Könige hatten einen Eigenwert, weil das heidnische Schicksal keine bestimmte zweite Realitätsebene bildete, sondern den Handlungen der Menschen immanent war. Diese zwei Realitätsebenen – und damit verbunden die Zweideutigkeit der Geschichte, die Dichotomie der Erde und des Himmels im »Weltkreis« – treten erst mit der Einführung des Themas des heiligen Olafs in Erscheinung.

Im erwähnten Traum des Königs Magnus ist die christliche Philosophie schon deutlich erkennbar. Das Schicksal, das das menschliche Handeln antrieb, schien den Heiden unerbittlich und unausweichlich zu sein; dagegen läßt Olaf, welcher Magnus erscheint, ihm die Wahl, entweder dem Befehl des Schicksals zu folgen, das ihn erhöhen, aber auch mit Missetaten belasten würde, oder aber diesem auszuweichen und himmlischer Ehre den Vorzug zu geben. Folglich ist das Schicksal in ethischer Hinsicht fragwürdig und in der Organisation des Weltalls und im System menschlichen Handelns nicht unausweichlich. Die Freiheit der Wahl, welche Magnus vom heiligen Olaf angeboten wird, hat nur noch wenig gemein mit dem Heidentum: Es ist dies die Freiheit, die bei jedem Christen vorausgesetzt wird und die darin besteht, daß es ihm freisteht, seine Seele zu retten oder zu verderben.

Wie wir uns überzeugen konnten, sind in den Träumen, von denen im »Weltkreis« erzählt wird und die Licht auf den Gang und den Sinn der Geschichte werfen mußten, heidnische mit christlichen Motiven verwoben. Letztere werden hauptsächlich in den abschließenden Sagas greifbar, obwohl sie auch hier bei weitem nicht vorherrschen. Die Idee des Schicksals, das eine große Rolle für das geschichtliche Denken des Verfassers der Königssagas spielt, hat eine spezielle Struktur.

Kommen wir nun zu seiner näheren Betrachtung. Welche Kräfte lenken die Menschen? Wodurch werden ihre Taten bestimmt? Die Sagas geben Antworten auch auf diese Fragen. Die menschlichen Handlungen und selbst ihr Leben werden vom Schicksal gelenkt. Das Schicksal ist die allgemeine Determiniertheit des sozialen Lebens, aber auf so undifferenzierte Weise, daß es auch die Natur mit einbezieht. Das menschliche Leben wird nicht genügend deutlich von der Natur abgegrenzt; in jedem Fall bilden Mensch und Natur noch keine entgegengesetzten Begriffe. Aber das Schicksal ist in den Vorstellungen der Skandinavier keine unpersönliche Kraft, die über der Welt steht, kein blindes Geschick; bis zu einem gewissen Grad ist es die innere Vorherbestimmung des Menschen. Die Termini, die in der Saga in diesem Zusammenhang gebraucht werden, sind folgende: *hamingja, gaefa, heill, auðna.* Sie drücken die unterschiedlichen Nuancen des Begriffs aus: »Schicksal«, »Glück«, »Gelingen«, »Geschick«, »Los«. Sie benennen die Eigenschaften eines einzelnen Menschen oder seiner Familie bzw. seines Stammes (jedes Individuum und jeder Stamm hat sein eigenes Schicksal, sein eigenes Gelingen). *Hamingja* ist in dieser Hinsicht der bezeichnendste Begriff: Er bedeutet sowohl persönliches Gelingen, Glück als auch Geist, der jeden einzelnen Menschen beschützt, der ihn im Moment des Todes verläßt und auf den Nachkommen oder nächsten Verwandten des Verstorbenen übergeht.

Das Gelingen wird in den Taten der Menschen sichtbar, deshalb ist der Imperativ seines Verhaltens ein aktives, entschiedenes Handeln. Unentschlossenheit und überflüssiges Nachdenken werden als Zeichen der Abwesenheit von Glück aufgefaßt und verurteilt. Darüber hinaus, und das ist sehr wichtig, sind »Glück« und »Gelingen« bei den Skandinaviern keine so unabdingbaren und ständigen Begleiter des Individuums, daß es sich erlauben könnte, sie nicht systematisch durch seine Taten zu unterstützen und durch Handeln auf die Probe zu stellen. Vom Grad und Charakter des Glücks und Gelingens eines Menschen hängt der günstige Ausgang seiner Taten ab, aber nur bei ständiger Anstrengung aller moralischen und physischen Kräfte kann er erreichen, daß sein Glück Gestalt annimmt. In diesem Sinne sind die Vorstellungen der Skandinavier über das Schicksal weit entfernt von Fatalismus: Es gibt hier nicht die Spur einer passiven Ergebenheit und Demut gegenüber einer höheren Macht. Im Gegenteil, die Kenntnis des eigenen Schicksals aus Prophezeiungen, Wahrsagungen und prophetischen Träumen spornt den Menschen an, mit größter Energie und höchstem Anstand das ihm Vorbestimmte zu erfüllen, wobei er sogar ein ungünstiges Los nicht fürchtet und nicht versucht, sich vor ihm zu verbergen, sondern es stolz und mutig annimmt.

Am stärksten kommen diese heroischen Einstellungen in den Liedern der »älteren Edda« zum Ausdruck. Aber sie treten auch in der Saga klar zutage. Einer der Helden in der »Saga von Gisli Surssonr« erfährt, nach Hause zurückgekehrt, von einer ihm drohenden Gefahr, aber er weicht nicht vom Weg ab: »Von hier aus fließen die Flüsse in den Süden zum Dürafjord, und auch ich werde dorthin gehen.« Man kann den Strom des Wassers nicht umkehren, und genauso unbeugsam agiert das Schicksal. Deshalb muß man ihm mutig entgegengehen. In den Sagas gibt es keinen blinden Determinismus, sondern vielmehr eine Beziehung der Helden zu ihrem Schicksal, ihre Entschlossenheit, würdig dem zu begegnen, was ihnen vorherbestimmt ist.

Freilich haben wir es hier nicht mit souveränen Persönlichkeiten zu tun, die uns an die Menschen der Renaissance erinnern würden; sie unterscheiden sich grundlegend von diesen. Der Mensch im mittelalterlichen Skandinavien war sich offenbar nur schwach seiner Individualität bewußt. Nicht er selbst war der Schöpfer seiner Persönlichkeit, sondern sie gehörte dem Stamm, der Familie, verkörperte bestimmte kollektive Eigenschaften. Deshalb erwartete man, wie aus den Sagas über die Isländer und aus dem »Weltkreis« hervorgeht, von einem edlen und ehelich geborenen Menschen ein Verhalten und eine Denkweise, die von einem Menschen niederer Herkunft oder einem unehelich Geborenen absurd zu erwarten gewesen wären. Die persönlichen Neigungen traten vor den Erfordernissen der Stammesmoral in den Hintergrund, und die Ergebenheit den Blutsverwandten gegenüber war zwingender und stärker als die Liebe zur Ehefrau oder zum Ehemann. Im Menschen wirkt das Schicksal als eine gewisse Kraft; es ist jedoch genausowenig individualisiert wie sein eigenes Ich, sondern ist gleichbedeutend mit dem Schicksal des Stammes oder Kollektivs.

Aber eindeutig kann man die Frage nach der Persönlichkeit in der Saga nicht beantworten. Es genügt, sich in die *Sverris Saga* einzulesen, um zu erkennen, daß dieser König und Usurpator eine ausgeprägte Persönlichkeit hat. Sverrir, der aus den unteren Volksschichten kam und darüber hinaus ein Außenseiter von den Färöern war, fiel es leichter als vielen anderen, sich seine Eigenartigkeit und seine Isolierung bewußtzumachen. Über den Leichnam des besiegten Feindes, des Jarls Erling, gebeugt, wird Sverrir klar, daß er sowohl einen ungewöhnlichen historischen Moment durchlebt als auch selbst eine exklusive Rolle dabei spielt: »Ein großer Zeitumschwung ist eingetreten, wie ihr seht, und eine wundersame Wandlung der Dinge, da nun ein Mann die Stelle von drei Männern einnimmt, nämlich die des Königs, des Jarls und des Erzbischofs. Und dieser Mann bin ich« (51, Kap. 38). Eine solche Bestärkung seiner persönlichen Eigenart, Unwiederholbarkeit und Bedeutung ist einmalig. Sverrir trat auch in der Praxis in der Rolle des Neuerers auf: Er ersetzte kühn die adligen Gegner durch seine Anhänger, Birkebeiner aus dem einfachen Volk (sie wurden so genannt, weil sie die Füße mit Birkenrinde umwickelten, wenn sie ihr Schuhwerk abgenutzt hatten). Er führte wichtige Veränderungen in der Kampfordnung der Truppen ein, wobei er einzelnen Abteilungen eine größere Selbständigkeit einräumte, sowie bei der Flotte (Kriegsschiffe, die man traditionell aneinandergebunden hatte, konnten jetzt manövrierfähiger und effektiver handeln). Sverrir führte einen direkten Bruch mit den katholischen Prälaten und mit dem Papst selbst herbei und fürchtete dabei weder ein Interdikt noch die Exkommunikation. Und schließlich war die Tatsache, daß er eine Saga über sich selbst plante, welche sein Recht auf den Thron begründen und ihn preisen sollte, auch ein Symptom dafür, daß dieser König keinen Standards entsprach.

Aber daneben identifiziert auch Sverrir, ein typischer mittelalterlicher Mensch, sein »Ich« mit historischen Prototypen: mit König Olaf dem Heiligen, als dessen mystischen Sohn und Schützling er sich darstellt (s. oben über die Träume Sverrirs) und stellt sich in eine Reihe mit biblischen Figuren, unter anderem mit König David. Daher muß auch diese außergewöhnliche Persönlichkeit ihre eigene Rechtfertigung außerhalb von sich selbst, in der religiösen und historischen Tradition, gesucht haben. Daß er sich mit höchsten Autoritäten gleichstellte, zeigt, daß er bestrebt war, mit ihnen zu verschmelzen.

In den Vorstellungen der Skandinavier über das Schicksal und das Gelingen wird ihr Verhältnis zur menschlichen Persönlichkeit und folglich ihr Selbstbewußtsein deutlich: wenn der Mensch sich der Unabdingbarkeit aktiven Handelns bewußt ist, erkennt er in dessen Resultaten zugleich eine Kraft, die mit ihm in Verbindung steht, aber trotzdem nicht identisch mit seiner Persönlichkeit ist. Diese Kraft ist daher nicht selten im Bild der Jungfrau, der Beschützerin des Glücks, verkörpert (solche Jungfrauen – *fylgja, hamingja* – treten in der skandinavischen Mythologie und in den Isländersagas auf). Für die alten Skandinavier ist generell eine Form des Selbstbewußtseins charakteristisch, bei dem sich nicht die menschliche Persönlichkeit selbst als Quelle des Tuns, Denkens und Redens erweist, sondern häufig Kräfte, die scheinbar gleichzeitig existieren. So denkt der Mensch nicht selbst, sondern es »kommt ihm in den Sinn«, nicht er spricht, sondern »es wird von ihm gesagt«, nicht er erkämpft sein

Glück oder erringt Siege, sondern »das Glück war ihm hold«, »ihm fiel Erfolg zu«, »der Sieg wurde ihm zuteil« usw. Es wäre übereilt, diese Redewendungen wörtlich als unmittelbaren Ausdruck des menschlichen Denkens und der menschlichen Psyche zu verstehen; auch in heutigen Sprachen gibt es solche Wendungen. Aber da in altskandinavischen Texten häufig und regelmäßig unpersönliche Wendungen zu finden sind, kann man annehmen, daß sie sich in der Sagaepoche noch nicht endgültig in bloße feststehende Redewendungen ohne spezifische Färbung verwandelt hatten. Davon überzeugt die Analyse des Begriffs »Schicksal«; denn das Schicksal geschieht von selbst, es wird also »dem Menschen zuteil« und kann daher nicht frei von ihm gestaltet werden.

In der »Saga von Gunnlaug Schlangenzunge« wird erzählt, wie die Tochter des Adligen Thorstein gerettet wird. Vor ihrer Geburt hatte Thorstein der Mutter befohlen, sie »fortzutragen« und damit dem Tode preiszugeben, denn in einem Traum war ihm ein großes Unglück vorausgesagt worden, welches das heranwachsende Mädchen verursachen würde[7]. Als Thorstein von der Rettung erfährt, sagt er zu seiner Frau, daß er sie nicht des Verstoßes gegen seinen Befehl bezichtige: »Offensichtlich kann man dem nicht entrinnen, was man ist« (wörtlich: Meistens rollt es sich dorthin, wohin es will). Weiter wird in der Saga von dem Streit zwischen zwei jungen Männern um dieses Mädchen erzählt. Der Streit droht zu einem tödlichen Duell zwischen ihnen auszuwachsen (was ebenfalls in besagtem Traum vorhergesagt worden war). Die Verwandten beider jungen Männer halten den Zusammenstoß für ein großes Unglück, aber »was geschehen soll, das geschieht« (wörtlich: So mußte es geschehen, wie es sich angebahnt hatte). Die Menschen können dem Schicksal und den Geschehnissen, in die sie hineingezogen werden, nicht ausweichen; sie werden mit unerbittlicher Unvermeidlichkeit »ablaufen«, nachdem sie sich »angebahnt haben«.

Aber nicht alle Ereignisse im Leben des Menschen sind vorbestimmt, und für seinen freien Willen bleibt genügend Raum: Das Schicksal tritt in kritischen, entscheidenden Momenten des Lebens in Erscheinung, und dann ist die höchste Anspannung aller Kräfte erforderlich. Die Sagas beschreiben den Menschen vorwiegend in solch schicksalhaften Momenten.

In den Königssagas sind das Gelingen und das Glück Eigenschaften, über die vor allem Könige und Führer verfügen. Ganz allgemein, je adliger und edler ein Mensch ist, desto mehr gelingt ihm, desto leichter fallen ihm Siege und Reichtümer zu, desto mehr Glück hat er mit wahren

Freunden und Gefolgsmännern. Jeder König verfügt über sein persönliches »Glück«, sein eigenes »Geschick«, aber daneben tritt er die Nachfolge des »Glücks« all seiner Vorfahren an. Das bei den Skandinaviern so lebhafte Interesse an ihrem Stammbaum war unter anderem dadurch begründet, daß sie etwas über den Ruhm und das »Glück« ihrer Vorfahren erfahren wollten. Auf diese Weise konnten sie sich Klarheit über das Ausmaß ihres eigenen »Glücks« verschaffen.

Im »Weltkreis« trifft man wiederholt auf das Motiv der Machtlosigkeit des einfachen Volkes beim Konflikt mit dem König. Die *boendr* können sich so lange gegen ihn halten, wie sie einen erfolgreichen Anführer haben; aber sobald dieser umkommt, läuft ihr Heer auf der Stelle vollkommen demoralisiert auseinander, auch wenn es sich zahlenmäßig in der Übermacht befindet. Deshalb ist der Gedanke vom Glück des Königs ein wesentlicher Faktor, der auf den Gang der Ereignisse und darauf, welche Entscheidung getroffen wird, Einfluß hat.

Als Olaf Haraldsson sich an die Kleinkönige von Uppland mit der Bitte wandte, ihm im Kampf um die Befreiung Norwegens von fremder Herrschaft zu helfen, sagte einer von ihnen: »Was diesen Menschen, Olaf, betrifft, so müssen sein Schicksal und Glück entscheiden, ob er die Macht erringt.« In der Folge beraten dieselben Könige, durch die Politik der Christianisierung und die Verstärkung von Olafs Macht beunruhigt, über die Möglichkeit, Widerstand gegen ihn zu leisten. Einer von ihnen rät, es nicht zu riskieren und »unser Glück gegen Olaf Haraldsson nicht zu versuchen« (40, Kap. 36, 74).

Der kleinwüchsige und bucklige König Ingi Haraldsson konnte sich kaum selbständig bewegen, weil eines seiner Beine verkrüppelt war. Diese physischen Defekte hatte er nach der Überlieferung im Alter von zwei Jahren erworben, als einer der Heerführer Ingi in eine Schlacht mitnahm: Im Eifer des Gefechts nahe dem Kampfbanner stehend, hielt dieser Anführer das Kleinkind auf dem Arm und setzte es dabei großer Gefahr aus. Die Saga berichtet, daß die Gegner Ingis eine Niederlage erlitten, obwohl sie zahlenmäßig überlegen waren. Die Teilnahme des Königssohnes an der Schlacht konnte nur einen Sinn haben: In der Person des Königs war das »Glück« eingeschlossen, das zum Erringen des Sieges unerläßlich war.

Als Magnus Erlingsson auf den Thron gewählt wurde, sprachen sich seine Anhänger dafür aus, seinen Vater Erling den Krummen zum Berater des Königs zu bestimmen. Der Vater wurde dafür mit den notwendigen Ehren ausgestattet. »Und es wird ihm nicht an Glück mangeln, wenn *hamingja* mit ihm ist« (37, Kap. 1).

Das Glück, das Gelingen, das Wohlergehen sind nach damaliger Überzeugung mehr oder weniger Privilegien des Anführers, an denen man teilhaben konnte, wenn man in Kontakt mit dem König kam, ihm diente oder von ihm Geschenke erhielt: Denn auch in den Gegenständen eines erfolgreichen Führers ist sein Glück verkörpert. Deshalb hatten die Gefolgsleute, die sich eifrig bei ihrem König um Gaben bemühten, kompliziertere Gefühle als einfache Habgier: Sie strebten danach, vermittels dieser Gaben an seinem Glück teilzuhaben. Aber zu Glück konnte man auch anders als durch Gegenstände kommen, und zwar unmittelbar durch die vom König geäußerten wohlmeinenden Wünsche, die sich wie Segenswünsche auswirkten. Ein Vertrauensmann Olaf Haraldssons, der zu einer mit nicht geringen Gefahren verbundenen Mission nach Schweden aufbrach, erbat beim König dessen Glück bzw. »Gelingen« für diese Reise: »Lege bitte deine *hamingja* in diese Reise.« Der König antwortete, daß das Gelingen der Mission des Abgesandten starken Prüfungen ausgesetzt sein könne. Sofern er sich diese Angelegenheit aber sehr zu Herzen nähme, gebe er ihm und seinen Leuten seine eigene *hamingja* mit auf den Weg. Der Abgesandte äußerte die Hoffnung, daß das Glück des Königs auch im gegebenen Fall helfen würde, weil bis dahin all seine Unternehmungen erfolgreich gewesen waren (40, Kap. 68, 69).

Aber das Glück kann den Führer auch verlassen. König Harald Sigurdarson, mit Beinamen der Harte, war bei seinen kriegerischen Heerzügen äußerst erfolgreich. Großer Popularität erfreuten sich die Erzählungen von seinen Heldentaten bei den Wikingerexpeditionen und beim Dienst am byzantinischen Hof. Der kriegerische Erfolg dieses Königs wurde durch immense Reichtümer belohnt, und die Schätze, die er angesammelt hatte, dienten als Pfand für die Ergebenheit seiner Gefolgsleute gegenüber ihrem Führer. Und doch wurde während des Heerzugs gegen England (1066) das Glück Harald untreu. Snorri schreibt, daß vor der Schlacht bei Stemford Bridge, in der sich der Ausgang dieser Unternehmung entschied (das Heer Haralds wurde geschlagen, und er fiel auf dem Schlachtfeld), unerwartet Haralds Pferd stürzte. Als der König sich wieder auf die Beine gestellt hatte, sagte er: »Dieser Sturz ist ein Zeichen, daß der Feldzug gelingt.« Aber der englische König Harald, dem man in diesem Moment den norwegischen König zeigte, deutete den Fall anders und offensichtlich mit mehr Scharfsicht: »ein hochgewachsener und stattlicher Mensch, aber es sieht ganz danach aus, als habe das Glück ihn verlassen« (28, Kap. 90).

Der dänische König Svein, der im Krieg gegen die Norweger eine Niederlage erlitten hatte, trat unter falschem Namen (er nannte sich Vandráðr, d. h. der, der Elend erleidet) vor den Jarl Hakon und bat um Hilfe, um sich in Sicherheit bringen zu können. Der Jarl schickte ihn zu seinem Freund, dem *bóndi* Karl, und dieser empfing ihn wohlwollend. Karl erkannte den König, aber ließ sich nichts anmerken. Seine Frau hingegen, nicht wissend, wen sie empfing, begann sich darüber auszulassen, daß sie leider einen unglücklichen König hätten, hinkend und ein Feigling darüber hinaus. Vandráðr entgegnete ihr: Wenn der König unglücklich im Kampf ist, bedeutet das nicht, daß er ein Feigling ist. Feigheit ist eine persönliche Eigenschaft, wogegen das Gelingen und das Glück nicht vom Menschen allein abhängen und ihm ungeachtet seines Willens und seines Mutes untreu werden können. Ein Feigling ist nur der Verachtung würdig, aber ein Mensch, von dem sich das Schicksal abgewendet hat, verdient Mitgefühl und kann auf Hilfe rechnen, weil der Verlust des Glücks ihn in eine schwierige Lage bringt (worauf auch der Beiname hindeutet, den Svein angenommen hatte). Das Glück kann sich noch wenden. Als die Frau Karls dem Gast das Handtuch abnahm, mit dessen Mittelteil er sich die Hände abgetrocknet hatte, wobei sie ihn grober Manieren bezichtigte, rief der König aus: »Ich werde noch dorthin zurückkehren, wo ich mir die Hände mit der Handtuchmitte abwischen kann« (28, Kap. 64). Es bleibt noch hinzuzufügen, daß Svein, als er sich erneut auf dem dänischen Thron etabliert hatte, Karl auszeichnete und ihn zu einem »großen Mann« machte. Dessen Bitte hingegen, ihm die frühere Frau zu lassen, schlug er mit der Bemerkung aus, er werde ihm eine bessere und klügere geben.

Das Glück eines würdigen Menschen erstaunt niemanden, aber mitunter wird es auch einem unwürdigen zuteil. So urteilt Olaf Haraldsson jedenfalls bei der Episode der Taufe seines Sohnes. Das Kind war von einem Dienstmädchen zur Welt gebracht worden, aber die Vertrauten des Königs wußten, wer sein Vater sein mochte. Das Neugeborene war schwach, und mit der Taufe mußte man sich beeilen, aber niemand wagte es, den schlafenden König zu wecken. So gab der Skalde Sigvat selbst ihm seinen Namen Magnus. Morgens warf der König Sigvat vor, daß er das Kind ohne sein Wissen auf einen Namen getauft hatte, der nicht zur Zahl der Stammesnamen der Königsfamilie gehörte. Und den Namen maßen die Skandinavier eine große Bedeutung bei. Sigvat entgegnete, daß er den Jungen nach dem Andenken Karls des Großen benannt hatte, den man als den größten unter den Menschen betrachtete. Der König sagte darauf: »Du bist ein Mensch mit Erfolg, und es verwundert niemanden,

wenn der Erfolg von Weisheit begleitet wird. Es ist dennoch merkwür-
dig, daß manchmal der Erfolg die Dummen begleitet und unkluge Ratschläge sich in erfolgreiche umkehren.« Der König war sehr zufrieden,
weil der Name, den ein solcher Mensch wie Karl der Große trug, dem
Kind Erfolg sicherte, und Sigvat fiel nicht in Ungnade (40, Kap. 122).

Der Jarl Hakon, der gegen Ende des 10. Jh.s eine gewisse Zeit Norwegen regiert hatte, opferte Gerüchten zufolge seinen Sohn, um den Sieg
über die Wikinger zu erringen. Offensichtlich existierten Mittel der Beeinflussung des Schicksals, oder besser gesagt Mittel, mit Hilfe derer es
sich offenbarte. Aber in der Folge verließ den Jarl das Glück. Er starb
eines jämmerlichen Todes durch die Hand seines eigenen Knechtes, der
ihm in einer Grube im Schweinestall die Kehle durchschnitt, wo sie sich
gemeinsam vor dem König Olaf Tryggvason verbargen. »Grausames
Unglück (buchstäblich ›Un-Glück‹), daß ein solcher Führer so zu Tode
kam«, bemerkt Snorri. Der Jarl Hakon hatte den Haß der *boendr* auf sich
gezogen und seine gesamte Popularität durch seinen unsittlichen Le-
benswandel (er vergriff sich auch an ihren Ehefrauen und Töchtern)
verloren. Übrigens schreibt die Saga dem »Unglück« Hakons als Haupt-
grund zu, daß »eine Zeit angebrochen war, in der Heidentum und Göt-
zendienst verurteilt wurden und an ihre Stelle der heilige Glaube und die
rechten Sitten traten« (41, Kap. 50). Das Schicksal, das nach Meinung
Snorri Sturlusons in der heidnischen Epoche allmächtig war, verliert angesichts des Christentums seine Macht. Wie wir sehen, sind ihm sowohl
die »subjektiven« als auch »objektiven« Bedingungen des schicksalhaften Wirkens bekannt, aber obwohl er die Überlegenheit der christlichen
göttlichen Vorsehung über das heidnische Schicksal bzw. den Erfolg und
das Gelingen anerkennt, schreibt er ihm nach wie vor eine höchst ge-
wichtige Bedeutung zu.

Neue Bedeutungsnuancen erhält die Auffassung vom Schicksal in der
Saga Olafs des Heiligen. Die Erfolge dieses Königs in der ersten Periode
seiner Regierung bilden einen Gegensatz zu den Mißerfolgen in seinen
letzten Lebensjahren. Wie Snorri schreibt, wurde Olaf während der Zeit
seiner Vertreibung klar, daß ihm im Verlauf der ersten zehn Jahre seiner
Regierungszeit alles gelungen und gut verlaufen war, aber daß danach alles schwierig wurde und schlecht lief. Deshalb zweifelte er daran, ob es
weise sei, seiner *hamingja* soweit zu vertrauen, daß er mit einem relativ
kleinen Heer gegen seine Feinde ziehen und versuchen könne, die Macht
über Norwegen zurückzuerobern. Als er sich mit diesen Zweifeln noch
unschlüssig war, wandte sich der König häufig an Gott. An dieser Stelle

wird eine verallgemeinerte Charakteristik der Beziehung Olafs zum Schicksal gegeben, und die Idee des Schicksals wird, wie häufig im Text der *Saga Olafs des Heiligen*, im Zusammenhang mit dem Namen Gottes erwähnt und ihr damit bis zu einem gewissem Grad eine neue Auslegung gegeben. Der Begriff *hamingja* büßt zum Teil seine selbständige Bedeutung ein und verwandelt sich in göttlichen Segen, in die Funktion der göttlichen Vorsehung.

Aber eine solche Interpretation des Glücks ist nicht so charakteristisch für den »Weltkreis«. Selbst Snorri unterscheidet das Glück im heidnischen Sinn nicht sehr klar vom Glück, das den Christen von Gott gesandt wurde. Einer weitreichenden Bedeutungsveränderung wird dieser Begriff nicht unterzogen. Aber da der Begriff des Schicksals unter dem Einfluß der christlichen Ideologie zumindest modifiziert wurde, ist das Glück schon nicht mehr etwas, das keiner weiteren Erklärung und Begründung bedarf. Es erweist sich sogar in den Fällen als vom Willen Gottes abhängig, in denen seine nichtchristliche Natur zur Genüge ins Auge fällt. Ein Streit über bestimmte Grenzterritorien zwischen den Herrschern von Schweden und Norwegen, der durch das Werfen von Würfeln beigelegt werden sollte, hat nichts gemein mit dem Christentum. Dennoch warf Olaf Haraldsson die Würfel mit den Worten: »Für Gott, meinen Herrn, ist es eine Kleinigkeit, Würfel auf die richtige Seite zu wenden« – und gewann! (40, Kap. 94). Weitestgehend einander angenähert sind die Begriffe des Glücks und des göttlichen Willens auch in der Ansprache Olafs Haraldssons an sein Heer vor der Schlacht bei Stiklastadir. Das hier verwendete Material genügt, um keinen Zweifel aufkommen zu lassen: Die Begriffe Schicksal, Gelingen, Glück spielen eine immens große Rolle im Bewußtsein der Skandinavier und bestimmen in hohem Maße ihre Beziehung zur Wirklichkeit, ihr Verhalten und ihre Ethik. Ungeachtet des christlichen Einflusses, der auch die Vorstellungen vom Schicksal beeinflußt hat, haben sich diese Vorstellungen ihrem Wesen nach wenig geändert. Die Christianisierung wird nicht von einer radikalen Veränderung der heidnischen Weltauffassung begleitet. Der Glaube an das Schicksal, das sowohl die Welt als Ganzes als auch das Leben jedes Menschen im einzelnen lenkt, wurzelte zu tief im Bewußtsein, um den Platz leicht und reibungslos neuen Ansichten zu überlassen. Bald verschmolzen und verwoben sich letztere mit heidnischen Vorstellungen.

Die Erzählung im »Weltkreis« beginnt in grauer Vorzeit. Die Skandinavier trafen im Mittelalter eine Unterscheidung zwischen alten und neuen

Zeiten, indem sie die »Vorzeitsagas« von den Sagas über die Gegenwart (d.h. über Ereignisse am Ende des 12. und im 13. Jh.), den Isländersagas (Entdeckung und Bevölkerung Islands, ca. Ende des 9., Beginn des 10. Jh.s) und den Königssagas (9.–12. Jh.) unterschieden. Die »Vorzeitsagas« beschreiben eine legendäre Epoche, die grundlegend anders dargestellt wird als verhältnismäßig nähere und besser bekannte Perioden.

Den Sagas über die norwegischen Könige im »Weltkreis« geht die *Ynglinga Saga* voraus, die den alten legendären Herrschern des skandinavischen Nordens gewidmet ist. In der *Ynglinga Saga*, die sich großenteils auf das Poem des isländischen Skalden Theodolf »Ynglingatal« stützt, sind Mythos und Realität miteinander verwoben. Die Spuren der Realität können nur zum Teil und nur mit großer Mühe herausgefiltert werden. Aber dieser Unterschied zwischen Legende, Mythos, Epos und wirklicher, faktischer Geschichte ist im mittelalterlichen Bewußtsein noch nicht klar. Bald nach Theodolf, Ari dem Weisen, einem isländischen Gelehrten und Historiker, und einigen anderen Autoren rationalisiert Snorri Sturluson den Mythos, indem er die heidnischen Götter auf die Erde herunterholt und ihnen die Gestalt schwedischer und norwegischer Könige gibt. Mit Hilfe dieses euhemeristischen Verfahrens ordnet er den Stoff in zeitlicher Abfolge und gibt ihm eine historische Form.

Die anderen Königssagas betreffen die Epoche der legendären Ynglinge nicht und geben die Geschichte Norwegens beginnend mit Halfdan dem Schwarzen oder seinem Sohn Harald Schönhaar wieder. Es stellt sich die Frage: Warum hat es Snorri nicht für möglich gehalten, den Überblick über die norwegischen Könige mit Harald Schönhaar, dem ersten Einiger Norwegens, oder mit seinen unmittelbaren Vorgängern zu beginnen, ohne sich einer dunkleren und früheren Vergangenheit zuzuwenden? Warum wird von allen Königssagas gerade im »Weltkreis«, der historischsten von ihnen, breiter als anderswo der Mythos verwendet? Ist die Antwort nur in der Liebe Snorris zur Mythologie zu suchen, die man auch in seiner »jüngeren Edda« beobachten kann? Mit anderen Worten, welche Funktion in der allgemeinen Struktur des »Weltkreises« erfüllt die *Ynglinga Saga*?

Snorri zufolge sind die Könige von Norwegen durch Abstammung mit den alten Herrschern Schwedens verbunden, welche ihrerseits ihr Geschlecht von Odin oder Ingwi-Freyr ableiten. In der skandinavischen Mythologie galt Odin als die höchste Gottheit, als Oberhaupt des Geschlechts der Asen. Aber in der *Ynglinga Saga* ist Odin ein Führer, der den Asenhof (*Asgard*) regiert, die befestigte Stadt im Land der Asen.

Dieses Land hieß Asenheim und lag in Osteuropa. Odin ist in dieser Saga ein mächtiger, siegreicher Krieger, der die Geheimnisse der Magie und der Weissagung beherrscht, ein Skald und Gesetzgeber. Unter ihm wurde der Norden befreit und besiedelt, dessen Bewohner sich ihm daraufhin allesamt unterwarfen. Sie entrichteten an ihn eine Abgabe, und er verteidigte dafür das Land gegen Angriffe und brachte Opfergaben, um den Frieden zu bewahren und gute Ernteerträge zu erzielen. Odin tritt bei Snorri in der Gestalt eines »Kulturhelden« auf; er bringt den Menschen allerlei Künste und Fertigkeiten bei. Snorri schreibt, daß die Menschen in der Vergangenheit Odin und seine Nachkommen lange Zeit anbeteten und glaubten, daß er nach seinem Tod in den alten *Asgard* eingegangen und dies der Ort seines ewigen Aufenthalts war.

Wenn er die Legenden über die Ynglinge wiedergibt, übernimmt Snorri keine Verantwortung für ihre Richtigkeit, und es ist schwer zu sagen, ob er selbst den Glauben an das Göttergeschlecht der Asen und ihre Nachfahren teilt. Aber wenn er auch nicht ernsthaft an ihre Göttlichkeit glaubt, denn er verwandelt sie in legendäre Führer, ist es wohl falsch anzunehmen, daß sie in seiner Vorstellung einfach Menschen sind. Im »Kulturhelden« fließen göttliche und menschliche Züge zusammen, er ist der Stammvater, Beschützer und Wohltäter der Menschen, der ihnen die Geheimnisse der Natur enthüllt und sie in nützlichen Fertigkeiten unterrichtet. Deshalb übersteigen seine Weisheit, sein Wissen und seine Macht menschliche Möglichkeiten in unermeßlichem Maße. Der »Kulturheld« steht an den Ursprüngen der Geschichte, bei ihm nehmen die Traditionen und Normen, denen die Gesellschaft folgt, ihren Anfang. Er lebt in einer besonderen Zeit, die sich von der vergänglichen menschlichem Lebenszeit unterscheidet; als mythologische Gestalt ist er in gewissem Sinne ewig.

In Ländern mit intensiver Christianisierung verwandelten sich die heidnischen Götter, wenn sie nicht ganz und gar abgelehnt wurden, entweder in Heilige oder wurden in die Welt des Teuflischen degradiert, wo sie mit Teufeln und primitiven Geistern verschmolzen. Bei den Skandinaviern allerdings konnte die neue Religion den alten Glauben lange Zeit nicht bezwingen, und die eddische und skaldische Poesie, die fast vollständig auf dem heidnischen System mythologischer Vorstellungen aufbaute, fiel hier auf fruchtbaren Boden und erlebte ihre Blütezeit. Aber die alten Glauben, die ihre Bedeutung bei ästhetischen Wertungen bewahrten, waren ohne Zweifel auch an sich zählebig. Im skandinavischen Norden hielt sich außergewöhnlich lange ein Zustand, der als »Doppelglauben« bezeichnet werden kann: Die offizielle Kirche, die den heidnischen Kult verboten hatte und ihn verfolgte, mußte mit der heidnischen Mythologie, die noch lebhaft im öffentlichen Bewußtsein verankert war, koexistieren.

Somit sind für den Autor des »Weltkreises« Odin und die anderen Asen bereits keine Götter mehr, oder besser gesagt keine wahren Gottheiten, weil es nur einen allmächtigen Gott, Jesus Christus, gibt (die Unterscheidung der einzelnen Mitglieder der Heiligen Dreifaltigkeit war offensichtlich für die ehemaligen Heiden wenig verständlich, wie übrigens für alle gewöhnlichen Christen des Mittelalters). Daneben waren die Asen aber keiner Adaption an das Christentum unterworfen, sie verwandelten sich weder in Heilige noch in Teufel. Odin, der in der *Ynglinga Saga* als »Kulturheld« auftritt, wird in anderen Sagas des »Weltkreises« keine Rolle zugedacht, wenn man von seiner häufigen Erwähnung in Zitaten skaldischer Lieder mit großenteils heidnischem Inhalt einmal absieht. Eine Ausnahme ist freilich sein einziger, aber höchst bezeichnender Auftritt in der »Saga von Olaf Tryggvason«.

»Wie überliefert wird« (Snorri lehnt wieder die Verantwortung für die Glaubwürdigkeit einer solchen Nachricht ab!), kam eines Abends zu einem Festmahl bei König Olaf ein Greis, dem ein Auge fehlte und der seine Kapuze ins Gesicht gezogen hatte. Er begann, weise aus allen Landen zu erzählen. Der König fand großen Gefallen an seinen Reden und befragte ihn nach vielen Dingen. Sie verbrachten den ganzen Abend gemeinsam. Der Alte erzählte ihm von vergangenen Zeiten und Königen, die damals gelebt hatten. Das Gespräch zog sich bis in die Nacht hin, bis der Bischof Olaf daran erinnerte, daß es schon lange Zeit war, sich schlafen zu legen. Im Bett liegend fuhr der König fort, dem Gast zuzuhören, so daß der Bischof erneut einschritt und der Alte das Zimmer verließ. Morgens konnte man ihn nicht finden, aber der Koch berichtete Olaf Tryggvason, daß ein Unbekannter zu ihm gekommen sei, ihm einige Stücke Fleisch gegeben und ihn geheißen habe, sie für den König zu kochen. Da ordnete Olaf an, alle Nahrung zu vernichten, denn »dieser Mann sei kein Mensch gewesen, sondern vielmehr Odin, an den die Heiden lange Zeit geglaubt hätten« (41, Kap. 64).

Odin wird hier mit klarer Sympathie beschrieben, er ist ein weiser Mann und überragender Erzähler, der den christlichen König belustigte. Eine Antipathie Odin gegenüber empfindet nur der Bischof, der zweimal versucht, sein Gespräch mit dem König zu unterbrechen, nicht Olaf oder Snorri selbst. In der Rolle des Bewahrers von Weisheit und des allwissenden Propheten, der den Ursprung der Welt und ihr künftiges Schicksal kennt, tritt Odin auch in der »Edda« Snorri Sturlusons auf. Die heidnische Weisheit wird nicht als etwas Unredliches und Falsches zurückgewiesen, abgelehnt werden lediglich heidnische Opfer (das Fleisch, das der Alte dem Koch zur Zubereitung gibt).

Snorri nimmt an, daß die Anhänger des wahren Glaubens Odin nicht anbeten, aber es ist interessanter, sich mit ihm zu unterhalten als mit dem Bischof. Odin wird hier die Rolle eines Wesens zugedacht, das übernatürliche Kräfte und Kenntnisse hat, aber machtlos vor dem christlichen Gott und seinen Symbolen ist.

Man erinnert sich hier unschwer an eine andere Erzählung über Odin aus der »Saga von den Stabträgern«, welche wenige Zeit vor dem »Weltkreis« geschrieben wurde. Diese Erzählung heißt »Über Odin und den Schmied«. In Nesjar, nahe der schwedischen Grenze, lebte ein Schmied, und eines Abends erschien bei ihm ein Mensch zu Pferde und bat um ein Nachtlager. Er bat ihn außerdem, ihm das Pferd zu beschlagen. Der Schmied willigte ein. Am nächsten Morgen gingen sie in die Schmiede, und der Schmied fragte den Gast: »Wo bist du vergangene Nacht gewesen?« »Im Tal Medaldal.« Das aber ist weit von Nesjar entfernt. Deshalb stellte der Schmied vernünftig fest: »Nach allem zu urteilen bist du ein großer Betrüger, denn das kann überhaupt nicht sein.« Das Schmieden ging dem Schmied schlecht von der Hand, und die Hufeisen gerieten ihm so groß, wie er noch nie welche gesehen hatte. Aber als er sie anprobierte, paßten sie dem Pferd wie angegossen. Als das Pferd beschlagen war, sagte der Gast: »Du bist ein ungebildeter und unvernünftiger Mensch. Warum stellst du keine Fragen?« Der Schmied fragte: »Was bist du für ein Mensch, woher kommst du, und wohin führt dich dein Weg?« Jener antwortete: »Ich komme aus dem Norden und bin lange hier in Norwegen geblieben, aber jetzt denke ich daran, ins schwedische Reich vorzurücken. Ich bin lange auf Schiffen gefahren und muß mich jetzt erst an das Pferd gewöhnen.« Der Schmied fragte: »Bis wohin möchtest du heute abend kommen?« »Bis nach Sparmerka im Osten«, antwortete jener. »Das kann nicht sein, denn dorthin gelangst du nicht einmal in sieben Tagen.«

Der Gast sprang aufs Pferd. Der Schmied fragte: »Wer bist du?« Der andere antwortete: »Hast du von Odin gehört?« »Ich habe gehört, wie man sich seiner erinnert.« »Nun kannst du ihn sehen«, sagte der Gast. »Und wenn du nicht glaubst, was ich sage, schau jetzt, wie ich auf meinem Pferd über die Umzäunung springe.« Er gab dem Pferd die Sporen, und dieses flog über den Zaun mit sieben Ellen hohen Latten, ohne ihn zu berühren. Danach sah der Schmied ihn nie wieder (33, S. 253–254).

Der Sieg des Christentums über das Heidentum führte folglich dazu, daß Odin Norwegen verlassen mußte. Aber die Realität seiner Existenz steht bei dem Verfasser dieser Saga nicht in Zweifel, ebensowenig wie bei Snorri Sturluson. Über die Asen und Ynglinge wird in den Sagas in ruhigen und gelassenen Tönen erzählt, weit entfernt von der Unduldsamkeit der christlichen lateinischen Literatur, die allem Heidnischen feindlich gegenüberstand. Ein Zeitgenosse von Snorri, Saxo Grammaticus, dänischer Chronist und Schriftsteller, spricht über die heidnischen Götter mit Verachtung und Empörung; Snorri hingegen verspottet und verurteilt den Glauben der alten Skandinavier an die Asen nicht. In der *Ynglinga Saga* und in den letzten Königssagas schreibt er über die heidnische Hexerei und Magie wie über etwas vollkommen Reales und Natürliches. Erinnern wir uns daran, daß Snorri in einer Epoche schrieb, in der man in Europa schon begonnen hatte, Menschen nur für den Verdacht auf ähnliche Praktiken auf dem Scheiterhaufen zu verbrennen. So gingen auch die missionierenden norwegischen Könige Olaf Tryggvason und Olaf Haraldsson vor.

Es entsteht der Eindruck, daß Snorri gleichzeitig an Odin glaubt und nicht an ihn glaubt. Seine Beziehung zu den alten und neuen Göttern gleicht der zu den Vertretern zweier Dynastien: Eine herrschte im Altertum, die andere, mächtigere, löste sie ab und herrscht nun. Die alten Herrscher haben schon keine Macht mehr und sind schwach im Vergleich mit dem neuen Gott, und deshalb werden sie nicht weiter angebetet, aber einstmals hing von ihnen das Wohlergehen der Welt ab. Ihnen gehört die Vergangenheit.

Die christliche Kirche forderte, daß man nicht an die heidnischen Götter glauben solle. Der christliche Gott ist der alleinige und seine Wahrhaftigkeit ewig. Hingegen hörten vor allem die Isländer nur deshalb auf, die früheren Götter zu verehren, da deren Zeit abgelaufen war. Die Kategorien der Macht und des Herrschens gingen hier weiter als die Kategorien des Glaubens und der Wahrhaftigkeit.

Möglicherweise spielt Snorri mit dem Mythos, da er sich dessen hohen künstlerischen Wertes bewußt ist. Aber wenn es sich um ein Spiel handelt, dann ist es ein sehr ernstes. In der *Ynglinga Saga* gibt es eine gewisse Distanz zwischen der Erzählung und dem Erzähler. Dieser gibt zu verstehen, daß er das, was er erzählt, nicht immer vollkommen ernst nehmen kann. Aber er könne auch wiederum nicht dafür garantieren, daß all das wirklich nicht der Wahrheit entspricht. Snorri findet den Mythos in einem Stadium vor, in dem er langsam aus dem »ernsthaften« Bewußtsein, das er in heidnischer Zeit allein beherrschte, in den Bereich der künstlerischen Erfindung abgedrängt wird. Aber dieser Verdrängungsprozeß ist noch lange nicht abgeschlossen; noch bleibt der Mythos eine Form der Wahrnehmung von Wirklichkeit, darunter auch der historischen Wirklichkeit.

Daher stellt Snorri den Stammbaum der nordischen Könige in seiner *Ynglinga Saga* als keineswegs von ihm erfunden dar, und die Idee des Aufstiegs der historisch authentischen Könige von Norwegen und Schweden zu Ynglingen ist für ihn eine ernsthafte Sache[8].

Snorri führt eine Prophezeiung Odins an, nach der dessen Nachkommenschaft im nördlichen Teil der Welt leben wird. Die Nachkommen Odins herrschten gleich ihm über die Einwohner und eigneten sich allmählich Wald- und unbewohnte Gegenden an. So entstanden die Königreiche Schweden und Norwegen, die den Ynglingen untertan waren – einem Stamm, der bis zu Ingwi-Freyr zurückreichte.

Unter einem der Nachfahren Odins, König Visbur, begannen Streitigkeiten im Geschlecht der Ynglinge. Visbur verließ seine Frau mit zwei Söhnen und nahm eine andere. Als seine Söhne herangewachsen waren, verlangten sie vom Vater, daß er ihnen einen goldenen Halsschmuck zurückgäbe, den er bei der Hochzeit ihrer Mutter als Brautgabe geschenkt hatte. Nachdem sie eine Absage erhalten hatten, drohten die Brüder Visbur, daß dieser Halsschmuck dem »besten Menschen seines Geschlechts den Tod bringen solle«. Bei der Planung des Vatermordes baten sie die Hexe und Wahrsagerin Huld um Hilfe. Sie antwortete ihnen, daß sie Visburs Verderben herbeihexen könne, aber sie warnte: Danach würde im Geschlecht der Ynglinge ständig weiter gemordet. Die Brüder waren einverstanden. Nachdem sie ein Heer versammelt hatten, überfielen sie nachts den nichtsahnenden Vater und verbrannten ihn in seinem eigenen Haus (62, Kap. 14).

Hierin liegen die Ursprünge der Feindschaft im Geschlecht der Ynglinge, die in der Tat die gesamte Geschichte der norwegischen Könige durchzieht. Ihrer Darstellung ist im »Weltkreis« breiter Raum gewidmet. Will man nicht erneut zu den legendenhaften Einteilungen der Geschichte zurückkehren, die in der *Ynglinga Saga* dargelegt sind, sondern zu den eigentlich historischen Sagas des »Weltkreises« übergehen, muß man bemerken, daß schon bei den Söhnen des ersten Einigers des Landes, Harald Schönhaar, dieser Zwist bis zum Brudermord führt. König

Erich Blutaxt tötete einige seiner Brüder, doch wurde selbst vom jüngsten Sohn Haralds, Hakon dem Guten (seinem Onkel), aus Norwegen vertrieben. Danach verursachten die Söhne Erichs, die in Norwegen eingefallen waren, Hakons Tod und bemächtigten sich des Thrones. Der Kampf dauerte fast ohne Unterbrechungen auch in der Folgezeit an, und seinen Gang darzulegen würde bedeuten, die ganze Geschichte Norwegens bis zu Sverrir zu erzählen, unter dem der blutige Zwist seinen Höhepunkt erreichte.

Snorri hebt zwei Momente heraus, die den Verlauf der Geschichte des Nordens bestimmten: zum ersten die Gründung der Dynastie der Ingwi, deren Nachfahren das Land regierten (historisch-mythologische Begründung ihrer Rechte), und zum zweiten die Stammesfeindschaft, die das Geschlecht der Ynglinge von Anfang an zerreißt, eine Feindschaft, zu der dieses Geschlecht verdammt zu sein scheint. Dadurch läßt sich die Geschichte Norwegens vom 9. bis zum 12. Jh. und die damit verbundene Spannung und Dramatik erklären: Das norwegische Königsgeschlecht teilt mit den Ynglingen die Bürde des Hexenfluches. In den Ereignissen um die norwegischen Könige äußert sich das unerbittliche Schicksal.

Die Umstände, unter denen laut Snorri der Fluch Hulds ausgesprochen wurde, zeigen, daß er ihm tatsächlich eine besondere Bedeutung beimaß. Die Morde und das Töten von Verwandten werden im »Weltkreis« wiederholt beschrieben. Jedoch berichtet Snorri in der Regel mit der für die Saga üblichen Zurückhaltung und nüchternen Betonung der Tatsachen darüber und gibt nur ein Skelett der Ereignisse. So ist es auch im vorliegenden Fall: Nachdem ihnen ihre Forderung vom Vater verweigert wurde, fielen die Söhne Visburs in seine Wohnstatt ein und verbrannten ihn zusammen mit den anderen Bewohnern. Diese Fakten entnahm Snorri den Liedern des Skalden Theodolf. Aber er beschränkt sich nicht auf deren Wiedergabe und führt ein neues Motiv ein, das diesem Ereignis den Charakter von Exklusivität und großer historischer Bedeutung verleiht: das Motiv der Zauberei der Huld, an die die Brüder sich zur Unterstützung wenden, und den damit verbundenen Fluch. Mittels dieses Kunstgriffs erwächst der »gewöhnliche« Vatermord zur Quelle der Tragödie, unter deren Zeichen die gesamte folgende Geschichte der Ynglinge verläuft.

Zum Thema des verhängnisvollen Halsbandes, das der Grund der Ermordung Visburs durch seine Söhne war, kehrt Snorri etwas später, in der *Ynglinga Saga*, zurück. Einer von diesen, König Agni, hatte die Tochter des finnischen Anführers, den er während einer Heerfahrt getötet hatte, zur Frau genommen. Bei einem Festmahl bat seine Frau ihn, auf den Halsschmuck Visburs achtzugeben, und der betrunkene Agni legte ihn sich um den Hals, als er schlafen ging. Sein Zelt war am Rande des Waldes unter einem großen Baum aufgeschlagen. Sobald Agni schlief, banden die Diener seiner Frau einen Strick an das Halsband, warfen ihn über einen Zweig des Baumes und begannen zu ziehen. Auf diese Weise erhängten sie Agni (62, Kap. 19).

Weiter oben wurde gesagt, daß nach Überzeugung der alten Skandinavier in Gegenständen der »Erfolg« eines Menschen verkörpert sein kann. Aber wie wir sehen, kann in materiellen Dingen auch ein Fluch verkörpert sein, der auf dem Stamm lastet. Hier muß man an den verhängnisvollen Fluch der Nibelungen erinnern (die skandinavischen Niflungen), der sich in dem Gold materialisierte, das ihr Geschlecht vernichtete. Diese Geschichte hat Snorri Sturluson detailliert in der »jüngeren Edda« erzählt.

An dieser Stelle erlaube ich mir, bestimmte Überlegungen anzustellen. Wie bekannt ist, wird in dem schon erwähnten eddischen Lied »Der Seherin Gesicht« der Mythos von der Erschaffung der Welt, ihrem Untergang und ihrer Wiedergeburt dargestellt. Die wichtigste Rolle in »Der Seherin Gesicht« spielt die Idee von der Entstehung des Bösen, vom Kampf zwischen dem Guten und dem Bösen und von der Sühne des Bösen. Das Bild von der tödlichen Zwietracht unter Brüdern, durch die die menschliche Rasse und das Göttergeschlecht untergehen, verdeutlicht eine besondere Erscheinungsform des Bösen. Die Seherin sagt voraus:

> »vieles weiß ich
> Fernes schau ich:
> der Rater Schicksal
> der Schlachtgötter Sturz.
> Brüder kämpfen
> und bringen sich Tod,
> Brudersöhne
> brechen die Sippe;
> arg ist die Welt,
> Ehebruch furchtbar,
> Schwertzeit, Beilzeit
> Schilde bersten.
> Windzeit, Wolfzeit,
> bis die Welt vergeht –
> nicht einer will
> des andern schonen.
> (15, S. 10–11)

Es fällt ins Auge, daß diese Weissagung in der »älteren Edda« der Prophezeiung Hulds in der *Ynglinga Saga* inhaltlich nahesteht. Deshalb kann man annehmen, daß das eddische »Der Seherin Gesicht« Snorri beeinflußt hat, als er die Ursprünge des blutigen Zwistes im Geschlecht der Ynglinge beschrieb. »Ynglingatal« ist uns aus Zitaten bekannt, die in den Königssagas angeführt werden; aber in diesen Abschnitten aus dem Poem Theodolfs, die hier angeführt werden, wird der Fluch Hulds nicht erwähnt. Man kann annehmen, daß er erst später eingefügt wurde und daß »Der Seherin Gesicht« den Anstoß dazu gegeben hat. Egal ob einer von Snorris Vorgängern dieses Motiv eingeführt hat oder er selbst, es wäre begründet anzunehmen, daß der Einfluß des Themas der blutigen Stammeszwiste, die in dem eddischen Lied vorhergesagt werden, auf ihn eine große Rolle spielte. Die darin enthaltenen kosmologischen und eschatologischen Ideen waren sehr populär. Es ist bekannt, wie stark Snorri dieses Lied in seiner »Edda« verwendet hat. Übrigens zitiert er darin auch den oben angeführten Ausschnitt über den Zwist der Brudermorde, der dem Untergang der Welt vorausgeht.

Wenn eine solche Vermutung gerechtfertigt ist, stellt sich die ganze Geschichte der bis zu den Ynglingen zurückreichenden Könige von Norwegen in einer noch dramatischeren Form dar. Sie erweist sich als Bestandteil eines weltumfassenden Dramas, das sich im Untergang der Welt vollendet. Für die Leser Snorris im 13. Jh., die die eddische Poesie und Mythologie hervorragend kannten, mußte sich die Geschichte der norwegischen Könige auf dem Hintergrund eines erhabenen tragischen Mythos entwickeln. Und auch wenn zu dieser Zeit Snorri und seine Zeitgenossen den heidnischen Legenden und Prophezeiungen schon keinen unmittelbaren Glauben mehr schenkten, hatten sie keineswegs das Interesse an ihnen verloren.

Gerade der Mythos und die Idee vom Schicksal geben Snorri ein Mittel, um die Geschichte der norwegischen Könige zu erfassen, deren Stammbaum er von den heidnischen Göttern oder »Kulturhelden« ableitet. Das tragische Thema der Zwistigkeiten im Stamm geht auf rein heidnische Vorstellungen zurück und kulminiert um das vorchristliche Wertesystem, das hier im Problem der Stammesbeziehungen verkörpert wird. Denn die Ursache der Tragödie der Ynglinge ist die Überschreitung des Verbots, sich mit Verwandten zu befehden.

Die Vorstellungen vom historischen Prozeß, seinem Wesen und seinem Charakter kommen in den Königssagas sowohl im Material selbst als auch in dessen Auswahl und der Art, wie es wiedergegeben wird, zum Ausdruck. Die skandinavische Geschichtsschreibung des 12. und 13. Jh.s kennt kein philosophisch-historisches Konzept, das dem der theologisch orientierten Historiker des westlichen Mittelalters ähnlich wäre. Ihr ist die Dichotomie der irdischen und sakralen Geschichte unbekannt, die sich im Kampf zwischen dem göttlichen Reich und dem Reich des Satans resümiert. Die Geschichte, wie sie in den isländischen Sagas dargestellt wird, spielt sich ausschließlich auf der Erde ab. In ihr handeln aktive Menschen, die ihre eigenen menschlichen Ziele und Interessen verfolgen und vom Schicksal geleitet werden. Die Idee vom Schicksal, die eine große Rolle im Bewußtsein der Skandinavier dieser Zeit spielt, setzt keinen Dualismus von Zeit und Ewigkeit, wie er dem christlichen historischen Denken zugrunde liegt, voraus. Das Schicksal ist ein innerer Stimulus des menschlichen Verhaltens, ist bei menschlichen Handlungen und Konflikten implizit vorhanden und erhebt sich nicht über sie wie die göttliche Vorsehung des Christentums. Der christliche Einfluß hat unzweifelhaft auf diese Art der Weltsicht eingewirkt, aber nicht zu seiner prinzipiellen Umwandlung geführt.

Im »Weltkreis« kann man leicht Beweise für die Überlegenheit des wahren Glaubens über das Heidentum finden. Das Christentum ist stärker als das Heidentum. Bei Konflikten trägt es ständig den Sieg davon, obwohl seine Stärke nicht so sehr im moralischen Sinne zu verstehen ist als im praktischen, um nicht zu sagen im physischen: Das Kreuz und das Gebet überwinden Zauberei und Magie, das Wunder des heiligen Königs wirft den Abergläubischen und Ungläubigen nieder in den Staub, der Wind weht gegen die Heiden aus einer für die Christen günstigen Richtung usw. Es wird sehr deutlich, daß Snorri Sturluson die heidnischen Könige (zumindest offensichtlich) nicht verurteilt, obwohl die Verdienste der Herrscher, die sich um die Bekehrung ihrer Untertanen zum Christentum bemühten, auf jede Weise hervorgehoben werden. Mit Eifer sammelt er Erzählungen über die Wunder des heiligen Olaf, vermerkt sorgfältig den Bau von Kirchen und Klöstern, den Erwerb von Heiligenreliquien und den Besuch Palästinas durch die Normannen; den für die mittelalterliche Historiographie und Hagiographie üblichen Sujets wird in seinen Sagas breiter Raum gewidmet.

Aber das Christentum hat das Heidentum überwiegend nur im rituellen Bereich überwunden. Snorri verschweigt nicht, daß die Taufe der Skandinavier sich in erster Linie in der Durchsetzung äußerer Formen des sozialen Verhaltens und in der Absage an heidnische Opferungen und Zechgelage äußerte. Heide ist für ihn derjenige, der Pferdefleisch und Blut zu kultischen Zwecken verwendet und Götzen anbetet: Ein Christ tut das nicht. Die Aneignung der christlichen Weltanschauung blieb höchst unvollständig und oberflächlich. Es mangelte den Menschen an innerer Überzeugung. Nach dem »Weltkreis« zu urteilen, fanden diese Prozesse etwa im 11. und zu Beginn des 12. Jh.s statt. Der heilige König Olaf Haraldsson vernichtete mit Feuer und Schwert die heidnischen Götzentempel und ließ jeden töten, der sich der Taufe widersetzte, aber seine Versuche, den norwegischen *boendr* den Sinn der Lehre des Evangeliums zu erklären, hatten wenig Erfolg.

Aber auch zur Zeit Snorris führte die Annahme des wahren Glaubens noch lange nicht zum vollständigen Bruch mit heidnischen Vorstellungen und Werten. Die christliche Lehre erwies sich in Nordeuropa als wenig ansprechend und nicht nur den ungebildeten *boendr*, sondern auch einem so gebildeten Denker wie Snorri selbst als unverständlich und schwer zugänglich. Es waren natürlich die Skalden, die in ihren Liedern vielfach die Begriffe des neuen Glaubens verwendeten. Aufzeichnungen religiös-mystischer Visionen tauchen auf, und die in verschiedenen Teilen Norwegens errichteten Holzkirchen eigenartiger Bauweise wurden mit Christus und Maria geweihter Malerei verziert. Es gab auch schon gebildete Leute, die Sagas über Bischöfe schrieben und im Westen erschienene theologische Werke in ihre Muttersprache übersetzten. Die Religiosität einzelner »Intellektueller«, die im Ausland ihre Bildung erhalten hatten, unterschied sich von der Religiosität der großen Masse der Bevölkerung; man findet hier den gleichen Bruch, der auch in allen anderen Ländern mit Katholizismus existierte.

Die Masse der Bevölkerung (nicht nur die Ungebildeten, sondern auch Leute vom Typ Snorris, d. h. schriftkundig und schöpferisch tätig, wenn auch eng mit der traditionellen Kultur verbunden) hat die christliche Lehre hauptsächlich in den gewohnten und ihr nahestehenden Kategorien des Heidentums wahrgenommen. Die alten und neuen Vorstellungen von den Kräften, die die Welt lenken, fügten sich nicht zu einer organischen Einheit zusammen. Insbesondere wurde die Lehre von der göttlichen Vorsehung im Bewußtsein der Menschen in die traditionelle Sprache der Vorstellungen über das Glück und das Schicksal übersetzt.

Man kann unschwer feststellen, daß die Beziehung Snorris zu heidnischen Gottheiten nicht immer eine ablehnende ist. Die Asen werden von ihm in »Kulturhelden« verwandelt, in Begründer der nordischen Königsdynastien; Odin kann man eine gewisse Ausstrahlung nicht absprechen. Für Snorri ist der Heldenmut, der in der vorchristlichen Zeit kultiviert wurde, etwas Naheliegendes und Verständliches: Ebenso teuer ist ihm die mit heidnischen Sujets angefüllte, ja sogar vom heidnischen Geist durchdrungene Mythologie und Poesie. Ihm bleibt die Verbindung zwischen der alten Religion und den traditionellen Freiheiten des Volkes nicht verborgen, ebensowenig wie der Zusammenhang zwischen der Christianisierung und der Verstärkung der königlichen Macht und Willkür. Er ist sich auch im klaren darüber, daß das Christentum in Norwegen seinen Sieg nicht hauptsächlich dem Eindringen des »Lichts der Wahrheit« in die Seelen der Menschen verdankt, sondern der verstärkten Politik der Könige, die das Heidentum ausbrannten und die Bevölkerung auf brutale Weise zwangen, die Geistlichkeit anzuerkennen und den Zehnt zu zahlen. Indem sie die Götzentempel zerstörten, mit Streithämmern die Bildnisse Thors und Freyrs zerschlugen und diejenigen verstümmelten oder erschlugen, die sich der Taufe widersetzten, unterschieden sich die norwegischen missionierenden Könige wenig von eben jenen Heiden: Sie stellten nicht die Predigt von Gottes Wort, Demut und die Vergebung aller Sünden, sondern Gewalt an erste Stelle in der Politik der Christianisierung des Landes. Nachdem sie nach christlichem Brauch eine Messe hatten lesen lassen, befahlen sie vor einem Kampf ihren Skalden, Lieder rein heidnischen Inhalts zu singen, die die Krieger begeistern sollten. In der katholischen Geistlichkeit sahen sie vorwiegend einen politischen Bündnispartner, welcher ihnen nützlich sein konnte, aber wohl kaum würdige Berater und Lebenslehrer.

Von moralischer Autorität des Klerus kann hier nicht die Rede sein: Unter den Geistlichen werden sowohl Heuchler und Gewalttäter als auch Gegner des heiligen Olaf erwähnt. Selbst der Erzbischof erwies sich hauptsächlich als Politiker und raffgieriger Mensch. Norwegens Geistlichkeit gründete sich vorwiegend auf die Unterstützung der Macht des Königs, der sie sich wiederum zur Verfolgung seiner eigenen Ziele vollkommen untertan machte. Unter Sverrir entwickelte sich in Norwegen derselbe Kampf zwischen den kirchlichen und weltlichen Mächten, der sich in dieser Periode auch in anderen Ländern abspielte. Daß er politische Ursachen hatte, ist ganz offensichtlich.

Der »Weltkreis« geht an Glaubensfragen nüchtern ohne jede Exaltiertheit und Rhetorik heran. Dadurch unterscheidet er sich von vielen Werken mittelalterlicher Historiker und macht die Spezifik der Weltanschauung Snorri Sturlusons und seiner Landsleute deutlich. Wenn man die Erzählungen über die christlichen Wunder einmal außer acht läßt und davon absieht, daß sich die Könige hin und wieder mit der Bitte um den Sieg in der Schlacht an Gott wandten, dann liegt dem Verständnis des Geschichtsverlaufs keineswegs göttliche Vorsehung zugrunde. Die Kräfte, die das menschliche Tun lenken, liegen nach Snorri nicht so sehr in der rechten Hand des allmächtigen Gottes, auf den er nicht vergißt von Zeit zu Zeit hinzuweisen (oft aus dem Mund seiner handelnden Personen), sondern wurzeln vielmehr in den Menschen selbst.

Wir haben schon gesehen, daß die Idee vom Schicksal in den Königssagas wenig gemein hatte mit der Lehre von der Lenkung der Welt durch den höchsten Willen des Schöpfers. In diesem Zusammenhang sollte man erwähnen, daß im »Weltkreis« Leute beschrieben werden, die an keinerlei Götter glaubten, sondern nur an die »eigene Kraft und Macht«. Diese Anschauung ist überhaupt nicht charakteristisch für das Christentum, aber sehr bezeichnend für die Ethik am Ende der Wikingerepoche, als der heidnische Glaube schon ins Wanken gekommen war und das Christentum diesen Menschen keine sie befriedigenden und von ihnen verstandenen Ideale anbieten konnte. Der Glaube des Menschen »an die eigene Kraft und Stärke« ist nichts anderes als der Glaube an Schicksal und Glück. Losgelöst von ihren Stammesgruppen und alten Tempeln, gewöhnten sich diese Menschen »ohne Wurzeln« daran, sich auf sich selbst zu verlassen.

In der *Saga Olafs des Heiligen* versicherte ein Mensch, daß ein solcher Glaube ihm vollkommen ausreichen würde. »Aber jetzt möchte ich an dich glauben, König«, sagte er, sich an Olaf Haraldsson wendend. Er äußerte ihm gegenüber den Wunsch, in einer entscheidenden Schlacht mitzukämpfen (40, Kap. 215). Der Glaube an sich selbst, an die eigene Kraft verband sich leicht mit dem Glauben an die Kraft eines anderen Menschen, der über besondere Eigenschaften und Fähigkeiten verfügte. Wir wissen: Bei den Skandinaviern war die Überzeugung verbreitet, daß der König von einem außerordentlichen »Glück« begleitet wurde und alle Menschen in seiner Nähe, die ihm dienten oder mit ihm freundschaftlich verbunden waren und Geschenke austauschten, einen Teil seines »Glücks« erhalten, an seiner Kraft teilhaben konnten. In diesem Glauben, den Snorri augenscheinlich nicht in Zweifel zieht, wird aufs neue die Einstellung deutlich, daß der Mensch aktiv sein, den Befehlen des ihm innewohnenden Schicksals folgen und sein Verhalten nicht unter Hinweis auf eine irgendwie geartete transzendente Kraft rechtfertigen solle. Das skandinavische Christentum war in dieser Zeit wie eine dünne Haut, unter der verschiedenartige Glauben und Aberglauben verborgen

waren, die mit ihren Wurzeln bis in das vorchristliche Altertum zurück-
reichten.

Diesen Widerspruch zwischen offiziellem Glaubensbekenntnis und
tatsächlicher Weltanschauung kann man auch im »Weltkreis« beobachten. Hier werden zwei Zeitebenen zusammengebracht: Die eine reicht
zurück bis in die heidnische Epoche, und die andere erstreckt sich bis zu
der Zeit, in der Snorri lebte. Von der frühen Schicht sind vorwiegend die
Lieder der Skalden geprägt. Die heidnischen Vorstellungen und Werte
werden im »Weltkreis« nicht unmittelbar gepriesen, aber die im Text der
Königssagas reichlich zitierten skaldischen Lieder erwachsen der vorchristlichen Weltsicht und sind von heidnischem Geist durchdrungen.

Dienten diese poetischen Zitate in Snorris Erzählung als reines
Schmuckwerk? Das ist zweifelhaft. Es ist bekannt, daß Snorri ein großer
Kenner der skaldischen Poesie war und als Skalde selbst ein Traktat über
die Kunst des Versbaus geschrieben hat. Viele Forscher sind geneigt,
seine »jüngere Edda« als Erscheinung der isländischen Gelehrsamkeit zu
betrachten und meinen, er habe sie hauptsächlich aus antiquarischem Interesse geschrieben. Ebenso werden einige Lieder der »älteren Edda«
und andere Werke des isländischen Schrifttums des 13. Jh.s nicht selten
als »philosophische Mythen« ausgelegt, als künstliche Stilisierungen, die
»auf alt getrimmt wurden«. Aber wäre dies nicht eine Übertragung von
Erscheinungen, die erst in neuer Zeit möglich wurden, in eine vollkommen andere Welt?

Der gelehrte »Antiquar« oder Poet, der durch »primitive Lieder« in
Verzückung gerät und bewußt das ihm innerlich fremde Altertum nach-
ahmt: Solche Figuren sind gut bekannt aus der romantischen Epoche.
Aber hat es denn Sinn, die Vorgänger von J. McPherson, T. Chatterton
oder P. Mérimée im alten »Thule« zu suchen? Denn bis zum Entstehen
derartiger Stilisierungen hat die europäische Kultur einen enormen Weg
zurückgelegt, das Mittelalter überwunden und bald darauf versucht, zu
ihm zurückzukehren wie zu einer Zeit, von der sie sowohl große Zeiträume als auch tiefe qualitative Veränderungen im geistigen Leben trennten.

Snorri Sturluson war nicht in einem solchen Maße dem Heidentum
entfremdet, daß er es nur noch von »außen« hätte betrachten können.
Ohne in Modernismus und Antihistorismus zu verfallen, ist es unmöglich, das lebendige und unerschöpfliche Interesse Snorris an der heidnischen Poesie und Mythologie allein durch seine Neugier, Belesenheit
usw. zu erklären. Wie wir gesehen haben, erwies sich der Mythos für ihn

als das natürlichste und einzig mögliche Mittel der Erklärung und geordneten Darstellung der geschichtlichen Fakten in einem zusammenhängenden und für die Zeitgenossen überzeugenden Bild. Hunderte skaldischer Strophen voll von heidnischen Realien erfüllten eigentlich dieselbe Funktion wie der Mythos von den Asen und den aus ihnen hervorgegangenen Ynglingen: Lebende Menschen und Ereignisse der menschlichen Geschichte wurden mit der Welt der Götter und Helden verglichen und selbst heroisiert. Durch dieses kontrapunktische Verfahren entstand die Wirkung, die offensichtlich das Vortragen eines alten Lieds über den legendären Bjarki durch den Skalden Thormod vor dem Heer Olaf Haraldssons hatte, das sich auf die entscheidende Schlacht bei Stiklastadir vorbereitete. Die Kampfgenossen des Königs waren begeistert von dem Lied über den Helden, der neben den Füßen seines Anführers gefallen war, und gaben dem Lied genau diesen Namen: »Anspornung des Gefolges«.

Wie können sich im Bewußtsein eines Menschen heidnische und christliche Vorstellungen vereinigen? Eine schwierige Frage. Folgendes erzählt der »Weltkreis« von der Hinwendung des isländischen Skalden Hallfred zum neuen Glauben: Er traf sich einmal in Norwegen mit dem König Olaf Tryggvason, und jener schlug ihm vor, sich taufen zu lassen und seinem Gefolge beizutreten. Hallfred äußerte seine Bereitschaft dazu, aber unter der Bedingung, daß der König selbst sein Taufvater sei und daß Olaf ihn niemals aus seinem Dienst jagen würde. Hallfred trat zum Christentum über, um einem ruhmreichen König zu dienen und aus seiner Gunst Nutzen zu ziehen.

Aber Snorri ließ dabei ein anderes Stück Information über Hallfred aus, die ihn offensichtlich nicht interessierte. Für uns ist sie hingegen überaus wichtig. In der »Saga über Hallfred« wird erzählt, daß der Skalde, nachdem er die Taufe empfangen hatte, niemals die alten Götter verunglimpfte, obgleich andere sich schlecht über sie äußerten. Es sei unnötig, die Asen zu verurteilen, sagte er, selbst wenn man nicht mehr an sie glaube. Einst habe er dem weisen Odin Opfer gezollt, jetzt aber seien die Wege der Menschen andere. Der König verurteilte diesen Vers: »Dichte einen anderen zur Buße!« Da trug Hallfred einen neuen Vers vor: »Einst galten dem edlen Odin alle Lieder; schwer wird's werden, Friggas Gemahl abzuschwören, da ich nun Christus diene.«

Dieses Lied mißfiel dem König noch mehr, und da mußte Hallfred einen Vers verfassen, der die Asen abfällig beurteilte und der eine Bitte an Christus enthielt, ihm zu vergeben. Aber später, als er nach Schweden abgereist war, heiratete der Skalde eine Heidin und fiel in seine früheren Irrtümer zurück, in denen er verharrte, bis ihm im Traum König Olaf erschien und ihn zum wahren Glauben zurückführte. In seinem letzten Lied macht Hallfred ein wertvolles Eingeständnis: Er würde den Tod nicht fürchten, wenn nicht die Angst vor dem Hades wäre (46, S. 34ff.).

Was ist Hallfred nun: ein Heide oder ein Christ? Odin ist nach seinem Geschmack, aber er möchte gern dem König dienen, und dafür ist es unumgänglich, ein Christ zu werden. Darüber hinaus kann er auch gegenüber den Drohungen der katholischen Missionare nicht gleichgültig gewesen sein, die den Heiden und Sündern jenseitige Strafen in Aussicht stellten. Im 12. Jh. wurde aus dem Lateinischen das Büchlein »die Leuchte« ins Isländische übersetzt, ein theologisches Lehrmittel, das Honorius Augustodunensis zugeschrieben wird. Dieses Buch, das sich im Mittelalter breiter Popularität erfreute, betonte insbesondere, daß ein großer Teil der Menschen zu Qualen im Hades verdammt sei und daß die Gerechten im Paradies unter anderem durch den Anblick der in der Hölle schmorenden Sünder getröstet würden. Leute, die bestimmte Beschäftigungen ausüben, sind sämtlich verurteilt; unter ihnen sind die fahrenden Sänger (Jongleure), Schauspieler und Minstrels, die Diener Satans. Und ist der Skalde nicht etwa auch ein solcher Minstrel?

Es kommt also darauf an, den Dienern Christi Folge zu leisten und die Kirche zu besuchen, und wenn ein Christ ein Mensch ist, der die vorgeschriebenen Riten ausübt, dann sind die mittelalterlichen Isländer Christen. Über einen solchen Christen berichtet das »Buch von der Besiedlung Islands«.

Der Glaube von Helgi dem Dürren schien »sehr gemischt zu sein, er glaubte an Christus, aber als er begonnen hatte, zur See zu fahren, außerdem in schwierigen Momenten und in allen Dingen, die eine wichtige Entscheidung verlangten, wandte er sich um Hilfe an Thor«. Vielleicht ist Helgi eine Ausnahme? Das »Buch über die Besiedelung Islands« teilt mit, daß das *Allthing*, die Versammlung der Isländer, beschlossen hatte, das Christentum anzunehmen (um Zwistigkeiten zwischen Heiden und Christen zu vermeiden). Es war aber weiterhin allen Isländern erlaubt, Pferdefleisch zu essen (welches bei heidnischen Ritualen verwendet wurde) und ihre Kinder »hinauszutragen«, d. h. sie zum Tode zu verurteilen. »Wenn die Menschen es wünschen, heidnische Gaben darzubringen, können sie dies heimlich tun, aber es droht ihnen, daß sie für vogelfrei erklärt werden, wenn dies bekannt wird« (30, S. 250, 17). Zwar würden diese heidnischen Sitten bald wie auch alle übrigen abgeschafft werden, aber der zitierte Vorbehalt entlarvt sozusagen den Sinn der offiziellen Annahme des Christentums: Es ist klar, daß der neue Glaube hauptsächlich deshalb notwendig wurde, um eine Forderung des norwegischen Königs zu erfüllen, auf den die Isländer Rücksicht nehmen mußten. Die alten Götter und Opferungen, die das Wohlergehen des Landes garantierten, waren hingegen nach dem Herzen vieler Isländer. Die Christianisierung kam von außen, aber was spielte sich innen ab? Die Annahme der neuen Religion war vorwiegend ein politischer Akt, aber faßte die christliche Lehre Fuß im Bewußtsein jedes einzelnen Menschen? Um sich im individuellen und gesellschaftlichen Bewußtsein zu festigen, mußte diese Religion noch eine dicke Schicht mythologischer Vorstellungen und Glauben durchdringen.

Natürlich liegt die Zeit, in der der »Weltkreis« entstand, mehr als zwei Jahrhunderte von dem Zeitpunkt entfernt, zu dem Hallfred und Olaf Tryggvason lebten und der *Allthing* seine »salomonische Entscheidung« traf. Im Verlauf des 11. und 12. Jh.s unternahm die Kirche im Bund mit der königlichen Macht viele Anstrengungen, um die Skandinavier zum neuen Glauben zu bekehren, und es wechselten einige Generationen von Menschen, die sich bereits daran gewöhnt hatten. Man muß jedoch daran erinnern, daß ohne die aktive Hilfe des Staates die Geistlichkeit nicht auf einen schnellen und entscheidenden Erfolg rechnen konnte: Jedoch einen Staat gab es in Island nicht!

Die Sagas, die vorwiegend im 13. Jh. geschrieben wurden, sind von einem Geist durchdrungen, der wenig gemein mit dem Christentum hatte. Wenn in ihnen hin und wieder Christus erwähnt wird, dann in einem sehr seltsamen Zusammenhang: In der »Saga über die Schwurbrüder« wird mitgeteilt, daß der Jüngling Thorgeir dazu fähig gewesen war, den Mörder seines Vaters zu töten. Dies wurde von folgendem Kommentar begleitet: »Alle, die diese Neuigkeit gehört hatten, schien es zu erstaunen, daß ein so junger Mensch einen so mächtigen Heerführer und großen Krieger wie Edur getötet hat. Und dennoch liegt darin nichts Merkwürdiges. Denn der Schöpfer der Welt hat ein so furchtloses und starkes Herz erschaffen und in die Brust von Thorgeir gelegt, so daß er nichts fürchtete, sondern in allen Prüfungen seiner Tapferkeit mutig wie ein Löwe war. Und wie alles Gute von Gott geschaffen worden ist, so ist auch die Furchtlosigkeit von ihm geschaffen und in die Brust der tapferen Menschen gelegt worden, und auch die Freiheit und die Kraft, so aufzutreten, wie sie es wünschen, ob dies gut oder schlecht ist. Denn Christus hat die Christen zu seinen Söhnen gemacht und nicht zu Sklaven, und er belohnt jeden nach seinen Verdiensten.«

In den Sagas lassen sich natürlich auch leicht andere Spuren des christlichen Einflusses finden, die nicht durch die Moral der Wikinger verfälscht waren, aber was es in ihnen nicht gibt, sind Motive der Demut und Selbstverleugnung (»Christus hat die Christen zu seinen Söhnen gemacht und nicht zu Sklaven …«). Und in den Islandsagas und Königssagas ziehen Persönlichkeiten an uns vorüber, die ihre Rechte und die eigene Würde verteidigen. Die Reaktion dieser Menschen auf einen Angriff gegen ihre Ehre scheint unreflektiert, fast automatisch zu sein, sie stehen nie vor dem Dilemma: Rache an dem Beleidiger zu üben oder ihm zu vergeben? Die Gebote der traditionellen Moral sind unstreitige und durch nichts wegzudiskutierende Imperative.

Beide Religionen existierten nicht einfach nebeneinander, sondern beeinflußten sich gegenseitig. Bei dieser Synthese büßte das Christentum einen nicht geringen Teil seiner Integrität ein und wurde von einem Geist durchtränkt, der ihm seiner Natur nach fremd war, aber das Heidentum, das aufgehört hatte, ein Kult zu sein, blieb auch noch im 13. Jh. nicht nur die wichtigste Quelle poetischer Eingebung, sondern auch eine wesentliche Komponente der Weltanschauung. Sogar viel später, als die Christianisierung schon lange abgeschlossen war, fanden norwegische Herrscher wie früher Enthusiasmus und Trost nicht in den Werken der katholischen Pater, sondern in den dem Verstand zugänglicheren und der Seele näherstehenden Sagas über die Vorfahren. Der ans Todeslager gefesselte König Hakon Hakonarson befahl, ihm lateinische Bücher vorzulesen. Aber schon bald fiel es ihm schwer, der Lesung zu folgen und sie zu verstehen, und er ordnete an, Tag und Nacht Isländersagas vorzulesen. Zuerst las man ihm Sagas über Heilige vor, und als diese beendet waren, ging man zu den Königssagas über, angefangen mit der Saga über Halfdan dem Schwarzen. Der Reihe nach folgten die Sagas von allen norwegischen Königen. Als er das letzte Abendmahl genommen und die nötigen Anordnungen gegeben hatte, fuhr Hakon Hakonarson fort, der Lesung der Sagas bis zu König Sverrir zuzuhören. »Die *Sverris Saga* war etwa in der ersten Nachthälfte zu Ende gelesen worden, und bald nach Mitternacht nahm der allmächtige Herr König Hakon von dieser Welt«, berichtet die »Saga von Hakon Hakonarson« (45, Kap. 329). Das geschah im Jahr 1263. Unter Hakon, dem Enkel Sverrirs, erstarkte der norwegische Staat, und die Prozesse der Feudalisierung wurden abgeschlossen. Der Einfluß der westeuropäischen Kultur und Kirche verstärkte sich, und dennoch konkurrierte die Saga weiterhin erfolgreich mit den Werken der kirchlichen Kultur.

Die Sagas unterschieden sich von den christlichen Chroniken und Geschichten durch eine eigene realistische Darstellung, Nüchternheit der Betrachtungsweise und »Prosaik«, d. h., sie betrachteten als Motor der Geschichte nicht himmlische Kräfte oder einen göttlichen Plan. Aber sie stehen den westeuropäischen Historiographien des 12. und 13. Jh.s in ihrer Philosophizität nach. Sie warfen keine Probleme des transzendenten Sinns der menschlichen Geschichte auf und konnten sie natürlich auch nicht bewußt aufwerfen. Die theologische, teleologische Interpretation der Geschichte war in dieser Zeit ein notwendiges Stadium der rationalen Aneignung des historischen Prozesses, ein Stadium, das mit dem Übergang zur Neuzeit überwunden wurde. Wie wir gesehen haben, ist die Königssaga weit von einer solchen Philosophie der Geschichte entfernt. Das begriffliche »Instrumentarium« der Saga ist Mythos und Schicksal in ihrer heidnischen Interpretation.

Aber die Aufgabe, die wir uns im vorliegenden verallgemeinerten und komprimierten (und daher notwendigerweise unvollständigen) Abriß gestellt haben, bestand nicht so sehr in der Bestimmung des Platzes, den die Königssaga in der allgemeinen Entwicklung des historischen Gedankens einnimmt, sondern vielmehr und vor allem darin, die Weltempfindung und Weltsicht der alten Skandinavier in ihr aufzudecken.

Das bedeutet, daß der vergleichbar späte und unvollständige Siegeszug des Christentums in Norwegen und Island eine der Voraussetzungen dafür war, daß sich eine mächtige vorchristliche Kulturschicht halten konnte. Aber es taucht die Frage auf: Sind die Züge dieser Weltanschauung ein Spezifikum nur der Einwohner des europäischen Nordens – lokal begrenzt und isoliert von den Magistralen der mittelalterlichen Kultur? Oder kann man sie in der einen oder anderen Form auch bei Menschen des kontinentalen westlichen Europas beobachten?

Wenden wir uns deshalb dem deutschen Heldenepos zu – dem »Nibelungenlied«, welches mehr als irgendein anderes Kunstdenkmal des christlichen Mittelalters mit der allgemeinen germanischen epischen Tradition verbunden ist. Die Haupthelden im »Nibelungenlied«, Siegfried, Brünhild, Kriemhild, Hagen, Gunther, Etzel sind deutsche Entsprechungen der skandinavischen Helden Sigurd, Brynhild, Gudrun, Hogni, Gunnar, Atli. Was waren es für Umwandlungen, die bei diesen Personen und, was das wichtigste ist, beim Inhalt des Epos und seinen Tiefenstrukturen stattfanden?

Das »Chronotopos« des »Nibelungenlieds«

Das Ritterepos hat sich weit von den Heldenliedern und Sagen des Frühen Mittelalters entfernt. Es bringt schon nicht mehr die Bestrebungen, Interessen und geistigen Neigungen des Volkes als Ganzem zum Ausdruck, wie es in der vorangegangenen Phase der Fall war. In ihm dominieren die spezifisch ritterlichen Werte. Entweder wird das einfache Volk in den Hintergrund gedrängt, oder es kommt überhaupt nicht vor bzw. nimmt eine passive Statistenrolle ein, die nach Meinung des epischen Autors weder Aufmerksamkeit noch Achtung verdient. Das bedeutet nicht etwa, daß die Werke des Ritterepos bei breiteren Kreisen der Bevölkerung kein Interesse hervorgerufen hätten; die Erzählungen von ruhmreichen Heldentaten aus längst vergangenen Tagen übten vielfach Anziehungskraft auf alle aus. Aber das »Rolandlied« oder das »Nibelungenlied« gehören begreiflicherweise nicht zu den Quellen, mit Hilfe derer man die Ideologie von Schichten erschließen würde, die auf den untersten Stufen der feudalen Gesellschaft angesiedelt waren.

Aber obwohl diese Tatsache ins Auge springt, können wir uns die Aufgabe, zum Weltbild des größten Teils der mittelalterlichen Gesellschaft vorzudringen, auch am epischen Material stellen. Damit ein solcher Versuch Erfolg hat, muß man von dem Ritterepos, das sich im 12. und 13. Jh. radikal gewandelt hat, die »offizielle Schicht abtragen« und versuchen, in sein »Unterbewußtsein« einzudringen. Auf diese Weise können wir seine begrifflichen Grundstrukturen aufdecken, auf denen der ideologisierte Überbau des Epos fußt und die wohl kaum nur den Herren eigen waren. Sie sind aus den Besonderheiten der mittelalterlichen Weltsicht als ganzer entstanden.

Um welche Grundstrukturen mittelalterlicher Mentalität handelt es sich hier? Offensichtlich um die, welche weniger als andere bewußt von den Schöpfern der Ritterepen kontrolliert wurden. Vor allem gehörten dazu die Vorstellungen von Raum und Zeit, diese wichtigen Größen des kollektiven Unbewußten. Eigentlich kann man nur bedingt von zwei verschiedenen Größen sprechen; die Formen des Raumes und der Zeit sind aufs engste miteinander verbunden, sie sind Aspekte ein und derselben Matrix, die vom Bewußtsein nach bestimmten Ordnungskriterien wie ein Raster auf die wahrgenommene Welt gelegt wird. M. M. Bachtin führte aus gutem Grund den Begriff des »Chronotopos« in die Wissenschaft ein. Dieser bezeichnet die innere Verbindung von Zeit- und Raumwahrnehmung, die, wie er zeigte, den künstlerischen Systemen verschiedener Geschichtsepochen zugrunde lag (64; 65). Aber natürlich ist das »Chronotopos« als konstituierendes Element des Romans, Epos oder Gedichts zugleich ein untrennbarer Bestandteil der Weltsicht der jeweiligen Gesellschaft bzw. einer bestimmten Kultur selbst. Gerade weil es eine so wesentliche weltanschauliche Funktion erfüllte, kann das »Chronotopos« in verschiedenen literarischen Genres gefunden werden.

Da das mittelalterliche Epos, das der Geistesrichtung des Rittertums entspricht, auch archaisches Material epischer Sagen aus der Barbarenzeit in sich aufgenommen hat, bildete sich hier durch die Wechselwirkung unterschiedlicher Schichten ein eigentümliches, relativ kompliziertes und in sich widersprüchliches »Chronotopos«: Mythologische Vorstellungen verflochten sich mit neueren, stärker mit der Gegenwart verbundenen. Das »Chronotopos« des Ritterepos ist vielschichtig, und diese Struktur gab den Helden, die als Erbe aus vergangenen Zeiten darin eingingen, eine unwiederholbare, einzigartige Bedeutung.

Man findet kaum ein anderes Beispiel des mittelalterlichen Epos, das diese Sinntransformationen deutlicher demonstrieren könnte als das »Nibelungenlied«. Auf die Untersuchung seines »Chronotopos« oder besser seiner »Chronotopoi« wollen wir nun unsere Aufmerksamkeit konzentrieren.

Das »Nibelungenlied« steht am Ende der langen Sagentradition des Liedes von Sigurd (Siegfried), des Liedes über die Burgunderkönige, von Gudrun (Kriemhild), Brünhild (Brynhild) und Atli (Etzel). Zum Ende des 12. und Anfang des 13. Jh.s, während der Blütezeit der Feudalordnung und des Aufstiegs der Ritterkultur im Stauferreich, wendet sich ein unbekannter österreichischer Dichter erneut der Überlieferung, die mit den großen Völkerwanderungen beginnt, zu und arbeitet sie neu um. Dies deutet auf eine bestimmte Kontinuität in der kulturellen Entwicklung der germanischen Völker hin und ist ein Beweis dafür, daß alte Themen und Bilder der Heldenpoesie noch nicht ihren Reiz verloren hatten.

Vom Entwicklungsstadium her ist das »Nibelungenlied« eine spätere Erscheinung als die eddischen Lieder, die aus der zweiten Hälfte des

13. Jh.s als Handschriften zu uns kamen. Wenn man der Theorie A. Heuslers über das »Anschwellen« von Liedern zum umfangreichen Epos folgt, gehen die eddischen Lieder dem deutschen Epos voraus: Die Gedrängtheit, Knappheit, der Geiz mit Gefühlsausdrücken (außer bei direkter Rede der Helden) werden abgelöst von einer außerordentlichen Erweiterung, stellenweise sogar Hinziehung der Erzählung im »Nibelungenlied«.

Mit den Nuancen im sozialen Status will ich mich nicht eingehender beschäftigen. In den Liedern der Edda agieren Führer und Könige, die ein Kriegsgefolge anführen, während wir im Ritterepos aus der Stauferzeit den prunkvollen Hof der Burgunderkönige vor uns haben. Noch grandioser ist der Hof des Hunnenkönigs, und sogar die märchenhaften Recken unklarer Abstammung Sigurd und Brünhild haben sich in Prinz und Prinzessin verwandelt, die über Staaten herrschen (Siegfried in Niderlant, Brünhild im märchenhaften Island). Es handelt sich hier um ein Feudalepos. In den Liedern der Edda tritt ein kleiner Personenkreis auf, alle Aufmerksamkeit ist auf die Hauptpersonen konzentriert, die übrigen sind wie gar nicht vorhanden; das Kriegsgefolge selbst ist ausgesprochen klein. Nicht so im »Nibelungenlied«, dessen Autor in Tausenden denkt. Die Stammesethik der ihrem Wesen nach noch barbarischen Gesellschaft der eddischen Lieder über Atli wird durch die höfische Ethik und das höfische Ritual des deutschen Epos verdrängt.

Kurz, das »Nibelungenlied« scheint sich weit von der Interpretation der Sage über Sigurd und die Burgunder entfernt zu haben, die in der »älteren Edda« gegeben wird. Man kann natürlich auch einen anderen Standpunkt vertreten, und zwar den, daß die isländischen und deutschen Zyklen nicht zwei aufeinanderfolgende Stadien der Entwicklung des Epos darstellen, sondern einander als unterschiedliche Varianten gegenüberstehen, die sich auf eigenen Wegen entwickelten. Um die Verbindung des »Nibelungenlieds« mit anderen Werken dieses Sujets sowie den großen Unterschied zwischen ihnen besser zu verstehen, erscheint es mir wichtig, die Interpretation der Zeit darin zu untersuchen (39).

Es fängt damit an, daß im Epos die Helden nicht altern. Ich erinnere daran, daß Beowulf, der fünfzig Jahre lang die Gauten regiert hatte, in der Lage war, am Ende seines Lebens dem Zweikampf mit dem Drachen standzuhalten. Als er den Thron bestieg, war er bereits erwachsen und hatte zu diesem Zeitpunkt seine großen Heldentaten bereits vollbracht. Der Autor des Poems gesteht, daß der Held grauhaarig ist, aber die Zeit hat seinen physischen und moralischen Kräften nichts anhaben können. Das halbe Jahrhundert, das die frühen Heldentaten Beowulfs von seinem letzten Kampf, in dem er den Tod fand, trennt, ist »leere Zeit«. Sie ist nicht mit Ereignissen erfüllt, welche der epische Dichter für nötig befunden hätte mitzuteilen, und daher sind diese fünfzig Jahre gleichsam nicht existent, sondern rein nominal. Die Verfasser epischer Werke lieben große zeitliche Einschnitte zwischen den im Zentrum stehenden Episoden.

Eigentlich können wir das gleiche auch in den eddischen Heldenliedern beobachten. Jedes Lied besingt für gewöhnlich zwar nur ein Ereignis oder eine Serie von Ereignissen, aber im zweiten Fall sind diese eng miteinander verbunden. An die Heldenlieder der »älteren Edda« kann man nicht nur als isolierte und eigenständige Werke herangehen, sondern auch als Fragmente eines Epos. Sie können in völlig unterschiedlichen Zeiten entstanden sein, aber real gehörten sie zu ein und demselben Wahrnehmungsfeld der Skandinavier im Mittelalter. Meiner Ansicht nach entspricht ihr fragmentarischer Charakter einem epischen Denken mit einem ebenso fragmentarischen Zeitempfinden, das in Verlegenheit ist, die verschiedenen Episoden im Leben des Helden in einer Erzählung zusammenzufassen. Auch wenn in diesem oder jenem Lied aus der »älteren Edda« nicht nur eine Episode beschrieben wird, sondern mehrere, ist die Verbindung zwischen ihnen nicht vollkommen »hervorgehoben«, und im besonderen betrifft das die Zeitbeziehungen. Wir wissen nicht, wieviel Zeit zwischen den einzelnen Episoden verstrichen ist. Für das epische Bewußtsein ist das von keiner Bedeutung.

Wie muß man das Alter der Helden im »Nibelungenlied« interpretieren? In den ersten Abenteuern des Lieds ist Kriemhild ein junges Mädchen. Doch auch in den letzten Abenteuern ist sie wie früher eine schöne Frau, obwohl ungefähr vierzig Jahre vergangen sind. Die Macht Hagens nimmt in all diesen Jahren nicht ab; obwohl er bereits ergraut ist, bleibt er ein unschlagbarer Recke. König Giselher ist bei seinem ersten Auftreten im Epos fast noch ein Kind. Als solches wird auch bis zum Schluß von ihm gesprochen. Obwohl er im Kampf als völlig ausgewachsener Mann fällt, bleibt Giselher das »Kind«. Der Verfasser achtet nicht aufmerksam genug auf das Alter seiner Personen. So sagt der jüngere Bruder Hagens, Dankwart, vor dem Beginn des entscheidenden Kampfes zwischen den Burgundern und den Hunnen: »*ich was ein wênic kindel, dô Sifrit vlôs den lip*« (Strophe 1924). Aber diese Worte widersprechen allem, was aus den ersten Abenteuern des Epos bekannt ist, wo Dankwart als »mächtiger Recke« und vollwertiger Teilnehmer der Reise Gunthers zu Brünhild figuriert. Siegfried tritt in dem Lied in Gestalt eines jungen

Prinzen aus Niderlant auf. Aber er hat bereits eine Serie reckenhafter Heldentaten vollbracht: den Sieg über die märchenhaften Besitzer des Nibelungenschatzes, die Bezwingung des Drachens, in dessen Blut er badete und dadurch unverwundbar wurde. Wann er all diese Taten vollbracht hatte, ist unbekannt. Die ersten Heldentaten Siegfrieds im Rahmen des »Nibelungenlieds« umfassen ein Jahr oder zwei. Nach seiner Heirat mit Kriemhild vergehen zehn Jahre, bevor Siegfried genauso schön und jung ums Leben kommt, wie er zum ersten Mal in Worms erschienen war.

Wie verhält es sich mit der Zeitstruktur des gesamten Epos?

Wie schon bemerkt, umfassen die ersten Aventiuren eine Zeitspanne von zwei Jahren. Zwischen der Heirat Siegfrieds mit Kriemhild und ihrer Einladung nach Worms auf Drängen Brünhilds vergehen zehn Jahre. Im Verlauf dieser zehnjährigen Pause geschieht nichts, weder in Burgund noch in Niderlant. Nach Ablauf dieser Frist findet ein Streit zwischen den Königinnen statt, dessen Resultat der verräterische Mord an Siegfried ist, und erneut vergehen dreizehn Jahre »leerer Zeit«. Danach freit Etzel um Kriemhild, die die ganzen Jahre über untröstlich wegen ihres ermordeten Mannes war. Sie siedelt ins Hunnenreich über. Und erneut folgt ein Einschub von dreizehn Jahren, der sich wieder durch nichts hervorhebt und nach dessen Ablauf die Rache Kriemhilds wirksam wird. Folglich umfaßt das ganze Lied etwa eine Zeit von 38 Jahren, von denen Kriemhild 26 Jahre lang einen Racheplan für ihren Mann ersinnt.

In Wirklichkeit erstreckt sich die Zeit, die in Beziehung zur Erzählung steht, über einen noch größeren Zeitraum. Die märchenhaften Heldentaten Siegfrieds, von denen Hagen erzählt, die aber nicht im Epos selbst dargestellt werden, wurden schon erwähnt. Außerdem muß man noch hinzufügen, daß einige Zeit vor dem Erscheinen Siegfrieds in Worms unser Held gewisse Beziehungen zu Brünhild hatte. Darauf gibt es Anspielungen, obwohl der Verfasser des »Nibelungenlieds« sie nicht weiter aufschlüsselt, offensichtlich weil ein solches märchenhaftes Sujet nicht organisch in ein Ritterepos eingebunden werden kann. Die Zuhörerschaft im 13. Jh. hat aber zweifellos diese Anspielungen verstanden. Warum Siegfried Brünhild vergessen hat, ist aus der skandinavischen »Saga von den Völsungen« bekannt. In jedem Fall wird diese märchenhafte Zeit, die keine aktive Bedeutung für das »Nibelungenlied« hat, dennoch von ihm vorausgesetzt. Über die Jugend Hagens hat man ebenfalls Vermutungen: Er war einstmals ein Leibbürge Etzels. Auch dies betrifft die Zeit, welche der des Epos selbst vorausgeht (siehe »Waltharius«,

9. Jh.). Eine weitere zeitliche Tiefe gibt dem Lied die Figur des Dietrichs von Bern, der am Hofe Etzels lebt, aber einstmals der Herrscher eines großen Landes war (wie bekannt, ist sein historisches Vorbild der gotische König Theoderich).

So durchwandern die Helden des »Nibelungenlieds« eine sehr lange Zeitspanne. Aber sie verändern sich nicht: Die Jungen bleiben jung, ebenso ist es mit denen mittleren Alters wie Hagen, Etzel oder Dietrich, und Hildebrand bleibt ein alter Mann. Es gibt auch keine innere Entwicklung der Helden. Mit denselben Eigenschaften, mit denen sie ins Epos eintreten, verlassen sie es wieder. Zwar haben einige Wissenschaftler behauptet, daß dies nicht auf Kriemhild zutrifft, welche sich von dem liebreizenden jungen Mädchen, das zu Anfang weich und schüchtern ist, im letzten Teil des Epos in eine von manischen Racheideen besessene »Teufelin« verwandelt. Aber wenn man genauer hinsieht, wie diese Zustände dargestellt werden, kann man den Schluß ziehen, daß die von Kriemhild durchlebten Veränderungen von äußeren Umständen beeinflußt werden und nicht psychologisch motiviert sind. Die scharfe seelische Wendung ist nicht das Ergebnis einer inneren Evolution ihrer Persönlichkeit. Von Persönlichkeit ist strenggenommen im Epos keine Rede. Es findet eher der Wechsel zweier Typen statt: die sanfte Braut und die von Kummer geschlagene Witwe, deren Haß auf Gunther, ihren Bruder, und auf Hagen, dem Hauptinitiator des Mordes an Siegfried, sie zur Vernichtung ihres Sohnes, ihrer Brüder und ihrer selbst treibt, um für den lange toten Siegfried Vergeltung zu üben. Bei epischen Charakteren eine »psychologische Entwicklung« zu suchen bedeutet, die Natur des Epos und die Auffassung von Persönlichkeit darin mißzuverstehen. Hier handeln menschliche Typen, die die ihnen zugewiesenen Rollen spielen und das ausführen, was vom Schicksal vorgesehen oder durch die Umstände determiniert wurde. Eine Entwicklung des Charakters wäre nicht nur unbegreiflich für den epischen Dichter: Diese Idee ist dem gesamten Mittelalter unbekannt.

In den letzten Aventiuren des Epos verwandelt sich Kriemhild (nach den Worten Dietrichs von Bern und Hagens) in eine »Teufelin«. Es wäre voreilig, diesen Ausdruck im heutigen abgegriffenen Sinn, der nicht wörtlich zu nehmen, sondern inhaltsleer wie ein Schimpfwort ist, aufzufassen. Im Mittelalter nannte man so einen Menschen, der vom Teufel besessen war. Kriemhild wurde zur »Teufelin«, weil ihr der Teufel selbst die Feindschaft ihrem leiblichen Bruder gegenüber eingegeben hatte. Dies entspricht vollkommen der Vorstellung, daß den Menschen zu bösen

Gedanken und Taten der Teufel, der von ihm Besitz ergriffen hat, veranlaßt. Also entwickelt Kriemhild sich nicht, sondern der Teufel hat sich ihrer bemächtigt, was ihre neuen, den früheren so sehr entgegengesetzten Eigenschaften erklärt. In diesem Sinn unterscheidet sich Kriemhild nicht von den epischen Charakteren, die immer gleich bleiben, egal was auch mit ihnen geschieht.

Aber kehren wir zum »Chronotopos« des »Nibelungenlieds« zurück. Die epische Zeit verläuft langsam. Übliche Zähleinheit sind Jahre, die kleinste sind Wochen. Die Vorbereitung einer Abreise, das Nähen von Gewändern, das Ausrüsten des Heeres, der Marsch, das Zu-Gast-Sein – all das nimmt große Zeiträume in Anspruch. Die Sammlung zum Zug gegen die Sachsen dauert zwölf Wochen, sieben Wochen das Nähen von Gewändern für König Gunther und für die ihn beim Freien begleitenden Freunde, dreieinhalb Jahre lang beweint Kriemhild unaufhörlich Siegfrieds Tod, eine Feier in Wien (Etzels Hochzeit) dauert siebzehn Tage und Nächte usw. Die Vermessung der epischen Zeit ist verschwommen. Als Etzel seine Spielleute mit der Einladung, ihn und seine Brüder zu Gast zu bitten, an den Hof Gunthers schickt und einer der Abgesandten den hunnischen König fragt: »Zu welcher Frist genau sollen sie ankommen, Herr?«, dann klingt diese Stelle nur in der russischen Übersetzung so; wörtlich sagt der Spielmann: »*wenne sol iuwer hôhzît in disen landen sîn?*« (Strophe 1412). Der Begriff der Genauigkeit wurde damals noch nicht auf die Zeit angewendet.

Ein beschleunigter Zeitverlauf kann nur im abschließenden Teil des Epos beobachtet werden, wo in ungefähr 24 Stunden eine schreckliche Schlacht dazu führt, daß alle Teilnehmer ums Leben kommen. Besonders die letzten Szenen (die Tötung Gunthers und Hagens) sind knapp zusammengefaßt wie ein schneller Wortschwall und stehen in scharfem Kontrast zu den überaus detaillierten Beschreibungen weniger wichtiger Episoden. Diesen scharfen Tempowechsel kann man so verstehen: Lange Zeit, Jahre, ein ganzes Jahrzehnt hat sich die Katastrophe angebahnt, nun hat endlich die Stunde geschlagen, und mit einem Schlag entscheidet sich das Schicksal der Nibelungen!

Aber der Szene des Mordes an Gunther und Hagen geht eine Episode voraus, die, wie mir scheint, Licht auf die Behandlung von Zeit im epischen Poem wirft. Dies ist eine Szene aus der letzten, 39. Aventiure »Wie Her Dietrîch mit Gunther und mit Hagene streit«. Dietrich von Bern, der durch den Tod aller seiner Gefährten erschüttert ist, wendet sich an Hagen und Gunther mit der Forderung, ihm Genugtuung zu geben, indem sie sich ihm als Geiseln ergeben. Sie antworten mit einer Absage, und es kommt zum Duell zwischen Dietrich und Hagen. Der Berner überwältigt Hagen, fesselt ihn und führt ihn zu Kriemhild, der er das Versprechen abnimmt, ihn nicht zu töten. Es fragt sich: Was hat Gunther die ganze Zeit über gemacht? Es ist, als sei er vergessen worden. Aber als die Episode des Zweikampfes zwischen Dietrich und Hagen beendet ist und Dietrich den Gefangenen an Kriemhild übergibt, lesen wir: »*Gunther der künec edele ruofen dô began: war kom der helt von Berne? der hat mir leide getân*« (Strophe 2356). In der russischen Übersetzung wird vor dieser Stelle das Wort »unterdessen« eingeschoben, um auf den Hof zurückzukehren, wo Gunther untätig steht und darauf wartet, daß die Reihe an ihn kommt, sich mit Dietrich zu messen. Danach kommt es zum Handgemenge zwischen Gunther und Dietrich und zur Gefangennahme des Wormser Königs. Für einen Dichter im Mittelalter ist es natürlich, eine solche Ungereimtheit nicht zu bemerken: Während des Handgemenges zwischen Dietrich und Hagen war Gunther ganz einfach aus dem Geschehen ausgeschaltet, und nun kehrt der Autor ganz ungezwungen zu ihm zurück, indem er ihn einfach die Frage nach dem abhandengekommenen Gegner stellen läßt.

Und noch eine andere »Ungereimtheit« ist kennzeichnend für die epische Erzählung: Siegfried kommt in Worms an. Die Könige sehen ihn vom Fenster aus kommen und schicken nach Hagen, um zu fragen, wer dieser Krieger ist. Hagen erkennt Siegfried und erzählt von ihm, von seinem Sieg über die Nibelungen, den Bewahrern des Schatzes, vom Raub des Schatzes, des Schwertes und des Tarnmantels, vom Zweikampf mit dem Drachen und Bad im Blut des besiegten Ungeheuers. Während dieser relativ langen Erzählung (Strophen 85–103) steht Siegfried erwartungsvoll auf dem Hof des Königsschlosses. Danach wird ihm ein höflicher Empfang bereitet. Die Zeit von Hagens Erzählung wird nicht in die Handlung mit einbezogen, die Zeit wird »ausgeschlossen«, solange diese Erzählung andauert.

Das gleiche geschieht auch nach der Ankunft der Burgunderkönige in Etzelnburg. Sie warten unglaublich lange auf den Empfang bei Etzel, und jener erwartet mit Ungeduld ihre Ankunft – aber das Treffen verzögert sich, weil es dem epischen Poeten vorher notwendig erschien, sich der Szene des Zusammenstoßes zwischen Hagen und Kriemhild zuzuwenden. Dadurch werden sie so lange aufgehalten, daß der Dichter folgende Worte in Hagens Mund legt: »*wie lange welt ir stên, daz ir iuch lâzet dringen? ir sult ze hove gên ...*« (Strophe 1803), aber der Autor ist selbst »schuld« an dieser Verzögerung. Sie ist unerläßlich, um im Epos das Prinzip der linearen Folgerichtigkeit beobachten zu können: Zwei Ereignisse können nicht gleichzeitig an verschiedenen Orten stattfinden, sie müssen aufeinanderfolgen. Und die Könige warten.

In jedem beliebigen künstlerischen Werk ist es unmöglich, alle Zeit, die vergeht, darzustellen, und die Verfasser wählen immer Episoden aus, die ihnen besonders wichtig erscheinen und konzentriert dargestellt werden müssen. Aber in der Gegenwartsliteratur wird dieser nicht darstellbare Teil der Zeit immer wahrgenommen und mit vorausgesetzt; wenn er für eine Weile seine Helden verläßt, packt der Autor sie nicht in eine Kiste, wo sie sich auf keine Weise verändern und unbeweglich darauf warten, wieder aufzutreten. Sie leben und altern weiter. Im Epos hingegen existiert diese Zeit, die nicht Gegenstand der Beschreibung ist, nicht real, sie wird quasi ausgeschaltet oder angehalten.

Womit ist Kriemhild all die Jahre beschäftigt, die zwischen dem Mord an Siegfried und ihrer Heirat mit Etzel liegen? Sie war verwitwet und trauerte ununterbrochen. Was machte sie nach der Heirat mit Etzel bis zur Ankunft Gunthers und aller anderen Burgunder, die zu ihm zu Besuch kamen? Sie lechzte nach Rache an ihnen. Mit anderen Worten, sie lebte nicht, veränderte sich nicht, sie verharrte in einem bestimmten Zustand. Es gab keine Idee von einem unaufhörlich fließenden Zeitstrom, er ist unstetig, diskontinuierlich. Die Zeit im Epos ist wie die Zeit auf einer Schachuhr.

Das Heldenepos erhebt Anspruch auf die Rolle einer historischen Erzählung. In ihm werden historische Ereignisse, Personen und Realien erwähnt: der Untergang des Königreichs der Burgunder, die Macht Attilas, Theoderich der Ostgotenkönig. Einige Forscher suchen einen historischen Prototyp auch für Siegfried. Aber was ist von diesen historischen Personen und Ereignissen außer ihren Namen übriggeblieben? Im Grunde genommen nichts. Das Epos mit der Geschichte zu verknüpfen ist eine wenig produktive Aufgabe. Eine andere Sache ist, daß für die Menschen im Mittelalter das epische Lied wahre Geschichte gewesen sein kann.

Den epischen Poeten kostet es keine Überwindung, Leute zusammenzuführen, die in Wirklichkeit zu unterschiedlichen Zeiten gelebt haben. Dietrich von Bern lebte am Hof Etzels. Aber Attila, das historische Vorbild Etzels, starb im Jahr 453, während Theoderich, der Prototyp Dietrichs, etwa 471 geboren wurde und Italien von 493 bis 526 eroberte. Zudem war im Gegensatz zum Dietrich im »Nibelungenlied« der historische Theoderich kein Verbannter – er regierte Italien!

Ebenso treten im angelsächsischen Poem »Widsith« zeitlich parallel die Könige Ermanerich (gestorben 375) und Alboin (zweite Hälfte des 6. Jh.s) auf. Einer solchen Synchronisierung von Figuren, die in Wirklichkeit zu verschiedenen Perioden der Geschichte gehören, begegnet man im »Nibelungenlied« mehrmals. So lebte der Bischof Pilgrim, der im Epos zum Zeitgenossen Attilas gemacht wird, im 10. Jh., und die Erinnerung an diesen Heiligen war kurz vor der Niederschrift des »Nibelungenlieds« aufgelebt, weil seine Grabstätte entdeckt worden und zum Wallfahrtsort geworden war.

Alle historischen Personen, die aus diesen oder jenen Gründen im Epos auftreten, sind Zeitgenossen und leben in einer besonderen Zeit. Diese epische Zeit deckt sich nicht mit der Chronologie der Geschichte.

Für das epische Bewußtsein ist nicht die diachrone, sondern die synchrone Methode kennzeichnend: Es vereinigt Ereignisse aus verschiedenen Zeiten in einer epischen Zeit, wobei es Verbindungen zwischen den Helden herstellt, die außerhalb des Epos nie bestanden haben. Die epische Zeit verläuft nicht linear-ununterbrochen, sondern diskontinuierlich, und nur einzelne Episoden, die für das epische Bewußtsein von Bedeutung sind, sind real mit Sinn erfüllt. Es ist hinlänglich bekannt, daß die epische Zeit weit zurückliegt und bereits lange vergangen und beendet ist. Diese Zeit unterscheidet sich qualitativ von der Zeit, in der der Dichter und sein Publikum leben: Es ist eine heldenhafte, ruhmreiche Zeit, und in dieser »Erinnerungszeit« sind verschiedene Abschnitte zusammengemischt. Daher sind die Helden der epischen Vergangenheit untereinander Zeitgenossen, und die chronologische Abfolge des Lebens jedes einzelnen hat für das Epos keine Bedeutung. Wesentlich ist, daß alle Helden zur guten alten Zeit gehören und von der Zeit, in der das Lied entstand und vorgetragen wurde, also von der Gegenwart durch absolute epische Distanz getrennt sind.

Was bisher gesagt wurde, gilt mehr oder weniger für die Behandlung der Zeit in einem beliebigen Epos und erschließt damit noch nicht die Besonderheiten des temporalen Denkens im deutschen Epos.

Mit dem oben Dargelegten ist das Problem der Zeit im »Nibelungenlied« also noch nicht erschöpft. Das aufmerksame Studium dieses Werks führt zu dem Schluß, daß die Interpretation der Zeit zum eigentlichen Wesen der Konzeption des gesamten deutschen Epos gehört. Die Helden wie auch die Orte ihrer Handlungen sind aufs engste mit bestimmten Zeitschichten verbunden. Das wichtigste ist offensichtlich, daß es sich hierbei um unterschiedliche Schichten handelt. Damit gehen wir zu einem Merkmal über, welches das »Nibelungenlied« von anderen Werken des epischen Genres unterscheidet. Denn in den Heldenliedern gibt es im wesentlichen nur eine Zeitschicht, dies ist die absolute Vergangenheit. Alles, wovon im Heldenlied gesungen wird, war »damals«, »vor langer Zeit«, »zu Urzeiten«. Auch wenn in der Struktur des Liedes eine Bewegung durch die Zeitebenen enthalten ist, gehört ein beliebiger Abschnitt davon zu ein und demselben *plusquamperfectum*. Anders liegt die Sache im »Nibelungenlied«.

In der Tat gehören Siegfried und Brünhild einer alten Zeit an, der Zeit der Sagen und Legenden. Hagen und Etzel sind Personen, die aus der Epoche der großen Völkerwanderungen stammen, ebenso wie Dietrich. Sie alle haben sich einstmals getroffen (der Hinweis auf diese frühere Zeit wird gewöhnlich mittels Bezugnahme auf Ereignisse gegeben, die im »Waltharius«, einem lateinischen Poem aus der Karolingerzeit, dargestellt werden). Gunther und seine Brüder schließlich gehören mit ihren Charakterzügen und Werten zur Neuzeit. Alles deutet auf eine Gesellschaft hin, die für den Dichter die zeitgenössische war. Mit anderen Worten haben wir drei Zeitschichten vor uns: die außerzeitliche märchenhafte Urzeit, die Heldenepoche der Völkerwanderung und die Gegenwart.

Diesen verschiedenen zeitlichen Schichten entsprechen unterschiedliche Territorien, weil sich in unterschiedlichen räumlichen Sphären des »Nibelungenlieds« eine eigene Zeit entfaltet. Das Land der Nibelungen, mit dem Niderlant verschmilzt, ist ebenso wie Isenstein in Island eine Örtlichkeit, die sich in der märchenhaften »ursprünglichen« Zeit befindet. In diesen alten Ländern sind reckenhafte Heldentaten möglich, die Beschaffung des Schatzes, des Tarnmantels und des Schwertes oder der Zweikampf des Helden Siegfried mit der Reckin Brünhild. Dort verhalten sich die epischen Helden wie einsame Fremde, dorthin fährt man nicht mit großem Gefolge, und sogar Gunther macht sich zu viert nach Island auf, um die Braut zu suchen. Der Begriff »Held« (*rekke*) hat hier seine archaische, ursprüngliche Bedeutung behalten: einsamer Krieger, der sich nur auf die eigenen Kräfte verläßt, der allein durch die Gegend zieht, sich außerhalb der Gesellschaft befindet und in diesem Sinne ein »Verbannter« ist. Die verschwommene Beschreibung dieser Länder, die man eigentlich gar nicht Beschreibung nennen kann, hat ihren Grund nicht einfach in der Inkompetenz des Autors. Diese Verschwommenheit wird durch eine Sicht über sehr große zeitliche Distanz hervorgerufen. Diese Länder sind nicht nur räumlich, sondern auch zeitlich sehr weit entfernt. Die Eigenschaften der Personen, die aus diesen zeitlich und räumlich weit entfernten Ländern stammen, Brünhild und Siegfried, entsprechen der sagenhaft-mythischen alten Zeit. Sie sind beide zwar nicht von Hofe, dafür schlummern in ihnen aber kolossale Naturkräfte.

Das Land der Vergangenheit, aber nun nicht mehr der märchenhaftmythischen, wie die Heimat von Siegfried und Brünhild, sondern einer näher bestimmten Vergangenheit, die von der tatsächlichen Zeit nicht durch eine absolute epische Distanz getrennt ist (die Zeiten der großen Völkerwanderung, der Gründung von Königreichen und heroischen Feldzügen), ist das Land Etzels, das hunnische Reich. Worms hat sich im »Nibelungenlied« sozusagen »verdoppelt«. Einerseits liegt das Königreich Burgund auch in der Vergangenheit, und das Epos ist eigentlich der Erzählung vom Fall dieses Staates im Jahr 437 gewidmet. Andererseits tritt Worms im Poem als Mittelpunkt des ritterlichen Hofes auf. Dies ist ein typischer aristokratischer Königshof des Hochmittelalters mit allen Merkmalen des staufischen kulturellen Aufschwungs und der kulturellen Verfeinerung. Man kann sagen, daß es im Epos Worms zweimal gibt. Räumlich gesehen handelt es sich um den gleichen Ort, aber sie liegen in verschiedenen Zeiten: sowohl in der Zeit um 1200 als auch in der Zeit der großen Völkerwanderungen.

Wenn ein künstlerisches Werk ein bestimmtes räumlich-zeitliches Kontinuum aufweist (nach Bachtin ein »Chronotopos«), muß man zugestehen, daß es in diesem Fall drei solcher räumlich-zeitlichen Einheiten gibt und nicht nur eine. Diese Vielfalt und Zerstückelung der zeitlichen und räumlichen Parameter im Epos wird mit seinem Grundkonflikt aufs engste verbunden.

Diese verschiedenen räumlich-zeitlichen Einheiten führen dazu, daß die Helden, die den Raum wechseln, gleichzeitig von einer Zeit in die andere übergehen. Siegfried, der märchenhafte Bezwinger des Drachens, kommt in Worms an; aus der grauen Vorzeit tritt er in die höfische Gegenwart, wo andere Verhaltensnormen gelten. Erinnern wir uns an die Szene, in der er von den Burgunderkönigen fordert, ihm seine Besitztümer zurückzugeben. In ihm wirkt eine ursprüngliche, ungebändigte, unzivilisierte Kraft. Diese Szene endet damit, daß er zum Freund Gunthers wird; später hat es gar den Anschein, als sei er sein Vasall. Siegfried nimmt die »Spielregeln« an, die ihm vom feudalen Hof diktiert werden. Als Gunther dagegen zur Brautfahrt von Worms nach Isenstein fährt, wechselt er aus der Gegenwart in die Vergangenheit. Und in dieser Vergangenheit kann er nicht derjenige bleiben, der er zu Hause gewesen ist, hier muß er ein Recke sein. Andernfalls kann er Brünhild nicht erobern. Und weil dieser König, der aus gar nicht reckenhaften Zeiten stammt, nicht fähig ist, zum Recken zu werden, greifen er und Siegfried zu einer List. Gunther erweckt mit Siegfrieds Hilfe den Eindruck, daß er über Kräfte verfügt, die dazu ausreichen, um einen Wettstreit mit der Reckin zu gewinnen (obwohl in Wirklichkeit diesen Zweikampf Siegfried ausficht, der Gunthers Gestalt angenommen hat).

Schließlich stellt sich der Zug von Worms ins Land der Hunnen ebenso als eine Verschiebung von einer Zeitebene in eine andere dar: von der ritterlichen Gegenwart in die wildere Zeit der barbarischen Königreiche. Auch hier ist die Verschiebung von einem räumlich-zeitlichen Kontinuum in ein anderes mit der Änderung des menschlichen Wesens verbunden. Kriemhild, die nach dem Tod Siegfrieds die Züge einer jungen Frau verloren und in untröstlichem Kummer verharrt hatte, ist nach ihrer Ankunft in Etzels Reich wie neugeboren: Sie wird zur gnadenlosen »Teufelin«, die von jetzt an nur noch dafür lebt, an den Beleidigern Rache zu üben und ihnen Siegfrieds Schatz abzunehmen. Von der edlen und wohlerzogenen Jungfrau aus höfischer Zeit verwandelt sie sich plötzlich in eine heldenhafte Rächerin aus barbarischer Zeit.

Es ist interessant festzustellen, daß der Übergang von einer Raum- und Zeiteinheit in eine andere sich jedesmal mittels Überwindung einer Wassersperre vollzieht: Man muß das Meer überqueren, um Isenstein bzw. das Land der Nibelungen zu erreichen; übers Wasser gelangt man auch nach Niderlant, das übrigens im Bewußtsein des epischen Poeten mit dem Norwegen der Nibelungen verschmilzt. Die Wasser der Donau sind die Grenze, hinter der eine andere Zeit für die Wanderer beginnt, die Worms verlassen haben. Diese letzte Wassergrenze ist besonders klar und bedeutungsvoll. Denn gerade am Ufer der Donau eröffnen die weisen Nixen Hagen sein Schicksal, das ihn selbst und das ganze Burgunderheer in dem Fall ereilen wird, daß sie in das Reich der Hunnen übersetzen: Sie sind alle zum Verderben verurteilt. Und erst nachdem er das Heer übergesetzt hat, eröffnet Hagen, der nicht zu denen gehört, die vor einer drohenden Gefahr und vor ihrem Schicksal zurückweichen, am anderen Ufer seinen Gefährten die Wahrsagung.

Das Überwechseln von einer Raum-Zeit-Einheit in die andere ist nicht zufällig mit der Überwindung eines Wasserhindernisses verbunden. Ich erinnere daran, daß der Weg in die jenseitige Welt nach dem Glauben der Germanen übers Wasser führt, und daher spielte das Schiff eine vorrangige Rolle bei ihren Beerdigungsritualen. Es existieren Überlieferungen von Königen, deren Körper man auf ein Schiff gelegt, dieses angezündet und dann den Wellen überlassen hat. Es wurden Grabstellen auf Schiffen entdeckt, die in Hügelgräbern versteckt waren. Im »Beowulf« wird die Sage von dem dänischen König Skild erzählt, der als kleines Kind auf einem Schiff aus einer unbekannten Ferne gekommen war und auf dieselbe Weise nach seinem Ableben auf einem Schiff in die jenseitige Welt geschickt wurde. Das Wasserelement ist nach diesen Vorstellungen der Weg aus der einen Welt in die andere.

So bekommt der Übergang der epischen Helden von einem Raum in einen anderen einen neuen Sinn. Es ist nicht einfach nur eine Reise, die von kleineren und größeren Gefahren begleitet wird, sondern solche Übergänge haben mythischen Charakter, ähnlich den märchenhaften Besuchen mythischer oder epischer Helden in einer anderen Welt, die besondere Eigenschaften hat. Daher werden auch die Schicksale der Helden nicht durch ein zufälliges Zusammentreffen von Umständen bestimmt, sie sind vor allem dadurch determiniert, daß der Held, der heimatlichen Boden verlassen hat, in eine vollkommen andere Welt gerät, die seiner Natur nicht entspricht. Dadurch erweist sich sein Tod als unausweichlich und vollkommen motiviert. So ist Siegfried, der »Naturmensch«, nicht fähig, sich organisch in das höfische Worms einzufügen, wo seine außerordentliche Kraft als Bedrohung der Macht der Burgunderkönige wahrgenommen wird. Er wird hier gezwungen, eine Rolle zu spielen, die nicht zu ihm paßt (Brünhild sieht in ihm den Vasallen Gunthers, was zum verhängnisvollen Streit zwischen ihr und Kriemhild führt), und ist daher dem Untergang geweiht. Dies kann als eine Strafe dafür angesehen werden, daß der Held seine absolute epische Vergangenheit verlassen hat.

Im Grunde genommen geschieht etwas Vergleichbares auch mit Gunther. Er ist im heimischen Worms genau recht am Platz, wo die Hauptforderung, die an einen Herrscher gestellt wird, nicht die persönliche Macht ist, auch nicht seine Kraft (wie bei Siegfried), sondern politische und soziale Eigenschaften. Hier genügt es, daß Gunther am mächtigsten erscheint. Aber diese Eigenschaften stellen sich als unnütz heraus, als er um Brünhilds Hand anhält; in der mythisch-märchenhaften Welt von Isenstein wird eine reckenhafte Kraft verlangt. Um Brünhild zu besiegen, muß Gunther zu einer List greifen: Siegfried gibt sich als Gunther aus, er erobert für ihn die Braut. Die weiteren Beziehungen bauen ebenso auf Lügen auf. Lüge und Betrug waren unumgänglich geworden, sobald Gunther aus den Grenzen seiner räumlich-zeitlichen Sphäre und der ihm vorherbestimmten Rolle herausgetreten war. Die Enthüllung des Geheimnisses, daß der mächtigste nicht König Gunther, sondern der Fremdling Siegfried ist, verdammt letzteren zum Tode, aber bereitet darüber hinaus auch für Gunther den Zusammenbruch vor. Dieser folgt unmittelbar auf die Ankunft Gunthers in Etzelnburg, d. h. infolge des Heraustretens in eine fremde Raum- und Zeitsphäre.

Dürfte man behaupten, daß der Verfasser des »Nibelungenlieds«, der etwa um 1200 lebte, ganz bewußt auf dem Kontrast verschiedener räumlich-zeitlicher Schichten aufgebaut hat? Oder sind es wir Menschen des 20. Jh.s, die heute dem Epos eine so komplizierte und sinnerfüllte Struktur »unterstellen«? Gilt dies insbesondere für W. J. Schröder, dessen Beobachtungen ich mich zum Teil bedient habe? Die Antworten auf beide Fragen müssen meines Erachtens negativ ausfallen. Ich beginne mit der zweiten Frage. Die Arbeit Schröders (215), die im Jahr 1954 veröffentlicht wurde, ist wohl kaum unter dem Einfluß des Strukturalismus geschrieben worden, der etwas später in der Wissenschaft Fuß gefaßt hat. Indessen ist der Einfluß von Fr. Neumanns Arbeit »Die ethischen Schichten im Nibelungenlied« (1924) (187), dessen Ideen Schröder einer grundlegenden Uminterpretation unterzogen hat, hier ganz offensichtlich. Beide versuchten, sich ernsthaft damit auseinanderzusetzen, was auch ihren Vorgängern schon bewußt war, aber was sie nie zu erklären versucht hatten: mit der Koexistenz verschiedener Schichten im Text des »Nibelungenlieds«.

Die evolutionistische Schule suchte vorwiegend nach den Quellen des »Nibelungenlieds«: Den größten Beitrag dazu lieferte A. Heusler, unter dessen Zeichen eine ganze Ära in der Eposforschung stand. Diese Etappe der Germanistik ist in der Literatur genügend erhellt worden, aber im großen und ganzen gehört sie schon der Vergangenheit an. Heute hat die Wissenschaft die Fragwürdigkeit vieler Konstruktionen Heuslers festgestellt. Das wichtigste ist hingegen, daß die Aufmerksamkeit vom Auffinden von Rudimenten früherer Fassungen der Sage im Text des »Nibelungenlieds« zur Erhellung der Funktionen wechselte, die diese Bruchstücke vorangegangener Lieder und Sagen im Kontext des deutschen Ritterepos erfüllen, unabhängig davon, wann ihre Vorgänger entstanden waren. Mit anderen Worten wurde sich die Wissenschaft immer stärker der Tatsache bewußt, daß diese früheren Fragmente oder Allusien, die sogar ihre besondere Natur bewahrten, einen neuen Sinn erhielten, sobald sie zum Bestand des »Nibelungenlieds« wurden. Wieviel Nahtstellen man auch im Epos ausmachen kann, es bildet eine Einheit, und als Einheit wird es auch vom mittelalterlichen Publikum wahrgenommen. Das ist das wichtigste!

Fr. Neumann hat einen Widerspruch bzw. eine Ungereimtheit im Verhalten der epischen Hauptpersonen festgestellt. Sie haben sich sozusagen verdoppelt. Wir haben zwei verschiedene Siegfriede vor uns, den primitiven Helden und den höfischen Ritter. Ebenso gibt es zwei Kriemhilds, die höfische Schwester des Königs und die blutdürstige Rächerin, die beharrlich die Rückgabe des Schatzes, der Quelle der Macht, anstrebt. Auch Hagen ist sowohl der treue feudale Wormser Vasall als auch eine Gestalt aus Heldenliedern der Barbarenzeit, als die er sich im hunnischen Reich erweist. Neumann zieht aus dieser Feststellung den Schluß, daß die Helden im »Nibelungenlied« unter ihren Rittergewändern und äußerem Glanz ein primitiveres Wesen verbergen. Was Brünhild betrifft, so ist sie ursprünglich eine jungfräuliche Reckin, die aus dem Märchen von der Brautwerbung in die Ritterwelt gekommen ist, sich in ihr nicht einleben kann und, nachdem sie ihre Rolle bei der Entwicklung des Konflikts gespielt hat, einfach aus dem Lied verschwindet.

Für Neumann erklären sich die verschiedenen Schichten ethischer Vorstellungen im »Nibelungenlied« offensichtlich daraus, daß in den Text des Epos frühere Sagen oder ihre Fragmente übernommen wurden. W. J. Schröder geht einen Schritt weiter und findet darin eine »Spannung« zwischen der »Gegenwart« und der »alten Zeit«, die nach seiner Einschätzung die ganze Struktur des Liedes bestimmt. In der Polarität von Typen, die zu verschiedenen Zeitschichten gehören, wurzelt der eigentliche Konflikt des Epos. In der Tat zeigt sich in der Vereinigung und Gegenüberstellung verschiedener Zeitabschnitte offensichtlich das besondere Geschichtsverständnis eines Autors im 13. Jh. Hier nähern wir uns der Antwort auf die erste Frage: Warum baute der »letzte Dichter« aus der Reihe derer, die dieses Sujet bearbeitet haben, einen solchen Kontrast verschiedener Welten auf? Die Kritiker Schröders beschuldigten ihn, daß er die künstlerische Intention des epischen Autors überinterpretiere und dessen intellektuelle Möglichkeiten überschätze, während in Wirklichkeit der Dichter einzig und allein danach strebe, die gesamte Handlung folgerichtig in ein und derselben mittelalterlichen Zeit zusammenzufassen und allen Personen und ihren Handlungen ein gleichartiges höfisches Gepräge zu geben (186).

Ich nehme an, daß dies tatsächlich das war, was der Autor beabsichtigte, und in dem Maße, in dem Schröder über die bewußten Ziele des Dichters spricht, schreibt er ihm wahrscheinlich mehr zu, als ein Dichter zu Beginn des 13. Jh.s wirklich zu leisten in der Lage gewesen wäre. Aber es stellt sich nicht die Frage, ob entweder dem Autor all das klar war, was die heutige Wissenschaft in seinem Werk sieht, oder dies überhaupt nicht in seinem Werk enthalten war und der Wissenschaftler sich das ganze Problem ausgedacht hat. Ich denke, daß diese Fragestellung Bestandteil eines größeren Problems ist, und zwar das der Analyse des mythopoetischen Bewußtseins, der Struktur epischer Formen. Die sich wiederholenden regelmäßigen mythologischen Strukturen, die durch neue Analysemethoden entdeckt wurden, sind wohl kaum kurzerhand von heutigen Strukturalisten in die alten Mythen eingefügt worden. Die Mythologie stellt ein System dar, welches durch eine bestimmte, vollkommen logisch erscheinende Art der Modellierung der Welt zusammengehalten wird. Wenn man zu dem Schluß kommt, daß der Mythos die Eigenschaft hat, gleichzeitig diachron (d. h., er erzählt von der Vergangenheit) und synchron zu sein (d. h., er erklärt die Gegenwart), könnte er dann nicht eine Beziehung dazu haben, wovon die Rede bei der Betrachtung der räumlich-zeitlichen Struktur im »Nibelungenlied« war? Ich schließe eine solche Möglichkeit nicht aus und nehme an, daß in diesem Epos eine ganz komplizierte Zeit- und Raumstruktur versteckt sein kann, ohne daß man dem Autor eine Absicht oder Fähigkeit zuschreiben muß, die er aufgrund der mittelalterlichen »Naivität« angeblich nicht haben konnte.

Der deutsche Dichter zu Beginn des 13. Jh.s war in seiner Interpretation der Geschichte weder völlig originell noch selbständig. Er schöpfte aus dem Fundus der Vorstellungen von der Zeit und ihrem Verlauf, die mehr oder weniger Gemeingut der Menschen dieser Zeit waren. Wie bekannt ist, war der lineare Zeitverlauf nicht der einzige im Mittelalter. Daneben hielten sich im öffentlichen Bewußtsein auch andere Formen des Wahrnehmens und Erlebens von Zeit: die Idee ihrer Wiederkehr und Wiederholung. Selbst im Christentum wird die Zeit reproduziert, und zwar in dem Maße, in dem es Mythologie blieb: Die sakrale Vergangenheit, das Sühneopfer Christi kehrt mit jeder Liturgie und jedem Jahresfeiertag zurück. Für das mittelalterliche Bewußtsein ist ein vielschichtiges Verhältnis zur Zeit kennzeichnend, was man auch im »Nibelungenlied« beobachten kann.

Jede Epoche erklärt die Geschichte auf ihre Art, wobei sie von dem ihr eigenen Verständnis einer gesellschaftlichen Kausalität ausgeht. Das epische Bewußtsein stellt historische Kollisionen als Zusammenstoß von Individuen dar, deren Verhalten durch ihre Leidenschaften, Beziehungen persönlicher Treue oder Blutsfeindschaften bestimmt wird. Die Geschichte ist personifiziert. Das Soziale und Politische ist nicht getrennt vom Individuellen und Menschlichen. Die Geschichte wird organisch, um nicht zu sagen biologisch gedacht, es ist die Geschichte von Familien, Stämmen, Individuen, die zu organischen Kollektiven gehören. Aber diese »Privatisierung« der Geschichte, ihre Begrenzung auf die Aktivität von Königen und Helden, bedeutet zugleich auch die Erhöhung der Aktivität einzelner Personen zu historischem Rang. Der Mensch im Epos verliert sich nicht in weltumspannenden Konflikten, er wird nicht zu einer »unendlich kleinen Größe« reduziert, den Sinn der Geschichte muß man nicht außerhalb von ihr suchen wie in der theologischen Geschichte. Dieser Sinn liegt in den Menschen selbst, die seine Teilnehmer und treibenden Kräfte sind. Die Geschichte ist dem Menschen nicht entfremdet.

Die Taten, die die grundlegenden Werte der Gesellschaft verkörpern, sowie jene Kollisionen, in denen etwas Außergewöhnliches, Entsetzliches, Tragisches zutage tritt, sind würdig, geprägt und verewigt zu werden. Das Verhalten der Helden ist paradigmatisch, sofern sie im epischen »Damals« lebten. Eine genauere Datierung hat hier keinen Sinn, denn wesentlich für ein Ereignis ist nur, daß es stattgefunden hat und dies »zu Beginn der Zeiten« war. Die Vergangenheit bildet eine besondere Zeitschicht. Dieses Verständnis von Geschichte ist »außerzeitlich«; es ist eine Geschichte ohne Daten, ohne genaue zeitliche Orientierungspunkte. Eine so ausgelegte Geschichte ist keine gerichtete Bewegung auf ein bestimmtes Ziel zu oder dem Abschluß entgegen. Deshalb kann auch der Wert der Zeit nicht bewußt werden. Wichtig sind bestimmte menschliche Konflikte, das Spiel der menschlichen Kräfte, die Wiederholung menschlicher Typen, die Konfrontation der Helden mit ihrem Schicksal. Auf diese Weise ist die Geschichte und der Zeitverlauf, genauer die Wiedergabe der einzelnen Abschnitte, die mit wesentlichem Inhalt gefüllt sind (weil die übrige Zeit, wie wir uns überzeugen konnten, »leer« ist), ein bestimmter Zustand und nicht ein Prozeß, ein Kreislauf oder eine Wiederkehr und kein unmittelbares Gleiten, das aus der Vergangenheit in die Zukunft verläuft, eine Beweglichkeit und keine Bewegung in eine gegebene Richtung. Die Geschichte ist das Schicksal.

Aber außer der alten Zeit gibt es die Gegenwart. Beide Zeitschichten existieren im deutschen Epos nebeneinander. Diese Nebeneinander- und Gegenüberstellung macht Unterschiede sichtbar. Die Unterschiede zwischen dem Vergangenen und dem Gegenwärtigen werden im »Nibelungenlied« stärker wahrgenommen als in der germanischen Heldenpoesie des Frühen Mittelalters. Die Wahrnehmung der Geschichte ist in ihm verschärft. Der Dichter bezieht sich auf die »alten Sagen« und beginnt mit dieser Erinnerung ein Lied, das die Zuhörerschaft in frühere Zeiten führt. Beim Vergleich mit der Poesie und dem Ritterroman, die neben dem »Nibelungenlied« existierten, mußte es sowohl durch seine Sprache als auch durch die darin verwendete »Kürenbergsche Strophe« ein wenig archaisch wirken. Eine solche archaisierende Stilisierung förderte eine Perspektive, aus der Ereignisse wahrgenommen wurden, die im Epos besungen wurden. Aus dieser Perspektive wird auch die eigene Zeit des Autors betrachtet.

Im Lied gibt es nicht wenig Phantastisches. Aber ich würde sagen, in diesem Phantastischen sind selbst wiederum verschiedene Schichten vorhanden. Das Handgemenge Hunderter und Tausender Soldaten im Festsaal Etzels oder der erfolgreiche Widerstand zweier Helden, Hagen und Volker, die Attacken einer Hunnenhorde oder das Übersetzen des Burgunderheers in einem morschen Kahn über die Donau sind unwahrscheinlich für die Gegenwart des »Nibelungenlieds«, aber scheinen möglich für eine heroische Zeit. Doch im Epos gibt es ein phantastisches Element noch anderer Art. Die jugendlichen Heldentaten Siegfrieds, die Szene der Brautwerbung bzw. des Kampfes mit Brünhild, den Siegfried mit ihr als Zweikampf in Isenstein ausficht, und die Auseinandersetzung Gunthers mit der Braut in ihrem Schlafgemach; phantastisch sind auch die weisen Nixenschwestern, die Hagen das Schicksal der Burgunder voraussagen. Der übernatürlichen Welt steht auch Hagen nahe. Hier geht es schon nicht mehr um die Epoche der großen Völkerwanderungen und überhaupt nicht um die Geschichte. Wir befinden uns in der Welt des Märchens und des Mythos.

Einige der erwähnten Motive schienen den Nibelungenforschern fremdartige Einsprengsel zu sein, sozusagen unverdaute Fragmente einer früheren Tradition, die der Ästhetik der Ritterzeit widersprachen. So einfach ist die Sache wohl kaum. Unabhängig von der Absicht des Autors verleihen all diese sagenhaften und mythologischen Episoden der Erzählung eine neue Dimension. Das Historische (gemeint ist sowohl die alte als auch neue Geschichte), das Legendenhafte, Mythologische vereinigen sich im Epos zu einer seltsamen Einheit und mußten auch in dieser Eigenschaft vom mittelalterlichen Publikum wahrgenommen werden. Man sieht eins durch das andere, die Geschichte baut auf Mythos und Sage auf, und alles zusammengenommen läßt eine spezifische Zeitwahrnehmung entstehen.

Das Zeitgefühl im »Nibelungenlied« wird in vielem dadurch bestimmt, wie in ihm die christliche Religion dargestellt wird, aber diese lang diskutierte Frage würde eine gesonderte Untersuchung erfordern. Dennoch muß man darauf hinweisen, daß im Lied wie selbstverständlich die Messe, der Dom, Geistliche, kirchliche Prozessionen und Bestattungen nach christlichem Brauch erwähnt werden; die Helden beten zum Namen des Herrn, flehen ihn an. Im Unterschied zum Heldenepos des Frühen Mittelalters zeigt das »Nibelungenlied« eine starke Tendenz zur Emotionalisierung eines traditionellen Sujets. Die darin handelnden Personen klagen gern über Unbilden, weinen und schluchzen. Mit Geächz und Gestöhn endet auch das Epos. Von heldenhafter Selbstbeherrschung bei der Äußerung von Gefühlen, besonders von Kummer, gibt es keine Spur; bei den epischen Figuren öffnet sich ein »Tränentor«. Aber diese neuen Züge stehen im Widerspruch zur Grausamkeit und Unbarmherzigkeit, die sie in vielen Situationen an den Tag legen. Der Durst nach Rache, den alle Helden des Epos vollkommen stillen, läßt sich schwer mit der christlichen Lehre von der Liebe zum Nächsten vereinbaren, aber der Verfasser versucht auch nicht, beide miteinander in Einklang zu bringen.

Der einzige, der sich um die Rettung der eigenen Seele sorgt, ist der Markgraf Rüdiger: Er durchlebt einen seelischen Zwiespalt und die damit verbundenen Qualen. Aber es ist unschwer zu erkennen, daß die Frauen und Männer, die ihn umgeben, ihn nicht verstehen. Die seelische Pein des Markgrafen ist dem Dichter verständlich, doch er überträgt dieses Verständnis nicht auf seine Helden. Der Autor ist kein Moralist im christlichen Geist, er ist eher ein Tragiker, der sich der Unlösbarkeit menschlicher Probleme bewußt ist. Er wertet das, was geschieht, nicht, sondern zeigt tragische Schicksale, die auf fatale Weise vorausbestimmt worden sind. Das Schicksal im »Nibelungenlied« ist eher heidnischer Herkunft als christlicher. Die jenseitige Welt beunruhigt seine Helden nicht, und das Schlüsselwort, das ihre Taten verständlich macht, ist nicht »Seele«, sondern »Ehre«.

So bringt die Hinwendung des Verfassers zu traditionellem Material der germanischen Heldenepik unausweichlich die Wiedererweckung der heidnischen Heldenethik, des Glaubens an die Vorsehung und den ganzen Komplex von Vorstellungen mit sich, ohne die man bei der Interpretation des Sujets der Nibelungen unmöglich auskommen konnte. Mit anderen Worten werden die Leser und Zuhörer von damals mit einer Religiosität und Moral der epischen Personen konfrontiert, die nicht ihrer eigenen entspricht. Die greifbaren und anschaulichen Unterschiede in der Ethik und Weltanschauung mußten von neuem die zeitliche Tiefe hervorheben und die Perspektive ausrichten, unter der die Epoche der Nibelungen betrachtet wurde.

Mir scheint, daß die Untersuchung der Interpretation der Zeit im »Nibelungenlied« seine Beziehung, d. h. seine Nähe zum germanischen Epos und zudem die besondere Stellung des Epos im Vergleich zum Heldenlied besser zu verstehen hilft. Des weiteren trägt die Untersuchung des Zeitparameters im deutschen Ritterepos dazu bei, das Wesen der Konflikte zu erhellen, die in ihm dargestellt werden. Das Lied wäre unvollständig interpretiert, wenn man das Problem außer acht ließe, das mit dem Erleben der Zeit verbunden ist. Denn die Zeit ist im »Nibelungenlied« eine konstruktive Kraft, die heterogenes, aus verschiedenen Quellen entlehntes Material zu einem mit Sinn erfüllten Ganzen zusammenfügt. Die Aufgabe der Wissenschaft ist dabei, von der Analyse der Teile zur Wiederherstellung des Ganzen überzugehen.

Das »Nibelungenlied« demonstriert uns, wie der Mythos, die Sage, die alte Überlieferung, die die archaischen Tendenzen des Bewußtseins verkörpern und ein wesentlicher Teil der Weltanschauung des Menschen im 13. Jh. geblieben waren, sich mit den historischen Vorstellungen verwoben, die das Christentum geschaffen hatte. Zusammen bildeten sie eine komplizierte und widersprüchliche Fusion, das »Chronotopos«, das die alte epische Tradition mit einer neuen Weltsicht verbindet. Aber mit einer solchen Transformation ist der Inhalt des »Raum-Zeit-Kontinuums« der hier untersuchten Epoche noch keineswegs erledigt, und es steht uns nun bevor, uns mit anderen Aspekten bekanntzumachen.

Das »Chronotopos«
des Volkschristentums: Exempla

Die Vorstellungen der mittelalterlichen Menschen über Zeit und Raum, Geschichte und Schicksal, die wir bisher betrachtet haben, waren auf die Vergangenheit gerichtet. Das Weltbild in den Königssagas hatte seine Wurzeln vorwiegend in der heidnischen Vergangenheit. Die räumlich-zeitlichen Koordinaten im »Nibelungenlied«, das die epische Welt des Rittertums in der Stauferzeit darstellt, sind stark belastet durch Mythos und Sage, die das allgemeine Bild archaisieren, indem sie so manches tradierte Element aus vorangegangenen Stadien der historischen Entwicklung hineintragen. Aber wie schon gesagt, ist das »Chronotopos« des Menschen im christlichen Mittelalter mit diesem Vorstellungsfundus noch keineswegs erschöpfend behandelt. Wenn wir mehr darüber erfahren wollen, ist es unerläßlich, sich auch anderen Quellen zuzuwenden, die auf die Gegenwart orientiert sind.

Zu den literarischen Gattungen, welche besonders wesentliche Aspekte der Weltsicht der gewöhnlichen Gläubigen liefern, gehören zweifellos die belehrenden *Exempla*. Dies sind kurze, aber sehr effektvolle Erzählungen, die von Kirchenmännern als Zugabe zur Predigt erstellt wurden, in die sie für gewöhnlich integriert worden sind. Den Mitgliedern der Pfarrgemeinde fiel es leichter, Belehrungen zum Thema Seelenheil zu hören, wenn diese durch unterhaltsame und spannende Anekdoten belebt wurden. Gleichzeitig sollten diese aber auch moralisierend wirken.

Die Blütezeit der westeuropäischen Predigt fällt in das 13. Jh. und ist im Zusammenhang mit den Aktivitäten neuer Mönchsorden zu sehen. Die Franziskaner und Dominikaner gingen im Unterschied zu den Mönchen des Frühmittelalters dem weltlichen Leben nicht aus dem Weg und mischten sich mitten unter das Volk. Sie predigten überall, auf den städtischen Plätzen und in den Kirchen, auf den Dörfern und in den Schlössern und suchten aktiv nach einer gemeinsamen Sprache mit ihrer bunt zusammengesetzten Gemeinde. Übrigens bedienten sich auch die Mönche der alten Orden, die nach den Bettelpredigern der Schulen des heiligen Dominikus und Franziskus ihre Predigten überarbeiteten, solcher *Exempla*.

Das *Exemplum* war eines der wirksamsten Mittel der didaktischen Einwirkung auf die Gemeinde. Es entstanden Sammelbände von *Exempla*, aus denen die Prediger Material schöpften, das sie in der Predigt verwerteten. Diejenigen, die diese Sammlungen zusammenstellten, entlehnten Erzählungen aus den christlichen Legenden, Lebensbeschreibungen der Heiligen und von den Autoren der Antike, aber auch aus der Folklore. Sie wurden im klösterlichen Milieu für die moralisch-religiöse Unterweisung des Volkes überarbeitet. Die Mönche der Bettelorden, die vertraut waren mit den Interessen und dem Glauben ihrer Zuhörer, denen sie mitunter auch durch ihre eigene Herkunft nahestanden, und die sich gut in ihr intellektuelles Niveau hineindenken konnten, paßten ihre Belehrungen geschickt der Verständnisebene der Zuhörerschaft an. Die *Exempla* gehören nicht zur »großen Literatur«, ihr Inhalt zeichnet sich durch Ungekünsteltheit und mitunter an Primitivität grenzende Einfachheit aus, aber gerade deshalb sollte man in diesem Genre des Schrifttums nach Hinweisen auf die Glaubens- und Vorstellungswelt der breiten Bevölkerungsschichten suchen.

Gleichgültig, woher die Verfasser der *Exempla* ihr Material nahmen: Sie beabsichtigten, es in Form von Szenen aus dem Alltagsleben zu präsentieren. Und dieses Leben hat tatsächlich auf den Seiten der *Exempla*-Sammlungen seinen Niederschlag gefunden; die Zuhörer konnten in den hier dargestellten Konflikten sich selbst oder Menschen wiedererkennen, die ihnen ähnelten. Durch die Untersuchung dieser *Exempla* kann der Historiker sich weitestgehend dem gewöhnlichen Menschen annähern, und es eröffnen sich ihm Aspekte seines Lebens, denen für gewöhnlich in einer entwickelteren Literatur keine Aufmerksamkeit gewidmet wurde. Wenn er auf die Gedanken und Gefühle der Gemeinde einwirken wollte, konnte der Prediger ihre Bedürfnisse und Interessen nicht umgehen, und in den *Exempla* finden wir eine Masse von Hinweisen auf die unterschiedlichsten Aspekte des Alltagslebens. Hier geht es um die familiären Beziehungen, Frauen und Kinder, um das religiöse Verhalten des einfachen Volkes, unter anderem auch um Abweichungen von der kirchlichen Norm, um Beziehungen zu anderen gesellschaftlichen Gruppen, etwa den Herren und Reichen und besonders den meistgehaßten unter ihnen, den Wucherern. Auch die sozialen Widersprüche in der Gesellschaft dieser Zeit umgingen die Prediger nicht: Wohl in keiner anderen Kategorie von Quellen des 13. Jh.s (ausgenommen die Texte, die aus den Kreisen der Häretiker hervorgingen) finden wir solch eine scharfe Sozialkritik, die natürlich moralisch-belehrende Ziele verfolgte.

In den *Exempla* wird breiter als sonst irgendwo die »Kehrseite der Welt« des mittelalterlichen Menschen dargestellt. In sein Leben mischt sich der Teufel mit seinen zahllosen bösen und hinterlistigen Streichen ein, und hartnäckige Sünder werden von Dämonen ins Jenseits verschleppt. Diese durchaus amüsanten und manchmal komischen Geschichten mußten gleichzeitig einfach Entsetzen auslösen, denn ein solches Los konnte für jeden Realität werden, der die kirchlichen Gebote mißachtete und in Sünde verfiel. Daneben traten in vielen *Exempla* die Heiligen, die Jungfrau Maria und Christus selbst als handelnde Personen auf, die ihrerseits nicht davor zurückschreckten, die himmlischen Paläste zu verlassen. Sie erschienen den Menschen, ermahnten sie und brachten sie auf den Weg der Rettung oder bestraften sie für die sündige Halsstarrigkeit bei ihren Irrtümern, die verhängnisvoll für die Rettung der Seele waren.

All diese für die Geschichtswissenschaft wertvollen Angaben liegen an der Oberfläche der *Exempla*. Aber unterhalb der Ebene des Erzählens in dieser Gattung kann man eine andere erkennen. Es sind latente Vorstellungen von Zeit und Raum, die die Menschen damals hatten. Diese bilden die weltanschauliche Grundlage, auf der sich die Erzählung im *Exemplum* entwickelt. Gerade in dem räumlich-zeitlichen System, das sich dahinter verbirgt, kann man grundlegende Vorstellungen über die Welt der Menschen im Mittelalter erkennen. Dies sind Vorstellungen, die schon durch den Filter der Religion gegangen sind. Es handelt sich um das Bewußtsein des »gewöhnlichen Christen«. Wie wir weiter sehen werden, trägt das »Chronotopos« des *Exemplums* nicht nur den Stempel des Einwirkens der Kirche auf das Volksbewußtsein, sondern auch die Spuren der Veränderungen, denen die christliche Lehre unmerklich in diesem Bewußtsein unterworfen war. Für denjenigen, der den Prozeß der Wechselwirkung verschiedener Ebenen des mittelalterlichen Geisteslebens untersucht, stellen die *Exempla* ein ihrem Erkenntniswert nach außergewöhnliches Beobachtungsfeld dar.

Das *Exemplum* ist sozusagen der Mikrokosmos des mittelalterlichen Bewußtseins. Diese ausgesprochen kurze Erzählung, in der für gewöhnlich ein Minimum an Personen mitwirkt, ist stark mit Sinn überfrachtet. In der Erzählung gibt es in Wirklichkeit zwei Welten. Das ist zum ersten die gewöhnliche, alltägliche, irdische Welt, genauer gesagt, ein unbedeutendes Fragment davon, nämlich ein Kloster, eine Mönchsklause, eine Kirche, ein Ritterschloß, das Haus eines Städters, ein Dorf, ein Weg, ein Wald – und in diesem Winkel der Welt treten ein oder zwei, im Höchstfall einige Personen auf. Aber in diesen irdischen Raum dringen aus der anderen Welt Christus, die Mutter Gottes, ein Heiliger oder Verstorbene ein, die die Verbindung mit der Welt der Lebenden aufrechterhalten und an ihren Angelegenheiten interessiert sind. Es können auch Dämonen und sogar der Satan selbst sein. Auf wunderliche Weise vermengen sich diese beiden Welten im *Exemplum*, was einen ungewöhnlichen, eindrucksvollen Effekt erzeugt.

Ein verarmter junger Ritter ist gezwungen, das vom Vater ererbte »Allod oder Feudum« zu verpfänden und zu verkaufen; die Ausgaben für Turniere und Histrionen haben ihn in den Ruin geführt. Sein Diener überzeugt den Jüngling davon, daß die Sache leicht wieder zu beheben sei; man müsse sich mit dem Teufel treffen. Des Nachts begeben sie sich in den Wald, und der Diener ruft den Teufel. Dieser verspricht dem Ritter Reichtum unter einer Bedingung: Gott zu entsagen und sich zu seinem Untergebenen zu machen. Er müsse nur eine Formel der Lossagung aussprechen und eine Zeremonie der Auflösung des Vasallenverhältnisses mit dem Schöpfer vollziehen. Aber nachdem der Ritter ihm die Hommage, den Treueschwur, geleistet hat, stellt der Dämon eine neue Forderung: Er soll sich auch von der Mutter Gottes lossagen, die nach seinen Worten den Dämonen das meiste Böse bringt. Dieses Mal widersetzt sich der Ritter entschieden und sagt, daß er es vorziehe, sein ganzes Leben in Elend zu verbringen, als sich von der Heiligen Jungfrau loszusagen. Nachdem er nach Hause zurückgekehrt ist, spricht er vor der Statue der Mutter Gottes, die ihren Sohn auf den Armen hält, eine aufrichtige Buße aus. Als sie sein Gebet gehört hat, bittet die Mutter den Sohn, dem jungen Mann seinen Irrtum zu verzeihen, aber der Sohn, der seinen Blick von ihr abgewendet hat, antwortet ihr nicht. Da erhebt sich die Madonna vor den Augen des erstaunten Ritters, setzt den Säugling auf den Altar und erfleht Vergebung für den Ritter, nachdem sie vor dem Kind auf die Knie gefallen ist (10, II, 12).

Was fällt bei diesem *Exemplum* ins Auge? Die prosaische Sphäre der feudalen Verhältnisse, die mit sachlicher Detailtreue beschrieben werden (Grundbesitztümer, Vasallendienst, das Ritual des Treueschwurs dem Herrn gegenüber und die Eidablegung an den neuen Herrn), ist auf eine vollkommen neue Ebene übertragen worden, auf der der Mensch in Kontakt zuerst mit dem Teufel und dann mit der Mutter Gottes und mit

Christus tritt. Der Sohn Gottes benimmt sich wie ein gekränkter Lehnsherr, aber die durch die Treue des Ritters berührte Madonna bewegt ihn am Ende zur Barmherzigkeit, wobei die Statue in der Kirche lebendig und zur Mutter Gottes selbst wird. Die scheinbar klaren Grenzen sind gestört: Die irdische Welt überschneidet sich mit der teuflischen und trifft sich dann auf wunderbare Weise mit der himmlischen Welt.

Im angeführten Beispiel findet das Treffen mit dem Teufel im Wald statt, dem Ort, in dem auch im Zaubermärchen wunderbare Begebenheiten möglich sind, das Treffen mit der Mutter Gottes und mit Christus hingegen in der Kirche, in der sich ihre Skulptur befindet. Aber das Treffen mit dem Gast aus der anderen Welt kann auch zu Hause stattfinden. Ein adliger Sachse schickt seinen Diener in den Keller, um Wein abzufüllen, aber dieser bringt es nicht fertig, einen einzigen Tropfen aus dem vollen Faß zu gießen. Da sieht der Diener den auf dem Faß sitzenden Teufel, der ihm befiehlt, seinen Herrn zu rufen; wenn er Wein brauche, solle er sich doch selbst in den Keller begeben. Der nun erscheinende Herr erfährt, daß seine Lebenszeit abgelaufen ist und der Teufel ihn holen will. Es gelingt ihm, für sich einen dreijährigen Aufschub mit der Begründung zu erreichen, daß er immer treu dem Teufel gedient habe, und er verspricht, ihm auch in Zukunft gefügig zu sein. Aber nach Ablauf dieser Frist wird er ohne Beichte und Vergebung sterben (43, Nr. 55).

Die Bewohner des Himmels gehen in den *Exempla* beständig in die Welt der Menschen über und kommen unmittelbar mit diesen in Berührung, wodurch sie geprägt werden: Christus, Maria und die Heiligen wandeln sich stark und beginnen nach Gesetzen zu handeln, die für die irdische Welt gelten. Die irdische Dynamik, von der die *Exempla* erfüllt sind, wird auf die göttlichen Kräfte übertragen, die in dieses »Kraftfeld« geraten. So werden den göttlichen Kräften Eigenschaften zugewiesen, die man von ihnen kaum erwarten würde. Es handelt sich hier nicht mehr um erhabene, ruhende Figuren, die voller Güte und in Betrachtung versunken sind, wie sie die kirchliche Ikonographie darstellte. In den *Exempla* werden sie beweglich und zeigen eine ihnen sonst fehlende Energie. Sie kennen natürlich auch die Liebe und Barmherzigkeit, aber was den heutigen Leser und wahrscheinlich auch die mittelalterliche Gemeinde in Erstaunen versetzte, sind ihre Empfindlichkeit, Rachsucht und Anfälligkeit für Zornesausbrüche. Sie schlagen die Ungefügigen und Beleidiger und töten diese sogar.

Nicht selten ist es auch Christus, der sich so verhält. Vom Altar heruntergestiegen, plazierte der Gekreuzigte einen Schlag auf der Kinnlade eines Mönchs, welcher beim nächtlichen Gebet eingeschlafen war, so daß jener am dritten Tag sein Leben aushauchte (10, IV, 38). In einem anderen *Exemplum* erschien der Gekreuzigte eines Nachts dem Glöckner einer Kölner Kirche, da er erbost darüber war, daß dieser ihm nicht die gebührende Ehrerbietung entgegenbrachte, und verprügelte ihn mit Gekeife. Dieses wundersame und erschreckende Ereignis verbreitete sich in der Stadt, und das Kruzifix wurde mit noch größerer Hochachtung umringt (10, VIII, 25). Eine adlige Witwe, die sich durch die sündige Verbindung mit einem Juristen befleckt hatte, erhörte nicht das Zureden und die Drohungen Christi, der ihr erschienen war. Christus tötete daraufhin zuerst ihre Verwandte, dann ihre Tochter und brannte ihr zum Schluß mit glühenden Nadeln das Auge aus (6, Nr. 449).

Die sakralen Kräfte in den *Exempla* haben sich sehr weit von dem üblichen Ideal entfernt. Ihre Gefühle und ihr Benehmen sind den Gefühlen und dem Verhalten der Leute, an die sich die Predigt richtet, äußerst ähnlich. Die unendliche Distanz, die den Gläubigen gewöhnlich von Gott oder den Heiligen trennt, wird auf seltsame Weise überwunden. Sie ist nicht aufgelöst; die Gottheit bewahrt all ihre Attribute, aber in dem Moment, in dem irdische und himmlische Welt im *Exemplum* miteinander in Berührung kommen, wird diese Distanz sozusagen aufgehoben. Auf die Gottheit greift die Logik der irdischen Welt über.

Diese Logik erstreckt sich auch auf die Heiligen. Sie achten eifrig darauf, daß nicht gegen ihre Rechte und Vorrechte verstoßen wird. Besonders empfindlich reagieren sie auf die Verletzung der ihnen geweihten Feiertage. Der heilige Laurentius bestrafte diejenigen hart, die an seinem Tag nicht der Arbeit fernblieben. Ein Mensch holte an diesem Tag geschnittenes Getreide vom Feld, und plötzlich fiel Feuer vom Himmel und verbrannte das ganze Getreide, versengte die Ochsen, die vor das Fuhrwerk gespannt waren, und die Tiere warfen sich ins Wasser und ertranken. Die Strafe war nicht zufällig ausgewählt worden: Der heilige Laurentius hatte durch Feuer Qualen erlitten. Aus dem Brot, das an dem ihm geweihten Tag von den Hausfrauen gebacken wurde, quoll Blut (36, Nr. 140).

In Deutschland war der Brauch verbreitet, sich aus der Zahl der Apostel einen Schutzheiligen zu wählen. Man schrieb die Namen der Apostel auf zwölf Kerzen und legte diese dann auf den Altar. Daraufhin zog der Gläubige eine der Kerzen; von nun an erwies er demjenigen Apostel besondere Ehre, dessen Name auf der Kerze geschrieben stand. Einer Frau gefiel aus irgendeinem Grund der Apostel Andreas nicht, dessen Kerze sie bekommen hatte, und sie zog noch einen »Apostel, der ihr genehm war« und den sie dann ihr ganzes Leben lang verehrte. Als ihre Todesstunde gekommen war, erblickte sie neben sich nicht diesen Apostel, sondern den heiligen Andreas: »Siehe, ich bin eben jener verschmähte Andreas«, erklärte er. Manchmal berührt den Heiligen die Beziehung eines Menschen zu ihm sehr, bemerkt Caesarius von Heisterbach, ein Zisterziensermönch, der diese Geschichte erzählte (10, VIII, 56). Eine andere Frau zog den heiligen Judas heraus und warf zornig die Kerze mit seinem Namen fort, weil sie gern die Kerze mit dem heiligen Jacobus oder heiligen Johannes gezogen hätte. Der Apostel Judas war so gekränkt, daß er ihr erschien und sie so scharf abkanzelte, daß die Unglückliche von Paralyse ergriffen wurde (10, VIII, 61). Johannes der Täufer, der von seinem Namensvetter, einem Bonner Kanoniker, nicht angebetet wurde, ertrug die Beleidigung nicht und trat den Beleidiger mit solcher Kraft in den Bauch, daß dieser, vor Entsetzen und Schmerz erwacht, erkrankte und starb (10, VIII, 52).

Aber man muß sich nicht vorstellen, daß die Bewohner der himmlischen Sphären nur zornig und gereizt durch die Menschen wurden, sobald sie mit ihrer Welt in Berührung kamen. Sie konnten auch barmherzig und erstaunlich gefällig sein. Besonders barmherzig war die Mutter Gottes. Eine Nonne, die zu einem Rendezvous mit einem Kleriker gehen wollte, der sie verführt hatte, bedachte sie mit einer wuchtigen Ohrfeige, um sie vor der Versuchung zu retten; hingegen brachte sie den jungen Ritter, der in eine ähnliche Versuchung geraten war, dadurch von der Sünde ab, daß sie ihn küßte und ihn ihren Bräutigam nannte (10, VII, 32, 33). Die Nonne Beatrice, die den Dienst einer Beschließerin versah, wurde von einem Geistlichen verführt, der sie bald darauf fallenließ. Beatrice verließ das Kloster, nachdem sie die Schlüssel auf den Altar der Heiligen Jungfrau gelegt hatte. Außerhalb des Klosters hatte sie keine Existenzmittel, und sie lebte fünfzehn Jahre lang als Prostituierte. Nach Ablauf dieser Frist erschien sie an den Pforten des Klosters und überzeugte sich davon, daß all diese fünfzehn Jahre die Gottesmutter, die ihre Gestalt angenommen hatte, ihren Dienst versehen hatte (10, VII, 34).

Wie wir sehen, ist in den *Exempla* die Beziehung zwischen den Menschen und Christus, der Jungfrau und den Heiligen ambivalent. Aber genauso ambivalent ist in diesem Genre der mittellateinischen Literatur auch das Teuflische. Die Träger des absoluten, abgrundtiefen Bösen, die Dämonen, treten hier nicht selten in der Rolle von Wesen auf, die Gott und der Jungfrau Maria ergeben sind, sie in Ehren halten und ihren Willen ausführen. Sie können sogar Prediger sein, und zudem nicht mal schlechte. Jacques de Vitry, ein französischer Prälat und Autor einer populären Sammlung von *Exempla*, hörte von einem Dämon, der in einen Besessenen gefahren war und durch seinen Mund die Heilige Schrift erklärte (20, Nr. 151). Ein anderer Teufel hatte die Absicht, einen Prediger bloßzustellen, der die Zustimmung der Einwohner einer Stadt besaß. Unter den Zuhörern befand sich ein Besessener, durch dessen Mund der Dämon erklärte: »O Leute, dieser Bruder vermochte nichts im Vergleich zu dem zu sagen, was ich euch in meiner Predigt erzählen könnte, wenn man mir die Möglichkeit gäbe, sie vorzutragen. Ruft das Volk, und ich eröffne euch die Wahrheit, lüge euch nichts vor und bringe niemandem Böses.« Als die Städter zusammengekommen waren, begann der Dämon, kirchliche Autoritäten zu zitieren, und erzählte davon, wie der Herr Propheten und Prediger in die Welt geschickt hatte. »Wisset denn«, beendete er seine Predigt, »ich bin der Teufel, der gezwungen ist, vor euch die Wahrheit zu predigen, damit ich euch stärker bezichtigen kann, im Falle daß ihr nicht nach der Wahrheit handeln werdet, und nun verlasse ich den Körper dieses Menschen.« Aus dem Besessenen herausgefahren, zerschlug er einen Teil eines Hauses und verschwand (52, Nr. 301).

Während wir es hier mit einem Teufel zu tun haben, der die christlichen Wahrheiten predigte, scheinen andere Teufel, die unehrenhafte Mönche auf den rechten Weg bringen, schon nicht mehr so exotisch zu sein. Ein Teufel packte des Nachts einen faulen Mönch am Kragen, der es vorzog, im Bett die Ruhe zu genießen, anstatt zur Frühmesse zu gehen. Er schleppte ihn in die Kirche und stieß ihn vor den Augen der ganzen Klostergemeinschaft so stark gegen den Fußboden, daß er ihm beinah den Schädel einschlug. »Ihr sagt«, wandte er sich an die verblüfften Mönche, »daß der Teufel nichts Gutes tut, und hier habe ich euren Mönch zum Gebet herbeigeschleppt!« (52, Nr. 124)

Das metaphysische Böse verliert auf der Ebene der Volksreligiosität seine Absolutheit und gewinnt eine gewisse Dualität und Doppelsinnigkeit. Obwohl das Teuflische nicht in der Lage ist, sich mit dem Schöpfer zu versöhnen, gab es auch solche Teufel, die zu allem bereit waren, wenn sie nur ins Himmelreich gelangen konnten. Ein Mönch fragte einen Teufel, der in einen Besessenen gefahren war, was er bereit sei zu erdulden, um beim Jüngsten Gericht gerettet zu werden. »Wenn auch die ganze Welt brennen würde, vom Osten bis zum Westen und vom Norden bis zum Süden, würde ich lieber eine solche Qual bis zum Tag des Jüngsten

Gerichts ertragen, nur um das zurückzubekommen, was ich eingebüßt habe. Und wenn die Feuersäule, ganz gespickt mit spitzen Dornen, von der Erde bis in den Himmel reichen würde, würde ich sie siebenmal am Tag hinauf- und hinabklettern, wenn mir nur die Möglichkeit gegeben wäre, am Jüngsten Tag gerettet zu werden« (36, Nr. 149). Ein unüberwindbares Hindernis zur Aussöhnung der Teufel mit Gott ist ein unbändiger Stolz, die schrecklichste unter den Todsünden. Zu einem Beichtvater kam ein junger Mann und erzählte ihm, nachdem er auf die Knie gefallen war, von solch unerhörten Missetaten, Morden, Diebstählen, Gotteslästerungen und Zwietrachten, die er gesät hatte, daß der Geistliche entsetzt sagte: »Auch wenn du tausend Jahre alt wärest, wäre es ein Wunder, daß du so viele schreckliche Sünden begehen konntest.« Jener gab zur Antwort: »Ich bin mehr als tausend Jahre alt.« »Wer bist du denn?« »Ich bin ein Dämon, einer von denen, die gemeinsam mit Luzifer gefallen sind. Ich habe bisher nur einige Sünden gebeichtet, aber wenn du auch die übrigen hören möchtest, und es sind zahllose, bin ich bereit.« Da er wußte, daß die Sünden des Teufels nicht zu büßen waren, fragte der Geistliche ihn: »Was hast du mit der Beichte zu tun?« Der Teufel bekannte, daß er, von Hoffnung auf Vergebung und ewiges Leben bewegt, den Wunsch verspürt habe, die Beichte abzulegen. Der Geistliche nannte ihm die Buße: »Wirf dich dreimal am Tag auf die Erde mit den Worten: ›Herr Gott, mein Schöpfer, ich bereue, vergib mir!‹« Der Teufel wies diesen Satz zurück, er konnte dazu seinen Stolz nicht überwinden (10, III, 26).

Ein anderer Dämon, der einen Mönchsgesang über Cherubim und Seraphim gehört hatte, schrie durch einen Besessenen: »Ihr wißt nicht, wie sehr sie erhöht worden sind, aber ich weiß es, denn bis zum Fall war ich einer von ihnen. Ich habe keinen Körper, in dem ich Buße tun könnte, und kann mich daher nicht erneut dorthin erheben, aber wenn ich soviel Fleisch wie in einem menschlichen Daumen hätte, würde ich natürlich daran eine solche Buße vornehmen, daß ich in engelhafte Höhen aufsteigen würde« (6, Nr. 189).

In den *Exempla* wird hin und wieder von Teufeln erzählt, die Gewissensbisse empfinden. Es war nicht denkbar, daß die Teufel selber Gottesdienst verrichteten, weil man annahm, daß die heilige Liturgie für sie unerträglich sei. Und dennoch versetzte in einem *Exemplum* eine Predigt, die an ihre frühere Einheit mit Gott (vor dem Fall Luzifers) erinnerte, die Teufel in Verwirrung und Scham, und sie liefen fort, wobei sie ihre Absicht vergaßen, den Mönchen Streiche zu spielen. In die durch die Theologie klar umrissenen Grenzen dringt eine Dualität ein. Ähnliche Szenen gibt es in anderen mittelalterlichen Quellen außer den *Exempla* nicht.

Zum Schluß muß man hier an die »guten bösen Geister« erinnern, welche ebenfalls in den *Exempla* – und ausschließlich hier – erwähnt werden. Einer dieser Dämonen diente treu einem nichtsahnenden Ritter als Schildknappe und rettete sogar seiner Frau das Leben, indem er aus Afrika Löwenfett besorgte. Als der Ritter erfuhr, wer er in Wirklichkeit war, jagte er ihn fort. Beim Abschied gab der Dämon das Geld, das er erarbeitet hatte, für den Kauf einer Glocke für die Kirche der Gemeinde. Das aufrichtige Bekenntnis dieses Teufels, daß es »für ihn ein großer Trost ist, mit Menschenkindern zusammenzusein«, wie auch seine Beteuerung, daß er nicht die Absicht gehabt hatte, sich an der Seele des Ritters zu vergreifen, dem er gedient hatte (10, V, 36), steht in Widerspruch zur Ansicht über Teufel, die in der wissenschaftlichen Literatur des Mittelalters vertreten wird. In den *Exempla* tragen die Teufel ganz offensichtlich Spuren folkloristischer Herkunft.

Das spezifische »Chronotopos« in den *Exempla* deformiert die gewöhnliche Dichotomie von Gut und Böse, Schwarz und Weiß, vom Heiligen und Teuflischen, indem es allem eine Ambivalenz und Unklarheit verleiht. Die Welt der *Exempla* ist märchenhaft und wunderbar, aber ihr Genre ist weit von dem der Märchen entfernt. In den *Exempla* werden Dinge nebeneinandergestellt, die man nicht miteinander vergleichen kann, aber nicht irgendwo im Königreich hinter den sieben Bergen, sondern hier, nebenan, in derselben Stadt, in der der Verfasser des *Exemplums* schreibt oder predigt, im Nachbardorf, in einer allen bekannten Abtei. Das wunderbare Ereignis hat nicht in längst vergangenen Zeiten stattgefunden, wo in der Phantasie für gewöhnlich legendäre Erscheinungen angesiedelt wurden, sondern hat sich vor gar nicht langer Zeit ereignet; etwa im vergangenen Jahr oder vor einigen Jahren. In jedem Fall ist genau bekannt, wann es sich zugetragen hat. Nicht selten sind noch Zeugen oder Teilnehmer dieses Ereignisses am Leben; man kann die Dinge sehen, die bei den beschriebenen Ereignissen eine Rolle gespielt und ein Gepräge davon erhalten haben.

Nachdem er von dem wunderbaren Treffen eines Abts mit dem Teufel berichtet hat, schließt Caesarius von Heisterbach: »Wenn du meinen Worten nicht glaubst, dann frag sie selbst (den Abt und seine Begleiter), sie sind, wie es scheint, noch am Leben, es sind fromme Leute, und sie sagen dir nichts als die reine Wahrheit« (10, V, 29). Während des Kreuzzugs gegen die Albigenser fiel einer der katholischen Geistlichen in die Hände von Häretikern, und diese schnitten ihm die Zunge heraus. Nachdem er nach Cluny gebracht worden war, rief er im Gebet nach der Mutter Gottes. Diese gab ihm durch eigene Hand eine neue Zunge, da er seine aufgrund seines Glaubens an ihren Sohn verloren hatte, und der Geheilte sang sogleich ein Ave Maria. All dies ist sicher bekannt durch den Xantener Johannes den Scholastiker, der sowohl den Geistlichen selbst als auch seine Zunge gesehen und von ihm diese Geschichte gehört hatte (10, VII, 22).

Die stofflichen Beweise für die Wahrhaftigkeit der wunderbaren Begebenheit können höchst unterschiedlich sein. Eine gewisse paralytische Jungfrau suchten erstaunliche Visionen heim. Einmal wurde ihr Geist aus der körperlichen Hülle gezaubert und ins himmlische Jerusalem geführt, wo sie vieles Bemerkenswerte sah. Sie wohnte einem Gottesdienst bei, bei dem am Altar Christus selbst diente, und nach der Wiederbelebung fand man bei ihr den Stumpf jener Kerze, welche später Wunder vollbrachte (10, VI, 20).

Die wunderbaren Geschichten, über die die *Exempla* berichten, werden also von Augenzeugen und Teilnehmern bezeugt. Es handelt sich um Tatsachen und nicht um Erfindungen! Das ist die Idee, die die *Exempla* durchzieht.

Angaben dieser Art sind besonders typisch bei Autoren deutscher *Exempla*-Sammlungen, dem Zisterzienser Caesarius von Heisterbach und dem Dominikaner Rudolf von Schlettstadt. Die Akribie, mit der letzterer die Daten der beschriebenen Ereignisse, die in der Erinnerung von Lebenden stattgefunden haben, und die Namen der realen Teilnehmer bzw. Zeugen festhält (viele von diesen Leuten sind auch aus anderen Quellen bekannt, besonders aus Stadtchroniken und geschäftlichen Dokumenten), erzeugt einen »Effekt von Anwesenheit« und verstärkt die Illusion ihrer Glaubwürdigkeit. Die Zeit im *Exemplum* ist hier eine historische Zeit. Es handelt sich um die letzten Jahre des 13. und die ersten Jahre des 14. Jh.s und nicht um irgendeine fiktive Zeit, wie auch der Raum, in dem sich die Handlung abspielt, ein ganz real existierendes Gebiet am oberen Rhein und im Frankenreich ist. In den *historiae memorabiles* Rudolfs von Schlettstadt decken sich die Zeitangaben des *Exemplums* weitestgehend mit denen der Chronik, aber es behält all seine spezifischen Besonderheiten bei.

Es handelt sich hier nicht um das »Chronotopos« des Zaubermärchens, sondern um Raum und Zeit einer realen Welt, und gerade in irdischem Raum und irdischer Zeit vollziehen sich solch märchenhafte und gleichzeitig wirkliche Dinge! Dies ist ein äußerst wichtiger Aspekt. Wenn im Märchen ein Wunder geschieht, dann ist jedem, vom Kind bis zum weisen Alten, in der Tat klar, daß in seiner Zauberwelt etwas möglich ist, was hier und jetzt nicht passieren kann; die Zuhörer wissen: Märchen ist »Lüge«. Aber im *Exemplum* bewahrt das Märchenhafte zwar seine Ungewöhnlichkeit, hört dagegen auf, märchenhaft, d. h. phantastisch zu sein, denn alles, worüber die *Exempla* berichten, ist die reine Wahrheit. Diese Tatsache behält nicht nur für die Zuhörer, sondern auch für den Verfasser selbst ihre Gültigkeit; er versichert der Zuhörerschaft nicht nur, daß das von ihm Erzählte wahr ist, sondern er glaubt auch selbst daran. »Gott ist mein Zeuge, daß ich nicht ein Kapitel in diesem ›Dialog‹ erdichtet habe«, versichert Caesarius von Heisterbach im Prolog zum »Dialog über Wunder«. »Wenn sich etwas zufällig nicht so ereignet hat, wie ich es aufgeschrieben habe, dann liegt die Schuld bei jenen, die mir dieses berichtet haben« (10, Prologus).

Die heutige Wissenschaft stellt Indizes von Motiven zusammen, denen man in den *Exempla* begegnet; ebenso erstellt sie Register von Märchenmotiven. Aber die Suche nach Analogien zwischen Märchen und *Exemplum* kann nur eine sehr eingeschränkte Bedeutung haben. Selbst wenn märchenhafte Motive in dieses oder jenes *Exemplum* übertragen wurden, sollte man nicht aus dem Blick verlieren, daß sie bei einer solchen »Verpflanzung« nicht nur einer »Christianisierung« unterworfen und sozusagen von dem kirchlichen Autor »gezähmt« wurden, sondern auch ihre Funktion vollkommen veränderten.

Der Raub eines Kindes durch ein wildes Tier und seine Rückgabe an die Mutter ist ein verbreitetes Märchenmotiv. Aber wie wird es im *Exemplum* interpretiert? Ein Wolf verschleppte die dreijährige Tochter einer frommen Matrone. Die Mutter ging in eine Kapelle und nahm der Statue der Mutter Gottes den Sohn mit den Worten fort: »Herrin, Ihr bekommt Euer Kind nicht zurück, wenn Ihr mir nicht meines unversehrt wieder zurückgebt.« Die Heilige Jungfrau, anscheinend erschreckt, befahl dem Wolf, das Mädchen zurückzugeben, und man fand es mit Spuren von Wolfszähnen. Das war der Beweis für das Wunder. Die Mutter beeilte sich daraufhin, das Jesuskind zurückzubringen. Der Verfasser des *Exemplums* erfuhr von dem Abt Hermann, der selbst das Mädchen gesehen und die Erzählung seiner Mutter gehört hatte, von dem Vorgefallenen. Diese märchenhafte Begebenheit fand in einem bestimmten Siedlungspunkt und zu einer bestimmten Zeit statt, und es nahmen reale, bekannte Personen daran teil – kurz gesagt, es war ein Ereignis aus dem realen Leben. Das Interesse, das Caesarius von Heisterbach ihm entgegenbringt, liegt vor allem in der Barmherzigkeit der Mutter Gottes begründet, und in einer Reihe entsprechender *Exempla* hat er ebenfalls auf diese hingewiesen (10, VII, 45).

Trotz einer gewissen äußeren Nähe zum Märchen ist das *Exemplum* ihm strukturell radikal entgegengesetzt und hat auch vom Sinn her nichts mit ihm gemein. Es ordnet sich den ihm immanenten spezifischen Gesetzmäßigkeiten unter. Das »Chronotopos« des *Exemplums* ist einmalig und hat in anderen Gattungen der mittelalterlichen Literatur keine Parallelen.

Die *Exempla* werden aber nicht nur mit dem Märchen verglichen. Es ist bekannt, daß sie zu einer der Quellen für die neue europäische Novelle wurden. Einige Spezialisten haben gezeigt, wie die Autoren dieser Novellen, die sich der Sujets der *Exempla* bedienten, ihre Ästhetik überwanden, die zugrundeliegende Ideologie verwarfen und so eine neue Literatur schufen. Die Novelle der Renaissance wurde sogar »Antiexemplum« genannt (189).

Die übliche Methode der Gegenüberstellung von *Exemplum* und Novelle der Renaissance dient dazu, das Neue herauszustellen, welches letztere hervorgebracht hat, also die künstlerischen Errungenschaften, die die Novelle von den belehrenden und transzendental ausgerichteten kirchlichen *Exempla* unterscheiden. Der weltliche Charakter der Renaissancenovelle; ihr Interesse am Menschen in seinen irdischen, weltlichen Erscheinungen; die Verlagerung des Schwerpunkts von der Belehrung auf die Erzählung und entsprechend vom Typischen auf das Individuelle und Unwiederholbare; die Absage an die der kirchlichen didaktischen Literatur eigenen kategorischen Aussagen und Eindeutigkeit im Urteil und die Relativierung der absoluten Normen, da das Bild von der Wirklichkeit komplizierter wurde; die Verweltlichung der irdischen Realität, in der die göttliche Vorsehung bereits keinen zentralen Raum mehr einnimmt, sondern der menschliche Wille, und daher auch die Verdrängung der höheren Notwendigkeit durch Freiheit; die Erweiterung der Erzählung, die den Weg zur künstlerischen Analyse der ganzen vielgestaltigen Lebensbeziehungen eröffnet; der Übergang zum künstlerischen Realismus: In diesen Punkten werden die Hauptunterschiede zwischen dem mittelalterlichen *Exemplum* und der Novelle der Renaissance deutlich.

Beim Vergleich beider Genres bleibt die Renaissancenovelle in der Regel der Bezugspunkt, anhand dessen die Wissenschaft eher feststellt, was das *Exemplum* nicht war, als daß sie sein Wesen aufzeigte. Die *Exempla* sind nicht so sehr Gegenstand eines eigenständigen Interesses als vielmehr ein Kontrasthintergrund, der dazu dient, das Neue an der Novelle der Renaissance und die Perspektiven zu demonstrieren, die sie für die Entwicklung der Literatur der Neuzeit gebracht hat. Die Prämisse, die diesem Standpunkt offen oder implizit zugrunde liegt, ist die Idee vom Fortschritt in der Literatur, ihrer Bereicherung und ihres Voranschreitens bis zum Triumph des Realismus des 19. Jh.s. Ob die Anwendung dieser Idee auf die Literaturgeschichte gerechtfertigt ist, wird allerdings selten hinterfragt.

Aber schon vor längerer Zeit hat die Wissenschaft einen alternativen Standpunkt zur Kulturgeschichte formuliert: Jede Etappe solle nicht in ihrem verhältnismäßigen Wert zur vorausgegangenen oder nachfolgenden Etappe betrachtet, sondern in ihrer inneren Systemhaftigkeit begriffen werden. Das Augenmerk läge dann auf der unwiederholbaren Spezifik der jeweiligen Literatur und Kultur, und man könne feststellen, auf welche geistigen und seelischen Bedürfnisse der Menschen dieser Zeit sie antwortete und wie sich darin ihre Grundeinstellungen und ihr Weltbild ausdrückten. Was den Fortschritt in der Kultur betrifft, so sei es gestattet, daran zu erinnern, daß jeglicher Fortschritt fast immer auch von Verlusten begleitet wird. Obwohl diejenigen, die etwas Neues schaffen, zunächst ohne Bedauern und Achtung mit dem Vergangenen brechen, entdeckt man in einem späteren Stadium nicht selten in diesem Alten Werte, denen man früher keine Aufmerksamkeit geschenkt hat. Besonders die mythologische Phase, die durch die kulturelle und literarische Entwicklung lange überwunden schien, wurde ungewöhnlich anziehend und interessant für die Gegenwart. Auch beim Vergleich des mittelalterlichen *Exemplums* mit der Renaissancenovelle wäre es zweckdienlich, von vergleichenden Einschätzungen möglichst abzusehen.

Das »Chronotopos« der Renaissance unterscheidet sich radikal vom »Chronotopos« in den *Exempla*. Bis jetzt hat sich unsere Analyse letzterer hauptsächlich auf den Konflikt zwischen zwei Welten konzentriert, der irdischen, profanen und der metaphysischen, und auf ihre Vermischung und ihr zeitliches Zusammenfließen in einem Raum. Aber gleichzeitig findet auch ein Zusammentreffen der irdischen Zeit eines Menschenlebens mit der Ewigkeit statt. Die Ewigkeit bricht wiederum für einen Augenblick in den Zeitverlauf ein und wandelt ihn um oder vernichtet ihn. Die Raum-Zeit-Einheit im *Exemplum* besteht darin, daß in einem gewissen kurzen Moment, der weit entfernt und legendär oder weitestgehend angenähert an die Zeit der Predigt sein kann, sowie in einem gewissen Raum, wieder entweder unbestimmt und konstruiert oder völlig konkret und allen bekannt, ein ungewöhnliches, wunderbares Ereignis geschieht. Der Einbruch von Kräften aus einer anderen Welt, gute oder böse, in die Welt der Menschen stört den Verlauf der menschlichen Zeit und reißt sie aus der Routine des Alltagslebens. Es entsteht eine nie dagewesene, extreme Situation, die auf verhängnisvolle Weise auf den Helden im *Exemplum* einwirkt, wobei sie den gesamten Verlauf und Inhalt seines Lebens verändert oder es sogar ganz beendet.

In diesem sich in einem Augenblick bildenden spezifischen »Chronotopos« findet eine grundlegende Umwandlung der menschlichen Welt statt: Eine Handlung, die sich im realen menschlichen Raum ereignet, steht gleichzeitig mit dem Hades, dem Himmelreich oder dem Fegefeuer in Verbindung; ein Mensch, der in der Kirche betet und in seinem Bett stirbt, erscheint gleichzeitig vor dem Antlitz des Schöpfers oder wird durch den Hades geführt. Ihm erscheint Gott oder der Teufel. Ein Mensch, der morgens auf den Markt eilt oder abends mit seinen Zechbrüdern zusammensitzt, gerät auf einmal dahin, wo die Ewigkeit herrscht. Dieser Zusammenprall zweier Welten, die Kreuzung verschiedener Systeme von Zeitrechnung und unvereinbarer Räume läßt eine Situation entstehen, in der die Handlung gleichzeitig »hier« und »dort« vor sich geht und folglich weder hier noch dort, sondern auf einer vollkommen anderen zeitlich-räumlichen Ebene.

Im »Chronotopos« des mittelalterlichen *Exemplums*, das beim Übergang des Sujets in die Novelle der Renaissance zerfällt, erkennt man klarer und deutlicher als bei anderen Genres die Spezifik des Bewußtseins, das eine solche Weltsicht hervorbrachte. Für den Kulturhistoriker liegt ein hoher Erkenntniswert in der Selbstentdeckung und »Selbstenthüllung« der Kultur des Mittelalters, die sich in den *Exempla* beobachten läßt. Die *Exempla* bilden sozusagen »atomare«, winzig kleine Einheiten des Bewußtseins, das sein Material noch nicht in Kulturschöpfungen organisiert hat. Sie sind keine vollendeten kulturellen Werke, sondern eher »Bausteine«, aus denen die Kultur aufgebaut wurde. In der Folgezeit werden die *Exempla* teilweise von der »großen Literatur« ausgenutzt. Aber eigentlich sind sie auch schon von den mittelalterlichen Autoren benutzt worden, und außer in der Predigt, in welche sie mit einbezogen wurden, finden wir sie bei Autoren wie Girald von Cambrai oder Gervasius von Tilbury; einmal ganz abgesehen von der *Legenda aurea*. Sie gingen sowohl in den *Fabliau* als auch in die Dramaturgie dieser Zeit ein. Die Motive, die in den *Exempla* verarbeitet wurden, werden aktiv auch in der Kunst verwendet; man braucht nur an die Buchminiaturen oder die kleinen Skulpturen auf den Kapitellen der Kirchen und Dome zu erinnern. Diese Keime verschiedener Kulturformen, »Atome« des Bewußtseins, waren beständig im kulturellen Gedächtnis zugegen und lassen sich in seinen unterschiedlichen Erscheinungsformen beobachten, wobei sie jeglicher Art von Umwandlung unterworfen waren. Ihre oben genannte Eigenart ging unwiederbringlich am Ende des 13. und im 14. Jh. beim Übergang zur weltlichen Novelle, die sich von den himmlischen Gefilden ab- und dem Alltagsleben zuwandte, verloren.

Doch der Vergleich der *Exempla* mit der Novelle der Renaissance ist eigentlich nicht ganz gerechtfertigt, weil wir es beim *Exemplum* genaugenommen gar nicht mit Literatur zu tun haben. Literatur bedient sich frei der Erfindung, die nicht streng den Gesetzen der Glaubwürdigkeit unterliegen und keinen Fakten des realen Lebens entsprechen muß, wohingegen das *Exemplum*, so sehr es auch die Wirklichkeit auf phantastische Weise umwandelt, von der Prämisse der Wahrhaftigkeit ausgeht. Der Prediger legt die Wahrheit dar, wie er sie sieht, und sein Auditorium nimmt die *Exempla* als tatsächliche Ereignisse wahr. Uns scheinen diese Erzählungen in der überwiegenden Mehrzahl kaum der Wahrheit zu entsprechen, und nicht zufällig wird weiter oben der Vergleich der *Exempla* mit dem Zaubermärchen erwähnt. Aber man darf nicht aus den Augen verlieren, daß für den Menschen im Mittelalter selbst die phantastischsten Personen und Geschehnisse, denen wir in den *Exempla* begegnen, vollkommen in ihre subjektive »Realität« passen, deren nicht wegzudenkender Bestandteil sie sind. Diese Subjektivität war ein allgemeiner Besitz und folglich ein objektiver Faktor ihres geistigen Lebens.

Die alten und neuen literarischen Traditionen, die Folklore, die übrigens im Klostermilieu einer Bearbeitung unterzogen wurde, die Kenntnis aller Ebenen des Lebens bis zu den untersten, all das diente den *Exempla* als Material. Es verwandelte sich entsprechend der Poetik des Genres in ein originelles und unwiederholbares System. Die Novelle der Renaissance entlehnte beim *Exemplum* nur ein begrenztes und oberflächlich wahrgenommenes Material, eine Fabel, ein Motiv, aber nicht sein Wesen. Der Novellist der Renaissance konnte das mittelalterliche *Exemplum* ganz von oben herab betrachten. Die Autoren der *Exempla* hatten aber ihrerseits alle Begründung, die weltliche Novelle für eine entartete Form des *Exemplums* zu halten, in welcher der überraschende Kontrast zwischen dem Diesseits und dem Jenseits verschwindet. An die Stelle der mittelalterlichen »Vertikale« trat die »Horizontale« der Renaissance. Die vollkommene Übertragung des Sujets und der Handlung in der Novelle der Renaissance in die diesseitige Welt beraubte sie jener äußersten Spannung, die charakteristisch für die *Exempla* ist. In der Renaissancenovelle wurden die *Exempla* um die tiefstgelegene Schicht verkürzt, die mit dem Prozeß der Aneignung des Christentums durch das mythologisch orientierte Volksbewußtsein verbunden war. Diese Mehrdimensionalität und verschiedenen Handlungsebenen der *Exempla* sind in der neuen Novelle spurlos verschwunden.

Das Modell der zwei Welten in den *Exempla* zeigt sich nicht nur darin, daß die Welt der Menschen sich in einer intensiven und dramatischen Beziehung und Konfrontation mit der Welt der sakralen und infernalischen Kräfte befindet. Ganz deutlich erkennt man diese »Doppelwelt« in der beständigen Berührung der Welt der Lebenden mit der der Toten. Gerade im 13. Jh. haben sich die Verbindungen zwischen beiden Welten außerordentlich intensiviert. Nach einem Ausdruck von J.-C. Schmitt »überschwemmen« die, die aus jener Welt kommen, den Westen. Den Grund dafür sieht er darin, daß die Folklore in stärkerem Maße als früher in die gelehrte Kultur einzudringen begann, die sich unter der Kontrolle der Geistlichkeit befand (211, S. 285–306).

Der Tod war nach den Vorstellungen im Mittelalter kein Abschluß und nicht das völlige Ende der menschlichen Existenz. Ich denke dabei nicht an die für den Christen offenbare Wahrheit, daß nach der Beendigung des Lebens der Körper eine unsterbliche Seele hinterläßt. Wichtig ist etwas anderes: Die Verbindung zwischen Menschen wird durch den Tod nicht abgeschnitten, die Toten haben die Fähigkeit, mit den Lebenden zu kommunizieren. Die Verstorbenen behalten das Interesse an der Welt der Lebenden, besuchen sie, um ihre irdischen Angelegenheiten zu regeln oder ihre Lage in jener Welt zu verbessern. Die Welt der Toten wirkt auf die Welt der Lebenden ein. Ihrerseits kann auch die Welt der Lebenden entscheidenden Einfluß auf das Los der Verstorbenen nehmen. Schließlich geraten in bestimmten Fällen Personen in die andere Welt, die nur für kurze Zeit gestorben sind und danach ins Leben zurückkehren. Die vorübergehend Toten, Lebenden oder lebenden Toten, deren jenseitige Existenz nichts gemein mit ewigem Schlaf und ewiger Ruhe hat, und der Austausch von Botschaften und Gefälligkeiten zwischen dieser und jener Gesellschaft zeigen uns, daß zwischen beiden Welten ein intensiver Kontakt stattfindet. Dergestalt ist in den *Exempla* das Verhältnis der Welt der Lebenden zur Welt der Toten.

Zwischen Leben und Tod existieren eine Reihe von Abstufungen und

Übergängen, und ähnlich wie es »vollkommen gute«, »nicht völlig gute«, »nicht völlig schlechte« und »vollkommen schlechte« Seelen gibt (und jede dieser Kategorien im Jenseits ein entsprechendes Geschick erwartet), muß man unter den Menschen neben vollkommen lebenden und vollkommen toten auch nicht gänzlich lebende und nicht ganz tote vermuten ... Die Grenzen erweisen sich mitunter als fließend und unbestimmt.

Im nachfolgenden Kapitel des Buches ist die Rede von den sogenannten *visiones*, »Visionen« oder »Reisen« ins Reich der Toten. Die *Exempla*-Literatur ist aufs engste mit den Visionen verbunden, und ihre Untersuchung unter diesem Aspekt könnte zusätzliches Licht auf das Problem der Kommunikation beider Welten werfen. Die Visionen halten ungewöhnliche Ereignisse fest: den Tod einer bestimmten Person, ihre Wanderung durch jene Welt und die darauffolgende Rückkehr zu den Lebenden, denen der Wiedererweckte die Geheimnisse einer anderen Welt eröffnet. Die Visionen sind sorgfältig aufgeschrieben und abgeschrieben worden, sie waren weithin bekannt. Die »göttliche Komödie« als ihr höchster künstlerischer Ausdruck und ihre Vollendung beweist die Ehrenhaftigkeit dieses Genres. In den *Exempla* hingegen treffen wir eher auf »alltägliche« Kontakte beider Welten. Man findet sie wie nebenbei als etwas Selbstverständliches, vergleichbar Unspektakuläres in der Predigt, fast wie einen notwendigen Teil der alltäglichen Realität.

Ein anderer wichtiger Unterschied zwischen den *Exempla*, die von den Verbindungen der Lebenden mit den Bewohnern der jenseitigen Sphären erzählen, und den Visionen besteht darin, daß letztere in der Regel Beschreibungen der jenseitigen Welt enthalten. Ein vorübergehend Toter wandert durch ihre verschiedenen Abteilungen, beobachtet die Qualen der zum Hades verurteilten Seelen und die Leiden derer, die sich im Fegefeuer aufhalten, hört Engelschöre singen und riecht herrliche Düfte, die aus dem Himmelreich herüberwehen. Die Erzählung über eine solche Wanderung kann also eine gewisse Vorstellung davon vermitteln, wie jene Welt aufgebaut ist. In manchen Fällen muß diese Vorstellung allgemein oder fragmentarisch bleiben, in anderen ist sie relativ detailliert. Vom zukünftigen Schicksal des Visionärs selbst ist in der Regel nicht die Rede; jedenfalls nimmt er nicht den wichtigsten Platz in der Vision ein. Dagegen ist die Begegnung mit der anderen Welt im *Exemplum* wesentlich stärker »individualisiert«. Im Zentrum der Aufmerksamkeit steht hier das Schicksal der Person, welche dort gewesen ist. Nicht selten wird ein Sünder in jene Welt gerufen, um ihm die zu erwartenden Strafen zu demonstrieren oder ihn vor Gericht zu stellen und das Urteil zu verkünden. Dagegen ist der Darstellung der Freuden der himmlischen Prunkgemächer und Qualen der Sünder in den *Exempla* wesentlich weniger Raum gewidmet als in den Visionen. In den *Exempla* wird die jenseitige Welt ohne klare Konturen gezeichnet.

Die Berührung beider Welten ist so eng, daß in einzelnen Fällen der Leser oder Hörer des *Exemplums* scheinbar zum unmittelbaren Zeugen dessen wird, was in der jenseitigen Welt geschieht. In einem englischen Kloster starb ein junger Dominikanermönch. Die bei seinem Tod anwesenden Brüder waren erstaunt über das frohe Lachen des Sterbenden. Es stellte sich heraus, daß er den König und Märtyrer Edmund sah, der im 9. Jh. durch heidnische Hand ums Leben gekommen war, und darauf die Mutter Gottes. Sein noch lebender Körper befand sich in der Klosterzelle, und er konnte sich unterhalten, als seine Seele bereits im Jenseits war. Etwas später sagte er, daß der Richter Jesus käme. Sogleich erbebte der Sterbende und war ganz mit Schweiß bedeckt. Die Anwesenden hörten seine Antworten auf das Jüngste Gericht und das an Jesus gerichtete inständige Flehen, ihm diese oder jene Sünde zu vergeben. Seine letzten Worte waren: »Wahrhaft barmherzig« – er meinte damit Christus, welcher ihn folglich zur Rettung auserwählt hatte. Und dann hauchte er seinen Geist aus (18, Nr. 49). Ähnlich war es bei dem sterbenden Abt Agathon, von dem John Bromyard, ein englischer Prediger des 14. Jh.s, erzählt. Auch er fuhr fort, sich mit den sein Lager umstehenden Mönchen zu unterhalten, während er bereits vor dem Gericht Gottes stand (31, Mors).

Das Jüngste Gericht wird hier in direkter Nähe von Raum und Zeit der Lebenden abgehalten. Die beim Sterben anwesenden Personen sehen die Gerichtsszene nicht und hören die Stimme des Richters nicht, aber sie können die Antworten und das Flehen des zu Richtenden hören, und ihnen ist der Sinn des Urteils verständlich. Die Welt der Menschen und die jenseitige Welt schließen sich in diesen *Exempla* unmittelbar um die Persönlichkeit des Sterbenden.

Aber kann es denn nicht sein, daß die Vision jener Welt nichts weiter als Phantasie ist? Auf welche Weise kann man ihren Wahrheitsgehalt ermitteln? Eine der überzeugendsten Methoden ist die Überprüfung mittels der Fakten. Ein gewisser Erzdiakon stiftete die Ermordung seines Bischofs an, dessen Stuhl er einnehmen wollte. Durch seine Intrige fiel ein Stein auf den Kopf des Bischofs, als dieser in das Gotteshaus ging. Nachdem er den gewünschten Rang erhalten hatte, lud der Mörder Gäste zu einem Festessen ein, und einen dabei anwesenden Fürsten suchte eine Vision heim: Er erblickte das Jüngste Gericht, und die Heilige Jungfrau mit einer Vielzahl von Engeln und Heiligen führte den getöteten Erzbischof, der sein Gehirn in der Hand hielt, vor die Augen des Richters; alle klagten den Mörder an. Der Richter befahl, ihn unverzüglich vor Gericht zu stellen. Hier endete die Vision, und als er wieder zu sich gekommen war, erzählte der Fürst den Anwesenden davon. Der verbrecherische Bischof starb auf der Stelle und bewies mit seinem plötzlichen Ableben die Wahrhaftigkeit der Offenbarung (6, Nr. 46). Etwas weiter unten erzählt Etienne de Bourbon von einem ähnlichen Fall: Einem Einwohner von Tours erschien der Richter und der heilige Martin, ehemals Bischof von Tours und Schutzherr der Diözese. Der Heilige und seine Freunde beschuldigten den Erzbischof von Tours, der zu dieser Zeit herrschte, einer Menge Verbrechen, welche davon zeugten, daß er des Platzes des heiligen Martin nicht würdig war. Der Beschuldigte selbst, der dabei anwesend war, wußte nicht, was er auf die vorgebrachten Anschuldigungen antworten sollte. Der Herr gab ihm im Zorn einen Tritt mit dem Fuß, wobei er den Sünder vom Stuhl warf. Als die Vision zu Ende war, eilte derjenige, den sie heimgesucht hatte, zum Haus des Prälaten, weckte die Diener und befahl ihnen nachzusehen, was mit ihrem Herrn geschehen war. Und tatsächlich: Sie fanden ihn plötzlich verstorben (6, Nr. 47).

An diese französische Geschichte klingt eine deutsche an. Sie erzählt von einem gewissen Adligen, einem »Unterdrücker der Armen und Liebhaber irdischer Freuden«. Einmal schlief er in seinem Zimmer ein, und sein Kammerherr, der »im Geist« zum göttlichen Thron entrückt war, wurde Zeuge dessen, wie sein Herr all seiner Taten angeklagt wurde. Er wurde auf immer verdammt und zu Luzifer gebracht. Jener umarmte den Neuankömmling für die treuen Dienste und ordnete an, ihn zu baden, wonach man dem Sünder den Hadestrank brachte. Danach befahl Luzifer, ihn mit Musik zu erfreuen, und zwei Teufel bliesen in die Posaune und hauchten ihm Feuer ein, so daß aus Augen, Ohren, Mund und Nasenlöchern des Unglücklichen eine Schwefelflamme schlug. Luzifer befahl ihm zu singen. Jener antwortete: »Was kann ich singen, außer dem, daß ich den Tag verfluche, an dem ich empfangen und geboren wurde.« Luzifer: »Sing besser.« Jener: »Ich werde nichts anderes singen als nur: ›Soll meine Mutter verflucht sein, die mich geboren hat.‹« Aber Luzifer war das alles zu wenig, und er war erst dann zufrieden, als der Verurteilte den Gott verfluchte, der ihn geschaffen hatte. Luzifer ordnete an, ihn an den Ort zu führen, den er verdiente, und der Sünder wurde in den Brunnen des Hades geworfen. Bei seinem Fall ertönte ein unglaublicher Lärm, von dem der Kammerherr, der diese Vision hatte, aufwachte, ins Zimmer gelaufen kam und seinen Herrn tot fand (17, Nr. 2). Braucht man noch überzeugendere und eindrucksvollere Beweise der Wahrhaftigkeit solcher Visionen?

Es existierten auch andere Beweise dafür, daß die Visionen der Wahrheit entsprachen. Die physische Berührung desjenigen, der aus jener Welt kam, mit dem lebendigen Menschen konnte am Körper des letzteren unauslöschbare Spuren hinterlassen. Ein gewisser toter Ritter erschien einem Geistlichen in der Vision und betete flehentlich zu ihm, daß er sein schreckliches Schicksal erleichtern möge: Er sei zahllosen Qualen ausgesetzt, denn das Hab und Gut, das er geraubt hatte, nachdem er einen Menschen auf dem Friedhof getötet hatte (und dabei die Ruhe des geheiligten Ortes gestört hatte), lag jetzt mit seinem ganzen Gewicht auf ihm wie ein Berg. Der Verstorbene berührte die Hand des Geistlichen, und sie wurde an dieser Stelle bis zum Knochen entblößt: Dies war ein Zeichen dafür, daß er das Versprechen gegeben hatte, dem Toten zu helfen (36, Nr. 121).

Daher unterliegt der Wahrheitsgehalt der Visionen in den Augen der Verfasser der *Exempla* sowie ihrer Leser oder Zuhörer keinem Zweifel. Die Vision ist ein Verbindungskanal zwischen der jenseitigen und der diesseitigen Welt, vermittels ihrer offenbart sich den Lebenden der Zustand der Seelen der Verstorbenen. Im Unterschied zum Traum, welcher visionär, also prophetisch, aber auch ganz und gar trügerisch sein kann, verdient die Vision – wie man glaubte – Vertrauen.

Wir konnten uns davon überzeugen, daß im *Exemplum* beide Welten, die irdische und die jenseitige, sich tatsächlich eng berühren und sich in einem intensiven Austausch befinden. Sie weisen eine so starke Verflechtung auf, daß die natürliche Frage auftaucht: Hat man sie sich im Mittelalter überhaupt als zwei Welten vorgestellt oder als unterschiedliche Teile eines einheitlichen Ganzen? In dieser religiös-kulturellen Tradition wurden die Toten als besondere Altersklasse der Gesellschaft wahrgenommen. In den *Exempla* fehlen Begriffe wie »jene Welt«, »jenseitige Welt« oder »andere Welt«, »Welt der Toten«. Die Nähe der jenseitigen Welt zum Diesseits ist trotz aller offensichtlichen Widersprüche nicht zu übersehen. Im Denken des mittelalterlichen Menschen war das Bild des allumfassenden hierarchisierten Universums, das sowohl die Welt der Lebenden als auch der Toten einbezog, verankert. Aus diesem Grund kann sich der Sterbende, wie wir schon gesehen haben, gleichzeitig unter den Lebenden und vor dem Jüngsten Gericht befinden. Ein englischer Jurist lag plötzlich im Sterben, eine Situation, die die Aufmerksamkeit der Verfasser vieler *Exempla* stark anzog. »Legen Sie Berufung ein!«, schrie er, womit er seine Kollegen in Erstaunen und Schrecken versetzte. »Legen Sie schnellstens Einspruch ein! Was machen Sie denn? Legen Sie Einspruch ein!« Nach einiger Pause begann er zu stöhnen, und seine letzten Worte waren: »Ach, Sie haben es zu sehr in die Länge gezogen, denn mein Urteil ist schon ergangen – ich bin auf ewig verurteilt« (36, Nr. 66). Man muß zugeben, daß diese Szene erschüttert. Die Umstehenden können den Sterbenden nur sehen und seine Worte und Ausrufe hören. Er hingegen, der sich schon in der anderen Welt befindet, ist noch in der Lage, mit ihnen zu sprechen, kann sie veranlassen, ihm Hilfestellung zu erweisen und sie der verhängnisvollen Verzögerung anzuklagen. Aber gleichzeitig steht dieser Jurist schon vor dem höchsten Tribunal und versucht, mit Hilfe der üblichen Rechtsverdrehung den Richter zu täuschen oder wenigstens den Ausspruch des schrecklichen Urteils hinauszuzögern. Er ist gleichzeitig lebendig und tot, lebt noch in der Zeit und ist schon in der Ewigkeit.

Es ist jedoch nicht immer der Fall, daß sich das Fragment des menschlichen Lebens, dem im *Exemplum* nur einige Sätze gewidmet werden, durch etwas Besonderes hervorhebt. Auch die sakralen Personen oder der Teufel sind in den Augen der Menschen im Mittelalter etwas Gewöhnliches, ein nicht wegzudenkender Bestandteil des Weltalls. Gott und die Heiligen haben wie die Menschen und der Teufel ihre eigene Sphäre; jedem Wesen und Geschöpf wird ein bestimmter Platz im allgemeinen Plan des Allerhöchsten zugewiesen. Das geht nicht nur aus der Theologie hervor, deren Werke einer breiten Schicht von Gläubigen nicht zugänglich waren, welche schriftunkundig und unfähig waren, sich über den Inhalt der theologischen Arbeiten klarzuwerden. Die Harmonie und Ordnung des sakralen Kosmos zeigt sich anschaulich in der Struktur des Doms, die die Hierarchie der Schöpfung nachbildet. Das, was in den *Exempla* den mittelalterlichen Menschen in Erstaunen versetzt (und, wie man hinzufügen sollte, auf andere Weise auch den heutigen Leser verblüfft), ist das Einbrechen der Bewohner der einen Welt mitten in die andere; der sakrale Raum legt sich über den profanen Raum, die irdische Zeit verändert unter dem Druck der Ewigkeit plötzlich ihren Charakter. Nachdem er aus jener Welt erschienen war, nahm Karl der Große einen Ritter mit sich ins Himmelreich und brachte ihn nach drei Jahren zurück, aber der Ritter war überzeugt davon, daß er mit dem seligen Imperator im ganzen nur drei Tage verbracht hatte (60, Nr. 300). In dem Moment, in dem die Seele eines toten Mönchs durch das Fegefeuer ging, erhob sich sein im Kloster liegender Körper plötzlich in die Luft und senkte sich sofort wieder herab, aber dem Mönch schien es, als habe er im Fegefeuer tausend Jahre gelitten (60, Nr. 499).

Handelt es sich hier um eine subjektive Zeitwahrnehmung? Aber betrachten wir noch ein *Exemplum*. Bei einem Spaziergang in der Nähe seines Klosters dachte ein frommer Abt über das zukünftige Leben und die Freuden des Himmelreichs nach. Als er zur Pforte zurückkam, erkannte er weder den Pförtner noch die Mönche. Auch diese erkannten ihn nicht und waren erstaunt, von ihm zu hören, daß er der Klostervorsteher ihrer Heimstätte sei, der nur gerade eben hinausgegangen war, um sich allein zu besinnen. Als sie in dem Buch nachschauten, in dem die Namen der früheren Äbte verzeichnet waren, fanden sie auch seinen Namen – seit dieser Zeit waren dreihundert Jahre vergangen (19, Nr. 19). Ein Geistlicher, der auf Einladung der Mutter Gottes eine Messe in der Gemeindekirche gelesen hatte, kehrte nach Hause zurück, und es stellte sich heraus, daß er nicht nur einige Stunden abwesend gewesen war, sondern hundert Jahre (17, Nr. 167). Die Ewigkeit hinterläßt auf der menschlichen Lebenszeit, die sich jener unterordnet, ihren Abdruck.

Zwei begriffliche und wertmäßige Reihen, wie es scheint, klar voneinander getrennt, vereinigen sich in den *Exempla*, wobei sie einen überaus starken Effekt des Unerwarteten hervorrufen. Die Auffassungen des kirchlichen Autors von der Welt, Ansichten, die er mit seinen Zeitgenossen teilte, und auch die Rolle des Predigers veranlaßten ihn dazu, solche paradoxen Situationen zu suchen, gerade sie aus dem Strom des Lebens herauszufiltern und die Aufmerksamkeit der Zuhörerschaft darauf zu fixieren. Der belehrende Charakter der Predigt, in der das *Exemplum* verwendet wird, ergab sich gerade aus dem unerwarteten Zusammenstoß diametraler Gegensätze und verblüffte die Zuhörerschaft. Die grobe Prosaik des Daseins und der alltäglichen Beziehungen, die durch den Widerschein einer anderen Welt beleuchtet werden, stellen sich plötzlich im *Exemplum* auf neue Weise dar. »Als ich in Paris war, habe ich folgendes gehört«, erzählt Jacques de Vitry über einen Scholaren, der bei seinem Tod einem Freund eine Matratze übergeben hatte. Jener sollte sie für sein Seelenheil verschenken. Der Freund ließ sich Zeit damit, das Vermächtnis zu erfüllen, und nachts erschien ihm im Traum der Tote: Er lag auf den Seilen einer glühenden Bettstatt. Am nächsten Tag beeilte der

Freund sich, die Matratze in einer Fremdenherberge abzugeben; in dieser Nacht sah er den Scholaren auf der Matratze ruhend, und die Seile fügten ihm keinen Schaden mehr zu (20, Nr. 115).

Einem Kirchenschriftsteller war ganz klar, daß er die Aufmerksamkeit der Zuhörer bei der Predigt nicht fesseln konnte, wenn er nur von mehr oder weniger allgemeinen und für die Gemeinde lästigen Lehren über die Verderbnis der Sünde und Unabdingbarkeit der Rettung der Seele sprach. Er mußte sich einem konkreten Fall und einem unterhaltenden Sujet zuwenden und tatsächlich existierende Menschen aus der Gegenwart oder Vergangenheit sowie Ereignisse erwähnen, die als authentisch aufgefaßt und von älteren Autoren oder Augenzeugen bezeugt werden konnten. Ein Ereignis, besonders eines, das in neuerer Zeit und irgendwo in der Nähe stattgefunden hat, ist ein beliebtes und ohne Zweifel das effektvollste Sujet des *Exemplums* in der Predigt. Die Erzählung über ein solches Ereignis hat immer dasselbe Resultat: Die Pfarrkinder, die bis dahin dem Prediger nicht zuhörten, die Köpfe zusammensteckten oder Klatschgeschichten über interessantere Dinge austauschten und es nicht abwarten konnten, bis der Geistliche sie mit Segen und Frieden entließ, verwandeln sich plötzlich in interessierte und aufmerksame Zuhörer. Das Allgemeine und weit Entfernte verwandelt sich auf der Stelle in etwas Konkretes und Bekanntes, das alles und jeden betreffen kann. Es wird zur lebendigen Nachricht, welche die Einbildungskraft anregt und im Gedächtnis haften bleibt.

Das Sujet des mittelalterlichen *Exemplums* ist das Ereignis, in dessen Zentrum ein beliebiger Mensch geraten kann. Die ganze Welt, Raum und Zeit eingeschlossen, steht mit ihm in Wechselbeziehung, kreist um ihn und wird auf spezifische Weise durch ihn oder um seinetwillen »deformiert«. Es ist der Mensch, der als »Berechnungspunkt« für die Erzählung dient. Natürlich wird er hier nicht umfassend beschrieben, aber in der Regel findet man auch in anderen mittelalterlichen Literaturgattungen keine mehrdimensionale Charakteristik von Personen. Aber in den *Exempla* wird das vom Standpunkt des Predigers Wichtigste über den Menschen gesagt: Ist er gerecht oder sündig, und welches Ausmaß hat seine Sünde? Der Zustand, in dem sich seine Seele befindet, bestimmt den Fortgang des Ereignisses.

Die Berührung der irdischen Welt, der alltäglichen Lebensgewohnheiten und des gewöhnlichen menschlichen Verhaltens mit der anderen Welt, aus der Christus, die Mutter Gottes, die Heiligen oder Geister und Seelen der Verstorbenen kommen, und die Verflechtung beider Welten schafft eine unmögliche, paradoxe Situation. Diese erzeugt eine spannungsgeladene Handlung, die außergewöhnliche Folgen nach sich zieht. Natürlich kann das *Exemplum*, das eine solche Kollision beschreibt, nicht anders als äußerst dynamisch sein. Alles, was in den *Exempla* geschieht, zeichnet die Menschen in Extremzuständen, etwa religiöser Verzückung oder Verzweiflung, höchster Freude oder unglaublichen Entsetzens, an der Grenze zum Tod oder gar auf der jenseitigen Seite des Lebens. Es handelt sich hier gewöhnlich um Grenzsituationen und nicht um kleine Begebenheiten, die bald nachdem sie geschehen sind, vergessen werden. Das Ereignis, das im *Exemplum* erwähnt wird, bildet in der Regel einen Wendepunkt im Leben des Menschen oder sein Ende. Das *Exemplum* ist dynamisch, weil es dramatisch ist.

Die *Exempla* stehen als Quellen, mit Hilfe derer der Mediävist die Wechselbeziehung der unterschiedlichen Schichten und Ebenen der mittelalterlichen Kultur erhellen kann, an erster Stelle vor anderen Kategorien der Literatur des 13. Jh.s. Ich denke aber, daß das Problem sich nicht in der oben erwähnten Opposition zwischen einer »gelehrten« und einer »folkloristischen« Kultur erschöpft. Denn durch die Aufdeckung der komplexen Verbindungen und Antagonismen kommen wir erneut zu der Frage der Vermengung beider Traditionen in ein und demselben Bewußtsein. Diese Symbiose von Elementen eines buchgelehrten, offiziellen Christentums mit der Folklore, mit archaischen Methoden, die Welt zu sehen und zu denken, gab es offensichtlich sowohl im Bewußtsein der Gebildeten als auch derer, die nicht erfahren mit der Theologie waren.

Natürlich war die Wechselbeziehung beider Traditionen bei den einen und den anderen vollkommen unterschiedlich, und dennoch steckte ein Stück vom »simplen«, schriftunkundigen Kirchgänger sowohl im Geistlichen, der dazu berufen war, ihn zu bevormunden, als auch im Mönch und vielleicht auch im »hochstirnigen« Scholastiker. War es nicht deshalb der Fall, daß solche Genres des mittellateinischen Schrifttums wie die *Exempla*, Visionen und Lebensbeschreibungen möglich wurden, weil im Bewußtsein eines beliebigen mittelalterlichen Menschen – in unterschiedlichen »Proportionen« – immer beide Pole der Kultur miteinander verbunden waren? Man muß den Gelehrten zustimmen, die von der Vorsicht sprechen, mit der die Autoren der *Exempla* folkloristisches Material einsetzten. Aber dennoch haben sie sich seiner bedient, und nicht nur deshalb, weil sie an das Bewußtsein der Massen appellieren mußten, die in vielen Bereichen weiterhin mit der folkloristischen Tradition lebten. Ein anderer Grund dafür ist, daß den Autoren der *Exempla*- und Predigtsammlungen selbst die Folklore keineswegs fremd war, die wahrscheinlich schon in mönchischer Umgebung »verdaut« worden war. Ihr gedankliches »Instrumentarium« barg zweifellos trotz der scholastischen Lehre das kulturelle Gedächtnis archaischer Zeiten.

Die *Exempla* und andere hier erwähnte Genres, in denen zwei kulturelle Ebenen zusammentrafen, die gelehrte und die folkloristische, waren daneben auch Ausdruck der ausgeprägten Eigenart mittelalterlicher Kultur als solcher. Die Sicht der Welt, die sich abzeichnet, wenn man den Inhalt der *Exempla* aufmerksam studiert, war mehr oder weniger bei allen vertreten: sowohl bei seinem Verfasser, einem gebildeten Mönch oder Kirchenmann, als auch beim Prediger, der das *Exemplum* bei seiner pastoralen Tätigkeit anwendete, und seinen Zuhörern: Städtern, Bauern, Mönchen, Rittern. Alle glaubten an die Wahrhaftigkeit dieser Erzählungen, und alle teilten das Bild von der Wirklichkeit, das darin zum Ausdruck kam.

Von größtem Interesse ist natürlich die sehr umfangreiche Kategorie von *Exempla*, in denen sich die Gegenwart der Verfasser und ihre persönliche Erfahrung widerspiegelt. In den *Exempla* dagegen, deren Material man der antiken und östlichen Literatur (ein Musterbeispiel einer solchen Sammlung sind die »Gesta Romanorum«) und den Werken der Kirchenväter und der frühmittelalterlichen Theologen entnommen hat, fehlt die Unmittelbarkeit der Beziehungen des Predigers zu seinen Zuhörern, die bei der Lektüre der »aktuellen« *Exempla* spürbar ist. Gerade in diesen kann man den Pulsschlag des alltäglichen Lebens einfangen, die spontanen Erscheinungen der mittelalterlichen Menschen, die nicht durch Buchgelehrtheit und universitäre Schulung diszipliniert worden waren.

Bei Übernahme von einer Sammlung in eine andere war das *Exemplum* einer weiteren Überarbeitung, Redaktion und Umdeutung ausgesetzt. Es existierte in einer Serie von Varianten, wie es bei der mittelalterlichen Literatur üblich war, und man ging mit ihm um wie mit einem allgemeinen Besitz. Das Urheberrecht, das in dieser Zeit überhaupt nur schwach wahrgenommen wurde, war bei diesem Genre kaum von Bedeutung. Hatten einige Sammlungen von *Exempla* bestimmte Verfasser (Jacques de Vitry, Etienne de Bourbon, Caesarius von Heisterbach, Odo von Cheriton, Rudolf von Schlettstadt), so ist die Mehrzahl der Sammlungen anonym. Besonderes kennzeichnend ist dies für die Sammlungen der Franziskaner. Wenn der Verfasser einer Predigtsammlung auf seine persönliche Erfahrung oder auf die Werke einer früheren Zeit Bezug nahm, wollte er damit nicht bestimmte Prioritäten setzen, sondern Beweise für den Wahrheitsgehalt des beschriebenen Ereignisses liefern. Es ist natürlich, daß bei den ungebildeten Gemeindemitgliedern, die hauptsächlich unter den Bedingungen mündlicher Kultur lebten, dem Hinweis auf einen lebenden Zeugen ein besonderer Wert zukam. Caesarius von Heisterbach erzählte in einem *Exemplum* von einem Abt, der die Mönche aufweckte, indem er die Geschichte von König Artus erzählte. Er endete mit den Worten: »Ich war bei jener Predigt anwesend« und verwandelte damit die antike Sage in eine aktuelle Neuigkeit (10, IV 36).

Die Veränderungen, die die Prediger bei den von ihren Vorgängern entlehnten *Exempla* vornahmen, stellten scheinbar kein bewußtes literarisches Mittel dar. Sie waren gängige Praxis bei der Übertragung kultureller Mitteilungen in der für das Mittelalter spezifischen Situation intensiver und beständiger Wechselbeziehungen zwischen schriftlichen und mündlichen Traditionen. Die sich in verschiedenen Sammlungen wiederholenden *Exempla*, die jedesmal erneut wie Variationen zu einem Thema bearbeitet worden waren, erzeugen den Eindruck, daß es sich nicht immer um literarisch aufeinanderfolgende Entlehnungen handelte, sondern häufig um Bearbeitungen eines Materials, das parallel auch in der Folklore vorkam.

In den *Exempla* sind deutlich Besonderheiten mittelalterlicher Weltwahrnehmung zu erkennen, die bei anderen Quellenarten nicht so vollständig zu finden sind. Der Grund dafür liegt zum einen in der Spezifik des Genres selbst und zum anderen in seiner sozialen Funktion, die darin bestand, auf das Bewußtsein der Gläubigen einzuwirken. Hier ist stärker als in anderen Werken die Ambivalenz und Paradoxie eines Bewußtseins spürbar, das versuchte, die jenseitige und die diesseitige Welt in einem Bild zusammenzubringen. Die Poetik des *Exemplums* enthält eine organisierende Kraft, die im Grunde unvereinbare zeitliche Momente ins »Chronotopos« des beschriebenen Zwischenfalls mit einbezieht. Das Jüngste Gericht, das die offizielle Religion für das »Ende der Zeiten« verhieß – nach Beendigung der irdischen Geschichte und der Wiederkunft Christi – entscheidet sich dadurch bereits im Moment des Übergangs des Individuums aus der diesseitigen in die jenseitige Welt.

Das »Chronotopos«, dem wir in den *Exempla* begegnen, ist auf einer uns fremden Logik aufgebaut. Es ist paradox, wenn man es mit gewohnten Vorstellungen betrachtet, und in dieser Paradoxie eröffnet es die eigentümliche Natur des mittelalterlichen religiösen Bewußtseins, das die Zeit aufmerksam wahrnimmt und gleichzeitig ihre Folgerichtigkeit ignoriert, ohne den Widerspruch zu beachten.

Die *Exempla* sind nicht einfach nur eine spezielle literarische und mündliche Gattung. Sie sind die Verkörperung eines bestimmten Denkstils, dem Verallgemeinerungen und Abstraktionen fehlten, das die Regeln und allgemeinen Normen vorwiegend oder ausschließlich in konkreter, anschaulicher und spürbar greifbarer Form wahrnahm und erfaßte. In den *Exempla* findet sozusagen eine »Interferenz« der Stimme des gelehrten Autors oder Predigers und der Stimme der ihn umgebenden Menge von Gemeindemitgliedern statt, mit denen er unmittelbares Einvernehmen und emotionalen Kontakt sucht und an die er sich in der ihr verständlichen Sprache anschaulicher Bilder wendet. Die Stimme der Gemeinde tönt nicht durch sich selbst, sondern ist durch seine Stimme zu vernehmen, und auf diesen mitunter undeutlichen Dialog gründet sich der außergewöhnliche Erkenntniswert der *Exempla*-Sammlungen.

Mündliche und schriftliche Kultur des Mittelalters: Zwei »bäuerliche Visionen« am Ende des 12. und zu Beginn des 13. Jahrhunderts

Die Frage nach der Wechselwirkung von Volkskultur und klerikaler oder gelehrter Kultur im Mittelalter ist zugleich die Frage nach dem Verhältnis mündlicher und schriftlicher Tradition in dieser Epoche. Es ist heute klar, daß eine Untersuchung der mittelalterlichen Kultur nur oder vorwiegend als buchsprachliche Kultur in die Sackgasse führt, denn das Buch war im Mittelalter nur für einen kleinen »elitären« Teil der Bevölkerung von Bedeutung. Die große Masse einschließlich der Bauern, ein Großteil der Stadtbevölkerung und der Ritterschaft und teilweise sogar die Mönche und kleinen Geistlichen waren der Schrift nicht mächtig.

Die Teilung der Gesellschaft in ungebildete *illitterati, idiotae* und schriftkundige, gebildete Menschen spiegelte die kulturelle Situation wider: Die Formen der Buch- und Schriftkultur existierten wie Inseln im Meer mündlicher Kommunikation und Übermittlung kultureller Werte. Freilich wäre es unbedacht, zwischen der gelehrten Kultur und der Buchkultur ein Gleichheitszeichen zu setzen, weil die Repräsentanten der letzteren keineswegs frei von der mündlichen Tradition waren, wie auch die Träger der mündlichen Kultur nicht völlig unbeeinflußt von der Buchkultur blieben. Dennoch handelt es sich hier um einen realen Gegensatz, der wesentlich für das Verständnis der Kultur des 13. Jahrhunderts ist.

Die mündliche Überlieferung der fernen Vergangenheit konnte nicht unmittelbar fixiert werden, und alles, was wir darüber erfahren können, hat in den Quellen – in den Denkmälern der schriftlichen Tradition – nur einen mittelbaren Widerhall gefunden. Außerdem ist dieser Ausdruck des Mündlichen im Schriftlichen immer und unweigerlich transformiert und entstellt, da er durch den Filter des christlichen Weltbildes gegangen ist.

Kann man sich denn unter diesen Umständen überhaupt bis zur Schicht der Volkskultur »durchgraben«? Trotz aller Schwierigkeiten muß die Antwort darauf positiv ausfallen. Das beweist die Erfahrung der heutigen Historiographie (153; 162; 209; 123; 100; 67). Werke wie die Viten der Heiligen, die *Exempla*, die Beschreibungen von Seelenwanderungen durch das Jenseits, die Predigten, die Schriften der Vulgärtheologie, die »Bußbücher« als Hilfsmittel der Prediger ziehen die Aufmerksamkeit der Geschichtswissenschaft auf sich. Es handelt sich hier um mittellateinische Schriftgenres, die sich an die breite Masse der Bevölkerung richteten. Diese großenteils belehrenden Werke dienten der Geistlichkeit dazu, auf das religiöse und sittliche Verhalten der Gemeinde Einfluß auszuüben. Aber um seine Ziele zu erreichen, mußte der Verfasser einen Dialog mit seinen Zuhörern aufnehmen, und die mittellateinischen Autoren mußten von seiten des Publikums, an das sich ihre Werke richteten, einen gewissen Druck empfinden. Hier bestand eine gegenseitige Abhängigkeit. Deshalb kann man annehmen, daß sich in den Quellen des lateinischen Schrifttums der genannten »niederen« Genres Fragmente der kulturellen Tradition des Volkes verbergen. Die Frage ist nur, in welchem Umfang und auf welche Weise sie in diesen Quellen ihren Niederschlag gefunden haben.

Unter den genannten Genres nehmen die Jenseitsvisionen einen besonderen Platz ein. Die Vorstellungen der mittelalterlichen Menschen über den Tod, die jenseitige Vergeltung und die Beschaffenheit des Jenseits haben in ihnen auf sehr eigenartige Weise ihren Niederschlag gefunden. Die Untersuchung dieser Erzählungen kann vielleicht auch die menschliche Persönlichkeit und die Behandlung der Zeit und des Raums dieser Epoche besser verstehen helfen, d. h., die Hauptaspekte des mittelalterlichen Weltbilds auffinden.

Das Interesse an den Visionen ist in der letzten Zeit von seiten der Kulturwissenschaft stark und mit voller Berechtigung gestiegen. Man braucht nur drei Arbeiten zu erwähnen, die alle 1981 erschienen sind und in denen den mittelalterlichen Visionen große Aufmerksamkeit zuteil wird. Vor allem das Buch P. Dinzelbachers widmet sich speziell diesem Thema. Dinzelbacher hat die gesamte Visionsliteratur erfaßt (110). Des weiteren enthält das Buch von J. Le Goff, in dem die Entstehung der Idee des Fegefeuers im Westen erörtert wird, die Analyse einer Reihe von Visionen (155). Schließlich ist in meinem Buch über die mittelalterliche Volkskultur ein Kapitel enthalten, das Besuche der jenseitigen Welt untersucht, deren Kunde die Gläubigen stark beunruhigte und denen sie mit Angst und Hoffnung begegneten (67).

Um nicht das zu wiederholen, was in den genannten Monographien gesagt wurde, würde ich an dieser Stelle gern das Problem der Wechselbeziehung von mündlicher und schriftlicher Tradition am Material zweier mittelalterlicher Visionen aus dem Jenseits erörtern. Zum einen ist dies die »Vision Thurkills« (*Visio Thurkilli*, 58), zum anderen die »Vision Gottschalks« (*Visio Godeschalci*, 23). Bei diesen Werken handelt es sich um die Niederschriften von Visionen einfacher Bauern, die von Geistlichen schriftlich fixiert wurden, wahrscheinlich unmittelbar nachdem sie ihnen erzählt worden waren. Thurkill, ein Bewohner der englischen Grafschaft Essex, hatte seine Vision im Jahr 1206; Godeschalcus, oder Gottschalk, ein Bauer aus Holstein, im Jahr 1189. Heute verfügt die Geschichtswissenschaft über neueste wissenschaftliche Ausgaben beider Visionen.

Bevor wir zur Analyse dieser Visionen übergehen, gehe ich noch kurz auf die mögliche Hypothese ein, daß es sich hier um Fiktionen handelt. Es ist nicht auszuschließen, daß ein Teil der mittelalterlichen Visionen der jenseitigen Welt erfunden wurde. Die Kategorie der literarischen Erfindung angewandt auf das Mittelalter ist jedoch nicht identisch mit der entsprechenden Kategorie der Literatur der Neuzeit. Selbst wenn dieser oder jener Erzählung keine Fakten zugrunde lagen, glaubte der Autor der Vision, Heiligenlegende, Saga, Chronik oder des Geschäftsdokuments in der Regel an ihren Wahrheitsgehalt. Das »alte Männlein Gerücht« (M. Bloch) regte den Menschen in dieser Zeit dazu an, viel von dem als wahr hinzunehmen, was heute von Historikern stark bezweifelt wird. Der Autor eines mittelalterlichen Textes erdichtete das, wovon er schrieb, nicht frei: »Glaubwürdige Personen« hatten ihm davon berichtet, Leute, die dabei waren, Augenzeugen. Es waren Ereignisse, über die Gerüchte im Umlauf waren, und der Autor sah seine Aufgabe darin, das Gehörte gewissenhaft und nach den Erfordernissen seines Genres zu Pergament zu bringen. Die Quellen der schriftlichen Traditionen des Mittelalters kommen in außerordentlich großem Umfang aus dem Bereich der mündlichen Tradition, der Folklore.

Auch gibt es keinen besonderen Grund dafür, den Visionären selbst bewußte Erfindung zu unterstellen. Der Mensch des Mittelalters war durch sein kulturelles Erbe dafür empfänglich, die »andere Welt« zu sehen, und seine Träume und fiebrigen Visionen mußten daher entsprechend gefärbt sein. Er nahm in seinen Traumwelten und Phantasien das wahr, was ihm durch Volkstradition und religiöse Ideologie bekannt war, und in seiner persönlichen mystischen Erfahrung sah er Bilder und Situationen, von denen ihm der Pfarrer oder fahrende Prediger erzählt hatten und die er in Kirche und Dom abgebildet fand. Als der Mutter

Guiberts von Nogent die Heilige Jungfrau erschien, war diese der Jungfrau aus dem Dom von Chartres ähnlich; der blinde Bauer, dem die Heilige Fides das Augenlicht wiedergegeben hatte, erkannte diese in seiner Vision wieder, weil sie vollkommen der Madonnenstatue aus dem Dom entsprach. Als ein junger Mönch aus Monte Cassino den Erzengel Michael erblickte, der die Seele seines verstorbenen Bruders forttrug, sah er ihn »genau in der Gestalt, wie ihn die Maler darzustellen pflegen« (223, S. 52). Einer solchen »Ästhetik der Gleichheit« begegnen wir auch in der »Vision Gottschalks«, die mit den Worten endet: »Trotzdem soll man nicht daran zweifeln, daß es wahr ist, (...) denn wir lesen davon, daß manchen Ähnliches widerfahren ist« (23, B. 25, 10). Um ihre geistlichen Erfahrungen auszudrücken, brachten die Menschen im Mittelalter sie mit der Tradition in Zusammenhang und suchten in ihr einen entsprechenden Archetypus.

In dieser Hinsicht unterscheiden sich die Visionen unserer Bauern nicht von vielen anderen. Für den Kulturhistoriker stellt sich nicht die Frage, ob die Visionen »authentisch« oder fiktiv waren. Wesentlich ist, daß die Zeitgenossen diesen Visionen, die gewisse geistliche Personen aufzuschreiben für nützlich und wichtig hielten, eine große Bedeutung beimaßen und daß sie ihnen gern und begierig zuhörten und sie in ihren Wissensschatz mit aufnahmen. Die Visionen wurden zu kulturellen Tatsachen und müssen als solche auch untersucht werden.

Die Erzählung der Vision Gottschalks ist in zwei Handschriften erhalten geblieben, in einer ausführlichen (Text A: *Godeschalcus*) und in einer kürzeren (Text B: *Visio Godeschalci*). Unklar ist, in welcher Beziehung beide Fassungen zueinander stehen. Ihr Herausgeber E. Assmann nimmt an, daß es sich um zwei voneinander unabhängige Niederschriften handelt, die sich aus den Gesprächen zweier verschiedener Geistlicher ergeben haben. Er verweist dabei darauf, daß Version A keine unmittelbaren textlichen Entsprechungen zu Version B enthält. Das Ungewöhnliche an der Situation ist, daß innerhalb kurzer Zeit zwei Autoren unabhängig voneinander die Vision des Bauern aufzeichneten, die anscheinend bei der örtlichen Bevölkerung großen Erfolg hatte (23, S. 10 ff.).

Wenn wir Assmann zustimmen und in den Texten A und B unabhängige Fassungen sehen, die auf zwei »Interviews« zurückgehen, die ihre Autoren mit Gottschalk durchführten (Text B nach Meinung Assmanns etwas später als Text A), so wird uns auffallen, daß die Texte in relativ großen Teilen voneinander abweichen. Einer der Gründe für diese Divergenz ist nach Assmann, daß der zweite Autor kein Interesse an Ereignissen aus der Heimat Gottschalks hatte. Im Text A wird diesen in Form eigenständiger »eingefügter Novellen« über bestimmte Personen und Ereignisse, die sich kurz vor der Vision in dieser Region zugetragen hatten, breiter Raum gewidmet; im Text B hingegen werden sie schweigend übergangen. Hier muß man also annehmen, daß der Autor die Erzählung des Bauern verhältnismäßig frei wiedergegeben hat. Außerdem hat sich auch die Form, in der sie aufgeschrieben wurde, geändert: Der erste Autor schreibt in der dritten Person über Gottschalk, während der zweite eine Ich-Erzählung bevorzugt, wodurch der Eindruck einer wortgetreuen Niederschrift der Worte des Visionärs entsteht. Aber dieser Autor räumt ein, daß er die Vision Gottschalks »aus dem anderen Leben« lediglich »in aller Kürze«, »in groben Zügen« (*summatim*) aufgeschrieben habe und daß der Visionär selbst nicht in der Verfassung gewesen sei, von allem, was er erlebt habe, in gebührendem Umfang zu berichten.

Darüber hinaus liegt die Erzählung des Bauern selbst in voneinander abweichenden Varianten vor. Er »erinnerte« sich auf verschiedene Weise des Gesehenen, behielt aber bei beiden »Interviews« mit den Schriftkundigen der Kirche das gleiche Erzählgerüst bei und stellte seine Reise in die jenseitige Welt folgerichtig dar. Das Vorhandensein zweier schriftlicher Versionen der Vision eines Bauern, denen zwei unterschiedliche Gespräche zugrunde liegen, ist außerordentlich wertvoll für die Erforschung der mündlichen und schriftlichen Tradition in der Kultur des Mittelalters. Es liegen hier eigentlich zwei Existenzebenen ein und derselben Erzählung vor. In der einen ist Gottschalk selbst der Erzähler und legt immer wieder das im Jenseits Erlebte dar; diese Erzählung, die nach den Regeln der Volkskunst im wesentlichen nicht verändert, variiert von einer Darstellung zur anderen in Details und einzelnen Abschnitten. Dies ist die Ebene der mündlichen Überlieferung.

Auf der anderen Ebene handeln anonyme Geistliche, die die Erzählung aufschreiben, dabei auf ein literarisches Niveau übertragen und zweifellos entsprechend der Gattung der Vision umarbeiten, die sich gegen Ende des 12. und zu Beginn des 13. Jh.s schon längere Zeit herausgebildet hatte und bestimmte kanonische Anforderungen stellte. Wir haben hier die für diese Zeit des Mittelalters seltene Gelegenheit, zu beobachten, wie ein und dieselbe Erzählung, wenn auch nur für kurze Zeit, in zwei Formen fortlebte und sowohl mündlich als auch schriftlich tradiert wurde. Die Niederschrift der Erzählung des Bauern bedeutete nicht, daß sie nicht zugleich auch mündlich weitererzählt wurde. Zwar wird schon im ersten Viertel des 13. Jh.s im »Dialog über Wunder« des Caesarius von Heisterbach auf die »Vision Gottschalks« wie auf eine literarische Autorität verwiesen (10, V 44), aber es ist nicht ausgeschlossen, daß bei der holsteinischen Bauernschaft mündliche Erzählungen über den Besuch ihres Landsmanns im Fegefeuer und im Vorhof zur Hölle und im Paradies fortlebten (151).

Der Autor der »Vision Thurkills« wird im Text nicht genannt; es wird angenommen, daß es Radulf war – von 1207–1218 Abt des Zisterzienserklosters Koggeshall und als Verfasser der *Chronicon Anglicanum* bekannt. Der Autor erwähnt weder, daß er den Visionär persönlich gekannt habe, noch erwähnt er die Person, die ihm die Vision erzählt hat. Dafür werden hier interessante Angaben gemacht, die in anderen Visionen nicht vorkommen. Sie liefern uns wertvolle Hinweise auf die Wechselwirkung mündlicher und schriftlicher Tradition im Mittelalter.

Wie in der »Vision Thurkills« erwähnt, erzählte Thurkill unmittelbar nach der Rückkehr seiner Seele in ihre körperliche Hülle davon, was er in der jenseitigen Welt gesehen hatte, »aber ohne Zusammenhang, sich einmal einer, dann einer anderen Episode erinnernd; vieles ließ er aus oder überging es mit Schweigen« (58, 8). Später, nach dem Gespräch mit dem Geistlichen, berichtete er schon zusammenhängender und der Reihe nach (*seriatim*). Er erzählte seiner Umgebung natürlich in seiner Muttersprache über das, was er in jener Welt gesehen hatte, und legte dabei eine Redegewandtheit an den Tag, die dieser »wenig gesprächige und schüchterne, außerordentlich einfache Mensch« bisher nie gezeigt hatte (58, 9). Seine Erzählung war nun ausführlicher und logischer. Thurkill wiederholte sie mehrfach an kirchlichen Feiertagen, vor seinem Lord und dessen Gemahlin, aber auch vor der ganzen Gemeinde; später legte er seine Vision »auf Einladung vieler Personen« in verschiedenen Kirchen und religiösen Häusern und auf Volksversammlungen dar. Ein interessantes Zeugnis des lebhaften und allgemeinen Interesses an den Visionen der jenseitigen Welt!

Unter den Zuhörern Thurkills gab es nicht nur Personen, die ihm seine wundersame Geschichte glaubten, sondern auch solche, die ihn auslachten, und der Verfasser der Vision ist besorgt über eine solche Reaktion. Er stellt diese Vision in eine Reihe mit Visionsberichten, die von Papst Gregor I. niedergeschrieben wurden, und mit den letzten Erzählungen vom Fegefeuer des heiligen Patrick; auch verweist er auf die maßgebende Autorität des Bischofs von Lincoln und des Priors des Mönchsklosters von Binham. Er beendet seinen Text mit den Worten, daß die von ihm verfaßte Niederschrift der Offenbarungen Thurkills »in einfacher Sprache« und auf der Grundlage »einfältigen Wissens« eher der Sache der Frömmigkeit dienen wird als »verworrene und tiefsinnige theologische Dispute« (58,37). Der Verfasser kennt die Zuhörerschaft gut, an die sein Werk gerichtet ist, und versteht, daß man sie in der Sprache anschaulicher Bilder überzeugen muß und nicht mit abstrakten und komplizierten theologischen Erörterungen.

Es hat den Anschein, als solidarisiere er sich mit der Weltwahrnehmung des Volkes, aber er ist natürlich nicht dessen adäquater Wortführer. Wie die Analyse des Textes der Vision zeigt, legt ihr anonymer Autor eine relativ breite Kenntnis der antiken, frühchristlichen und mittelalterlichen gelehrten Literatur an den Tag. Unmittelbare Hinweise auf Autoritäten sind im Text zwar selten, dagegen findet man häufig versteckte Zitate aus Urtexten oder anderen Handbüchern. Hier sind die Bücher des Alten und Neuen Testaments, die Schriften des Horatius und Augustinus, Sulpicius Severus und Gregors I., Isidors von Sevilla und Bedas des Ehrwürdigen, die Autoren von Heiligenviten und Chronisten zu nennen; aber am häufigsten trifft man auf Entlehnungen von Ausdrücken und Bildern aus mittelalterlichen Visionen.

Im Unterschied zu den meisten Visionen, an denen die mittellateinische Literatur reich ist, kann man in der »Vision Thurkills« im Ansatz ihren Entstehungsmechanismus erkennen. Für gewöhnlich beruft sich der Verfasser der Vision einfach auf die Worte des Visionärs, der die Gelegenheit zu einem Besuch im Jenseits hatte, und trennt seinen eigenen Text nicht von der Erzählung, die er gehört hat. Daher entsteht der Eindruck, daß die vom Autor dargelegte Version dieselbe ist wie die unmittelbare Erzählung des Visionärs. Indessen grenzt der Autor der »Vision Thurkills« deutlich zwei Erzählstadien voneinander ab, die ihrer Niederschrift vorausgingen. Das erste Stadium sind die zusammenhangslosen Geschichten des Visionärs unmittelbar nach dem Erwachen aus dem Traum, in den er durch den heiligen Julianus versenkt worden war. In seiner Erinnerung tauchen vereinzelte Bilder auf, die er, so gut er kann, den ihn umgebenden Menschen wiedergibt, welche ihn begierig nach dem Gesehenen ausfragen. Uns ist der Inhalt dieser Mitteilungen unbekannt, aber man muß annehmen, daß das spontane Element darin bedeutend stärker vertreten war als bei seinen folgenden Erzählungen.

Das zweite Erzählstadium trennen 24 Stunden vom ersten; in dieser

Zeit erschien Thurkill erneut der heilige Julianus im Traum, der ihm strengstens befahl, ausführlich und zusammenhängend von der Vision zu berichten. Außerdem besuchte Thurkill die Gemeindekirche und hatte ein Gespräch mit dem Geistlichen. Und es geschieht unmittelbar danach, daß Thurkill zum Erstaunen der Anwesenden eine nie dagewesene Redegewandtheit zeigt. Seine Erzählung wechselt den Charakter, wird literarisch flüssig und gewinnt bei weiterer Wiederholung vor unterschiedlichen Zuhörergruppen an Schliff. Diese neue, zusammenhängendere und vollständigere Version schrieb der anonyme Autor auf, der gleichzeitig die Erzählung des Bauern aus dem Englischen ins Lateinische übersetzte.

Es gibt also Hinweise darauf, daß der »Vision Thurkills« eine mehrfach bearbeitete Erzählung zugrunde liegt. Die spontane und fragmentarische Mitteilung des eben erst zur Besinnung gekommenen Visionärs verwandelte sich in eine folgerichtigere Darstellung, wurde um Details oder gar um ganze Szenen bereichert, die es in der ersten Version nicht gegeben hatte. Nach den Worten des Verfassers hatte Thurkill vieles, wovon er später erzählte, beim ersten Mal »verschwiegen«; erst später fiel ihm wieder ein, was er zuvor angeblich »vergessen« hatte. Zudem ist die Annahme gerechtfertigt, daß der gelehrte Autor sich bei der Übersetzung ins Lateinische nicht auf die Fixierung der letzten mündlichen Version der Geschichte beschränkte, sondern ihr die literarische Form gab, welche dem Genre der Vision entsprach[9].

Folglich haben wir in der »Vision Gottschalks« und der »Vision Thurkills« zwar Erzählungen einfacher Bauern vor uns, aber in der bearbeiteten Form, die ihnen die mit der Visionsliteratur vertrauten Geistlichen gegeben haben. In diesen Werken treffen zwei Traditionen aufeinander, die mündliche und die gelehrte. Zu welchem Ergebnis führte dieses Zusammentreffen? Welche der Traditionen trug den Sieg davon?

Diese Fragen sind nicht leicht zu beantworten. Die Vision des schriftunkundigen Thurkill mußte ihre spontanen Elemente zwangsläufig in den späteren Versionen, insbesondere durch literarische Bearbeitung, verlieren. Von der bäuerlichen Natur des Visionärs ist kaum etwas erhalten geblieben. Lediglich die gesellschaftliche Stellung, die Vermögensverhältnisse und die Schriftunkundigkeit des Bauern werden erwähnt. Die Beispiele von Sündern, die im Jenseits Qualen ausgesetzt sind, helfen uns ebenfalls kaum dabei weiter, den sozialen Hintergrund der Ansichten Thurkills auszuleuchten, denn die »Vision Thurkills« wird wie auch andere Visionen von dem Gedanken durchzogen, daß die Vertreter aller

Stände und Schichten sündig sind und sich einer Bestrafung unterziehen müssen.

Unser Interesse gilt bei den Visionen vor allem der Ebene der Weltsicht, die den Verfassern nicht bewußt war und sich ohne ihre Absicht in den Texten niedergeschlagen hat. Wenn man die Denkschemata und das Weltbild, das diesen Erzählungen zugrunde liegt, aufdecken könnte, käme man einer Antwort auf die Frage näher: Welche kulturelle Tradition hat sich in den Visionen niedergeschlagen? Zu dieser Ebene der Weltsicht gehört insbesondere ein »Chronotopos«, also die räumlichzeitlichen Vorstellungen, die in den untersuchten Texten enthalten sind.

In der »Vision Thurkills« weist das Bild, das hier vom Jenseits gezeichnet wird, typische Merkmale auf. Vor allem die sehr anschaulichen Mittel der Darstellung springen ins Auge. Weniger typisch ist hier, daß die Himmelsrichtungen ganz eindeutig mit Wertmaßstäben belegt werden: Die Bewegung nach Osten ist eine Bewegung in die Richtung, seine Seele zu retten, Westen und Norden dagegen sind Richtungen, die auf die Hölle hin orientiert sind. Diese »geographischen« Koordinaten, die der Erzähler ständig im Kopf hat, sind in fast allen Visionen auszumachen. Die Behandlung der anderen Welt in der »Vision Thurkills« zeichnet sich dadurch aus, daß dieser Welt die »Lockerheit« und Unbestimmtheit fehlt, die man bei anderen Visionen finden kann. Sie ist kompakt und leicht überschaubar. Der jenseitige Raum bei den meisten anderen Visionen ist dagegen »zusammengeflickt«. Die einzelnen Teile des über- und unterirdischen Reiches stehen nicht miteinander in Verbindung, sondern stellen voneinander isolierte »Orte« dar. Werden sie von einem Fremden besucht, bewegt er sich wie sprunghaft von einer »Lokalität« in die andere. Im Gegensatz dazu ist die Welt der »Vision Thurkills« in räumlicher Hinsicht streng organisiert.

Der Erzähler hat die mythopoetische Fragmentarität des jenseitigen Raums überwunden und in ein System gebracht. Alle Teile der Welt der Verstorbenen sind auf einer Geraden angeordnet, die von Westen nach Osten verläuft. Vom »Zentrum der Welt«, in dem sich die Basilika der Jungfrau Maria befindet, führt ein Weg in östliche Richtung, zum Fegefeuer und zu dem See hin, in den die Seelen aus den Flammen geraten, und weiter über die Brücke der Prüfung zum Berg der Freude. Diesem Weg folgen die Toten, die nicht dazu verdammt wurden, in die Hölle hinabzustürzen, welche sich gleich hinter der Mauer der Basilika befindet. Es ist der Weg aus dem Fegefeuer ins Paradies.

Der Autor der »Vision Thurkills« widmet sich zweimal der Beschreibung des Raums in der jenseitigen Welt. Zuerst gibt er in Kürze eine allgemeine Einführung, indem er mit seinem Helden flüchtig den ganzen eben erwähnten Weg abschreitet. Danach kehrt er zu jedem der Knotenpunkte dieses Weges zurück, um seine »Sehenswürdigkeiten« detaillierter zu betrachten: die Prozedur des Abwägens der Verdienste und Versündigungen der Toten, das Feuer und der See des Fegefeuers, die mit Dornen und Stacheln übersäte Brücke, über die die Seelen ziehen, das Dämonen-»Theater«, die mit Kesseln für die Seelen der Sünder gefüllten Höfe, zum Schluß der Tempel auf dem Berg der Freude. Daß dieser ausführlichen Beschreibung einleitend ein allgemeiner Überblick über das Jenseits vorangeschickt wird, zeigt offensichtlich, daß unser Autor sein Bild klar vor Augen hatte. Diese besondere Raumbehandlung in der »Vision Thurkills« kann eher mit dem systematischen Denken seines lateinischen Autors erklärt werden als mit volkstümlichen Quellen des Werks.

Das Jenseits hat nach den Worten des Verfassers der Vision riesige Ausmaße und ist angefüllt mit einer unendlichen Menge an Seelen. Jedoch kennt er auch den Ort, aus dem Thurkill stammt; dieser trifft hier Bekannte und Verwandte, man nennt ihm die Namen der Sünder, die in der jenseitigen Welt Qualen erdulden müssen, und sie alle sind aus der gleichen Grafschaft oder Siedlung. Der »Provinzialismus« des Denkens, der dem Menschen im Mittelalter zu eigen ist, wird in der »Vision Thurkills« bis zum »Parochialismus« verdichtet, zum Denken nach Maßstäben der Kirchengemeinde. Die andere Welt ist eine eigentümliche Filiale eines Winkels von Anglien.

Die Zeit in unserer Vision ist wie in allen anderen Werken dieses Genres eine kirchliche Zeit. Im Jenseits werden die Tage des christlichen Kalenders und die Stunden der kirchlichen Messen gezählt. Der Zeitverlauf dort ist der gleiche wie auf der Erde. Der Autor verfolgt die Erzählzeit äußerst aufmerksam und vermerkt beständig die Stunde, zu der dieses oder jenes Ereignis stattfindet. Diese temporale Orientierung ist zweifellos typisch für den Mönch oder Geistlichen, der die Geschichte nachschrieb, aber nicht für den Bauern, für den die kirchliche Zeitzählung wohl kaum so wesentlich war.

Wichtig ist ein anderer, in der Visionsliteratur zentraler Aspekt der Zeit, und zwar der eschatologische. In den Visionen wird zwar ein Jüngstes Gericht dargestellt, aber es ist nicht das Gericht, das auf die Wiederkehr Christi folgt, sondern ein Gericht, das unmittelbar nach dem Ende über die Seele eines einzelnen Sterblichen abgehalten wird. Das Jüngste

Gericht, das in den Evangelien und der Apokalypse prophezeit wurde und das die Kirche unentwegt lehrte, wird dabei nicht in Abrede gestellt: Die Visionen ignorieren es einfach. Im mittelalterlichen Bewußtsein war es zwar mit Sicherheit existent, aber die Lektüre der Visionen läßt keinen Zweifel daran aufkommen, daß Ewigkeit und Zeit hier miteinander verschmolzen sind und ebenso die Zukunft mit der Gegenwart und der Vergangenheit eine Einheit bildet. In der Tat wird das Gericht, das »am Ende aller Zeiten« stattfindet, vor den Augen des Visionärs gehalten oder ist schon entschieden, denn er erblickt die Sünder in der Flamme der Hölle und sieht die Gerechten den Schöpfer im Paradies preisen.

So ist es auch in der »Vision Thurkills«. Unser Wanderer wird Zeuge davon, wie die Verdienste und Sünden der Verstorbenen abgewägt werden; danach stürzen die einen in den Brunnen der Hölle hinab, und die anderen durchlaufen die Prüfungen des Fegefeuers, bevor sie ins Paradies kommen. Während in anderen Visionen das Gericht sich meistens am Sterbebett des Menschen vollzieht und um den Besitz seiner Seele Engel und Teufel streiten, spielt sich in der »Vision Thurkills« dieser Prozeß zwischen dem Apostel Paulus und dem Teufel ab, die die Taten der soeben Verstorbenen bewerten. Wir haben es hier wiederum mit einer »kleinen Eschatologie« zu tun, der Verheißung, daß das durchlebte Leben unverzüglich abgerechnet wird. Dieses Phänomen ist im Zusammenhang mit der besonderen Weltwahrnehmung des Volkes zu sehen (67, S. 225–230, 237–239).

Das, was die »Vision Thurkills« grundlegend von anderen Visionen unterscheidet, ist wohl ihre Darstellung des »Theaters« der Hölle. In der Nacht zum Sonntag holen die Dämonen die Seelen der auf ewig verdammten Sünder aus der Hölle und führen sie der Reihe nach auf einen Schauplatz, um sich durch den Anblick ihrer erneuten Qualen zu ergötzen. Wir haben ein Theater vor uns, dessen handelnde Personen dazu verdammt sind, ohne es zu wollen die Taten zu wiederholen, die sie in die Hölle gebracht haben, die Worte und Gesten zu imitieren, die zu ihren Lebzeiten freie Willensakte waren. Das, was einstmals die Quelle von Vergnügungen war, wird nun zu einem Mittel, das Leiden zufügt. Der Stolze, für diese Todsünde zu ewigen Qualen verurteilt, muß mit gewichtigem Aussehen vor den zuschauenden Dämonen auf und ab gehen und ruft durch seine dünkelhaften Manieren ihre Belustigung hervor. Die Ehebrecher sind dazu verurteilt, öffentlich zu koitieren und dann ihre Partner zu peinigen. Der Krieger, der wie zum Kampf ausgerüstet ist, sitzt auf einem glühenden Spieß, in den sich sein Pferd verwandelt hat. Eine ganze Pantomime, in der Bestechlichkeit und Ungerechtigkeit bei Gericht dargestellt werden, führt der Jurist vor. Die Dämonen lassen ihn glühende Geldstücke, die er einstmals für seine unredlichen Machenschaften erhalten hat, schlucken, ausspeien und wieder schlucken. Der Müller muß zeigen, wie er Korn gestohlen hat. All diese Leute, genauer ihre Seelen, sind in willenlose Marionetten verwandelt worden, die die Dämonen belustigen und nach ihrem »Auftritt« Beschimpfungen und grausigen Strafen ausgesetzt werden.

Die Qualen, denen die unfreiwilligen Teilnehmer des infernalen »Theaters« ausgeliefert werden, bedeuten nicht nur physische Folter, es sind auch moralische Qualen. Die Sünde, die früher einmal eine freiwillige menschliche Handlung war, wird vom Moment ihres Entstehens losgelöst, nach dem Willen der infernalen Kräfte mechanisch reproduziert und in eine von außen aufgezwungene Handlung verwandelt. In anderen Visionen finden wir nichts, was dem Dämonenspektakel ähnlich wäre, und es ist schwer vorstellbar, daß eine solche Art der Vergeltung von Sünden dem schriftunkundigen Thurkill ohne äußeren Einfluß im Traum erschienen war. Dagegen ist bekannt, daß in der gelehrten Tradition der Vergleich des Jüngsten Gerichts mit einem Theaterstück auf Tertullianus zurückgeht (54, S. 736; 87, S. 215).

Die andere Besonderheit der »Vision Thurkills« ist die beständige Kommunikation zwischen Heiligen einerseits und Teufel und Dämonen andererseits. Auf westlichen Portalen der Dome aus dieser Zeit, die mit Darstellungen von Szenen des Jüngsten Gerichts geschmückt sind, nehmen die Heiligen, Engel, Erzengel und anderen Kräfte der hohen Welt durchweg einen Platz zur rechten Hand von Christus dem Richter ein, während den Dämonen und den von ihnen ins Höllenfeuer geführten Sündern die linke Seite zugewiesen wird. Oder aber die sakralen und infernalen Kräfte sind hierarchisch angeordnet, und die ersten nehmen einen oberen Platz, die zweiten dagegen einen auf den unteren Rängen der Darstellung ein. Himmelreich und Hölle sind hier räumlich voneinander getrennt; in der »Vision Thurkills« indessen gibt es eine Annäherung beider Welten. Während den Apostel Paulus und den Teufel, die die Sünden und Verdienste der Toten abwägen, eine Mauer mit einer Waage darauf trennt, wandern die anderen Heiligen in Abteilungen der Unterwelt umher und unterhalten sich mit dem Satan, wobei sie nicht nur in Streit geraten und sich zanken, sondern auch ganz friedfertig Informationen über diese oder jene Seele austauschen. Der Teufel befriedigt gern die Neugier der Heiligen und gibt sein Einverständnis für deren Besuch des »Theaters«. Es ist, als sei der unausweichliche Antagonismus zwischen Hölle und Paradies für einen Moment in den Hintergrund gedrängt. Die sakramentale Grenze zwischen ihnen ist natürlich nicht vergessen und aufgehoben, aber sie ist etwas durchlässiger geworden. Deutet diese Ambivalenz der Beziehungen zwischen den Kräften des Guten und des Bösen nicht darauf hin, was für eine Vorstellung das Volk von den Dämonen hatte (67, S. 295–301, 313–317)?

Den oben erwähnten »Parochialismus« kann man ebenso bei unserer anderen Vision beobachten. Wie in der »Vision Thurkills« kommen die zahlreichen Bewohner des Jenseits, die in der »Vision Gottschalks« beim Namen genannt werden, ausnahmslos aus derselben Ortschaft wie der Visionär selbst; es sind seine Zeitgenossen. Als er eine gewisse Stadt der Toten besuchte, konnte sich Gottschalk davon überzeugen, daß die Seelen darin nach ihrer Zugehörigkeit zu einer bestimmten Kirchengemeinde untergebracht waren, so daß er in allen, die auf einem Platz saßen, alte Bekannte wiedererkannte (23, A. 52). Der Besucher der anderen Welt geht ganz und gar in den Angelegenheiten seiner Diözese auf, und die Konflikte und Ereignisse, die sich in ihr zugetragen haben, bestimmen seinen Gesichtskreis und seine Interessen bei der Reise durch die außerirdischen Sphären. Das Fegefeuer und die anderen *penalia loca*, die er während seines Aufenthalts besucht, sind nichts anderes als eine spezifische Projektion bestimmter holsteinischer Gegenden. Er trifft in der anderen Welt nicht mehr Unbekannte als Thurkill.

Gottschalks Aufmerksamkeit gilt den Familien seiner adeligen und nichtadeligen Landsleute, die in »jener« Welt für das Böse bezahlen, das sie auf der Erde getan haben. Sein Bericht darüber, was er »dort« gesehen hat, wird durch Erzählungen von Streitigkeiten und Feindschaften zwischen diesen Familien unterbrochen, die sich unlängst vor der Vision Gottschalks ereignet haben (23, A. 21–26). Diese Erzählungen sind für die Gattung der Vision nicht vorgeschrieben, aber sehr bezeichnend für die Geisteshaltung des Bauern. Auch als er Einblick in die Geheimnisse des Jenseits bekommt, kann er sich nicht von den Tagesereignissen dieser Welt lösen. Er bleibt so sehr in die irdischen Leidenschaften und Sorgen verstrickt, daß er nach Ansicht des Geistlichen, der seine Geschichte aufschreibt, nicht das gebührende Interesse dafür aufbringt, wie die Wohnstatt der Erwählten Gottes eingerichtet ist. Der Autor muß Gottschalk den Vorwurf machen, unaufmerksam gegenüber der Beschreibung dieser Wohnstatt zu sein, deren Struktur den kirchlichen Schriftsteller offensichtlich mehr interessiert als den Visionär selbst (23, A. 30, 4).

Der kirchliche Autor, der sich einige Male mit Gottschalk unterhalten und seine Vision niedergeschrieben hat, ist hauptsächlich über die Tatsache erstaunt, daß er aus dem Mund solch eines primitiven Bauern etwas über die großen Geheimnisse der jenseitigen Welt erfahren kann (*ex ore tam ydiote glebonis*. 23, A. 40, 4)[10]. Im Text B, der, wie schon bemerkt, in der ersten Person geschrieben wurde, nennt Gottschalk sich selbst einen »Dummkopf und Idioten« (*a me simplici et ydiota*. 23, A. 21, 5). Am Schluß dieser Erzählung kann man aber bereits etwas anderes lesen: »Natürlich würde kein weiser Mensch diese Vision nur deshalb mißachten, weil ein einfacher, armer und ungebildeter Mensch sie mitgeteilt hat (*a simplici et paupere et idiote promulgata sit*), angeblich dessen unwürdig, daß sich ihm solch geheiligte Geheimnisse eröffnen, als wenn so etwas nur Menschen verdient hätten, die durch ihr Leben, ihre Stellung und ihre Bildung dessen würdig sind« (*qui vita et ordine et erudicione prediti sunt*. 23, B. 25, 11).

Die andere Welt ist nicht nur genau wie die, die er auf Zeit verlassen hat, mit Bekannten Gottschalks bevölkert, ihr fehlt offensichtlich auch nicht die fleischliche Grundlage. Jedenfalls waren die Wunden und Verbrennungen, die der Visionär in »jener« Welt erlitt, als seine Seele die körperliche Hülle verlassen hatte, auch nach seiner Wiederbelebung noch an seinem Körper. Bis ans Ende seiner Tage hatte er stark darunter zu leiden (23, A. 57–60). Der Verfasser des Textes B ist nach seinem Bekenntnis nicht in der Lage zu erklären, wie das am Körper sichtbar werden kann, was die Seele durchlebt hat, aber er sieht darin einen Beweis für die Wahrheit von Gottschalks Erzählung (23, B. 25, 7, 9). Der Bauer selbst hat den Gegensatz von Seele und Körper wohl kaum so stark wie der gelehrte Geistliche wahrgenommen.

Die Orte der Folter, die in der »Vision Gottschalks« dargestellt sind, weisen im Vergleich zu anderen Visionen gewisse Eigentümlichkeiten auf. Die in Visionen traditionelle Brücke über den Strom, in dem es vor Dämonen in Erwartung der dort hineinfallenden Seelen wimmelt, fehlt hier. Dafür trifft Gottschalk auf dem Weg auf einen Baum, an dessen Zweigen Schuhwerk aufgehängt ist. Dieses Schuhwerk ist dafür notwendig, um über ein mit schrecklichen Dornen besätes Feld zu gehen, aber nur für einen Teil der Wanderer bestimmt. Der Engel, der die Ausgabe der Schuhe überwacht, verweigert sie den schweren Sündern; die armen Kerle müssen sich nun über das Feld schleppen und haben dabei unwahrscheinlich unter Schmerzen zu leiden. Danach kommen die Wanderer zu einem Strom, in dem scharfe, schneidende Waffen schwimmen. Diesen

Strom muß man durchschreiten, aber nur wenigen gelingt es, auf ein Floß zu klettern und unbeschadet aus dieser Prüfung hervorzugehen. Weiterhin kommt man an eine Gabelung dreier Wege, auf die ein Engel die Seelen einweist. Ein Weg führt nach rechts zu den Himmeln, aber er ist nur wenigen bestimmt. Der zweite Weg verläuft unweit von der Hölle (aber doch etwas abseits von ihr). Über diesen Weg wird zusammen mit anderen auch unser Visionär geführt. Der mittlere Weg schließlich ist nicht so gefährlich wie der Weg, der nahe der Hölle verläuft. Gottschalk beschreibt die Prüfung der Seelen durch Feuer, welche für die einen Sünder so lange andauert, wie sie im Leben gesündigt haben, für die anderen aber bis zum Tag des Gerichts. Nachdem sie alle beschriebenen Etappen der Prüfung und Läuterung durchlaufen haben, gehen die Seelen, die diesen Weg zusammen mit Gottschalk gegangen sind, zu den Orten auseinander, die ihnen bis zum Jüngsten Gericht zugewiesen wurden.

Man kann vermuten, daß einige der Orte, an denen die Seelen der Toten umherzuirren verdammt sind, der Volkstradition entstammen. Dies ist wohl der Fall bei dem Baum mit den Schuhen und dem Feld mit den schrecklichen Dornen, dem Strom, in dem blanke Waffen schwimmen, und der Gabelung dreier Wege – nur mit dem Unterschied, daß im Märchen der Held seinen Weg selber auswählt, aber in der »Vision Gottschalks« ein Engel der Seele jedes Verstorbenen einen Weg entsprechend der Schwere seiner Sünden zuweist.

Zwischen den beiden »bäuerlichen Visionen« gibt es einen wesentlichen Unterschied im Verständnis der Funktion der jenseitigen Welt. Bei Thurkill taucht nicht die Spur eines Zweifels daran auf, daß Hölle und Paradies bereits existieren und daß die Orte, die er besuchte, zwischen diesen Polen gelegen waren. Es sind die Orte, an denen die Sünder ihrer Bestrafung unterzogen werden und die geläuterten Seelen sich auf den Einzug in die himmlischen Gemächer vorbereiten. In diesem Punkt unterscheidet sich die »Vision Thurkills« nicht von anderen Visionen. Auch Gottschalk beobachtete das Fegefeuer und die Orte der Glückseligkeit der heiligen Seelen, die noch nicht ins Himmelreich eingetreten waren, aber er sah »weder die Strafen der Hölle noch die Herrlichkeit der himmlischen Heimat« (23, B. 25, I). Und während in der »Vision Thurkills« Gericht über die Seele eines Verstorbenen gehalten wird, wird in der »Vision Gottschalks« ein solches Gericht in Übereinstimmung mit der offiziellen Doktrin aufgeschoben, »bis die Zeit gekommen ist«. Die erhabenen Seelen verweilen in glückseliger Erwartung des Moments, in dem sie endlich in das himmlische Reich eingehen werden; die Seelen der

Sünder hingegen werden jeglicher Art läuternder Marter unterzogen, die der Engel festsetzt, der sie nach ihrem Tod in Empfang nimmt. Aber das Gericht selbst hat noch nicht stattgefunden, und alle – die Gerechten und die eingefleischten Sünder – erwarten den Tag des Jüngsten Gerichts.

Mit anderen Worten, die »Vision Gottschalks« schlägt sozusagen einen Ausweg aus dem Paradoxon vor, auf dem das Bild von der jenseitigen Welt in der »Vision Thurkills« wie auch in der gesamten Visionsliteratur aufgebaut wurde. Dieses Paradoxon bestand darin, daß in der Vorstellung der Menschen beide Eschatologien, die »kleine« und die »große«, zugleich existierten. Auf welche Weise wurde es möglich, diesen Widerspruch zu lösen, wenn auch in Form eines Kompromisses? Wenn man Gottschalk glaubt, müssen sich die Seelen der Toten in jener Welt bereits einer Strafe unterziehen, aber das Gericht selbst, das über sie gehalten wird, wird abgetrennt *usque ad diem iudicii.* Deshalb sind die Bestrafungen, die in der »Vision Gottschalks« dargestellt werden, eigentlich nicht Strafen aufgrund des Urteils des Obersten Richters, sondern reinigende Prozeduren, mit denen die Seelen auf das noch folgende Jüngste Gericht vorbereitet werden. Man kann nicht mit Bestimmtheit feststellen, wem diese Kompromißregelung zuzuschreiben ist: dem Bauern selbst, der diese Vision hatte, oder den kirchlichen Autoren, die diese Vision auf ihre Weise interpretiert haben (wir stellen fest, daß beide Texte der Vision diese Version enthalten). Es ist eher anzunehmen, daß letzteres zutrifft. Aber das Wichtigste ist nicht, wer diesen Ausweg gefunden hat, sondern daß zum Ende des 12. Jh.s, d. h. genau zu dem Zeitpunkt, als die Idee des Fegefeuers sich im lateinischen Christentum etablierte, das reale Bedürfnis bestand, das mit der Vorstellung von zwei Eschatologien verbundene Paradoxon zu lösen.

Welche Art der Wechselbeziehung zwischen mündlicher und schriftlicher Tradition liegt also in unseren Visionen vor? Sie werden in den Texten abwechselnd sichtbar, aber es wäre unsinnig und unmöglich, diese dementsprechend »zu zerlegen«. Beide Traditionen befinden sich in beständiger komplizierter Wechselwirkung, treten in den Visionen als unteilbares Ganzes auf und sind bereits schwer voneinander zu unterscheiden. Es wäre vergeblich, hier noch nach den Spuren der arglosen Erzählung eines schriftunkundigen Bauern über eine Vision, die er hatte, zu suchen; schon unter der Feder des gebildeten Geistlichen hat sie ihre Form verändert, denn sie wurde nach den Anforderungen, die das Genre stellte, literarisch transformiert.

Hier muß man noch einmal zur Entstehungsgeschichte der »Vision

Thurkills« zurückkehren. Wie wir schon wissen, hatten seine Erzählungen über das in der anderen Welt Geschaute zunächst fragmentarischen Charakter. Nach der Unterredung mit dem Geistlichen wurden sie umgeformt. Wir wissen leider nichts über den Inhalt ihrer Unterhaltung, aber man kann sicher annehmen, daß die Erzählung Thurkills gerade in der Folge dieses Gesprächs die Form erhielt, in der er sie vor den Gemeindemitgliedern, vor dem Lord und in den Klöstern, in die er eingeladen wurde, darlegte. Der Geistliche gab Thurkill offensichtlich die nötigen Erläuterungen zu seiner Vision und half ihm, seine Geschichte so aufzubauen, daß er sie in Übereinstimmung mit der kanonischen Struktur der Jenseitsvisionen brachte. Dies ist nur eine Annahme, aber sie ist durch das begründet, was wir über andere Visionen wissen. Eine Bekräftigung für die Glaubwürdigkeit der Vision suchte man gewöhnlich in der Tradition. Hinkmar von Reims, der über die Vision eines gewissen Bernold berichtete, schrieb: »Ich bin überzeugt, daß es die Wahrheit ist, denn derartiges habe ich auch in dem Buch der ›Dialoge‹ des heiligen Gregor, in der Geschichte der Angeln (Bedas des Ehrwürdigen), in den Werken des heiligen Bischofs und Märtyrers Bonifatius und in der Erzählung über die Vision eines gewissen Geistlichen Wettin, die aus der Zeit des Kaisers Ludwig stammt, gelesen« (67, S. 208). Auf gleiche Weise beendet der Autor der »Vision Gottschalks« seine Geschichte mit den Worten: »Trotzdem soll man nicht daran zweifeln, daß es wahr ist, was er sagt, selbst wenn sich eine vernunftgemäße Begründung schwer finden läßt; denn wir lesen davon, daß manchen Ähnliches widerfahren ist« (23, B. 25, 10). Auf genau die gleiche Logik treffen wir in der »Vision Thurkills«. Wenn irgend jemandem das über die Abwägung von Verdiensten durch einen Apostel und den Teufel Berichtete unsinnig oder unwahrscheinlich erschiene, bemerkt ihr Autor, dann möge er bitte die Erzählung des heiligen Patriarchen Johannes von Alexandrien über einen gewissen Zöllner Petrus lesen: Das Brot, das er einst einem Bettler gespendet hatte, überwog alle seine bösen Taten. »Übrigens kann man davon auch in vielen anderen Visionen lesen« (58, 15).

Mit anderen Worten war der Hinweis darauf, daß man solche Erzählungen auch in der Literatur finden kann, für den Menschen im Mittelalter ein überzeugender Beweis für die Wahrhaftigkeit seiner eigenen Mitteilung. Die gleiche Funktion hatte die Tatsache, daß die heiligen Personen, die zu schauen ihm die Gnade zuteil wurde, in den Visionen genau dasselbe Aussehen hatten wie die Statuen in den Domen. Die Jenseitsbilder, die ihm vorgeblich in seiner Vision erschienen waren, konnte ein solcher Mensch nur in die Sprache der ihm vertrauten und allgemein-verständlichen Bilder übertragen. Die Autorität, die entscheiden konnte, ob alles von Thurkill in seinem ungewöhnlichen Traum Gesehene dem Kanon entsprach, war natürlich sein Geistlicher, und es drängte ihn da-nach, mit ihm zu sprechen.

Es ist wichtig festzustellen, daß die unmittelbare, spontane Vision Thurkills, in der möglicherweise auch andere Themen und Motive Platz fanden als die, die wir im schriftlichen Text finden, ein »Ding an sich« blieb. Zu einem Fakt des kulturellen und religiösen Lebens, einer öffent-lich wiederholten, verbreiteten und am Ende schriftlich fixierten Erzäh-lung wurde die Vision erst nach dem Treffen Thurkills mit dem Kleriker. Diese »redigierte« Version bekam die Genehmigung zur weiteren Ver-breitung. Es ist daher anzunehmen, daß diese uns erhaltene Version auch die einzige kulturell bedeutsame war; nur sie hatte die »vorbereitende Zensur« der Gesellschaft durchlaufen und wurde von ihr rezipiert. Diese Zensur wird hier in der Figur des Gemeindegeistlichen verkörpert. Aber wie in der »Vision Thurkills« gesagt wird, äußerte der Bauer aus Essex selbst den Wunsch, die Kirche zu besuchen und mit dem Pater zu spre-chen, bevor er seiner Umgebung davon erzählte, was er auf »jener« Seite des Lebens beobachtet hatte. Offensichtlich empfand er Zweifel hin-sichtlich der Genauigkeit und Orthodoxie der eigenen Beobachtungen, und er fand es notwendig, sie zu besprechen und zusammen mit seinem geistlichen Lehrmeister zu überprüfen, das heißt, sie mit den allgemein anerkannten Normen in Einklang zu bringen.

Für den Erforscher der mittelalterlichen Volkskultur können die Schwierigkeiten entmutigend sein, die auf seinem Weg liegen. Die Ele-mente dieser Kultur liegen »im Trüben«, sind maskiert durch die kirch-liche Gelehrtheit, ihr untergeordnet und haben in den Texten, die uns er-halten geblieben sind, ihre Einheit verloren. Aber ein Historiker, der nicht nur die Quellen eines Genres oder die Genese bestimmter Motive untersucht, sondern an die Kultur als Ganzes herantreten möchte, die real in der jeweiligen Gesellschaft existierte und ihre Geistesrichtung wi-derspiegelte und formierte, wird zugeben müssen, daß die Volkskultur im Mittelalter eigentlich nur in Symbiose mit der gelehrten Tradition existieren konnte.

In den vorangegangenen Kapiteln haben wir uns mit einigen Varianten des »Chronotopos« des mittelalterlichen Menschen bekannt gemacht. Sie stellen Aspekte der Weltwahrnehmung dar, die sich in ein und demselben Bewußtsein verbunden und verflochten haben und in verschiedenen literarischen Gattungen des 13. Jh.s einen eigentümlichen Ausdruck fanden. In allen Varianten ohne Ausnahme gibt es bestimmte folkloristische Elemente, den Mythos, das Märchen, die Legende, die epische Überlieferung, die Anekdote, die in der bearbeiteten Form eines gelehrten Autors ins literarische Werk übernommen wurden. Die Literatur dieser Zeit wurde beständig aus folkloristischen Quellen gespeist und nicht von ihnen abgetrennt. Aber das ist nicht die Hauptsache. Das Wesentlichste scheint mir zu sein, daß die bestimmenden weltanschaulichen »Matrizen« und Denkformen, die bei entsprechendem Herangehen in der Saga und im Ritterepos, in den *Exempla* und Visionen beobachtet werden können, unabdingbare Komponenten ihrer latenten Struktur bildeten. Daneben waren sie kennzeichnend für die Weltsicht breiter Schichten der europäischen Bevölkerung.

Das 13. Jh. zeichnete sich durch ein intensives Wachstum der Städte aus, deren Bewohner einen immer stärker wachsenden Einfluß auf das geistige Leben der Gesellschaft zu nehmen begannen. Es entstanden die »städtischen« Genres der Literatur, Schwänke, Mirakel und Mysterien, der *Fabliau*, das »Tierepos«, didaktische und allegorische Poesie, die Satire. Diese Genres sind mehr oder weniger bekannt und erforscht. Ich dagegen möchte bei der Predigt verweilen und untersuchen, wie sie auf die neuen Tendenzen reagiert und das Weltbild der Umgebung zum Ausdruck gebracht hat, in der die Prediger vor allem gewirkt haben. Eigentlich war von der Predigt ja auch schon früher die Rede, als wir die *Exempla* betrachtet haben. Gegenstand der weiteren Untersuchung werden die Predigten Bertholds von Regensburg sein, des bedeutendsten deutschen Predigers des 13. Jh.s. Eine der Besonderheiten seines Werks bestand darin, daß er keine *Exempla* zu Hilfe nahm.

Persönlichkeit, Berufung, Reichtum und Rettung in der Predigt Bertholds von Regensburg

Jede Zeitepoche stellt ihre eigenen Fragen, die sie bewegen, an die Vergangenheit. Daher beschäftigt sich die historische Wissenschaft, die eine der Formen gesellschaftlicher Selbstreflexion darstellt, auch weiterhin mit den alten Quellen, von denen man glaubte, daß sie hinlänglich erforscht seien. Man hat erkannt, daß sie unerschöpflich sind.

In den vergangenen zwei Jahrzehnten entwickelte sich eine Geschichtsforschung neuen Stils. Themen wie die Wahrnehmung von Raum und Zeit durch die Menschen der Vergangenheit, das Bewußtsein seiner eigenen Persönlichkeit, seine Einschätzung der Arbeit, sein Verhältnis zum Tod und andere, die praktisch für die traditionelle historische Wissenschaft nicht existiert hatten, wurden höchst aktuell. Wir sind begierig, von den Menschen vergangener Zeiten etwas über die Seiten ihres Lebens zu erfahren, die bis vor kurzem im Dunkeln lagen und in den Geschichtsbüchern keinen Niederschlag gefunden haben.

Es können aber Bedenken entstehen, ob wir dabei den Menschen anderer Kulturen nicht eine ihnen fremde Problematik aufzwingen und ihr Weltbild verzerrt wahrnehmen, indem wir die Punkte überbewerten, die in Wirklichkeit unwesentlich für sie waren. Bei der Vielfalt der erhaltenen historischen Quellen können wir im Prinzip immer Hinweise auf die Fragen finden, die uns interessieren, aber es besteht die Gefahr, daß sie zweitrangige Aspekte des Weltbilds unserer Vorfahren betreffen. Wenn man die Aufmerksamkeit zu sehr auf sie fixiert, droht sich die historische Perspektive zu verdrehen.

Die Frage nach der Wechselbeziehung von Gegenwart und Vergangenheit im geschichtlichen Denken und Forschen ist nicht neu und außerdem kompliziert, und ich beabsichtige keineswegs, sie in allgemeiner oder abstrakter Form zu stellen. Mein Vorhaben beschränkt sich auf die Analyse einiger Texte des bekannten Franziskanerpredigers des 13. Jh.s, Bertholds von Regensburg. Ich habe seine Werke nicht zufällig ausgewählt. Man sollte nicht vergessen, daß es kaum ein anderes Genre aus dem vielfältigen, reichen literarischen Erbe des Mittelalters an Universalität mit der Predigt aufnehmen kann. Universalität in dem Sinne, daß die Predigt auch die reale Erfahrung der Menschen umfaßt und religiöse und andere Werte, die in der Gesellschaft herrschten oder ihr von der Kirche vorgegeben wurden, betrachtet. Die Predigt richtete sich an alle und jeden. Im Unterschied zu philosophischen und theologischen Werken, die für einen kleinen Kreis von Eingeweihten bestimmt waren, und zu literarischen Gattungen, die an die Geistlichkeit, die Ritter oder gebildete Weltliche gerichtet waren, berücksichtigte die Predigt als Zuhörerschaft sowohl Schriftkundige als auch Schriftunkundige, Adlige und Nichtadlige, Reiche und Arme, Städter und Bauern, Alte und Junge, Männer und Frauen. Außerdem hatte ein beliebiges Mitglied der Gesellschaft nicht nur die Möglichkeit, sie zu hören, es war sogar dazu verpflichtet. Die mittelalterliche Predigt macht den Historiker mit dem Wissen und Glauben breitester Kreise der feudalen Gesellschaft bekannt – freilich in der Interpretation der Prediger.

Daraus läßt sich noch ein anderer Aspekt ihrer Universalität ableiten, und zwar die Gemeinverständlichkeit des Inhalts. Der Prediger sprach zu seinen Zuhörern in einer Sprache, die sie verstanden, und benutzte bekannte Bilder, Vergleiche und Vorstellungen. Er stand dem Volk nahe, und diese Nähe machte die Predigt zu einem mächtigen Mittel der ideologischen Einflußnahme auf Verstand und Gefühle der Gläubigen. Daher waren die Themen, die in der Predigt erörtert wurden, aktuell und von brennendem Interesse. Die Predigt ist eine äußerst wichtige Quelle für die Untersuchung der Volksmentalität im Mittelalter.

1. Berthold von Regensburg: ein Prediger in der Zeit des Interregnum in Deutschland

Berthold von Regensburg übte seine Predigertätigkeit in den 50er bis zum Beginn der 70er Jahre des 13. Jh.s aus. Sie entfaltete sich hauptsächlich in seiner Heimat, in den südlichen Teilen Deutschlands.

Der Beginn und die Mitte der zweiten Hälfte des 13. Jh.s ist eine komplizierte und eigentümliche Periode deutscher Geschichte. Von Beginn der 50er Jahre an, als die Dynastie der Hohenstaufer zu Ende ging, bis zur Wahl Rudolfs von Habsburg auf den Reichsthron (1273) war das politische Leben vollkommen destabilisiert. Innere Fehden zwischen den Fürsten, von denen zu dieser Zeit sieben eine Führerrolle übernahmen und in der Folge zu Kurfürsten wurden, gnadenlos plündernde Raubritter, die mit ungesetzlichen Abgaben alle unterdrückten, die schwächer waren als sie, der Verfall des Rechts und die Herrschaft der Anarchie – das war die Lage der Dinge in der Zeit des *Interregnum* (»Zwischenherrschaft«). Ein schwäbischer Chronist klagte: »Ein Reich ohne Führer, und jeder, der kann, raubt alles, was ihm gefällt. Das Land ist verwüstet, seiner Bauern beraubt und hat seinen ganzen Reichtum verloren …« (108, S. 221). Als Zeitgenosse und nachdenklicher Beobachter der Ereignisse spricht Berthold von Regensburg von den Gewalttaten, Raubzügen und Ausschreitungen herrschsüchtiger Leute, von gerichtlicher Willkür und ungesetzlichen Gewaltakten gegen einfache Menschen und von der Verbreitung von Haß und Neid (8, Nr. 27 u. a.).

In dieser Periode verfestigt sich die Macht der großen Herren über ihre erweiterten und begradigten Besitztümer, aber auch das niedere Rittertum errichtete eigene Burgen und Schlösser und stärkte seine Macht über die von ihm abhängige Bevölkerung. Immer drückender wurde die Last der Steuern, die den abgabepflichtigen Ständen auferlegt wurden und sich teilweise ungünstig auf die Lage der Städte auswirkten, deren ökonomische Bedeutung bis zum 13. Jh. ständig gewachsen war. Die Intensivierung des Geld- und Warenaustausches erzeugte durch die neu entstandenen Möglichkeiten, sich zu bereichern, eine verbitterte Rivalität. Infolgedessen spitzten sich die Widersprüche zwischen den Städten auf der einen Seite und ihren feudalen Herren und Fürsten auf der anderen Seite zu. In einer Reihe von Fällen gelang es den Städten, ihren kirchlichen Lehnsherren eine Niederlage beizubringen und die Selbstverwaltung zu verstärken. Im Jahr 1254 wurde der Rheinische Städtebund gegründet, dessen Städte ihre Freiheiten vor den Herren verteidigten. Aber auch innerhalb der Städte wuchs der Kampf – die Zünfte traten gegen die Vorherrschaft des regierenden Patriziats an, welches versuchte, die Verwaltung der Städte gewinnträchtig auszunutzen. Die kommunale Bewegung gegen kirchliche und weltliche Herren verflocht sich mit den Konflikten zwischen verschiedenen Schichten der städtischen Gesellschaft, und mitunter fand das Bürgertum (die »mittleren Schichten« der Stadt) im Kampf gegen die patrizischen Oberschichten Verbündete in den städtischen Lehnsherren.

Charakteristisch für die Lage im deutschen Dorf während der »Zwischenherrschaft« sind die wachsende Produktivität der landwirtschaftlichen Arbeit und die gleichzeitige verstärkte Ausbeutung der Bauern durch die feudalen Grundbesitzer, die Abwertung des juristischen Status und die Beschränkung der rechtlichen Möglichkeiten eines Teils der Besitzer von Boden, die Flucht der Bauern in die Städte, ihr Widerstand gegen den Angriff der Herren auf gemeindeeigene Rechte.

Aber in dieselbe Periode – eine der finstersten in der Geschichte des deutschen Mittelalters – mit all ihren negativen Erscheinungen in politischen und sozial-ökonomischen Bereichen fällt ein starker und in vielem einzigartiger Aufschwung des geistigen Lebens. Es genügt, einige Namen und Werke aus Philosophie, Poesie und bildender Kunst zu nennen. Mitte des 13. Jh.s arbeitet in Köln der hervorragendste deutsche Vertreter der Hochscholastik, Albert Bollstadt (Albertus Magnus); bei ihm ging der Italiener Thomas von Aquin in die Lehre. Während des *Interregnum* wirkten in Deutschland Poeten wie der Tannhäuser; Ulrich von Lichtenstein, Konrad von Würzburg, der Marner; vielleicht wurde in dieser Zeit ein Teil des berühmten poetischen Vagantenzyklus »Carmina Burana« geschaffen. Von einem Dichter, der sich Wernher der Gartenaere nannte, wurde in Deutschland der erste »Bauernroman« in Versen geschrieben – »Meier Helmbrecht«. Die Mitte und das dritte Viertel des 13. Jh.s zeichnen sich durch höchste Errungenschaften der deutschen klassischen Gotik aus. Von Bildhauern und Architekten in Mainz, Meißen und Naumburg wurde das »Naumburger Artel« geschaffen, darunter das bemerkenswerte bildhauerische Ensemble von Petrus und Paulus im Naumburger Dom (Statuen seiner Gründer und Szenen aus dem Evangelium im westlichen Lettner). Wie bekannte Kunsthistoriker der DDR festgestellt haben, »begegnen wir in den Meistern von Bamberg, Magdeburg, Mainz, Naumburg und Meißen den ersten wirklichen künstlerischen Persönlichkeiten des Mittelalters« (178, S. 19).

Schließlich war das *Interregnum* eine Blütezeit der Predigt. Berthold von Regensburg (ca. 1210–1272) nimmt einen zentralen Platz unter den deutschen Predigern ein. Man betrachtet ihn, und das nicht ohne Grund, als den herausragendsten Prediger des mittelalterlichen Deutschlands.

Sein Ruhm als Prediger und Moralist war überaus groß. Dies wird auch dadurch deutlich, daß man in Chroniken und anderen Quellen des 13. Jh.s zahlreiche Erwähnungen Bertholds findet und sein Name schon zu seinen Lebzeiten und kurz nach seinem Tod von Legenden umrankt war. Man erzählt, daß seine Predigten Zehntausende von Menschen angezogen haben; jeweils 20, 40, 60 und sogar 100 oder 200 000 Zuhörer sollen sich auf Feldern und anderen offenen Plätzen versammelt haben, um seine Rede zu hören. Es versteht sich von selbst, daß solche Zahlen unglaubwürdig sind; diese Angaben sind ein Symptom für den mittelalterlichen Umgang mit Zahlen, der in der Regel willkürlich war. Die Möglichkeiten der Wahrnehmung des gesprochenen Wortes waren schon aus rein akustischen Gründen äußerst eingeschränkt. Dennoch sind diese Angaben interessant, denn sie zeugen von der überaus breiten Popularität der Predigten Bertholds. Nach Angaben der Chronisten wurde auf den Feldern und Wiesen, wo Berthold predigte, ein hölzerner Turm errichtet, der ihm als Kanzel diente; darauf errichtete man ein Banner, damit die Zuhörer die Windrichtung bestimmen und in Erfahrung bringen konnten, auf welcher Seite man am besten stehen mußte, um seine Rede zu verstehen. Übrigens schreibt Salimbene die Tatsache, daß Berthold gut zu hören war, und zwar sowohl nahe der Kanzel als auch weiter entfernt, einem Wunder zu. Er erzählt von einem Ackerbauern, den sein Herr ungeachtet seines sehnlichen Wunsches nicht zur Predigt Bertholds gehen ließ, sondern ihm befahl, das Feld zu pflügen. An einem schönen Tag, als der Bauer zu pflügen begonnen hatte, hörte er die ersten Worte der Predigt, obwohl Berthold sie in einer Entfernung von einigen Dutzend Meilen vorlas. Sogleich spannte der Bauer die Ochsen aus und setzte sich, um die Predigt zu hören, und es geschah ein erstaunliches Wunder: Er hörte die Predigt von Anfang bis zum Ende, verstand und behielt sie vollkommen und konnte außerdem danach noch eine so große Parzelle pflügen, wie er auch an anderen Tagen gepflügt hatte, ohne eine Pause zu benötigen. Als aber sein Herr von der Predigt zurückkam und ihren Inhalt nicht wiedererzählen konnte, legte der Bauer ihm alles dar. Danach hinderte sein durch das Wunder in Erstaunen versetzter Herr den Bauern nicht mehr daran, zur Predigt Bertholds zu gehen, wieviel Arbeit er auch haben mochte (12, S. 239–240).

Mit dem Namen Bertholds sind auch andere Wunder verbunden. Unter dem Einfluß seiner Predigt begab sich eine Prostituierte auf den Weg der Wahrheit, und Berthold fragte, ob nicht unter den Anwesenden jemand sei, der sich bereit erkläre, sie zur Frau zu nehmen. Es fand sich ein Interessent, der für sie eine Mitgift von zehn Pfund forderte. Berthold appellierte an die Menge um Hilfe, und das Geld wurde sogleich gesammelt; als man es zählte, sagte Berthold, nicht auf das Geld schauend: »Es reicht, hier ist genau die Summe, die wir brauchen.« Es stellte sich heraus, daß es genau zehn Pfund waren. Ohne die Hilfe des Heiligen Geistes wäre dies nicht möglich gewesen, bemerkt der Chronist. Während einer anderen Predigt verließ der Geist einer vor Kummer erschütterten Frau ihren Körper; denn soeben war ihr ihre untilgbare Sündhaftigkeit bewußt geworden. Berthold rief die betroffenen Zuhörer zur Ruhe und ordnete an, daß alle gemeinsam für ihre Seele beten sollten. Und das Wunder geschah: Sie wurde wiedererweckt und berichtete den Anwesenden, daß sie bereits zum göttlichen Gericht gerufen worden war; aber kraft ihres aufrichtigen seelischen Kummers blieb sie von den ewigen Qualen verschont, und weil es ihr nicht mehr vergönnt gewesen war, vor ihrem Ende zu beichten, kehrte sie ins Leben zurück (8, S. XX–XXXII).

Salimbene erzählt von einem anderen Wunder, das Berthold verursachte. Eine gewisse adlige Dame folgte ihm zusammen mit ihren Begleitern sechs Jahre lang zu Städten und Burgen, wobei sie ihr ganzes Vermögen ausgab. Als er davon erfuhr; schickte der Prediger sie zum reichsten Geldwechsler dieser Stadt, um die Summe Geldes für Nahrungsmittel zu erbitten, die ein Ablaß für einen Tag kostete. »Aber wieviel kostet ein solcher Ablaß?« fragte der Wucherer. Die Frau überbrachte ihm die Worte Bertholds: Man müsse in eine Waagschale Geld legen, und in die andere solle sie hineinblasen. So geschah es auch, und o Wunder, ihr Atem senkte die Waagschale herab, und die andere, mit einer Handvoll Geldstücke, flog nach oben. Wieviel Geld der Wechsler auch hineinlegte, er konnte die Schalen nicht ins Gleichgewicht bringen, eine solche Schwere hatte der Heilige Geist dem Atem der Gläubigen gegeben. Unter dem Eindruck des Wunders bereute der Wechsler, gab seinen Schuldnern all ihr Geld zurück, verteilte seine Reichtümer unter den Armen und wurde ein gerechter Mensch. Auch einen grausamen Tyrannen, der zunächst beabsichtigt hatte, ihn zu töten, brachte Berthold zur Reue. Als eine Menge von Städtern, die diesen Schloßbesitzer haßten, ihn am Galgen hinaufzog, stand auf dem Hals des Toten mit goldenen Lettern geschrieben: »Seine Seele ist dem Herrn gefällig« (12, S. 241–245).

Um Bertholds Kopf sahen viele einen leuchtenden Kranz. Die »Einfältigen« nahmen an, daß darin der Geist der Weissagung lebte; man verglich ihn mit dem biblischen Elias. Wie ein Zeitgenosse versicherte, erfüllte sich vieles von dem, was Berthold vorausgesagt hatte. Die Mitteilungen darüber, daß unter dem Einfluß der Rede Bertholds eine Unzahl von Sündern sich dem Weg der Wahrheit zuwandte und daß die Menschen, die ihm zuhörten, öffentlich ihre Versündigungen einzugestehen begannen, bezeugen die Effektivität seiner Predigttätigkeit. Nach den Worten Roger Bacons »brachte Bruder Berthold allein durch seine Predigt einen größeren Nutzen, als fast alle anderen Brüder beider Orden« (d. h. der Franziskaner und Dominikaner: diese beiden Bettelorden leisteten die Hauptarbeit bei der religiösen Erziehung des katholischen Europas) (122, S. 6).

Der ungewöhnliche Ruhm und die Popularität Bertholds von Regensburg erklären das Interesse des Historikers an seinen Werken. Worin bestanden die Qualitäten seiner Predigt, die seine Zuhörerschaft in ihren Bann zogen – und nicht nur die deutsche? Berthold reiste gleich vielen anderen Franziskanern durch verschiedene Städte und Länder; vom Elsaß bis nach Ungarn. Die wichtigsten Stätten seiner missionierenden Tätigkeit waren die Städte Süddeutschlands, besonders Regensburg, die Stadt, in der er nach der Überlieferung geboren wurde[11], aufwuchs und im Jahr 1272 starb. Auch an die Einwohner Augsburgs wandte er sich in einer Reihe von Predigten. In über zwei Jahrzehnten Predigtaktivitäten zwischen 1250 und 1272 verfaßte Berthold mehrere Dutzend Predigten, von denen über sechzig bekannt sind.

Die Predigten Bertholds sind uns im Unterschied zur Mehrzahl der Predigten seiner Zeitgenossen, die in Latein geschrieben wurden, hauptsächlich in deutscher Sprache überliefert worden. Während die lateinische Predigt der Forschung nur das Rätsel aufgibt, welche Originalrede der Prediger dem einfachen Volk in dessen Muttersprache vorgetragen hat und in welchem Maß der schriftliche Text dem gesprochenen Wort entspricht, entsteht bei der Untersuchung der Predigten Bertholds die Illusion, hier sei seine unmittelbare Rede vor den Zuhörern fixiert worden. Die Kunst der fließenden Rede in deutschen Predigten hat eine Reihe von Merkmalen des mündlichen Genres bewahrt: den lebendigen Ton, den Reichtum an Improvisation, die Wiederholungen, die Umgangssprache, das unmittelbare Ansprechen der Zuhörer, die Ausrufe. Wir haben sozusagen ein »Stenogramm« des Auftritts des Predigers vor der Menge vor uns, und deshalb waren J. Grimm und andere Gelehrte des vorigen Jahrhunderts überzeugt davon, daß die deutschen Texte seiner Predigten wörtliche Niederschriften seiner Auftritte waren (129, S. 352).

Eine genauere Betrachtung ergab, daß das eine Illusion war. Bis auf wenige Ausnahmen entstanden die deutschen Fassungen der Predigten Bertholds nach seinem Tod, nicht vor Ende der 70er Jahre des 13. Jh.s. Folglich kann man sie nicht der Feder Bertholds selbst zuschreiben. Unklar ist auch, ob sie von seinen Anhängern stammen, welche angeblich zu Füßen des Lehrers sitzend die Predigt mitschrieben. Es ist bekannt, daß bei der Zusammenstellung der deutschen Texte die Predigten Bertholds verwendet wurden, die in Latein verfaßt worden waren (139). Jedoch sind die vorhandenen Texte keine Übersetzung aus dem Lateinischen, weil bei der Übertragung ins Deutsche ein bedeutender Teil der Buchgelehrtheit und der Hinweise auf die Liturgie ausgelassen wurde und teilweise die logische Stimmigkeit verlorenging, die für die lateinischen Werke dieses Mönchs typisch ist. Zusammenfassend kann man also in den deutschen Fassungen der Predigten drei Schichten vermuten: das Wort Bertholds, wie es vor den Zuhörern ertönte; den lateinischen Text seiner Predigt, der nicht identisch mit dem gesprochenen Wort ist; den Beitrag des Verfassers (oder der Verfasser) der vorhandenen Predigten in deutscher Sprache. Zwischen den Reden, die Berthold von der Kanzel herab hielt, und seinen buchsprachlichen Predigten liegt die Schwelle, die gewöhnlich die lebendige von der literarisch ausformulierten Rede trennt (199, S. 225–241).

Das Verhältnis zwischen dem gesprochenen Wort und seiner Niederschrift in den Predigten Bertholds war unvergleichlich komplizierter als ursprünglich angenommen. Wie wichtig diese Richtigstellung war, braucht nicht weiter betont zu werden. Die unmittelbar an das Auditorium gerichtete lebendige Rede erreicht uns natürlich nicht und kann uns in ihrem ursprünglichen Sinn auch nicht erreichen, und sogar diejenigen mittelalterlichen Redakteure, deren Ziel es war, Inhalt und Geist seiner Reden so vollständig wie möglich wiederzugeben, bearbeiteten und stilisierten sie zwangsläufig und sehr wahrscheinlich unabsichtlich. Die verfügbaren deutschen Texte Bertholds von Regensburg können nicht adäquat die Situation der lebendigen Predigt wiedergeben. Die gelehrte Kultur verschleiert zum Teil die geistige Begegnung des Predigers mit seinen Zuhörern.

Aber wie es scheint nur zum Teil. D. Richter unterstreicht, wie kompliziert der Entstehungsprozeß der deutschen Redaktionen von Bertholds Predigten war, räumt aber zugleich ein: Auch wenn die deutschen Texte ohne Beteiligung Bertholds selbst geschrieben wurden, stand ihr Verfasser unter dem lebendigen Eindruck seiner Rede (199, S. 240). Trotz der Verfälschung klingt aus ihnen die Stimme des berühmten Predigers, und neben den Hauptgedanken Bertholds sind auch die für seine Redekunst typischen Methoden und Wendungen erhalten geblieben. Der Historiker muß sich zwar vor der naiven Illusion hüten, bei der Predigt selbst zugegen zu sein, aber er kann mit Recht erwarten, bei ihrer Erforschung die Gedanken und Vorstellungen Bertholds und vielleicht einen Teil des mentalen Umfelds, auf das er eingewirkt hat, rekonstruieren zu können. Wir können davon ausgehen, daß die Analyse seiner Werke viel interessantes Material sowohl zu den missionarischen Bemühungen der Bettelmönche bei den Massen des Volks als auch für das Verständnis des geistigen Umfelds dieser Massen liefert.

Einem Historiker, der mit der lateinischen Predigt des 13. Jh.s vertraut ist, springt bei Bertholds Predigten als erstes ins Auge, daß er vollständig auf lehrhafte *Exempla* verzichtet. Die *Exempla*, kurze erbauliche Anekdoten, in denen zur anschaulicheren und wirkungsvolleren Erläuterung moralischer und religiöser Maximen konkrete Situationen und Ereignisse dargestellt werden, waren, wie wir gesehen haben, ein wichtiger Bestandteil der lateinischen Predigt. Die größten Prediger des 13. Jh.s, Jacques de Vitry, Etienne de Bourbon, Odo von Cheriton und in Deutschland die Autoren von Wundererzählungen, Caesarius von Heisterbach und Rudolf von Schlettstadt, sammelten und systematisierten die *Exempla*, die weithin in der Predigt verwendet wurden. Die *Gesta romanorum* und die Werke Petrus' Alfonsius über die Erziehung des Klerikers sind mit *Exempla* angefüllt. Wie schon gesagt, erzielte man mit ihrer Hilfe in erster Linie eine bessere Verständlichkeit der Predigt. Für das ungebildete Volk, das nicht daran gewöhnt war, sich theologische Prinzipien in allgemeiner Form anzueignen, wurde sie dadurch ansprechend und unterhaltsam; um so mehr, als nicht wenige Motive, die in den *Exempla* verwendet wurden, der Volkstradition entstammten. In der Regel wurden diese jedoch an das kirchliche und klösterliche Milieu angepaßt. Das *Exemplum* war zweifellos eines der wichtigsten Mittel, mit dem die geistigen Hirten auf das allgemeine Bewußtsein Einfluß nahmen.

Um so mehr erstaunt es, daß Berthold in seinen Predigten ohne *Exempla* auskommt. Die Erzählungen, zu denen er gerne greift, sind der Bibel entnommen; das Material hingegen, das in Heiligenlegenden, Bestiarien, bei antiken Autoren oder in Form zeitgenössischer Gerüchte vorlag, zieht ihn nicht an. Ich habe nicht die Absicht, diese Besonderheit in der Predigt des deutschen Franziskaners zu erklären, man kann sie lediglich feststellen. Aber gleichzeitig muß man zugeben, daß Berthold es verstand, seine Predigten auch ohne *Exempla* leicht verständlich und eindrucksvoll zu gestalten.

Die Predigten Bertholds von Regensburg sind relativ umfangreich; wenn sie in der ganzen Länge, in der sie schriftlich vorliegen, gehalten wurden, nahmen sie eine bis zwei Stunden ein. Da die Aufmerksamkeit der Zuhörer im Verlauf der Lesung mit Sicherheit nachlassen würde, war er gezwungen, Mittel einzusetzen, mit denen er die Monotonie seiner Darlegungen auflockern konnte. Berthold verfügte über solche Mittel und verstand es, sie beständig und geschickt anzuwenden.

Vor allem mit Elementen des Dialogs aktiviert er die Aufmerksamkeit der Gemeinde. Er unterbricht den Verlauf seiner Rede wiederholt mit

Fragen, die irgend jemand von den Zuhörern hätte stellen können: »Aber, Bruder Berthold, sag mir …«; »Ach, Bruder Berthold, aber wie wäre es, wenn …«; »Oh, Bruder Berthold, was sollen wir denn machen?« usw. So sich selbst unterbrechend, legt er seine weiteren Betrachtungen als Antwort auf diese Frage dar. Die Methode, fiktive Fragen zu stellen, macht die Predigt ohne Zweifel lebhafter und führt zu einem rhythmischeren Redefluß. Die Predigt bekommt einen persönlicheren Charakter; sie wird nicht von irgendeinem Mönch gehalten, der nirgends seine eigene Individualität vermittelt, sondern von einer ganz bestimmten Persönlichkeit, nämlich von Bruder Berthold. Alles, was er vorbringt, entspricht seiner eigenen Überzeugung, ist sein persönlicher Blick auf die Wahrheit des Christentums, den er als Individuum verteidigt. Und obwohl die Predigt vor einer Menge gehalten wird und an die ganze Masse der Zuhörer adressiert ist, wendet sich Berthold an einen einzelnen Menschen, der ihm vorgeblich diese Frage gestellt hat, und beginnt ein vertrauliches Gespräch mit ihm.

Der Dialog ist ein verbreitetes Genre in der mittelalterlichen Literatur. Um uns nicht zu weit von der Gattung der Predigt zu entfernen, betrachten wir den »Dialog über Wunder« des Caesarius von Heisterbach, eines älteren Zeitgenossen und Landsmannes Bertholds. Den Dialog führen hier Lehrer und Schüler. Aber bei Caesarius sind die Rückfragen des Schülers nicht mehr als ein Hinweis darauf, worüber der Lehrer sich zu äußern beabsichtigt. Es handelt sich im Grunde genommen um einen Monolog, denn dem neugierigen Novizen fehlt eine wie auch immer geartete Individualität. Den Schüler im »Dialog über Wunder« beschäftigen metaphysische Probleme. Auch wenn er nach wunderbaren Erscheinungen fragt, die sich in der Welt ereignen, berühren ihn diese nicht unmittelbar; sein Interesse daran ist rein intellektuell. Er ist ein fremder Beobachter, dessen Position sich außerhalb der von seinem Lehrer beschriebenen Ereignisse befindet. Aber im »Dialog über Wunder« ist eigentlich auch der Lehrer selbst gesichtslos.

Nicht so bei Berthold von Regensburg. Er hat viele »Gesprächspartner«, mit denen er sich nicht in der abgeschiedenen Mönchszelle unterhält, sondern auf Plätzen inmitten der Menge, die von ihm Aussagen zu den sie unmittelbar berührenden Problemen erwartet. Der Fragesteller ist jedesmal eine bestimmte einzelne Person, doch eigentlich kann man darunter verschiedene Personen mit eigenen Erfahrungen und Interessen subsumieren. Die Fragen an den Prediger bewegen jeden aufs unmittelbarste: Wie muß man sich verhalten, um der ewigen Verdammnis zu entrinnen, was soll man in dieser oder jener konkreten Situation tun? Daher haben auch die Antworten Bertholds keinen abstrakten Charakter. Und obwohl seine Gesprächspartner genauso erdacht sind wie der Novize bei Caesarius von Heisterbach, sind sie mit eigenem Leben erfüllt. Zudem ist der Grad ihrer Fiktivität bei Berthold ein anderer als im »Dialog über Wunder«. Denn der Prediger hält seine Rede wirklich vor einer Menge von Gläubigen, und es ist möglich, daß sie ihm tatsächlich solche Fragen stellen würden. Obwohl Bertholds Gesprächspartner fiktiv war, mußten seine Fragen also unmittelbar aus dem Leben gegriffen sein. Die Antworten, die der Prediger fand, waren eng an der Wirklichkeit orientiert, und sogar den Fragestellern selbst verlieh er ein konkretes Aussehen.

Es ist sehr wahrscheinlich, daß die Umstehenden sich unwillkürlich umsahen, wenn der Prediger das Wort an einen seiner erdachten Gesprächspartner richtete: Wer hat Bruder Berthold gefragt? Und auch sie selbst hätten solche Fragen stellen können.

Berthold liebte es, sich an eine bestimmte Gruppe unter seinen Zuhörern zu wenden. Als er mit der ewigen Verdammnis derer droht, die Todsünden begangen haben, ruft er plötzlich aus: »Pfui, Geizhals!«, »Du Wüstling!«, »Weh dir; billiger Prediger!« – und er malt die Qualen aus, die die Seele des Sünders im Jenseits erwarten. Namentlich wird niemand genannt, aber jeder beliebige Anwesende wird gezwungen, darüber nachzudenken, ob nicht auch er zu den beschuldigten Übertretern der Gebote gehört. Mitunter ruft Berthold die Vertreter verschiedener sozialer und beruflicher Kategorien an: »Ihr Schuster«, »ihr Herren«, »ihr Kaufleute«. Plötzlich schreit Berthold mitten in einer Predigt, in der er »Hübscherinnen« und eitle Frauen beschimpft: »Pfui, Adelheid, mit deinen langen Haaren!« Adelheid ist hier offensichtlich nicht eine konkrete Frau – wahrscheinlich war dieser Name verbreitet, und Berthold erwähnt ihn, um sein Publikums unmittelbarer anzusprechen.

Ein anderes Mittel, zu dem Berthold gern greift, um die Zuhörer in Spannung zu halten und nicht zuzulassen, daß ihre Aufmerksamkeit nachläßt, ist die ausführliche Beschreibung eines bestimmten Gegenstandes, ohne ihn sofort zu benennen. Er gibt eine Art von Rätsel auf, mit dessen Beantwortung er es absichtlich nicht eilig hat. Es gibt zum Beispiel eine Predigt, in der Berthold erklärt, daß er von den Anwesenden eine »kleine Gabe« bekommen möchte. »Es gibt keinen Armen, der sie nicht geben könnte, keinen Alten, keinen Jungen, noch Kranken; aber wer eine solche Gabe nicht gibt, dem hilft meine Belehrung nicht.« Doch bevor er sie nennt, versichert er den Gemeindemitgliedern, daß nichts ihnen Schaden zufügen wird – »weder ein Wolf, noch ein Adler; noch ein Bär, noch eine Schlange, noch ein Maulwurf, kein Wind, kein Hagel, kein Sturm, kein Donner, keine Viehseuche, keine Mißernte«. An dieser Stelle mischt sich unser Bekannter ein, der fiktive Gesprächspartner Bertholds: »Aber, Bruder Berthold, Räuber und anderes Unglück haben mir großen Schaden zugefügt. Ich sehe, daß die Häuser vieler guter Menschen abgebrannt sind und Diebe, Räuber und anderes Unheil ihnen sehr geschadet haben.« Berthold entgegnet: »Selbst wenn ein Dieb dir einen Schilling gestohlen hat, oder fünf Schilling, oder ein Pfund, oder dich ein Räuber ausgeraubt hat, oder ein Hagel, ein Feuer oder ein ungerechter Richter zugrunde gerichtet hat, oder noch irgendein anderes Unglück über dich gekommen ist, wenn du aber ohne Todsünde bist und dich vor Sünden in acht nehmen willst, dann wird Gott dich tausendfach belohnen.« Aber was ist es nun für eine »kleine Gabe«, die der Prediger vom Gläubigen erwartet? Schließlich nennt er sie: »… daß ihr euch jeder Todsünde enthaltet bis zu eurem Ende« (8, Nr. 27).

Etwas Ähnliches finden wir auch in der Predigt mit dem Titel »Von der Krankheit des Körpers und dem Tod der Seele«. Sie beginnt mit der Behauptung: »Der Herr schenkte den Menschen zwei große Bücher.« Dann stellt sich heraus, daß es eigentlich nicht zwei Bücher sind, sondern vier; genauer zwei Paare. Das erste Paar sind das Alte und Neue Testament, die der Geistlichkeit geschenkt wurden und die Nacht und Tag verkörpern. Das zweite Paar Bücher wurde den Weltlichen gegeben, damit sie sie zum Studium verwenden, ebenso wie die Geistlichen nach der Heiligen Schrift lernen. In den Büchern, die den Weltlichen geschenkt wurden, stehen Wunder geschrieben, »und wenn ihr sie zu lesen vermögt, könnt ihr alle Dinge verstehen, die für Körper und Seele notwendig sind«. Nach diesen Erörterungen wird die Auflösung des Rätsels gegeben: Eines dieser Bücher ist der Himmel, »ihn lest ihr des Nachts«, das andere ist die Erde, »sie lest ihr tagsüber« (8, Nr. 32; vgl. Nr. 2). Die Methode des Rätsels wird anschließend gleich wiederholt. Gott, spricht der Prediger, gab den Sternen die Macht über alle Dinge, mit Ausnahme eines einzigen. Aber Berthold beeilt sich nicht aufzudecken, was das für ein Ding ist. Er ergeht sich in einer umfangreichen Aufzählung all dessen, worüber die Sterne Macht haben. Als erstes führt er den Weizen an, als zweites den Roggen, als drittes die Gerste, als viertes den Hafer; als fünftes den Wein, als sechstes die Birnen, als siebtes die Äpfel; dann die Blumen, den Muskat, den Pfeffer usw. Die Sterne haben Macht über alles, was auf der Erde wächst und lebt; über die Vögel in der Luft, die

Fische im Wasser, die Würmer in der Erde, die Tiere im Wald, über alle Edelsteine, das Wetter, das Wasser … über alles, bis auf ein Ding, über das niemand Macht hat, mit Ausnahme Gottes. Dieses Ding ist der freie Wille des Menschen (s. 8, Nr. 32, vgl. Nr. 4).

Bertholds Neigung zu Aufzählungen, die er mit vielen anderen Autoren des Mittelalters teilt, scheint unüberwindbar zu sein. Auch sie stellt ein spezielles Mittel dar, um die Aufmerksamkeit der Zuhörer zu aktivieren. Sie werden durch Erörterungen über allgemeine Wahrheiten und Ermahnungen in abstrakter Form ermüdet. Ganz anders ist es, wenn der Prediger vor ihren Augen eine bekannte, lebendige, unendlich vielfältige und reiche Welt zeichnet. Ebenso häufig verwendet er die Methode der Wiederholung; für gewöhnlich wird der Sinn dabei verstärkt. Einmal führt er ein Zitat aus dem Evangelium an, zu dessen Thema er eine Predigt zu halten beabsichtigt: »Maria hat das gute Teil erwählt; das soll nicht von ihr genommen werden« (Lukas 10, 42). Dazu erklärt Berthold: »Wenn ich über diese Worte vier Tage lang sprechen würde, könnte ich euch nicht alles mitteilen. Besser gesagt: Wenn ich sieben Tage lang über diese Worte sprechen würde, könnte ich nicht zum Ende kommen. Ja noch mehr: Selbst wenn ich über diese Worte ein halbes Jahr lang spräche, würde ich dennoch nicht fertig werden« (8, Nr. 35).

Schließlich greift der Prediger, mitunter vollkommen unerwartet, zu Vergleichen des Geistigen mit dem Materiellen, die darauf abzielen, die Vorstellungskraft seiner Zuhörer anzusprechen. Zum Beispiel vergleicht er die Hölle mit einem Kriegslager (8, Nr. 18). Er lehrt, daß diejenigen, die im himmlischen Reich auch nur den kleinsten Lohn bekommen wollen, sich mit vier Wesen messen müssen. Welche sind das? Erstens der Hase. Das ist ein schwaches, schutzloses und sanftmütiges Tier, welches sich beständig im Lauf befindet, und genauso »müßt ihr immer der Todsünde entfliehen«. Zweitens muß man es der Heuschrecke gleichtun – sie ist schnell, springt gut, ihr Körper ist dünn und trocken, und »der Mensch darf nicht zögern, dem Herrn zu dienen«. Drittens ist es die Ameise. Sie sorgt sich rechtzeitig darum, sich auf den Winter einzurichten, und müht sich beständig, »und auch wir müssen uns mühen: der Bauer, der Kaufmann, der Handwerker, der Ritter, der Geistliche«. Viertens muß man sich dem Salamander angleichen: Er ist klein, nicht größer als ein Finger; hat viele Farben, ist giftig und kriecht immer rückwärts, solange er sein Haus nicht erreicht hat, »genauso müssen auch wir viele Qualitäten besitzen und können nur mit Mühe ins Himmelreich gelangen, wobei wir unser Gegengift den Giften des Teufels entgegensetzen«

(8, Nr. 35). Dieser Vergleich ist ganz im Geiste der mittelalterlichen Bestiarien.

Wie wir gerade gesehen haben, vergleicht Berthold die Erde und den Himmel mit Büchern, aus denen die Menschen das Leben und die Rettung der Seele lernen müssen. In einer anderen Predigt wird das Gleichnis aus dem Evangelium, in dem Jesus mit fünf Broten fünftausend Menschen speist, so ausgelegt, daß diese Brote nichts anderes sind als Tugenden (8, Nr. 38). Die Neigung zu allegorischen Auslegungen der alttestamentlichen Geschichten oder geistigen Qualitäten kann man in den Predigten beständig beobachten. Berthold zieht in seinen Reden verschiedenste Register – vom feierlichen Pathos über zornige Beschuldigungen bis hin zum volkstümlichen Gezänk, zu Sprichwörtern und zum Humor (vgl. 165, S. 349; 85, S. 10, 34).

Die Struktur der Predigten zeichnet sich durch eine verhältnismäßig harmonische Gliederung und sukzessive Darstellung aus. Von den ersten Zeilen an, die das Thema formulieren, welches durch ein biblisches oder Evangelienzitat vorgegeben ist, bis zum abschließenden »Amen« wird der Predigttext von einer Grundidee durchzogen. Ganz im Geiste der mittelalterlichen kirchlichen Rhetorik und Scholastik greift Berthold gern zu Ordnungssystemen, die auf Zahlen basieren. Die einer konsequenten Logik folgende Einteilung der Rede in Punkte erleichterte es dem Zuhörer zweifellos, sich ihren Inhalt anzueignen. Aber die Beharrlichkeit, mit der der Prediger diese Methode anwendet, gibt außerdem Aufschluß über sein eigenes Bewußtsein und über die theologische Schule, die er durchlaufen hat. »Sieben Gaben des Heiligen Geistes«, »sieben Tugenden«, »acht Tugenden«, »zweiundvierzig Tugenden«, »fünf Pfunde (Zentner)«, »drei Fallen«, »vier Fangschlingen«, »sieben Planeten«, »sieben Laster«, »sechs Mörder«, »zehn Engelschöre«, »vier Wagenräder«, »zwei Wege der Barmherzigkeit«, »zwölf Regimenter des Herrn Jesaja«, »die sieben schwersten Sünden«, »acht Arten der Speise im himmlischen Reich«, »zehn Gebote«, »sieben Sakramente«, »drei Wege in den Himmel«, »drei Mauern (um das Feld des Herrn)«, »vier Diener des Herrn«, »drei Hindernisse, um Gott zu schauen«, »wie die Welt in zwölf Teile geteilt wurde«, »zwölf Schüler des Teufels«, »vier Teile des Kreuzes«, »vier Zeugen«, »sieben Siegel der Beichte«, »die Schöpfung des Himmels und der Erde in sechs Tagen«, »sieben Worte unserer lieben Frau«, »sechs Blütenblätter«, »dreierlei Liebe«, »fünfzehn Zeichen vor dem Jüngsten Gericht«, »sechs gute Taten« – solcher Art sind die Themen der Mehrzahl der Predigten, und in jeder erörtert Berthold nacheinander die Sünden und die guten Taten, die Wege der Rettung der Seele und die Mittel, zu denen der Böse greift, um die Menschen zu verderben.

Dem Prediger ist klar, daß die Thematik seiner Predigten ziemlich einförmig ist und sich auf einen verhältnismäßig engen Kreis von Sujets beschränkt: »Ich habe euch von Sünden und Almosen erzählt, von der Hölle und vom Himmelreich, von Buße und Beichte, von Teufeln und den Fallen, die sie aufstellen; heute möchte ich von der Gnade unseres Herrn sprechen« (8, Nr. 27). Aber er sieht kein Unglück darin, daß er beständig zu den gleichen Fragen zurückkehrt, denn so sollte es auch sein. Die erste Predigt Bertholds – zum Thema »So sehet nun wohl zu, wie ihr wandelt, nicht als Unweise, sondern als Weise« (Brief an die Epheser, 5:15) – vermittelt eine Vorstellung davon, daß es gebildete Menschen gibt, die etwas über die Bewegung der Sterne und ihren Einfluß auf die Welt wissen, aber nichts über die Kunst, ihre Seele zu retten. »Die Weisheit der Welt ist, nach den Worten eines Weisen, Dummheit vor Gott.« Aber die Mehrzahl der Menschen kann weder lesen noch schreiben, und in dieser Predigt sagt ein solcher Mensch zu einem anderen: »Gevatter; laß uns zur Predigt gehen«, aber jener antwortet: »Ich will nicht.« »Warum?« »Ich weiß doch alles, wovon er predigt, und außer ›tue Gutes und laß das Böse‹ sagt er nichts.« Es scheint, als stimme Berthold dieser erdachten Person zu. So ist es auch, denn dies ist der direkte Weg ins Himmelreich. »Wenn du mich fragtest: ›Wo ist der Weg nach Regensburg?‹, würde ich antworten: ›Geh alle Wege, die direkt nach Regensburg führen, und vermeide jene, die vom Ziel wegführen!‹« »Glaub mir«, fährt der Prediger fort, »viele Tausend derer, die den Anschein erwecken, als ob sie Gutes täten und Böses ließen, und sich selbst für weise halten, sind in Wirklichkeit Dummköpfe und kommen in die Hölle. Siehe: ihr Christen habt mehrere tausend Bücher; und alle lehren sie nichts anderes, als daß man nur Gutes tun und sich vom Bösen abwenden soll. Der Dumme möchte nicht zur Predigt gehen; denn ihm werden dort Dinge vor Augen geführt, von denen er sich nicht loslösen kann, und er wird von da an sündiger sein, als wenn er davon nichts gehört hätte. Aber es kann dir nicht als Ausrede dienen, daß dir die Wahrheit unbekannt war, wie man die Seele retten muß, denn der Herr hat dir fünf Sinne gegeben, damit du in die Kirche gehst, die Messe und die Predigt hörst und lernst, was für den Körper und die Seele notwendig ist. Wenn ihr mir zuhören möchtet, lehre ich euch eine Weisheit, die euch nützlicher sein wird als alle Weisheiten der Sterndeuter oder Kenner von Gräsern und Steinen und alles, was die Weisen aus Paris, Orleans, Montpellier, Palermo, Padua oder Bologna wissen« (8, Nr. 1). Das ist eigentlich der ganze Inhalt der Predigten Bertholds von Regensburg, und er variiert unablässig diesen Gedanken, indem er sich ihm von verschiedensten Seiten nähert und ganz neue Argumentationen heranzieht, um seiner Predigt größere Überzeugungskraft und größeren Eindruck zu verleihen.

Obwohl die Predigten Bertholds sehr weitschweifig waren und keine *Exempla* enthielten, waren sie dem Verständnis des einfachen Volkes zugänglich. Ein Beweis dafür sind die oben erwähnten Mitteilungen über ihre außerordentliche Popularität, über das Bestreben großer Massen von Menschen, sein Wort zu hören. Und Berthold selbst legt in den Mund seines Zuhörers die Bestätigung dafür: Im Unterschied zu den Messen, deren Sinn und Inhalt der Auffassungsgabe der Gemeinde entgingen (»wir verstehen die Messe nicht … wir verstehen nicht, was gesungen oder gelesen wird …«), war die Predigt vollkommen verständlich (8, Nr. 31).

Wir haben es hier nicht mit isolierten Predigten zu tun, die zu unterschiedlichen Anlässen oder an den verschiedenen Tagen der Heiligen gehalten wurden (bei Predigten war es vielfach üblich, darauf zu verweisen, am Tage welches Heiligen sie verlesen wurde). Berthold sah in seinen Reden die Kettenglieder eines einheitlichen Ganzen. Er bezieht sich mehrfach auf frühere Predigten, deren Inhalt der Gemeinde schon bekannt war. In den Fällen, in denen er sich erneut einer Frage zuwendet, die schon in anderen Predigten behandelt wurde, sucht er nach einer Möglichkeit, sie anders zu beleuchten. Die Wiederholung und gewisse Monotonie der Thematik, die unweigerlich auf die Rettung der Seele und auf ein Verhalten hinausläuft, das näher zu diesem Ziel führt, muß durch einen Wechsel der Betrachtungsweise, etwa durch unerwartete Gegenüberstellungen und Vergleiche des Predigers, kompensiert werden. Im recht starren Rahmen des Kanons Variationen zu finden war eine Aufgabe, die Berthold von Regensburg mit großer Findigkeit und unzweifelhafter Meisterschaft gelöst hat.

Dennoch verblüfft es ein wenig, daß Berthold sich in seinen Predigten keinerlei *Exempla* bedient hat, wie dies andere Prediger des 13. Jh.s in großem Umfang taten. Wie schon bemerkt, zieht er hin und wieder Erzählungen aus dem Alten Testament heran und legt ihren Inhalt dar, um belehrende Parallelen dazu zu ziehen; in diesem Fall erfüllen die biblischen Personen und Ereignisse die Funktion von Mustern für ein sündiges oder gerechtes Verhalten. Aber die *Exempla*, die Szenen aus dem damaligen Alltagsleben schildern, hatten in den Augen des mittelalterlichen Auditoriums eine besondere Anziehungskraft. Nach der außergewöhnlichen Popularität der Predigten Bertholds zu schließen, verstand er es, den gewünschten Effekt zu erzielen, ohne sich der Hilfe der *Exempla* zu bedienen, die ihm sicherlich bekannt waren. Die Predigten des deutschen Franziskaners wiederholen nicht das dramatische Aufeinandertreffen der transzendentalen und irdischen Welt im Rahmen des spezifischen »Chronotopos« der *Exempla*. Wir haben weiter oben gesehen, daß das »Chronotopos« in den *Exempla* der lateinischen Predigten des 13. Jh.s der Wechselwirkung zweier religiös-kultureller Traditionen entspringt: der gelehrten, kirchlichen und der volkstümlichen. In den Predigten Bertholds fand diese Wechselwirkung auf andere Weise statt.

Berthold kennt ausgezeichnet die Bedeutung des anschaulichen, greifbaren Bildes, des Vergleichs, der die Phantasie anregen kann und im Gedächtnis des Zuhörers haften bleibt. Deshalb werden bei ihm allgemeine Darlegungen gewöhnlich durch Konkretisierungen verdeutlicht, mitunter in ziemlich grober Form. Um die Gemeinde vor Ehebruch zu warnen, der verbreitetsten und gefährlichsten Sünde unter den Todsünden, legt er daher in den Mund eines fiktiven Gesprächspartners die Frage: »Sag, Bruder Berthold, wie riecht diese Sünde? Wie fauliges Aas?« »Nein.« »Wie verfaulter Käse?« »Nein.« »Riecht sie denn wie fauliger Fisch?« »Nein.« »Stinkt sie etwa nach Mist?« »Nein. Sie riecht danach, daß du dem Tode nahe bist« (8, Nr. 12, vgl. Nr. 27). In einer anderen Predigt, die den Sinn der Erbsünde erläutert, sagt Berthold: »Wir sind alle in Adam, wie die Kerne im Apfel und wie der Apfel auf dem Apfelbaum. Wir haben die Sünde ererbt, ähnlich wie die Frucht am verbotenen Baum wächst. Die Frucht der Sünde ist grausamer Tod und Hölle« (8, Nr. 14).

Die Forscher betonen zu Recht, daß die Predigten Bertholds sich im Vergleich zu ihren Vorgängerinnen durch eine ungewöhnliche Selbständigkeit auszeichnen; trotz all ihrer starren Strukturen im Aufbau (»erstens«, »zweitens«, »drittens« usw.) gewinnt man den Eindruck, daß der Autor sich frei seinem Redefluß hingibt.

Die Grenzen zwischen dem Spirituellen und dem Transzendenten auf der einen Seite und dem Irdischen und Stofflichen auf der anderen sind fließend, und es hat den Anschein, als würden sie mitunter völlig aufgehoben. In der Predigt »Von dem niderlande unde von dem oberlande« ist die Rede vom abgrundtiefen Unterschied zwischen der Hölle und dem Himmelreich. Die Sünder, welche nicht bereut haben, sind die »Niederländer«, die, die Gutes getan haben und ohne Sünde sind, hingegen die

»Oberländer«. Im alltäglichen Leben treten beide vermischt auf und sind nicht immer leicht voneinander zu unterscheiden. Aber im Verlauf seiner Erörterungen geht der Prediger unmerklich zur Betrachtung der Unterschiede zwischen den Bewohnern der nördlichen und südlichen Gebiete Deutschlands über. »Ihr wißt«, wendet er sich an die Zuhörer, »daß die Niederländer und Oberländer sich sehr durch ihre Sprache und Gewohnheiten unterscheiden. Diejenigen, die hier im Oberland wohnen, in Zürich, sprechen nicht so wie die aus dem Niederlande, aus Sachsen; sie haben unterschiedliche Mundarten, und man kann sofort feststellen, wer aus dem sächsichen Gebiet kommt und wer am Bodensee wohnt; ihr Gemüt und ihre Kleidung sind nicht gleich. Und dennoch spricht der Niederländer nicht selten ähnlich dem Oberländer und die niederländischen Scheinheiligen und Heuchler benehmen sich, als wenn sie Engel seien, und in Wirklichkeit sind sie Spitzbuben und Schelme; ebenso der Groschenprediger, der sich über Gott und die Heiligen ausläßt, und über die Mutter Gottes und die Qualen Christi, daß du in Tränen ausbrichst – er schwört, daß er selbst ein wahrer Oberländer sei, aber alles, was er ist, ist ein Diener des Teufels und unzweifelhafter Niederländer, und er gehört zum niedersten Gebiet – zu den Tiefen der Hölle« usw. (8, Nr. 18). Hier werden die Unterschiede in der Sprache, den Gewohnheiten und der Kleidung zwischen Vertretern verschiedener Gebiete mit dem Gegensatz zwischen Gut und Böse, Sünde und gerechtem Handeln, Paradies und Hölle vermischt. Darin steckt natürlich auch eine Portion Humor, aber wohl kaum ein harmloser.

In der Predigt »Von dem fride« werden die Worte Christi zitiert: »Und ich will euch das Reich bescheiden, wie mir's mein Vater beschieden hat« (Lukas 22:29). In Bertholds Wiedergabe erscheint das Zitat in etwas veränderter Form: »Ich werde jedem von euch ein Reich geben.« Der Text des Evangeliums dient bei dieser Fassung lediglich als Anstoß für seine Überlegungen. Es ist eine große und freundschaftliche Gabe. »Ich verstehe gut«, spricht Berthold, »daß ich euer Herz erfreuen würde, wenn ich jetzt sagen würde: ›Jedem von euch gebe ich eine Gabe im Wert von hundert Mark, oder ich schenke ihm hundert Silbermark!‹ Aber seht, in diesem Fall müßt ihr euch hundertmal mehr freuen, denn dieses Reich (*künicrîche*) ist hundertmal kostbarer als hundert Mark. Der Herr spricht nicht: ›Ich möchte jedem eine Grafschaft oder ein Herzogtum schenken‹, aber wenn Er schon eine Hube schenkte (*huobe* – bäuerliche Bodenparzelle), das wäre eine herzliche Freude, und wenn er erst eine Stadt und ein Dorf verliehe, wäre die Freude noch größer.

Aber hier gibt Gott jedem ein großes Königreich! Und das ist wahrhaftig so ...« Berthold erinnert an die Vision des heiligen Johannes in der »Apokalypse«: eine große Stadt, reich geschmückt. Die Stimme des fiktiven Gesprächspartners: »Ach, Bruder Berthold, wie froh wäre ich, wenn man mir jetzt zehn Mark in Silber geben würde, ich wüßte schon, wie ich darüber verfügen würde. Es verlangt mich nicht danach, König zu sein.« Der Prediger antwortet: »Du verstehst nicht die große Gnade; einige von euch sind so neugierig, daß sie sich übers Meer begeben, nur um die reichsten Städte und ihre Schätze zu sehen, aber bei uns hier geht es darum, daß ihr immer Herren und Könige wart!« Der andere entgegnet: »Aber Bruder Berthold, wie groß muß das himmlische Reich dafür sein, daß es für das Königreich eines jeden reicht?« Bruder Berthold hat keine Eile, das Gespräch auf die transzendente Ebene zu verlegen und antwortet: Um wieviel ist die ganze Welt größer und breiter als spitze Nadeln, um wieviel ist der Himmel mit den Sternen größer und breiter als diese Welt, und es ist ja hinter diesem Himmel noch ein anderer – ein kristallklarer, noch ausgedehnter als die himmlische Festung, und hinter ihm ist ein noch größerer Himmel in den höheren Regionen gelegen (8, Nr. 17).

Als er die Sünder dazu aufruft, unverzüglich ihre Sünden zu büßen und nicht ihre Sühne bis zu ihren letzten Lebenstagen aufzuschieben, unterstreicht Berthold: »Du bist Gott im ganzen gefälliger mit der Reue, die du heute zeigst, morgen schon weniger, nach einer Woche noch weniger, und nach einem halben oder einem Jahr kaum noch. Ihr Ritter und Herren, wann ist euch ein Pferd teurer – wenn es jung ist und voller Kraft oder wenn es alt und untauglich ist? Und was ist euch Frauen lieber – ein neues und haltbares Kleid, mit klaren Farben, oder ein alter Lumpen? Genauso ist unserem Herrn und seiner heiligen Mutter ein Sünder teuer, der unverzüglich sühnt. Es ist sehr zweifelhaft, ob du am Ende deiner Tage Vergebung erfährst, genausowenig wahrscheinlich wie es ist, daß ein Blinder durch einen Schuß mit dem Bogen oder der Armbrust einen Vogel töten kann, der sich auf der Kirche niedergelassen hat« (8, Nr. 24). In der gleichen Predigt wird ein Vergleich herangezogen, der den Unterschied zwischen den großen oder Todsünden und den kleinen oder verzeihbaren Sünden erläutert: Wirf Stroh ins Meer soviel du willst, und es wird schwimmen, aber wirf den kleinsten Stein hinein, und er wird auf der Stelle untergehen. »Wir nennen diese Sünden Todsünden, weil sie alle guten Taten, die du vollbracht hast, zunichte machen, wenn du nicht frei von Todsünden bist« (8, Nr. 24). Daher ist das Hinauszögern der

Buße überaus gefährlich. »Kehre heute um! Heute, ruft die Taube, und der Rabe: cras, morgen! Auch der Teufel schreit: Morgen!« (8, Nr. 26).

Die dinglich-anschauliche Wahrnehmung der jenseitigen Welt wird auf humorvolle Weise in der Frage deutlich, die sein erdachtes Gegenüber Berthold in einer Predigt stellt, die den Zehn Geboten gewidmet ist: »Ach, Bruder Berthold, wie sollen wir uns verhalten? Kannst du uns nicht einen Weg ins Himmelreich zeigen, der leichter und einfacher ist, damit auch wir im Himmel irgendwo in der Ecke oder hinter der Tür kleine Freuden haben – uns würde das genügen« (8, Nr. 19, vgl. Nr. 35).

Was ist es für eine Zuhörerschaft, an die Berthold von Regensburg sich wendet? Er predigt in der Stadt. In einigen Predigten wird der Ort seines Auftretens genannt: Augsburg, Regensburg, Zürich. Als er in einem Fall den Unterschied zwischen dem Vorhof der Hölle, dem Limbus, und der Hölle selbst erläutert, zieht er den Vergleich mit Augsburg heran; auch in dieser Stadt gibt es einen zentralen, in Festungsmauern eingeschlossenen und einen äußeren, außerhalb der Stadtmauern gelegenen Teil (8, Nr. 20). Die Aufmerksamkeit, die der Prediger den verschiedenen Handwerksberufen und Handelsformen und der Verurteilung des damit verbundenen Mißbrauchs widmet, zeigt erneut, daß die Adressaten seiner Predigt in erster Linie Bürger waren, obwohl er keineswegs die Bauern in den Dörfern und die Herren in ihren Schlössern und Gutshöfen vernachlässigt.

Wie er mehrfach betont, predigte Berthold hauptsächlich vor einfachen, ungebildeten Leuten. Sie können nicht sofort und nicht von allem eine klare Vorstellung bekommen, und deshalb muß man ihnen auch einfache Dinge detailliert auseinandersetzen. Dies trifft insbesondere auf die ehelichen Beziehungen zu, denen eine eigene Predigt gewidmet wurde (8, Nr. 3). Als er die Eltern unter seinen Zuhörern auf die Notwendigkeit hinweist, ihre Kinder in den Anfängen des Glaubens zu unterweisen, führt er an: Die Ungebildeten (*die ungelêrten liute*) müssen das Symbol des Glaubens auf deutsch lernen, die Gebildeten hingegen in der »Buchsprache« (*in buochischem*), d. h. in Latein (8, Nr. 3). Eigentlich hat Berthold eine universale Zuhörerschaft, die alle Altersklassen und Schichten der Bevölkerung umfaßt, aber der einfache, ungebildete Mensch überwiegt natürlich. Im »Prolog« zu seinen lateinischen Predigten schreibt Berthold, daß es keinen Nutzen habe, wenn erfahrene und gebildete Prediger sich ihrer bedienten, weil es wesentlich bessere Predigten gäbe, die von Magistern verfaßt worden seien; seine Werke hat er für »grobe und einfache Geister vorgesehen, die mir selbst gleichen«

(*rudibus et simplicibus mihi similibus*), die nicht fähig sind, erhabene und verfeinerte Materie wahrzunehmen (*alta et subtilia capere non possunt*) (232, S. 20). Natürlich können diese Worte kaum für bare Münze genommen werden; wir haben es hier eher mit einem in der mittelalterlichen lateinischen Literatur verbreiteten Topos zu tun, mit der Formel der Selbstabwertung. Dennoch ist der Hauptadressat hier richtig genannt, denn auch der Inhalt der Predigten Bertholds in deutscher Sprache überzeugt davon, daß er sich vor allem an das gewöhnliche Gemeindemitglied wandte.

2. Die »Anthropologie« und »Soziologie« Bertholds von Regensburg

Um das gesellschaftliche Leben zu charakterisieren, griffen die mittelalterlichen Theologen und Schriftsteller nicht selten zu verallgemeinernden abstrakten Schemata und ordneten ihnen die lebendige Vielfalt der sozialen Wirklichkeit unter. Am verbreitetsten und maßgeblichsten war das Schema der Dreiteilung der Gesellschaft nach den Funktionen, die die Mitglieder der einzelnen Stände (*ordo*) ausübten. Demnach ist die Gesellschaft eine hierarchisch gegliederte Einheit, bei der alle Teile dem Ganzen dienen. Diese Stände sind der *ordo* der Betenden (*oratores*), der *ordo* der Kämpfenden (*bellatores*) und der *ordo* der arbeitenden Menschen (*laboratores*) oder konkreter der Landarbeiter (*aratores*). Während man unter der ersten die Geistlichkeit und die Mönche verstand und unter der zweiten die Ritter, Ministerialen und die übrigen Krieger, gehörten zur dritten Kategorie sowohl die Bauern als auch die Handwerker und Kaufleute. Übrigens ist die Annahme gerechtfertigt, daß die mit Handel und Industrie beschäftigten Stadtbewohner dieses Schema einfach ignorierten. Denn im 11. Jh., als man diese eindeutige Formel endlich gefunden hatte, war sie im Vergleich zu den realen Beziehungen bereits anachronistisch. Das dreifunktionale Schema erhob kaum Anspruch auf eine Widerspiegelung der sozialen Wirklichkeit, sondern war eine Denkkonstruktion, die die organische Einheit eines sozialen Ganzen mit dem Monarchen an der Spitze betonen sollte (111; 153, S. 80–90; 154, S. 1187–1215).

Anders als die Theoretiker verbrachten die Prediger ihre Zeit nicht in Klosterzellen und verkehrten nicht nur in einem engen Kreis von Gelehrten, sondern wandten sich an ein breites und gemischtes – vorwiegend, aber nicht ausschließlich städtisches – Publikum. So konnten sie mit der dreifunktionalen Gliederung nichts anfangen und nahmen Abstand von diesem zu allgemeinen und vom Alltag weit entfernten Schema, zeichneten die soziale Realität auf weniger logische und harmonische Weise nach. Sie wollten in der Regel keine komplette Darstellung von ihr geben. So kommen die Konturen der Gesellschaft und ihrer Stände und Gruppen in der Predigt nur am Rande vor; etwa bei der Erörterung irgendeines Aspekts des moralischen Verhaltens. Jedenfalls wichen die Prediger der empirischen Vielfalt der sozialen Beziehungen nicht aus und gingen durchaus »soziologisch« an sie heran.

Die Predigten Bertholds von Regensburg sind diesbezüglich unbestritten von Interesse. Der deutsche Franziskaner agiert im »Dickicht« des Volkes, er kennt sein Leben und alle Ränge und Gruppen der Gesellschaft ausgezeichnet und aus nächster Nähe. Außerdem spürt er, daß es ein Bedürfnis nach einer gesamtgesellschaftlichen Darstellung gibt. Diese »soziale Analyse« stellt sich natürlich nur als Teil allgemeiner Ausführungen und moralisch-religiöser Belehrungen dar und kann nicht losgelöst von ihnen betrachtet werden.

Die religiös-ethischen Postulate werden also bei Berthold im sozialen Leben manifest. Besonders deutlich wird die Verknüpfung, die er zwischen beiden herstellt, in der Predigt »Von den fünf Pfunden (Talenten)«. Diese Predigt ist in ihrem Verständnis des Wesens der gesellschaftlichen Beziehungen und der organischen Verbindung zwischen der menschlichen Persönlichkeit und dem überpersönlichen gesellschaftlichen Ganzen einmalig; dies gilt sowohl für das Werk Bertholds als auch offensichtlich für andere Werke dieser Zeit. Dieses bemerkenswerte Werk wirft Licht auf die Möglichkeiten und Grenzen der »Soziologie« und »Anthropologie« des Mittelalters. Es verdient die denkbar größte Beachtung und könnte als Ausgangspunkt für die weitere Analyse der Ansichten des deutschen Franziskaners dienen.

Berthold verwendet das Gleichnis über die Talente, die ein Herr seinen Knechten anvertraute (Matthäus 25:14–30), aber beleuchtet es von einer neuen Seite. Seine eigentümliche Interpretation des Textes des Evangeliums vermittelt einen guten Eindruck davon, wie das mittelalterliche Denken den ursprünglichen Fundus von Ideen und Bildern mit aktuellem Inhalt füllte. Was bedeuten diese »Talente« (»Pfunde«)? Berthold läßt den Teil des Gleichnisses außer acht, in dem ein einzelnes Talent einem Knecht übergeben wird; nach seiner Auffassung wird hier auf ungetaufte Kinder hingedeutet. Auch auf den Teil mit den zwei Talenten, die ein anderer Knecht erhält (gemeint sind damit nach Berthold getaufte Kinder), geht er nicht näher ein. Bei ihm geht es nur um die fünf Talente, die der Herr seinem dritten Knecht übergibt. Er steht für den Prediger für erwachsene Menschen, also Personen, die ein Alter erreicht haben, in dem sie die volle Verantwortung für ihre Taten tragen.

Diese »Talente« stellen Gaben Gottes dar. Es ist interessant, daß die Reihenfolge, in der sie im lateinischen Text der Predigt aufgezählt werden, von der des deutschen Textes abweicht. Im lateinischen »Prototyp« ist diese Reihenfolge folgende: (1) *res temporales*, (2) *ipse homo*, (3) *tempus*, (4) *officium*, (5) *homo proximus*. Im deutschen Text der Predigt hingegen: (1) »unsere eigene Person« (*unser eigen lip, unser eigeniu persone*), (2) »dein Dienst« (*din amt*), (3) »deine Zeit« (*din zit*), (4) »deine irdischen Güter« (*din irdenisch guot*), (5) »dein Nächster« (*din naehster*). Berthold folgt also zunächst zwar dem Wortlaut der Heiligen Schrift und beabsichtigt, die Analyse mit dem Besitz bzw. dem Reichtum zu beginnen, um erst dann die Persönlichkeit und ihre Merkmale Zeit und Dienst folgen zu lassen. In der Endfassung hingegen, als die man den deutschen Text der Predigt lesen muß, ist auf den ersten Platz die Persönlichkeit vorgerückt; darauf folgt der Dienst, die Zeit und erst danach der irdische Besitz. Man hat den Eindruck, daß Berthold mit fortgesetzter Arbeit an der Predigt freier mit dem Text des Gleichnisses umgeht. Die Persönlichkeit nimmt jetzt den ihr gebührenden ersten Platz der ganzen Sinnreihe ein und »zieht« sozusagen den Dienst und die Zeit nach sich; der Besitz hingegen wird näher an das Ende des Gleichnisses gerückt. Offensichtlich schien eine solche Reihenfolge dem Autor (oder den Redakteuren des deutschen Predigttextes) überzeugender zu sein.

In einer anderen Predigt zu diesem Thema – hier geht es darum, wie man beim Jüngsten Gericht über die von Gott erhaltenen Gaben wird Rechenschaft ablegen müssen – ist ebenfalls die Rede von den fünf »Pfunden«. Sie wurden uns vom Schöpfer auf den Leib geschrieben, sagt Berthold, und jedesmal, wenn du dich deiner fünf Sinne erinnerst oder die Finger an den Händen zählst, mußt du dich dieser Gaben erinnern. In dieser Predigt werden zunächst die göttlichen Gaben in folgender Reihenfolge genannt: (1) wir selbst, unser Körper; unsere Person, (2) unser Dienst, (3) unser Besitz, (4) unsere Zeit, (5) unser Nächster, ein Christ. Aber bei weiterer Erläuterung dieser Gaben wird die Reihenfolge etwas geändert: Gott müssen wir Rechenschaft ablegen (1) über uns selbst, (2) über unseren Dienst, (3) über unsere Zeit, (4) über den irdischen Besitz, (5) über unseren Nächsten. Im Vergleich zur ursprünglichen Aufzählung sind Zeit und Vermögen vertauscht worden. Für Berthold ist anscheinend nicht so wesentlich, in welcher Reihenfolge Zeit und Besitz kommen müssen, sondern eher die Tatsache, daß alle von ihm genannten fünf Gaben auf engste Weise untereinander verbunden sind und eine Einheit bilden. An dieser Einheit ist auch seine Auffassung von der Natur des Menschen zu erkennen. Ich stelle nebenbei fest, daß die hier zur Diskussion gestellten Betrachtungen über die »fünf Pfunde« noch vor verhältnismäßig kurzer Zeit die Aufmerksamkeit der Forschung auf sich gezogen haben; aber das Hauptaugenmerk hat sie nicht auf die genannte Einheit gerichtet, sondern auf die »Arbeit« und die »Stellung«, die »Berufung« (220; 166, S. 41–82). Ein solcher Ansatz scheint mir, obwohl er zweifellos wesentliche Aspekte enthält, dem Gedanken Bertholds nicht ganz gerecht zu werden.

Das »erste Pfund« ist also nach dem Prediger »unsere eigene Person«, die der Herr nach seinem Bild und ihm gleich erschuf und veredelte, indem er ihr den freien Willen schenkte. »Wir müssen vor Gott für ihn einstehen und uns mit unserem Willen an das Gute binden.« Selbstverständlich hatten die Termini *lip* und *persone* andere Bedeutungen als das, was wir heute unter dem Begriff »Persönlichkeit« verstehen. Aber wir haben keinen anderen Begriff zur Verfügung; wenn wir also von der Persönlichkeit in der Predigt des 13. Jh.s sprechen, dürfen wir nicht aus den Augen verlieren, daß wir es hier mit der mittelalterlichen Persönlichkeit zu tun haben. Sie verfügt nicht über den Grad von Autonomie und Souveränität, die in späteren Jahrhunderten zu ihren wesentlichen Merkmalen werden. Es handelt sich um eine Person, die von Gott geschaffen wurde und zu ihm zurückkehren muß. Bertholds weitere Auslegung des Gleichnisses über die »Talente« bringt unverzüglich Licht in sein Verständnis der Kategorie der Persönlichkeit.

Das zweite »Pfund«, das zweite »Talent« – »das ist deine Berufung (Stellung, Dienst, *amt*), zu der dich Gott vorherbestimmt hat. Jedem Menschen hat er einen Dienst geschenkt«, weil niemand müßig bleiben darf. Die Gesellschaft besteht aus Personen, von denen jede die ihr zugewiesene soziale Funktion ausübt. Berthold entwickelt eine eigene Lehre über die funktionale Teilung der Arbeit und der Pflichten, wobei er die vielfältigen Formen der »Dienste« oder »Berufungen« nicht dem starren dreiteiligen Schema unterordnet. Jeder der Dienste, ein niederer wie ein hoher, ist wichtig und unverzichtbar für die Existenz des Ganzen. Das dreifunktionale Schema setzte entpersönlichte und nur als Masse existierende *ordines* voraus, Berthold hingegen hat Individuen im Sinn, die diese oder jene Dienste ausüben. Der Ausgangspunkt seiner Betrachtungen ist das Individuum, die Persönlichkeit, nicht der Stand oder Rang. Wie schon bemerkt, wandte sich der Prediger fortwährend an einzelne Personen, wenn er vor einer Menge von Gläubigen auftrat, wobei er mit ihnen einen direkten Dialog anzuknüpfen versuchte. Sein Adressat ist das Individuum, um dessen Seele er sich sorgt. Bertholds Appelle an das Auditorium zeichnen sich in diesem Fall (und in vielen anderen) besonders dadurch aus, daß er in das Gespräch ein persönliches Moment mit einbezieht.

Auch er selbst habe einen Dienst, bemerkt Berthold: »die Predigt – das ist mein Dienen«. Die Dienste sind weise verteilt, nicht so, wie wir es uns wünschen würden, sondern nach dem Willen des Herrn. Viele wünschten, Richter zu werden, anstatt notgedrungen Schuster zu bleiben. Jemand würde vielleicht lieber ein Ritter sein, aber er sieht sich genötigt, Bauer zu bleiben. »Wer würde denn für uns die Erde pflügen, wenn ihr alle Herren wäret? Oder: wer wird die Stiefel zusammennähen, wenn du das wärest, was du gerne möchtest? Du mußt das sein, als was Gott dich sehen will.« Der eine ist zum Papst ausersehen, der andere zum Imperator oder König, oder zum Bischof, Ritter oder Graf usw. »Und wenn du einen niederen Dienst versiehst (*niderez amt*), dann muß dein Herz nicht wehklagen und deine Lippen nicht knurren: ›Ach Herr; warum hast du mir ein so schweres Leben gegeben, anderen hingegen große Ehre und Reichtum?‹ Du mußt sagen: ›Herr; Ruhm sei dir für all deine Gnade, die du mir erwiesen hast und noch erweisen wirst‹« (8, Nr. 2). In einer anderen Predigt lesen wir dasselbe: »Ach, Bruder Berthold, wenn mir doch Gott etwas gäbe!« ruft sein Gegenüber aus. »Nein, nein«, antwortet der Prediger. »Und weißt du, warum? Du wärest gern ein Herr; aber mußt die Erde pflügen; du wärest gern ein Graf, aber bist ein Schuster; dasselbe sage ich allen, die arbeiten (*arbeitern*). Wenn Gott alle zu Herren gemacht hätte, dann wäre die Welt schlecht eingerichtet (*unverrihtet*), und im Land gäbe es keine Ruhe und Ordnung« (8, Nr. 19). Die Hierarchie und Verteilung der gesellschaftlichen Funktionen, Ränge und Reichtümer sind ein Kennzeichen dafür, daß die Welt gut eingerichtet ist und sind Gott gefällig, dem Herrscher der kosmischen und sozialen Ordnung.

Weiter ist in der Predigt »Von den fünf Pfunden« die Rede von neuen und ungesetzlichen Abgaben und Zöllen. Berthold ruft diejenigen, die diese Zölle erhoben haben, dazu auf, sie wieder aufzuheben, da ihnen die Gefahr droht, ihre Seele zu verderben. Die Richter müssen gerecht ihren

Dienst versehen und Reiche und Arme, Einheimische und Fremde, Landsleute und Verwandte nach dem Gesetz gleich richten, keine Strafgelder eintreiben, die über die gesetzlichen hinausgehen. Gleich auf die Warnung vor Bestechungsgeldern und anderen Abgaben folgt ein Rat: Diejenigen, die nicht gerecht richten, sollten besser auf ihren Dienst verzichten, weil es nach dem Wort Gottes »besser ist, mit einem Auge ins Himmelreich einzugehen, als mit beiden Augen in die Hölle«. Das bedeutet: Man sollte es vorziehen, seine Seele zu retten, indem man einen weniger hohen Posten bekleidet, als sie auf einem höherstehenden Dienst zu verderben. Das betrifft auch alle Habsüchtigen, die von Berthold *gitige* (»Habgierige«) genannt werden und die er unablässig beschimpft.

Aber es gibt auch Arten von Beschäftigungen, welche keinen »Dienst«, d. h. eine von Gott bestimmte Berufung, darstellen. Dabei handelt es sich um Wucher, Hehlerei, Betrug und Diebstahl. Indessen sind Schwindel und Betrug heute überall verbreitet, klagt der Prediger; Wasser wird als Wein ausgegeben, man verkauft Luft anstatt Brot, verwendet gefälschte Waagen, panscht das Bier und fälscht das Wachs, verdirbt die Maße. »Weh dir, Mantelschneider, der du deinen Dienst unrecht versiehst!« Ähnlich den Städtern wurde auch ein Teil der Bauern zu Betrügern. Sie betrogen beim Verkauf des Heus und des Holzes. »Müller, du betrügst!« Die Tagelöhner bemühen sich, solange der Herr ein Auge auf sie hat, aber er braucht sich nur abzuwenden, und sie legen sich wieder auf die faule Haut. »Schuster, du bist ein Spitzbube! Und du, Schankwirt, gießt du nicht Wasser in den Wein?! Oder mischst billigen Wein mit gutem? Aber ihr, ihr Herren! Seid barmherzig, damit auch Gott mit euch barmherzig sein wird!« Der Schneider stiehlt vor den Augen des Bestellers. Der eine betrügt den anderen, und jener zahlt ihm den Betrug wieder heim. Und es werden nun viele tausend vom Herrn in die Hölle geworfen, weil sie die Talente nicht zurückgegeben haben, die Er ihnen geschenkt hat.

Berthold zeichnet ein breites Panorama von Lügen, Betrug, Schwindel, Erpressung, gewissenloser Einstellung zur Arbeit und zum ausgeübten Dienst. Diese allgemeine Einstellung, das Leben hauptsächlich von seiner Kehrseite zu sehen und die Untugenden anzuprangern, ist sicherlich typisch für jeden Moralisten. Aber man kann vermuten, daß sich hier in gewissem Maß auch die verschlimmerten Verhältnisse der *Zwischenherrschaft* widerspiegelten, als Willkür und Gesetzlosigkeit tatsächlich ein großes Ausmaß erreicht hatten.

Wenn die erste Gabe Gottes an den Menschen also seine eigene Person ist, die Persönlichkeit, die über einen freien Willen verfügt, dann ist die zweite Gabe nichts anderes als die soziale Funktion des Individuums, seine ständische und berufliche Position. Der Mensch wählt seinen Dienst nicht nach seinem eigenen Willen und darf nicht über einen Wechsel des Berufs oder von einem sozialen Rang in einen anderen nachdenken, denn jeder »Dienst« verpflichtet ihn dazu, die Vorhersehung Gottes zu erfüllen. Die Persönlichkeit nach dem Verständnis Bertholds von Regensburg ist eine sozial determinierte Persönlichkeit. Ihre Eigenschaften sind aufs engste mit seiner Zugehörigkeit zur Klasse, zum rechtlichen Stand, zur gesellschaftlichen Gruppe verbunden. Es gibt keinen »abstrakten Menschen« als solchen, als Mitglied einer »bürgerlichen Gesellschaft«, aber es existieren verschiedenste soziale Typen – Herren, Herrscher, Ritter, Bauern, Handwerker, Kaufleute. Die Persönlichkeitsstruktur des Kaufmanns ist nicht ganz dieselbe wie die des Ritters, diejenige eines Mönchs ist anders als die eines Bauern. Man muß zugeben: Der Gedanke Bertholds bringt recht gut sowohl das spezifische Selbstbewußtsein des Menschen im Mittelalter, der in einer ständisch-korporativen hierarchischen Gesellschaft lebte, als auch die objektive Lage der Dinge zum Ausdruck.

Die Begriffe »Dienst«, »Berufung«, »Stellung« umfassen die unterschiedlichsten gesellschaftlichen Funktionen: von Verwaltungs-, kirchlichen und politischen Aufgaben (Richter, weltliche Herrscher, Prälaten, Geistliche) bis hin zu solchen, die rein arbeits- und berufsbezogen sind. Berthold erwähnt die Ackerbauern, Schneider, Schuster, Müller, Händler und Tagelöhner. Die Kategorie *amt* setzt folglich auch Arbeit voraus. Aber wir wollen betonen, daß die Arbeit nicht von der umfangreicheren Kategorie des »Dienstes« abgetrennt ist, denn in der Analyse, die Berthold in der Predigt »Von den fünf Pfunden« unternimmt, scheint nicht die Produktionstätigkeit im Vordergrund zu stehen, sondern der Dienst am Ganzen, an der Gesellschaft. Wichtig ist das Eingebundensein ins System der vielfältigen sozialen und zugleich ethischen und religiösen Funktionen. Der Mensch arbeitet sowohl für die Befriedigung der eigenen Bedürfnisse als auch für die Bedürfnisse von anderen Menschen, aber seine Arbeit wird vor dem Angesicht des höchsten Schöpfers ausgeführt, und gerade darin besteht ihre letztliche Begründung.

Der Begriff »Arbeit« (*arbeit*) umfaßte neben der Bedeutung »Produktionstätigkeit« in dieser Zeit noch eine Reihe anderer Bedeutungen – »Not«, »Pein«, »Sorge«, »Strafe« –, und auch in den Predigten Bertholds von Regensburg hatte das Wort *arbeit* all diese Nuancen. Aber dabei ist es wesentlich zu beachten, daß »Arbeit« keine Abstraktion darstellt; auch wenn man eine ökonomische Aktivität darunter verstand, war dies die Arbeit eines konkreten Individuums. In den Texten des 13. Jh.s hat Arbeit die Konnotationen »Dienst«, »Unterordnung«, »Herrschaft«, »Treue« (220, S. 118 ff., 186).

Folglich beharrt der Franziskanerprediger nicht auf asketischer Passivität und Abkehr von der Welt, sondern darauf, daß die Arbeit als sozial nützliche Tätigkeit und Grundlage der Existenz der Gesellschaft unabdingbar ist. Die Gesellschaft besteht in seinen Augen vor allem aus produzierenden Subjekten, aus Menschen, die materielle Güter schaffen. Die Forschung verweist in diesem Zusammenhang auf die Herausbildung einer neuen »Ethik der Arbeit« in der mittelalterlichen Stadt (92, S. 212 ff., 354 ff.; 166, S. 65). Wenn alle Dienste vom Schöpfer festgesetzt sind, dann sind sie zugleich auch für die Gesellschaft notwendig; durch seine Arbeit hilft jeder den anderen, indem er seine Erzeugnisse mit ihnen austauscht. Aber dieser Tausch muß ehrlich und frei von Betrug sein. Die moralische Seite der Wirtschaft (»brüderliche Beziehungen« unter den Christen) nimmt in der Predigt Bertholds einen zentralen Platz ein.

Das dritte »Talent«, das dem Menschen gegeben wurde, ist die Zeit, die ihm zum Leben bewilligt wird. Gott wünscht zu wissen, auf welche Weise er sie verbringt. Die Zeit wurde uns für die Arbeit gewährt, und man darf sie nicht nutzlos vertändeln. Die Spieler und Tänzer hingegen, diejenigen, die unaufrichtig beten oder fluchen, die Trunkenbolde und Ehebrecher, die Mörder vertun auf ungebührliche Weise Zeit. Für die Zeit, die ohne Nutzen verstreicht, muß man eine Antwort bereithalten. Berthold läßt erneut Schelte und Verwünschungen auf alle »Habgierigen« niedergehen, weil sie ihre Zeit nicht nur vergeuden, sondern dabei noch Schaden anrichten und Sünden begehen. Man muß die Zeit dem Gebet, dem Dienst, guten Taten, dem Verteilen von Almosen oder dem Besuch der Kirche widmen. Die Qualen des Fegefeuers verkürzen sich für den Menschen jedesmal, wenn er ein *Pater noster* oder *Ave Maria* spricht oder ein Almosen gibt; die Zeit, die zum Ruhm Gottes genutzt wird, verkürzt die Zeit, in der die Seele im Fegefeuer brennen wird. Die Zeit muß für die Rettung genutzt werden und nicht, um die Qualen in jeder Welt zu vermehren. Und deshalb, wendet sich Berthold an die Zuhörer, verbringt eure Zeit sinnvoll!

Das vierte »Pfund«, oder Talent, das uns von Gott gegeben wurde, ist der irdische Besitz. Er soll dem Familienoberhaupt zur Befriedigung seiner eigenen Bedürfnisse, der seiner Familie und anderen Hausangehörigen (*gesinde*) dienen. Natürlich ist dem einen mehr gegeben als dem anderen, aber in jedem Fall muß man gut über sein Vermögen verfügen. Das bedeutet: nichts den Spielern, fremden Frauen, Prostituierten geben und nichts für teure Kleider ausgeben. Im Gegenteil, lobenswert sind Gaben und Hilfe für die Nackten und Hungrigen. Ein Mensch, der etwas besitzt, ist in der Predigt Bertholds vorwiegend ein unmittelbarer Produzent, der sich um seine Ernährung und seinen Wohlstand kümmert. Das Ideal des Predigers ist die selbstversorgende Familienwirtschaft. Der Besitz ist in diesem weltanschaulichen System das, was auf gesetzliche Weise und durch ehrliche Arbeit erworben wird. Die Ansichten Bertholds von Regensburg über soziale und Eigentumsverhältnisse stimmen in vielem mit den Ansichten seines Zeitgenossen Thomas von Aquin überein (232, S. 64 ff., 71 ff.).

Mit zunehmender städtischer Wirtschaft und Arbeitsteilung bildeten sich bei den arbeitenden Menschen unweigerlich Beziehungen des Austausches von Produkten und Dienstleistungen. Die Donnerwetter, die Berthold auf die »Habgierigen«, »Diebe« und »Gauner« niedergehen ließ, waren nicht in der ungleichen Verteilung des Eigentums begründet, sondern in dessen Mißbrauch. Diese Mißbräuche sind Erscheinungen der Untreue gegenüber Gott, der genug erschaffen hat, um alle zu ernähren. Daß es ungleiche Besitzverhältnisse und Arme und Reiche gibt, ist vom Standpunkt des Predigers aus betrachtet nicht so wesentlich und spielt bei der grundsätzlichen Gleichheit der Menschen vor Gott eine untergeordnete Rolle. »Alles geht von Ihm aus, und alles kehrt letzten Endes zu Ihm zurück.« Deshalb erkennt Berthold kein volles, uneingeschränktes Recht am Eigentum an: Der Besitz ist dem Besitzer genauso von Gott anvertraut worden wie auch seine Person, seine Zeit und sein Dienst. Er ist nur der Verwalter seines Reichtums und muß Rechenschaft über dessen Verwendung ablegen.

Die fünfte Gabe (»Pfund«) schließlich ist die Liebe zum Nächsten, den man lieben soll wie sich selbst (8, Nr. 2). Weiter unten werden wir noch zu diesem »Talent« zurückkommen.

Folglich sind die fünf dem Menschen geschenkten Gaben und grundlegenden Werte, über deren Verwendung er vor dem Allerhöchsten Rechenschaft ablegen muß, seine Persönlichkeit, Berufung, Lebenszeit, sein Besitz und seine Beziehungen zu anderen Menschen. Man könnte fragen: und die Seele? Eigentlich müßte der Prediger doch sie an erster Stelle unter den göttlichen Gaben nennen, die dem Menschen gegeben wurden. Die Seele wird hier nicht aufgeführt, aber sie bildet bei diesen Betrachtungen das unsichtbare Zentrum, um das alle aufgezählten Gaben kreisen. Ein anderer Umstand macht aufmerksam: Nach gewissen Variationen hielt Berthold es für notwendig, die Aufzählung der »Talente« mit der menschlichen Persönlichkeit zu beginnen – ein Begriff, der in einer früheren Periode vorwiegend nur auf die dreieinige Person Gottes selbst angewendet wurde. Die Persönlichkeit ist nicht mit der Seele gleichzusetzen, und der Terminus, der hier verwendet wird (*lip*), verweist eher auf den Körper als auf die Seele. Berthold fügt deshalb noch einen weiteren Terminus (*persone*) hinzu, denn die Persönlichkeit umfaßt sowohl Seele als auch Körper. Die Trennung dieser widersprüchlichen Einheit, die sich im Moment des menschlichen Endes vollzieht, wird als zeitlich begrenzter Zustand betrachtet: Nach dem Tod kommt die Seele in die Hölle, ins Himmelreich oder Fegefeuer, je nachdem, wie stark sie mit Sünden belastet ist. Der Körper ist der Verwesung im Grab preisgegeben, aber am Jüngsten Tag werden Körper und Seele wieder vereint. Die endgültig verurteilte oder freigesprochene »Person« geht für immer in die Abteilung der jenseitigen Welt ein, die ihr vom höchsten Richter zugewiesen wird (s. unten).

Wir kehren zur Predigt »von den fünf Pfunden« zurück und betonen erneut, daß die Freiheit des Willens ein notwendiges Kennzeichen der hier erwähnten menschlichen Persönlichkeit ist; gemeint ist die Freiheit, den Weg des Guten oder den Weg des Bösen zu wählen. Diese Willensfreiheit betont Berthold mehrfach auch in anderen Predigten und mißt ihr eine sehr große Bedeutung bei.

Daß die Aufzählung der Gaben Gottes an den Menschen mit der Person beginnt, ist ein ganz natürlicher Gedanke; es ist die erste und grundlegende Gabe, an die sich alle anderen anschließen können. Das zweite »Talent« – der »Dienst«, die »Berufung« – verweist jedoch auf die soziale Funktion des Menschen. Genauso wie er eine Persönlichkeit darstellt, gehört er zu einem »Dienst«, zu einer sozial-beruflichen Klasse, einem Rang oder Stand, den er nicht wechseln kann und darf, weil diese Zugehörigkeit von oben festgesetzt wurde. Deshalb muß er mit aller Sorgfalt und redlich seinen als Berufung verstandenen Dienst erfüllen. In dieser Predigt wird auf jegliche Art betont, welch große Bedeutung der »Berufung« oder dem »Dienst« zukommt. Eigentlich ist der Dienst in der Begriffsreihe, in die er hier gestellt wird, eine ebenso unabdingbare Qualität bzw. ein Kennzeichen des Menschen wie seine Persönlichkeit selbst. Die Persönlichkeit beschränkt sich nicht auf die Einheit von Seele und Körper, sie schließt die soziale Funktion des Menschen mit ein, jenen Dienst, den er nach dem Entwurf des Schöpfers versieht.

Nach der Person und dem Dienst des Menschen wird als dritte Gabe (»Talent«) ganz logisch seine Lebenszeit aufgeführt. Natürlich ist die Zeit bei Berthold keine säkularisierte Zeit; sie hat sich noch nicht von der »kirchlichen Zeit« in eine »Zeit der Kaufleute« verwandelt, sondern sie ist die Zeit des Herrn und sein Eigentum. Ihm muß der Mensch Rechenschaft darüber ablegen, wie er die ihm bereitgestellte Zeit genutzt hat. Außerdem ist die Zeit des irdischen Lebens nach Berthold vor allem eine Zeit der Rettung. Die Vergänglichkeit der Zeit war auch schon dem Frühen Mittelalter bewußt; das Christentum hat immer die Notwendigkeit betont, die Zeit der Ewigkeit unterzuordnen, und wenn Berthold von der nützlichen Verwendung der Zeit spricht, hat er überwiegend die Sorge um die Rettung der Seele im Auge. Er besteht in seinen Predigten mehrfach darauf, daß man seine Sünden unverzüglich büßen und sühnen und unrechtmäßig erworbene Reichtümer sofort zurückgeben müsse. Die Zeit ist in den Augen des Predigers nicht zum selbständigen irdischen Wert geworden, zu einem Wert des diesseitigen Lebens, und konnte es auch noch nicht werden. In seiner Interpretation wird die Zeit klar abgewertet, falls von der Ewigkeit die Rede ist. Und dennoch ist es von Bedeutung und hat Konsequenzen, daß in der Predigt »von den fünf Pfunden« die Zeit als Bedingung für die Ausübung des Dienstes bzw. der Berufung zu einem zentralen Wert des menschlichen Lebens aufgewertet worden ist. Die Zeit ist hier zu einem notwendigen Parameter der Persönlichkeit geworden.

Anscheinend begann für die Prediger der Bettelorden, die ihre Aktivitäten in engem Kontakt mit dem bürgerlichen Milieu entfalteten, die Zeit einen neuen Wert zu bekommen (ich betone: begann!). Obwohl sie diesen Wert wie früher traditionell theologisch auslegten, war die Tatsache, daß die Kategorie der menschlichen Lebenszeit mit der Kategorie der Persönlichkeit (Person) und der Berufung (des Dienstes) verbunden wurde, höchst symptomatisch. Man kann annehmen, daß die hohe Bewertung der Zeit wie auch der Zugehörigkeit zu Gilden, die für die städtischen Kreise der Kaufleute und des Handels des klassischen Mittelalters selbstverständlich war, ihren Einfluß auf die Predigt ausgeübt hat, die sowohl die Zeit als auch den Dienst und den Besitz (viertes »Talent«) auf eine religiös-moralische Ebene brachte. Es ist bezeichnend, daß Berthold schon nicht mehr nur im negativen Sinn über den Reichtum sprechen konnte, wenn er sich an die Gemeinde wandte. Der Besitz dient der Befriedigung der natürlichen Bedürfnisse des Menschen und seiner Familie (die mittelalterliche Familie umfaßte neben der Ehefrau und den Kindern auch das Gesinde und die Feldarbeiter). Natürlich muß man den Armen und Bettlern helfen und überhaupt gute Taten tun, aber auch sich selbst sollte man nicht vergessen. Berthold kehrt in seinen Predigten nicht nur einmal zu dem Gedanken zurück, daß der Reichtum ungleichmäßig verteilt ist; die einen besitzen viel, die anderen wenig oder überhaupt nichts. Aber welche praktischen Schlußfolgerungen zieht er aus diesen Erwägungen? Nehmen wir an, ein Mensch hat zwei oder drei gute Mäntel, ein anderer jedoch hat nicht mal einen oder nur einen einzigen verschlissenen Überzieher: Ist der Besitzende verpflichtet, dem Bettler einen von seinen Mänteln zu geben?

Als er das Thema »liebe deinen Nächsten wie dich selbst« behandelt, läßt der Prediger seinen fiktiven Gesprächspartner ihm entgegnen: »Leider würdest du selbst, Bruder Berthold, sicher nicht so handeln. Ich bin dein Nächster, und du hast zwei gute Gewänder, und ich habe nur einen Mantel, aber dennoch wirst du eher mich in Not leben lassen als dich selber.« »Ja, das stimmt«, antwortet der Prediger, »ich habe Kleidung, doch ich werde sie dir nicht geben; aber ich möchte, daß es dir nicht schlechter, sondern sogar besser geht als mir. Die Liebe besteht darin, daß man dem Nächsten dasselbe wünscht wie sich selbst: Für dich wünschst du das Himmelreich – wünsche es auch ihm« (8, Nr. 23). Dieser Gedanke ist ganz wesentlich für Berthold, und er wiederholt ihn wörtlich in anderen Predigten (8, Nr. 17, 34). Nicht mehr die Rede ist hier vom Armutsideal des Evangeliums und daß es wünschenswert sei, seinen Reichtum um der Rettung der Seele willen zu verteilen, worauf die Prediger einer früheren Periode des Mittelalters so beharrlich bestanden hatten. Der Reichtum war im Bewußtsein schon so stark mit der Persönlichkeit und ihrem »Dienst«, also ihrer Vorausberufung oder Berufung, verschmolzen, daß die »Liebe zum Nächsten« einen viel »anämischeren«, tatenloseren Charakter bekam als vorher. Man kann kaum in Zweifel ziehen, daß in dieser Umwertung der christlichen Werte der versteckte Einfluß einer neuen Ethik der Arbeit und des Besitzes beobachtet werden kann, die sich in der Stadt herausgebildet hatte. Die Ideale des Predigers, dessen Tätigkeit sich vorwiegend in städtischer Umgebung entfaltete, unterscheiden sich radikal von den traditionellen mönchischen Idealen. Die Lehre davon, daß jemand, der im Besitz zweier Hemden war, mit seinem Nächsten teilen mußte, der kein Hemd besaß, wurde zu Zeiten Bertholds schon als Häresie aufgefaßt. Diese Forderung muß nach Berthold als ein unzweifelhaftes Zeichen von Aufruhr verstanden werden (8, Nr. 25).

Also sind die Person, die Stellung oder der Dienst des Menschen, seine Lebenszeit und die Habe, die er besitzt, in der hier untersuchten Predigt zu einem untrennbaren Ganzen vereint. Alles muß zum Nutzen des Individuums und außerdem im Interesse des sozialen Ganzen verwendet werden, wobei dieses Interesse in der Predigt wie gewohnt im religiösen Gewand präsentiert wird, also als Erfüllung von Gottes Willen. Er ist der Eigner der »Talente«, die dem Menschen zur bestmöglichen Nutzung überlassen werden. Hinter der traditionellen theologischen Form verbirgt sich ein neuer, irdischer Inhalt; aber allem Anschein nach bleibt dieser sogar dem Prediger selbst verborgen. Es versteht sich von selbst, daß Gott in den Belehrungen Bertholds nicht zum einfachen Pseudonym für die Gesellschaft mit ihren rein irdischen Interessen wird. Er bewahrt voll und ganz seine Souveränität und Bedeutung als bestimmendes regulatives Prinzip allen Seins, als Schöpfer und Herr sowohl der Welt als auch des Menschen, als Ziel, nach dem dieser streben muß. Und dennoch gibt es in der Predigt über die Talente einen bestimmten Widerspruch, eine eigenartig gespannte Beziehung zwischen dem gewöhnlichen, theozentrischen und dem allmählich im gesellschaftlichen Bewußtsein des Bürgertums entstehenden Weltbild. In dessen Zentrum steht, und zwar »inoffiziell«, der Mensch mit seinem irdischen Streben. Die sich neu herausbildende Weltsicht negiert die Rolle des Schöpfers keineswegs und ist in diesem Sinne auch theologisch, aber sie schließt bereits latent andere Möglichkeiten mit ein. Es ist auszuschließen, daß Berthold von Regensburg die Impulse nicht wahrnahm, die vom bürgerlichen Milieu ausgingen. Weil er Theologe und Prediger blieb, hielt er an den Worten und dem Sinn des mittelalterlichen Christentums fest. Aber dieser Sinn selbst änderte sich unmerklich, es verschoben sich die Akzente, und in alte Schläuche begann man neuen Wein zu gießen. Diese Bewegungen wurden im 14. Jh. wesentlich spürbarer (153, S. 46–79, 90–107, 176 ff.), aber wie wir gesehen haben, konnte man bei dem deutschen Prediger in der Mitte des 13. Jh.s bereits ihre Vorbedingungen und Vorahnungen beobachten.

Wir haben hier eine sehr eigentümliche, aber deutlich zum Ausdruck gebrachte »Soziologie« und »Anthropologie« des mittelalterlichen Predigers vor uns. Berthold fühlt sich verpflichtet, eine klare Antwort auf die grundlegenden Fragen des Daseins des Menschen zu geben, der gleichzeitig vor Gott und vor der Gesellschaft steht. Die Schärfe, mit der diese Probleme aufgeworfen werden, und die Eindeutigkeit ihrer Lösungen unterscheidet den deutschen Franziskaner von seinen Mitbrüdern – den anderen Predigern und den Autoren der lateinischen *Beispiele*. Die deutsche Gesellschaft war in der Zeit des *Interregnum* der 50er und 60er Jahre des 13. Jh.s in einer schwierigen Lage; angesichts von Anarchie und inneren Unruhen war sie unfähig geworden, ihre Bürger vor wachsender Willkür zu schützen, vor allem die arbeitenden Unterschichten und die Armen. Das läßt vermuten, daß der Prediger unmittelbar mit solchen Grundfragen des Seins konfrontiert wurde, wer der Mensch ist, wie sein gesellschaftliches Verhalten sein sollte, welche grundlegenden Werte das Leben hat, die er in der entstandenen krisenhaften Situation erneut durchdenken mußte. Von besonderem Interesse sind die Überlegungen Bertholds von Regensburg deshalb, weil sie nicht in ein philosophisches oder theologisches Traktat eingebunden waren, das sich an eine begrenzte Gruppe Gebildeter richtete. Sie wandten sich in Form der Predigt an alle, wenn auch vorwiegend an die einfachen Leute.

Die Untersuchung der Predigt »Von den fünf Pfunden« legt den Gedanken nahe, daß die hier aufgeworfenen Fragen und angebotenen Antworten zum Teil die religiöse Ethik der Reformationszeit vorwegnahmen. In der Tat wurden im 16. Jh. ausgiebig die Probleme der »Berufung« und des »Dienstes« diskutiert, wurde der Wert der Zeit des menschlichen Lebens nachdrücklich betont und dem irdischen Reichtum eine höhere Rechtfertigung gegeben. Nicht zufällig zitierten die Reformatoren der zweiten Hälfte des 16. Jh.s Berthold oft und gern. »Die Predigt desjenigen wird vom Volk angenommen werden, der die Predigten des Dorfpredigers studiert hat (Rusticanus)«, schrieb einer der Zeitgenossen Luthers (232, S. 63). Rusticanus war der Beiname Bertholds und die Bezeichnung seiner lateinischen Predigten. Diesen Beinamen muß man eher mit »zum einfachen Volk gehörig« übersetzen als mit »dörflich«. Die Historiker vergleichen Berthold bezüglich seines Einflusses auf die Zuhörer, seiner rhetorischen Fähigkeiten und meisterhaften Anwendung sprachlicher Mittel mit Luther (142, S. 198). Aber Berthold war ein rechtgläubiger Katholik, dem die Absicht, die Kirche und die Gesellschaft umzuwandeln, unendlich fernlag. Die gewisse Übereinstimmung zwischen der reformatorischen Lehre des 16. Jh.s und bestimmten Thesen in den Werken Bertholds, die drei Jahrhunderte früher formuliert worden waren, muß eher dadurch erklärt werden, daß die christlichen Prediger zu allen Zeiten auf einen allgemeinen Ideenfundus zugriffen, der bis zur Bibel und Patristik zurückreichte. Aber sie bedienten sich dieses Erbes immer auf spezifische Weise, wobei sie Akzente auf die gedanklichen Nuancen und Wendungen setzten, die ihnen nahelagen oder mehr als andere auf die Bedürfnisse der Zeit antworteten.

Nachdem nun klarer geworden ist, wie der Prediger die soziale Zugehörigkeit des Menschen in den Kontext des menschlichen Seins einordnet, sollte man die Überlegungen Bertholds zum Aufbau der Gesellschaft und ihrer Kategorien näher betrachten. Diesem Thema ist die Predigt »Von den zehn Engelschören und von der Christenheit« gewidmet (8, Nr. 10). Sie wurde zum Text des Evangeliums »Das Himmelreich ist gleich einem verborgenen Schatz im Acker, welchen ein Mensch fand und verbarg ihn …« (Matthäus 13:44) gehalten. Der Schatz, erklärt der Prediger, ist die Seele eines reinen Menschen, und das Feld, in dem der Schatz verborgen wurde, Jesus Christus. Darauf geht Berthold nach Dionysius zum Thema der Engelschöre über und sagt, daß die Engel der niederen Chöre denen der höheren dienten, welchen sie untergeordnet seien. Infolge der Rebellion Luzifers gegen Gott fiel der zehnte Teil der Engel, aber, wie Berthold unterstreicht, ist dieser nicht identisch mit dem zehnten Engelschor. Zu den Abgefallenen gehörten Abtrünnige aus allen Chören, die zusammen den zehnten Chor bildeten. Nach diesem Vorbild richtete der allmächtige Gott das Christentum ein (den Terminus Christentum verwendete Berthold gewöhnlich nicht für die Religion, sondern für die Gesamtheit aller Gläubigen): Es besteht aus Menschen von zehn Gattungen und vieler Dienste (*dienste*). Die niederen müssen diese Dienste zum Nutzen der höheren ausführen, denen sie untergeordnet sind (*undertaenic sint*). Es wird also eine Analogie zwischen den zehn Engelschören und den zehn Kategorien der Gesellschaft hergestellt. Unter den Engelschören gibt es drei höherstehende, ebenso sind auch die drei ersten Kategorien von Menschen die am meisten erhöhten; sie hat der Schöpfer selbst ausgewählt und ihnen die sieben anderen Kategorien untergeordnet.

Die erste dieser Kategorien sind die Geistlichen mit dem Papst an der Spitze, die zweite die Mönche, die dritte die weltlichen Richter, zu deren Funktion der Schutz der Witwen und Waisen gehört. Die ersten beiden Kategorien kümmern sich um die Seelen der Christen, die dritte um ihr irdisches Wohl. Der Herr hat das Gericht und die Macht dem Imperator, den Königen, Herzögen, freien Herren und Grafen und allen weltlichen Herren übergeben. Ihnen sind die übrigen Kategorien untergeordnet. Die Oberen müssen ihre Untergebenen vor Diebstahl, Raub und Brandstiftung bewahren, ebenso wie vor Juden, Heiden und Häretikern, vor Meineidigen und vor ungerechten Gewalttaten. »Euch, ihr Höchsten«, wendet sich der Prediger an sie, »verlieh der Herr eine hohe Ehre, Reichtum, ein herrliches Leben, aber euer Schachspiel und eure Vogeljagd und euer Zeitvertreib muß die Sorge um den Schatz (d. h. um die Seele) sein«, d. h. anstelle von Jagd und Spiel sollten die Herren sich um ihre Untergebenen sorgen[12]. »Und ihr, ihr Armen, ihr müßt alle treu dienen, dann wird euch Schutz zuteil.« Ohne die drei höheren Kategorien könnte das Christentum nicht auskommen.

Des weiteren geht Berthold zur Charakteristik der anderen sieben Kategorien über. Übrigens sind es eigentlich nur sechs, denn insgesamt gibt es neun Kategorien, da die zehnte gleich dem zehnten Chor der Engel, die zu Dämonen wurden, abfiel. Die anderen sechs Chöre müssen treu ihren Dienst ausüben (*sin amt*), »um nicht abzufallen«. Ohne diese sechs Kategorien kann man ebenfalls unmöglich auskommen. »Jeder muß so seinen Dienst ausüben, wie er es wünscht, und nicht so, wie du es wünschst. Du möchtest vielleicht lieber Ritter oder Herr sein, aber bist notgedrungen ein Schuster, oder ein Weber, oder ein Bauer, als welcher dich der Herr geschaffen hat.« Hier kehrt Berthold zur Lehre von der Berufung jedes Menschen zurück, die ihm Gott zuteil werden ließ. Wir haben schon gesehen, daß sich in dem Begriff *amt* sowohl das soziale Dienen und die berufliche Beschäftigung als auch die religiös-ethische Pflicht des Christen vereinten; indem er auf die bestmögliche Weise seine Berufung, seinen Dienst ausführte, diente der Gläubige Gott, der Gesellschaft als ganzer und seinem Herrn oder den übergeordneten Mächten. In einer anderen Predigt, »Von den unteren und oberen Ländern«, nennt Berthold unter den acht Haupttugenden, die den Weg in die »oberen Länder« eröffnen, d. h. ins himmlische Reich, »die Bereitschaft, dem Herrn zu dienen«; selbst wenn der Mensch nicht gesündigt hat, aber auch nicht Gott gedient, ist er dem Verderben ausgeliefert. Es ist nicht so wesentlich, ob der Mensch viel betet und oft die Kirche besucht. Wichtig ist, daß er treu in seinem Dienst ist, welcher es auch sei. Denn der Dienst wurde dem Menschen dafür gegeben, daß er dem Schöpfer diene, wiederholt Berthold. »Wenn du schlecht dein Handwerk ausübst und zum Betrug greifst, fehlt es dir an Tugend, und du führst dich wie zu den ›unteren Ländern gehörig‹ (d. h. der Hölle) auf. Ob du nun ein Geistlicher oder Weltlicher, Richter oder Ritter, Kaufmann oder Bauer bist, alle müssen ihre Berufung erfüllen und treu und nach der Wahrheit leben« (8, Nr. 18).

Aber kehren wir zurück zur Analyse der sozialen Kategorien in der Predigt »Von den zehn Engelschören …«. Zur ersten Kategorie der sechs, die den höchsten drei Kategorien untergeordnet sind, gehören all jene, die Kleidung aus Seide, Wolle, Pelz herstellen, Schuhwerk, Handschuhe,

Gürtel und alles zur Kleidung Gehörige nähen; sie bilden einen eigenen »Chor« (*kore*). Diese Handwerker ruft der Prediger dazu auf, treu zu dienen und ehrlich zu arbeiten, nicht zum Betrug zu greifen, nicht die Stoffe zu vermischen und nicht die Auftraggeber beim Abmessen zu hintergehen. »Pfui, Betrüger«, ruft Berthold aus, »du verpfuschtest das Werkstück und bist deshalb abtrünnig geworden und kannst nicht in der Gemeinschaft (*gemeinde*) der Christen bleiben.«

Den zweiten »Chor« bilden Menschen, die mit eisernen Werkzeugen arbeiten; sie haben alle den gleichen Dienst. Das sind Juweliere, Münzpräger, Schmiede, Meister der Eisenverarbeitung, Zimmerleute, Maurer. Auch sie müssen Treue wahren, ehrlich arbeiten, niemand darf andere bei der Arbeit übertrumpfen.

Den dritten »Chor« bilden alle, die mit Handel beschäftigt sind. Sie fahren zur See, bringen Waren aus einem Königreich in ein anderes – die eine holen sie aus Ungarn, die andere aus Frankreich. Der Prediger erwartet von ihnen, daß sie ohne Betrug Handel treiben, zuverlässige Waagen und Gewichte haben. Sich an den Kaufmann wendend, sagt der Prediger: »Du schwörst viel bei allen Heiligen und bei Gott selbst, aber dabei verkaufst du teurer weiter, als du selbst eingekauft hast.«

Den vierten »Chor« und den vierten Dienst stellen die Verkäufer von Nahrungsmitteln und Getränken dar. Sie versorgen die Bevölkerung mit Brot, Fleisch, Bier, Honig, Fisch, Käse, Eiern, Butter, Heringen und anderen Vorräten (hier wie auch in vielen anderen Predigten gibt Berthold gern eine lange Aufzählung von Dingen und Erscheinungen, die seinen Zuhörern ohnehin gut bekannt waren; offensichtlich findet er Befriedigung in der Beschreibung der sichtbaren, fühlbaren materiellen Welt!). Der Betrug, zu dem diese Händler greifen, besteht darin, daß sie nicht frisches Fleisch oder Fisch verkaufen oder das Fleisch kranker Tiere, schlechten Wein und Bier, zu denen sie Wasser gemischt haben, oder die Käufer beim Abwiegen übervorteilen.

Der fünfte »Chor« und der fünfte Dienst – das sind diejenigen, die das Land bestellen, Wein oder Korn erzeugen. Die Bauern (*die gebure*) bilden eine Vereinigung, eine Familie (*gesinde*) und einen Dienst (*amt*). Sie müssen gegenüber ihren Herren (*herechaft*), ihren Kameraden (*genozen*) und untereinander Treue walten lassen, nicht beim Nachbarn einpflügen, nicht das Korn auf einem fremden Feld mähen, nicht ihr eigenes Vieh zu Lasten anderer weiden lassen. »Pfui, Untreuer! Wo sitzt du vor meinen Augen, Huschai und Ahithophel![13] Dich wird man für die Untreue aufhängen. Denn du mußt treu deinem Herrn gegenüber sein. Daneben arbeitest du schlecht, schadest ihm, und wenn er dir Vorwürfe macht, läufst du zu einem anderen Herrn.« Im übrigen führen sich auch die Mächtigen der Welt ungerecht auf. »Ihr Herren!« wendet sich der Prediger an sie. »Ihr unterdrückt oft die armen Leute – aber man sollte ihnen nicht zu viele Lasten aufbürden, damit nicht mit euch dasselbe geschieht wie mit dem Herrn Rehabeam, dem Sohn des Königs Salomon[14]. Er unterjochte seine Leute, und sie liefen ihm davon, um zu Sklaven seines Vaters zu werden, eines klugen Herrn, der sie gut behandelte ... Es wird besser sein, ihr Herren, wenn ihr die Abgaben mindert. Aber auch die Untergebenen dürfen nicht zum Betrug greifen, das Korn zusammenmischen oder schlechte Bündel von Brennholz binden.« Es ist auffallend, daß Berthold, immer wenn er die Untergebenen zur Demut ermahnt, sogleich auf die Herren »umschwenkt« und sie zur Barmherzigkeit gegenüber den Untertanen aufruft – und umgekehrt. Sein Grundgedanke war offenbar, daß ein allgemeiner gesellschaftlicher Konsens gewahrt bleiben müsse, um den Klassenfrieden und die Ordnung im Lande aufrechtzuerhalten.

Den sechsten »Chor«, der von Gott eingerichtet wurde, bilden schließlich all jene, die mit dem Heilgewerbe beschäftigt sind. Die Ärzte ruft der Prediger zu einer gewissenhaften und umsichtigen Heilung auf: »Auch ohne dich gibt es genügend Mörder.«

Dies sind die neun »Chöre«, schließt Berthold. Der zehnte Chor hingegen ist von der Christenheit abgefallen. In ihm vereinigen sich »Schauspieler, Spieler, Trommler und wie man sie da sonst noch nennt«. Ihr ganzes Leben ist auf das Schlechte und auf den Untergang ausgerichtet. »Wenn du irgendwo hier bist«, wendet sich der Prediger an sie, »dann hinweg mit dir!« Die Predigt endet mit einer Schelte an die Adresse dieser von Gott und der Gesellschaft verworfenen Menschen (8, Nr. 10). Berthold teilt ganz und gar die Verachtung der mittelalterlichen Geistlichkeit gegenüber Mimen und Artisten – er sah in ihnen Diener des Teufels.

Hier werden die Strukturen einer entwickelten feudalen Gesellschaft von einem Prediger nachgezeichnet, der seine Lehren hauptsächlich in der Stadt vortrug: Träger der höchsten politischen und gerichtlichen Macht, geistliche Würdenträger, Herren, Handwerker, Händler, Bauern. Diesen Stufen begegnen wir auch in anderen Predigten. Als er die Gemeinde zu arbeiten aufruft wie Ameisen (dieser Vergleich wurde schon weiter oben angeführt), wendet sich Berthold an den Bauern (*der buman*), den Kaufmann (*der koufman*), den Handwerker (*der hantwerk-*

man), den Ritter (*der ritter*) und den Geistlichen (*der geistliche*) (8, Nr. 35)[15]. Diese Berufsvielfalt nennt Berthold hauptsächlich in den Städten, wo er verschiedene Berufsklassen einteilt: den zweiten, dritten und vierten »Chor« und »Dienst«, die sich mit dem Herstellen von Kleidung, der Bearbeitung von Nahrung und mit dem Handel beschäftigen, und die Meister der Metall- und Holzverarbeitung. Alle müssen dem sozialen Ganzen und, folglich, dem Schöpfer dienen. Die Treue, deren Bedeutung für die Rettung der Seele in jeder Weise unterstrichen wird, besteht in einer gewissenhaften und ehrlichen Arbeit. Das gesellschaftliche Verhalten muß den Anforderungen entsprechen, die die Gesellschaft an die Träger jeglichen Dienstes, Berufs und Status stellt. Jedoch in den Augen des Predigers sind die gesellschaftlichen Interessen nichts anderes als Gebote Gottes.

Der Prediger ist natürlich durchdrungen von Mitgefühl für den einfachen Menschen und Unterdrückten. Die Armen sind die Kinder Gottes, die kaum ihre Blöße bedecken können. Sie schaffen Tag und Nacht ohne Unterlaß und sind dennoch nackt und bloß, sie haben nichts, um sich zu bedecken, und zu essen haben sie nichts Besseres als ihr Vieh. Sie sind blaß und mager. Die Geizkrägen nehmen ihnen alles weg. Der Geizige, der habsüchtige Reiche ist eine Figur, die Berthold nicht aufhört zu beschimpfen und der er Qualen in der Hölle prophezeit. Einmal führt er als Beispiel folgende Begebenheit an: Ein Armer kommt zu einem Habsüchtigen und sagt: »Herr, borge mir ein Maß Korn, ich gebe dir anderthalb Maß zurück.« Er erhält das Erbetene, aber er muß die Schuld abarbeiten; selbst wenn seine Ernte vom Hagelschlag getroffen wird oder eine Belagerung oder Krieg ausbricht, muß er alles zurückzahlen oder einen Ochsen oder Pflug hergeben. Der Prediger läßt auf den geizigen Reichen eine Verwünschung herniedergehen: »Schade, Geizhals, daß dich nicht die Wölfe in der Wiege verschlungen haben, bevor du den Menschen soviel Böses bringen konntest!« Und er behauptet: »Jegliche Not, Hunger und Mangel in der Welt kommen von dir, Geiziger!« Es ist leichter, einen Juden oder Heiden zum wahren Glauben zu bekehren, fährt Berthold fort, als einen Geizhals. Denjenigen, der vieles beherrscht, bekehrt weder die Angst vor der Hölle und dem Teufel noch die Liebe zu Gott, noch die Schönheit des himmlischen Reiches, noch die christliche Gemeinschaft oder die Heiligen. »Was wir ihnen mit allerlei Künsten auch immer aus der Heiligen Schrift vorlesen, hielte sie nicht davon ab, das unrechtmäßig Erworbene zu behalten. Sie ähneln schwer Kranken, die die ganze Zeit über schlafen, und nichts kann sie aufwecken. Nur bisweilen packt den Geizhals, wenn er von der Hölle und vom Jüngsten Gericht gehört hat, das Grausen, und er denkt: ›Ich muß es wiedergutmachen‹; aber so denkt er nur, solange er meine Predigt hört und Angst empfindet, aber wenn ich aufhöre, ihm in die Ohren zu schreien, schläft er wieder ein« (8, Nr. 18).

Die Elenden rufen beim Prediger heißes Mitgefühl hervor. Aber nach der Verurteilung der Unterdrücker und geizigen Reichen prophezeit er ihnen Vergeltung nicht in dieser Welt, sondern erst im Jenseits, ebenso wie der arme Lazarus seinen ewigen Lohn im Himmelreich erhält.

»O ihr Kinder des barmherzigen Gottes!« ruft Berthold in einer anderen Predigt aus. »Ertragt eure Not, sie wird ein Ende nehmen, eurer Armut wird bald ein Ende bereitet, aber eure Freude und euer Reichtum werden endlos sein … Seht, arme Menschen, wieviel ihr arbeiten müßt, und dennoch bleibt ihr arm, obwohl ihr all das hervorbringt, was die Welt benötigt. Ihr ernährt euch kaum besser als eure Schweine. Aber Gott hat alles für euch erschaffen, genauso wie für die anderen. All dies wird bald zu Ende gehen, aber der Qualen des Geizigen wird dann kein Ende sein.« Der Prediger sagt den Verbrechern, die von Raub leben, denen, die ungerechte Abgaben einziehen, und den ungerechten Herrschern voraus: Es nähert sich das Ende von Erpressung, Brandstiftung, Raub, Diebstahl, Gewalttätigkeit, gefälschten Waagen, übermäßigen Gebühren, Betrug, Wucher, Hehlerei.

»Aber, Bruder Berthold«, mischt sich sein erdachter Gesprächspartner ein. »Gott hat alles so ungleich verteilt, daß ich und viele Arme kaum zu essen oder zu trinken haben; und wir haben weder Gold noch Silber noch Kleidung!« »Habgierige Menschen haben dich ausgeraubt«, stimmt der Prediger zu, »Wucherer und Räuber. Einer hat alles und die anderen nichts. Pfui, ihr, die ihr alles anhäuft! Dafür werdet ihr im Abgrund der Hölle landen!« Hier fällt Berthold sich sozusagen selbst ins Wort: »Ihr freut euch, ihr Armen? Ohne Grund. Ihr stellt euch vor, daß ihr gerächt werdet und euch durch meine Predigt Gerechtigkeit widerfahren wird? Aber auch wenn Gott selbst einem Geizigen zweieinhalb Jahre lang eine Predigt halten würde, würde auch das nicht helfen – er würde den Prediger für dreißig Pfennige verraten. Er würde eher zehnmal alles verfaulen lassen – das Korn oder den Wein, das Fleisch oder den Käse. Der Herr hat von allem genug geschaffen, damit es für alle reicht, wenn man es gerecht aufteilen würde. Aber, Kinder Gottes, haltet aus! Hier habt ihr zu wenig und jene viel zuviel, aber dort werdet ihr im Überfluß haben, aber jene nur ganz wenig« (8, Nr. 4).

Die in solchen Reden erkennbaren Elemente von Sozialkritik lösen sich in moralische Überlegungen auf. »O weh, Bruder Berthold, ich sehe, daß viele in großer Sünde leben, aber es geht ihnen gut, und sie haben von allem in Hülle und Fülle für ihr körperliches Wohlergehen, und auf der anderen Seite gibt es eine Menge guter Menschen, die keine Sünden begehen, aber bei ihnen stehen die Dinge schlecht, und sie leiden an Hunger, Durst und Kälte, leiden an allem Not.« Berthold antwortet: »In Wahrheit geht es diesen Glücklichen schlecht; besser geht es denen, die im Leid leben, aber ohne Sünde sind« (8, Nr. 5).

Aber Berthold ist nicht geneigt, die Armen zu verteidigen, wenn sie sich unrecht verhalten. Die Untreue ist eine Sünde, aufgrund derer ein großer Teil der Menschen verurteilt wird. Viele Diener und Dienerinnen berauben ihre Herren, stehlen Salz und Schmalz, Korn und Mehl, Brot und Käse, Fleisch, Eier – was ihnen in die Hände fällt – und verkaufen das Geraubte heimlich, obwohl man sie ernährt und für ihre Treue belohnt; so verderben sie ihre Seelen. Die Tagelöhner und Diener erfüllen ihre Pflichten nur ungenau und ohne Sorgfalt; solange der Herr ein Auge auf sie hat, geben sie sich Mühe, aber wenn er nicht da ist oder nicht nach ihnen sieht, werden sie sich kaum dazu zwingen, irgend etwas zu tun. »Wenn die Katze fort ist, tanzen die Mäuse auf dem Tisch.« »In der Zeit, wo es deine Pflicht ist, deinem Herrn treu zu dienen und sein Gut zu bewahren, beherrschen dich Freiheit und Haltlosigkeit.«

Die gleiche Untreue zeigen auch der Wucherer, der Dieb und der Handwerker, der schlechte Arbeiten ausführt und zum Beispiel Stiefel aus fauligem Leder herstellt. »Du betrügst die armen Leute, die im Schweiße ihres Angesichts kaum soviel arbeiten können, um sich davon ernähren zu können, aber die Reichen und Mächtigen zu betrügen wagst du nicht ... Du verkaufst ihnen fauliges Fleisch oder drehst ihnen solches an, von dem man sich Krankheiten oder den Tod holen kann ... Du bist eine Diebin, Weberin, wenn du Wolle versteckst! Und du, der du die Ernte auf den Feldern einsammelst, ebenso! Viele stehlen des Nachts Gräser und Reisig, treiben das Vieh auf ein fremdes Feld oder eine fremde Wiese!«

Berthold warnt Reiche wie die Armen vor Betrug und Untreue. Er spricht von Herren, die den Arbeitslohn einbehalten, die jährliche Bezahlung der Diener und Arbeiter, Hirten, Drescher, Zimmerleute oder Schmiede. Gott hat sie nach seinem Bild und ihm gleich erschaffen und sie durch seinen Tod errettet. »Er hat sie so edel gemacht (*geedelt*) wie auch dich (Berthold wendet sich an einen Herrn), und du behältst das ein, was sie erarbeitet haben, und ihr Schweiß und Blut schreien dir entgegen. Sie sind genauso edel (*edel*) wie du selbst.«

All diese Überlegungen finden sich in der Predigt »Von den schreienden Sünden« (8, Nr. 6). Die soziale Ungerechtigkeit und Unterdrückung wird hier vorwiegend vom Standpunkt der Verletzung der göttlichen Gebote aus betrachtet, als Sünden vor dem Herrn. Die Treue (*triuwe*) und die Untreue (*untriuwe*), die ihre feudalen »Konnotationen« behalten, beziehen sich vor allem auf das moralische Verhalten des Menschen. Bertholds Beziehung zur feudalen Ständeordnung entbehrt aber nicht einer gewissen Widersprüchlichkeit. Er ruft zum Gehorsam gegenüber der Obrigkeit auf, Richter und Herrscher hingegen verpflichtet er lediglich, ihre Machtbefugnisse nicht zu mißbrauchen, und zieht die Gesetze der Macht der Herren über die Untertanen und Untergebenen nicht in Zweifel. Gleichzeitig jedoch kommt er ständig auf das Thema zurück, daß alle Menschen von edler Geburt und gleich seien. Aber natürlich ist klar, daß sie alle nur insofern edel und gleich sind, als daß sie von Gott geschaffen wurden, eine unsterbliche Seele haben und durch sein Opfer gesühnt werden. Den Verweis auf die Gleichheit und das Edle der Untertanen stellt er jedoch in den Kontext seiner Erörterungen über die soziale Ungerechtigkeit und Unterdrückung der Schwachen durch die Starken. Die Grenze zwischen der religiös-ethischen Sphäre und der Sphäre der gesellschaftlichen Beziehungen ist nicht deutlich gezogen, und hier stecken Möglichkeiten zu radikaleren Ansichten und Interpretationen, die Berthold selber keinesfalls zu vertreten geneigt ist.

Aber warum duldet Gott es, daß gute Menschen von Ungerechten und Verbrechern unterdrückt werden? Warum sagt er den Engeln »nein«, wenn sie schreien: »Herr, erlaube uns, sie zu töten«? Dafür gibt es drei Gründe. Der erste ist folgender: Wenn die schlechten Menschen den guten Böses zufügen, wird der himmlische Lohn der letzteren erhöht und ihre Qualen im Fegefeuer verringert. Die Bösen sind »das Fegefeuer für die Guten«. Deshalb müssen die guten Menschen geduldig ihre Unannehmlichkeiten ertragen, weil sie wissen, daß ihr Lohn im Himmel unendlich sein wird. Sie müssen die Beleidigungen ertragen und den Beleidigern vergeben. Der zweite Grund, aus dem Gott die Sünder ebenso leben läßt wie die Gerechten, besteht darin, daß auch sie Menschen sind und der Herr ihnen jetzt Gnade erweist, aber sie in der Hölle verbrennen wird. Der dritte Grund schließlich ist die Hoffnung darauf, daß vielleicht jemand von den Ungerechten noch auf den Weg der Tugend zurückkehrt (8, Nr. 23).

Die Begriffe der sozialen Ungerechtigkeit, Ungleichheit und Unterdrückung werden in der Predigt durch die Begriffe der Sünde und der Sühne in den Hintergrund gedrängt. Die Predigt »Von den vier Fallen« über den Text aus dem Psalter (124, 7): »Unsre Seele ist entronnen wie ein Vogel dem Netze des Vogelfängers; das Netz ist zerrissen, und wir sind frei« hat Berthold der Beschreibung der vier Fallen gewidmet, in der die Dämonen Junge und Alte, Reiche und Arme fangen, die nicht über die Tugenden Keuschheit, Demut, Barmherzigkeit und Treue verfügen. Das erste Netz ist die Untreue, in ihm verfangen sich einfache Menschen, denn sie sind arm und unwissend. Fische sind arm und nackt und fressen einander auf. Und genauso ersinnen die Armen in ihrem Unverstand jegliche Art von Untreue und Lügen. Die Handwerker nähen das Schuhwerk schlecht zusammen, so daß es in der Länge oder in der Breite nicht paßt. Bei Kauf und Verkauf wird ständig betrogen. Die Diener und Dienerinnen stehlen Salz, Schmalz, Mehl und Korn. »Du stiehlst Eier und Käse, und du Brot, und wenn du kein ganzes Brot forttragen kannst, nimmst du einzelne Stückchen.« Die Tagelöhner (*tagewürhten*) stehlen das Korn, das sie auf der Tenne dreschen, und andere stehlen während der Ernte. Die Bauern sind aus Neid und Haß einander untreu. Sie haben es darauf abgesehen, ihr Vieh zum Abweiden zum Nachbarn zu treiben. Selbst wenn sie ihren Hof feilbieten, betrügen sie. Untreue und Lügen werden von Zauberinnen und Wahrsagerinnen repräsentiert. Weder Hochmut noch Übermaß beim Essen und Trinken bedrohen die Armen, aber die Dämonen fangen sie in den Netzen der Untreue.

Das zweite Netz ist die Unzucht. Am häufigsten verfängt sich darin die Jugend, deren Natur diese Sünde am meisten entspricht. Man muß sich vor Tanz und Menschenansammlungen, vor Gelächter und Scherzen in acht nehmen. Sei sparsam mit deiner Kleidung, mit deinen Worten und Gebärden. »Bruder Berthold, wie sollen wir unseren Verstand zügeln, und welche Gedanken sind Todsünden?« ruft ein junger Gesprächspartner aus. Als Antwort führt Berthold folgenden Vergleich an: Jemand geht eine Reihe von Verkaufsständen entlang, an denen verlockende Waren feilgeboten werden, aber er kauft nichts. Das ist, als würde eine Frau viele Männer oder ein Mann viele Frauen sehen, aber sie lediglich betrachten. Dies allein ist noch keine Sünde. »Aber wenn der Mensch lange vor einem Stand stehenbleibt und etwas kaufen will, dann schließt das bereits eine Todsünde mit ein.«

Das dritte Netz, die Eitelkeit und Prahlerei, ist für die Reichen bestimmt. Sie putzen sich heraus wie die Papageien. Die Prahlerei wächst im Reichtum wie der Wurm im Apfel. Ein Mensch hat mehr eigene Leute als ein anderer, prahlt damit und stürzt viele ins Verderben. »Ihr, ihr reichen Vögel, sollt den armen Mann nicht unterdrücken.«

Das vierte Netz, die Habgier, ist für die alten Menschen vorgesehen, die der Unzucht und Eitelkeit schon müde geworden sind (8, Nr. 30). Also sind alle Menschen sündig, aber die unterschiedlichen Kategorien von Sünden korrespondieren mit verschiedenen Alters- und Machtstufen. Der soziale ist nur einer von vielen Aspekten des religiös-ethischen Ganzen. Es ist legitim, den Aspekt des christlichen Lebens, der durch Prediger bestimmt wird, gesondert zu erforschen, aber nicht, ihre Verbindungen mit allen anderen Seiten und ihr Eingetauchtsein in dieses Ganze zu ignorieren. Die »Soziologie« der mittelalterlichen Predigt ist abgeleitet von der Lehre über Sünde und Gerechtigkeit, über Verderben oder Rettung der Seele. Der Mensch im Mittelalter lebte in einer Welt, und deren sämtliche Bereiche und Ebenen waren so oder anders von der Religion durchdrungen, deren Gesetze in ihrer Eigenschaft als Gebote des Schöpfers bewußt waren.

3. Sünde und Sühne:
Veränderungen im religiösen Leben in der Stadt
des 13. Jahrhunderts

Die Mentalität, an der die Predigt Bertholds von Regensburg orientiert ist, wird in den Vergleichen deutlich, die er zum besseren Verständnis seiner religiös-moralischen Unterweisungen ständig heranzieht. So muß er zum Beispiel den Zuhörern die unermeßliche göttliche Gnade und die großen Belohnungen, die die Gerechten im Himmel erwarten, verdeutlichen und fragt das Auditorium: »Gibt es hier jemanden, der mir ein Hühnerei für eine Silbermark abgeben wollte? Ja, wieviel Volk habe ich vor mir, das sich über ein solches Geschäft freuen würde! So freut ihr euch doch alle! Denn so spricht jener, der niemals lügt: Welchen Schaden auch immer du in dieser Welt erlitten hast, wenn du ohne Todsünde bist, schenkt dir Gott 100 Pfennige für eine Sache im Werte von einem Pfennig. Und das an einem Ort, an dem dir ein Pfennig mehr wert sein wird als 100 Pfennige hier.« (8, Nr. 27) Der Prediger nutzt hier bewußt die Psychologie des Warentausches, um die Idee der Erlösung nahezubringen.

Auf die gleiche Weise veranschaulicht Berthold über das Gottesreich, das jedem versprochen wird, der nicht in Todsünde verfallen ist: »Ich verstehe gut, daß es euer Herz freuen würde, wenn ich jetzt sagte: Jedem von euch händige ich eine Gabe im Wert von 100 Mark oder 100 Mark in Silber aus! Aber in einem solchen Fall solltet ihr hundertmal froher sein, denn das Reich Gottes ist hundertmal wertvoller als 100 Mark.« Und hier wieder als Stimme des fiktiven Gesprächspartners: »Ach, Bruder Berthold, ich wäre froh, wenn man mir jetzt 10 Silbermark geben würde, dann wüßte ich schon, wie mit ihnen umzugehen« (8, Nr. 17). »Um das Gift, das zusammen mit dem Saft des Apfels in Adam und Eva eindrang, unschädlich zu machen, schenkte uns der Herr Medizin, die teurer ist als alles auf der Welt«, sagt Berthold in der Predigt »Von den sieben Sakramenten«. Und mit Gold und Silber beginnt er eine lange Aufzählung von Dingen, mit denen verglichen diese »Medizin« teurer ist (8, Nr. 20). Auch nennt er Ketzerei und Hexerei »Falschmünzen, die vom Teufel geprägt worden sind« (8, Nr. 17). Dies ist kaum nur die Gedankenwelt des Predigers selbst. Eher äußern sich in solchen Vergleichen die Geisteshaltungen der Städter, an die er sich vor allem wendet.

Die Konturen dieses Händler- und Handwerkermilieus werden in seinen Predigten aber auf ihre eigene Art sichtbar. Dem Handwerk und Handel eine große Bedeutung beimessend, deckt er zugleich unermüdlich Gaunerei, Betrug und nachlässige Arbeit derer auf, die nicht den Maßstäben, die an ihre Berufung gestellt werden, gerecht werden. Was das Bild der städtischen Wirtschaft in den Predigten Bertholds angeht, muß man einige Umstände besonders hervorheben. Es fällt auf, daß er schweigend die Zunftorganisation des Handwerks in der Stadt übergeht, als ob sie überhaupt nicht existiere. Das gleiche sehen wir auch in lateinischen Predigten des 13. Jh.s. Offensichtlich erfreuten sich Handwerks- und Handelszusammenschlüsse nicht des Wohlwollens des Klerus.

Ferner rufen bei Berthold wie bei allen Predigern Wechsler, Wucherer und Geldschneider Zorn und entschiedene Verurteilung hervor. Es gibt eine große Anzahl verschiedener lateinischer Exempla, in denen diese Gewinnsüchtigen und Profiteure gegeißelt werden. Besonders anschaulich wird das schreckliche Ende der Wucherer als Beute des Teufels dargestellt. Wie wir wissen, benutzt Berthold keine Exempla. Deshalb werden in seinen Belehrungen die Geldschneider nicht so scharf gezeichnet, und den Terminus »Wucherer« selbst trifft man nur selten. Er ist zurückgedrängt durch einen anderen, unbestimmteren Begriff: gitiger (»der Habsüchtige, Geizige«). Auf ihn läßt der Prediger unermüdlich schreckliche Drohungen und Verwünschungen in fast jeder seiner Reden herabprasseln. Worüber er auch anfängt zu reden, er kommt fast immer auf den Geizigen zu sprechen, dem er das ewige Feuer in der Hölle verheißt. Nichts kann den habsüchtigen Menschen retten – bis auf eins: die vollständige Erstattung aller unrechtmäßigen Einnahmen bis auf den letzten Groschen. Angehäuftes Geld aus Wucherzinsen muß den Schuldnern »Mark für Mark, Pfund für Pfund, Schilling für Schilling« zurückerstattet werden. Manche sagen: »Bruder Berthold, ich würde ja gerne entschädigen und zurückgeben, aber nur die Hälfte oder ein Drittel der Summe, ansonsten geht es mir und meinen Kindern schlecht.« »Siehst du«, erwidert der Prediger, »welche Macht dir der Teufel über dein Vermögen schenkte? Aber weder der Teufel noch der Papst werden dir helfen.« Hier sagt jemand: »Bruder Berthold, hilf mir, laß ihn (den Schuldner) heute ein wenig nehmen, und so würde ich ihn im Laufe von vier oder fünf Jahren nach und nach ausbezahlen.« »Welcher Teufel gab dir die Macht über dein Vermögen?« bricht Berthold erneut hervor. »Du sollst sofort und mit Freuden alles ersetzen.« Und gestern sagte einer: »Pfui, Bruder Berthold! Du predigst so furchtbar über unrechtmäßigen Reichtum, daß ich fast verzweifelt bin.« – »Ich wäre wirklich traurig, wenn du verzweifeln würdest. Aber daran brauchst du nicht zu zweifeln: Hast du an unrechtmäßigem Reichtum auch nicht mehr als acht Pfennig und du gibst sie nicht zurück, obwohl du weißt, wem du sie zurückgeben müßtest, mußt du in der Hölle so lange brennen, wie Gott im Himmelreich ist.« Habsüchtige halten mit ungewöhnlicher Hartnäckigkeit an ihren unrechtmäßig erworbenen Reichtümern fest. Alle Metalle lassen sich voneinander trennen bis auf Zink und Kupfer, und genausowenig kann man einen Geizigen von unrechtem Reichtum trennen. Deshalb ist das Schicksal des Geizigen bestimmt; weder die Heiligen noch die Apostel, noch die Jungfrau Maria, noch ein Prophet, noch der Patriarch, noch ein Engel – niemand wird den Sünder ohne dessen Buße retten (8, Nr. 5).

Im Register der schwersten Laster (*untugent*) wird als abscheulichste und größte Sünde die Habsucht genannt. Der Prediger beschreibt eine weitere Szene: »Es kommt zu dir«, wendet sich Berthold an einen Geizhals und Spekulanten, »eine arme Spinnerin und bittet, ihr einen Schilling oder Heller zu leihen, verspricht, ihn abzuarbeiten, und sagt, daß sie etwas Bestimmtes kaufen muß: ein Hemd, einen Mantel oder noch etwas anderes. Du antwortest ihr: Nein, ich habe keinen Pfennig. Und du gibst ihr jene Sache, die sie braucht. Aber das, was einen Schilling kostet, gibst du ihr für zwei Schilling – sei es ein Stück Stoff, Fleisch oder Getreide –

alles gibst du für den doppelten Preis ab. Oder du gibst ihr leihweise zehn Pfennig, aber zwanzig muß sie durch Spinnen oder Arbeit in deinem Weinberg oder im Garten abarbeiten. Du denkst also nur darüber nach, wie du betrügen kannst.« Die Predigt schließt mit dem Ausruf: »Pfui dir, Geizhals! Dein Amen klingt in den Ohren des Herrn wie Hundegebell!« (8, Nr. 7)

In einer anderen Predigt (8, Nr. 9) rechnet Berthold die Habsüchtigen den böswilligsten Mördern zu: Dem Geizkragen reicht es nicht, sich selbst zu töten, er tötet noch sein Kind und alle, denen er seinen unrechtmäßig angehäuften Besitz zurückläßt. Und nach seinem Tod tötet er mehr als zu Lebzeiten. Gemeint ist, daß die Halsabschneider nicht nur ihre eigene Seele zugrunde richten, sondern auch die Seelen all jener, die ihren Reichtum erben und es nicht eilig haben, den Schuldnern den verursachten Schaden vollständig zu erstatten. Deshalb ruft Berthold aus: »Kinder, ihr solltet eher von euren Eltern weglaufen, als von ihnen den unrechtmäßigen Besitz zu übernehmen.« Ähnlich wie sich Verwandte voneinander trennen, wenn jemand von ihnen an Lepra erkrankt ist, müssen sie sich in ihrer Seele wegen des unrechtmäßigen Besitzes voneinander trennen (8, Nr. 8).

Nach den Worten des Predigers denkt der Habsüchtige, solange er die Predigt hört: »Wehe mir! Was soll ich mit diesem unrechtmäßigen Besitz machen?« Aber so denkt er nur während der Predigt. Sobald er fortgeht, läßt ihm – wie zuvor – der böse Geist erneut keine Ruhe. »Was wir auch unternehmen würden mit diesen Leuten«, fährt Berthold fort, »wir werden keine Mittel finden, sie zu überzeugen, den verursachten Schaden vollständig zu ersetzen. Im äußersten Fall sind sie in der Lage, einen Teil ihres Besitzes abzugeben; es ist aber nötig, alles bis zum letzten Groschen zu erstatten.« »Wie, Bruder Berthold?« ruft der »Gesprächspartner« aus, »ich gehe aber jedes Jahr zur Beichte und kümmere mich um meine Brüder, auf daß sie meiner in ihren Gebeten gedenken, und sie werden die Totenmesse für mich lesen und Messen lesen für meinen Seelenfrieden und ein Requiem singen.« Berthold erwidert: »Selbst wenn alle grauen Mönche und schwarzen Prediger, jüngeren Brüder und Patriarchen, Propheten, Märtyrer und Beichtväter, Witwen und Jungfrauen singen und für deine Seele beten würden und dabei vor Gott blutige Tränen bis zum Jüngsten Gericht vergössen, wird dir dies genausowenig helfen wie dem Teufel. Wie gefällt dir das, Geizkragen?« – »Bruder Berthold, ich höre mit Entsetzen all dies und will ins Kloster gehen, solange ich noch nicht umgekommen bin.« – »Ja, tritt ins Kloster ein, verzichte auf deinen ganzen Besitz und faste. Und trotzdem werden die Teufel dich beherrschen und nicht loslassen und deine Seele wird in die Hölle eingehen, wenn du nicht alles ganz und gar erstattest. Wenn hier auf Erden zwölf Apostel und die Heilige Jungfrau hungern würden, dann würdest du sie eher dem Hungertod preisgeben, als auf alles bis zum letzten Groschen zu verzichten« (8, Nr. 9).

Einem Geizhals, der beabsichtigt, über das Meer zu fahren und für all seine Sünden zu beten und um Vergebung zu bitten, antwortet Berthold in einer anderen Predigt: »Du kannst vom Papst ein Kreuz holen, das Meer überqueren, mit den Heiden kämpfen, den heiligen Sarg zurückerobern, für die Sache Gottes sterben und dich in den heiligen Sarg legen. Trotzdem ist deine Seele umgekommen bei all deiner Heiligkeit, und es wäre für dich leichter gewesen, wenn die Wölfe dich an der Mutterbrust totgebissen hätten oder die Erde dich wie Datan und Abiram verschluckt hätte« (8, Nr. 14)[16]. Es gibt keine Rettung für denjenigen, der nicht alles unrechtmäßig Erworbene vollständig zurückgegeben hat.

»Aus der Zahl derer, die Frieden mit dem Teufel geschlossen haben und ihm zu Lebzeiten ähnlich geworden sind, sind die schlimmsten die habgierigen, sich Gott widersetzenden Wucherer, Hausierer, Plünderer, Diebe, Betrüger in Handel und Handwerk«, sagt der Prediger. Ähnlich wie der Teufel ohne Unterlaß sündigt, so sündigt auch der Habgierige pausenlos – tags wie nachts, jederzeit. Die Zeit mag geheiligt sein oder nicht, er sündigt immer. »Andere Sünder halten bisweilen ein; Mörder, jetzt tötet ihr nicht«; Berthold hat diese und andere Verletzer der Gebote im Sinn, die möglicherweise bei der Predigt anwesend sind: »Ihr, die Ehebrecher, entweiht die Ehe gerade nicht; und ihr, Zauberer und Hexen, zaubert im Moment nicht; Vielfraße, Faulpelze, Spieler, Tänzer, jetzt seid ihr mit nichts Unsittlichem beschäftigt. Aber du, Habgieriger, Wucherer und Zwischenhändler, gibst Gott niemals Ruhe, und selbst hier hast du schon vier Pfennig durch Wucherei verdient. Seit dem Moment, in dem ich meine Predigt begonnen habe, bist du wenigstens um einen Pfennig reicher geworden.« Gott sagt zu ihm: »Du Schurke gibst mir keine Ruhe. Die Bewohner von Samaria, Sodom und Gomorrha gaben manchmal Ruhe, aber niemals du.« – »Dein Pflug ist immer auf dem Feld und verdient seinen Gewinn. Ja, du, Knauser, verlierst nicht einen Heller während dieser Predigt, während ihr anderen Leute etwas von eurer Arbeit versäumt. Der Habgierige aber niemals. Sein Gewinn kommt immer, ob schief und krumm, bei Unwetter oder schönem Wetter, Ernte oder Mißernte, Hagelschlag oder nicht – dein Pflug pflügt immer. Pfui, warum hat dich nicht die Erde verschluckt? Du bist ein Jude bei deinen Geschäften und in deinem ganzen Leben.«

Die Theologie des 13. Jh.s betrachtet das ständige Anwachsen des Kapitals des Geldleihers, seine Fertigkeit, sich pausenlos zu bereichern, als eine schlimme Verletzung der gottbestimmten Ordnung der Dinge. Der Geldhändler negiert mit seinem Gewerbe den natürlichen Wechsel von Arbeit und Ruhen sowie den Wechsel von Tag und Nacht. Die Geldgewinne verletzen den normalen Austausch zwischen Persönlichkeit und Arbeit; sogar dann, wenn der Wucherer ißt, schläft oder die Predigt hört, wachsen seine Zinsen weiter an (196, S. 511 ff.).

Der Habgierige sei dem Teufel auch darin ähnlich, fährt Berthold fort, daß ihm die Sünde nie ausreiche. Je mehr er durch Aufkauf und Wucherei erwerbe, desto mehr verlange ihn danach. Schließlich befinde sich der Habgierige im Frieden mit dem Teufel, da er ebensowenig wie der Teufel oder der Häretiker Reue empfinde. Nach all diesen Beschuldigungen schließt Berthold tief betrübt: »Alles, was ich diesen Geizhälsen sage, ist vergebens, denn ihr Frieden mit dem Teufel ist dauerhaft« (8, Nr. 17). Dieser Gedanke, daß der Pflug des Geizigen sogar dann nicht anhält, wenn die ganze Welt ausruht, und daß seine verfluchte Arbeit ohne Pause weiterläuft, wiederholt sich mit fast den gleichen Worten in der Predigt »Von den Zehn Geboten«. »Deshalb«, schließt der Prediger, »ist dem Teufel kein Sünder so angenehm wie der Habgierige oder Häretiker« – ein ziemlich bedeutsamer Vergleich aus dem Mund eines Mönches (8, Nr. 19).

Auch in der Predigt »Von den fünf Todsünden« kehrt Berthold zu diesem Gedanken zurück und nennt zugleich mit der Unmäßigkeit beim Essen und bei der Fleischeslust, mit Ketzerei und den Sünden gegen den Heiligen Geist, die Habgier (*gitigkeit*). »Der Wucherer treibt Handel mit der Zeit Gottes«, und die Predigt sei nicht in der Lage, ihn auf den Weg der Rettung zurückzubringen (8, Nr. 27)[17]. Schließlich wird in der Predigt zum Thema »Wie die Welt in zwölf Teile geteilt wurde« darüber berichtet, wie bei der Aufteilung der zwölf israelischen Geschlechter zwischen Gott und dem Teufel der Teufel zehn bekam und Gott nur zwei zuteil wurden (s. drittes Buch der Könige, 11). »So sind auch alle Menschen in zwölf Kategorien geteilt, von denen zehn die Beute des Teufels darstellen und nur zwei Gott gehören. Was die zehn Kategorien betrifft, die dem Teufel zugefallen sind, so zählen zu ihnen die Verletzer der göttlichen Gebote, darunter jene, die unrechtmäßig erworbenen Reichtum besitzen und ihn nicht zurückgeben und den verursachten Schaden ersetzen wollen. Die Qualen dieser Sünder in der Hölle wachsen täglich an.« Diese düstere Aufzählung der Verdammten schließt Berthold mit den Worten: »Hier, ihr Teufel, eure zehn Teile. Oh, Herr, wie klein ist unser Anteil!« Ihn stellen jene dar, die nicht sündigen, Auserwählte Gottes, und jene, die, bereuend und seelischen Kummer empfindend, gebeichtet und ihre Sünden gesühnt haben (8, Nr. 29).

Die Grundlage für einige Beobachtungen bildet die Behandlung von gesellschaftlichen Beziehungen in den Predigten Bertholds von Regensburg. Erstens werden die Lehnsherr-Vasallen-Beziehungen wie auch die Beziehungen zwischen Grundbesitzern und ihren Bauern zwar nicht ignoriert, aber im Bewußtsein des Predigers deutlich in den Hintergrund gedrängt. Im Zentrum seiner Aufmerksamkeit steht die Stadt mit ihrer bunten, aus Händlern und Handwerkern bestehenden Einwohnerschaft, mit schon entwickelten Geldbeziehungen und neuen Werten. Man kann der Behauptung eines deutschen Historikers nicht uneingeschränkt zustimmen, daß Berthold eine besondere Liebe für die Bauern empfunden habe, deren Leben er gut kannte (142, S. 155). Ohne seine Kenntnis über ländliche Angelegenheiten in Zweifel zu ziehen, muß man anführen, daß die Lage im Dorf das Interesse des Franziskaners weit weniger weckt als die Verhältnisse in der Stadt. Hier gibt es habgierige Wucherer, die unrechtmäßig erworbenen Reichtum nicht an die durch sie verarmten Schuldner zurückgeben wollen, wodurch ihnen aber der Zugang zum Himmelreich verschlossen bleibt. Da sind Händler, die beim Verkauf von Nahrungsmitteln betrügen, Läden, die verschiedenste Waren aus vielen Ländern anbieten, und Handwerker, die alle möglichen Produkte herstellen. Beschuldigungen gegen Schuster, daß sie dem Käufer untaugliche Stiefel aufschwatzten, wiederholen sich mit einer solchen Hartnäckigkeit in seinen Predigten, daß der Verdacht aufkommt, daß der Prediger selbst vielleicht Opfer eines solchen Betrügers geworden ist. Oder drücken ihn die Schuhe, in denen er die Predigt hält?

Zweitens, und diese Beobachtung zeugt wiederum vom gewachsenen Einfluß der städtischen Werte auf die ethischen Orientierungen Bertholds, unterscheidet sich die Charakterisierung der Armut und der Armen in seinen Predigten wesentlich von ihrer Darstellung in den Aufzeichnungen früherer Perioden des Mittelalters. Damals war der Arme, der bei den Geistlichen Mitleid hervorrief, überwiegend ein Mensch, der um Almosen bat, und Armut und Entsagung aller irdischen Reichtümer und Güter wurde als Idealzustand aufgefaßt. In Bertholds Predigt wird eine solche Art des Armen selten erwähnt. Natürlich bleibt die Gabe von

Almosen eine gottgefällige Angelegenheit, und Berthold sagt: »Gott wünscht, daß du den Armen für seine Armut nicht verachtest und daß du sie milderst, soweit du kannst, und wenn du ihm nicht mit Dingen helfen kannst, so sollst du ihn trösten und ihm freundlich begegnen, aber ihn nicht hassen und beneiden. Denn wir alle sind Brüder und Schwestern – Christen« (8, Nr. 23). Eine solche Klausel (»Mildere die Armut des Armen nach deinen Möglichkeiten, und wenn du nicht in der Lage bist ...«) ist überaus weit entfernt von den imperativen Forderungen des frühen Mittelalters nach Hilfe für die Bettler! Die Ursache liegt darin, daß die Armen, denen Berthold sein heftiges Mitgefühl ausspricht, keine Bettler sind. Diese Armen arbeiten und schmarotzen nicht auf Kosten anderer: Sie haben ein gewisses Eigentum, ein Parzelle Erde, Ochsen, einen Pflug und leiden unter der maßlosen Ausbeutung und Erpressung der habgierigen Reichen, bei denen sie Geld oder Getreide zu hohen Zinsen geliehen haben. Die Armen in den Predigten Bertholds von Regensburg sind Kleinerzeuger in Dorf oder Stadt, Bauern, Handwerker, Bedienstete und Lohnarbeiter, Tagelöhner. Während ihre Arbeit lobgepriesen wird, werden Müßiggang, unzuverlässige Arbeit oder Betrug, zu dem sie greifen, verurteilt. Man muß vermuten, daß die Predigten Bertholds an Kreise gerichtet sind, in denen sich eine soziale Ethik der Arbeit entfaltete, und der Prediger teilt ihre neue und positivere Bewertung.

Schließlich kann man aus den Reden Bertholds klar folgern, daß sich für ihn bei aller Schärfe der Entlarvungen von Geizhälsen und Gewinnsüchtigen, die seine Predigten durchziehen, die in Deutschland existierende Gesellschaftsordnung als die einzig mögliche und keinen Veränderungen unterliegende darstellt. Seine Kritik, zweifellos anziehend für die Masse der Unterdrückten und Entrechteten, ist vollkommen konservativ und darauf ausgerichtet, das Bestehende zu bewahren (108, S. 181). Diese Schlußfolgerung mag völlig banal erscheinen: Was kann man anderes von einem Kleriker erwarten? Aber das ist nicht richtig. Die Untersuchung des Werkes anderer Prediger, Zeitgenossen Bertholds von Regensburg, lassen etwas mehr Schärfe erkennen. Natürlich, auch ihre Predigten haben keinen aufwieglerischen Charakter, aber trotzdem treffen wir in zahlreichen *Exempla* des 13. Jh.s auf eine Vergeltung des Sünders, der des Stolzes und der Unterdrückung der Armen und kleinen Leute schuldig ist. Diese Vergeltung findet schon hier auf der Erde statt und wird nicht bis zum Jüngsten Gericht aufgeschoben, obwohl auch diese Sühne das Ergebnis einer Einmischung von überirdischen Kräften, dem erzürnten Christus, der Muttergottes und der Heiligen oder Dämonen ist.

Hierbei sei jedenfalls angemerkt, daß die Kritik an den sozialen Ungerechtigkeiten in sich den Keim für jene radikale Propaganda enthält, die in einer späteren Periode, in einer Situation anwachsenden Klassenkampfes, neue Qualität gewinnt. Die Ideologen und Anführer der Mehrzahl der Bauern- und Plebejeraufstände des 14.–16. Jh.s gingen aus dem Umfeld der kleinen Geistlichkeit und des Mönchtums hervor. Die Predigt des 13. Jh.s stellte so betrachtet eine mögliche Quelle der revolutionären Manifeste künftiger Erhebungen dar.

Das neue Verhältnis zu Reichtum und Armut ist eng verbunden mit dem gewachsenen Selbstbewußtsein des Individuums und mit der Entstehung einer neuen Art von Religiosität. Nach den im Frühen Mittelalter dominierenden Vorstellungen hatte man vor allem durch die Ausübung der sakralen Rituale die Seele zu erlösen versucht. Hierzu gehörten neben Gebet und Messe, deren Inhalt und Sinn den Gläubigen auch zur Zeit Bertholds unverständlich blieben, auch die Gabe von Almosen an die »Bettler in Christo«. Die magische, zeremonielle, äußere Seite der Religiosität überwog, während man auf den inneren Zustand der Seele des Individuums weniger Aufmerksamkeit richtete. Zum 13. Jh. hatte sich die Situation schon wesentlich geändert: Das 4. Laterankonzil im Jahre 1215 schrieb jedem Christen die jährliche Beichte vor. Die Beichte setzte gewisse Elemente einer Selbstanalyse und Selbstvertiefung voraus. Freilich wurden die Möglichkeiten, die in der Beichte steckten, beim Kontakt zwischen Gläubigem und Priester längst nicht immer realisiert. Und in der lateinischen Predigt finden sich Beispiele erstaunlicher Ignoranz wie etwa Gemeindemitglieder, die nicht beichten konnten, oder Beichtväter, die nicht über die Kenntnis verfügten, Sünden zu erlassen.

Jedenfalls wuchs die Bedeutung der Beichte. Berthold von Regensburg, der ihr eine spezielle Predigt widmete, unterstreicht, daß Absichten und Willensäußerungen, Willensfreiheit und Wahlfreiheit eine entscheidende Bedeutung für die Seele haben. Er erklärt den Sündern und bösen Geistern den Krieg, die den Menschen in die Sünde führen, und sagt, daß ihn alle Schliche des Teufels, die auf die Verführung der Seelen gerichtet sind, nicht schreckten. Eine teuflische List brächte aber das allergrößte Unheil: die Absage an die Reue. Es gibt keine Rettung ohne Beichte und aufrichtiges seelisches Bedauern. Jene, die versuchen, bei der Beichte gewisse Versündigungen aus Scham oder aus anderen Gründen zu verschweigen, können nicht begreifen, daß am Jüngsten Tag alles Heimliche sichtbar wird. Die Pfarrkinder sollen nicht jammern über die mühevollen Epitemien, die ihnen von den Priestern auferlegt werden – »desto weniger werdet ihr im Fegefeuer brennen« (8, Nr. 22).

Die Forderung nach der seelischen Trauer und der Reue über die Sünden zieht sich wie ein roter Faden durch die Reden Bertholds. Er wettert erbittert gegen Quietismus und Fatalismus. Niemand kann den Menschen zwingen, einer Todsünde zu verfallen. »Aber, Bruder Berthold«, unterbricht ihn ein fiktiver Zuhörer, »auf dem Feld hat ein kräftiger Mann eine Frau vergewaltigt, und sie war nicht in der Lage, sich vor ihm zu schützen.« Berthold macht deutlich: Falls dies gegen ihren Willen geschah und sie sich verteidigt und nach Kräften geschrien hat, liegt auf ihr keine Sünde. »Wie kann das sein, Bruder Berthold«, erhebt der Gesprächspartner erneut seine Stimme, »also ich gehöre mit Körper und Vermögen einem mächtigen und namhaften Herrn, und er befiehlt mir, kämpfen zu gehen, zu brandschatzen und zu plündern, Menschen zu töten und gewaltsam in Kirchen einzudringen.« Die Antwort: Der Mensch ist nicht verpflichtet, seinem Herrn in etwas zu gehorchen, das eine Todsünde nach sich zieht.

»Aber, Bruder Berthold, der Herr führt keine Verhandlungen mit mir, sondern befiehlt mir: Wenn du nicht mit mir gehst, werde ich sowohl dich selbst als auch dein Vermögen zugrunde richten.« Die Antwort lautet: »Und dein wahrer Herr, der dir Seele und Körper schenkte, befiehlt dir: ›Wenn du so handelst, werde ich dir Körper und Seele wegnehmen: zuerst die Seele, die ich in die Tiefe der Hölle werfe, und am Jüngsten Tag sowohl Seele als auch Körper.‹ Hat doch dein göttlicher Herr mehr Recht auf dich als dein irdischer Herr, und du bist verpflichtet, zuerst deinem höchsten Herrn zu gehorchen und danach erst deinem niederen Herrn. Vor dem höchsten Herrn sollst du auf beiden Beinen niederknien und vor dem niederen Herrn auf einem, was bedeutet: Deinem höchsten Herrn bist du mit Körper und Seele untertan, aber deinem niederen nur mit dem Körper; folglich kannst du nicht zur Sünde gezwungen werden.«

Wie wir sehen, scheut Berthold nicht davor zurück, die völlig zugespitzten Situationen, zu denen es unter den Bedingungen der Feudalgewalt während der *Zwischenherrschaft* kam, zu erörtern. Die Theoretiker der politischen Macht haben zwischen gesetzmäßiger Monarchie und einer das Recht mißachtenden Tyrannei lediglich in den höheren Etagen des gesellschaftlichen Gebäudes unterschieden. Sie rechtfertigten die Rebellion der Aristokratie gegen einen Monarchen, der die Sitten verletzte und das Maß seiner Kompetenzen überschritt; Berthold hingegen läßt den Ungehorsam eines jeden Vasallen und abhängigen Menschen gegenüber seinem Herrn zu, sobald die Befehle des letzteren in Widerspruch zu den religiösen Geboten treten.

Entschieden verurteilt Berthold die Theorie als »unsinnig und ketzerisch«, daß Rettung oder Untergang vorherbestimmt seien, und unterstreicht: »Der Herr führt dich nicht gegen deinen Willen ins Himmelreich« (8, Nr. 31). Wenn ein Mensch, der beabsichtigt, Gott zu versuchen, in Regensburg von der Brücke in die Donau oder vom Glockenturm auf die harte Erde springt, dann wird er unweigerlich sterben. Und deshalb muß man den Gedanken von sich weisen, daß derjenige, der böse handelt, eher das Himmelreich ereicht als derjenige, der gut handelt. Man darf die göttliche Vorbestimmung (*vorbedaehtlichkeit*) nicht mit trügerischen Hoffnungen belegen.

Keinerlei Pilgerfahrten oder Reisen über das Meer zum Heiligen Grab, nicht einmal die Gründung eines Klosters retten die Seele, wenn in ihr keine aufrichtige Kümmernis ist. »Manche fahren nach Compostella zum heiligen Jakob, laufen hierin und dorthin ... Ich will den Pilger nicht vom heiligen Jakob abhalten, jedoch bekommst du in einer einzigen Messe mehr Gnade Gottes, als wenn du bis Compostella eilst. Was findest du denn in Compostella? Den Kopf des heiligen Jakob. Das ist gut, aber es ist ein toter Schädel, und der beste Teil von ihm ist im Himmel. Und was erhältst du bei dir zu Hause? Jedesmal, wenn du morgens die Kirche besuchst, findest du den wahren Gott und den wahren Menschen in Fleisch und Seele, genauso wahrhaftig wie am Tag Seiner Geburt. In einer einzigen Messe findest du eine größere Belohnung als im Verlaufe von sechs Wochen Pilgerfahrt zum heiligen Jakob und sechs Wochen Heimweg« (8, Nr. 31).

Wie wir sehen, ist Berthold ausgesprochen zurückhaltend in bezug auf Pilgerfahrten, die im gesamten Mittelalter (und auch später!) höchst populär waren. Sie galten als zuverlässigstes Mittel zur Reinigung von Sünden und Heilung von Krankheiten und drängten die Gottheit selbst in den Hintergrund. Ein »toter Schädel«? Das Volk glaubte aber genau das Gegenteil von dem, was der Prediger lehrte: Der Heilige befindet sich nicht nur im Himmel, sondern auch an dem Ort, wo seine Überreste angebetet werden.

Überhaupt muß man feststellen, daß Berthold (im Gegensatz zu den Autoren lateinischer *Exempla*) nicht geneigt ist, über Wunder, die von Heiligen vollbracht wurden, zu sprechen. Dies könnte darauf hindeuten, daß unser Prediger hier in der Rolle eines Vorläufers der Reformatoren und Skeptiker der folgenden Jahrhunderte auftritt. Aber richtiger ist es, in ihm einen Vertreter jenes Teils der gebildeten Geistlichkeit zu sehen, der bezüglich des Heiligenkultes nicht die Begeisterung der Massen teilte, die geneigt waren, die Reliquien der Heiligen in eine Art Fetisch zu verwandeln und sie anzubeten wie selbständige Segensquellen. In den Augen der Geistlichkeit kam der Messe als ein Akt der unmittelbaren symbolischen Verbindung der Gläubigen mit Gott der höchste Wert zu.

Aber die Messe mit ihrem Symbolgehalt und ihrer Bildhaftigkeit soll allen Gläubigen verständlich sein. Berthold ist dagegen, daß sie einfach nur anwesend sind und passiv und mechanisch an diesem Sakrament teilnehmen. Daher erklärt er in einer gesonderten Predigt detailliert den Inhalt der Messe (8, Nr. 31). Bertholds Gesprächspartner gibt zu: »Wir verstehen die Messe nicht. Die Predigt verstehen wir Wort für Wort, aber die Messe nicht, wir verstehen nicht, was gesungen oder gelesen wird.«

Der Prediger analysiert die Messe Stück für Stück. Dabei merkt er an, daß die Gemeindemitglieder demütig dabei stehen müßten, ohne sich Geschwatze oder Geschäftigkeit zu erlauben, denn an der Messe nähmen unsichtbar Hunderte Engel teil. Alle müßten bei der Messe bleiben, bis sie zu Ende sei. Manche eilten während der Lesung des Evangeliums aus der Kirche, aber das sei, als ginge ein zu einem Gastmahl Geladener fort, sobald der Tisch gedeckt würde. Berthold kümmert sich in seinen Predigten unermüdlich und konsequent um die Stärkung des Glaubens der Gemeindemitglieder, um seine Umwandlung von einer Summe von Ritualen, Gesten, äußeren Handlungen mit einer großen Beimischung von Aberglauben in eine Sache des Gewissens, in einen Inhalt des seelischen Lebens jedes Individuums.[18]

Das seelische Leben, der innere Kampf mit den eigenen sündhaften Impulsen und Handlungen ist für Berthold die entscheidende und im Grunde genommen einzige Bedingung zur Erreichung des Himmelreichs. Deshalb ist es keineswegs obligatorisch, sich von seinem Besitz oder einem Teil davon zugunsten der Armen zu trennen; nicht darin liegt die Rettung. Die stärker werdenden »Instinkte« zum Schutz des bürgerlichen Eigentums harmonisierten ausgezeichnet mit den Veränderungen des individuellen Seelenlebens, die hauptsächlich im städtischen Milieu ihren Anfang nahmen. Berthold beharrt unermüdlich darauf, daß der Mensch mit der Freiheit des Willens versehen sei, und versichert: Der frei und bewußt gewählte Weg der Tugend ist das einzige Mittel der Rettung.

Selbst wenn ein Mensch sich übers Meer auf eine Pilgerfahrt zum heiligen Jakob begibt (zu diesem Thema kehrt er mehrmals zurück) und 20,

40 oder gar 50 Jahre lang reist, er aber dennoch keine Tugend besitzt, werden ihn keine göttlichen Belohnungen erwarten. Du kannst heute ein Kloster gründen, morgen ein Hospital und am dritten Tag ein Bistum und auf diese Weise zehn Jahre lang fortfahren. Aber ohne Tugend wirst du Gottes Liebe nicht erringen können (8, Nr. 28). Nicht die guten Taten an sich, sondern der Zustand der Seele, die Tiefe des religiösen Gefühls, das Hineinhören ins innere Selbst stehen für Berthold in seinem umfangreichen Predigtzyklus im Zentrum der Aufmerksamkeit.

Diese Konzentration des Denkens auf den absoluten Wert der menschlichen Willensfreiheit allein auf die religiöse Sphäre zu beschränken wäre nicht ganz berechtigt. Erinnern wir uns, in welchem Sinne Berthold auf die Begrenztheit der Macht des irdischen Herrn über die Untergebenen besteht: Diese Macht kann nicht ausgedehnt werden auf die inneren Impulse, das Gewissen und die Seele des Menschen. Er ist nicht verpflichtet, den Befehlen des Herrn zu gehorchen, wenn sie seinem Gewissen widersprechen. Derjenige, der auf Befehl seines Grundherrn raubt, Gewalt ausübt, tötet und Heiligtümer entweiht, richtet seine Seele zugrunde. Der Gedanke des unbedingten Gehorsams gegenüber Gott zu Lasten der Ergebenheit gegenüber dem irdischen Herrn bedeutete unter diesen Bedingungen, daß sich die menschliche Freiheit nun einen Raum eroberte, über den sie in einer früheren feudalen Periode noch nicht verfügte. Dadurch werden im Kontext der traditionellen religiösen Argumentation die Persönlichkeitsrechte der Mitglieder des bürgerlichen Standes gestärkt.

Die Tendenz der Geistlichkeit und des Mönchtums, den religiösen Inhalt des Lebens der Gläubigen zu vertiefen, trifft hierbei auf die Tendenz der städtischen Schichten der Feudalgesellschaft, ihre Freiheit als unabdingbare Voraussetzung ihrer sozialen und wirtschaftlichen Entwicklung zu verstärken. Letztere wird dadurch ganz bewußt durch hohe Ideale sanktioniert und erhärtet. Ist nicht dies vielleicht eine der Lösungen für die ungewöhnliche, mit nichts vergleichbare Popularität Bertholds von Regensburg? Nicht die Ausschmückung der Predigt mit packenden Anekdoten und *Exempla*, sondern die leidenschaftliche und redegewandte, jedem verständliche religiöse Begründung der grundlegenden Werte, die sich allmählich im bürgerlichen Milieu herausbildeten: Darin muß man offensichtlich den Ursprung für die breite Resonanz seiner Auftritte suchen, die Berthold zum »Herrscher über die Gedanken« seiner Zeit machten.

Die Kultur der »Gelehrten«, der Gebildeten, tritt in Bertholds Predigten in eine Wechselwirkung sowohl mit der »folkloristischen«, d. h. der Volkskultur der Analphabeten als auch mit jener Mentalität, die sich in der Stadt herausbildete. Die von Berthold entwickelten Ideen formulierten auf religiös-ethische Weise die Hoffnungen und Bestrebungen der Leute, die sie noch kaum eigenständig auszudrücken vermochten. Der Umstand, daß diese Bedürfnisse in seinen Reden eine theologische Begründung fanden, verlieh ihnen eine besondere Kraft und Bedeutung. Irdische Sorgen und materielle Interessen erhielten eine höhere Sanktionierung und wurden in den Rang der Erfüllung göttlicher Vorherbestimmung erhoben.

Die menschliche Persönlichkeit, die sich allmählich als solche zu begreifen begann, hielt sich selbst, ihre gesellschaftliche und berufliche Berufung, ihr Eigentum und ihre Zeit für Gottesgaben, für »Talente« und »Pfunde«, die man dem Schöpfer erhalten und vervielfacht zurückgeben mußte. Die Persönlichkeit konnte noch keine Grundlagen in sich selbst finden und suchte sie auch gar nicht. Vielmehr zeigt sich in ihrer Unterordnung unter den Schöpfer die Gewißheit, daß die Werte, über die sie verfügte, absolute Werte seien. Indem es sie verteidigte, nahm das Individuum persönlich und unmittelbar teil an dem universalen Kampf zwischen dem höchsten Guten und dem metaphysischen Bösen.

Nicht zufällig bedient sich Berthold zur Beschreibung dieses Kampfes einer militärischen Terminologie. Belohnung (*lon, stipendia*) – das ist es, was ein tapfer kämpfender Ritter verdient. Wenn er sich ausgezeichnet hat, sagt man: »Man muß ihn belohnen und ihm eine hohe Ehre erweisen.« Genauso verfährt der Herr mit seinen Soldaten (*soltritter*), die für ihn kämpfen, er schenkt ihnen die Auszeichnung des ewigen Lebens. Auf dieselbe Weise stehen auch beim Teufel Soldaten im Dienst, aber er belohnt sie auf seine Art mit dem ewigen Tod, indem er ihnen das schenkt, was er besitzt: die ewige Flamme und ewige Qualen (8, Nr. 33).

4. Diesseits und Jenseits

Die Aufrufe zur Buße und zur Abscheu vor Sünden machen es unbedingt erforderlich, auf das Schicksal der Seele nach dem Tode einzugehen, und in den Reden Bertholds von Regensburg nehmen Hölle, Paradies und Fegefeuer selbstverständlich einen wichtigen Platz ein. Die Belohnungen und Strafen, die er für das Jenseits verspricht, bekräftigt er durch Bilder ewiger Glückseligkeit für die Gerechten und ewiger Qualen für die Verdammten. In diesem Zusammenhang entwickelt Berthold einige Ideen, auf die er ständig wieder zurückkommt.

Die erste Idee, die seine Predigten durchzieht, ist, daß die allermeisten Menschen als Folge ihrer Sündhaftigkeit zum ewigen Verderben verdammt sind. Täglich werden viele tausend Sünder in die Hölle geschickt, und je näher die Welt ihrem Ende entgegengeht, desto größer ist die Zahl derer, die der Strom der Sünden in die Hölle fortreißt (8, Nr. 6). Ein Heiliger sah viele hunderttausend Seelen auf dem Weg in die Hölle und insgesamt nur drei Seelen, die sich zu dieser Stunde ins Himmelreich begaben (8, Nr. 24). Aus den lateinischen *Exempla* anderer Prediger geht klar hervor, daß diese drei Seelen, ausgewählt unter allen Verstorbenen, am Tag des Märtyrertodes Thomas Beckets von einem gewissen Propheten vorausgesehen worden waren. Da Berthold seine Zuhörer natürlich nicht in Verzweiflung stürzen will, läßt er ihnen eine Hoffnung auf Rettung: Man muß sich sofort von den Sünden abwenden, bereuen und Bußen auf sich nehmen; das ist der einzige Ausweg aus einer sonst hoffnungslosen Situation. Dabei unterstreicht er, daß man mit der Reue nie zögern und sie schon gar nicht auf die letzte Stunde des Lebens verschieben darf; sie ist von höchster Dringlichkeit. Denn die Hölle ist überfüllt mit den Seelen derer, die die Buße hinauszögerten und starben, bevor sie es schafften, diese zu leisten.

Denken wir an seine Worte: Ähnlich wie ein Ritter ein junges Streitroß schätzt und keine alte Schindmähre, oder eine Frau neue, schöne Kleidung und keine abgetragenen Lumpen, so freut sich auch der Herr mehr über eine Seele, die unverzüglich bereut, und nicht so sehr über die Seele eines Sünders, der sich erst auf dem Sterbebett plötzlich seiner Errettung besinnt. »Schneller, schneller zur Buße, wo auch immer du dich vor meinen Augen befindest – und andernfalls in die Tiefe der Hölle!« (8, Nr. 14).

Der zweite Gedanke, der bei Berthold beharrlich wiederholt wird, ist die Vorstellung von der Proportionalität der Sünden und ihrer Bestrafung. Je schwerer die Sünde, desto strenger die Strafe im Jenseits, und je mehr der Mensch zu Lebzeiten sündigt, desto schrecklicher sind seine Qualen in der anderen Welt. Wenn du mehr als eine Todsünde begehst, sagt der Prediger, wachsen deine Qualen: Für zwei solcher Sünden verdoppelt sich die Qual, für drei verdreifacht sie sich und für vier wird sie viermal größer. Wenn du dich dreißigmal versündigst, wird auch die Qual dreißigfach sein, für tausend Sünden wächst sie tausendfach. Je zahlreicher die Sünden, desto tiefer versinkst du in den Abgrund der

Hölle, desto stärker wird das Feuer der Hölle und desto schlimmer die Marter.

Die Qualen in der Hölle wachsen auch in Abhängigkeit vom Charakter der Sünden. Je größer diese sind, desto grausamere Qualen werden dem Sünder bereitet. Berthold präzisiert: Unzucht, getrieben von einem Junggesellen mit einer unverheirateten Frau, ist eine Todsünde, aber der Ehebruch mit der Frau eines anderen wird noch strenger bestraft. Ebenso zieht der Mord an einem Weltlichen Höllenqualen nach sich, jedoch der Mord an einem Priester noch grausamere Strafen, und je höher die Stellung des getöteten Geistlichen ist, desto schwerer die Sünden und schrecklicher die Bestrafungen. Die Strafe für ein und dieselbe Sünde ändert sich in Abhängigkeit davon, wann sie begangen wurde: Während der heiligen Tage ist sie schlimmer als außerhalb davon, und die an einem Sonntag begangene Sünde wird schwerer bestraft als die gleiche Sünde, an einem Montag begangen; »je heiliger die Zeit, desto schwerer die Sünde«. Dieses Prinzip wird auch auf heilige Orte und heilige Besitztümer ausgeweitet (8, Nr. 9). Je größer die Sünden, desto tiefer ist die Seele in der Hölle, sonst wäre Gott kein gerechter Richter (8, Nr. 14). Das Prinzip der Proportionalität wird von der Hölle auch auf das Fegefeuer ausgedehnt.

Man muß anmerken, daß wir bei anderen Predigern des 13. Jh.s keineswegs auf diesen Gedanken stoßen, obwohl sie in ihren *Exempla* zahlreiche Möglichkeiten gehabt hätten, ihn anschaulich zu entwickeln. Andererseits findet in einer späteren Periode die Idee einer Entsprechung des Umfangs der Qualen, denen die Seele im Fegefeuer ausgesetzt ist, und des Charakters der Versündigungen weithin Ausdruck in den Testamenten; ihre Verfasser waren außerordentlich darum bemüht, die Dauer ihres Aufenthaltes im Fegefeuer durch ein Maximum der Messen zu verkürzen, die man unmittelbar nach ihrem Tod für ihr Seelenheil zu lesen hatte. Berthold nimmt hier sozusagen eine mittlere Position ein. Und wieder ist das Instrument, das geeignet ist, die Qualen des Fegefeuers zu verkürzen, die Buße. »Sie stellt nicht die Zeiten wieder her, die du unnütz vertan hast, aber sie ist in der Lage, die Dauer des Aufenthaltes deiner Seele im Fegefeuer zu verkürzen, und, sagen wir, anstelle von zehn Jahren wirst du ein Jahr im Fegefeuer brennen oder erst gar nicht hineingeraten« (8, Nr. 5).

Mit der Idee der Proportionalität von Sünden und Strafen verbindet Berthold bei der Auslegung des Jenseits einen dritten Gedanken, und zwar eine Art Individualisierung der Sünden und Verdienste und dementsprechend der Vergeltungen oder Belohnungen, die die Seelen der

Verstorbenen erwarten. Jeder bekommt, wie Berthold sagt, seine eigene Belohnung, die von seinen persönlichen Taten abhängt. Seine Zuhörer teilt der Prediger in mehrere Kategorien ein. Die erste erhält in den Himmeln die höchste Auszeichnung. Das sind jene, die ihr Leben lebten, ohne in Todsünde zu verfallen, keusche Jungfrauen und keusche Junggesellen; wenn sie im himmlischen Jerusalem ankommen, erwartet sie eine Krone, königliche Gewänder und ein Ring. Die zweite Kategorie stellen diejenigen dar, die ihre Keuschheit verloren haben, aber sich durch Trauer und Reue von ihren Sünden gereinigt haben. Die dritten erhalten die geringste Auszeichnung, aber ihre Zahl ist, wie Berthold bestätigt, verschwindend gering; »wenn zweitausend Menschen vor mir säßen, so verdienten kaum ein oder zwei diese geringste der Auszeichnungen, und vielleicht gäbe es auch niemanden darunter«.

Diese Kategorie bilden Leute, die ihre Umkehr bis zur Todesstunde aufgeschoben haben. Von solchen gibt es in der Hölle viele Tausende. Die Reue gefällt dem Herrn heute am besten, morgen ist sie ihm weniger gefällig, in einer Woche noch weniger, und am wenigsten in einem halben oder einem ganzen Jahr. Es ist sehr zweifelhaft, daß der Mensch am Ende seiner Tage Vergebung erhält – genauso zweifelhaft, wie daß ein Blinder mit einem einzigen Schuß mit der Armbrust oder dem Bogen einen Vogel, der sich auf einem Glockenturm niedergelassen hat, abschießen kann. Nach verspäteter Reue gerät die Seele im besten Falle ins Fegefeuer, wo man sie so lange brennen und rösten wird, wie es der Sünder verdient, vielleicht hundert Jahre oder vierhundert oder noch länger. Aber auch danach wird die Belohnung in den Himmeln die allergeringste sein. »Wie der Mensch hier sät, so wird er dort ernten.« Natürlich, auch die allerkleinste Auszeichnung in den Himmeln wird so sein, daß man sie unmöglich ausdrücken kann, und trotzdem ist sie nichts im Vergleich mit der größten Auszeichnung.

Die vierte Kategorie der bei der Predigt Anwesenden schließlich erhält, wie Berthold versichert, überhaupt keine Auszeichnung. »Dies sind die meisten derer, die vor mir stehen«, sagt er, und sie bekommen weder eine Belohnung im Himmelreich noch auf der Erde, noch im Fegefeuer, – ihr Platz ist »am höllischen Galgen«, »in der Hölle oder in der Tiefe der Hölle«. Wenn man von Juden, Heiden und kleinen Kindern mal absieht, sind bei den erwachsenen Christen die Mehrzahl solche, die zugrunde gehen. »Viele Gerufene und wenig Berufene.« Aber wer sind sie? Das sind die, die eine Todsünde begangen haben und diese Welt verlassen ohne Buße.

Was erwartet in jener Welt die, denen Gott sogar die kleinste Belohnung verweigert? Ähnlich wie im Himmelreich einige größere Freuden erhalten als andere, so sind auch in der Hölle die Qualen ungleich, der eine leidet tausendfach größere Qualen als der andere. »Herr Cato« und »Herr Nero« sind beide in der Hölle, aber schwer ist es für sie auf unterschiedliche Art, und dem Tyrannen Nero ergeht es hunderttausendmal schlechter als dem tugendhaften Heiden Cato. Manche sagen, daß der, der sich an die Hölle gewöhnt hat, in ihr frei leben kann, aber dies ist eine große Lüge. An die Hölle kann sich niemand gewöhnen. »Herr Kain« kam als erster in die Hölle, und seine Qualen sind heute die gleichen wie am ersten Tag, dabei hatte er, wie es scheint, in 5700 Jahren reichlich Zeit, sich daran zu gewöhnen (8, Nr. 24). Wenn man diese Worte liest, kommt natürlich die Frage auf: Um welche Tausende von Jahren geht es hier in bezug auf die Hölle, in der die Ewigkeit herrscht? Aber die Zeit ist nicht vollständig aus dem Bild der jenseitigen Welt, das von unserem Prediger skizziert wird, eliminiert. Dem Besten ergeht es in der Hölle so schlecht, daß es mit keiner Sprache ausgedrückt werden kann, und trotzdem ist es für den einen dort leichter als für den anderen. Dem einen geht es zehnmal schlechter, dem anderen dreißigmal, diesem sechzigmal, jemand anderem noch hundertmal schlechter und jenem tausendmal, und noch einem sechstausendmal. Es gibt so viele Qualen, wie es Sünden gibt, und je tiefer die Hölle, um so stärker ist das Feuer und um so schrecklicher sind die Qualen. Und genauso ist es im Himmelreich: Je mehr gute Taten, desto größer ist die Auszeichnung, desto größer ist auch die Ehre und desto größer sind die himmlischen Freuden (8, Nr. 24).

In den Beschreibungen der Höllenqualen in den Visionen einer früheren Periode herrscht folgendes Gesamtbild vor: Seelen, die für ähnliche Sünden verurteilt sind, werden den gleichen Bestrafungen unterzogen; gesondert die Ehebrecher, gesondert die Kindsmörderinnen, gesondert die Habgierigen oder Gotteslästerer usw. Die von Gott Verstoßenen teilt man in Kategorien ein, ohne ihre Individualität herauszustellen. Berthold hingegen macht nicht davor halt, exakt zu bestimmen, um wie viele Male genau die Bestrafung des einen strenger sein wird als die des anderen. Seine Leidenschaft zur Präzisierung und zu quantitativen Proportionen ist genauso unüberwindbar wie seine Leidenschaft für Aufzählungen.

Es ist zweifellos die Absicht des Predigers, das Auditorium mit den Schrecken der Hölle, die jene erwarten, welche nicht bereut und ihre Sünden gesühnt haben, zu terrorisieren. Im Unterschied zu den Autoren der Visionen, die mannigfaltige Höllenqualen beschreiben, reicht es Berthold jedoch, auf das Feuer der Hölle hinzuweisen. Aber was ist das für ein Feuer? Er bezieht sich auf eine solche Autorität wie Augustinus. Wenn man mit dem Feuer der Hölle das Feuer vergleicht, das den Erdenmenschen bekannt ist, dann ähnelt dieses Flammen, die man auf eine Wand zeichnet (8, Nr. 6). Den zur Hölle Verurteilten geht es so schlecht, daß niemand in der Lage ist, dies auszudrücken. Ihre Qualen sind so groß, daß, wenn diese Stadt (Augsburg, wo Berthold predigt) in Brand gesteckt würde und bis zum letzten Haus niederbrennen würde, »und zusammen mit ihr deine Haut und Haare, Augen und Mund, Kopf und der ganze Körper, die Knochen und das Fleisch und alle deine Glieder und Adern verbrennen würden und du durch und durch zu dichtem Feuer würdest, ähnlich geschmolzenem Eisen«, dies noch nichts wäre im Vergleich zum Feuer der Hölle. »Ich sage weiter«, erregt sich der Prediger, »wenn diese ganze Welt sich in Feuer verwandeln würde und die ganze Erde bis zum Himmel aufflammen würde, wäre es hundertmal besser als in der Höllenglut, um hundertmal besser!« (8, Nr. 9). Und was für ein Feuer ist das! Kinder, die gestorben sind, ohne getauft worden zu sein, und die in den »Vorhof zur Hölle« geraten, erfahren nur eine Qual: Sie sind des Anblickes Gottes beraubt. Aber auch dieser Mangel ist so groß, daß sie es vorziehen würden, bis zum Jüngsten Tag eine glühende Säule, die von der Erde bis zu den Himmeln emporragt und mit Messern und Sicheln besteckt ist, hinauf und hinunter zu fahren, nur um fortwährend das Antlitz Gottes zu schauen (8, Nr. 9).

Das vierte Moment in den Predigten Bertholds über das Jenseits, das den Forscher interessieren muß, ist eine Art »historischer Aspekt«. Die Hölle und ihre Bewohner befinden sich außerhalb der irdischen Zeit in der Ewigkeit, haben aber dennoch ihre Geschichte. Die Welt bestand 5200 und ein Jahr lang (bis zur Ankunft Christi oder bis zu seinen Leiden), und in dieser Zeit konnte durch den Ungehorsam von Adam und Eva im Paradies kein Mensch in das Himmelreich eingehen, sei er gut oder böse, jung oder alt, reich oder arm, adelig oder nicht adelig. Diejenigen von ihnen, die Todsünden begangen hatten, kamen in die Hölle und blieben dort bis zu diesem Tag; jene aber, die nur gewöhnlicher, »alltäglicher« Sünden schuldig waren, welche vom Feuer verbrannt werden, wechselten von der Hölle zu dem Ort, den man *limbus* oder »Vorhölle« (*die vorhelle*) nennt.

Der Unterschied zwischen dem Limbus und der eigentlichen Hölle (der »echten Hölle«, *rehten helle*) wird illustriert durch die Gegenüber-

stellung von Augsburg, umschlossen von Stadtmauern, und seinen Vor-
orten, die außerhalb der Mauern gelegen sind: Sowohl Stadt als auch
Vorstadt, das alles ist Augsburg, aber der Schutz seines äußeren Teils
steht hinter dem Schutz des inneren zurück. Ebenso bewacht man die,
die in die Hölle hinabgeworfen wurden, tausendmal aufmerksamer als
jene, die auf den »Vorplatz zur Hölle« geraten sind. Diejenigen, die sich
einmal in der Hölle befinden, kommen also niemals mehr aus ihr heraus.
Wie der Prediger erklärt, besuchte der Herr die Bewohner des Vorhofs
nach seiner tödlichen Qual und zog aus dem Limbus die, die ihn 5000
Jahre lang angefleht hatten, heraus, aber er befreite niemanden aus dem
Feuer selbst. Sagen wir, »Herr Kain«, der erste, der in die Hölle geriet,
blieb dort und wird dort auf ewig bleiben. »In die echte Hölle stieg der
Herr nicht hinunter, und wenn wir sagen, daß er die Hölle besuchte, so
denken wir an die ›Vorhölle‹, die ›Vorstadt‹« (*die vordern helle, die vor-
stat*) (8, Nr. 20).

Folglich ist der erste und entscheidende Faktor in der Geschichte der
jenseitigen Welt die Sühne der Sünden der Vorväter durch Christus. An
sein Sühneopfer erinnernd, fragt Berthold die Anwesenden: Gibt es hier
jemanden, der nicht eine ebenso schwere Sünde wie »Herr Adam«, der
gegen den Willen des Herrn den Apfel gekostet hat, begangen hat? »Bereut eure Sünden, denn der Herr stirbt nicht mehr für eure Sünden« (8,
Nr. 5).

Mit dem Tod und der Auferstehung Christi begann eine neue Epoche
in der Geschichte der jenseitigen Welt. Die Himmel öffneten sich, und
die heiligen Gerechten fingen an, ins Paradies einzuziehen. Davor hatten
sie sich an einem gewissen Ort aufgehalten (*stet*), von dem aus sie zusammen mit den Propheten, Patriarchen und anderen guten Menschen die
Gnade des Herrn anriefen. Die Leiden Christi bedeuteten den Anfang
des Himmelreichs. Wie in der Predigt »Von den zwei Wegen des Martyriums und der Barmherzigkeit« gesagt wird, ist der Weg zu den Himmeln einem dornigen Pfad gleich, der auf einen steilen Berg führt, auf
dessen Gipfel eine Burg (*hohen burg*) steht. Jedoch war dieser Pfad seit
mehr als tausend Jahren unpassierbar: Der Weg zur Burg (*martelwec* –
»Weg des Martyriums«) öffnete sich nach der Geburt des Herrn für
zweieinhalb Jahrhunderte und wird sich erneut vor dem Jüngsten Gericht öffnen (8, Nr. 12). Dies ist der Weg der Auserwählten Gottes.

Die Mehrzahl der Seelen befindet sich aber entweder in der Hölle oder
im Fegefeuer. Die Qualen des Fegefeuers sind unsagbar schrecklich, aber
sie sind vorübergehend und enden irgendwann; die Seele, die sich gerei-

nigt hat, geht über ins Paradies. Die Qualen der Hölle hingegen sind unendlich. Es ist unvergleichlich besser, ein Jahr im Fegefeuer zu brennen oder zwei oder zehn oder hundert, als auf ewig zusammen mit dem Teufel in der Hölle zu brennen. »Denn wenn du so viele tausend Jahre, wie das Meer Tropfen hat, brennst, so sind deine Qualen erst noch am Anfang; und wenn du soviel tausend Jahre lang brennst, wie Staubteilchen in einem Sonnenstrahl sichtbar sind, beginnen deine Qualen erst. Und ich füge noch hinzu: Wenn du so viele tausend Jahre brennst, wie seit Adams Zeiten Härchen auf den Körpern der Menschen wachsen und seit dem Beginn der Welt auf den Körpern der Tiere, so sind diese nur der Anfang deiner Qualen, und sie werden niemals ein Ende nehmen, bis in alle Ewigkeiten nicht. Je länger du aber im Fegefeuer brennst, desto näher bist du den Himmeln.«

Jahre, Jahrzehnte, Jahrhunderte und Jahrtausende irdischer Zeit sind nichts im Vergleich mit der Ewigkeit. Die Sünde wird in der Zeit begangen, die Sühne dafür geschieht in der Ewigkeit. Sogar eine verschwindend geringe Summe Geldes, die unrechtmäßig erworben wurde und die der »Habgierige« nicht dem zurückgegeben hat, dem es gehört, und seien es nur 8 Pfennige, verdammt ihn zum Aufenthalt in den Flammen der Hölle. Dort wird er »genauso lange brennen, wie der Herr im Himmelreich sein wird«.

Aber obwohl die Zeit entwertet wird, behält sie ihre Bedeutung als eine Frist, die dem Menschen auf der Erde eingeräumt wird, um Reue zu üben. Berthold fährt fort: Der Herr vermag alles zu tun, außer vier Dingen, die Er nicht zu tun wünscht. Diese Dinge sind die folgenden: Niemand holt den Sünder aus der Hölle heraus; Reue ist nicht imstande, die Belohnungen in den Himmeln zu vergrößern; es ist unmöglich, die Sündlosigkeit zurückzugewinnen; »die Zeiten, die du nutzlos vertan hast, bringt dir die Reue niemals zurück«. Aber dafür ist die Reue in der Lage, den Sünder noch an der Pforte zur Hölle zu retten; sie kann ihn in Kontakt mit den Heiligen bringen; er kann sich die gleiche Auszeichnung verdienen wie ein Schuldloser. Als Beispiel dienen die auf den Weg der Wahrheit gebrachten Sünder Maria Magdalena, der heilige Petrus und andere. Obwohl die Reue also die Zeit nicht wiederherstellt, die er nutzlos vertan hat, vermag sie etwas Ebenbürtiges zu tun, und zwar wird er anstelle von zehn Jahren ein Jahr im Fegefeuer brennen oder überhaupt nicht hineingeraten (8, Nr. 5). Folglich gibt es in der jenseitigen Welt eine Instanz, von der aus auf den Lauf der Zeit eingewirkt und die Dauer des Aufenthaltes im Fegefeuer verkürzt werden kann.

Der Prediger stellt die menschliche Zeit als minderwertig oder vollkommen nichtig dar, als er seine Aufmerksamkeit den himmlischen Freuden zuwendet: Die Nahrung dort schenkt Jugend ohne Alter, ein Leben ohne Tod, und nicht umsonst werden die Engel, die älter als sechzig mal hundert Jahre alt sind, in der Gestalt fünf- bis sechsjähriger Kinder gezeichnet. Sie schauen Gott im Verlauf dieser sechs Jahrtausende mit der gleichen Freude wie am ersten Tag. Hier auf der Erde ist der Mensch in sechzig Jahren schon ein alter Mensch, aber dort, in den Himmeln, auch in sechstausend Jahren noch ein Jüngling, und in hunderttausend Jahren, und in soviel Jahren wie das Meer Tropfen hat. Der vollkommene Gegensatz zu dieser Ewigkeit im Paradies ist die Ewigkeit in der Hölle. »Wie, Bruder Berthold!« hören wir die Stimme seines fiktiven Zuhörers. »Jene, die in der Hölle sind, werden niemals sterben?« »Nein«, antwortet er, »sie sterben die ganze Zeit. Ihr Leben ist ein ewiger Tod« (8, Nr. 16, 25).

Die »Geschichte« der Hölle, des Fegefeuers und des Paradieses findet ihre Fortsetzung und Kulmination in der Zukunft. Das Ende des Lebens des Menschengeschlechts ist das Jüngste Gericht. An diesem Punkt der Überlegungen Bertholds finden wir wiederum bestimmte Divergenzen zu den Konzeptionen, die in den *Exempla* der lateinischen Predigt des 8. Jh.s dargestellt werden, ebenso wie in den zahlreichen Visionen des Jenseits. Wie schon weiter oben gesagt, gibt es in den *Exempla* und Visionen eine Vermengung zweier Versionen des Gerichtes über die Seelen der Sünder. Das Gericht entscheidet über die individuelle Seele im Moment des Ablebens des Menschen, aber darüber hinaus warten die Seelen aller Verstorbenen auf das Jüngste Gericht, das in einer unbekannten Zukunft stattfinden wird (nach der Wiederkunft Christi). Diese zwei eschatologischen Versionen – die »kleine« und die »große« – sind weder in den *Exempla* noch in den Visionen in irgendeiner Weise logisch aufeinander abgestimmt, und aus diesem Widerspruch heraus bleibt für den Menschen des Mittelalters dieser kardinale, wahrhaft entscheidende Punkt seines Weltbildes unklar.

Wie es scheint, sucht Berthold nach Mitteln, um den genannten Widerspruch zu lösen. Genaugenommen spricht er nur von *einem* Jüngsten Gericht, und zwar von dem, das uns »am Ende der Zeiten« erwartet. Hier vertritt er den Standpunkt des offiziellen Christentums. Die »kleine« Eschatologie wird jedoch trotzdem vorausgesetzt. Denn der Sünder wird auch schon nach seinem Tod verurteilt, aber diese Verurteilung betrifft gegenwärtig nur die Seele; der Körper ruht noch in der

Erde. Wenn das Jüngste Gericht eintritt, dann unterliegen sowohl der Körper als auch die Seele des Sünders der Verurteilung (8, Nr. 13). In einer anderen Predigt sagt der Herr, der dem Menschen Seele und Körper geschenkt hat, dem Sünder: »Ich nehme dir Körper und Seele, zuerst nehme ich die Seele und werfe sie in die Tiefe der Hölle, und am Jüngsten Tag sowohl Körper als auch Seele« (8, Nr. 22). Aus diesen Worten geht klar hervor, daß in Bertholds Vorstellung das Gericht im Moment seines Ablebens über die Seele des Sünders abgehalten wird und die Seele sofort in die Hölle kommt und daß nach dem Jüngsten Gericht Körper und Seele, die sich wieder vereint haben, den Qualen ausgesetzt werden. (»Bereue schneller, sonst gerätst du in den Abgrund der Hölle, zuerst mit der Seele, *an der sele*, und am Tag des Jüngsten Gerichtes sowohl mit dem Körper als auch mit der Seele, *an libe und an sele*!«) (8, Nr. 6).

In den Visionen und *Exempla* gibt es nicht selten Schilderungen von Szenen eines Rechtsstreits um die Seele eines Individuums. Dieser wird an dessen Sterbelager zwischen Engeln und Teufeln ausgetragen, wobei beide Parteien Rollen mit den Aufzeichnungen der Verdienste und Sünden des Verstorbenen vorzeigen. Obwohl Berthold auf die Schilderung solcher Szenen verzichtet, unterstützt er faktisch doch die gleiche Idee gerichtlicher Prozeduren: Ursprünglich vollzieht sich das Gericht im Moment des Ablebens des Sünders, und seine Seele wird freigesprochen oder verurteilt, und erst am Jüngsten Tag wird das endgültige Urteil über die sich verkörpernde Seele gefällt.

Aber im Unterschied zu den Visionen, in denen das Jüngste Gericht praktisch von einem »privaten Prozeß« über die Seele des einzelnen Sterbenden verdrängt wird, geht Berthold auf die Szene des Jüngsten Gerichts ein. In einer kurzen Predigt, die speziell diesem Thema gewidmet ist (»Von dem Jüngsten Gericht«: 8, Nr. 37; offensichtlich ist dies nicht der vollständige Text, sondern eine gewisse Zusammenfassung oder Skizze), wird gesagt, daß beim Jüngsten Gericht alle Menschen der ganzen Welt versammelt werden und, »wenn der Herr erscheint, sich alle erheben und Er niemandem näher sein wird als dem anderen oder weiter von ihm entfernt«. (Der Raum, in dem dieses Gericht abgehalten wird, wird folglich über bestimmte ungewöhnliche Eigenschaften verfügen.) Dies wird der »glücklichste Tag für den Herrn sein«. Aber in anderen Predigten wird eine andere Seite des Jüngsten Tages betont, der sich nun als der schrecklichste Moment in der Geschichte des menschlichen Geschlechts erweist. An diesem Gericht werden die Heiligen teilnehmen, und sie werden streng richten und grausam rächen. So werden der heilige

Petrus und der heilige Paulus den Imperator Nero grausamer verurteilen, als er sie verurteilte, denn Nero verurteilte nur ihre Körper, aber sie werden über seinen Körper und seine Seele richten. Ebensolche Richter werden auch der heilige Johannes der Täufer und der heilige Bartholomäus sein, die sich zusammen mit dem allmächtigen Gott im Gericht niederlassen und über alle urteilen werden, vom ersten bis zum letzten, und jene verurteilen werden, die Todsünden begangen haben, nicht bereut, nicht gebeichtet und nicht entschädigt haben. Zusammen mit Christus werden Beichtväter, Heilige, Märtyrer, Jungfrauen, unschuldige Kinder, Witwen, fromme Eheleute und andere die Richter und Rächer sein, wobei Kinder eine besondere Kategorie bilden und mit Schwertern in den Händen ohne jegliche Nachsicht über ihre Väter und Mütter und alle Verwandten urteilen werden. Berthold warnt: Beim Jüngsten Gericht steht das Kind Vater und Mutter feindlich gegenüber, der Bruder der Schwester, die Schwester dem Bruder, der Verwandte dem Verwandten, denn sie lieben Gott, und falls sie die Macht hätten, die Mutter und den Vater der Hölle zu entreißen, dann würden sie dies nicht wollen, denn sie können nichts anderes wünschen als das, was Gott selbst wünscht.

Der Jüngste Tag ist erfüllt von Zorn, Haß und Angst. Hiob, der beste unter den Menschen, würde es vorziehen, an diesem Tag in der Hölle zu sein. »Und ihr, ihr unglücklichen Sünder«, fragt Berthold die Anwesenden, »wie steht die Sache mit euch?« Wie der Prediger vermutet, mag jemand denken: »Ach, wenn es dort eine solche Menge von Menschen und Engeln gibt, kann ich mich wahrscheinlich verstecken.« »Hoffe nicht darauf! Du kannst dich genausowenig vor dem Tod verbergen wie vor dem Gericht unseres Herrn« (8, Nr. 13). Die einzige Rettung vor dem schrecklichen Los ist die vollständige und aufrichtige Reue, zu der der Prediger unermüdlich aufruft. »Ach, Bruder Berthold, ich schäme mich«, sagt ein Sünder, der gerade bei der Beichte seine Sünden aufdeckt. »Aber du hast dich nicht geschämt, als du gesündigt hast. Und wie sehr wirst du dich schämen beim Jüngsten Gericht der Heiligen Mutter Gottes und Gottes selbst, der Heiligen, Engel und himmlischen Heerscharen und aller Dämonen und Seelen, die zur Hölle verdammt sind? Dort wird doch alles Geheime für jeden sichtbar gemacht. Deshalb eile zum Pfarrer und beichte« (8, Nr. 22)[19].

Berthold von Regensburg hat einen persönlichen Feind, gegen den er unermüdlich ankämpft. Dies ist der Teufel mit seinen Dienern. Die düstere Figur des Satans ist in seinen Predigten beständig anwesend[20].

Der Teufel gleicht einem Jäger: Ewig legt er Fangschlingen und Netze aus, um Seelen einzufangen. Diese Fallen legt er aus vor unseren Augen, Beinen, Händen, vor unseren fünf Sinnen, vor unseren Worten und Taten; er lauert uns auf den Straßen, bei der Ab- und Anreise, beim Essen und Trinken, im Schlaf und im Wachzustand auf. Seine Finten, die so zahlreich sind wie Staubteilchen in der Sonne, sind nicht zu zählen. Es existieren jedoch drei Arten von Hinterhalten, die er besonders oft errichtet und die am gefährlichsten sind. Um sie geht es in der Predigt »Von den drei Netzen« (s. 8, Nr. 3; vgl. Nr. 26, »Von den vier Fallen«).

Den ersten Hinterhalt, sagt Berthold, errichtet der Teufel, noch bevor der Mensch das Licht der Welt erblickt. Er bemüht sich, die Geburt eines Kindes zu verhindern; zu diesem Zweck wiegelt er den Ehemann auf, seine Frau zu prügeln, damit die Frucht im Mutterleib umkommt. Oder er verleitet die schwangeren Frauen zu tanzen, zu springen und schwere Lasten zu heben, um bei ihnen eine Fehlgeburt herbeizuführen. Nach der Geburt des Kindes bemüht sich der Teufel, es so einzurichten, daß es nicht getauft wird. Die Verzögerung der Taufe des Säuglings führt oft dazu, daß er stirbt, ohne in die Gemeinschaft der Christen aufgenommen worden zu sein. Damit wird ihm gleichzeitig der Zugang zum Himmelreich verwehrt. (Diese Feststellung ist angesichts der damaligen hohen Kindersterblichkeit symptomatisch.) Der Herr stellt dem Kind einen Schutzengel zur Seite, fährt der Prediger fort. Jedoch auch der Teufel schläft nicht. Eltern achten gelegentlich nicht darauf, daß sich das Kind in der Phase, in der es sprechen lernt, nicht angewöhnt zu schimpfen und bei Gott zu schwören.

»Aber Bruder Berthold«, hören wir die Stimme seines Gesprächspartners, »es ist doch ein unschuldiges kleines Kind, das noch nicht versteht, was gut und was schlecht ist, wie kann denn der Teufel sich über seine Schimpfworte freuen?« »Der Teufel versteht sich auf Listen und Schelmenstücke besser als du«, entgegnet der Prediger, »er fängt schon den Säugling ein und gewöhnt ihn an das Böse, und an was das Kind gewöhnt ist, dabei bleibt es auch. Die vornehmen Leute haben Erzieher für ihre Nachkommen, ihr aber, ihr armen Leute«, wendet sich Berthold an die Masse der Zuhörer, »müßt eure Kinder selbst erziehen.« Wenn das Kind Schimpfworte gebraucht, muß man es mit der Gerte peitschen, sie sollte immer im Haus bei der Hand sein. Man darf nicht stark schlagen, sonst macht man aus ihm einen Dummkopf. Wenn du es mit der Gerte erziehst, wird es sich fürchten und sich der Schimpfworte enthalten. Am

Tag des Jüngsten Gerichts werdet ihr euch für eure Kinder verantworten, mahnt Berthold zur Vorsicht.

Hier unterbricht ihn erneut eine Frage: »Bruder Berthold, wie alt muß ein Kind sein, um zu einer Todsünde fähig zu sein?« »Es ist schwierig, dies mit Bestimmtheit zu sagen. Kinder sind verschieden, alles hängt vom Maß ihrer Verständigkeit ab.« Der Gesprächspartner beklagt sich: »Ich habe mein Kind mit allem Eifer erzogen und habe alles ausprobiert, aber es hört nicht auf mich.« »Aber auch Adam und Noah und Abraham und Isaak und David reichte all ihre Weisheit für die Erziehung ihrer mißratenen Kinder nicht aus. Dafür bist du nicht verantwortlich, aber falls du sie aus Zärtlichkeit und Liebe oder aus Faulheit nicht erziehen willst, so liegt die Schuld bei dir.«

Die zweite Falle stellt der Teufel auf, wenn der Mensch in die Jahre kommt. Der Mensch geht durchs Leben wie durch einen Wald; zuerst trifft er auf Gebüsch, danach auch auf größere Bäume, und überall lauert ihm der Feind auf, der ihm ungebührliche Angst und ungebührliche Liebe einflößt. Berthold bezieht sich auf die biblische Geschichte Gideons, aber den Juden ist nur deren äußere Hülle zugänglich, den Christen hingegen ist auch der Kern ihrer Bedeutung verständlich. Gideon und seine auserwählten Krieger bedeuten Christen, die Heiden aber, seine Gegner, das waren die Teufel. Sie kann man niemals zusammenzählen, ebensowenig wie all ihre Finten – Wucher, Betrug, Raub, Mißgunst. »Was sollen wir denn machen, Bruder Berthold?« Die Antwort: Der Mensch, der in Sünde versunken ist, muß bereuen und mit Hilfe des »Credo« gegen die Teufel kämpfen. Ungebildete Leute sollen es auf deutsch lernen (*in tiusche*), Gelehrte (*die gelerten*) in der Buchsprache (*in buochischen*). Bei Erreichen des siebten Lebensjahres soll das Kind das »Credo«, das »Pater noster« und »Ave Maria« kennen.

Schließlich stellt der Teufel eine dritte Falle auf, wenn die Menschen diese Welt verlassen. Am Sterbelager des Menschen versammeln sich die Dämonen und richten ihre Bemühungen darauf, daß er in Verzweiflung die Hoffnung auf Gott fahren läßt und stirbt, ohne bereut zu haben (s. 8, Nr. 3). Auf diese Weise begleiten die allgegenwärtigen Dämonen den Menschen sein ganzes Leben lang, sie lassen ihn nicht für einen Moment in Ruhe und bemühen sich mit allen Mitteln, seine Seele zugrunde zu richten.

Der Teufel freut sich über drei Arten von Menschen: über die, die eine Todsünde begangen haben; über die, die sich an die Sünde gewöhnt haben, und über jene, die in Todsünde gestorben sind. Über letztere freut er sich am meisten, denn über sie verfügt er endgültig

Der Teufel ist fähig, sogar zu einer solchen Finte zu greifen, wie die Gestalt eines Predigers anzunehmen. Berthold erzählt von einem Fall, in dem vor einer Menschenmenge jemand auftrat, der ihm in allem ähnelte, und verkündete: »Ich bin Bruder Berthold, und alles, worüber ich zu euch gesprochen habe, ist eine Lüge. Ihr sollt euch an Den halten, Der euer wahrer Gott ist, und an Ihn glauben.« Aber das war kein anderer als der Teufel in der äußeren Gestalt Bertholds! (8, Nr. 12). Nicht umsonst nennt man den Teufel *tusentlesteler* (»Meister der tausend Streiche«). Er machte sogar Jagd auf den König David und hätte fast den heiligen Petrus gefangen (8, Nr. 26).

In einer anderen Predigt wird der Teufel Falschmünzer genannt: Die Falschmünzen, die er prägt, sind unsere Nächsten, daß heißt diejenigen, die uns den Sünden nach am nächsten sind. Der Wüstling liebt den Lasterhaften, der Räuber den Räuber, der Dieb den Dieb, und genauso ist es mit dem Tänzer, Raufbold, Nichtstuer, Spieler, Gefräßigen; sie alle bevorzugen ihnen ähnliche. Der Teufel ist der Verbündete dreier Arten von Menschen, die mit ihm Frieden geschlossen haben, indem sie ihn in ihrem Leben nachahmen. Dies sind erstens die Häretiker, die sich dem Teufel gleich bemühen, alle von Gott abzubringen, bei denen es gelingt, und die sich mit ihm nicht versöhnen wollen. Zweitens sind es die, die gegen den Heiligen Geist gesündigt haben. Drittens stehen die Habgierigen in festem Bündnis mit dem Teufel. Diese sind am schlimmsten von allen. Zu den Habgierigen zählt der Prediger die Wucherer, Aufkäufer, Räuber, Diebe, Betrüger in Handel oder Handwerk. Sie widersetzen sich Gott. Doch was ist am Teufel am schlechtesten? Es sind drei Dinge (wie wir wissen, tendiert Berthold sehr stark zu Aufzählungen). Das erste ist, daß er ohne Unterlaß und ohne Ruhepause sündigt, sowohl tagsüber als auch nachts. Das zweite ist, daß er versessen auf Sünden ist, und je mehr er sündigt, desto stärker verlangt er nach Sünden. Das dritte ist, daß er sich nicht dem Weg der Wahrheit zuwenden will. Aber gerade in diesen drei Dingen sind die Habgierigen dem Teufel ähnlich! Sie sündigen auch ständig, sowohl tags als auch nachts; die Zeit kann heilig sein oder nicht, sie sündigen alle. Und sie werden nicht gesättigt: Je mehr der Habgierige mit Wucherei und Aufkauf erwirbt, desto stärker verlangt er nach Gewinn; schließlich hat der Habgierige einen Vertrag mit dem Teufel geschlossen, denn gleich diesem und dem Häretiker verspürt er keine Kümmernis. Der Prediger schließt melancholisch: »Das, was ich diesen

Geizhälsen sage, ist in den Wind geredet, da ihr Frieden mit dem Teufel dauerhaft ist ...« (8, Nr. 17).

Groß ist die Macht des Teufels, und der Kampf des Guten gegen das Böse ist weit davon entfernt, ein Ende zu nehmen. An ihm nehmen alle höheren Kräfte und Engelsscharen auf der einen Seite und höllischen Kräfte auf der anderen Seite teil. Aber auch jeder Mensch wird mit einbezogen in diese historische Weltschlacht. Berthold zitiert die Worte der »Offenbarung des Johannes« (5:1): »Und ich sah in der rechten Hand dessen, der auf dem Thron saß, ein Buch, beschrieben inwendig und auswendig, versiegelt mit sieben Siegeln«, und legt den Text aus. Das Buch stellt den Sünder dar, dessen Herz der Teufel versiegelt hat. Öffnen kann es nur die Gnade Christi. Die sieben Siegel, die der Teufel beim Menschen anbringt, sind: (1) Leichtsinnigkeit gegenüber Sünden, (2) Trost beim Anblick fremder Sünden, (3) Hoffnung auf ein langes Leben, (4) Hoffnung auf die Barmherzigkeit des Herrn, (5) Scham, die die Beichte stört, (6) Angst vor Bußen, (7) Verzweiflung. Mit Hilfe dieser Kniffe versucht der Teufel den Menschen von der Rettung abzuhalten (8, Nr. 43).

Die gespannte Dramatik des Kampfes zwischen Gott und dem Teufel wird aus einer schon zitierten Behauptung des Predigers deutlich: Von den zwölf Teilen, in die das Menschengeschlecht geteilt wurde, gehören zehn dem Teufel und nur zwei Gott. »Oh, Herr!«, ruft Berthold aus. »Wie klein ist unser Anteil!« (8, Nr. 29). Diese Dramatik ist mit größter Anschaulichkeit in der Predigt »Von den sieben Siegeln der Beichte« dargestellt, in der ein Rechtsstreit zwischen Christus und Satan um die Seele eines Sünders aufgezeigt wird. Der Teufel begründet seine Ansprüche damit, daß ein Vermögen, das innerhalb einer langen Frist – vierzig, fünfzig oder hundert Jahre – nicht abgefordert wurde, nach dem Verjährungsrecht dem faktischen Besitzer gehöre. »Und ich«, erklärt der Teufel, »besitze die Sünder seit 5000 Jahren.« Gott entgegnet, er habe diese Sünder durch die Patriarchen, Propheten, Apostel und Engel angefordert. Der Teufel bezieht sich auf ein Dokument (*hantveste*), welches bestätigt, daß der Sünder vermeintlich ihm gehöre, da er die göttlichen Gebote verletzt habe. Gott entgegnet: »Diese Niederschrift ist falsch.« Der Teufel: »Aber er bereute nicht und hat keine Bußen auf sich genommen.« Gott: »Habe ich seine Sünden etwa nicht gesühnt? Lege alle Sünden der Menschen, die sie seit Adams Zeiten begangen haben, in die Waagschale«, und ein einziger Tropfen vom Blut Christi, der für die Sünder geflossen ist, zieht die andere Waagschale hinunter (8, Nr. 43).

Aber öfter als über den Teufel spricht Berthold wohl über die Dämonen, über das zahllose Heer des Bösen. Gott grenzt sein »Feld« mit einer himmlischen Mauer ab – mit dem Heer der heiligen Engel, die ihre Wachen überall aufgestellt haben, in jedem Königreich und Herzogtum, auf einem beliebigen Boden, Bistum, in jeder Stadt und jedem Dorf, in den Klöstern und Siedlungen, in den Burgen und Häusern. Jedem einzelnen Menschen stellt er einen Schutzengel zur Seite, unabhängig davon, ob er jung oder alt ist, getauft oder nicht, Heide oder Häretiker, Slave oder Tatare, kurz gesagt, jedem, der als Mensch erschaffen wurde; jedem Sterblichen wird aber daneben auch ein Teufel zur Seite gestellt, und dieser Teufel würde ihm beim Begehen einer Todsünde auf der Stelle den Hals brechen, wenn nicht der Schutz des Engels wäre (8, Nr. 23).

Nachts halten sich große Trupps von Teufeln in den Dörfern und Städten auf und legen überall ihre Netze aus. »Aber«, hält sein ständiger Gesprächspartner dem Prediger entgegen, »du, Bruder Berthold, sprichst viel von Dämonen und ihren Streichen, aber wir sehen und hören sie doch niemals, und deshalb bleiben sie uns unverständlich.« »Desto größer ist von ihnen der Schaden«, sagt Berthold. »Wenn du einen einzigen Teufel sehen würdest, so wie er ist, dann, davon bin ich überzeugt, würdest du niemals mehr der Sünde verfallen. Wenn wir sie sehen könnten, wären ihre Finten nutzlos. Es gibt Tausende von Dämonen, aber sie schweigen.« Und hier wendet sich Berthold unmittelbar an sie: »Ihr Teufel! Hört ihr meine Predigt? Wenn der König Herodes euch gehört hätte, hätte er nicht soviel unschuldiges Blut vergossen« (8, Nr. 26). Wie man sehen kann, weiß der Prediger, daß es unter den Zuhörern Personen gibt, die die Existenz der Teufel bezweifeln. Selbst teilt er diese Zweifel keineswegs. Teufel gibt es überall, sie erfüllen die Welt, begleiten jeden Menschen und lauern auf seinen Fall, der ihnen die Möglichkeit gibt, über seine Seele zu verfügen. Die Teufel sind bei der Predigt Bertholds anwesend, sie sind seine persönlichen Feinde.

Ein treuer Verbündeter des Teufels ist der »Pfennigprediger« (*pfennincprediger*); ihn entlarvt Berthold mit nicht weniger Leidenschaft als den Teufel selbst. Er kommt ihm immer wieder in den Sinn. Der »Pfennigprediger« ist der Lieblingsdiener des Teufels. Aus Bertholds Sichtweise stellt er eine besondere Gefahr dar, denn er verkehrt im einfachen Volk, und seine Predigten erfreuen sich augenscheinlich großer Popularität. Nicht umsonst gesteht Berthold ein, daß alle Anwesenden zu schluchzen beginnen, wenn der »Pfennigprediger« eine Rede hält. Er behauptet, daß er die Macht habe, für einen Groschen alle Sünden zu erlassen, und lügt, daß man sich auf diese Weise angeblich vor Gott reinigen könne. In Wirklichkeit aber liefert er dem Teufel viele tausend Seelen aus (8, Nr. 14). Die Beschuldigungen an die Adresse der »Pfennigprediger« sind jedoch genauso häufig, wie sie verschwommen sind. Offensichtlich waren es gefährliche Konkurrenten, aber Berthold beschuldigt sie nicht direkt der Häresie. Nach seiner Behauptung besteht ihre Sünde in Gewinnsucht und möglicherweise auch im Fehlen offizieller Vollmachten, Predigten zu halten (165, S. 348). In den Auftritten solcher selbsternannten Prediger konnten gefährliche Ideen enthalten sein, aber Berthold zieht es vor, sie nicht weiter zu erörtern.

Ein wesentlicher Bestandteil der Predigt war immer eine Erziehung durch Erzeugung von Angst vor jenseitigen Bestrafungen. Aber in den Reden Bertholds von Regensburg zeigen sich auch einige neue Züge, die für die Predigt einer früheren Zeit oder für die lateinische Predigt desselben 13. Jh.s weniger charakteristisch waren. Der Gedanke von der Proportionalität zwischen Sünde und Strafe wurde offensichtlich vor Berthold nicht so detailliert und gründlich ausgearbeitet. Gibt es eine Korrelation zwischen der Akzentuierung dieses Gedankens und der Entstehung neuer mentaler Einstellungen in der Stadt? J. Le Goff ist geneigt, in der Bestätigung der Idee des Fegefeuers und der damit verbundenen Tendenz, in die Beziehungen zur jenseitigen Welt mathematische Proportionen und Berechnungen einzubringen, ein Symptom des Umbaus des geistigen Lebens während des Aufschwungs der Städte, des Handwerks und des Handels (155) zu sehen. Die Individualisierung der Sünden und ihre Bestrafung oder Belohnung, wie sie sich auch in der Auslegung des Jenseits als »historische Horizontale« abzeichnete, antwortete auf die Wertorientierungen der städtischen Bevölkerung, die ihren Ausdruck in der Predigt Bertholds über Person, Berufung, Zeit und Reichtum gefunden haben. Diese legt das Gleichnis des Evangeliums über die Talente neu aus (s. oben).

Die Predigertätigkeit des Berthold von Regensburg erweist sich bei aufmerksamer Analyse als das Produkt einer komplizierten Wechselwirkung der Ideologie des Mönchstums und der Kirche mit den geistigen Einstellungen des Milieus, in dem sie ausgeübt wurde. Dabei blieb sie in ihrer wesentlichen Thematik und ihren Intentionen traditionell. Nach der Konzeption des Predigers bleibt das alles bestimmende Hauptziel des Menschen ebenso wie früher die Sorge um die Seele, aber die Rettung erfordert keinen Rückzug von der Welt, keine Askese und Absage an Reichtümer, Ränge und Privilegien. Die Gesellschaft mit ihren sozialen Berufungen wird bestätigt und nicht entwertet. Berthold sagt »ja« zu dieser Gesellschaft; sein »nein« bezieht sich nur auf Mißbräuche und Verletzungen der aufgestellten Ordnung. Er stellt sich den Christen als unverrückbares Element des sozialen Ganzen vor, der die ihm zufallende Funktion erfüllt. Ihre aktive und gewissenhafte Ausübung ist die Bedingung für die Rettung. Das ist kein Protestantismus und keine Prophezeiung oder Vorwegnahme der Reformation.

Die Lehre Bertholds ist ein organischer Teil des mittelalterlichen Katholizismus, der sich unmerklich zusammen mit den Veränderungen in der Gesellschaft änderte und auf diese sozialen Wandlungen einwirkte. Berthold von Regensburg ist ein orthodoxer Franziskanermönch, in den Augen seiner Zeitgenossen und der nachfolgenden Generationen von Gläubigen fast ein Heiliger. Er arbeitete unermüdlich an der Festigung der Grundlagen der Religion und an der Einführung von Maß und Ordnung in den gesellschaftlichen Beziehungen während des *Interregnum*; er ist kein Reformator, sondern ein Konservator. Aber es ist wichtig, in seinen Predigten das Echo jener Veränderungen des gesellschaftlichen Bewußtseins zu vernehmen, die in der Mitte des 13. Jh.s schon so wesentlich waren, daß sie seitens der Religion ihre eigene Sanktion erhielten.

5. Familie und Kindererziehung.
Die Andersgläubigen

Der Prediger tritt vor seinem ungebildeten Publikum als Träger eines universalen Wissens auf. Wenn er den Zuhörern den Weg des Guten weist und sich bemüht, sie vom Weg des Bösen abzubringen, sucht er nach den besten Mitteln, um sie von der Wahrhaftigkeit seiner Lehre zu überzeugen. Ein wichtiges Mittel einer solchen Beeinflussung sind Vergleiche und Assoziationen, die den verschiedensten Lebensbereichen entnommen sind. Berthold zieht Beispiele aus dem moralischen Bereich und der Natur heran, um die Predigten anschaulicher und eingängiger zu machen. Neben den religiös-moralischen Belehrungen werden den Gemeindemitgliedern auch gewisse »naturwissenschaftliche« Kenntnisse vermittelt.

In der Predigt »Von den drei Hindernissen, um Gott zu schauen« versichert Berthold, daß es eine große Anzahl solcher Hindernisse gebe und er sie nicht alle in eine Erzählung aufnehmen könne, selbst wenn er vier oder fünf Tage lang ununterbrochen spräche. Heute wird er nur von drei Hindernissen sprechen; so Gott will, wird er morgen und übermorgen auch mehr erzählen. »Deshalb sollt ihr oft zur Predigt gehen, denn dann wird es euch leichter fallen, Fehler zu vermeiden.« Aus diesen Worten kann man schließen, daß Berthold nicht nur sonntags und an anderen Feiertagen mit seinen Predigten aufgetreten ist, sondern von Zeit zu Zeit mit einem Predigtzyklus, der täglich gelesen wurde.

Was sind das für drei Hindernisse? Das erste ist die irdische Welt (*ertrîche*). Was stellt sie dar? Die Erde ist in Form einer Kugel erschaffen worden. Auf dem die Kugel umgebenden himmlischen Gewölbe sind die Sterne befestigt. Die Welt ähnelt einem Ei: Die Erde ist das Eigelb und der Himmel das sie umgebende Eiweiß. Der Himmel dreht sich ständig um die Erde, ähnlich einem Rad. Der Schöpfer hat dem himmlischen Gewölbe befohlen, wie eine Scheibe zu rotieren, aber das Gewölbe ist gewaltig und außergewöhnlich schwer und könnte bei der Bewegung zerbrechen, und deshalb wurden sieben Sterne geschaffen, welche bei der Drehung als Gegengewicht dienen. Das Gewölbe dreht sich von Osten nach Westen, die Sterne, die nachts über uns leuchten, befinden sich tagsüber unter uns. Falsch ist die Behauptung jener, die vermuten, daß unter uns noch eine gewisse Welt existiert. In Wirklichkeit ruht unsere Welt auf nichts, sie hängt frei, als wenn sie kein Gewicht hätte. Sie gleicht einem Vogel, der an einem Punkt schwebt. Wenn es möglich wäre, ein Loch durch die gesamte Erdschicht zu graben, so würden wir durch dieses Loch tagsüber die Sterne am Himmel sehen, denn auch unter uns ist Himmel.

Für ungebildete Menschen ist dies schwerer zu verstehen als für gebildete, aber Berthold mißt diesem kosmologischen Wissen offenbar einige Bedeutung bei. Er teilt es jedoch nicht um seiner selbst willen mit, denn sogleich folgt die Interpretation. Die Erde bedeutet Sünde, die daran hindert, die Sonne zu sehen, und diese Sünde heißt Habgier, Versessensein auf Reichtümer und unrechtmäßigen Wohlstand. Darauf folgt die traditionelle Beschimpfung der Betrüger: der Händler, Diebe, Wucherer, Aufkäufer, Eintreiber übermäßiger Steuern und Zölle und Bertholds schlimmsten Feindes, des »Pfennigpredigers«, der mit seinen betrügerischen Predigten die Seele der Zuhörer zugrunde richtet.

Die zweite Sache, die uns daran hindert, die Sonne zu sehen, sind die Finsternis und die Wolken. Die Finsternis sind die Sünden der Ruhmsucht, des übermäßigen Stolzes und der Eitelkeit. Hier wird denjenigen ihre Strafe zuteil werden, die sich viel um bunte Kleider und Kopfputz sorgen. Die Verkörperung des übermäßigen Stolzes ist Alexander von Makedonien, der bedeutendste Eroberer, der gleichzeitig auch der größte Dummkopf war: Seine Überheblichkeit war so groß, daß er davon träumte, mit der Hand bis zu den Sternen zu reichen, mit einem Streitwagen über das Meer zu fahren wie auf dem Trockenen, Berge auf einer Waage zu wiegen und den Meeressturm zum Gehorsam zu bringen.

Das dritte Hindernis, die Sonne zu erblicken, ist der Mond. Er ist näher an der Erde als die Sonne. Alle Sterne befinden sich in unterschiedlicher Höhe, aber der Mond ist der niedrigste von allen. Es kann passieren, daß er die Sonne verdeckt. Im vergangenen Jahr, am Tag des heiligen Oswald, verdeckte er bis zu einem Viertel der Sonnenscheibe, und ein anderes Mal ereignete sich die Finsternis am Mittwoch vor Pfingsten[21]. Die ungebildeten Menschen stellten sich vor, daß das Ende der Welt eingetreten sei, die gebildeten Menschen jedoch, die die Sterne studieren, versichern, daß es für Angst keinen Grund gibt. Diese Verfinsterungen bedeuten Hochmut, Habgier und Unglauben, die die Menschen zugrunde richten; der Mond bedeutet Unglauben. Im folgenden wendet Berthold sich heftig gegen die Häretiker (8, Nr. 25).

Die symbolische und allegorische Deutung von Naturerscheinungen ist charakteristisch für das Wissen im Mittelalter. Der Prediger besitzt die Fähigkeit, bei seiner Moralpredigt die verschiedensten und mitunter unerwartete Vergleiche zu finden; zugleich bekamen die Kenntnisse über die Natur, die er darlegt, aus seinem Munde eine bestimmte, sich selbst genügende Bedeutung. Er verweilt ausführlich bei der Geschichte über den Aufbau des Kosmos und erzählt sie mit Geschmack, erweitert damit den Horizont seines ungebildeten Publikums und weist die bei seinen Zeitgenossen leicht aufkommenden Ängste zurück, in diesem Fall die Angst vor der Sonnenfinsternis.

In einer anderen Predigt eröffnet Berthold den Zuhörern das Geheimnis, wie viele Tage der Weg ins Himmelreich dauert. Heidnische Lehrer haben sich nicht wenig den Kopf über der Frage zerbrochen, wie viele tausend Meilen es bis zum Himmel sind. Viel ist darüber geschrieben worden, aber sie sagen etwas aufs Geratewohl und wissen nichts Genaues. »Und ich sage euch die aufrichtige Wahrheit, und ich irre mich nicht um ein Paar Schritte. Wie viele sind es? Nicht mehr und nicht weniger als drei Tage Weges. Welchen Weg der Mensch auch immer geht, wenn er innerhalb von drei Tagen das Himmelreich nicht erreicht, so wird er niemals dort hingelangen. Der erste Tag des Weges ist der reine Glaube. Der zweite Tag ist die Hoffnung. Der dritte Tag ist die aufrichtige Liebe. Die, die am ersten Tag des Weges den Glauben haben, erreichen das Himmelsgewölbe, auf dem sich die Sterne befinden. Wenn sie die Hoffnung haben, so erreichen sie am zweiten Tag den Kristallhimmel. Am dritten Tag bringt die aufrichtige Liebe sie ins Empyreum« (8, Nr. 12). Die mittelalterliche Vorstellung vom Universum fließt hier erneut mit der Lehre über Glaube, Liebe und Hoffnung zusammen, die zur Rettung der Seele führen. Dem gleichen Thema, der Rettung mittels Glaube, Hoffnung und Liebe, zu denen noch Beständigkeit kommt, widmet sich Berthold auch in einer anderen Predigt »Von dem Wagen«. Der »Wagen« ist das Sternbild des großen Bären. Von den sieben Sternen des Bären bilden vier Sterne die Räder, die die erwähnten Tugenden symbolisieren (8, Nr. 11). Die ganze Welt ist nach Abbildern errichtet, das Moralische findet Ausdruck und Stütze im Materiellen, und letzteres ist nichts weiter als das Symbol ewiger Wahrheiten und Werte.

Aber Berthold läßt auch die rein irdischen Verhältnisse und Erscheinungen nicht außer acht und gibt seinen Zuhörern Ratschläge, die ihre physische Gesundheit betreffen. So geißelt er in der Predigt »Von den fünf verhängnisvollen Sünden« insbesondere die Sünde der Völlerei. Für den Unersättlichen gibt es keine Rettung (natürlich, wenn er nicht bereut). »Wie, Bruder Berthold, ich denke, je mehr der Mensch ißt und trinkt, desto stärker und gesünder wird er und desto länger lebt er«, versucht sein Gesprächspartner einzuwerfen. Nein, pariert Berthold, und zwar aus folgendem Grund: Die Nahrung gelangt doch in den Magen, der sich im Zentrum des Körpers befindet. Der Magen gleicht einem Tontopf, der auf dem Feuer steht und in dem Nahrung gekocht wird. Wenn man den Tontopf überfüllt, kocht das Essen entweder über oder wird gar nicht gekocht. Aus demselben Tontopf essen alle, der Hausherr mit der Hausherrin, die Kinder und das Gesinde, jeder bekommt seinen Teil, und alle sind fröhlich und zufrieden, wenn das Essen gut gekocht und schmackhaft ist, und werden gesund und kräftig. Verhält sich die Sache nicht genauso mit dem Magen des Menschen? Die Leber dient dem Magen als Feuer. Und wer sind die Diener des Körpers? Das sind die Adern und Gliedmaßen, das Gehirn und das Blut, das Knochenmark und das Fleisch, das Herz und die Knochen, und jeder bekommt seinen Teil der Nahrung. Aber wenn es wenig gibt, geht es ihnen schlecht und sie werden schwächer. Jedoch laß den Anteil für jeden besser klein sein als übermäßig groß, denn dann kann er nicht verdaut werden. Entweder fließt die Nahrung aus dem Magen über, oder sie verbrennt in ihm, der Überschuß schießt in den Kopf, und der Mensch wird taub, oder aber der Überschuß schießt ins Gesicht, und es wird blaß, oder die Augen werden böse; die Hände zittern, er hinkt oder liegt im Bett. Wenn die Nahrung im Magen völlig verbrennt, entsteht beim Menschen Schwindsucht oder Fieber, eintägiges, dreitägiges oder viertägiges Fieber. Die Völlerei ist die Quelle verschiedenartiger Krankheiten und sogar des Todes.

Berthold lenkt die besondere Aufmerksamkeit seiner Zuhörer darauf, daß Kinder von Reichen bei weitem seltener bis ins Alter leben oder überhaupt erwachsen werden als Kinder von Armen. Der Grund ist die Überfüllung des Magens. Es ist gefährlich, Kinder zu überfüttern, obwohl ein Grund dafür auch die Liebe zu ihnen sein kann. Doch was macht man bei den Reichen mit den Kindern? Entweder füttert die Schwester das Kleine, bis es sich erbricht, oder die Tante kommt und tut das gleiche. Dann erscheint die Kinderfrau mit den Worten: »O weh, das Kind ist hungrig« – und beginnt erneut, es vollzustopfen. Das Kind weint und ist störrisch. So werden die Kinder reicher Eltern um die Wette gefüttert, und es ist nicht ohne Grund, daß es nicht vielen gelingt, erwachsen zu werden. »Hütet euch davor, um Gottes willen!« ruft Berthold aus. »Denkt, wenn nicht an Gott und an die Seele, so an eure Ehre und euren Reichtum!« (8, Nr. 27).

Hier gibt es keine Allegorien und keinen Symbolismus mehr. Keine religiöse Maxime wird verkündet, sondern es geht einfach um den Nutzen gesunder und mäßiger Ernährung und richtiger körperlicher Erziehung des Kindes. Aber auch solche irdischen, alltäglichen Dinge erörtert Berthold im Kontext schwerer Sünden. Beachten wir erneut, mit welchem Gefallen am Konkreten der Prediger sogar von der gemeinsamen Mahlzeit der Familie spricht, die sich um den Topf mit Essen schart, von Symptomen der Erkrankungen, die durch Unmäßigkeit bei der Ernährung entstehen, und von Szenen aus dem Leben reicher Leute, die ihre Kinder gewaltsam überfüttern.

Aber solche Reden, in denen Religiosität von rein praktischen Fragen in den Hintergrund gedrängt wird, sind eher die Ausnahme. Die Erscheinungen der irdischen Welt, über die Berthold es für nötig erachtet zu sprechen, sind so oder so Beweise der Allmacht des allgütigen Gottes. Andere sagen, bemerkt er, daß Gott keine Zeichen (*zeichen*) gibt, d. h., keine Wunder vollbringt. Aber das ist eine falsche Meinung. Der Schöpfer offenbart ständig seine Wunder, nur sind die Menschen so sehr daran gewöhnt, daß sie sie nicht als solche begreifen. Daß das Korn aufgeht, nachdem es auf die Erde geworfen wurde, ist das nicht ein Zeichen? Ist es nicht ein Wunder, daß die Welt, die an nichts hängt, nicht auseinanderbricht? Es gibt keinen mächtigen Kaiser oder König, der einen Pfennig oder einen Heller in der Luft halten könnte, und doch werden sowohl Berge als auch Gewässer als auch die ganze Erde von nichts gehalten; »als Grundlage gibt es nichts« (*Nihil est in fundamento*). Zu den größten Wundern gehört es, daß Gott Himmel und Erde aus dem Nichts geschaffen hat. Aber kein kleineres Wunder ist es, daß Gott die Sünder auf den Weg der Wahrheit lenkt.

Von den Wundern der Erschaffung der Welt geht Berthold natürlich und unvermeidlich zur Erörterung moralischer Probleme über. Gleichzeitig streift er auch die Topographie der jenseitigen Welt. Vom Himmelreich bis zur Hölle sind es viele hunderttausend Meilen, aber der Sünder in der Hölle stinkt so fürchterlich, daß Gott ihn mit Abscheu noch weiter hinunterstößt (8, Nr. 6).

Es muß auffallen, daß die Wunder in der Darstellung Bertholds die Basis der Welt der Geschöpfe sind und daß in ihnen der weise Plan des Schöpfers zum Ausdruck kommt. Über die Wunder in der »gewöhnlichen« Vorstellung der mittelalterlichen Menschen zieht es unser Prediger vor zu schweigen: über die von Heiligen vollbrachten Heilungen und andere übernatürliche Fakten, nach denen die Gläubigen dürsteten und mit deren Erzählungen die Heiligenviten, Legenden, *Exempla* und Chroniken voll sind. Es ist jedoch ein sehr beredtes Schweigen. Denken wir an seine weiter oben erwähnte Beurteilung der Reliquien des heiligen Jakob, zu denen von nah und fern Pilger kamen. Der Heiligenkult in der Version des einfachen Volkes, wo die Heiligen vorwiegend als Wundertäter gesehen wurden, war augenscheinlich nicht nach seinem Geschmack. Er strebte ohne Zweifel danach, den Glauben zu vertiefen und das Christentum von einigen Ablagerungen zu reinigen, die durch den Druck des einfachen Volkes entstanden waren, also von seiner »Folklorisierung«. In diesem Schweigen muß man ein Symptom des Konfliktes zwischen der gelehrten und der Volkskultur und Religiosität sehen.

Bei seinen systematischen Versuchen, auf die Moral der Zuhörer Einfluß zu nehmen, konnte Berthold von Regensburg nicht am Problem der Familie, der Situation der Frauen und der Kindererziehung vorbeigehen. Seine diesbezüglichen Aussagen zeigen, daß seine Position nicht identisch ist mit der Position der Autoren der lateinischen *Exempla*. Jene weisen eine scharf frauenfeindliche Gesinnung auf, wenn sie die Frau als Gefäß des Bösen und Werkzeug in der Hand des Teufels beurteilen, das zur Verführung des Mannes benutzt wird. Den Kindern wurde wenig Aufmerksamkeit zuteil, die Autoren der *Exempla* erwähnen lediglich ihre Pflicht, sich um die Eltern zu kümmern. Die Familie wird in den *Exempla* hauptsächlich in ihrer Funktion gesehen, von der eigentlichen Vorherbestimmung des Menschen abzulenken, als Kraft, die an der Rettung hindert, und erfährt folglich keine hohe Einschätzung. Eine solche Geistesrichtung läßt sich dadurch erklären, daß die *Exempla* die asketischen Ideale der Mönche zum Ausdruck bringen, die in den irdischen Verpflichtungen des Gläubigen lediglich eine Quelle der Sünde sehen.

Man kann nicht behaupten, daß Berthold völlig frei von solchen Beurteilungen sei. Wenn er sich aber an die Bürger und Bauern wandte, die in der Mehrzahl eine Familie hatten, konnte er ihre realen Interessen nicht übergehen. Weiter oben haben wir gesehen, wie in seiner Predigt der irdische Dienst oder die Berufung, die sowohl den sozialen Status als auch die berufliche Aufgabe umfaßt, als notwendiger Bestandteil der Persönlichkeit zu sehen ist. Man kann annehmen, daß die Familie, den Interessen des neuen Publikums entsprechend, positiver eingeschätzt werden mußte als in den *Exempla*, und so ist es tatsächlich. Eigentlich haben wir schon eine Reihe von Aussagen Bertholds bezüglich der Frauen und Kinder erwähnt. Erinnern wir uns an seine Predigt über die Wichtigkeit einer richtigen, d. h. gottesfürchtigen Erziehung der Kinder, die man unbedingt von Schimpfen und Gotteslästerungen abhalten und von klein auf an das Gebet gewöhnen müsse, oder an die ausführliche Lektion über die Schädlichkeit, das Kind zu überfüttern. Natürlich wird die Erziehung vorwiegend in Strafen gedacht, aber Berthold ruft die Eltern zur Zurückhaltung auf. Man sollte auch seine Verurteilung der grobschlächtigen Bauern nicht unerwähnt lassen, welche ihre schwangeren Frauen verprügeln und die Frucht in ihrem Leib verderben; in all dem sieht der Prediger die Ränke des Teufels. Das Kind stellt sich Berthold als Objekt der elterlichen Liebe und Fürsorge vor.

Aber die Liebe der Eltern gegenüber ihren Nachkommen muß vernünftig und in einer weiteren Hinsicht zurückhaltend sein. Die Fürsorge für die Kinder darf nicht das Wichtigste verdrängen, nämlich die Rettung der eigenen Seele. Eltern, die auf unrechtmäßigem Weg zu Reichtum gekommen sind, um ihn ihren Kindern zu geben, verderben sowohl ihre eigene Seele als auch die ihrer Kinder. Denn wenn der »Geizige« stirbt und seinen Schuldnern nicht vollständig das zurückgegeben hat, was er ihnen weggenommen hat, wird seine Seele in die Hölle eingehen. Aber auch die, die diesen unreinen Besitz erben, sind ihrerseits verdammt – bis hin ins vierzigste Glied, erklärt Berthold und bedient sich dabei eines biblischen Phraseologismus. Wegen ihrer Kinder, sagt er, sind viele umgekommen. Aus Liebe zu den Kindern hört das Gemeindemitglied die Predigt nicht und denkt nur darüber nach, wie man Reichtum erlangen könne. Einen Verwandten oder ein Kind, die Ehefrau oder einen Freund, Vater oder Mutter darf man nicht so herzlich lieben, wie man Gott lieben muß (8, Nr. 11). Mit dem Aufruf, sich vor unrechtmäßig erworbenem Reichtum zu hüten, wendet sich der Prediger auch an die Kinder, die Erben ihrer Eltern. Der Vater sagt dem Sohn: »Kummer über dich, denn wegen dir habe ich mir fremdes Gut angeeignet«, und der Sohn antwortet dem Vater: »Nein, das bin ich, der wegen deiner Habgier ewig verdammt sein wird« (8, Nr. 13). Der fiktive Gesprächspartner entgegnet dem Prediger: »Aber, Bruder Berthold, wie können wir unser Kind, oder unsere Frau, oder Vater und Mutter und andere Verwandte im Stich lassen?« »Du kannst sie lieben«, lautet die Antwort, »aber am allermeisten mußt du den allmächtigen Gott lieben, tausendmal mehr als sie.« Die Liebe zu den Verwandten und zum Vermögen darf nicht die göttlichen Gebote stören. Der Mensch muß Abraham gleichen, der bereit war, seinen eigenen Sohn dem Herrn zum Opfer zu bringen (8, Nr. 19).

Wie man erwarten konnte, betont Berthold die Notwendigkeit, Vater und Mutter zu ehren, als er die Zehn Gebote erläutert. Er ermahnt: »Du darfst sie nicht beleidigen, wenn sie arm sind, bedürftig oder schwach. Wer über sie lacht, verliert das himmlische Reich, genau wie sein Erbe und ein langes Leben, und verdient nur einen jämmerlichen Tod« (8, Nr. 19).

Obwohl Berthold die Frauen wegen ihrer Eitelkeit, Prahlsucht und Leidenschaft für Kleider streng verurteilt und zänkische und skandalsüchtige Frauen beschimpft, gesteht er zu, daß die Frauen keuscher sind als die Männer und ein besseres Herz haben als sie, daß sie lieber die Kirche besuchen, beten und zur Beichte gehen. Aus ihrer Zahl kommen bei weitem mehr ins Himmelreich als von den Männern (8, Nr. 26), ein Eingeständnis, das man bei den Autoren der *Exempla* kaum hätte finden können. Diese Position, die von dem deutschen Prediger in einem Jahrhundert vertreten wird, in dem Frauenfeindlichkeit weit verbreitet war, muß Interesse wecken. »Bruder Berthold«, fragt sein allgegenwärtiges Gegenüber, »du sprichst: Die Frau soll dem Mann gehorchen. Muß ich dann nicht meiner Hausfrau gegenüber so auftreten, wie es mir richtig erscheint?« »Nein, nein, man darf die Frauen nicht ohne Grund schlagen und schelten. Du mußt deine Frau würdig unterhalten, wie auch dich selbst, bezüglich der Kleidung, des Essens und Trinkens« (8, Nr. 21).

Daß Berthold der Familie und Ehe keine geringe Bedeutung beimißt, geht aus einer besonderen Predigt »Von der Ehe« hervor, die er speziell für Eheleute zu halten für nötig hielt. »Ihr, Witwen und junge Mädchen, könnt träumen, wenn ich den Verheirateten predige. Aber ihr Eheleute, mit euch habe ich viel zu besprechen, und für alles reicht die Zeit nicht, weil die Ehe eine verwickelte Sache ist und einfache Leute nicht sofort alles zu verstehen vermögen. Deshalb bemüht euch, heute alles gut zu begreifen.«

In dieser Predigt wird das Verbot erklärt, die Ehe mit Verwandten bis hin zum vierten Verwandtschaftsgrad einzugehen, wird älteren Männern der Rat gegeben, keine junge Frau zu ehelichen, nicht nutzlos das eheliche Hab und Gut auszugeben. Besondere Aufmerksamkeit wird der Regulierung der sexuellen Beziehungen in der Ehe gewidmet. Man muß maßvoll sein, sagt Berthold, viele tausend Seelen sind direkt vom Ehebett in die Hölle gefallen. Enthaltsamkeit ist besonders in der Fastenzeit und an Feiertagen, während der Schwangerschaft und wenn die Frau krank ist, zwingend notwendig. Der Prediger warnt: Kinder, die in der verbotenen Zeit gezeugt werden, bringen keine Freude: Entweder werden es Mißgeburten, oder sie sind vom Teufel besessen. So etwas geschieht zumeist Dorfbewohnern und Dummköpfen, selten hingegen Städtern und Adligen, weil Menschen mit Bildung häufig die Predigt besuchen und informiert sind, zu welcher Zeit man die Frauen schonen soll. Aber die Dorfbewohner hören selten eine Predigt und arbeiten bis in die Nacht, und das an allen Tagen der Woche. »Und so schläft der Mann, wenn er nach Hause kommt, wie ein Stein, aber wenn der Feiertag gekommen ist, hält er es kaum aus und tobt sich aus, und beachtet weder die Zeit noch die Stunde. Deshalb haben die Bauern selten Freude von ihren Kindern, die in einer solchen Zeit gezeugt wurden. Die Heiligen, deren Tage ihr nicht beachtet, werden sich am Jüngsten Tag bei euch beschweren« (8, Nr. 21).

Auf der einen Seite werden also enge Familienbande gutgeheißen, Unehrlichkeit unter den Eheleuten verurteilt, den Kindern Achtung ihren Eltern gegenüber vorgeschrieben und der unmittelbare Rat erteilt, die Ehe einzugehen.[22] Auf der anderen Seite jedoch wird unablässig der Gedanke geäußert, daß die Leute, die keine Kinder haben, Gott gefälliger sind und es für sie leichter ist, Glückseligkeit zu erreichen, denn viele Tausende werden ihrer Kinder wegen nicht in das Himmelreich kommen (8, Nr. 20). Alle menschlichen Bindungen entziehen der Liebe zu Gott Kraft. Wenn man einem Menschen sagen würde, der bei Gott im Himmel ist: »du hast auf der Erde zehn Kinder hinterlassen, und du kannst sie alle loskaufen, daß sie bis zum Ende ihres Lebens in Ehre und Wohlstand leben, dadurch, daß du dich für einen einzigen Augenblick vom Angesicht Gottes abwendest«, dann würde der Mensch das nicht tun, und schon bald würden seine Kinder bis zu ihrem Tod betteln (8, Nr. 25). Alle irdischen Bindungen und menschlichen Beziehungen werden in der Predigt relativiert, um nicht zu sagen negiert, sobald sie mit der Liebe zum Schöpfer verglichen werden.

Der Glaube, den Berthold von Regensburg seinen Zuhörern nahebringen will, ist nicht die gelehrte Religion der Theologen und Scholastiker, sondern der treuherzige Glaube, der keine Überlegungen und starren Analysen voraussetzt. Dann kommen nicht solche Zweifel auf, von denen andere heimgesucht werden: »Wer weiß, ob die Juden, Heiden oder Häretiker recht haben?« Solche Zweifel sind unheilvoll, und den Glauben muß man wie ein Haus auf einem festen Fundament bauen (8, Nr. 3). Was ist das für ein Fundament in der Vorstellung des Franziskanerpredigers? »Du mußt in Einfachheit daran glauben, was dir der christliche Glaube gibt«, belehrt er. Man darf nicht zu starr in die Sonne blicken, sonst kann man erblinden. Und genauso ist es auch mit dem Glauben. Es ist nutzlos, sich ihn allzu genau anzusehen und übermäßig darüber in Erstaunen zu geraten, man soll nicht zu tief in den Sinn darüber eindringen, »wie das möglich ist, daß Vater und Sohn und Heiliger Geist der einige Gott sind« und daß der »wahre Gott und der wahre Mensch sich in Brot verwandelt haben«, und auf welche Weise die Jungfrau das Jesuskind gebären konnte, und warum ein Pfarrer, der selber ein Sünder ist, die Sünder von den Sünden befreien kann. »All das ist der allmächtige Gott in der Lage zu tun, und darüber brauchst du nicht nachzudenken, weil es dafür ausreichend gelehrte Magister gibt. Sei ein guter Mensch, und wenn deine Seele den Körper verläßt, wirst du all dies erblicken. Aber sobald du anfängst, über all das zu sehr nachzudenken, wird entweder der Glaube schwächer werden, oder du wirst zum Häretiker. Und deshalb mußt du dauerhaft und ohne zu schwanken, einfach, ohne nachzudenken, an das glauben, was dich deine christliche Religion lehrt, und dich vor häretischen Doktrinen und anderen Glauben in acht nehmen« (8, Nr. 4). Dieser Gedanke ist sehr klar ausgedrückt.

In einer anderen Predigt kehrt Berthold zu diesem Gedanken zurück: »Vergrabe dich nicht übermäßig tief mit dem Verstand in die Religion. Der sündige Pfarrer kann dich von den Sünden befreien, denn die Macht dazu hat er von Gott bekommen.« Wenn in der vorangegangenen Predigt das Licht der Sonne als Bild für einen Vergleich verwendet wurde – man darf nicht zu stark in die Sonne schauen, und ebensowenig darf man unverwandt auf das Christentum blicken –, so bedeutet hier das Licht der Sonne den christlichen Glauben. Fazit: Man muß den einen Glauben unterstützen und dem Glauben der Juden, der Heiden und der Häretiker eine Absage erteilen (8, Nr. 19).

In den Andersgläubigen sieht Berthold die schlimmsten Feinde der Christenheit. Der Häretiker, der Jude und der Heide sind die drei Personifizierungen des Ungläubigen. Als er über die Machtbefugnisse und Verpflichtungen der weltlichen Richter und Herren spricht, sagt der Prediger, daß sie die Untertanen vor Diebstahl, Raub, Brandstiftung, vor jeglicher Gewalt, aber auch vor den Juden, Heiden und Häretikern schützen müssen (8, Nr. 10, 23). »Ihr, ihr Juden, und ihr Heiden, und ihr Häretiker«, ruft er in der Predigt »Von den unteren und oberen Landen«, d. h. von der Hölle und vom Himmelreich, aus, »ihr seid alle leicht nach eurer Rede zu unterscheiden, alle seid ihr im Einvernehmen mit dem Teufel und gehört zum unteren Reich« (8, Nr. 18). Der Weg in den Himmel steht allen offen, sei es Mann oder Frau, jung oder alt, arm oder reich, adlig oder nicht adlig, gelehrt oder nicht gelehrt, mit Ausnahme der Juden, Heiden und Häretiker, denen der Weg dorthin verschlossen ist (8, Nr. 21). In einer anderen, weiter oben erwähnten Predigt »Wie die Welt in zwölf Teile geteilt wurde«, von welchen Gott sich zwei Teile des Menschengeschlechts nahm und der Teufel zehn Teile beherrscht, schließt Berthold in die vom Teufel beherrschten Teile die Juden, Heiden und Häretiker mit ein: »Ihr Dämonen, nehmt sie alle, weil der Herr sie nicht braucht, genausowenig wie er die Zauberer nicht braucht« (8, Nr. 29). Jedoch die Kinder der Juden, Heiden und Häretiker, die früher gestorben sind, als der Unglauben in ihre Seele eingedrungen ist, geraten in den Limbus, wie auch die Kinder der Christen, die ohne Taufe gestorben sind. Die einzige Qual, die sie im »Vorhof zur Hölle« erwartet, besteht darin, daß die sich im Limbus Befindenden der Möglichkeit beraubt sind, Gott zu schauen, wenngleich diese Qual auch schrecklich ist (8, Nr. 9, 20).

Daneben existieren Regeln christlichen Verhaltens, die man sogar hinsichtlich der Ungläubigen einhalten muß. Wenn du einen Juden oder einen Heiden betrogen hast, sagt Berthold, wird deiner Seele keine Rettung zuteil, und dasselbe gilt für den Betrug eines Grafen oder Ritters oder Fürsten; wen auch immer du mit deiner Arbeit oder deinem Handwerk betrügst, der untreue Betrüger bist du selbst (8, Nr. 6). Die Unterordnung unter die allgemein zwingenden sozialen Normen, die Vorschriften des Gesetzes, sind von seinem Standpunkt aus wichtiger als konfessionelle Divergenzen. In dieser Hinsicht unterscheiden sich die Predigten Bertholds erneut vom Inhalt der lateinischen *Exempla*. Die Autoren der letzteren, die die Andersgläubigen anklagen und beschimpfen, sind bereit, beliebige Formen der Gewalt, des Betrugs und Verrats an ihnen zu rechtfertigen. Die einzige Determinante, die die Einschätzungen und Einstellungen dieser Autoren bestimmt, ist die Orthodoxie. Berthold dagegen wird von unterschiedlichen und näher am Leben liegenden Kriterien geleitet.

Auf die Heiden geht Berthold nicht genauer ein (offenbar geht es um die östlichen Nachbarn Deutschlands, die Slaven und Einwohner des Baltikums, gegen die sich in dieser Zeit eine breite kriegerische Expansion richtete). Mehr und häufiger spricht er von den Juden, deren Gemeinden über viele Städte des Kaiserreichs verstreut waren. Die ablehnende Haltung ihnen gegenüber hatte vor allem konfessionelle Gründe. Im Talmud, erklärt Berthold, sind so widerliche Dinge enthalten, daß er es vorzieht, darüber zu schweigen (s. 8, Nr. 25). Eine beständige Eigenschaft des Juden ist, daß er »stinkt«. Die Überzeugung, daß die Juden durch ihre Verbindung mit dem Teufel (oder infolge dessen, daß sie selbst den Ursprung des Bösen verkörpern) nach der Hölle riechen, war im Mittelalter weit verbreitet (228, S. 48 ff.). Das Mißtrauen den Juden gegenüber wurde auch dadurch verstärkt, daß ihnen die Tätigkeit des Geldhandels erlaubt war; ein unsauberer Beruf, der entschieden verurteilt wurde, wenn ihn ein Christ ausübte.

Und dennoch wurzelt in den Einstellungen Bertholds bezüglich der Juden eine gewisse Zwiespältigkeit. Auf ihnen liegt die sakramentale Schuld, Christus gekreuzigt zu haben. An die Adresse der weltlichen Gerichte gewandt, sagt der Prediger: Vor Gewalt muß man nicht nur die Katholiken behüten; das Leben und den Besitz der Juden muß man genauso schützen wie das Leben und das Gut der Christen, weil auch die Juden im Frieden sind (»in den Frieden genommen sind«, *in den fride genommen*). Und wenn jemand einen Juden erschlägt, muß er Buße tun und eine Strafe an das Gericht zahlen, so als sei der Erschlagene ein Christ gewesen. Denn der Kaiser hat die Juden unter seinen Schutz gestellt. Weiter folgt die Begründung einer Beziehung zu den Juden, die weit über den Rahmen des weltlichen Rechts hinausgeht. Aus zwei Gründen dulden die Christen die Juden in ihrer Gemeinschaft, fährt Berthold fort. Zum ersten »waren sie Zeugen der Qualen unseres Herrn, die er durch sie erleiden mußte«. Wenn ein Christ einen Juden sieht, muß er sich deshalb erinnern: »Ach, du bist einer von denen, durch die unser

Herr Jesus Christus gemartert wurde und wegen unserer Schuld gelitten hat. Und du mußt Gott für Seine Leiden jedesmal danken, wenn du einen Juden siehst, und darfst Seine Leiden nicht vergessen, weil auch er uns nicht vergißt.« Dieser Gedankengang ist ziemlich widersprüchlich. Die Juden sind gleichzeitig die Schuldigen am Tode Christi und die Erfüller seines Willens, weil er selbst sich zu Leiden und Tod verurteilt hat; sie sind die Zeugen seines Endes. Der zweite Grund, aus dem die Juden geduldet werden, ist in Bertholds Augen, daß jene von ihnen, die die Ankunft des Antichrist (*endekrist*) vor dem Jüngsten Gericht erleben werden, zu Christen werden. Also sind nicht alle Juden zu den Qualen der Hölle verdammt, einige von ihnen können »am Ende der Zeiten« noch gerettet werden. Nach seinem Exkurs über die Juden zu urteilen, ruft der Prediger die Weltlichen dennoch auf, die Christen vor ihnen zu beschützen, ebenso wie vor den Heiden, denn »der Juden sind so viel, daß sie uns überwältigen wollen« (8, Nr. 23).

Man muß feststellen, daß in den Predigten Bertholds vollkommen solche Anschuldigungen an die Adresse der Juden fehlen, wie sie von anderen Predigern jener Zeit standardmäßig geäußert wurden und einige Zeit später als Anlaß für die schrecklichen Akte der Gewalt gegen sie dienten: Beschuldigungen der Verunglimpfung von Hostien, d. h. der Wiederholung der Leiden Christi, die sich im Brot der Eucharistie verkörpern, und die Beschuldigung, Christenkinder mit dem Ziel zu ermorden, ihr Blut zu rituellen Zwecken zu verwenden. Berthold mußte über solche Invektiven informiert gewesen sein; man kann sie leicht im »Dialog über Wunder« seines Zeitgenossen Caesarius von Heisterbach finden, und sie begegnen uns auch in den französischen und englischen Predigten und *Exempla*. In der folgenden Generation liefert der Dominikanerprior Rudolf von Schlettstadt in seinen »denkwürdigen Geschichten« ein deutliches Zeugnis bis an die Grenze des unverhüllten und kriegerischen Antisemitismus. Überzeugt und in vollem Glauben erzählt er von den Qualen, denen die Juden Deutschlands angeblich den »kleinen Gott der Christen«, den Körper Christi, ausgesetzt haben, und vom Raub und Meuchelmorden an Kindern. Dieser Autor zeichnet ein grausames Bild von zahlreichen Pogromen gegen die Juden, die im Jahr 1298 viele Gebiete und Städte Deutschlands überrollten, und zwar mit einem ganz unbegründeten Mitgefühl für die Urheber der Pogrome (43).

Die Position Bertholds hat nichts gemein mit derartigen Einstellungen. Die Juden sind Feinde des christlichen Glaubens, und dennoch genießen sie, wie auch die Christen, den Schutz der Gesetze. Der Kaiser hat sie unter seine Schirmherrschaft gestellt. Damit nicht genug, der Franziskanerprediger ist fähig, in den Gewohnheiten und dem Verhalten der Juden nicht nur Negatives zu sehen, sondern auch positive Seiten. Zum Beispiel halten die Juden genauer ihre Feiertage ein als viele Christen, und zur Ehe haben sie ein ernsthafteres Verhältnis als diese (8, Nr. 19, 21). Berthold warnt zwar vor den »üblen Gedanken und lügenhaften Reden des stinkenden Juden«, billigt aber gleichzeitig nicht die Dummköpfe, die einen kleinen oder älteren Juden ins Wasser stoßen, um zum Spaß das Ritual der Kreuzigung nachzuspielen (8, Nr. 20). Berthold stellt nur die rein theologischen Diskrepanzen zwischen Christen und Andersgläubigen fest. Die Juden und die Häretiker erstaunt es, wie Gott sich in Brot verwandeln kann. »Weh dir, verfluchter Häretiker und stinkender Jude! Der allmächtige Gott hat kraft Seines Wortes das Firmament und die Sterne und die Erde geschaffen. Sogar die Nachtigall brütet mit ihrem Singen ihr Junges aus, und ihre Stimme gibt ihm Fleisch und Knochen. Aber wenn Gott ihr eine solche Kraft verliehen hat, was muß man dann über Ihn selbst sagen?« Daraus wird klar, daß sich bei den Worten eines Pfarrers Gott in Brot verwandeln kann (8, Nr. 20).

Es ist schwer zu sagen, ob sich die Zurückhaltung Bertholds gegenüber den Juden nur durch seine eigenen Einstellungen erklären läßt oder die Situation in Deutschland in der Mitte und zu Beginn der zweiten Hälfte des 13. Jh.s widerspiegelt, als die Pogrome noch nicht an der Tagesordnung waren, aber bereits existierten. Er ist weit davon entfernt, bei seinen Zuhörern einen aktiven und kriegerischen Antisemitismus zu erzeugen.

Die Häretiker dagegen sind nichts weiter als Feinde, und bei Berthold von Regensburg kann man wie bei jedem anderen Prediger keinerlei zwiespältige Einstellung ihnen gegenüber erwarten. Es gibt eine große Zahl von ihnen, sagt er, und allein wenn man ihre verschiedenen Namen zählt, kommt man auf etwa 150. Wie sie auch heißen mögen – Manichäer, Patarener, Arme von Lyon, Arnoldisten oder noch anders – (8, Nr. 9), sie werden nicht umsonst *ketzer* genannt (von *katz* – »Katze«), und nicht »Hunde«, »Mäuse«, »Vögel«, »Schweine« oder »Rehe«: Sie schleichen sich heran wie Katzen (Berthold greift gern zu solchen »Volksetymologien«, die in dieser Zeit sehr populär waren). Es mögen sich alle vor den Katzen in acht nehmen, die das Wasser vergiften, welches die Menschen brauchen. Der Häretiker spricht so süß über Gott und die Engel, daß man sich vorstellen kann, er sei selbst ein Engel, obwohl er in Wirklichkeit der Teufel ist. »Es ist besser, wenn ich ein Jahr in einem Haus zubringe, in dem sich fünfhundert Dämonen aufhalten, als vierzehn Tage in einem Haus, in dem nur ein einziger Häretiker ist«, erklärt Berthold (8, Nr. 25).

In einer anderen Predigt kehrt er zu diesem Gedanken zurück. Die Häretiker verbergen sich in Ecken und bemühen sich mit Hilfe süßer Reden, sich der Herzen der Gläubigen zu bemächtigen, aber die Seele eines Häretikers ist um tausendmal verderblicher als der Teufel. »Wenn ich mich vierzehn Tage lang im entgegengesetzten Winkel eines geräumigen Hauses befände, in dem sich ein Häretiker aufhält, so daß ich ihn nicht sehen und nicht hören könnte, würde ich es doch vorziehen, in einem Hause mit fünfhundert Dämonen zu sein« (8, Nr. 20). »Also, Häretiker«, ruft Berthold aus, »bist du hier? Es ist der Wille Gottes, daß nicht einer von ihnen vor mir steht!« Die Häretiker gehen nicht in ehrliche Städte, weil dort die Menschen klug sind und sie sofort erkennen; gern gehen sie auf Gehöfte (*wîlern*) und in Dörfer (*dorfen*) und besonders zu Kindern, die auf den Wiesen die Gänse hüten. Übrigens gibt Berthold zu, daß sich die Häresie auch im städtischen Milieu verbreitet, denn er nennt Schuster, Weber und Waffenschmiede unter den Leuten, die von der Häresie infiziert wurden (8, Nr. 25). Die Finten der Häretiker sind solcher Art, warnt Berthold, daß sie eindringlich über Gott urteilen, aber in Anwesenheit eines Predigers schweigen und es vorziehen, sich im geheimen mit den einfachen Leuten zu unterhalten (*einvaltigen liuten*). Diese letzteren ruft er auf, ihren Pfarrern von den Häretikern zu berichten, und jene müssen sie dem Bischof oder dem Gericht melden (8, Nr. 20, 9).

Die Häretiker lehren, daß Gott lediglich die Seele geschaffen habe, der Körper jedoch eine Schöpfung des Teufels sei. Aber, entgegnet der Prediger, daß der Mensch vollständig von Gott geschaffen wurde, ist nicht schwer zu sehen. Es ist ihnen ins Gesicht geschrieben, und die gelehrten Leute verstehen das, wohingegen die Unwissenden es nicht verstehen können. Die beiden Augen bilden zweimal den Buchstaben »o«. Das »h« ist kein vollständiger Buchstabe, er unterstützt nur die anderen wie in dem Wort »homo«. Die Augenbrauen und die Nase zwischen ihnen bilden den Buchstaben »m«, das Ohr hat die Form des Buchstabens »d«, die Nasenflügel und der Raum zwischen ihnen und dem Mund sind der griechische Buchstabe »e«, der Mund das »i«. Alles zusammen liest sich »homo dei«. Also hat Gott dem Menschen ins Gesicht geschrieben, daß er eine göttliche Schöpfung ist[23]. »Häretiker, du lügst! Alles ist von Gott geschaffen worden. Und wenn du versicherst, daß dich der Teufel geschaffen hat, dann geh zum Teufel!«

Sein üblicher Gesprächspartner fragt Berthold: »Wie kann man sich von den Häretikern fernhalten, wenn sie in ihrem Äußeren in allem guten Menschen gleichen?« Und der Prediger belehrt ihn: »Man kann sie an sieben Aussagen erkennen, die nur die Häretiker aussprechen. Diese Reden muß man gut im Gedächtnis behalten, und wenn du sie auch nur hörst, mußt du sofort zum Gemeindepfarrer oder anderen gelehrten Leuten gehen. Es wäre gut, wenn diese Aussagen gesungen würden, dann wäre es leichter, sie zu erkennen.« Diese sieben häretischen Prinzipien sind die folgenden: (1) ein Ehemann kann sich nicht mit seiner Frau vereinigen, ohne eine Todsünde zu begehen; (2) der Richter kann niemanden hinrichten, ohne dabei in Todsünde zu verfallen; (3) die sieben Sakramente haben keine Kraft; (4) ein Pfarrer, der eine Todsünde begangen hat, kann niemandem die Sünden erlassen; (5) ein Eid ist eine Todsünde; (6) man soll nicht die Heilige Schrift lehren; (7) jemand, der zwei Hemden hat, muß um Gottes willen eins davon abgeben, und die Seele desjenigen, der das nicht tut, ist verdorben (8, Nr. 25). In einer seiner lateinischen Predigten erwähnt Berthold auch andere Irrlehren der Häretiker (die lateinischen Texte sind in dieser Hinsicht viel genauer): Sie glauben nicht ans Fegefeuer; sie lehnen Gebete ab, die an Heilige oder an die Jungfrau Maria gerichtet sind; ebenso das Fasten und die Feiertage, die Beichte und die Buße; Christus hat sich angeblich nicht verkörpert, sondern nur die äußere Gestalt eines Körpers angenommen (213, S. 1–151).

Also lehnen die Häretiker alle grundlegenden christlichen Institutionen und Einrichtungen ab – die Kirche, die Ehe, die Familie, das Eigentum – und sind daher die schlimmsten Feinde Gottes, der Gesellschaft und der Gläubigen. Die Irrlehren der Häretiker verderben unausweichlich die Seelen derer, die ihnen verfallen. Die Gefahr, daß sich die Häresie ausbreitet, ist für Berthold vollkommen real, und er warnt seine Gemeinde: Man muß sich an den Arzt für die Seele wenden, den Pfarrer, und mit seiner Hilfe die heilige Medizin einnehmen, die Buße. Aber in keinem Fall darf man sich an einen Häretiker, Juden oder anderen Ungläubigen wenden, weder an Zauberer noch an Wahrsager. Berthold erinnert an die großen Heiler des Körpers: Hippokrates, Galen, Avicenna, Bartholomäus. Aber es gibt Krankheiten, die niemand imstande ist zu heilen – den Aussatz, die Fallsucht, den Todesschlaf –, und ebenso existieren unheilbare Krankheiten der Seele. Genausowenig wie man Kristall in Wasser verwandeln kann, ist es möglich, einen Häretiker umzuwandeln. Übrigens kann auch niemand einen Geizigen auf den Weg der

Rettung zurückbringen, schließt Berthold, der auch diese Möglichkeit nicht ausläßt, um die Habgier (*gîtigkeit*) zu beschimpfen, wobei er ihn in seiner Schädlichkeit mit der Häresie vergleicht (8, Nr. 32; vgl. Nr. 17, 27). Der Häretiker, der Frieden mit dem Teufel geschlossen hat und sich gleich ihm bemüht, alle, die er vermag, von Gott abzubringen, und sich mit ihm nicht versöhnen will, hat sich ebenfalls aus der Gemeinschaft (*gemeinde*) der Christen ausgeschlossen (8, Nr. 17).

Das Werk Bertholds von Regensburg hat mich vorwiegend vom Standpunkt seines Einflusses auf das geistige Leben und das Verhalten seines Publikums und der Widerspiegelung der Geisteshaltung des deutschen Bürgertums in seinen Predigten interessiert. Ich unterstreiche noch einmal: Das westliche Christentum ist im Verlauf des Mittelalters nicht unverändert geblieben; die geistlichen Hirten haben sich fortwährend bei ihrer Gemeinde eingeschmeichelt, um ihre Kontrolle über die Seelen zu bewahren und zu vertiefen. Das Wichtigste hingegen scheint mir folgendes zu sein: Sie standen selbst unter dem Einfluß der »Stimme der Gemeinde« und modifizierten – womöglich ohne es selbst zu merken – bestimmte Aspekte ihrer Lehre, indem sie den Maximen des Evangeliums eine neue Interpretation gaben.

Ich habe dieses Kapitel mit einer Frage begonnen: Zwingt nicht der heutige Historiker der vergangenen Kultur, die er untersucht, Fragen auf, die erst jetzt aktuell geworden sind, aber womöglich im Bewußtsein der Menschen dieser Kultur gar keine nennenswerte Rolle gespielt haben? Wenn wir die Predigten Bertholds betrachten, können wir uns davon überzeugen, daß die Probleme der Persönlichkeit, der Zeit, der Arbeit, des Reichtums und der sozialen Struktur ihm und anscheinend auch seinen Zuhörern keineswegs fremd waren. Sie wurden in seinen Predigten auf eigene, zeitbedingte Art gelöst. Wichtig ist lediglich, daß wir ihnen nicht unsere eigenen Ansichten aufdrängen, wenn wir in die Struktur ihrer Weltsicht eindringen.

In diesem Zusammenhang muß man die Arbeit H. Stahleders über das Weltbild Bertholds von Regensburg erwähnen. Im Ganzen ist der Artikel des westdeutschen Forschers inhaltsreich und interessant. Aber der Autor legt, wie mir scheint ganz unbegründet, Behauptungen in die Predigt des deutschen Franziskaners aus dem 13. Jh., welche man eher in den Werken der Anhänger des historischen Materialismus vermuten könnte. So versichert Stahleder zum Beispiel: »Die Unterschiede im Verhältnis zum Besitz, insbesondere zum Besitz an Produktionsmitteln, erzeugen (nach Meinung Bertholds – A.G.) unter den Menschen Herrschaftsverhältnisse.« Weiter: »Das Einteilungskriterium für die Menschen ist der Kapitalbesitz.« »Entscheidend ist nicht der Mensch, sondern der Besitz.« Oben konnten wir uns davon überzeugen, daß die Sache vollkommen anders lag, weil nach den Ausführungen Bertholds der Besitz wie auch der Dienst, der Beruf und die soziale Zugehörigkeit die Charakteristika der »Person« sind, der standesmäßig bestimmten menschlichen Persönlichkeit. Genauso zweifelhaft ist die Behauptung Stahleders, daß »der bertholdische Gott und sein Reich im Jenseits keine Alternative zum irdischen Reich (sind), sondern dessen getreues Abbild mit allen Widersprüchen und Ungereimtheiten« (221, S. 770, 789–790).

Eine solche »Lesung« der Ansichten des mittelalterlichen Mönchs bringen uns kaum ihrem adäquaten Verständnis näher. Oder habe ich in diesen Aussagen etwa den Scherz übersehen, den Stahleder sich mit den Lesern der wissenschaftlichen Zeitschrift machen wollte?

Das Gleichnis vom verlorenen Sohn, auf den Kopf gestellt, oder eine Episode aus dem Leben der Familie Helmbrecht

Die Ideen der »Berufung«, die in den Predigten Bertholds von Regensburg entwickelt werden, entstammen gelehrten Kreisen. Etwas Ähnliches finden wir in der kirchlichen Literatur, angefangen mit den Sendschreiben des Apostels Paulus bis zu den Werken eines Zeitgenossen Bertholds, Thomas von Aquin. Berthold ist erfüllt von dem Gedanken, jedem seinen Platz in der sozialen Gemeinschaft zuzuweisen und vor Versuchen zu warnen, seinen sozialen Status irgendwie ändern zu wollen. Derjenige, der als einfacher Mensch geboren wurde, darf nicht danach streben, Ritter oder Richter zu werden. Das Verhalten jedes Menschen muß den Normen entsprechen, die in seiner sozialen Umgebung, für seinen Rang, seine berufliche oder ständische Gruppe gelten.

Es wäre interessant zu prüfen, wie diese Ideen, die von einem gebildeten Franziskaner entwickelt wurden, vom Volk aufgenommen worden sind. Ist eine solche Prüfung möglich? Im 13. Jh. kann man kaum mit dem Erscheinen von Werken rechnen, in denen die Meinungen der einfachen Menschen, die keinen Zugang zum Schrifttum hatten, zum Ausdruck kommen. Im Zusammenhang mit der Soziallehre Bertholds von Regensburg wurde neben seinem Namen nicht selten der Name (oder Beiname) »Wernher der Gartenaere« genannt, Autor der mittelhochdeutschen Verserzählung »Meier Helmbrecht«. Leben und Herkunft Wernhers sind unbekannt. Es gibt Gründe, ihn für einen österreichischen oder bayerischen Dichter zu halten. Fachleute datieren sein Werk auf die Mitte oder das dritte Viertel des 13. Jh.s (zwischen 1240 und 1282) (114, S. 102; 175, S. 94; 188, S. 205; 91, S. 263). Also sind »Meier Helmbrecht« und die Predigten Bertholds von Regensburg ungefähr zum gleichen Zeitpunkt und in den gleichen deutschen Ländern entstanden.

Zwischen einer kirchlichen Predigt und einem dichterischen Werk, welches eine Tragödie mit dem Komischen und dem Grotesken verbindet, gibt es wenig Ähnlichkeit. Dennoch ist die Versuchung groß, einen Vergleich zwischen ihnen anzustellen. Die Verserzählung Wernhers ist einem Thema gewidmet, das auf seine Art auch Berthold von Regensburg besprochen hat: Jeder muß in seinem sozialen Kreis bleiben, ein Austritt daraus hätte verhängnisvolle Folgen. Es zeigen sich auch weitere Parallelen. Der Sohn eines Bauern, der in den Kreis des Adels eintreten möchte und der Belehrungen seines Vaters über die Wichtigkeit der bäuerlichen Arbeit und über die Abhängigkeit der Adeligen davon müde ist, erklärt: »vater, dîner predige // got mich schiere erledige. // ob ûz dir worden waere/ein rehter predigaere, // dû braehtest liute wol ein her // mit dîner predige über mer« (38, 561–566). Der Autor ist sich also im klaren darüber, daß die Reden seines Helden etwas mit den Predigten der Bettelmönche gemein haben. Ein Forscher schreibt im Zusammenhang mit diesen Worten des jungen Helmbrecht, daß die Rede, die sein Vater hält, eigentlich nichts anderes als eine Predigt sei (138, S. 52). Es ist aber noch eine andere, nicht nur indirekte textliche Parallele zwischen »Meier Helmbrecht« und den Predigten Bertholds von Regensburg gefunden worden. Bei Berthold lesen wir in der lateinischen Version: »Si iret ad aratrum ut pater suus, esset in pace« (»Friede ist mit dem, der wie sein Vater dem Pflug folgt«). Diese Maxime, die an sich nicht sehr originell ist, steht in folgendem Zusammenhang: »Oh ihr Räuber, Herren, Waffenträger, Diebe, Ehebrecher und ihnen ähnliche, wieviel Unglück und Mangel müßt ihr erdulden … Ein Waffenträger leidet vor Hunger, Durst, Hitze, Frost und anderem Unglück, außerdem setzt er seinen Körper der Gefahr des Todes aus …« Hier sind alle Unglücksfälle erwähnt, die das Schicksal des jungen Helmbrecht wurden, nachdem er den Bauernstand verlassen hatte (207, S. 139 ff.).

Es geht allerdings nicht um literarische Einflüsse oder Entlehnungen, sondern um die Reminiszenz einiger moralischer und didaktischer Einstellungen in der Predigt Bertholds von Regensburg und der Verserzählung Wernhers des Gartenaeres. Um so interessanter ist die Gegenüberstellung der Werke.

Verweilen wir aber zunächst kurz bei dem Inhalt des »Meier Helmbrecht«, welcher schnell nacherzählt ist. Das Erzählgedicht handelt von der Familie eines Meiers, eines reichen Bauern und Erbpächters bei einem Feudalherren, an den er eine Pacht zahlt. Er führt einen eigenständigen Haushalt. Die Meier waren die höchste und wohlhabendste Schicht des Bauerntums in Deutschland, eine Art »bäuerliche Aristokratie«. Der Bauer Helmbrecht hat einen Sohn, der denselben Namen trägt. Der junge Helmbrecht hat im Gegensatz zu seinem Vater und Großvater (sie alle tragen den Erbnamen dieser Familie) jedoch nicht den Wunsch, die Erde zu pflügen und eine bäuerliche Lebensweise zu führen. Er empfindet starken Widerwillen gegenüber solch niedrigen Beschäftigungen und will sich dem Rittertum anschließen. Unter ritterlichen Tugenden versteht er nicht etwa Courtoisie, den Dienst an der »Sache Gottes« oder die Teilnahme an einem Kreuzzug. Das Raubrittertum, das seinen Höhepunkt im Kaiserreich in der Zeit des *Interregnum* erreicht hatte, war ihm das Ideal: zügellose Gewalt, ein leichtes Leben ohne Arbeit, eine Absage an alle moralischen und standesgemäßen Prinzipien.

Trotz der Überzeugungen des Vaters, der den jungen Helmbrecht vor dem Verlassen des Dorfes warnt und ein tragisches Mißlingen seines Abenteuers voraussieht (prophetische Träume sagen ihm die Verkrüppelung und schändliche Hinrichtung des Sohnes voraus), nötigt der Bauernsohn, der mit seinem niederen Stand brechen will, den alten Helmbrecht, ihn für das neue Leben auszustatten und ein Streitroß für ihn zu kaufen (eine damals riesige Ausgabe nicht nur für einen Bauern!), und verläßt des Vaters Gut. Der frischgebackene Ritter, der eher der bewaffnete Diener eines Ritters ist, schließt sich Raubrittern mit vielsagenden Namen an: Lämmerschling, Höllensack, Schluckenwidder, Scharfschnabel, Rüttlenkasten, Kühefresser, Wolfsschnauze, Wolfsrachen, Wolfsbauch. Er selbst erhält den Spitznamen Schlingsland. Er möchte zu jemandem aus diesem Kreis verwandtschaftliche Beziehungen haben und verheiratet seine Schwester Gotelinde mit Lämmerschling. Dabei eröffnet der junge Helmbrecht der Schwester sein »Geheimnis«: Er sei kein Bauernsohn, seine Mutter habe mit einem »tadellosen Ritter« gesündigt, von dem er auch sein Temperament und den stolzen Geist geerbt habe. Die Schwester antwortet mit einem ähnlichen »Geständnis«: Die Mutter habe sie nicht nach einer Vereinigung mit dem Ehemann geboren, sondern nach einem Treffen mit einem »würdigen Ritter« im Wald. »der selbe ritter si gevie, // dô si den âbent spâte gie // suochen kelber in dem lôhe: // des stât min muot sô hôhe« (38, 1389–1393). Diese Aussagen, mit denen sie den Namen ihrer Mutter entehren, sind Erfindungen, die ihr Streben nach dem Bruch mit ihrem eigenen Stand und ihre hohen, aber völlig unbegründeten Ansprüche rechtfertigen sollen. Lämmerschling und Gotelinde feiern Hochzeit.

Die Bande endet jedoch kläglich; alle werden festgenommen und hingerichtet, mit Ausnahme des jungen Helmbrecht. Dieser wird geblendet, und ihm wird ein Fuß und ein Arm abgehackt. In solch beklagenswertem Zustand kommt er zum Haus seines Vaters, der sich aber nicht zu ihm bekennen und ihm keine Unterkunft gewähren will. Der von allen ausgestoßene Invalide wird von Bauern wiedererkannt, die er seinerzeit gewaltsam ausgeraubt hatte. Sie erhängen ihn. Der Bruch mit seinem Milieu und der Anschluß an die Raubritterbande führen zu einem nach Überzeugung des Autors logischen und gerechten Ende.

Wissenschaftler, die vom Inhalt ausgingen, stuften die Erzählung als eine »dörfliche Geschichte« und beinahe als Darstellung eines wirklichen Ereignisses ein, eine Art Geschichte aus dem Leben. Sie sahen in dem Werk Wernhers des Gartenaeres ein realistisches Bild der gesellschaftlichen Beziehungen, die in Form eines Familienkonflikts dargestellt werden (188, S. 102–104). Weil Wernher der Gartenaere das dörfliche Leben wirklich ausgezeichnet kennt, vermutete man, daß der Autor bäuerlicher Herkunft sei[24]. Diese Bewertungen lassen ernsthafte Zweifel aufkommen. Diese sind vor allem in der Methodologie des Lesens eines literarischen Textes begründet, in dem man hier eine unmittelbare Spiegelung tatsächlicher Fakten und gesellschaftlicher Widersprüche sehen will. Dabei wird der doch offensichtliche Umstand ignoriert, daß ein Dichter beim Schaffen eines Werks unvermeidlich eine Phantasiewelt aufbaut, einen von der äußeren realen Welt unabhängigen Mikrokosmos. Dieser wird nicht von den Gesetzen des öffentlichen Lebens bestimmt, sondern von den Gesetzen des Genres, das der Dichter gewählt hat. Tatsächliche materielle Beziehungen können in einem solchen Werk nur gebrochen zum Ausdruck kommen. Man muß also das genrespezifische Brechungsmuster finden, nach dem unser Werk dichterisch transformiert worden ist.

Die Suche nach der sozialen Zugehörigkeit des Autors auf der Grundlage seiner Kenntnisse und scheinbaren Sympathien und Antipathien ist ebenfalls zweifelhaft. Die Tatsache, daß der Autor den Alltag der Bauern kennt, ist noch nicht Grund genug, ihn selber für einen Bauern zu halten. Wie schon erwähnt wurde, ist uns nichts über seine Herkunft bekannt. Im Mittelalter ist es schwer, einen Menschen zu finden, der vom Dorf und seinem Alltag absolut abgeschnitten gewesen wäre. Mit ähnlicher Wahrscheinlichkeit könnte man eine Zugehörigkeit Wernhers zum monchischen Milieu oder zu wandernden Dichtern, sogenannten Spielmännern, vermuten. In der wissenschaftlichen Literatur wurde des öfteren die Meinung geäußert, nach der die Verserzählung über Helmbrecht in ritterlichen Kreisen verbreitet war. Nach den Worten Fr. Panzers »blühte die Kunst Wernhers nicht unter Dorflinden, sondern bei Hofe« (38, S. XIII). Man darf nicht außer acht lassen, daß der Dichter sicherlich ein gebildeter Mensch war. Forscher haben festgestellt, daß er von einigen literarischen Zeitgenossen beeinflußt worden ist, besonders von dem satirischen Dichter Neidhart von Reuental (auf den er sich direkt wie auf ein Vorbild bezieht: 38, 217), verweisen aber zugleich auch auf die dichterische Unabhängigkeit Wernhers des Gartenaeres. Als Zeichen seiner Belesenheit braucht man sich nur der Beschreibung der Szenen zu erinnern, die auf der Mütze des Helmbrecht junior eingestickt waren (damit beginnt die Erzählung): Hier findet man Szenen aus dem Trojanischen Krieg; die Heldentaten Rolands; Gestalten aus dem Epos, dessen Held Dietrich von Bern ist; Darstellungen ritterlicher Belustigungen. Diese Mütze, die als materieller Gegenstand schwer vorstellbar ist, fungiert in dem Werk eher als eine allegorische Kennzeichnung des Ehrgeizes des jungen Helmbrecht.

Bei der Bewertung des Inhalts und des ideellen Sinnes des Werkes ist ein anderer Umstand wesentlicher. Wie einige Forscher zu Recht feststellten, ist die Verserzählung Wernhers kein historisches Zeugnis über ein bestimmtes Ereignis, keine »realistische Skizze« der bäuerlichen Wirklichkeit, sondern eine Art »Predigt in Versen«, eine »Warnung«, ein moralisch-didaktisches »Beispiel«. Wie in den *Exempla*, deren Blütezeit ebenfalls auf das 13. Jh. fällt, sieht W. T. H. Jackson in der Verserzählung über Helmbrecht eine anschauliche und beeindruckende Erzählung und »Moralisierung« (138, S. 58; 145, S. 307–312; 188, S. 203 ff.).

Wenn das Werk zusätzlich als historisches Zeugnis betrachtet werden kann, dann in einem ganz anderen Sinne: Auf seine Art zeigt es bestimmte Aspekte der politischen Situation im Deutschland des *Interregnum*, als gewohnte Beziehungen und Grundsätze zerfielen und soziale Unsicherheit und Zügellosigkeit um sich griffen. Es sieht so aus, als stünde im Zentrum der Aufmerksamkeit des Autors nicht »satirisch zornige Entlarvung des Rittertums«, sondern Bedauern über seinen moralischen Verfall vor dem Hintergrund einer allgemeinen moralischen Krankheit, welcher die ganze Gesellschaft von den Herren bis zu den Bauern erfaßt hatte. Die traditionelle Ordnung ist nicht mehr stabil. »Die Gegenwart wurde als ein Moment der tiefsten Krise wahrgenommen«, wie R. Frenkel richtig schreibt, »die die moralischen Werte sowohl im Schloß als auch im Dorf zerstört hatte« (38, S. 92).

Als Zeichen tiefer Krise muß bewertet werden, daß sich die Erzählung als Antithese und »Gegengewicht« zur Überlieferung des Evangeliums vom verlorenen Sohn lesen läßt. In dem Gleichnis, das im Lukasevangelium erzählt wird (15:11–32), kehrt der Sohn, der seinen Vater verlassen hat, reuevoll nach Hause zurück, nachdem er alles, was er von ihm bekommen hatte, ausgegeben hat. Ihm wird dennoch ein fröhlicher Empfang bereitet. Der junge Helmbrecht hingegen kommt beim erstenmal von Hochmut erfüllt nach Hause. Als er in seinem Leben eine Niederlage erlitten hat, wird er trotz seines bemitleidenswerten Äußeren von seinem Vater beim zweiten Mal verstoßen und stirbt daraufhin den ruhmlosen Tod eines Verbrechers. Man kann vermuten, daß das Gleichnis des Evangeliums im Gedächtnis des Dichters und der Leser aktuell war. Parallelen mußten ihnen in den Sinn kommen und durch den krassen Kontrast zwischen der grenzenlosen Barmherzigkeit und Freude des Vaters im Gleichnis und der Weigerung des Helmbrecht senior, den verstoßenen Sohn zu empfangen, überraschen (119, S. 85–109; 144, S. 1–23).

Das gegen die Gesellschaft gerichtete Verhalten des jungen Helmbrecht, das alle ständischen Rahmen durchbrochen hatte, zwingt den Vater, der ihn immer geliebt und umsorgt hatte, dazu, ihn zu verstoßen. Diese Tatsache mußte den Lesern Wernhers die ganze Tiefe der Zerstörung der sozialen und verwandtschaftlichen Bindungen aufzeigen, die sich damals in Deutschland seiner Meinung nach abspielte. Es ist unmöglich, das beste Kalb zum Ruhm des zurückgekehrten verlorenen Sohnes zu opfern. Man muß ihn von der Schwelle seines Vaterhauses wegtreiben, obschon der alte Helmbrecht vom unvermeidlichen Untergang, der den verschmähten Sohn erwartet, weiß. Es ist eine Tragödie. Dem alten Helmbrecht sind die natürlichen väterlichen Gefühle nicht fremd, er unterdrückt sie nur, als er dem verlorenen Sohn die Unterkunft verweigert. Die Gefühle der Gerechtigkeit und des ständischen Stolzes, die von seinem zum Räuber gewordenen Erben mit Füßen getreten wurden, sind stärker. Meier Helmbrecht ist ein Inbegriff der hohen Würde der bäuerlichen Arbeit. Seine Stimmungen und Gedanken kommen deutlich in seinen Belehrungen zum Ausdruck (den größten Teil des Textes macht die direkte Rede in den Dialogen aus). Als er den Sohn von dem Vorhaben, über den eigenen Stand hinauszuwachsen, abzuraten versucht, sagt der Vater Helmbrecht:

> ... lieber sun, nu erwinde
> hinz hove dîner verte.
> diu hovewîse ist herte
> den die ir von kindes lit
> habent niht gevolget mit.
> liber sun, nû men dû mir
> oder habe den phluoc, sô men ich dir,
> und bûwen wir die huobe;
> sô kumst du in dîne gruobe

mit guoten êren alsam ich:
zwâre des versihe ich mich.
ich bin getriuwe, gewære,
niht ein verrâtære;
darzuo gibe ich alliu jâr
ze rehte mînen zehenden gar:
ich hân gelebet mîne zît
âne haz und âne nît.
(38, 245–260)

Aber der hochmütige Sohn lehnt diese Überzeugungen ab:

... dâ mac niht anders an geschehen,
wan ich wil benamen besehen,
wie ez dâ ze hove smecke
mir sulen ouch dîne secke
nimmer rîten den kragen.
ich sol ouch dir ûf dînen wagen
nimmer mist gevazzen.
sô solt mich got gehazzen,
swenne ich dir ohsen wæte
und dînen habern sæte.
...
ich hilf dir nimmer bouwen.
(38, 261–270, 278)

Er rechnet damit, daß, wenn die Ritter seine prächtig bestickte Mütze sehen, sie ihn für einen der Ihren halten: »swer die hûben waehe // ûf mînem houpte saehe, // der swüer wol tûsent eide // für diu werc beide, // ob ich dir ie gemente // oder phluoc in furch gedente« (38, 303–308). Der Helmbrecht junior möchte die Argumente des Vaters nicht hören, welche lauten:

nû volge mîner lêre,
des hâstu frum und êre;
wan selten im gelinget,
der wider sînen orden ringet.
dîn ordenunge ist der phluoc.
dû vindest hoveliute genuoc,
swelhez ende dû kêrest.
dîn laster dû gemêrest,
sun, des swer ich dir bî got:
der rehten hoveliute spot
wirdestû, vil liebez kint.
dû solt mir volgen und erwint.
(38, 287–298)

Mehr noch, wenn er sich von dem bäuerlichen Stand trennt, wird er seine Unterstützung verlieren:

... er treit dir dar umbe haz.
dû solt ouch wol gelouben daz,
ez kleit dehein gebûre niht
swaz dir dâ ze leide geschiht.
(38, 341–344)

Wenn er den Bauern in die Hände fallen wird, werden sie keine Gnade walten lassen, sagt der Vater voraus. Der Sohn aber ist dumm. Diese Dummheit, die Wernher als eine Verneinung der Vernunft, einer Gabe Gottes, versteht, wird zur Ursache seines unvermeidlichen Unterganges (218, S. 223–242; 174, S. 50–66). Luxus und Farben der Kleidung des jungen Helmbrecht standen in schreiendem Widerspruch zu den Vorschriften und Gesetzen des 13. Jh.s, die den Bauern eine solche Unmäßigkeit untersagten. Die Semiotik des Verhaltens, der Kleidung, der Frisur, der Waffen und auch des Sprachgebrauchs, die von Wernher dargestellt wird und dem heutigen Leser nicht immer verständlich ist, war es im 13. Jh. offensichtlich allen. Der Autor hebt diese Semiotik ständig hervor. Der junge Helmbrecht bricht mit der bäuerlichen Lebensweise und geht zu den Herren; als er zum Vater zurückkommt, begrüßt er ihn und die Verwandten in flämischer, tschechischer, französischer und lateinischer Sprache, was bei ihnen Überraschung und ein Lächeln hervorruft (38, 716–763). Hier kommt sein innerer Bruch mit seiner früheren sozialen Umgebung am stärksten zum Ausdruck. Und Wernher beginnt sein Werk natürlich nicht zufällig mit der genauen Beschreibung der prächtigen Mütze Helmbrechts – sie ist ein Symbol seines Verrates am Schicksal seiner bäuerlichen Vorfahren. Ebenfalls nicht zufällig erwähnt er, daß Helmbrecht den Vater nötigte, ihm ein teures Pferd zu kaufen, das er für seine Rittertaten brauchte. Der Vater Helmbrecht unternimmt einen letzten Versuch, den Sohn zu überzeugen:

... dû solt leben des ich lebe
und des dir din muoter gebe.
trinc wazzer, lieber sun mîn,
ê dû mit roube koufest wîn.
...
die soltû ezzen, liebez kint,
ê dû ein geroubtez rint
gebest umb eine henne
dem wirte eteswenne.
(38, 441–444, 449–452)

Helmbrecht senior versucht, an das ständische Selbstbewußtsein des Sohnes zu appellieren:

> ... wær des geburt ein wênic laz,
> der behagte doch der werlte baz
> dan von küneges fruht ein man
> der tugent noch êre nie gewan.
> ...
> sun, und wilt dû edel sîn,
> daz rât ich ûf die triuwe mîn,
> sô tuo vil edellîche:
> guot zuht ist sicherliche
> ein krône ob aller edelkeit;
> daz sî dir für wâr geseit.
> (38, 491–496, 503–508)

Der Sohn weist diese Argumente zurück, obwohl er sie als richtig anerkennt. Außer dem Wunsch, sorglos zu leben, findet er keine Rechtfertigung und sucht auch nicht danach: Er möchte einfach nicht »den salzigen Schweiß trocknen« und Armut leiden, indem er drei Jahre lang ein Kalb oder ein Fohlen aufzieht, er »sollte in höheren Kreisen verkehren«, und die Räuberei, die schnelle und reiche Beute verschafft, ist für ihn vorzuziehen.

> ... ich wil rouben alle tage,
> dâ mite ich mich wol bejage.
> (38, 379–380)

Man hat bereits festgestellt, daß Vater und Sohn nicht zwei unterschiedliche Wahrheiten personifizieren: Es gibt nur eine Wahrheit, und sie steht auf seiten des Helmbrecht senior (145). Dies ist für die mittelalterliche didaktische Literatur natürlich und unvermeidlich. Der Vater betont, daß das Wohl aller Stände von den Bauern abhängt: Dank ihrer Arbeit erblühen die adeligen Damen und wird die Macht der Könige gefestigt.

> ... wan niemen wart sô tiuwer,
> sîn hôchvart wære kleine
> wan durch daz bû aleine.
> (38, 558–560)

Er wendet sich an den Sohn:

> ... sun, vil schœner jungelinc,
> dû solt sagen mir ein dinc,
> ob dir wonen witze bî,
> weder baz lebendiger sî:
> dem man fluochet unde schiltet
> und des al diu welt engiltet
> und mit der liute schaden lebet
> und wider gotes hulde strebet –

nû welhes leben ist reiner?
sô ist aber einer
des al diu welt geniuzet
und den des niht verdriuzet,
er werbe naht unde tac,
daz man sîn geniezen mac,
...
(38, 519–532)

Hier wird eine allgemeine Maxime über die Bedeutung des Bauerntums und seiner Arbeit im gesellschaftlichen System aufgestellt. Aussagen, die bezeugen, daß der Meier Helmbrecht die Bauern klar als Ernährer der ganzen Gesellschaft und als ihre moralische Stütze versteht, machen das Werk Wernhers des Gartenaeres noch nicht zu einer »bäuerlichen Erzählung in Versen«. So wurde es gern von christlichen Moralisten bezeichnet, die dem fleißigen Landwirt den müßigen und zu Gewalt neigenden Ritter entgegenstellten. In einer Zeit der Schwächung der zentralen Macht im Reich und der völligen Zügellosigkeit des Raubrittertums waren solche Einschätzungen natürlich angebracht. Wir finden sie sowohl bei Wernher dem Gartenaere, bei Berthold von Regensburg als auch bei ihren Zeitgenossen, deutschen Chronisten und Dichtern. Der Gegensatz zwischen einem Ackerbauern und einem militanten Adeligen kennzeichnet ebenso die französische und englische Predigt des 13. Jh.s. Es handelt sich hier sozusagen um einen »Allgemeinplatz«.

Die satirische Verserzählung Wernhers des Gartenaeres ist ein interessantes Zeugnis der Stimmungen seiner Zeit. J. Le Goff bezeichnet es nicht ohne Grund als ein »lehrreiches Beispiel der Sozialgeschichte« (152, S. 395)[25]. Die Tatsache, daß der Autor von »Meier Helmbrecht« das Dorfleben in allen Einzelheiten kennt, erinnert an das Gedicht »Ruodlieb«, in dem man, wie wir gesehen haben, ebenfalls Szenen aus dem dörflichen Alltag findet. Ein wesentlicher Unterschied zwischen ihnen besteht insbesondere darin, daß das lateinische Gedicht aus dem 11. Jh. noch von der Vorstellung der relativen Nähe zwischen Rittertum und Bauerntum ausging. In Wernhers Werk erkennt man dagegen einen scharfen Antagonismus zwischen beiden Ständen, der durch die verstärkte Unterdrückung seitens der Adeligen und durch die Festigung der wirtschaftlichen und sozialen Position der reichen Bauern hervorgerufen wurde. Man darf aber nicht außer acht lassen, daß im Werk Wernhers nicht so sehr das Rittertum als solches dargestellt wird, sondern vielmehr seine degradierten Elemente, Banditen und Räuber, die der junge Helmbrecht für echte Ritter hält. Das Werk zeigt einen deutlichen Bruch zwischen den unbegründeten Ansprüchen eines Emporkömmlings auf die Zugehörigkeit zum Rittertum und ihrer kläglichen Realisierung. Ein Bauer, der ins ritterliche Milieu eingedrungen ist, kann sich nur ihre schlechten Gewohnheiten aneignen, aber keineswegs einen Kodex adeligen Verhaltens. In der deutschen Literatur gibt es hier zum erstenmal (wenn wir die heroische Dichtung außer acht lassen) einen »negativen Helden« (218).

Gerade weil der Antagonismus zwischen Rittertum und Bauernschaft während der *Zwischenherrschaft* äußerst gespannt war, konnte eine Erzählung entstehen, in der das Gleichnis vom verlorenen Sohn auf den Kopf gestellt wird. Der Vater sieht den Verrat des jungen Helmbrecht an seinem Stand und den Abbruch aller Bande, die ihn mit der Sippe der Ackerbauern verbinden, und lehnt daraufhin seinerseits seine verwandtschaftliche Bindung zu ihm ab. Er weiß, daß ein Emporkömmling von einfachen Menschen, der sich ritterlichem Gesindel angeschlossen hat, weder Schonung von den dörflichen Anwohnern (die hier durch Richter und Henker vertreten werden) noch von der weltlichen Macht, auf deren Kosten er leben möchte, zu erwarten hat. Sie bestraft ihn und seine Anhänger sowohl für die Gewalttaten und Raubüberfälle als auch für die vorsätzliche Verletzung der Gesetze über das Tragen von Waffen und über Bauernkleidung (Helmbrecht junior hatte sich herausgeputzt und trug eine Frisur nach der Mode der Adeligen, d. h., er verletzte die Beschränkungen seines Standes). Dieser Bruch kommt den Meier Helmbrecht teuer zu stehen. In dem Werk werden die seelischen Qualen des Vaters, der den blind und verstümmelt in sein Haus gekommenen Sohn fortjagt, nur kurz und mit wenigen Worten erwähnt (38, 1773–1778). Er ist aber unbeugsam: Der junge Helmbrecht hat die Grundlagen des Moralkodex der einfachen Menschen dadurch verletzt, daß er seinen Stand und die ihm gebührende Lebens- und Verhaltensweise verlassen hat. Der Bösewicht, der die Dorfbewohner beraubt und vergewaltigt und Anschläge auf ihr Leben und Vermögen verübt hat, wird nicht nur von den Bauern unnachsichtig behandelt, die ihn am nächsten Baum aufhängen, sondern sogar vom eigenen Vater. Denn der junge Helmbrecht ist der schwersten aller Sünden, dem Hochmut, verfallen (38, 1912–1914) und muß daher aufs strengste bestraft werden.

Also finden wir in dem Werk Wernhers des Gartenaeres dieselbe Maxime, die Berthold von Regensburg seinen Zuhörern voll Eifer in seinen Predigten erklärte: Der Mensch muß in seinem Stand und in dem sozialen und beruflichen Rang bleiben, in dem er geboren und erzogen wurde.

Die Gesellschaft ist so organisiert, daß jedes seiner Mitglieder dem Ganzen dient, egal welche Funktion und welchen Beruf es ausübt. Die Verserzählung über den Bauern Helmbrecht ist ein anschauliches Zeugnis dafür, welches Schicksal einen Emporkömmling erwartet, der seine Berufung verraten hat. Aber in der Predigt versucht ein Wissenschaftler und Mönch diese Maxime seinen Zuhörern einzuschärfen, vor allen Dingen einfachen Menschen, in der Dichtung dagegen tritt sie als innere Einstellung der einfachen Menschen selbst in Erscheinung. Die dörfliche Welt sieht denjenigen, der den Bauernpflug gegen ein Ritterschwert eingetauscht hat, als einen Paria und ihren schlimmsten Feind an und bestraft ihn dementsprechend gnadenlos. Heißt das, daß man in diesem Erzählgedicht das Selbstbewußtsein der Bauern erkennen kann, die sich ihrer eigenen Bedeutung vollkommen bewußt waren? Das ist keine einfache Frage. Dieser Zug der bäuerlichen Mentalität hätte auch von einem Autor zum Ausdruck gebracht werden können, der den Standpunkt der Kirche oder des Rittertums vertrat. Ich betone erneut, daß er die Macht der Herren keineswegs in Frage stellt; es gibt bei Wernher keinen Geist des Aufstandes. Im Gegenteil, es bestätigt die ewige Ordnung der Dinge, bei der die einen Kriege führen und die anderen das tägliche Brot beschaffen. Der Held der Erzählung, der alte Helmbrecht, einer aus der alten Familie der Helmbrechts, welche von jeher Ackerbauern waren, kennt den Preis seiner Arbeit und versteht ihre Notwendigkeit für das soziale Ganze. Als Meuterer treten die unvernünftigen, nach damaligen Kriterien folglich auch niederträchtigen und unmoralischen Kinder der einfachen Menschen auf, die wie der junge Helmbrecht die existierende Ordnung ändern wollen – nicht radikal, nicht im sozialen Sinn, sondern für sich allein, um sich hervorzuheben und aus einem Stand in den anderen aufzusteigen.

In der Erzählung wird emphatisch betont, daß der junge Helmbrecht sich Attribute angeeignet hat, die nach dem Recht nur den Herren zustanden: ritterliche Waffen, ein Schlachtroß, reiche, bunt gefärbte Kleidung, ausländische Worte, mit denen er protzt, bestimmte Manieren, den Bestand der Legenden und Mythen (erinnern wir uns an die Beschreibung der Szenen, die auf seiner Mütze dargestellt sind). Dies ist aber letztlich eine den Bauern fremde Mentalität, was vermuten läßt, daß die Situation aus der Sicht des Rittertums beschrieben worden ist. Denn gerade das Rittertum war in bezug auf die eigene soziale Semiotik besonders empfindlich und reagierte verletzt auf Eingriffe seitens fremder Elemente. Wir haben es hier wahrscheinlich nicht mit einer »bäuerlichen

Verserzählung« zu tun, sondern mit einem Werk, das durch die Ansichten der Ritterschaft diktiert wurde, die natürlich die Versuche der »Niedrigen«, an ihre Privilegien zu kommen, besorgt machen mußte. Man darf nicht vergessen: Es gab und konnte in Deutschland im 13. Jh. keine bäuerlichen Leser geben, an die der Autor einer solchen Erzählung sich hätte wenden können.

Die Predigten Bertholds von Regensburg und das Werk Wernhers des Gartenaeres zeugen indirekt davon, daß es bei aller Unbeugsamkeit der feudalen Ständeordnung, die sie unterstützen, in der Gesellschaft Personen gab, die mit ihrem Schicksal nicht zufrieden waren. Gegen sie sind die Belehrungen des Franziskaners und die Verse des »Meier Helmbrecht« gerichtet. Wir sehen hier sowohl die Symptome einer sozialen vertikalen Mobilität als auch die Versuche, sie zu verhindern und zu unterdrücken.

Eine der zentralen Ideen des Werks besteht darin, daß die Treue zur ständischen Identität höher geschätzt wird als verwandtschaftliche Verbindungen einschließlich der väterlichen Liebe zum Sohn. Der bäuerliche Stand rächt sich ohne Gnade an denjenigen, die die ewigen Normen ihrer Existenz verletzen. Dieser Idee entspringt die Erzählung, in der die Absage des Vaters an den verletzten und zum Untergang verurteilten Sohn als einzig gerechtfertigte Position glorifiziert wird.

Wenn man hier zugleich auch einen Generationskonflikt erkennen kann[26], wird er deutlich von dem Konflikt zwischen den sozialen Idealen in den Hintergrund gedrängt: Dem skrupellosen Emporkömmling, der sich um Aufnahme in den Stand der Adligen bemüht, wird der alte Helmbrecht als lebender Inbegriff der bäuerlichen Tugenden gegenübergestellt. Aber an der Lobpreisung dieser traditionellen Tugenden konnten nicht nur die Bauern allein interessiert sein. Vielleicht waren es im wesentlichen nicht einmal sie selbst, sondern die Vertreter der Gesellschaftsklassen, die von Seiten der Bauern einen bestimmten Druck empfanden, besser gesagt, seitens bestimmter Elemente, die sich über ihre Umgebung zu erheben versuchten. »Meier Helmbrecht« scheint mir keine Apologie des Bauerntums und seiner moralischen Gesundheit und kein Ausdruck seines Klassenhasses gegen das Rittertum zu sein, sondern eine Warnung vor der Verletzung der bestehenden ständischen Schranken durch die Bauern, eine Warnung, die von außen kam.

Die Besonderheit des Werks, wenn es wirklich ritterlichen Kreisen entspringt, besteht darin, daß der Vertreter der Meinungen dieser Kreise von einer Tradition Abstand genommen hat, die von weltlichen Herren gepflegt wurde. Diese Tradition bestand darin, Bauern als eine grobe wilde und feindliche Masse und als Halbmenschen bzw. halbe Tiere darzustellen. Wernher der Gartenaere wählte eine Methode, die auf das einfache Volk stärker wirkte. Er idealisierte ihre Art zu leben und machte sich nicht über ihre Dummheit, Unwissenheit und Unzivilisiertheit lustig.

Die Predigten des Berthold von Regensburg haben uns davon überzeugt, daß dem Begriff der menschlichen Persönlichkeit hier eine große Bedeutung beigemessen und er vorwiegend positiv interpretiert wird. Aber versucht nicht auch Wernher der Gartenaere, dieses Problem auf seine Art zu lösen? Der junge Helmbrecht, der gegen die traditionelle Ordnung und ständische und funktionale Einteilung der Gesellschaft aufsteht, stellt sich seiner sozialen Schicht, seinem Stand und sogar der eigenen Familie entgegen. Ein Individuum in einem wahnwitzigen sinnlosen Aufstand gegen die unerschütterliche Ordnung der Dinge – das ist das Thema von »Meier Helmbrecht«. Das Werk verurteilt den Aufstand eindeutig. Aber es stellt ihn fest und vermutet, daß es in der dörflichen Welt andere solcher Individuen gibt: »begânt si Helmbrehtes site, // ich erteile in daz mit rehte: // in geschehe als Helmbrehte« (38, 1916–1918). »waz ob Helmbreht noch hât // etewâ junge knehtel? // die werdent ouch Helmbrehtel. // vor den gib ich iu niht fride, // si komen ouch danne an die wide« (38, 1925–1929). Mit dieser Drohung schließt das Werk.

Die Appelle des Vaters Helmbrecht an den Sohn, in seinem Stand zu bleiben und die bäuerliche Lebensweise beizubehalten, sind eigentlich Warnungen vor einer Absonderung des Individuums aus dem festen Rahmen seiner sozialen Umgebung. Das Problem der Persönlichkeit wird hier im negativen Sinn gelöst. Eine Persönlichkeit erfährt eine positive Bewertung nur dann, wenn sie sich als ständische Persönlichkeit im allgemein anerkannten Rahmen erweist.

Unsere Versuche, uns mittels der Analyse von Werken aus verschiedenen Genres der mittelalterlichen Literatur dem Volksbewußtsein zu nähern, stoßen immer wieder auf das gleiche Hindernis: Bei genauerem Lesen fällt auf, daß diese Werke von gelehrten Menschen geschrieben wurden, auch wenn es den Anschein hat, als stünden sie dem Volk nahe oder seien selbst aus dem Volk. Die Weltwahrnehmung der schriftunkundigen Massen im Dorf und in der Stadt wird in diesen Werken schon in bearbeiteter Form wiedergegeben; sie hat bereits das Ideenprisma der Geistlichen und anderen Gebildeten durchlaufen. Die wahren Stimmungen und Bestrebungen der unteren Schichten werden von einer ihnen fremden Ideologie und Mentalität widergespiegelt. Deswegen müssen unsere Kenntnisse über die Meinungen und Vorstellungen des einfachen Volkes unbedingt mittelbar und mehr oder weniger deformiert bleiben. Die Stimme des einfachen Menschen wird von anderen Stimmen übertönt. Nur in einem solchen widersprüchlichen Geflecht können wir die Volkskultur des Mittelalters kennenlernen.

Teil III
Das Späte Mittelalter

Volksmagie und kirchliches Ritual

Das Verhältnis zwischen der Volks- (»folkloristischen«) und der offiziellen (»gelehrten«) Tradition in der mittelalterlichen Kultur wird von der modernen Mediävistik eingehend erforscht. Dabei steht im Mittelpunkt vorwiegend ihre ständige Wechselwirkung, ihr Kampf bzw. die ständigen Versuche der Kirche, sich eine andere Kultur zu unterstellen und ihr ein anderes Wertesystem aufzuzwingen. Eine solche Fragestellung ist gerechtfertigt. Aber die Beziehungen zwischen der Volkskultur und der gelehrten Kultur beschränkten sich nicht auf Konflikte und Auseinandersetzungen. Alles war viel komplizierter. Die Kirche spürte beständig und fühlbar einen Einfluß der Volkstraditionen, schränkte sie aber gleichzeitig ein und versuchte sie zu »zähmen«. Der Einfluß von Ideen, Vorstellungen und Praktiken nichtchristlicher Herkunft auf die Kirche war unvermeidlich. Gerade weil die Kirche das geistige, religiöse und moralische Leben der Gläubigen unter Kontrolle hielt und ihr Verhalten bestimmte, mußten die Geistlichen ihre Kultur berücksichtigen, eine gemeinsame Verständnisebene suchen und finden und von ihnen ausgehende Impulse aufnehmen. Man darf nicht vergessen, daß dasselbe Volk, dessen Weltwahrnehmung der Kirche in vielen Bereichen fremd blieb, ihre Verurteilung hervorrief und Verfolgungen nach sich zog, der Kirche ihre Kader lieferte[27]. Ihre Ausbildung und ausgeübten Funktionen trennten die Geistlichen von den Weltlichen, aber die Stereotypen und Denkgewohnheiten, die sie vor der Priesterweihe hatten, blieben in gewisser Weise dieselben. In der Zeit des Hochmittelalters wollten und konnten geistliche Führer sich nicht vollkommen von denen, die sie führten, absondern.

Nicht selten folgte die Kirche gewollt oder ungewollt der Gemeinde. (Die Lage wird sich zum Ende der Epoche ändern, als ihre Konfrontation an Schärfe gewinnt.) Insbesondere der Heiligenkult, ohne den man kaum etwas im mittelalterlichen Christentum verstehen kann, wurde der Kirche in bedeutendem Maß vom Volk aufgezwungen. Das Volk begnügte sich nicht mit der Idee eines weit entfernten und unverständlichen Gottes; es hatte das Bedürfnis nach nahen übernatürlichen Helfern und Beschützern. Während die geistlichen Hirten in den Heiligen einen Inbegriff der christlichen Tugenden sahen, sah die Masse der Gläubigen in ihnen vor allen Dingen Zauberer. Nicht zufällig bemühte sich die Kurie des Papstes, die Zahl der Heiligen dadurch zu beschränken, daß sie die Anforderungen an die »echte« Heiligkeit bei ihrer Kanonisierung verstärkte. Als Ergebnis gab es zwei Arten von Heiligen: die von der Kurie bestätigten offiziellen Heiligen der katholischen Kirche, deren Zahl beschränkt war, und die Heiligen, die das Volk anbetete, die aber nicht kanonisiert waren (233).

Auch die Wandlung der Jenseitsvorstellungen könnte durch spezifische Bedürfnisse der Gemeinde bedingt gewesen sein. Die Gemeindemitglieder rechneten nicht mit einem einfachen Eingang ins Himmelreich und brauchten einen neuen Ort auf der »Karte« der jenseitigen Welt neben Paradies und Hölle, an dem die Seelen der Sünder, die die Last ihrer irdischen Sünden nicht endgültig vernichtete, gereinigt würden. Hat sich auf diese Weise vielleicht die Idee vom Fegefeuer herausgebildet, dessen Existenz im 12.–13. Jh. offiziell anerkannt wurde? Wenn diese Vermutung richtig ist, bekommt die Wirkung der Volksglauben auf die Theologie einen neuen Aspekt: Wesentliche dogmatische Ideen des mittelalterlichen Katholizismus wurden nicht nur fern von den Gläubigen entwickelt, sondern zum Teil auch unter dem Einfluß ihrer Bedürfnisse und Hoffnungen. Die gelehrten Theologen gaben der Idee vom Fegefeuer, die im Bewußtsein der Massen schon längst in Umrissen vorhanden war und die sie nicht länger unberücksichtigt lassen konnten, eine endgültige Form (219, S. 81 ff.; 155; 69, S. 209–224; 68, S. 328–334).

Auch in mittelalterlichen lateinischen Texten, die im Gottesdienst verwendet wurden, kann man verschiedene Aspekte eines widersprüchlichen Verhältnisses zwischen den beiden kulturellen Traditionen beobachten. In den *Bußbüchern* oder *Poenitentialien* finden sich Auflistungen möglicher Sünden und diesen zugeordnet das erforderliche Maß der Buße. In diesen Traktaten, die eine Hilfe für Beichtväter waren, werden Volksglauben ausschließlich als sündige Aberglauben ausgelegt. Die Volkstraditionen, zu denen die Magie und der Kult der Naturkräfte gehörten, werden in den *Poenitentialien* als verwerfliche Irrtümer dargestellt, die dem christlichen Glauben und ihrem Wächter, der Kirche, fremd und feindlich gesonnen waren (67).

Dennoch kehrte die Magie, die von der Kirche zur Tür hinausgejagt wurde, sozusagen durchs Fenster in die kirchliche Praxis zurück. Nicht nur das Bewußtsein der dumpfen und ungebildeten Massen war von Magie durchsetzt – im Grunde genommen galt dies genauso für die Geistlichen, wie sehr sie auch diese Magie vom Makel des »Heidentums« »gereinigt« hatten. Viele Bereiche der kirchlichen Tätigkeit waren von Magie durchdrungen. Das einzige Kriterium, nach dem man die bedingungslos verurteilte Magie des Volkes und die sakralen Zeremonien der Geistlichen unterschied, war, wer sie ausübte: einfache Menschen, Dorfzauberer und Heiler oder ein dafür von der Kirche bevollmächtigter Priester.

Tatsächlich zwingt uns die Betrachtung anderer kirchlicher Texte und Genres der konfessionellen Literatur, das Verhältnis zwischen der volkstümlichen und offiziellen religiösen Praxis in einem neuen Licht zu sehen. Es gibt eine ganze Reihe von Dokumenten, in denen die Kirche, zweifellos einen formenden Einfluß auf Leben und Weltwahrnehmung der Gläubigen ausübend, sich gleichzeitig bestimmte Teile der Volkstradition zu eigen macht. Dabei läßt sie sich, wie gesagt, möglicherweise von ihr leiten, ohne es zu merken. Die rituelle Praxis der Kirche untergräbt und zerstört die Grenzen, die sie von der Volksmagie trennen. Ich denke an Formeln für Beschwörungen, Exorzismen, Segnungen und Widmungen der Kirche, die während des Mittelalters bei ganz unterschiedlichen Anlässen gebräuchlich waren.

Das Bedürfnis nach solchen Formeln war beständig spürbar. Es ist gut bekannt, daß der Mensch im Mittelalter die Natur nicht als inertes, unbelebtes Objekt wahrnahm: Leben und Tod, Gesundheit und Krankheit; Ernte und Mißernte, Wetter, Flora und Fauna – alles wird in seinen Augen von gewissen magischen Kräften geleitet, von denen das Wohl der Menschen abhängt. Man muß mit diesen das ganze Weltall durchdringenden Kräften unbedingt rechnen, aber man kann sie auch beeinflussen, und das vor allem wieder auf magische Weise. Solche Überzeugungen gibt es bei verschiedensten Völkern in einem archaischen Entwicklungsstadium, und dies waren auch die bestimmenden Vorstellungen der Europäer des Mittelalters. Damit, daß die Volksmagie bei der Kirche starken Argwohn hervorrief und Verfolgungen ausgesetzt war, war es aber noch lange nicht getan. Seit Anbeginn kirchlicher Aktivitäten gab es in ihren Kreisen das Bedürfnis, auf die eine oder andere Weise die Natur (einschließlich der menschlichen Natur) zu zügeln, sie mittels eines Systems von Ritualen und symbolischen Handlungen unter Kontrolle zu halten. Im folgenden geht es um diesen Aspekt der Tätigkeit der Kirche, der äußerst wichtig ist.

Texte von Formeln kirchlicher Beschwörungen und Segen hat zu Anfang unseres Jahrhunderts der österreichische Wissenschaftler A. Franz gesammelt (21). Dieser Forscher formuliert eine These, die bei der Analyse der Formeln auf überzeugende Weise bestätigt wird: »Die im Mittelalter herrschenden abergläubischen Anschauungen und Bräuche (durften) um so weniger unberücksichtigt bleiben, als sie vielfach mittelbar oder unmittelbar mit den kirchlichen Benediktionen zusammenhängen« (21, I, S. VI). In diesen Dokumenten der lateinischen Kirche werden die Religiosität, Gefühle und Hoffnungen des Volkes breit widergespiegelt. Einige Segnungen und Exorzismen kamen aus volkstümlichen Bräuchen und Riten in die kirchliche Praxis, und heidnische Traditionen bekamen in den Formeln eine christliche Form (21, I, S. 4–5).

Franz selbst, ein katholischer Prälat, betrachtet diese Synthese und Symbiose verschiedener religiöser und kultureller Traditionen nicht ohne Bedauern, weil die Kirche die Reinheit ihrer Lehre dadurch mehr oder weniger opfern mußte. Er stellt darüber hinaus fest, daß die Kirche in dieser Hinsicht mehrfach Mißbrauch zugelassen hat: Die Geistlichen gaben sich mit den existierenden Formeln und Beschwörungen nicht zufrieden und vermehrten und erweiterten diese, um sie auf eine immer größere Zahl von Erscheinungen und Gegenständen anwenden zu können. Mit dem Bestreben, das menschliche Leben und Tun unter den Einfluß der kirchlichen Segen zu stellen, überschritten die Geistlichen häufig die »von der Kirche und von dem geklärten religiösen Empfinden gezogene Grenze« (21, II, 641). Franz kommt zu dem Schluß, daß die Einbeziehung einiger ihr ursprünglich fremder Elemente in die kirchliche Praxis zu einer nicht wünschenswerten Deformierung der religiösen und moralischen Verhältnisse führte. Diese Tatsache machten sich Kritiker der katholischen Kirche und Reformatoren beim Übergang vom Mittelalter zur Neuzeit zunutze, genau wie sie früher von Häretikern und Sektierern angegriffen worden war (21, II, S. 616 ff.).

Es ist aber zu bezweifeln, daß das Problem sich auf einen Mißbrauch oder eine fehlerhafte Politik der Geistlichen beschränkt, die zum »Verderben« oder einer »Trübung« der Reinheit der Lehre bzw. durch die Annäherung der kirchlichen Praxis an archaische Volkssitten zu ihrer Vulgarisierung führte. Die Gründe lagen bestimmt tiefer. Der Mensch, der sich in einem instabilen Gleichgewicht mit den Naturkräften befand und völlig von ihnen abhing, hatte das Bedürfnis, jede seiner Handlungen möglichst nicht dem Zufall oder Mißlingen zu überlassen. Die Launen des Wetters, Überschwemmungen, Hagel, Frost, Dürre, wilde Tiere oder schädliche Insekten – all das drohte mit Mißernte, Viehtod und ihrem unvermeidlichen und höchst realem Begleiter, dem Hunger. Mit ebenso großen Gefahren war auch die eigene Fortpflanzung verbunden: Fehlgeburten, kranke und nicht lebensfähige Säuglinge, verschiedene Krankheiten und Unfälle bei einer praktisch nicht existenten medizinischen Versorgung bedrohten das tägliche Leben genauso wie der Hungertod. Aber auch das öffentliche Leben, der Umgang mit anderen Menschen konnte zahllose folgenschwere Unglücksfälle nach sich ziehen: Intrigen der Nachbarn, böser Blick, Diebstahl, neue Abgaben, feindliche Angriffe, Gerichtsverhandlungen, mit Handel, Reisen und Pilgerfahrten verbundene Risiken. Zu Lande und zu Wasser, im Winter und Sommer, tags und nachts befand sich der Mensch beständig von Kräften umgeben, die Tod, Ruin oder den Verlust des sozialen Status verursachen konnten.

Gegen all diese Unglücksfälle und Gefahren mußte man bestimmte Schutzmittel bereithalten, um sich rechtzeitig dagegen absichern zu können. Ein verzweigtes, eigentlich totales System magischer Handlungen, Rituale, Gebete und Beschwörungen stellte eine Art »Sicherheitstechnik« für die traditionelle Gesellschaft dar. Hätte die Kirche, die die Volksmagie verurteilte, es sich leisten können, dieses starke und beständige Bedürfnis des Volkes zu mißachten? Sie versuchte im Verlaufe des gesamten Mittelalters unentwegt, diesem Bedürfnis gerecht zu werden.

Für den Kult, d. h. die Gottesanbetung, verfügte die Kirche über das System der Sakramente (Abendmahl, Taufe, Priestertum u. a.). Mit ihrer Hilfe konnten die Gläubigen sich an Gott wenden und ihre Seelen retten. Neben den Sakramenten wurde eine Reihe sogenannter »Sakramentalien« oder »kleiner Sakramente« ausgearbeitet, ergänzende Hilfsmittel und religiöse Zeremonien, Formeln und Rituale, die das Wohl des Menschen gewährleisten sollten (21, I, S. 10–42). Die Theologen (Hugo von St. Viktor und andere) verliehen den Sakramentalien eine ausschließlich symbolische Bedeutung. In verschiedenen geweihten und von der Kirche verwendeten Gegenständen (Kerzen, Weihwasser, Salz, Brot, Asche, Glocken usw.) und in damit verbundenen Ritualen sahen sie Zeichen, Symbole Christi und seiner Taten, des Menschengeschlechts, des Todes, der Buße, der göttlichen Weisheit. Sie gestanden den Sakramentalien keine eigenständige Kraft zu und sprachen ihnen übernatürliche Eigenschaften zur Rettung ab, die von den göttlichen Sakramenten unabhängig seien. Das war aber nur die Doktrin.

In der kirchlichen Praxis erhielten die Sakramentalien die Funktion von Schutzamuletten und Heilprozeduren. Ihre symbolische Bedeutung trat in den Hintergrund, um nicht zu sagen, sie ging ganz verloren. In den Augen derer, die sie anwendeten, waren die Sakramentalien magisch wirksam, obwohl sie von Gott empfangen wurden. Zum Beispiel reinigte das Weihwasser nicht nur die Seele eines Sünders, sondern wirkte dem bösen Zauber und dem Teufel entgegen und beeinflußte die Gesundheit auf magische Weise[28].

Hier wurzelten die Gründe für die Doppeldeutigkeit beim Gebrauch der Formeln und Rituale, die letztendlich nicht überwunden worden war. Bemerkenswert ist eine betrübte Aussage von A. Franz: »Weder bei Thomas von Aquin noch bei anderen mittelalterlichen Theologen finden wir die Frage nach der Wirkungsweise der Sakramentalien erörtert« (21, I, S. 31). Hier sieht Franz einen der Gründe für ihren Mißbrauch. Es ist zu vermuten, daß der Grund dieser »Mißbräuche« nicht in einer theoretischen Unklarheit lag, sondern in wesentlichen Bedürfnissen der mittelalterlichen Gläubigen zu suchen ist. Man muß immer Sakramente von Sakramentalien unterscheiden: Sakramente waren Monopole der Priester und wurden normalerweise in der Kirche ausgeübt (das Abendmahl konnte einem Sterbenden auf dem Totenbett gegeben werden), während man Sakramentalien außerhalb eines heiligen Ortes anwendete: im Haus und auf dem Feld, im Pferdestall oder auf der Koppel, in der Scheune und im Garten – wo auch immer (203, S. 33; 234, S. 62–75; 216, S. 19 ff.). Es waren sozusagen »weltliche Sakramente«, bei denen jedoch immer ein Geistlicher zugegen war.

Durch die Ausarbeitung und Anwendung vielfältiger Segen und Exorzismen versuchte die Kirche, eine Rückkehr der Gemeinde zu einer vorchristlichen oder unchristlichen Magie zu verhindern. Kirchliche sakrale Formeln bildeten häufig den Ersatz für volkstümliche Beschwörungen. Durch sie wurde die Magie dem Gebet untergeordnet. Sie ersetzten die Ansprache an natürliche und übernatürliche heidnische Kräfte durch Anbetung der christlichen Gottheit und des Pantheons der Engel und Heiligen sowie durch Verwünschungen satanischer Kräfte, die den Menschen auf Schritt und Tritt belauerten und der Grund allen möglichen Unheils waren.

Rituelle Beschwörungen und Segen sind nicht irgendeine nebensächliche, zweitrangige Seite der kirchlichen Tätigkeit. Kirchliche Formeln sind als Waffen Gottes und der Menschen, die ihn anbeten, gegen Satan gedacht. In diesem Kampf versuchen die Verfasser der Beschwörungen alle sakralen Elemente mobil zu machen. In den Formeln werden beständig zunächst alle Namen Gottes aufgezählt; dann folgen die Stufen der himmlischen Hierarchie, die Propheten, Patriarchen, Heiligen und Gerechten. Die Formel läßt kein Mitglied des sakralen Heeres aus. Sie alle müssen angerufen werden, um den ewigen Feind zu vernichten (21, II, S. 79, 92–93 u. a.). Zunächst verbreiten sich kurze Beschwörungen, die dann im Laufe der Zeit durch neue Auflistungen immer umfangreicher, angestrengter und pathetischer werden. Maßgefühl ist das letzte, was einem beim Lesen solcher Texte einfallen würde. Ein maßloses Lob Gottes verbindet sich mit schrankenlosen Verfluchungen Satans. Der Mensch, der die Formel ausspricht, sieht sich als Teilnehmer eines kosmischen Kampfes des absoluten Guten mit dem absoluten Bösen.

Die Worte hatten in der sakralen Formel eine magische Kraft. Allein ihr Aussprechen mußte zum gewünschten Ergebnis führen, unabhängig davon, inwieweit sie den Teilnehmern der Zeremonie verständlich waren. Dies ist sicher kaum der Fall gewesen. Die Autoren beziehen einen Wortschatz aus ganz verschiedenen Quellen in die Formeln ein, unter anderem aus den Apokryphen oder aus Quellen, die mit dem Christentum nichts zu tun haben, zum Beispiel aus kabbalistischen Beschwörungen. Es war ja nicht notwendig, daß der Text verstanden wurde, wichtig war lediglich das Ritual. Kirchliche Zeremonien, Prozessionen und Gesten wurden vom Aussprechen der Formeln begleitet. Es handelte sich um ein ganzes System magischen Einwirkens auf verschiedene Objekte.

Da das Wort in der rituellen Formel mit magischer Bedeutung beladen war, war es wichtig, ausnahmslos alle Erscheinungen oder Gegenstände, an denen die Beschwörung wirksam werden sollte, aufzuzählen. Um zum Beispiel einen Menschen vor von Dämonen gesandten Krankheiten zu schützen, ist es unerläßlich, in der Formel alle Körperteile sowie alle möglichen Erkrankungen zu nennen. Sehr anschaulich ist auch die Rolle der Beschwörung in der Segensformel des Goldes und der Wohlgerüche, die während des Epiphanienfestes gesprochen wurde (15. Jh.). Der Priester nimmt durch die »heiligen und unaussprechlichen Namen Gottes« eine Reinigung vor und zählt sie dazu in aller Ausführlichkeit auf. Insgesamt sind es mehr als achtzig Namen. Wie aus einer Angst heraus, auch nur einen Namen auszulassen, werden manche Namen wiederholt (21, I, S. 430).

Aber auch dieser Namenskatalog ist noch nicht ausreichend. Dazu kommt eine Beschwörung beim »Himmel und der Erde und allem, was sich darauf befindet«; weiter folgen alle Ränge der himmlischen Hierarchie, Apostel, Evangelisten, Märtyrer, Heilige, die keine Märtyrer waren, Witwen und Jungfrauen. Zum Schluß der Beschwörung werden »Beine und Arme, der Körper und alle äußeren und inneren Organe unseres Herrn Jesus Christus«, seine Taten, Worte und Kreuzesqual aufgezählt. Dann verkündet der Priester: Gold und Wohlgerüche mögen vor Unheil und Krankheiten schützen, und es folgt eine lange Liste dieser Krankheiten, von Lepra, Seuchen und Lähmung bis zu Zahnschmerzen und Augenkrankheiten. Die Menschen, auf die sich die Beschwörung bezieht, mögen weder im Gehen noch im Sitzen, noch im Stehen, noch beim Fallen umkommen; weder beim Wachen noch im Schlaf, nicht zu Lande und nicht zu Wasser sollen sie körperlich oder an ihrem Vermögen durch Diebstahl, Räuber, Feinde, Beschwörer oder Zauberer Schaden nehmen, von Wegelagerern verschont bleiben, jede Verhandlung vor Gericht gewinnen, göttliches und menschliches Wohlwollen und Gnaden erfahren, Gift möge ihnen nicht schaden, all ihre Taten ihnen gelingen, damit sie das angestrebte Ziel erreichen, sie mögen immer froh und lustig und Gott und den Menschen dankbar sein; möge ihr Leben bis zum natürlichen Ende dauern und sie vor geheimen und offensichtlichen Intrigen Satans beschützt werden, vor einem Schlag und vor Pfeilen, mögen ihnen keine Wunden zugefügt werden, seien all ihre Beschäftigungen gesegnet, gebäre die Frau ohne Schmerzen und Gefahr, mögen sie von der Zerstörung ihres Hauses und Schande ihrer Nächsten verschont bleiben (21, I, S. 430–432). Wohlgerüche haben ihren symbolischen Sinn verloren, werden eindeutig zu magischen Talismanen und können einen Menschen in allen Situationen beschützen, aber alle Lebensfunktionen ohne Ausnahme müssen in der Formel gewissenhaft genannt werden.

Christliche sakrale Formeln beziehen alle Elemente, Kräfte und Naturgewalten in ihren Wirkungskreis mit ein. Wasser, Feuer, Salz, Brot, Pflanzen und Tiere, Gebäude, Arbeitsgeräte, Transportmittel, Gesundheit und Krankheiten, die Organe des menschlichen Körpers; auf all diese Bereiche erstreckt sich die Macht der Beschwörungen. Die sakrale Formel mobilisiert das ganze Weltbild des mittelalterlichen Menschen, vom Mikrokosmos (Mensch) bis zum Makrokosmos (Weltall).

Viele der sakral-magischen Zeremonien der Kirche erinnern stark an antike oder barbarische heidnische Rituale, zum Beispiel an das Umgehen der Felder mit Abbildern von Göttern bei den Galliern und Germanen. Die christlichen Missionare konnten nicht umhin, in diesem Ritual etwas Unzulässiges zu sehen. Aber sie waren machtlos, es zu verbieten, weil es nach Meinung der Bevölkerung absolut notwendig für eine gute Getreideernte war. So sahen sie sich gezwungen, dieses Ritual zu christianisieren. Die Feste zu Ehren Ceres' oder der germanischen Erdgöttin

Nerthus werden mit einigen neuen Details ausgestattet. Litaneien, Prozessionen, das Anrufen Gottes und der Heiligen werden zum untrennbaren Teil des kirchlichen Rituals. Anstelle der fröhlichen Ausgelassenheit der Heiden führt man Bußen und Gaben von Almosen, Nachtwachen mit Gesang und Gebeten bei den Reliquien heiliger Beschützer ein. Danach findet am Morgen ein Flurumzug mit dem Abbild eines Heiligen statt. Eine solche Reform des archaischen Fruchtbarkeitsfestes wurde zum Beispiel von der Äbtissin Marcsvidis im Jahr 940 in der Nähe von Bielefeld eingeführt (21, II, S. 9).

Die Gläubigen stellten Kreuze in Gärten, Weinstöcken und auf den Feldern auf, damit Hagel, Stürme und »alle feindlichen Angriffe«, d. h. des Satans, von ihren Anpflanzungen ferngehalten würden. Diese Kreuze wurden von der Kirche gesegnet. Später aber verurteilten einige Theologen diese Praxis als Aberglauben, weil sie, ihrer Meinung nach, die Aufmerksamkeit der Gläubigen nicht auf die Passionen Christi konzentrierte und ihr »Heidentum« verstärkte (21, II, S. 12–14).

Es ist interessant, daß in einer der Segensformeln für Brot der Erzengel Panchiel genannt wird, den die Gläubigen hier bitten, »ihre Felder vor Würmern und bösen Geistern zu schützen« (21, II, S. 11). Dieser Name war in der Kirche verboten; nur die drei Erzengel Michael, Gabriel und Raphael wurden anerkannt. Der Gebrauch der Namen anderer Erzengel wurde schon im 8. Jh. als Häresie angesehen (Prozeß gegen den Häretiker Aldebert während der Römischen Synode im Jahr 745) (67, S. 115). Dennoch findet man auch in späteren Beschwörungen Namen von Engeln, die von der offiziellen Doktrin als Dämonen angesehen wurden. Neben einem heidnischen Substrat kann man in vielen Festen und Ritualen, die die Kirche ihren Bedürfnissen angepaßt hatte, eine relativ starke apokryphische Tradition beobachten. Aber auch Engel und Heilige, die offiziell von der Kirche angebetet wurden, wurden von den Verfassern der Segensformeln gern in Wächter ihrer Felder und Grundstücke verwandelt. So lautet zum Beispiel ein Gebet: »Geruhe, Herrscher des Himmels und der Erden, uns Deinen Engel zu schicken, der die Früchte und Grenzen deiner Knechte vor jeglichen Eingriffen des Feindes beschützen und verteidigen moge, daß durch die Freigebigkeit Deiner Segen ihre Armut gelindert würde« (21, II, S. 15).

Vielen Heiligen kam die Rolle von Beschützern der Ernte und des Getreides vor Naturkatastrophen zu, welche übrigens Satans bösem Einfluß zugeschrieben wurden. Davon erzählen die Heiligenviten. Einige Heilige hatten sich auf die Bändigung von Unwettern »spezialisiert«

(St. Remigius, Cyriacus, Cyrillus, Brigitta, Johannes und Paulus). Dorfbewohner in der Nähe von Arles flehten den Heiligen ihres Ortes an: »Heiliger Petrus, hilf uns in unserer Not, erwirke uns Regen von Gott!« Weil jedoch trotz dreimaliger Ansprache der Heilige untätig blieb, verlangte das Volk, daß sein Abbild untergetaucht würde. Der Heilige aber hatte Fürsprecher, die sich dafür verbürgten, daß er den Wunsch der Gemeinde erfüllen würde. Tatsächlich regnete es am nächsten Tag. Während sich in diesem *Exemplum* (das nicht einmal aus dem »finsteren« Mittelalter stammt, sondern vom Anfang des 16. Jh.s) die Sache auf Drohungen beschränkte, so kam es auch vor, daß Abbilder und sogar Reliquien von Heiligen tatsächlich ins Wasser geworfen wurden. 1611 verbot der bayerische Herzog Maximilian in einem besonderen Edikt, Abbilder der Beschützer der Winzer, St. Urban und St. Eligius, ins Wasser zu werfen, um gutes Wetter zu erhalten. Diesen Brauch sah das Edikt als Aberglauben und Entehrung der Heiligen an (21, II, S. 18–19). Wenn es am Tag des heiligen Urban gutes Wetter gab, wurde er angebetet, wenn es schlechtes Wetter gab, wurde das Abbild des Heiligen in den Schmutz geworfen. Einen solchen Brauch gab es in Süddeutschland. Ähnlich behandelte man den heiligen Leonhard, den Beschützer des Viehs, und sogar das Abbild der Muttergottes aus Impruneta, der örtlichen Patronin des Regens in Florenz (216, S. 25). Deswegen verwundert es nicht mehr, daß der Bischof Sabinus von Piacenza bei Hochwasser befahl, einen schriftlichen Befehl in den Po zu werfen, daß der Fluß sofort in sein Bett zurückkehren solle; er gehorchte auch auf der Stelle. Dieses Schreiben hatte die Form einer Beschwörung (Patrologia Latina [weiter im Text: PL.] LXXVII, S. 236).

Die Kirche verurteilte Beschwörungen des Wetters, die bei heidnischen Völkern Europas verbreitet gewesen waren, und hielt die Glauben, nach denen Gewitter, Blitz, Sturm oder Dürre durch teuflische Kraft hervorgerufen würden, für Häresie. Die Beschwörer des Unwetters (*tempestarii*) wurden vom 5.–6. Jh. an verfolgt. Aber in den Klagen über solche Aberglauben durch Agobard von Lyon (9. Jh.) (5, S. 147–158) kann man ablesen, daß der Kampf dagegen nicht besonders erfolgreich war. Ein Jahrhundert später beschwert sich Bischof Rather von Verona, der die Macht des Teufels über das Wetter entschieden ablehnt, immer noch über den dummen und sündigen Glauben des einfachen Volkes an wundersame Fähigkeiten der *tempestarii*, die die Allmacht Gottes in Frage stellen (PL., CXXXVI, S. 158). Die Meinungen der kirchlichen Gelehrten bezüglich des magischen Einwirkens auf das Wetter waren allerdings nicht einstimmig. Wenn Burchard von Worms solche Vorstellungen für Unsinn hielt und denjenigen eine Strafe auferlegte, die glaubten, daß Menschen imstande seien, Wetter zu machen, gingen Regino von Prüm und Verfasser anderer *Poenitentialien* und Synodenbeschlüsse von der Anerkennung der Realität solcher Beschwörungen aus: Denjenigen, die Stürme heraufbeschworen (*immisores tempestatum*), wurde eine lange Buße angedroht. Diese Meinungsverschiedenheiten blieben auch im Späten Mittelalter bestehen, aber im 14. und zu Beginn des 15. Jh.s wurde nur noch selten über magische Handlungen, die eine Veränderung des Wetters bezweckten, gesprochen. In einer Zeit jedoch, die von der panischen Angst der Massen vor Hexen gekennzeichnet war, wurden Beschuldigungen, das Wetter zu verderben, viel häufiger, und das nicht nur im Volk, sondern auch seitens gelehrter Dämonologen (Johannes Nider, Gottschalk Hollen, »Hexenhammer« u. a.).

Sowohl in heidnischen Zeiten als auch im christlichen Mittelalter war der Glaube verbreitet, daß man das Wetter besser machen könne, wenn man großen Lärm macht. Zu Anfang des Mittelalters verurteilte die Kirche Rituale, bei denen ins Horn gestoßen oder auf Holz geklopft wurde, um die für das Unwetter verantwortlichen bösen Geister zu vertreiben. Gervasius von Tilbury erzählte zu Anfang des 13. Jh.s von einem Ritter, dem während eines Sturms ein unbekannter Krieger ein Jägerhorn gegeben und versichert hatte, daß dessen Ton Donner und Blitz vertreibe; dieser Krieger war niemand anderer als der heilige Simeon (21, II, S. 39). Auch hier handelt es sich wieder um die Christianisierung eines heidnischen Rituals. Im 16. und 17. Jh. benutzte man zu diesem Zweck in der Aachener Gegend das sogenannte »Aachener Horn«. Im Fränkischen Staat warf man Steine in die Wolken, hängte Zettel mit bestimmten Zeichen an die Zweige der Bäume oder auf Stöcke, oder man weihte Glöckchen, mit deren Läuten man versuchte, das Wetter zu ändern. Dieser Brauch wurde im Jahr 789 in einem Kapitular Karls des Großen verboten. Beschwörungen des Sturms wurden von Bogenschüssen in Richtung Wolken begleitet. Trotz der Meinung einiger Theologen, nach der solche Praxis Gott widerlich sei, läutete man im ganzen Mittelalter bei Stürmen die Kirchenglocken. Aber das effektivste Mittel gegen Unwetter waren Gottesdienst und kirchliche Beschwörungen. Die Texte solcher Beschwörungen sind uns seit dem 10. Jh. in Handschriften erhalten geblieben, sie wurden jedoch bis in die neueste Zeit hinein angewendet. Der Priester, der die Beschwörung aussprach, hob die Hand mit einem Kreuz zu den Wolken und vertrieb damit die Dämonen.

Von all diesen Bräuchen machten die Geistlichen der Pfarrgemeinden in großem Umfang Gebrauch. Das rief jedoch den Protest mancher Gelehrter hervor, die darin den Mißbrauch von Heiligtümern sahen. Trotzdem entstanden gerade am Ende des Mittelalters neue Formeln (A. Franz nennt sie »wildgewachsene Formeln«, 21, II, S. 64), darunter Beschwörungen von Hagel, Wind und Gewitterwolken mit dem Verbot, Menschen und ihrem Vermögen zu schaden. Zu dieser Zeit gebrauchte man auch eine geweihte Hostie als einen Schutztalisman gegen Sturm. Ein Priester aus Aquileja hob laut einer Erzählung aus dem 14. Jh. eine solche Hostie hoch und rief: »Dämonen, die ihr dieses Wetter verursachet, haltet ein und schauet! Sehet, der Schöpfer aller Dinge ist hier, unser Richter und unser Erlöser!« Nach der Legende kamen als Antwort wüster Lärm und lautes Geheul aus den Gewitterwolken: »Wehe, wehe! Der Sohn Marias ist hier! Zum Tode mit dem, der ihn hergebracht hat, denn er hindert uns zu schaden!« Gleich darauf wurde es still, und der Himmel klärte sich auf (21, II, S. 72). Erst im 16.–17. Jh. bemühten sich die kirchlichen Synoden zielstrebig, den Gebrauch der Wetterbeschwörungen zumindest zu beschränken, wenn auch nicht ganz zu verbieten (Prager Synode 1605, Augsburger Synode 1610 u. a. – 21, II, S. 647). In dieser Politik erkennt man unschwer Formen des Kampfes gegen die traditionelle Kultur und Volksbräuche.

Die Erforschung christlicher Segen und Beschwörungen läßt vermuten, daß sie in einer uns wenig bekannten Sphäre entstanden sind, die weder einem unverkennbaren Heidentum noch strenger Orthodoxie zuzurechnen ist. Der Nährboden für solche Texte war sozusagen eine »Pufferzone« zwischen beiden antagonistischen Polen. Vertreter dieses Zwischenraums waren kleine Pfarrer und selbsternannte »Wanderprediger«, die dem Volk nahestanden und seine Interessen und Wünsche gut kannten. Bruchstückhaftes Wissen vermischte sich in ihrem Bewußtsein auf bizarre Weise mit Folklore, Apokryphen und Volksglauben, die die Kirche keinesfalls geneigt war, gutzuheißen und anzuerkennen. Deswegen wurden die ursprünglichen Beschwörungs- und Segensformeln später einer aufmerksamen Zensur und Bearbeitung unterzogen. Viele Texte bewahrten aber Spuren ihrer nichtorthodoxen Herkunft.

Nicht weniger als um das Wetter sorgten sich mittelalterliche Menschen um die Ernte. »Heiliger Herr, allmächtiger Vater, ewiger Gott, der Himmel und Erde geschaffen hat, das Meer und alles übrige, wir flehen dich an: Segne und weihe die neue Ernte und mehre sie für uns, fülle unsere Speicher mit Brot und Wein, damit wir in Freude für dich, allmächtiger Gott, unsere Lobpreisungen und Danksagungen erheben können« (21, I, S. 376). So lautet eine der vielen Formeln, mit der man sich an den Schöpfer wandte. Sie ist aber zu allgemein; spezielle Formeln der Weihe des Hafers (am Tag des heiligen Stephanus), des Gemüses und anderer Früchte entstanden, ebenso der Beschwörung von Unkräutern. Frühlingsfeste der Germanen wurden in christliche Feste verwandelt, heidnische Kräutersammlerinnen wurden verurteilt. Man durfte aber Kräuter sammeln, die eine heilende Wirkung hatten, unter der Voraussetzung, dabei keine heidnischen Lieder zu singen und statt dessen »Credo« und »Vater unser« zu sagen. Nützliche Pflanzen, die nach dem Glauben der Germanen in einer Verbindung mit ihren Göttern standen, wurden nach der Christianisierung unter den Schutz Christi, der Mutter Gottes und der Heiligen gestellt.

Der materielle Wohlstand des Menschen hing in hohem Maße von der Gesundheit und Vermehrung des Viehs ab. Ein Massensterben der Tiere war neben der Mißernte eines der größten Unglücke, die den mittelalterlichen Bauern geschehen konnten. Das übliche Mittel, die Tiere zu schützen und zu heilen, war, ihnen das Kreuzeszeichen auf die Stirn zu zeichnen. In einem *Carmen bucolicum* des gallischen Rhetors Severus Sanctus Endelechius, »de mortibus boum«, wird erzählt, wie ein Christuszeichen die Herde eines religiösen Menschen rettet, während bei seinem Nachbarn das Vieh umkommt: Vor dem Kreuz, das die Tiere geweiht hatte, »lief die Seuche weg«. Paulinus aus Nola berichtet, daß Bauern den heiligen Felix um Heilung anflehten, wobei sie nicht nur kranke Kinder zu seinem Grab brachten, sondern auch Vieh (21, II, S. 128). Als Heilmittel wurde auch das Öl aus der Leuchte vor dem Heiligenbild Sankt Martins benutzt: Man strich es auf die Stirn und den Rücken des kranken Tieres.

Aber die effektivste Medizin waren Weihwasser und vom Priester geweihtes Salz. Dieses Wasser und Salz wurden dem Futter beigemischt. Solche Mittel wurden auch zur »Versicherung« des Viehs gegen alle anderen Bedrohungen angewendet, einschließlich Diebstahl, wilde Tiere, Vergiftung, den bösen Blick und das böse Wort sowie Intrigen von Dämonen. Stiere oder Pferde wurden zum Priester gebracht, und er be spritzte sie mit Weihwasser. Eine ganze Reihe von Heiligen wurden vor allen Dingen als Schutzpatrone des Viehs angebetet: Blasius, Stephanus, Antonius (seine »Spezialität« war der Schutz der Schweine). Der heilige Eligius galt in Frankreich als Beschützer der Pferde, in Bayern erfüllte diese Funktion St. Leonhard. Der gebildete Teil der Geistlichen in Bayern verurteilte die Volksrituale: »Es sündigen die, die glauben, daß Pferderennen am Tag des heiligen Stephanus oder an Ostern und am Pfingsttage nach dem Lauf der Sonne die Pferde zu besseren Rennpferden macht oder sie von Bandwürmern befreit« (21, II, S. 132–133).

Für die Heilung kranker Tiere schnitt man Brot kreuzweise in vier Teile und sprach eine kirchliche Formel dabei aus, um Wasser und Salz zu segnen. Ein Viertel wurde mit anderem Brot gemischt, das zum Ruhm der zwölf Apostel Bettlern gegeben wurde, die verbliebenen drei Viertel wurden an das Vieh verfüttert. Eine Verbindung kirchlicher Segen mit einer Praxis, die weit vom Christentum entfernt liegt, ist eine gewöhnliche Erscheinung des mittelalterlichen Lebens. Man sollte sich noch einmal vor Augen führen, daß diese Zeremonien, die eigentlich die christliche Religion profanisierten, von Geistlichen geleitet wurden.

Während der Gebrauch von Weihwasser und Salz, Brot und Pflanzen für das Wohl des Viehs nicht auf Protest der Kirche stieß, stand es anders mit Versuchen, den Körper Christi für diese Zwecke zu gebrauchen. Trotzdem mußte noch Friedrich II. von Preußen im Jahr 1781 dem Bischof von Breslau über diese »skandalöse Praxis« schreiben: »Dergleichen Sachen sind scandaleuse vor die Katholiken selbst, wenn sie ihren Gott von der Messe dem Vieh zu fressen geben …« (21, II, S. 134). Solche gotteslästerlichen Bräuche wurden bei Bienen angewendet, damit der Schwarm nicht fortfliegen möge. Und in den Segensformeln für Bienenstöcke sind neben den Patriarchen aus dem Alten Testament und der heiligen Maria und Josef auch kabbalistische Zeichen zu finden.

Auch gegen wilde Tiere, Vögel, Fische und Insekten wurden Beschwörungen ausgesprochen. Wie die Heiligenviten berichten, wurden sie durch Kirchenbanne, die von Heiligen ausgesprochen wurden, sehr wahrscheinlich vernichtet oder vertrieben und Menschen und Kirchen damit von ihrer unreinen Anwesenheit erlöst. Gelehrte Theologen aber hielten die Anwendung von Flüchen gegen unvernünftige Wesen für »Weibergewäsch« und Aberglauben. Die Beschwörung von Tieren und anderen Wesen hat nur den einen Sinn, daß sie sich gegen die Dämonen richtet, die die Tiere zu ihren eigenen bösen Zwecken gebrauchen.

Aus dieser Sicht finden auch Prozesse gegen Tiere eine Erklärung, die mit dem Segen der Geistlichkeit durchgeführt wurden. Ein Tier, welches Menschen oder ihrem Vermögen geschadet hatte, konnte gerichtlich verfolgt und nach allen juristischen Formen verurteilt werden. Gegen das Tier wurde eine Klage angestrengt und Anklage erhoben, zu seiner Verteidigung ein Anwalt ernannt, ein Gerichtsprotokoll geführt. Der Prozeß endete mit einem Urteil. Es ist keineswegs überflüssig zu betonen, daß die ersten, »dunklen« Jahrhunderte des Mittelalters solche Prozesse nicht kannten, die uns heute fremd erscheinen und verblüffen. Fixiert wurden sie zum erstenmal im 13. Jh. und dauerten bis ins 17. Jh. an, aber ihr endgültiges Ende fanden sie erst im vergangenen Jahrhundert. Als ihre Heimat gilt Burgund; am häufigsten wurden sie in der Schweiz und in Frankreich durchgeführt, aber auch in Deutschland, Spanien, England und den Niederlanden. Der Grund für eine Anklageerhebung gegen ein unvernünftiges Wesen war das alttestamentarische Prinzip, nach dem ein Tier, das einen Menschen getötet hatte oder zum Objekt von Sodomie geworden war, getötet werden mußte. Die weltliche Macht führte Prozesse gegen einzelne Tiere und verurteilte sie für ihre Verbrechen zu verschiedenen Hinrichtungsarten, vereinzelt auch zu Gefängnisstrafen (z. B. Inhaftierung eines Hundes in Österreich im 17. Jh.). Obwohl der bekannte französische Jurist der Feudalzeit Bonamour (zweite Hälfte des 13. Jh.s) die Rechtmäßigkeit dieser Prozesse bestritt, weil sie sich gegen Wesen richteten, die den Sinn der Strafen zu verstehen außerstande waren, wurden sie fortgesetzt. Eine andere, nicht »gelehrte« Logik hatte gewonnen.

Im Unterschied zur weltlichen Macht, die Anklagen gegen einzelne Tiere erhob, führte die Kirche Prozesse nur im Zusammenhang mit Landplagen, die durch Gruppen von Schädlingen verursacht wurden, etwa Nagetiere, Insekten, Vögel, Engerlinge, Schnecken. Eine Gemeinde, der durch solche Lebewesen Schaden zugefügt worden war, schickte einen Boten zu den Verbrechern, der sie ins Gericht berief und ihnen für den Fall ihres Ausbleibens mit einem Kirchenbann (Anathema) drohte. Darauf befahl der Richter diesen Wesen, wieder mit der Drohung des Gottesfluches, innerhalb von drei Tagen die Gegend zu verlassen. Diese Forderung wurde dreimal wiederholt. Wenn die Tiere gehorsam waren, wurde ein Dankgebet gesprochen, wenn nicht, wurde der Prozeß fortgeführt. Das Urteil, ein Anathema der schädlichen Tiere oder Insekten, wurde ausgesprochen, woraufhin eine feierliche Prozession mit einem Kreuz, Fahnen und Kerzen in die Weinberge und Felder ging und diese mit Weihwasser besprützte.

Eine wesentliche Komponente der ganzen Prozedur waren die Formeln des Kirchenbanns, die von Geistlichen ausgesprochen wurden. Solche Anathemen sind seit dem 12. Jh. bekannt, aber ihre Blütezeit erlebte diese Praxis im 15. Jh. In den Texten der kirchlichen Anatheme folgte auf das Eingeständnis, daß die Menschen zu Recht durch Würmer und

Mäuse für ihre Sünden leiden müßten, ein Anruf der Gnade Gottes: Dieses Ungeziefer möge ihre Weinstöcke und Felder oder ihr Wasser verlassen. Im Namen Gottes des Vaters, Christi und des Heiligen Geistes wurden die Würmer und Mäuse beschworen, dahin zu gehen, wo sie keinem schaden könnten (21, II, S. 151–152, 155–158). Die Urteile und Verwünschungen führten natürlich nicht zum Verschwinden der Schädlinge, aber der Glaube an die Kraft der Kirchenbanne blieb davon unberührt. Den Ungehorsam der Tiere konnte man leicht mit dem Willen Gottes erklären, dem sündigen Volk eine Prüfung aufzuerlegen. A. Franz bemerkt, daß aus theologischer Sicht weder Prozesse gegen unvernünftige Wesen noch ihr Anathema durch die Kirche gerechtfertigt waren. Eine gewisse Parallelität zu diesen Prozessen sieht er in den Ritualen des Exorzismus, die Vertreibung eines Dämons aus dem Körper eines Besessenen. In dieser Prozedur kann man Elemente eines Gerichtsprozesses finden (21, II, S. 160–161). In Prozessen gegen Insekten und wilde Tiere zeigte sich der Kampf der Menschen gegen den Teufel. Diese Schädlinge galten als Waffen oder Träger Satans. K. von Amira, der solche Prozesse erforscht hat, schreibt von der »heidnischen Anwendung des christlichen Exorzismus« (79, S. 56).

An dieser Stelle sollte man an die zahlreichen mittelalterlichen Erzählungen (in Heiligenviten und *Exempla)* über Tiere und andere Geschöpfe erinnern, die dem Wort des Heiligen gehorchen oder eine echte christliche Frömmigkeit zeigen, indem sie den Körper Christi, die Hostie, anbeten. Andererseits hatten, wie schon erwähnt, die Verwünschungen durch Heilige die Kraft, Insekten, Fische oder andere Tiere, die den Menschen schadeten, zu töten oder zu vertreiben. Anders gesagt, man ging davon aus, daß Geschöpfe ohne Sprache und scheinbar ohne Vernunft doch imstande waren, Gottes Willen und den der Heiligen, seiner Vertreter auf Erden, zu verstehen. Ergo wird ihnen ein bestimmtes Maß an Vernunft und dementsprechend an Verantwortung für ihre Taten zuerkannt. Die Grenze zwischen der menschlichen Vernunft und der Unvernunft anderer Wesen wird in diesen Fällen verwischt. Das Märchen zeichnet sich dadurch aus, daß Tiere und Pflanzen reden und sinnvoll handeln. Es zeigt sich, daß dies auch für den mittelalterlichen Menschen nichts Ungewöhnliches ist, auch dann nicht, wenn er praktisch handelt und sich um seinen materiellen Wohlstand sorgt. Gerichtsprozesse gegen Tiere und gegen sie ausgesprochene Anatheme kann man als logische Folge eines solchen Zuganges zur Schöpfung sehen.

Es ist schwierig, irgendeinen Bereich des menschlichen Lebens zu finden, der im Mittelalter nicht der Mitwirkung und des Wohlwollens der sakralen Kräfte bedurft hätte. Das Haus, das im Heidentum heilig und unantastbar gewesen war, war auch ein Objekt von christlichen Weihen und Segen (21, I, S. 607–609). Segnungen garantierten eine gute Qualität der Brunnen, Gefäße und aller Arbeitswerkzeuge. Aber es sind weniger Formeln bekannt, die ein Handwerk betreffen, als solche, die sich auf die Landwirtschaft beziehen. Aber dennoch gab es kirchliche Segnungen der Netze und Takelwerke, Boote und Schiffe. Im Vergleich zur modernen Praxis der Einweihung von Eisenbahnlinien, Kraftwerken und anderen Betrieben fallen mittelalterliche Segnungen von Gegenständen des Handwerks oder Gewerbes ziemlich bescheiden aus, bemerkt A. Franz (21, I, S. 624).

Man kann zu dem Schluß kommen, daß der Nährboden, der die Anwendung der sakralen Formeln am stärksten begünstigte, das Dorf war. Aber es war nicht nur das Dorf allein.

Gefahren, die mit weiten Reisen, Seereisen und Pilgerfahrten verbunden waren, machten es notwendig, daß man Formeln »für Reisende« ausarbeitete. Mit Hilfe dieser Formeln bemühte sich ein Wanderer oder Pilger, sich vor Überraschungen zu schützen und sich des Beistands »des barmherzigen Gottes zu versichern, durch den weder der weite Raum (*nec spacia locorum*) noch die Länge der Zeit (*nec interualla temporum*) ihn von denen entfernen kann, um die sich der Betende sorgt« (21, II, S. 263). Beliebte Schutzherren der Reisenden waren Kaspar, Melchior und Balthasar, die drei Könige aus der Evangeliumslegende. Einer der Segen für Reisende lautete: »Kaspar führt mich, Balthasar lenkt mich, Melchior rettet mich und geleitet mich zum ewigen Leben« (21, II, S. 268). Diejenigen, die eine Pilgerfahrt vorbereiteten, kümmerten sich um die Segnung ihrer Stäbe und Quersäcke. Es gab besondere Segen für Kreuzfahrer und die, die ins Heilige Land fuhren (21, II, S. 277–285).

Eine unüberwindbare Neigung zum Detail und zur ausführlichen Beschreibung aller Erscheinungen und Gegenstände, die gesegnet werden mußten, ist auch in den Formeln zur Weihe der Klöster festzustellen. Gesondert werden Vorraum, Dormitorium, Spital, Scriptorium, Küche, Refektorium, Keller, Lagerräume, Werkstätten, Schmiede, Brauerei, Felder, Speicher usw. gesegnet (21, I, S. 636–644).

Die Weihe von Waffen wurde ebenfalls von Beschwörungen begleitet, die die eigenen Waffen kräftig gegen Feinde und die Waffen des Feindes machtlos machen sollten. Es gab Talismane in Form von Zetteln (»Briefe«), die Krieger vor Wunden schützten. Man muß dabei erwähnen, daß solche Beschwörungen von Gelehrten mit Argwohn betrachtet und verurteilt wurden: »Ein Dummkopf bin ich, wenn ich solche Worte erdichte: Ich beschwöre dich, Waffe, – usw., daß sie mich nicht verwunden möge, denn dies widerspricht unmittelbar den Vorschriften meines Gottes, welcher allein einem jeden Ding seine Natur zuschreibt: dem Feuer zu lodern, dem Schwert, Wunden zuzufügen« (Text aus dem 15. Jh.; 21, II, S. 299)[29].

Ehe und Familie waren ein Bereich der menschlichen Beziehungen, in den ein Einbrechen des Satans besonders gefährlich und wahrscheinlich war. Obwohl die kirchliche Trauung sich in Europa ziemlich spät etabliert hatte (bis zum 15. Jh. war sie noch keine allgemein vorgeschriebene formale Zeremonie), war der Schutz von Müttern und Kindern vor Angriffen des Teufels eine wichtige Aufgabe der Geistlichen. Seit dem 11. Jh. gibt es liturgische Segnungen junger Eheleute, die analoge vorchristliche Bräuche ersetzen sollten. Befürchtungen, daß Dämonen die Erhaltung der Sippe durch den Schaden, den sie anrichteten, gefährden könnten, wurden sowohl von gebildeten als auch von einfachen Menschen geteilt. Die Angst vor *ligatio*, die Unfähigkeit, aufgrund satanischen Einwirkens und unheilvoller Magie Kinder zu zeugen und gebären, wurde gegen Ende der hier erforschten Zeitspanne, als die Jagd auf Hexen anfing sich auszubreiten, besonders groß. Deswegen nimmt das *benedictio thalami* – der Segen des Ehebettes – einen wichtigen Platz unter den kirchlichen Formeln ein. Diesen Segen empfingen sowohl frisch vermählte Ehepaare als auch Gatten, die mehr oder weniger lange zusammenlebten.

Die Segnung der Gebärenden war ebenfalls von großer Bedeutung: Neben Beschwörungen waren auch Gebete wichtig, die sich an die als Schutzheilige junger Mütter geltenden Heiligen richteten: Anna, Margareta, Katharina, Barbara und Agatha. Wie die Heiligenlegenden erzählen, waren allerdings auch Heilige männlichen Geschlechts Helfer bei der Geburt. Das »Wasser des heiligen Albertus« (ein sizilianischer Mönch, gestorben Anfang des 14. Jh.s) galt als ein sehr effektives Hilfsmittel, bei dessen Gebrauch ein besonderes Gebet gelesen wurde (21, II, S. 197). In den Segensformeln gibt es Hinweise, nach denen ihr Aussprechen vom Berühren des Bauchs und der Seiten einer Gebärenden begleitet werden sollte, und man legte ihr das Evangelium auf den Kopf. Auf ihre Brust sollte man ein Stück Pergament mit dem Text der Beschwörung legen. Darauf wurden die heiligen Geburten aufgezählt: »... Anna gebar Maria, Maria gebar Christus ohne Schmerzen und Qualen, Elisabeth gebar Johannes ohne Leiden«. Weiter folgte ein Ruf an das Kind im

Leib der Mutter: »Ich beschwöre dich, Kind, im Namen des Vaters und Sohnes und Heiligen Geistes, komme aus dieser Frau, ob du lebendig oder tot bist …« »Mit diesen Worten beschwöre ich dich, Geschöpf, ob du tot oder lebendig, männlichen oder weiblichen Geschlechts bist, komm alsbald heraus, um das Licht der Welt zu erblicken und damit die Magd Gottes nicht bei der Geburt stirbt …« (21, II, S. 200, 201).

Der Text der Beschwörung konnte auf Brot geschrieben werden, das die Gebärende essen sollte. Man konnte ihr auch eine schriftliche Beschwörung an den Bauch oder die Unterschenkel binden, worauf die Geburt unverzüglich einsetzen sollte. Der Priester band seinen Gürtel, den er während des Gottesdienstes trug, einer von der Geburt gequälten Frau um. Oder man band einen Riemen, der der Gebärenden gehörte, an die Kirchenglocke und zog dreimal. Das symbolische Zubinden und Aufbinden der Knoten sollte auf die Geburt positiv einwirken.

Es hilft einer Gebärenden, wenn ein Verbrecher ihr Wasser zu trinken gibt oder wenn sie auf seiner Kleidung gesessen hat. Man schrieb den Dingen, die Verbrechern gehörten, heilende Eigenschaften zu. Der Strick eines Gehängten war ein Talisman, Kleidungsteile eines Hingerichteten sollten Glück bringen. Gut für eine Schwangere war, sich auf einen Leichenwagen zu setzen. Die Kirche verurteilte diese Bräuche. Aber wie wir gesehen haben, war die Grenze zwischen erlaubten Ritualen, an denen der Pfarrer selbst teilnahm, und nach Meinung der Geistlichen verwerflichen Ritualen nicht genau auszumachen und zum Teil verwischt.

Eine ganze Reihe von Formeln beinhaltet *benedictiones post partum*, Segnungen für Frauen nach der Geburt und für Säuglinge (21, II, S. 208–212). Neben diesen kirchlichen Formeln existierten andere volkstümliche Mittel, die Mutter und Kind vor bösen Übergriffen von Dämonen und Zauberern schützen sollten. Eine Frau, die geboren hatte, galt aber als unrein. Sie durfte nach einer Reihe kirchlicher Vorschriften (unter anderem in den *Bußbüchern*) während einer bestimmten Frist, die häufig 40 Tage umfaßte, nicht die Kirche besuchen. Diese Beschränkungen lassen sich auf alttestamentarische Verbote zurückführen.

Seit Gregor dem Großen hatten indessen Gelehrte eine andere Meinung geäußert: Auf einer Frau, die geboren hat, liege keine subjektive Schuld, die den Empfang der Sakramente verhindern könnte; das altjüdische Verbot habe seine Kraft verloren. Sündig sei Lust, aber nicht Geburt. Deswegen dürfe die Frau sogar an demselben Tag, an dem sie entbunden habe, in die Kirche gehen, um ein Dankgebet zum Herrn zu sprechen. Diese mildere Einstellung gegenüber den Wöchnerinnen (wie auch gegenüber Frauen, die ihre Monatsblutung hatten) wurde in der römischen Kirche erst in einem »Dekret« Gratians (gegen 1140) und einem Beschluß Innozenz' III. festgehalten. Bis dahin blieben in der kirchlichen Praxis die strengen Beschränkungen der *Poenitentialien* in Kraft, nach denen eine Frau nach der Geburt oder während der Menstruation ein Reinigungsritual vollziehen mußte. Man kann aber aus Beschlüssen der kirchlichen Synoden des 13. und vom Beginn des 14. Jh.s ersehen, daß örtliche Pfarrer an ihrer alten Position festhielten.

Hier kann man erneut einen Unterschied in den Einstellungen gelehrter Geistlicher und gewöhnlicher Seelenhirten, die enger mit dem Volk verbunden waren, beobachten. Formeln zum Eintritt einer Frau in die Kirche sagen, daß dieses Ritual erst 40 Tage nach der Geburt eines Sohnes ausgeübt wurde und 46 Tage nach der Geburt, wenn das Kind weiblichen Geschlechts war. Kirchliche Formeln des 11. Jh.s beziehen sich direkt auf Moses' Gesetz über unreine Wöchnerinnen oder menstruierende Frauen. In anderen Formeln sind die Beschränkungszeiten noch länger (bis zu 80 Tagen, wenn ein Mädchen geboren worden war; 21, II, S. 224, 225). A. Franz bemerkt: Während in der griechischen Kirche in entsprechenden rituellen Formeln die ganze Aufmerksamkeit dem Segen des Kindes gilt, wird in den Formeln der lateinischen Kirche das Kind nicht erwähnt und alle Aufmerksamkeit der Mutter gewidmet, obwohl sie nicht selten mit dem Neugeborenen auf dem Arm die Kirche betrat (21, II, S. 230–231).

Mit der Kindstaufe waren eine ganze Reihe von Aberglauben und Ritualen verbunden, die man in der Kirche durchführte. Damit das Kind nicht krank würde, wurde es auf den Altar oder ein Grabmal oder Grab gelegt, um es für sein ganzes Leben vor Augen- und Zahnkrankheiten zu schützen. Ein Kind, das im Haus auf den Herd gelegt wurde, war vor Fieber geschützt. Diesen Brauch hat Burchard von Worms in einer *Poenitentialie* verurteilt. Die Beziehung zu Geburt und Gebärender wird in dem Vorurteil deutlich, nach dem eine Frau, die bei der Geburt gestorben war, weder in die Kirche hineingetragen werden noch in gesegnetem Boden beerdigt werden durfte. In dieser Hinsicht waren die kirchlichen Machtorgane aber nicht einheitlicher Auffassung. Manchmal wurden solche Frauen in gesonderten Teilen der Friedhöfe begraben und ihre Gräber von anderen getrennt. Eine Annäherung an solche Gräber war gefährlich für Frauen von 15 bis 49 Jahren – sie konnten ihrerseits bei der Geburt sterben. Die Ausarbeitung einer Formel des »Hineintragens einer bei der Geburt Gestorbenen in die Kirche« zeigt, daß die Geistlichen diesen Volksglauben berücksichtigen mußten.

Die Angst vor Krankheiten in einer Gesellschaft, in der man nicht einmal von einer rudimentären Medizin reden konnte, war überaus groß. Sie verstärkte sich noch durch die allgemein verbreitete Überzeugung, daß Gott es zuließ, daß Satan Krankheiten schickte. Daher ist klar, daß neben natürlichen Heilmitteln und Kurpfuscherei (die sich voneinander übrigens kaum unterschieden) verschiedene Beschwörungen eine große Rolle spielen mußten. Beschwörungen heidnischer Herkunft wurden überall angewendet. Die Kirche war nicht imstande, sie einfach zu verbieten. Sie verurteilte und verfolgte Zauberer und Hexen, aber gleichzeitig war sie genötigt, ihre Magie durch eigene Exorzismen zu ersetzen. Wir sehen auch in diesem Fall, wie die Geistlichen ein für sie fremdes Ritual adaptierten und es an das Christentum anpaßten. A. Franz stellt mit Bedauern fest, daß der Teil der Geistlichen, der durch seine Dienstpflichten in unmittelbarem und ständigem Kontakt mit dem Volk stand, für gewöhnlich nicht imstande war, erfolgreich gegen seine abergläubischen Sitten anzukämpfen. Wahrscheinlich zeigten sie dabei auch nicht den nötigen Eifer (21, II, S. 426).

Beschwörungen von Krankheiten, die in Heiligenviten erwähnt werden[30], sind auch aus überlieferten kirchlichen Texten bekannt. Es gab ein Ritual des »Bannes von Krankheiten«, dessen Formel lautete: »Ich banne dich, Handlanger des Todes, im Namen des Vaters und des Sohnes und des Heiligen Geistes, und im Namen der Mutter Gottes, der Jungfrau Maria, und der vier Evangelisten, und der zwölf Propheten, und der zwölf Apostel, und aller Märtyrer und Beichtväter und Jungfrauen, und der hundertvierundvierzigtausend, die im Namen Gottes eine Passion erdulden mußten: Du wirst keine Macht über diesen Diener Gottes haben, aber geh aus ihm heraus, ohne einen Schaden zu verursachen. Im Namen dessen, der kommen wird« (21, II, S. 421). In diesem Text, wie in vielen anderen kirchlichen Formeln des Exorzismus, wurde Satan, dem Verursacher der Krankheit (»Handlanger des Todes«), der Kreis der sakralen Kräfte entgegengestellt.

Hier begegnen wir erneut dem bereits mehrfach erwähnten Phänomen: Die gebildeten Geistlichen beklagten sich darüber, daß Pfarrer und Monche bei ihrer Tätigkeit abergläubische und heidnische Beschwörungen verfaßten oder aufschrieben und bei ihrer Tätigkeit benutzten, ebenso wie sie verschiedene Amulette verwendeten und magische Inschriften auf Äpfeln und Hostien, Zetteln und Früchten anbrachten. »Die Geistlichen, die solche Aberglauben schaffen oder sie zulassen und nicht verbieten, sind keine Priester des Herrn, sondern Baals, nicht Christi, sondern Belials. Litaneien zu Ehren der Heiligen verwandeln sie in Anrufe der Dämonen« (21, II, S. 431). Dieser Text stammt aus dem 15. Jh., aber solche Anschuldigungen gegen in Aberglauben befangene niedere Geistliche, die praktisch am Gängelband ihrer dunklen, heidnischen Gemeinde gingen, findet man sowohl im früheren als auch im späteren Mittelalter häufig. Im »Thesaurus pauperum«, in dem die Aberglauben des Volkes entlarvt werden (15. Jh.), wird ohne Umschweife zugegeben, daß viele Priester es nicht wagten, gegen die in ihren Gemeinden herrschenden Aberglauben aufzutreten, »um nicht hart zu erscheinen oder um die Gunst der Gemeinde nicht zu verlieren« (21, II, S. 434). Gelehrte und höhere kirchliche Mächte forderten immer wieder, die zulässigen kirchlichen Segen und die verbotenen außerkirchlichen Beschwörungen und Bannsprüche streng voneinander zu trennen, aber in der Praxis wurden diese Grenzen ständig überschritten. Wichtig ist, daß selbst die kirchlichen Formeln ungeachtet ihrer christlichen Phraseologie von der Masse des Volkes als magische Beschwörungen empfunden wurden.

Eines der Heilmittel war die Anfertigung einer Kerze, die so groß war wie der Körper des Kranken oder von gleichem Gewicht. Eine solche Praxis, scheinbar vom Christentum weit entfernt, wurde aber durch kirchliche Segensformeln für diese Kerzen zu einem christlichen Ritual: Wenn er Gott eine solche Gabe schenkte, konnte der Kranke mit seiner Hilfe und Heilung rechnen. Oder beim Wiegen des Körpers des Kranken wurden auf die andere Waagschale Lebensmittel gelegt, die er geopfert hatte: Getreide, Gefäße mit Öl und Wein, Wachs usw. (21, II, S. 464–467). Fieberbeschwörungen, in denen unter anderem »sieben Schwestern« erwähnt wurden – Dämonen, die die Krankheit geschickt hatten (21, II, S. 482 f.) –, wurden von der Kirche verboten, schreibt A. Franz. Dennoch mußte sie sie dulden. Noch anschaulicher wird die magische Seite der Beschwörung im Text einer Formel, die die Heilung eines Epilepsiekranken beschreibt: Nach dem Lesen der Beschwörung soll man einen Gürtel auf einer Kreuzung dreier Wege vergraben (21, II, S. 504). Solche Orte wie Kreuzwege dienten von alters her als Punkte, wo magische Kräfte besonders effektiv wirkten.

In einer Formel der Beschwörung von Augenkrankheiten werden die Namen einer Reihe von Heiligen aufgezählt, deren Anrufen als besonders nutzbringend galt (21, II, S. 496–497). Eine Formel der Segnung von Öl liest sich wie ein Katalog verschiedener Krankheiten. Er reicht von Lähmung, Stummheit und Blindheit über Fieber (»viertägiges, dreitägiges und tägliches«) bis zu Ruhr und Krankheiten des Magens, der

Arme und Beine; sie alle können mit Hilfe dieses wundertätigen Mittels geheilt werden. Weiter wird gesagt, es helfe auch bei Bissen von wilden Tieren, Skorpionen, Schlangen und, was am wichtigsten ist, bei Angriffen der Dämonen und Satans, gegen schwarze Magie, Beschwörungen von Zauberern, »Chaldäern«, Sehern usw. (21, I, S. 346–347). Wie in vielen anderen Formeln war eine ausführliche Aufzählung der Krankheiten und Unglücke, die das geweihte Öl heilen konnte, eine unbedingte Voraussetzung der Wirksamkeit der Heilung.

Am offensichtlichsten wird der Kampf zwischen den guten und den bösen Kräften, wenn es um Besessene geht. Psychische Krankheiten wurden immer als Zustände beurteilt, bei denen ein oder mehrere Dämonen von einem Menschen Besitz ergriffen und ihn zu einem wehrlosen Werkzeug ihrer eigenen Willkür gemacht hatten. Der Dämon, der im Körper eines Besessenen saß, heulte, schrie, schimpfte, sprach in verschiedenen Sprachen, die das »Gefäß«, d. h. der Unselige, der von dem Dämon besessen war, nicht kannte. Besessene bekamen die wundersame Begabung, Dinge zu erzählen, die ein normaler Mensch nicht wissen konnte, unter anderem geheime Sünden von Anwesenden zu enthüllen, die diese nicht gebeichtet hatten. Populär waren Erzählungen über Dämonen, die sich in Menschen befanden und besser predigen konnten als Geistliche. Solche Erzählungen über Besessene und Heilige, welche die einzigen waren, die sie vertreiben konnten, übten auf mittelalterliche Menschen eine starke Anziehungskraft aus.

Man glaubte an die Allgegenwart von Dämonen, die den Menschen von seinen ersten Schritten bis zum Tod hartnäckig verfolgen und belauern. Da dies den Gläubigen grenzenlose Angst einflößte, kümmerten sich die Geistlichen besonders sorgfältig um Exorzismus, d. h. die Vertreibung des Dämons aus dem Körper des Menschen. Der Besessene war eigentlich ein geistig Kranker. Aber nach Meinung der Theologen kann der Dämon, der in ihm sitzt, nicht seine Seele besitzen; die Wohnung des Dämons war lediglich der Körper des Unseligen. Als Heilmittel für den Besessenen wurden strenge und lange Fastenzeiten, Gottesdienste und Gebete empfohlen, mit Weihwasser besprizte Kleidung, das Trinken von Weihwasser mit Salz, das ein Pfarrer gesegnet hatte, und Beifuß, der ein heilendes Erbrechen hervorrufen sollte. Vierzig Tage lang durfte der Besessene keine Kadaver und Leichen sehen. Darauf folgten eine Beichte des Kranken, ein Gottesdienst und die Kommunion. Mit all diesen Mitteln soll der Heilungsprozeß in Gang gesetzt werden, schließt der Autor der Formel (21, II, S. 563). Vor der Vertreibung des Dämons fand häufig ein »Gespräch« zwischen ihm und dem Exorzisten statt, der ihn über Namen, Herkunft und die von ihm verfolgten Zwecke befragte. Der Priester versuchte zu klären, ob der Dämon vom Süden, Westen, Norden oder Osten kam, ein Incubus oder Succubus war, wem er diente (Satan, Pluto oder Astaroth), ob er allein oder zusammen mit anderen Dämonen gekommen war, wer die Kraft hat, ihn zu vertreiben, in welchem Körperteil er sich befand. Der Exorzist umfaßte den Kopf des Besessenen kräftig mit der rechten Hand und steckte ihm den Daumen der linken Hand in den Mund, wobei er eine kabbalistische Beschwörung aussprach (21, II, S. 569). Auf den Kopf des Besessenen stellte man einen Kelch mit Gaben an Gott oder Reliquien. Seit dem 14. Jh. bekamen Zeremonien gegen Besessenheit mehr und mehr Ähnlichkeit mit magischen Ritualen: Auf den Kirchenboden in der Nähe vom Altar zeichnete man mit Kreide einen Kreis oder eine Figur, in die man den Besessenen mit zusammengebundenen Armen und Beinen stellte. Die magische Figur sollte den Exorzisten vor Angriffen und Störungen der Dämonen schützen. Beschwörungen wurden ausgesprochen, die den Teufel fesseln sollten. Nach der Vertreibung lag der Besessene wie halbtot da, brauchte Weihwasser und mußte eine Zeitlang in der Kirche bleiben.

Die Formeln des Exorzismus entstanden an der Grenze zwischen dem 7. und dem 8. Jh. Ihre Zahl vermehrte sich rasch. A. Franz stellt eine Verwandtschaft zwischen Formeln, die später in Ritualsammlungen der Kirche aufgenommen wurden, und sozusagen »inoffiziellen« Formeln fest. Letztere enthielten zahlreiche entlehnte Worte aus der apokryphen, von der Kirche verurteilten Literatur. Man findet darin ungewöhnliche Namen Gottes und der Engel, Beschwörungen beim »Siegel Salomons« und den »Flüssen, die im Paradies fließen«. Viele Formeln enthalten detaillierte Aufzählungen der Körperteile von der Stirn bis zu den Füßen, aus denen der Dämon vertrieben werden sollte. Nur die Nennung der genauen Lage des Dämons konnte zum Sieg über ihn führen. Im 10.–13. Jh. füllten solche Nomenklaturen, die die Wirksamkeit der Beschwörung verstärken sollten, die Formeln. »Fahre heraus aus dem Kopf, aus den Haaren, aus der Zunge, aus dem Kehlkopf, aus den Armen, aus den Nasenflügeln, aus der Brust, aus den Augen, aus den Venen, aus dem Magen und Darm ...«, lesen wir in einigen dieser ausführlichen Formeln (21, II, S. 594–595, 602).

In einer Mainzer Formel aus dem 10. Jh. wächst die Aufzählung der Glieder und Organe des Körpers schon fast zu einem anatomischen Traktat aus, hinzu kommen außerdem der Samen, Schweiß, Urin und alle anderen Absonderungen, ebenso die Nahrungsmittel und Getränke des Menschen. Damit aber noch nicht genug: Des weiteren werden seine »Gedanken, Worte und alle Taten« erwähnt, außerdem seine »Jugend«, seine »Gespräche jetzt und in der Zukunft« usw. (21, II, S. 601–602; vgl. S. 605–606). In ihrer hemmungslosen Leidenschaft für lückenlose Erfassung und Aufzählung können diese Exorzismusformeln nur noch mit Formeln des Kirchenbannes von Sündern konkurrieren (67, S. 327–330).

Im Bereich der Justiz und Prozeßordnung kam magischen Mitteln ebenfalls eine große Bedeutung zu. Eine der Besonderheiten einer mittelalterlichen Gerichtsverhandlung ist das »Gottesurteil«. Prozeduren der Wahrheitsfindung durch einen gerichtlichen Zweikampf der Parteien oder durch eine Probe durch glühendes Eisen und siedendes Wasser gingen unabhängig von ihren Antezedenzien im Alten Testament oder bei barbarischen Völkern von der Idee der Einflußnahme einer allwissenden Gottheit aus, die sich auf die Seite des Unschuldigen stellt und den Schuldigen bestraft. Schon Gregor von Tours erzählte von Verbrechern, die bei dem Versuch, ihre Unschuld durch Betrug zu beweisen, mit plötzlichem Tod bestraft wurden. (24, VIII, 16).

Wie bekannt ist, gab es mehrere Varianten des »Gottesurteils«. Neben dem Zweikampf führte man eine Probe durch, bei dem die Parteien sich mit nach außen gestreckten Armen vor ein Kreuz stellten, um seine Form zu imitieren. Derjenige, der als erster seine Arme senkte, galt als Verlierer. Besonders verbreitet waren Proben mit Feuer oder Eisen. Ein Mensch, der sich von einer Beschuldigung befreien oder ganz allgemein beweisen wollte, daß er im Recht war (zum Beispiel ein Heiliger, der den Heiden einen überzeugenden Beweis der Kraft seines Glaubens geben wollte), hielt in der Hand ein Stück glühendes Eisen oder ging barfuß auf rotglühenden Pflugscharen (in der Regel waren es neun). Bestandteile dieser Zeremonie waren die Segnung des Eisens und Feuers, Gottesdienste, Gebete und die Gabe von Hostien. Nachdem derjenige, an dem die Probe vorgenommen wurde, das Eisen getragen hatte oder darauf gelaufen war, verband man seine Hand oder Füße. Am dritten Tag wurde der Verband abgenommen, und man besah den Zustand der Wunden: Wenn die Hand heil war, war das der Beweis für die Unschuld.

Nicht weniger verbreitet war eine Probe mit heißem Wasser (die »Kesselprobe«). In einen Kessel warf man einen Ring, den der auf die Probe Gestellte herausnehmen mußte. Dabei achtete man darauf, daß er nicht irgendwelche magischen Mittel gebrauchte und keine satanischen Kräfte in das Ordal einbrachen, und besprizte dazu die Gegenstände der Probe mit Weihwasser. Zum ersten Mal wurden solche Ordalen bei Gregor von Tours beschrieben. Er erzählt von einem Wettbewerb zwischen einem arianischen Priester und einem katholischen Diakon, bei dem der Häretiker natürlich bloßgestellt wurde.

Eine Probe mit kaltem Wasser wurde folgendermaßen erklärt: Wasser als reines Element nimmt keinen Verbrecher an. Das Ordal bestand darin, daß der Angeklagte, an Armen und Beinen zusammengebunden, in ein Wasserbehältnis oder einen Fluß geworfen wurde. An seinen Körper wurde ein Strick gebunden. Wenn er versank, zog man ihn heraus und erklärte ihn für unschuldig; wenn das Wasser ihn hingegen nicht annahm, galt er als schuldig. Diese Form des »Gottesurteils« war besonders während der Hexenverfolgungen verbreitet (s. weiter unten). Die Prüfung des Angeklagten konnte auch in dessen Wiegen bestehen (der Sinn der Prozedur ist jedoch unklar). Auch Versuche mit Brot und Käse wurden durchgeführt: Man glaubte, ein Schuldiger sei nicht imstande, ein Stück geweihten Brotes zu schlucken.

Eine große Zahl von Segensformeln für die Waffen der Parteien des Gerichtsduells sind erhalten geblieben, etwa Formeln zur Beschwörung des glühenden Eisens, bevor der auf die Probe Gestellte es in die Hand nahm. Eine solche Formel lautete: »Ich vertreibe die Dämonen aus Dir, Du eisernes Geschöpf.« Gott wurde als »gerechter Richter« angesprochen und gebeten, das Eisen zu weihen und die Hand desjenigen, der es nehmen sollte, unverletzbar zu machen, wenn er unschuldig sei, aber sie zu verbrennen, wenn Schuld vorliege. Ebenso wurde der Geprüfte angerufen, auf das Ordal zu verzichten, wenn er um seine Schuld wisse. Weiter gibt es eine Formel der Segnung siedenden Wassers und des Kochgeschirrs und eine Formel der Beschwörung kalten Wassers, einen Schuldigen abzustoßen, aber einen Unschuldigen anzunehmen. Dabei wird erwähnt, daß dieses Ordal »vom allmächtigsten Gott« geschaffen wurde und Papst Eugenius »es gefunden hat«, damit alle Bischöfe, Äbte, Grafen und überhaupt alle Christen in der ganzen Welt es befolgen sollten (21, II, S. 364–384).

Das »Gottesurteil« wurde von Beginn des Mittelalters an überall angewendet, aber immer traf es bei Gelehrten auch auf Opposition. Einer seiner Kritiker mit der höchsten Autorität, Agobard von Lyon, schrieb sein Werk »Gegen das Gottesurteil« fast gleichzeitig mit der Verordnung Karls des Großen, »ohne jegliche Zweifel an die Kraft und die Gerechtigkeit des Gottesurteils zu glauben« (Aachener Kapitularium von 809). Agobard belächelt die Dummheit derjenigen, die derartige Zeremonien

»Gottesurteil« nennen, als wenn Gott, der allgemeine Liebe geboten hatte, menschlichen Hirngespinsten und Feindseligkeiten dienen und entscheiden würde, wem dies oder jenes Grundstück, Pferd oder Schwein gehöre, um die es in der Verhandlung ging (P.L., CIV, S. 251). Hinkmar von Reims, eine andere Persönlichkeit aus der Karolingerzeit, lehnte dagegen alle Einwände gegen die Anrufung des »Gottesurteils« ab (P.L., CXXV, S. 659–680). Es ist festzustellen, daß sich Gegner wie Anhänger des »Gottesurteils« ganz im Geiste der Zeit bei ihrer Argumentation auf die Autorität der Heiligen Schrift beriefen.

Eine allgemeingültige Praxis, die auch von kirchlichen Synoden (in den Jahren 847, 895 und 1023) bestätigt wurde, setzte sich durch. Auch Burchard von Worms ging von dem Gedanken der Rechtmäßigkeit solcher Prüfungen aus (P.L., CXL, S. 773, 822, 912). In Frankreich und Deutschland war das »Gottesurteil« ein anerkannter Bestandteil der Gerichtsbarkeit bis ins 13.–14. Jh. Römische Päpste hingegen brachten in der Zeit vom 9.–13. Jh. beständig Einwände gegen den gerichtlichen Zweikampf vor und verbaten ihn. Ein bekannter Pariser Wissenschaftler der zweiten Hälfte des 12. Jh.s, Peter Kantor, der Dichter Gottfried von Straßburg, Thomas von Aquin und, was in praktischer Hinsicht folgenreicher war, Friedrich II. von Hohenstaufen kritisierten das »Gottesurteil« als sündige Verletzung des Gebots, »Gott nicht zu versuchen«. Friedrich II. verbat die Ordalen in seinen »Konstitutionen von Melfi« im Jahr 1231. Gleichzeitig aber billigten der »Sachsenspiegel« und danach (in den 70er Jahren des 13. Jh.s) der »Schwabenspiegel« diese Zeremonien als ein gesetzliches Mittel der Gerichtsverhandlung, und das »Gottesurteil« existierte in Deutschland bis zum 15. Jh. fort.

Trotz der Kritik der Gelehrten und der gebildeten Gesetzgeber glaubten das Volk und die große Mehrzahl der Geistlichen, daß Gott sich ständig ins alltägliche Leben einmischt, insbesondere in die Gerichtsangelegenheiten. Dieser Glaube an die Fehlerlosigkeit der Gottesurteile entsprach ihrer Weltwahrnehmung wesentlich mehr als die Meinungen von Kritikern.

Die Formeln der Beschwörungen, Segen und Bannsprüche der lateinischen Kirche des Mittelalters erschließen uns einen ganz spezifischen Bereich der Gedanken, Gefühle und des Worts. Es ist der Gedanke an den ständigen und endlosen Kampf zwischen den Kräften des Guten und des Bösen, zwischen den dämonischen und sakralen Prinzipien, an einen Konflikt, der das ganze Universum umfaßt und gleichzeitig jedes Individuum mit einbezieht. Es ist das weite Gebiet der Ängste vor Naturerscheinungen, die mit Viehsterben, Krankheiten, Tod, Mißernten, Stürmen, Wahnsinn und Ruin drohen, und vor dem Teufel, der sich dahinter verbirgt und sich darin offenbart. Es ist das Wort, in dem Liebe und Barmherzigkeit neben Haß und einseitiger und absoluter Unbedingtheit stehen und von ihnen in den Hintergrund gedrängt werden; es ist das Wort, das im Grunde entseelt und auf mechanisches Wiederholen ausgerichtet ist; es ist nicht das Wort, das frohe Kunde trägt oder hohe Hoffnung ausdrückt. Die Formeln, die oben erwähnt wurden, eröffnen uns eine Welt des archaischen Glaubens und des gedankenlosen Ritualismus. Die christliche Schicht in den Formeln verschleiert eine Verhaltensweise, die weit von dem entfernt war, was gepredigt wurde. Von Exorzisten und Personen, die Beschwörungen aussprachen, wurde keine gehobene seelische Stimmung erwartet. Eine sinnreiche Symbolik wird hier durch Formalismus ersetzt, Spiritualität durch Magie.

Wie schon erwähnt wurde, war A. Franz geneigt, in den von ihm gesammelten Formeln einen »eigentlich christlichen«, orthodoxen Inhalt und einen »fremden, übernommenen Aberglauben« zu sehen, und stellte mit Bedauern fest, daß die Duldung des letzteren durch die Geistlichen einen negativen Einfluß auf das religiöse Leben der Gemeinden hatte. Dadurch sank ihr Niveau, was den Reformatoren später einen Anlaß gab, die katholische Religion und Kirche anzugreifen. Mit anderen Worten sind die magischen und rituellen Aspekte der Segens- und Beschwörungsformeln in seinen Augen nicht mehr als ärgerliche »Mängel« im mittelalterlichen Christentum.

Eine solche Einschätzung befriedigt kaum einen Historiker, der das mittelalterliche Christentum als ein System, wenn auch ein widersprüchliches und vielschichtiges, zu verstehen versucht. Noch weniger wird das Problem von einem solchen Zugang erschöpfend behandelt, wenn wir versuchen, die Gedanken und das Verhalten breiter Schichten der Bevölkerung zu verstehen. Einfache Menschen tendierten nicht dazu und waren auch nicht in der Lage, ihre eigenen Handlungen und die Formeln zu analysieren, die ihnen zur Lösung ihrer Schwierigkeiten angeboten wurden. Sie gebrauchten sie vorbehaltlos als etwas Gegebenes und warteten auf positive Ergebnisse. Es ist deswegen kaum gerechtfertigt, in solchen Formeln Christentum von Heidentum und Aberglauben abzugrenzen; sie stellten eine Art Legierung dar. Wie wir gesehen haben, ist das, was man in den hier untersuchten Texten auf Magie und vorchristliche Praxis zurückführen könnte, in vielen Fällen nicht aus einem archaischeren Stadium ererbt worden, sondern gegen Ende des Mittelalters entstanden. Je näher sie der Neuzeit stehen, desto militanter und unversöhnlicher werden die Formeln im Ton, desto mehr häufen sich darin Motive, die dem Geist des Evangeliums fremd zu sein scheinen.

Man muß erneut auf einen Umstand hinweisen, von dem bereits weiter oben mehrmals die Rede war. Die religiöse magische Praxis, die sich in den Formeln ausdrückte, war in den Gemeinden verbreitet; in vielen Formeln wird hervorgehoben, daß diese oder jene Beschwörung, z. B. eine Verurteilung von wilden Tieren oder schädlichen Insekten, nur in den Grenzen dieser Gemeinde wirksam ist. Ausgeübt wurden sie hauptsächlich von den Gemeindepfarrern, die mit dem lokalem Leben und den einfachen Gläubigen aufs engste verbunden waren. Die niedere Geistlichkeit, vom Fleisch und Blut ihrer Gemeinden, teilte ihre Interessen und ihren geistigen Horizont und wollte nicht mit ihnen in Konflikt geraten. Gerade hier in der Gemeinde, vor allen Dingen der dörflichen, gab es einen Nährboden für Rituale, magische Formeln und Beschwörungen, die während des gesamten Mittelalters bei kirchlichen Denkern und Autoren Befremden und Bedauern hervorriefen und verurteilt wurden. Es konnte ihnen nicht entgehen, was aus der ursprünglichen »Botschaft Christi« geworden war. Das heißt, daß es neben dem offiziellen, gelehrten Christentum, dem Christentum der Theologen, Scholastiker und höheren kirchlichen Obrigkeiten, die die Einheit der Lehre bewahrten und streng alle Brüche des Dogmas verfolgten, im mittelalterlichen katholischen Europa noch ein »anderes Christentum« gab. Dies war der alltägliche »Gemeindekatholizismus«, der Glauben und die religiöse Praxis der breiten Bevölkerung. Diese Gläubigen kannten die Doktrin nicht nur schlecht (oder gar nicht); sie wurden durch ihre Lebensweise und ihr intellektuelles Niveau nicht dazu bewogen, sie in ihrer ursprünglichen Reinheit anzunehmen; sie hatten ein eigenes Weltbild, das sich in vielem von den Vorgaben des Dogmas unterschied. Sie hatten ein eigenes, »alternatives« System der Weltsicht und eine entsprechende Methode religiösen und magischen Verhaltens.

Dieses »alternative« System der Weltsicht ist uns nur in Ausschnitten bekannt, in Fragmenten, die in der offiziellen Kultur unbeschadet erhalten geblieben sind oder von ihren Vertretern erwähnt wurden, letzteres immer verurteilend und mißbilligend. Aber trotz aller Verurteilungen war die Kirche während des ganzen Mittelalters nicht imstande, dieses andere kulturelle Modell zu zerstören. Mehr noch, trotz dieser Verurteilung mußte sie dieses Modell in den Grenzen, in denen diese andere Religiosität sich nicht der Häresie annäherte und in sie überging, gewissermaßen dulden.

Der Häresie gegenüber, die die Grundlagen des katholischen Glaubens in Frage stellte, war die Kirche unerbittlich. Gleichwohl mußte ihr klar sein, daß die von ihren Geistlichen praktizierten Segnungen und Beschwörungen, die in vielem tief in der archaischen Kultur wurzelten, einer ihrer »Kommunikationskanäle« mit dem Volk waren und ihr ermöglichten, sein geistiges Leben und sozial-religiöses Verhalten zu kontrollieren. Hatten vielleicht deshalb die »Aberglauben« und »Dummheiten« Bestand, die gebildete Männer der Kirche unter den ständig zunehmenden Ritualen fanden und die eine ganze Epoche lang von einem Teil von ihnen kritisiert wurden? Die Kirche ließ ihre Existenz zu, wenn sie auch versuchte, sich nach Möglichkeit die Volkstraditionen zu unterstellen und an ihre eigenen Bedürfnisse anzupassen. Sie hatte auch nicht die Kraft, sie zu verbieten, und schon gar nicht, sie auszurotten. Diese bedingte und widersprüchliche Koexistenz wurde gegen Ende des Mittelalters und zum Anfang der Reformation zerstört, als die Volkskultur zum Objekt zielstrebiger Beschränkungen und Kritik sowohl seitens der protestantischen Kirchen als auch eines erneuerten Katholizismus wurde.

Die Hexe im Dorf und vor Gericht

Die Massenjagd auf Hexen, die sich im 16. und 17. Jh. in West- und Zentraleuropa ausbreitete, beschäftigt die Forschung schon seit langem. Da in neuerer Zeit bei Historikern das Interesse an der Sozialpsychologie und Weltanschauung der einfachen Menschen gestiegen ist, ist dieses Problem heute besonders aktuell[32]. Trotz der Bemühungen vieler Fachleute ist jedoch bisher keine hinreichende Erklärung dafür gefunden worden. Historiker sprechen von der »Rätselhaftigkeit« dieses Phänomens (179, S. 191 ff.), von der äußersten Ungenauigkeit unserer Kenntnisse darüber (177, S. 7) oder gar von »negativen Resultaten«, zu denen die Forschungen geführt haben (214, S. 155). R. Mandrou, einer der führenden Erforscher der Hexenprozesse im Frankreich des 17. Jh.s, schrieb: »Ich bin davon überzeugt, daß wir nie eine befriedigende Erklärung für sie werden geben können« (173, S. 9). Mandrou selbst war geneigt, auf eine Theorie von J. Michelet zurückzugreifen. Darin wird die These aufgestellt, daß verzweifelte und unterdrückte Frauen im Mittelalter eine Art »Antigesellschaft« gegen die männliche Vorherrschaft, die im Klerus und den Lehnsherren des Dorfes personifiziert sind, gründeten (173, S. 10, 331). Von anderen Wissenschaftlern wird diese Auffassung jedoch kaum geteilt. Dieser Versuch, eine über hundert Jahre alte romantische Idee wiederzubeleben, zeigt, daß Historiker vor manchmal unüberwindbar scheinenden Hindernissen stehen, wenn sie komplizierte psychologische Massenphänomene erklären wollen.

Eine der Schwierigkeiten besteht darin, daß der Aufschwung der Dämonologie und des Dämonenwahns in die Zeit der späten Renaissance, des Barock und des Beginns der Aufklärung fällt. Es stellt sich natürlich die Frage: Wie konnten kulturelle Erscheinungen, die das geistige Leben Europas radikal erneuerten, mit einer äußersten Verschärfung von Aberglauben und Obskurantismus einhergehen? Dieses überraschende Paradoxon beunruhigt die Wissenschaftler; die europäische Kultur verliert am Anfang der Neuzeit viel von ihrem aufklärerischen Geist und Optimismus und legt ihre Disharmonie bloß. In der neuesten Literatur wurde verschiedentlich die These aufgestellt, daß Dämonologie und Hexenjagd von Renaissance und Reformation hervorgebracht wurden, die »das Leben der mittelalterlichen Kosmologie verlängerten« (230), die »den Intellekt vom Gefühl emanzipierten und damit dem Menschen die Möglichkeit gaben, mit sauberem Gewissen unmenschlich zu sein« (150, S. 11 ff.), die die »Kehrseite des Titanismus der Renaissance hervorbrachten, unter anderem die Inquisition« (75, S. 134–135), oder die »mittelalterlichen Grundlagen des Bewußtseins zerstörten und tosende Wellen von Irrationalismus und Angst hervorriefen« (76, S. 253–262). Ich enthalte mich vorerst der Bewertung eines solchen Standpunkts, ich bemerke nur: Das Paradoxon ist da, es bedarf einer ruhigen, allseitig ausgewogenen Beurteilung.

Ergänzen möchte ich, daß man in der Ausbreitung der Massenjagd auf Hexen seit dem Ende des 16. Jh.s keine unmittelbare Fortsetzung der Verfolgungen in früherer Zeit sehen darf. Vor einiger Zeit stellte sich heraus, daß Zeugnisse über angebliche blutige Massenverfolgungen von Hexen Ende des 13. Jh.s und Mitte des 14. Jh.s, die Soldan und Hansen (132; 133; 217) zu ihrer Zeit anführten, Fälschungen sind, die im 15., 16. und zu Anfang des 19. Jh.s angefertigt wurden (99, S. 164). Die Verfolgungen, die während der Reformation begannen, waren eine beispiellose Erscheinung, die man aus den Bedingungen dieser Zeit erklären muß; es wäre falsch, sie auf jahrhundertealte Traditionen zurückzuführen.

Wissenschaftler im vergangenen und zu Anfang unseres Jahrhunderts konnten dem erwähnten Paradoxon dadurch ausweichen, daß sie seine beiden Seiten unterschiedlichen Perioden zuordneten, die keinen Bezug zueinander hatten: Den Hexenverfolgungen wurde die Rolle eines Überbleibsels aus dem »dunklen Mittelalter« zugewiesen, die weltlichen Wissenschaften und die weltliche Kultur wurden als Zeichen eines neuen, progressiven Geistes interpretiert. Heute erweisen sich solche Behauptungen aus zwei Gründen als unhaltbar. Erstens bedienten sie sich einer liberal-evolutionistischen Methodologie mit der Tendenz, Wünschenswertes für Wirkliches auszugeben, zweitens war der Zugang willkürlich mechanistisch. Man zerschnitt lebendiges Fleisch und ignorierte offensichtliche Verbindungen. Das Wichtige besteht jedoch darin, daß ein solcher Standpunkt den Fakten nicht standhält: Unter den Dämonologen finden wir nicht nur »dunkle Menschen«, sondern auch humanitär gebildete Philosophen und Schriftsteller (hier bemüht man häufig und zu Recht das Beispiel J. Bodins). Daneben waren unter den Kritikern des

Glaubens an die Macht und Arglist der Hexen auch Theologen, sowohl katholische als auch protestantische, und Jesuiten. Zu nennen sind Fr. von Spee, P. Laymann, T. Thumm, B. Bekker, Chr. Thomasius und andere (242). Sie stellen außerdem fest, daß solche Schriftsteller wie Erasmus sich einer Kritik an dem Glauben an Hexen als Satansdienerinnen enthielten.

Hier sollte man daran erinnern, daß Hexenverfolgungen am wenigsten in Italien auf Unterstützung stießen, und zwar nicht dank einer besonderen Rolle der Humanisten, sondern infolge der vorsichtigen Position des Papsttums bezüglich dieser Frage. Beschuldigungen der Hexerei, die in einem Prozeß in Sugarramurdi (Baskenland) am Anfang des 17. Jh.s vorgebracht wurden, hat der Inquisitor Alfonso de Salasar y Fryas als unbegründet abgelehnt. 1614 bestätigte das oberste Tribunal der spanischen Inquisition sein Urteil. Gut und Böse, Fortschritt und Rückschritt in ihren gewohnten Erscheinungsformen sind miteinander verquickt. Dem militanten Fanatismus Bodins, der in seiner »Dämonomanie« (1580) schonungslose Strafen nicht nur für der Hexerei Verdächtige verlangte, sondern auch für diejenigen, die Zweifel an ihrer Existenz äußern[33], steht die Position des Jesuiten und Theologen Adam Tanner gegenüber, die für die damalige Zeit viel Mut erforderte. Tanner glaubte zwar auch an Hexerei; er dachte aber, daß man sie mit einem Verbot dörflicher Vergnügungen und Tanzveranstaltungen und mit anderen erzieherischen Maßnahmen ausrotten könne, jedoch nicht durch Prozesse und Scheiterhaufen (176, S. 27).

Die moderne historische Forschung läßt es nicht bei der Analyse der dämonologischen Literatur des 15.–17. Jh.s und der Polemik, die diese Literatur hervorrief, bewenden. Es wird immer klarer, daß die Menge dieser Traktate und ihr starker Einfluß auf die öffentliche Meinung und Rechtsprechung der damaligen Zeit einer Erklärung bedürfen, die über die Grenzen eines relativ engen Kreises gebildeter Menschen hinausgeht. Man hat festgestellt, daß viele gerichtliche Hexenverfolgungen überhaupt erst unter dem Druck der Bevölkerung anfingen. Sie verlangte, daß man gegen diejenigen vorging, die schuld an plötzlichen Unglücksfällen waren. Viehsterben, Mißernten, plötzlichen Frost, den Tod eines Kindes oder Krankheiten schrieb man dem arglistigen Tun einzelner Menschen zu, und die Schuldigen sollten beseitigt werden (113, S. 29 ff.; 81, S. 173 ff.). Die dörfliche und städtische Bevölkerung ließ sich schnell von der Panik mitreißen, die durch Gerüchte über Vergiftungen, den bösen Blick und Hexerei entstand. Es herrschte ein soziales Klima, das entsprechende folkloristische Vorstellungen und hysterische Ängste erzeugende Gerüchte nährte. Außerdem begünstigte es das Entstehen zahlloser Werke gebildeter Autoren über Hexen und ihre Beziehungen zu Satan und die Praxis der Justiz, die angeblichen Hexen und Hexer gerichtlich zu verfolgen.

Gerade deshalb ist ein Standpunkt, der der Renaissance die Schuld für die Dämonenmanie und Hexenjagd zuschreibt, nicht sehr überzeugend. Man sollte das Problem nicht nur im Rahmen der intellektuellen Geschichte des westlichen Europas betrachten, sondern auch vor dem größeren Hintergrund der sozialpsychologischen Situation breiter Bevölkerungsschichten am Ende des 16. und im 17. Jh. Die Möglichkeiten der Einflußnahme der Ideologie und Philosophie der Renaissance und des Barocks auf das Bürgertum und besonders auf die Bauern waren sehr beschränkt. Die Renaissance blieb eine elitäre geistige Bewegung, die an den Einstellungen und der Weltwahrnehmung der Massen grundsätzlich nichts ändern konnte. Gleichzeitig aber wurden breiteste Kreise der Bevölkerung in die Hexenverfolgung hineingezogen. Panik und Phobien packten gebildete, aber vor allen Dingen ungebildete Menschen. Sollte man nicht andersherum eher einen Einfluß irrationaler Ängste des Volkes auf Geisteshaltung und Verhalten der Intellektuellen annehmen? Am vorsichtigsten wäre es jedoch, hier eine Wechselwirkung zu vermuten: Das allgemeine soziale und psychologische Klima beeinflußte die Geisteshaltung der Intellektuellen, die sich in der dämonologischen Lehre kristallisierte und den Charakter der Rechtspraxis prägte, und diese übte wiederum einen Einfluß auf die kollektive Mentalität aus.

Man muß zugeben, daß noch keine Methodologie entwickelt wurde, die solche kulturhistorischen Phänomene erklären könnte. Die Hexenverfolgung ist ein sehr komplizierter und folgenschwerer Prozeß, und zwar sowohl hinsichtlich der Größe des Territoriums, das davon erfaßt wurde, als auch hinsichtlich der Zahl der Beteiligten und seiner zeitlichen Ausdehnung. Die zahlreich unternommenen Versuche, einen Schlüssel zu seinem Verständnis zu finden, haben bisher noch keine überzeugenden Ergebnisse gebracht. Man sollte sich wahrscheinlich mit Erklärungen nicht beeilen. Hilfreicher wäre es, diese Erscheinung aufmerksam und nach Möglichkeit von allen Seiten zu beleuchten und sie in verschiedene historische Zusammenhänge zu stellen. Vielleicht gelingt es auf diese Weise, die Natur der Massenverfolgungen und der Streßzustände, die sie hervorbrachten und begleiteten, ein bißchen besser zu verstehen.

Dazu wäre es angebracht, einige typische soziale und psychologische

Merkmale der Bevölkerung Europas in dieser Zeit zu betrachten und damit den Hintergrund zu erhellen, vor dem die Hexenjagd sich entfaltete.

1.

Massenpsychologische Phänomene einer Zeit, von der uns mehrere Jahrhunderte trennen, sind schwer nachzuvollziehen. Es gibt noch keine ausreichende Methodologie, wie die Hinweise und Bemerkungen in den vorhandenen Quellen aufzudecken und einzuschätzen sind. Grundlegende klassen- und schichtenspezifische Gegensätze der spätfeudalen Gesellschaft waren der Boden für bestimmte Stimmungen bei den einfachen Menschen: Haß auf die Herren, Mißtrauen gegenüber Pfarrern, Neidgefühle gegenüber Reichen, aber auch monarchistische Illusionen. Neben dem traditionellen Royalismus schrieb das Volk gekrönten Häuptern übernatürliche Begabungen zu, z. B. in Frankreich und England die Fähigkeit, Skrofulose zu heilen. Das Andenken der »guten Könige« wurde jahrhundertelang bewahrt. Dadurch wurden ihre wahren Züge und Eigenschaften bis zur Unkenntlichkeit verzerrt (Friedrich II. von Hohenstaufen, Ludwig der Heilige, Heinrich IV. von Frankreich).

Das Verhalten und die Psychologie der einfachen Menschen wurden natürlich vor allem durch ihre Arbeit bestimmt. In einer vorindustriellen Gesellschaft waren Arbeit und Freizeit noch nicht deutlich voneinander getrennt und bildeten keine psychologischen Gegensätze. Die bäuerliche Arbeit ist ihrer Natur nach dem Wechsel der Jahreszeiten unterworfen; Zeiten anstrengender Tätigkeit wechseln mit Zeiten relativer Ruhe. Der westeuropäische Bauer mußte in dem hier untersuchten Zeitraum keine erzwungenen Frondienste mehr leisten und kannte die strenge Arbeitsdisziplin noch nicht, die die unternehmerische Großwirtschaft mit sich brachte. Er arbeitete gemeinsam mit den Mitgliedern seiner Familie, manchmal auch mit Knechten. Eine solche Arbeit innerhalb einer kleinen Gruppe konnte eine Quelle der Befriedigung sein.

Die Bauern waren sich bewußt, daß die Arbeit, die sie verrichteten, wichtig war. Veränderungen, die in der Stadt vor sich gingen und die mit einer höheren Bewertung der Zeit verbunden waren, berührten sie praktisch nicht. Auch die Lehre des Protestantismus über Arbeit als Pflicht, als »Berufung« jedes Menschen, in der Bedürfnisse der bürgerlichen Entwicklung zum Ausdruck kamen, konnte keinen starken Einfluß auf die Dorfbevölkerung ausüben. Es war ungeachtet jeglicher Doktrin das Grundbedürfnis dieser Bevölkerung, im Schweiße ihres Angesichts zu arbeiten. Ihre enge, unverbrüchliche Bindung an den Boden und der hohe Stellenwert der landwirtschaftlichen Arbeit gehörten immer zur bäuerlichen Psychologie.

Es ist bezeichnend, daß in den billigen Broschüren der »Blauen Bibliothek« (s. weiter unten), deren Adressaten einfache Menschen waren, Bauern und ihre Arbeit fast gar nicht erwähnt werden. Das einzige Beispiel hierfür findet sich in der Erzählung »Ein kluges Kind von drei Jahren« (erste Hälfte des 16. Jh.s): »Was sagst du über Arbeiter, die das Land bestellen? Die meisten von ihnen werden [vor der Hölle] gerettet, weil sie von ihrer einfachen Arbeit leben und das ganze Gottesvolk ernähren« (89, S. 82). Aber auch das ist, wie sich herausstellt, nur ein Zitat aus dem »Lichtbringer« des Honorius Augustodunensis (Anfang des 12. Jh.s); auch nach fast einem halben Jahrtausend gab es offensichtlich keine Neubewertung der bäuerlichen Arbeit.

Aber wenn wir von der sozial bedingten psychologischen Situation der Bauern einer bestimmten Zeit reden, versuchen wir, Charakteristika für eben diese Zeit zu finden, die mehr oder weniger neu sind oder für eine frühere Zeit untypisch waren.

Dabei muß man zunächst einmal anmerken, daß die Historiker sich darin einig sind, daß unter den Volksmassen eine große Unsicherheit und Angst um sich gegriffen hatte. Dafür gab es eine Vielzahl von Gründen. Vor allen Dingen war es ihre Beziehung zu dem Boden, den sie bestellten, die die Bauern verunsicherte. Einerseits waren diese Bindungen sehr eng und fest; P. Goubert betont, daß einer der wesentlichen Züge der Psyche des französischen Volkes dieser Zeit die grenzenlose Verbundenheit des Bauern mit seinem Gut war (127, S. 46). In anderen Ländern wird es kaum anders gewesen sein.

Auf der anderen Seite war diese Verbindung des Bauern mit dem Boden in der Feudalzeit bedroht. In verschiedenen Ländern gab es unterschiedliche rechtliche Grundlagen dafür; aber sowohl für einen französischen *censitarius*, der faktisch das Eigentum an seinem Grundstück erworben hatte, aber keine rechtlichen Garantien dafür hatte, als auch für einen englischen *copyholder*, der mit der realen Bedrohung der *Einhegung* des Bodens durch die *landlords* lebte, ganz zu schweigen von einem deutschen Bauern, der noch weniger Rechte hatte, waren die Perspektiven des Besitzes und der Vererbung des Bodens ziemlich vage und unklar. Diese Unsicherheit, die in der Natur der feudalen Produktionsverhältnisse lag, war sowohl bei den häufigen Aufständen des 16.–18. Jh.s als auch bei den frühen bürgerlichen Revolutionen die Antriebskraft der Bauern. Bekanntlich stand die Bauernfrage dabei im Vordergrund.

Eine gewisse soziale Absicherung konnten reichere Bauern nur in den Ländern empfinden, in denen die Abschaffung der mittelalterlichen Agrarverhältnisse im wesentlichen zugunsten der Bauernschaft verlief. So wie ein wohlhabender norwegischer *bóndi*, der acht Kühe und ein Pferd besitzt, »gottesfürchtig und ehrlich, ein guter Nachbar, Gott und dem König treu, was jeder bezeugen kann,... mit dem Priester befreundet, von Beamten will er nichts wissen, er ist niemandem etwas schuldig,... er ist frei von seinem Herrn, von Hunger, den der Krieg gebracht hat, und der Pest; er besitzt seinen eigenen Boden, seine Wiese,... er trägt hausgewebte Kleidung, eine Lederhose und eine Weste. Er lebt mit seiner Frau in gutem Einvernehmen. Er ist durch seine Arbeit glücklich, die er am meisten liebt.« So lautet das norwegische Poem »Bauernglück« aus dem 18. Jh. (94, S. 162–163).

Auch wenn dies nicht die Realität wiedergibt, stellt es zumindest das Ideal eines freien norwegischen *bóndi* dar. Wir verfügen außerdem über ein in seiner Art einmaliges Familienporträt eines solchen wohlhabenden und selbstbewußten Bauern. Die Rede ist von einem Gemälde, das den Bauern Björn vom Gehöft Frejsak in Hallingdal und seine vielköpfige Familie darstellt. Ursprünglich befand sich das Gemälde in der hölzernen Gemeindekirche von Gulen, jetzt wird es im norwegischen Volksmuseum in Oslo ausgestellt. Im Zentrum des Gemäldes ist ein älterer *bóndi* abgebildet, selbstsicher und gewichtig, mit Vollbart, langem Schnurrbart und Haaren, die unter einem Hut hervor auf die Schultern fallen. Er steht breitbeinig und in kurzer Hose vor den Hausbewohnern und stützt sich auf ein Beil. Über Björn Frejsak ist bekannt, daß er große Achtung bei seinen Nachbarn genoß und in seinem Umkreis die Rolle eines Anführers spielte. Auf beiden Seiten stehen Frauen und Kinder verschiedenen Alters, vom Säugling auf den Armen der zweiten Ehefrau bis zum erwachsenen Mann. Insgesamt sind es zwei Dutzend feierlich gekleideter Hausbewohner, die voll Ergebenheit und Verehrung ihre Augen auf das Familienoberhaupt richten. Björn wird mit zwei Ehefrauen dargestellt – in damaliger Zeit sind Porträts nicht selten, auf denen sowohl lebende als auch verstorbene Familienmitglieder abgebildet sind. Rechter Hand von ihm befinden sich die zehn Kinder von seiner ersten Frau, die alle mehr oder weniger erwachsen sind, zur Linken stehen die acht Kinder aus zweiter Ehe.

Dieses Familienporträt, das nun die Funktion einer Totengedenktafel hat, stammt aus dem Jahr 1699. Es ist natürlich keine hohe Kunst, aber zweifellos ein wertvolles Zeugnis des materiellen und geistigen Wohls eines reichen und freien *bóndi*. Björn Frejsak ist 1710 im Alter von 75 Jahren gestorben. Es ist also nicht zu bezweifeln, daß er selbst bei einem Maler das Familienporträt bestellt hat. Oben auf dem Porträt ist eine Aufschrift religiösen Inhalts angebracht, die fromme Gefühle mit der Hoffnung auf jenseitige Rettung ausdrückt (231). Man muß anmerken, daß solche Familienporträts, die im 17. und 18. Jh. weit verbreitet waren, meistens für Aristokraten, hohe Beamte, Pastoren und reiche Bürger gemalt wurden. In diesem Fall handelt es sich um eine Bauernfamilie, eine genauso einmalige wie bedeutsame Tatsache.

Norwegen ist jedoch eine Ausnahme. In anderen Ländern wurde die Freude über das faktische Eigentum an Boden, der den Bauern ernährte, von Unterdrückung seitens einer mehr oder weniger entwickelten sozialen Hierarchie vergiftet, die auf den größten Teil der Produkte, die der Bauer herstellte, und auf seine Bodenrechte zugreifen konnte.

Ich wiederhole es, alle Forscher stellen fest, daß die Massen im 16. und 17. Jh. von Unsicherheit und Angst gepackt wurden. Einzelne Wissenschaftler verbinden die anwachsenden Spannungen im sozialen Bereich mit der allgemeinen wirtschaftlichen und politischen Situation in Europa am Ende des 16. und Anfang des 17. Jh.s. Zwischen 1580 und 1620 wurde ihnen zufolge der wirtschaftliche Aufschwung der vorangegangenen Periode von langer Stagnation und Verfall abgelöst. Letzterer fand auch demographisch seinen Niederschlag. Die soziale und wirtschaftliche Krise wurde von starken politischen Machtkämpfen begleitet. Es ist unmöglich, daß die Bevölkerung das drohende Unheil nicht gespürt hat und sich darüber nicht im klaren war. Optimistische Stimmungen, die, so H. Lehmann, eine frühere Zeit gekennzeichnet hatten, schlagen in allerlei Ängste, Verzweiflung und Versuche, die Krise irgendwie zu erklären, um. Damit war unter anderem eine Wiedergeburt eschatologischer Lehren verbunden (158, S. 14 ff.). Zur Korrelation zwischen den Änderungen der objektiven Lebensbedingungen und der sozialen und psychologischen Prozesse muß man anmerken, daß kollektive Ängste und Spannungen in Europa lange vor dem Ende des 16. Jh.s deutlich wurden.

Eine der wichtigsten Quellen der kollektiven Phobien war die Angst vor dem Tod und dem jenseitigen Verderben. Diese Angst, die während des ganzen Mittelalters das Volksbewußtsein beherrschte, verstärkte sich nach den großen Pestseuchen am Ende des 14. Jh.s und im 15. Jh. Häufiges Wiederauftreten der Epidemien, die keine Zeit zur Regeneration der früheren Bevölkerungszahl ließen, hohe Sterblichkeit der Säuglinge und Kleinkinder, kurze Lebensdauer, zerstörerische Kriege, die von grausamen Abrechnungen mit der Zivilbevölkerung begleitet wurden, ständiger Hunger: All dies machte den Tod zu einem guten Bekannten. Ein Symptom einer neuen Geistesrichtung ist das Aufkommen des Themas des *Totentanzes* in der Kunst und Literatur Westeuropas dieser Zeit. Ein beliebtes Thema von Malern, Miniaturisten und Graveuren ist die Darstellung von Menschen verschiedenen Status, vom Papst und Kaiser bis zum einfachen Menschen, welche Hand in Hand tanzen. Der grinsende und Grimassen schneidende Tod, ein universaler Gleichmacher, führt den Reigen an. Während der *dance macabre* in Frankreich eher als Allegorie empfunden wurde, war der *Totentanz* in Deutschland mit dem Glauben verbunden, daß die Seelen, die ihre Sünden nicht gebüßt haben und keine Ruhe im Jenseits finden, auf der Erde herumgeistern und nachts zum Klang der Todesflöte tanzen müssen (200, S. 34–83).

Die Angst vor der jenseitigen Vergeltung war es auch, die Mengen von Flagellanten durch Städte und Dörfer ziehen ließ. Sie trug zu der großen Popularität von Volkspredigern bei, die zur unmittelbaren Buße aufriefen. Die Angst steigerte sich noch um ein Vielfaches, als Prophezeiungen über das nahende Ende der Welt und das Jüngste Gericht aufkamen. Bezeichnenderweise um den Wechsel vom 15. zum 16. Jh. entstand durch den fieberhaften Anstieg der millenaristischen Stimmungen der Mythos von einer Panik, die den Westen vor dem Wechsel zum Jahr 1000 gepackt haben soll (106, S. 198).

Zu dieser Zeit wurde es weithin üblich, ein Testament zu verfassen. Damit versuchte man, die irdischen Interessen mit der Sorge um die jenseitige Rettung in Einklang zu bringen und die Beziehungen zur jenseitigen Welt genau zu kalkulieren und zu berechnen. Bei den Testamenten handelt es sich um Massendokumente, die bei entsprechender Bearbeitung wertvolle objektive Angaben über die Geisteshaltung ihrer Verfasser liefern, etwa deren Bestreben, ihre Rettung im Jenseits zu sichern. Zu diesem Zweck beauftragten sie Lebende, möglichst viele Totenmessen für den Frieden ihrer Seele lesen zu lassen (98). Dieser grenzenlose Anstieg der Totenmessen, deren Zahl Tausende und Abertausende erreichen konnte, deutet auf die mit dem Jenseits verbundenen Ängste und Hoffnungen der Verfasser der Testamente hin. Diese bestehen darauf, daß der größte Teil der Messen unmittelbar nach ihrem Tod abzuhalten sei: Die Idee vom Jüngsten Gericht »am Ende der Zeiten« tritt vor der Angst vor einer sofortigen Verurteilung der Seele im Moment des Todes in den Hintergrund.

Letztlich spiegelte auch die Anerkennung der Idee des Fegefeuers, in dessen Feuer sich die Seelen von ihren Sünden reinigen können und Hoffnung auf Rettung bekommen, die ständige Angst vor dem Jenseits und vor einer Vergeltung für das gelebte Leben wider. Das Fegefeuer wurde von der katholischen Kirche im 13. Jh. zum Dogma erhoben. Darstellungen des Fegefeuers kamen in der kirchlichen Ikonographie nicht vor dem 15. Jh. auf (240; 239, S. 66). Dies zeugt davon, daß sich die Sorgen der Bevölkerung über die Vergeltung der irdischen Sünden gerade zum Ende des Mittelalters und Beginn der Neuzeit verstärkten. Aufgrund seines spezifischen Zeitverständnisses hat das Volksbewußtsein die Idee von der Ewigkeit nur mit großer Mühe akzeptiert. Es gibt Gründe zu vermuten, daß es sich die Ewigkeit vor allem als endlose Qualen, denen die Seelen der Sünder ausgeliefert sein würden, vorgestellt hat. Das Bild vom Paradies blieb unklar und dunkel, denn über himmlische Freuden kann man schließlich nicht mit menschlicher Sprache sprechen. Kirchliche Autoren schrieben über »unsagbare«, »unglaubliche«, »unausdrückbare« usw. Freuden; Bilder von der Hölle dagegen hat sowohl die Vorstellungskraft des Volkes als auch die Malerei und Literatur mit großer Anschaulichkeit hervorgebracht. Die Hölle war viel realer als das Paradies. Das Fegefeuer öffnete den Weg, um der Ewigkeit der Höllenqualen zu entgehen (131, S. 255–275).

Mit der Angst vor jenseitigen Qualen war unmittelbar die Angst vor dem Teufel verbunden. Schon während des ganzen Mittelalters war diese Angst im Bewußtsein der Gläubigen präsent, und dennoch bekommt gerade in dem hier untersuchten Zeitabschnitt die Interpretation der infernalen Kräfte eine neue Qualität. Bisher war der Teufel seinem Wesen nach schrecklich und zugleich auch lächerlich gewesen. Es gibt viele Erzählungen darüber, wie Teufel in peinliche Situationen geraten, von Menschen betrogen und ausgelacht werden, wie Heilige sie aus Besessenen vertreiben, wie Dämonen vor der Macht der Heiligkeit machtlos sind und sie sogar glorifizieren. Der Teufel ist »Gottes Affe« und kann nur innerhalb der Grenzen handeln, die ihm von Gottes Willen gesetzt werden. Auffallend sind Erzählungen über »gute böse Geister«, die den Umgang mit Menschen mögen und bereit sind, ihnen selbstlose Gefallen zu erweisen, ohne auf ihre Seelen zuzugreifen (s. weiter oben). Es ist naheliegend, die Quellen einer solchen Dualität bei der Auslegung der satanischen Kräfte in der Folklore zu vermuten (147). Solche folkloristischen Motive bleiben auch in späterer Zeit bestehen.

Am Ende des Mittelalters beginnt sich jedoch das Bild von Satan und seinen Spießgesellen auf bezeichnende Weise zu transformieren. Vor allen Dingen setzt sich die Überzeugung durch, daß die Zahl der Teufel unglaublich groß ist. Im 16. Jh. zählte man nicht weniger als 7,5 Millionen. An der Spitze dieses Heeres stehen 79 Fürsten, die unmittelbar Luzifer unterstehen (106, S. 251). Nach anderen Angaben sind es noch mehr, denn jedem Menschen wird ein Teufel zur Seite gestellt, der ihn verführen soll. Es gab Unselige, die von wahren Dämonenhorden umgeben waren. Die Welt ist von Dämonen infiziert, die jeden menschlichen Schritt belauern. Aber es geht nicht nur um ihre große Anzahl. Sie haben außerdem ihren ursprünglichen Doppelcharakter verloren und lediglich eine unendlich schrecklich Seite, der sie zum Inbegriff des absoluten Bösen macht, entwickelt. Mehr noch, Satan wird von nun an als allmächtiger Gegner Gottes gedacht, als »Fürst von dieser Welt«. Nach Luther gehört die ganze sichtbare Welt dem Teufel. Das war auch die Überzeugung der einfachen Menschen. Eine Frau antwortete auf die Frage, wie viele Götter sie anerkenne: »Zwei, Gott den Vater und Satan.« In der Existenz der Dämonen begann man einen Beweis für die Existenz Gottes zu sehen: »Wenn es keine Teufel gibt, gibt es auch keinen Gott« (225, S. 469 ff., 476). Das gesellschaftliche Bewußtsein dieser Zeit kann man so beschreiben, daß der Mensch mit der beständigen und aktiven Anwesenheit Satans lebt.

Mit Hilfe von Predigern suggerierten die Theologen dem Volk den Gedanken von der Allmacht der satanischen Kräfte und ihrer ständigen und allseitigen Einmischung ins menschliche Leben. Mit dieser Idee war auch eine Vorstellung vom nahen Ende der Welt verbunden. Die Stärkung der Allmacht Satans ist ein Zeichen dafür, daß er am Ende der irdischen Geschichte in der Rolle des Antichristen auftreten wird. Satan bereitet sich auf dieses letzte welthistorische Drama vor. Er sammelt sein Heer, das auch Menschen einschließt, die ihm einen Treueid geleistet und einen Pakt mit ihm geschlossen haben, um dem Gottesvolk zu schaden. Deswegen sah man in der Entlarvung und Vernichtung der Hexen und Hexer einen Kampf gegen den Antichristen.

Dämonologische Traktate waren im 15.–17. Jh. eine wichtige und sehr umfangreiche literarische Gattung. Zweifellos wurde aber die Besessenheit der Theologen vom Gedanken an Satan und an die Hölle, die sich dahinter verbirgt, vielfach von entsprechenden Stimmungen in allen Bevölkerungsschichten genährt. Es gibt nicht wenige Dokumente, in denen Menschen, die der Hexerei beschuldigt wurden, über ihre Beziehungen zu satanischen Kräften berichten, und zwar bezeichnenderweise noch vor jeglichem Einfluß von Richtern und Folter. So bestätigte die Nonne

Maria von Sens, einen Vertrag mit dem Teufel geschlossen zu haben, und zitierte sogar daraus (229, S. 67). Forscher vermuten, daß hinter solchen Selbstbeschuldigungen der unbewußte Drang sozial benachteiligter oder geistig minderbemittelter Menschen steckte, sich selbst zu bestätigen, etwas Besonderes darzustellen und die Aufmerksamkeit auf sich zu lenken. 1626 las eine Frau, die wegen Hexerei vor Gericht stand, den Richtern ein eigenartiges Gebet vor, in dem sich die Anrede Christi und des heiligen Johannes mit der Anrede Satans verband (113, S. 60).

Für die Geständnisse solcher Menschen verwenden Historiker den Begriff der »subjektiven Realität«. Damit ist das Weltbild gemeint, das sich in ihren Köpfen gebildet hatte und auf seltsame Art eine mit Phantasievorstellungen verwobene Wirklichkeit widerspiegelte. Diese »subjektive Realität« war voll von Dämonen und ihren Taten, an denen diese Menschen angeblich teilhatten. Nur durch den Einfluß von Theologen, Gemeindepfarrern oder wandernden Mönchen kann sie sich nicht in ihren Köpfen gebildet haben, wenn sie nicht gleichzeitig ein spontanes Produkt ihrer Phantasie gewesen wäre, das durch eigene psychische Zustände, Eindrücke und Erlebnisse hervorgerufen wurde. Die Stereotypie der Beschreibungen des Hexensabbats mit Satan an der Spitze und der Geständnisse der angeblichen Hexen und Hexer nach Verhören ist kaum nur Folge davon, daß die Richter die erforderlichen Geständnisse einfach diktiert hatten.

Bei heutigen Wissenschaftlern wird auch die Meinung derer nicht unterstützt, die nach D. Frazer vermuten, daß der Mythos über die Hexen sich in gewissem Maße auf die Realität bezog und daß es im gesamten Mittelalter geheime heidnische Sekten von Anhängern eines Fruchtbarkeitskultes und Anbetern des »gehörnten Gottes« gab (183; 184; 204; 222). Über solche Sekten ist im Verlauf eines ganzen Jahrtausends nichts bekannt geworden, bis am Ende des 15. Jh.s Hexenverfolger darüber zu reden begannen.

Die Volksliteratur jedoch, die von Versammlungen arglistiger Hexen und Zauberer und von abscheulichen Bräuchen erzählt, die sie am Sabbat unter Anleitung Satans ausübten, ist im 15.–17. Jh. ein realer Bestandteil des Geisteslebens vieler Europäer. Daher ist es auch nicht verwunderlich, daß eine Beschuldigte oder ein Beschuldigter bei einem erzwungenen Geständnis standardisierte Sünden »gestanden« und sich bis in Einzelheiten gleichende Szenen des Tanzes, der Gelage, lästerlichen Gebärden und Orgien beschrieben, an denen sie angeblich teilgenommen hatten. Besonders interessant sind Geständnisse von Kindern: Sie wurden nicht gefoltert, erzählten aber häufig gern von sich aus über verschiedene Hexentaten und über ihre eigene Teilnahme daran. Schließlich hatten sie begierig solchen Märchen zugehört und schnell daran geglaubt. Bei einer Untersuchung, ob Geständnisse während der spanischen Hexenprozesse im Jahr 1610 plausibel waren, wurde festgestellt, daß Mädchen, die Geschlechtsverkehr mit dem Satan »gestanden« hatten, Jungfrauen waren (83, S. 218; 95, S. 209 ff.). Eine dreizehnjährige Dienerin aus Ryaume (Frankreich), die sich anscheinend die Hexenfolklore als eigene Lebenserfahrung angeeignet hatte, gestand ohne Zwang, daß sie eine Beziehung mit Satan hatte und den Sabbat besuchte (173, S. 17 ff.). Bei einem Prozeß in der schwedischen Provinz Dalarna gestanden in der zweiten Hälfte des 17. Jh.s Kinder, daß ihre Mütter sie zum Sabbat mitgenommen hatten. Viele Kinder wurden verurteilt (80).

Die Angst vor dem Tod und dem Jenseits und die Besessenheit von der Idee, daß in der alltäglichen Realität beständig satanische Kräfte am Werk waren, die sich ins menschliche Leben einmischten: All das sind Symptome der materiellen und sozialen Not der Bevölkerung, die sich in der Übergangszeit vom Mittelalter zur Neuzeit vergrößert hatte, als die gewohnte Lebensordnung zerfiel oder ins Wanken geriet. Ein Gebet französischer Bauern im 17. Jh.: »Schütze uns, Gott, vor Pest, Hunger und Krieg« (126, S. 82) benennt am besten die Wurzeln ihrer Angst, die zu beseitigen sie machtlos waren.

In der Tat waren im 15.–17. Jh. Kriege eine wichtige Quelle ständiger Unsicherheit und Angst der breiten Masse der europäischen Bevölkerung. Dabei konnte es sich sowohl um einheimische Fehden als auch um Kriege zwischen Staaten handeln. Sie drohten mit Zerstörung, Raub, Gewalt und Mord. Der Krieg ernährte sich selbst; die Soldateska, in deren Reihen sich der Abschaum der Gesellschaft sammelte, lebte auf Kosten der hilflosen Bürger und vor allen Dingen der Bauern, die keine Waffen tragen durften. Die Ausschreitungen des Militärs in der Zeit ständiger, von Söldnerheeren geführter Kriege waren eine echte Naturkatastrophe. Man braucht nur auf die zahlreichen Beschreibungen im *Simplicissimus* und auf die Szenen der Eroberungen und Beraubungen von Dörfern zu verweisen, an denen die bildende Kunst im 16. und 17. Jh. so reich ist.

Ein anderer Grund für die Ängste und Unsicherheit, die die Stadt- und Dorfbewohner nicht verließen, waren Hunger oder drohender Hunger als Folge schlechter Ernten. Ein großer Teil der Bevölkerung lebte in ärmlichen Verhältnissen. In Deutschland hungerte man in der

Zeit zwischen 1660 und 1807 im Schnitt alle vier Jahre (148, S. 271). Begleiter dieser Existenz am Rande des Hungers waren Feste nach der Ernte, bei denen ein Gutteil der Ernte verzehrt wurde. Ein italienischer Priester schrieb im 18. Jh. mißbilligend über die dalmatinischen Hirten: Wie die Hottentotten verbrauchen sie in einer Woche, was für Monate gereicht hätte, und nur deshalb, weil sie einen Anlaß zum Feiern hatten (94, S. 178). Dieser Wechsel zwischen langem Hunger und Maßlosigkeit beim Feiern, der sich anschaulich in dem Konflikt zwischen Fastenzeit und Karneval zeigte (s. Brueghels Gemälde), ist ein Zeichen für die unsichere Lage der dörflichen Bevölkerung, die zwangsläufig von scharfen Stimmungswechseln und psychischen Schwankungen begleitet wurde.

Die beim Übergang vom Feudalismus zum Kapitalismus einsetzende Auflösung der traditionellen dörflichen Mikrostrukturen wie etwa der Dorfgemeinde mußte ebenfalls Unruhe aufkommen lassen. Sie war eine Quelle für Konflikte innerhalb dieser zuvor in sich geschlossenen kleinen bäuerlichen Welten. In einem früheren Stadium erschöpfte sich die ganze Welt der Bauern, die von Generation zu Generation auf ihren Anwesen lebten, eigentlich in der Gemeinde. (Die russische Bezeichnung für die Gemeinde, *mir*, umfaßte eine ganze Reihe wichtiger weltanschaulicher Aspekte wie »Weltall«, »Gemeinde«, »menschliches Kollektiv«, »Frieden«, d. h. die Bedingung für das Wohl in der kleinen Gemeinschaft und in der großen Welt). In der Zeit des Übergangs vom Mittelalter zur Neuzeit jedoch wurde diese kleine Welt im bäuerlichen Bewußtsein von der großen Welt der Nation verdrängt, von der Welt des Staates, der Städte, der langen Wege. Denn auf der einen Seite verließen immer mehr Bauern ihre Dörfer, auf der anderen hielt die große Welt immer energischer Einzug ins Dorf, und zwar in Gestalt von Händlern und Hausierern, Gerichtsbeamten und Steuereintreibern, Predigern und Bettlern, Eroberern und Soldaten. Aber am qualvollsten war die innere Zerstörung der Gemeindeordnung und die Krise der dörflichen Solidarität, die durch die stärker werdenden Widersprüche zwischen den Dorfbewohnern hervorgerufen wurde. Im Zusammenhang mit dieser angespannten sozialpsychologischen Situation im westeuropäischen Dorf ist auch die sich im 16. und 17. Jh. ausbreitende Hexenjagd zu sehen.

Ganz verschiedene Faktoren beeinflußten die Psyche der Volksmassen auf ungünstige Weise und brachten Spannungen und Ängste hervor. Deshalb sollte man die Stimmen der Historiker nicht überhören, die von extremen Stimmungsschwankungen bei den Massen sprechen, welche schnell in Panik gerieten und zu plötzlichen, kurzen und irrationalen, von blutiger Grausamkeit begleiteten Ausbrüchen der Empörung neigten. Nach Meinung von E. Le Roy Ladurie trat bei solchen Ausbrüchen eine primitive Bewußtseinsschicht an die Oberfläche des öffentlichen Lebens (161, S. 681 ff.). Neben den großen, verhältnismäßig organisierten Bauernaufständen zwischen dem 16. und 18. Jh., in denen man Elemente bewußten Handelns erkennen kann, ereigneten sich auf dem Dorf ständig kleinere Aufstände. G. Rudé spricht von einer »Alltäglichkeit des Aufruhrs« im vorindustriellen Europa (202, S. 35). In der Tat zählte man allein in Aquitanien von 1590 bis 1715 450–500 Volksaufstände. In Frankreich waren es vom Jahr 1715 bis zum Beginn der Großen Revolution nicht weniger als hundert, in englischen Dörfern zwischen 1735 und 1800 genau 275 (106, S. 143). Auch gab es viele Aufstände und Meutereien in den Städten. Die hungrigen und unterdrückten Menschen hatten wenig Hemmungen, auf die Straßen zu gehen und alles ringsherum zu zertrümmern. Viele dieser Aufstände zeigen keinerlei Spuren von Standesbewußtsein und lassen keine deutlichen Absichten der Aufständischen, geschweige denn irgendeiner Programmatik, erkennen (169, S. 160, 337 ff.; 363; 172, S. 110 ff.). Die sowjetische Wissenschaftlerin A. D. Ljublinskaja kommentierte diese Aussage von R. Mandrou und bemerkte, daß, während die Teilnehmer der *Jacquerie* und anderer großer Bauernaufstände in der Zeit des entwickelten Feudalismus einen ganz konkreten Klassenfeind vor sich hatten, nämlich die Lehnsherren, dieser Feind für die Bauern im 16. und 17. Jh. überall verstreut war. Sie erblickten ihn außer in ihrem eigenen Lehnsherren in jedem Reichen, Städter, königlichen Steuerbeamten oder anderen Beamten und Richter. Durch diese Verschiedenartigkeit der Gegner fehlte ihnen die klare politische Orientierung (77, S. 294).

Ein großer Teil der dörflichen und städtischen Aufstände war eine spontane Reaktion auf eine reale oder scheinbare Bedrohung, war ein Aufflammen, das in manchen Fällen nur einen Tag andauerte. In der französischen Stadt Tarn fand 1774 eine Gerichtsverhandlung gegen Bauern statt, die einen Ingenieur getötet hatten, weil sie seine Pläne für gegen sie gerichtete, bedrohliche Zaubermittel hielten (112, S. 133). Man darf auch nicht übersehen, daß neben Bauern und städtischem Plebs der Mob eine große Rolle bei Volksaufständen spielte. Es waren Elemente, die ihren Platz in der Gesellschaft nicht finden konnten und eine Quelle ständigen Gärens waren. Aktive Teilnehmerinnen dieser Aufstände waren Frauen, besonders wenn der Grund für den Aufstand der Mangel an Brot oder hohe Preise dafür waren (226). Einzelne Aufstände hatten einen »jugendlichen« Charakter. Unter den Anhängern von Greimbl und Leimbauer, den Führern eines Bauernaufstandes in Österreich in den dreißiger Jahren des 17. Jh.s, dominierten Halbwüchsige, die sich von diesen selbsternannten Messiasfiguren hatten begeistern lassen (198, S. 276). Ein Zusammenhang zwischen alltäglichen Aufständen niederer städtischer und dörflicher Schichten und einem unter solchen Menschen verbreiteten Gefühl der Mittellosigkeit, Unsicherheit und Instabilität ist nicht zu bezweifeln.

Wie stark die soziale Atmosphäre »aufgeladen« war, zeigt die Tatsache, daß sogar aus einem Fest ein Aufstand erwachsen konnte. Nach einem Ausdruck von Y.-M. Bercé war »der Aufstand in der geheimen Struktur des Festes ›vorgezeichnet‹« (84, S. 15). Im Fest verbargen sich Keime für Konflikte. Unter bestimmten Bedingungen konnte ein Karneval, der friedlich begonnen hatte, in einem Blutbad enden. So geschah es in der Stadt Roman (Languedoc) im Jahr 1580, wo die städtischen Mächte und Reichen einen Aufstand des Plebs und der einfachen Handwerker in Blut ertränkten. Darauf fielen sie über die Bauern her, die in mehreren Trupps die Stadt erreicht hatten (164). E. Le Roy Ladurie nennt diese Erscheinung ein »eigenartiges Psychodrama«, eine »Tragödie und zugleich Ballett«, in dem Tänze den Platz politischer Manifeste einnahmen (161, S. 397).

Die demographische Struktur des vorindustriellen Europa war durch hohe Kindersterblichkeit, kurze Lebensdauer und ständig wiederkehrende Pestseuchen und andere Krankheiten geprägt. In einer Situation, in der außerdem drohende Mißernten, Hunger, feindliche Invasionen und Raub, Gewalt und Mord als ihre unerläßlichen Begleiter an der Tagesordnung waren, in einer Gesellschaft, in der man dazu neigte, für Krankheiten und Tod irgendwelche geheimnisvollen Kräfte, Dämonen und Hexen verantwortlich zu machen, wurde ein Menschenleben nicht sehr hoch geschätzt. Alle Forscher stellen übereinstimmend fest, mit welcher Leichtigkeit ein Mord begangen wurde. Morde an Kindern als Folge einer hohen Geburtenzahl waren verbreitet, denn es fehlten Verhütungsmittel und Nahrung, um zusätzliche Münder zu stopfen. Die Menschen fanden Geschmack an blutigen, grausamen Schauspielen, in denen der Tod die Hauptrolle spielte, und in den zwischenmenschlichen Beziehungen herrschte Grobheit und Aggressivität vor (169, S. 34 ff.; 60; 67; 79; 235. S. 1028). Rechtshistoriker stellen fest, daß die Neuregelung der Strafgesetzgebung im 16.–17. Jh., die eine strengere Bestrafung für Verbrechen vorsah, mit dem außerordentlichen Anstieg der Gewalt in der Gesellschaft zusammenhing (185).

Zum Ende des Mittelalters ändert sich der Charakter der Gerichtsverhandlung. Im Zusammenhang mit der Übernahme des römischen Rechtes wird die Folter eingeführt, die bei den Barbaren unbekannt war (weil sie die Würde eines freien Menschen verletzt hätte). Im 16. Jh. wird das System der Bestrafungen grausamer. Eine nie dagewesene Praxis der Verstümmelung von Verbrechern verbreitet sich, die Hinrichtung wird auf mehrere Etappen verlängert; eine Hinrichtung, bei der Menschen lebendig verbrannt werden, wird zum alltäglichen Schauspiel. Für die städtische und dörfliche Bevölkerung bekam ein solches Ereignis etwas Zwingendes und Faszinierendes zugleich, das sie wie ein Volksfest anzog (206, S. 31–48).

Neben den *Mysterienspielen* existierte ein »Hinrichtungstheater«. Darin spielte selbst der Verurteilte die ihm zugewiesene Rolle: Er war eine Art »Bußopfer«. Der Spezialist für Dämonologie Jakob I. bestätigte, daß die Vernichtung einer Hexe »ein Rettungsopfer für den Geschädigten« sei (224, S. 157). Die Blutrache war gesetzlich verboten (obwohl es sie faktisch noch gab). Ein gewisser Ersatz dafür war die Hinrichtung des Verbrechers vor dem Haus des Klägers. Die Kunst (man denke zumindest an die Gravuren von Callot) spiegelt diese dunkle Seite des sozialen und geistigen Lebens mit großer Genauigkeit und Ausdruckskraft wider. Auf keinem Landschaftsgemälde dieser Zeit fehlt der Galgen oder das Folterrad; Theateraufführungen über das Leben der Heiligen sind angefüllt mit Märtyrerszenen (107, S. 29 ff.). Todes-, Folter- und Hinrichtungsszenen konnten nicht ohne Einfluß auf die Wahrnehmung und Psyche der Stadt- und Dorfbewohner bleiben. Bei den Blutgerichten kam ihnen nicht nur die Rolle von Zuschauern zu; nicht selten waren sie unmittelbar daran beteiligt. Die Zeit der Religionskriege in Frankreich, Deutschland und anderen Ländern ist reich an Fällen von Lynchjustiz breiter Bevölkerungskreise an Verbrechern, die ihnen in die Hände fielen. Katholiken unterschieden sich in dieser Hinsicht nicht von Protestanten. Brutale Morde wurden von Leichenschändungen begleitet. N. Z. Davis spricht von einer »rituellen Grausamkeit« der Massen am Ende des Mittelalters und Anfang der Neuzeit (102, S. 181).

Typische massenpsychologische Phänomene der Bevölkerung Westeuropas im 15.–17. Jh. sind eine starke Erregbarkeit, die Folge des chronischen Hungers der Mehrzahl der Bevölkerung, und das Unvermögen, Natürliches von Übernatürlichem zu trennen. Außerdem verfügte der Mensch noch nicht über Mittel zur Naturbeherrschung und hatte ein

Gefühl der Ohnmacht gegenüber den Naturgewalten. Die Herrschaft der mündlichen Kultur trug stark zur Vermehrung von Aberglauben, Gerüchten und unkontrollierten kollektiven Paniken bei. Das Bild, das die moderne Historiographie zeichnet, unterscheidet sich in vielem von dem, in welchem nach M. M. Bachtin konstitutives Element ein lebensbestätigendes karnevalistisches Lachen war. In der Situation religiöser Kriege, sozialer Konflikte und Verfolgungen der Hexen und Häretiker blieb für die Kultur des Lachens, die sich nach Bachtin im Roman Rabelais' (63) auf die Ebene der »großen« Literatur emporgeschwungen hatte, in der zweiten Hälfte des 16. Jh.s und der ersten Hälfte des 17. Jh.s nicht viel Platz übrig.

2.

Wie N. Elias zeigte, kam seit dem Ende des Mittelalters ein Prozeß in Gang, den er Zivilisationsprozeß nennt und der die menschliche Persönlichkeit und die zwischenmenschlichen Beziehungen grundlegend umstrukturierte. Als seine äußeren Symptome führt Elias u. a. Änderungen im Rechtswesen und in den Alltagsgewohnheiten an, die in den oberen Gesellschaftsschichten begannen und sich dann allmählich auf breitere Schichten ausdehnten. Dazu gehören zum Beispiel Tischmanieren. In Werken zu diesem Thema, die besonders zahlreich seit dem Ende des 15. und im 16. Jh. erschienen, werden Benimmregeln für junge Leute von »guter Herkunft« festgeschrieben. Diese Vorschriften mögen angesichts moderner Standards des guten Benehmens primitiv und selbstverständlich erscheinen, für die damalige Zeit waren sie aber wahrscheinlich etwas Neues oder wenigstens eine soziale Norm, die unter den Adligen am absolutistischen Hof noch gefestigt werden mußte. Das in diesen Traktaten verurteilte Benehmen bei Tisch – unter den Verfassern findet man übrigens Autoren wie Erasmus von Rotterdam – wird als unzivilisiert, grob und tierisch abqualifiziert und als typisches Benehmen von Bauern eingeschätzt (*agrestium, geburisch, rusticite*).

Diese Gegenüberstellung von »Zivilisiertheit« (der Begriff festigt sich eben zu dieser Zeit) und »bäuerlicher Grobheit« ist äußerst bezeichnend. Was früher in Europa für die ganze Gesellschaft galt, kennzeichnet heute nur mehr die einfachen Menschen, die wild geblieben sind. Sie essen mit den Händen und wischen sie an den Rockschößen ab, während ein wohlerzogener Mensch mit der Gabel ißt (diese war gerade in Europa eingeführt worden und daher noch eine Seltenheit) und die Serviette benutzt. Jene essen von einem gemeinsamen Teller und genieren sich nicht, ein

Stück, von dem sie schon abgebissen haben, zurückzulegen, ein zivilisierter Mensch hingegen hat seinen eigenen Teller. Die Plebejer trinken die Suppe aus einer allgemeinen Schüssel und den Wein aus einem einzigen Becher oder Schale und trocknen sich danach den Mund nicht ab. Sie spucken auf den Tisch, rülpsen, niesen und wenden sich dabei nicht vom Nachbarn ab; ein Adliger tut so etwas nicht oder darf es nicht tun (115, S. 75 ff.).

Es soll hier nicht betont werden, daß einfache Menschen keine guten Manieren hatten; ebensowenig möchte ich hier illustrieren, daß ihre Alltagsgewohnheiten einfach und grobschlächtig waren, denn das ist ganz offensichtlich. Es geht um einen wesentlicheren Zug der menschlichen Persönlichkeit. Bei den Tischmanieren kann man wie bei allen anderen Formen des sozialen Verhaltens eine Grenze ausmachen, die das eine Individuum vom anderen trennt. Diese Grenze erweist sich als in historischer Hinsicht beweglich. In dem hier untersuchten Zeitraum grenzte sich ein Mensch offensichtlich noch nicht so deutlich von den anderen ab wie in späterer Zeit. Essen und Trinken aus einem gemeinsamen Geschirr war für ihn etwas Selbstverständliches. Als Grund dafür, daß es in adligen Kreisen zur Norm wurde, daß bei Mahlzeiten jeder sein eigenes Besteck hatte, führt Elias das Prestige und die Achtung an, die ihm dadurch von den nichtadeligen Anwesenden entgegengebracht werden mußten. Hygienische Erklärungen kamen erst später. Unter den Bauern hielten sich einfache und grobe Essensmanieren länger als in anderen Gruppen der Gesellschaft.

Dasselbe kann man auch bei anderen Alltagsnormen und -gewohnheiten beobachten; zum Beispiel verlief der Prozeß der »Intimisierung« der Schlafgewohnheiten sehr langsam. Lange schlief man zu zweit oder mehreren in einem Bett, ganz zu schweigen von einem eigenen Zimmer. Das sexuelle Leben im Mittelalter war noch nicht so geheimnisumwoben wie zu einem späteren Zeitpunkt und wurde vor allem nicht so radikal vor den Blicken der Kinder verborgen. Die Befriedigung der natürlichen Bedürfnisse, die in der Neuzeit ganz hinter die Kulissen des öffentlichen Lebens zurückgetreten ist und über die man nicht spricht, war im Mittelalter nicht von einer solchen Mauer der Scham umgeben. In Belehrungen über gute Sitten des 16.–18. Jh.s wird adligen jungen Männern nahegelegt, daß man diese Bedürfnisse nicht vor den Augen anderer befriedigen dürfe. Unter einfachen Menschen waren solche Normen jedoch nicht geläufig (115, S. 174 ff.). Als Illustration dafür können Gemälde von Brueghel dienen. Auf dem Bild »Dorfhochzeit« sind unter den Festteilnehmern Männer, die zur Mauer gehen, um zu pinkeln. Weder sie noch die Tanzenden sehen darin etwas Unnatürliches oder Unanständiges.

Die »Barriere der Schamhaftigkeit«, die die »atomisierte« Persönlichkeit der Neuzeit umgibt, gab es damals in dieser Form noch nicht, bzw. sie verlief anders als heute. Als sie sich langsam aufbaute, betraf diese Zivilisationsbewegung vor allem die höhere Gesellschaftsschicht. Nach und nach verbreitete sie sich über ihre Grenzen hinaus, und erst ganz zum Schluß erreichte sie die dörfliche Bevölkerung. In diesen Besonderheiten der Sitten des 16.–17. Jh.s kann man Symptome des Selbstbewußtseins eines Menschen sehen, der sich innerlich noch nicht so sehr von der sozialen Umgebung isoliert hatte, um das Bedürfnis zu verspüren, bestimmte Aspekte seines alltäglichen Verhaltens hinter einer »Mauer von Affekten« zu verbergen und dieses Bedürfnis zur festen Gewohnheit und zum Automatismus werden zu lassen.

Aus diesen Beispielen kann man zumindest zwei Dinge folgern. Erstens hat der Zivilisationsprozeß nach N. Elias die Gesellschaft nicht gleichmäßig erfaßt. Er begann »oben« und führte dadurch zu einer weiteren Abgrenzung ihres aristokratischen Teils vom Plebs und zur Verstärkung des kulturellen Gegensatzes zwischen Adel und einfachen Menschen. Die Aristokratie verkörperte Kultur, Bildung, Manieren und Gewohnheiten, die eines feinsinnigen Menschen würdig waren. Einfache Menschen, vor allen Dingen Bauern, schienen überhaupt außerhalb der menschlichen Gesellschaft zu stehen. Es ist kein Zufall, daß in den erwähnten Traktaten und Belehrungen Bauern und Tiere im gleichen Atemzug genannt werden (115, S. 111 f., 117, 123, 125, 131). Diese Gleichstellung spricht Bände!

Zweitens war das Wachsen des menschlichen Selbstbewußtseins, das sich unter anderem in dem Bedürfnis äußerte, sich abzugrenzen, im dörflichen Milieu am wenigsten zu spüren. Ein kollektivistisches Bewußtsein, die traditionelle Gruppenzugehörigkeit, die schwierige unterdrückte Lage und ein allgemeiner »Idiotismus des dörflichen Lebens« bremsten die Entwicklung der Persönlichkeit bei den Bauern. Diese konnte sich erst nach dem Verlassen des Dorfes und dem Bruch mit der früheren Existenz herausbilden. Unter den Humanisten, Aufklärern und Vertretern von Religion und Kirche des 16.–18. Jh.s gab es viele ehemalige Dorfbewohner. Es waren aber Menschen, die aus der Routine der Arbeit und des Alltags auf dem Lande ausgebrochen waren.

Ein wichtiges Indiz für die soziale und psychologische Befindlichkeit einer Gesellschaft ist das Verhältnis zum Kind. Wie Ph. Ariès gezeigt hat, war dieses Verhältnis gerade am Ende des Mittelalters und zu Beginn der Neuzeit einer wesentlichen Wandlung unterworfen. Allmählich beginnt man, sich der Besonderheiten der Kindheit bewußt zu werden. Die Bindung der Eltern zu ihren Kindern nimmt neue Formen an; die Familie wird zu einer Zelle, in deren Rahmen sich die Kindererziehung abspielt. Früher zentrierte sich die Familie nicht um die Kinder, sondern sie wurden eher als »kleine Erwachsene« empfunden (82). Das Quellenmaterial, auf das sich Ariès stützt, bezieht sich jedoch am ehesten auf die bürgerliche und aristokratische Familie. Die Historiker wissen wenig über das Verhältnis zu Kindern bei den Bauern und unteren Schichten der Stadtbewohner.

Ein Kind wurde in einfachen Familien von klein auf an Arbeit gewöhnt und dabei nicht selten hart angefaßt. Die Kindersterblichkeit, die sehr hoch war, betrachtete man als unvermeidliches Übel. Die Familie brauchte Arbeiter und Gehilfen, aber keine zusätzlichen Esser. Das gleiche Verhältnis hatte man auch zu den wenigen Alten des Dorfes (die meisten Menschen starben, bevor sie alt wurden); eine besondere Verehrung wurde diesen abhängigen Familienmitgliedern nicht zuteil. P. Goubert bemerkt, daß in Kirchenbüchern Eintragungen über den Tod von Erwachsenen vorgenommen wurden, aber sehr selten über den Tod von Kindern. Es drängt sich eine Frage auf: Was dachten und fühlten Eltern, die ihr Kind verloren hatten (127, S. 110, 304)? Goubert schließt Gleichgültigkeit nicht aus. Gerichtsprotokolle zeigen aber: Eltern, die eine Hexe in Verdacht hatten, der Gesundheit ihres Kindes geschadet zu haben, blieben nicht passiv und indifferent. Auch die Einwohner des Pyrenäendorfes Montaillou, deren Meinungen und Stimmungen am Anfang des 14. Jh.s von der Inquisition festgehalten wurden, haben ihre elterliche Liebe und ihren Kummer beim Tod eines Kindes nicht verborgen (162). Wahrscheinlich ist eine eindeutige Beantwortung der Frage nicht möglich.

In dem hier betrachteten Zeitraum weitet sich die schulische Erziehung der Kinder nicht nur in den Städten, sondern auch in vielen Dörfern aus. Gelehrt wird Lesen, Schreiben, Rechnen und die Grundlagen der Religion. Die Kirche und die weltlichen Mächte bemühten sich um eine religiöse und moralische Unterweisung des Volkes und um die Kontrolle über sein Bewußtsein. Schon die Tatsache, daß ihre Kinder unterrichtet wurden, machte die Eltern darauf aufmerksam, daß die Kindheit ein spezifisches psychologisches Phänomen ist. Dies war sogar der Fall, wenn Eltern (wie Luther, der dabei einfache Menschen im Auge hatte, feststellte) kein besonderes Interesse daran hatten, daß ihre Sprößlinge eine Ausbildung bekamen.

Die Kindheit selbst war relativ kurz. Schon früh mußten Heranwachsende ein selbständiges Leben führen. Von Kindesbeinen an galt auch für sie das Strafgesetz. Als man feststellte, daß häufig Kinder die Opfer von Hexenprozessen waren, wurden Verbrennungen von Mädchen bis zum 12. und Jungen bis zum 14. Lebensjahr auf dem Scheiterhaufen verboten (182, S. 102).

Inwiefern ist der »Fall Martin Guerre« repräsentativ für die soziale und psychologische Situation des Bauerntums im 16. Jh. und besonders für die Entwicklung der Individualität in diesem Milieu? Diese Frage ist schwer zu beantworten. Es geht um eine Episode aus dem Leben südfranzösischer Bauern, die N. Z. Davis untersucht hat. Ein Bewohner eines Dorfes südlich von Toulouse namens Martin Guerre ging 1550 aus seinem Dorf fort, verließ seine Frau und Verwandten und verdingte sich als Soldat und schließlich als Diener, als er im Krieg ein Bein verloren hatte. Nach sechs Jahren kam ein gewisser Arnaud du Tilh in sein ehemaliges Dorf und gab sich für Martin Guerre aus. Guerres Ehefrau Bertrande hielt ihn für ihren Mann. Ernsthaft bezweifelte niemand die Behauptung des Neuankömmlings, weder im Dorf noch in der Familie. Erst nach ein paar Jahren, als zwischen Bertrandes Verwandten und dem Selbsternannten Vermögenskonflikte aufkamen, wurde er beschuldigt, sich für jemand anderen auszugeben als er war. Bertrande, die schon eine Tochter vom »neuen« Martin Guerre hatte, schloß sich schließlich den Beschuldigern an. Die Zeugen im Toulouser Parlament, wo die Sache verhandelt wurde, sagten nicht einstimmig aus: Die einen behaupteten, Bertrandes Mann habe sich selbst dazu ernannt, andere bestanden darauf, er sei der echte Martin Guerre. Es ist interessant, daß es sogar unter den nächsten Verwandten Guerres keine Einstimmigkeit gab. Der Richter tendierte dazu, die Beschuldigung abzuweisen, als in den Gerichtssaal des Parlaments unerwartet für alle der echte Martin Guerre eintrat. Das Schicksal des Betrügers war besiegelt: Er wurde verurteilt und 1560 hingerichtet (103).

N. Z. Davis stellt fest, daß es damals zur Identifizierung des »neuen« Martin Guerre weder Fotos noch Fingerabdrücke oder Originalhandschriften, noch, fügen wir hinzu, Papiere gab. Sie vermutet, man könne den Erfolg des Betrügers dadurch erklären, daß Arnaud du Tilh Martin Guerre irgendwo kennengelernt, Einzelheiten über das Leben in seinem Dorf und über seine Frau, Verwandten und Nachbarn von ihm erfahren habe. Dadurch habe er alle hinters Licht führen und relativ lange im Dorf wie »einer von ihnen« leben können. Die Forscherin bemerkt ganz richtig, daß wir es hier nicht mit einer Verwechslungskomödie oder einem Schelmenstück zu tun haben, in denen eine Person sich mit Leichtigkeit für eine andere ausgibt, sondern mit einem realen Fall aus dem französischen Dorfleben und der juristischen Praxis, einem *cause célèbre*, den der Richter selbst beschrieben hat. Dennoch fällt es sehr schwer, sich in die Psychologie der Verwandten Martin Guerres hineinzuversetzen, einschließlich seiner Brüder und Schwestern, die zusammen mit ihm aufgewachsen sind und in vier Jahren des Zusammenlebens mit dem Selbsternannten den Betrug nicht erkennen konnten! Muß man nicht vermuten, daß die menschliche Individualität und ihre unwiederholbaren Züge damals anders wahrgenommen wurden als heute, zumindest im bäuerlichen Milieu?

Führen wir uns einen weiteren Umstand vor Augen: Ein Bauer wußte manchmal nicht, wie alt er war. In Gerichtsprotokollen von Hexenprozessen wurden die Aussagen der Angeklagten schriftlich fixiert. Immer wieder bestimmen sie ihr Alter nach dem folgenden Muster: »X Jahre alt oder so ungefähr« (182, S. 89, 99 ff., 146 ff.). Übrigens war die Tatsache, daß man sein Alter nicht wußte, ganz allgemein typisch für die mittelalterlichen Menschen mit ihrem besonderen Verhältnis zur Zeit (121, S. 145 ff.).

Diese Betrachtung des sozialpsychologischen Klimas in Westeuropa beim Übergang vom Mittelalter zur Neuzeit konnte beim heutigen Wissensstand nur fragmentarisch, allgemein und daher vergröbert ausfallen. Ich denke aber, daß sie die Besonderheiten der menschlichen Psyche in damaliger Zeit und die um sich greifende Angst besser zu verstehen hilft und man sich dadurch ein besseres Bild von dem mentalen Hintergrund machen kann, auf dem die Ideen von der Arglist der Hexen und der Notwendigkeit, einen vernichtenden und unnachgiebigen Krieg gegen sie zu führen, wuchsen.

Um den historischen Kontext zu erweitern, möchte ich mich nun einem zweiten grundlegenden Problem zuwenden, das meiner Meinung nach eng mit der Hexenjagd verbunden ist: Im folgenden geht es, wieder in ganz allgemeiner Form, um das Problem der Volkskultur dieser Übergangszeit.

3.

Die Kultur der einfachen Leute war im 16. – 17. Jh. merklichen und wesentlichen Veränderungen ausgesetzt; die allgemeine Entwicklung der europäischen Zivilisation konnte auch an den kleinen Städtern und Bauern nicht spurlos vorübergehen. Gleichzeitig blieben aber die Hauptmerkmale aus der eigentlich mittelalterlichen Epoche erhalten.

Für diese Veränderungen war wesentlich, daß die Schichten der Gesellschaft an das Buch herangeführt wurden, die früher keinen Zugang dazu gehabt hatten. Die Erfindung und Ausbreitung des Buchdrucks revolutionierte die soziale Kommunikation, verbreitete kulturelle Errungenschaften und veränderte letztlich die Struktur des gesellschaftlichen Bewußtseins. Dies ist im wesentlichen darauf zurückzuführen, daß immer mehr Menschen lesen und schreiben lernten. Unter den Bedingungen einer Buchkultur entstand im Gegensatz zur mündlichen Kulturwelt ein ganz neuer Typ von Persönlichkeit. Die vorherrschende auditive Wahrnehmung verlagerte sich teilweise in Richtung visuelle Wahrnehmung, welche für das soziale Verhalten eine stabilere Grundlage bildet. Der Mensch ist weniger abhängig von zufälligen, wechselnden und zweifelhaften Gerüchten und von Fehlleistungen sowohl des eigenen Gedächtnisses als auch des Gedächtnisses anderer.

Die praktischen Alltagsgeschäfte können sich von nun an auf Dokumente stützen, in denen sie genau festgehalten werden. Die Parameter des Gedächtnisses ändern sich qualitativ. Unter Bedingungen, in denen die mündliche, folkloristische Kultur vorherrscht, reicht das Gedächtnis nur wenige Generationen von Verwandten und Nachbarn zurück. Man könnte hier von »Inseln des Gedächtnisses« sprechen. Dahinter beginnt die grenzenlose Herrschaft des Mythos und Märchens, welche keinen zeitlichen Schranken unterworfen sind. Ein Gedächtnis hingegen, das durch das Buch diszipliniert wird, wird zum historischen Bewußtsein. Dieses konnte nur in das Bewußtsein einer breiten Öffentlichkeit eindringen, weil die Buchkultur den Siegeszug angetreten hatte.

Im Mittelalter waren Bücher rare und teure Handschriften, in der Regel wahre Kunstwerke. Als sakrale Gegenstände waren sie nur für eine kleine Gruppe gebildeter Leute vorgesehen; die Masse der Bevölkerung hatte überhaupt keinen Zugang zu ihnen. Die Erfindung des Buchdrucks eröffnete dann praktisch allen die Möglichkeit, auf Informationen zugreifen zu können, die nicht mehr nur in einem einzigen menschlichen Gedächtnis gespeichert wurden. Der Einzug des gedruckten Buches in den Mechanismus der Kultur demokratisierte das Wissen.

Und tatsächlich nahm der Prozentsatz der Menschen, die zumindest ein bißchen lesen und schreiben konnten, während der hier untersuchten Zeit und besonders zu ihrem Ende lawinenartig zu. Die Menge der

Druckproduktion wuchs unaufhaltsam. Ein Buch, eine Broschüre, ein Plakat oder ein Flugblatt wurden einer immer größeren Zahl von Einwohnern Westeuropas zugänglich. Dieser Prozeß verlief jedoch nicht gleichmäßig, sondern erfaßte zu unterschiedlichen Zeiten verschiedene Länder und Provinzen. So konnte man in Deutschland bis zum Dreißigjährigen Krieg eine Zunahme der Schriftkundigkeit feststellen; nach dem Krieg war diese Entwicklung in der Situation allgemeinen Verfalls rückläufig (148, S. 180).

Natürlich breitete sich die Schriftkundigkeit in den Städten um ein Vielfaches schneller aus als in den Dörfern. Die mit der Erfindung des Buchdrucks verbundene revolutionäre Entwicklung ist in den städtischen Zentren der neuen Zivilisation anschaulich zu beobachten. In Dörfern dagegen konnte man Lese- und Schreibkundige einzeln zählen. Fast alle Frauen auf dem Dorf waren Analphabetinnen. Was die Männer betrifft, konnten zum Beispiel im Languedoc in den 70er bis 90er Jahren des 16. Jh.s 3 % der Knechte und 10 % der wohlhabenden Bauern ihren eigenen Namen schreiben (161, S. 345–347). M. Vovelle berichtet von einem »kulturellen Bauernghetto« in der Provence im 17. und 18. Jh., in dem die Schriftkundigkeit bei Männern 4–8% nicht überstieg (237, S. 338). P. Goubert schätzt den Prozentsatz der Schriftkundigkeit bei den französischen Bauern ein bißchen höher ein als andere Autoren. Seiner Meinung nach konnten am Ende des 17. Jh.s fast die Hälfte der Männer und ein Viertel der Frauen ihre Unterschrift unter notarielle Akten setzen, die eine Ehe rechtskräftig machten (127, S. 82). Nach R. Muchembled hatte in dieser Zeit die »Zivilisation der Schriftkundigkeit« etwa ein Drittel der Männer und nicht ganz ein Siebtel der Frauen wenigstens in elementarer Form erreicht (182, S. 208). Die Zahlen weichen voneinander ab, das allgemeine Bild bleibt dasselbe: Der größte Teil der Dorfbevölkerung konnte nicht lesen und schreiben.

Im Dorf war es vor allem der Pfarrer, der lesen und schreiben konnte. Aber auch die Dorfpfarrer hatten sehr wenige Bücher, wie die Protokolle von Bischofsvisitationen zeigen. Manchmal gab es in Dörfern auch andere Menschen, die mehr oder weniger der Schrift mächtig waren, aber die überwiegende Zahl der Gemeinden stand wie früher ganz und gar unter dem elementaren Einfluß der mündlichen Kultur. Wenn es in einem Dorf einen oder mehrere schriftkundige Menschen gab, konnten sie natürlich die gedruckte Information bis zu einem gewissen Grad ihrer Umgebung zugänglich machen. Ein Buch, eine Broschüre oder einen Almanach las man vor oder erzählte seinen Inhalt nach.

Während der Reformation und Gegenreformation mobilisierte sowohl die katholische als auch die protestantische Kirche die Geistlichen energisch zu effektiveren Predigten vor den Städtern und besonders den Bauern, die sich in Fragen der Religion am wenigsten auskannten. Eine Reihe von Maßnahmen wurde durchgeführt, die zur Verbreitung des Buchs und der Schriftkundigkeit beitrugen. In manchen Dörfern wurden Gemeindeschulen gegründet. Man hielt es für notwendig, die Bauernkinder wenigstens in elementarer Form das Schreiben und Lesen zu lehren, damit sie Gottes Wort besser verstehen konnten. Solche Schulen waren aber nicht zahlreich; oftmals fehlten Lehrer. Dorfkinder, deren Arbeit eine nicht unwichtige Hilfe im Haushalt war, konnten die Schule nur unregelmäßig besuchen. Außerdem verließen Bauernsöhne, die lesen und schreiben gelernt hatten, oft das Dorf, wurden Handwerker oder bereiteten sich darauf vor, die Priesterweihe zu empfangen. Trotzdem bemühte sich die Kirche darum, daß ein einfaches Gemeindemitglied den Katechismus zu lernen imstande war, der in Form von Fragen und Antworten ein Minimum religiöser Kenntnisse vermittelte.

In der Zeit zwischen der Erfindung des Buchdrucks Mitte des 15. Jh.s und der Reformation waren drei Viertel aller Druckerzeugnisse religiösen Inhalts, z. B. »Imitatio Christi«, »Spiegel der menschlichen Rettung«, »Armenbibel«, »Ars moriendi« und ähnliche Werke. Vor der Reformation besaßen sogar Geistliche in seltensten Fällen eine Bibel; im 16. Jh. war sie das häufigste Druckerzeugnis. Seit Luthers Bibelübersetzung entfaltete sich in den 20er und 30er Jahren in ganz Europa eine fieberhafte Übersetzungtätigkeit der Heiligen Schrift in die Nationalsprachen, und zwar sowohl in den Reformationsländern als auch bei den Katholiken. Die Bibelübersetzung war von sehr großer öffentlicher und kultureller Bedeutung. Sie wirkte sich stark auf die Entwicklung der Sprache und Literatur aus. Die Heilige Schrift, die früher nur im Besitz von Priestern zu finden war, wurde in den Übersetzungen praktisch für alle zugänglich. Erstens, weil sie von Wales und Schweden bis zu den Tschechen und Ungarn in hohen Auflagen erschien, und zweitens, weil immer mehr Leute sie lesen konnten.

Der Katechismus, die »Bibel der einfachen Menschen«, war den Bauern und kleinen Bürgern jedoch verständlicher. Besonders verbreitet war er in protestantischen Ländern. Eine neue Bedeutung bekam nach dem Aufkommen der Buchdruckerkunst die Predigt. Das Werk von J. Bunyan zum Beispiel, »The Pilgrim's Progress« (1678), erreichte bis zum Ende des 17. Jh.s 22 Auflagen und wurde aus dem Englischen in viele Sprachen übersetzt. Neben dem Katechismus dominierten unter der Literatur, die für die geistliche Unterweisung des Volkes vorgesehen war, Heiligenviten, religiöse Lieder und Weihnachtserzählungen.

Als die Kirche begonnen hatte, den einfachen Menschen den Zugang zum Inhalt religiöser Texte zu ermöglichen, kam jedoch bei ihr auch Besorgnis auf. Früher war die Gemeinde nur vom Pfarrer oder Prediger in religiösen Fragen unterwiesen worden; dieses Monopol war jetzt aufgehoben. Man konnte nicht vorhersehen, was der eine oder andere wißbegierige Leser aus der Bibel schöpfen würde. »Ist Bibellesen das richtige für dich?«, fragte ein Inquisitor einen Häretiker, der 1552 in Lyon im Gefängnis saß. »Du bist doch ein Handwerker, und du hast keine Kenntnisse.« »Die Bibel gehört allen Gläubigen, damit sie sich des Weges zur Rettung bewußt werden können«, antwortete der Gefangene. Der französische Jesuit schrieb: »Gott ist es nicht lieb, seine Geheimnisse den einfachen Menschen zu öffnen. Sie werden von irgendwelchen Apostelworten entflammt, die schlecht zitiert oder noch schlechter verstanden worden sind, und dann ziehen sie die Messe in Zweifel und stellen Fragen« (102, S. 220–221). Die Erfahrung des Bauernkrieges in Deutschland zeigte anschaulich, wie Bibel und Evangelium bei den Bauern, die sich erhoben hatten, und anderen niederen Bevölkerungsschichten zu einer starken Waffe werden konnten. Flugblätter und Pamphlete wurden in der Reformationszeit in Deutschland zu Tausenden verbreitet. Sie wurden auf Märkten, in Tavernen, in Kirchen und auf Dorffesten vorgelesen. Im 18. Jh. äußerten gebildete Menschen in Deutschland die Meinung, daß es schlecht sei, die Bauern zu klug zu machen, und daß man ihrer Ausbildung eine Grenze setzen müsse. Dieser Meinung war auch Friedrich II. von Preußen, der befürchtete, daß ein schriftkundiger Mensch das Dorf würde verlassen wollen (148, S. 176, 199–200). Auch Voltaire sah in der Ausbildung der einfachen Menschen eine Bedrohung.

Neben religiösen Texten in den nationalsprachlichen Übersetzungen erschienen zahlreiche Titel weltlichen Inhalts, die für breite Bevölkerungsschichten gedacht waren. Diese Bücher oder eher Broschüren von etwa 20 Seiten Umfang, auf schlechtem Papier gedruckt und sehr billig, wurden von Kolporteuren und umherreisenden Kleinhändlern verbreitet. In Frankreich waren im 17.–18. Jh. die Hefte der »Blauen Bibliothek« aus Troyes besonders populär. Der Name erklärt sich aus der Farbe der Umschläge. Forscher meinen, daß das Hauptverbreitungsgebiet dieser Publikationen das Dorf war, weil es in der Stadt viele andere Informationsquellen gab, die dem einfachen Volk zugänglich waren. Die Autoren dieser Bücher waren anonym. Wahrscheinlich bekamen sie Aufträge von einem Druckerverleger, der mit Hilfe der Austräger aufmerksam die Lesernachfrage verfolgte. Nach R. Mandrous Meinung könnte eine Analyse dieser von Druckern aus Troyes herausgegebenen Druckerzeugnisse, von denen 450 Titel erhalten geblieben sind, den Zustand der Volkskultur widerspiegeln.

Welche Thematik wird in den Heften der »Blauen Bibliothek« behandelt? Es sind mythologische Erzählungen, Märchen über Feen und Zauberer, Erzählungen über Zauberei und Wundertaten, Ritterromane, Kalender und Heiligenviten, moralistische und fromme Werke, schlüpfrige *Farcen*, Erzählungen über Räuber, über Liebe und Tod oder Liederbücher. Höchst populär waren astrologische Mitteilungen. Die Astrologie sollte eine Hilfe bei der Vorhersage der Zukunft, der Heilung von Krankheiten und für eine gute Ernte sein. Das Thema Schicksal interessierte die Leser der Heftchen sehr. Die Helden dieser Kolportageliteratur, die sich an einfache Menschen richtete, sind Karl der Große, Roland, Olivier, der Verräter Ganelon, Ritter vom Typ Ogiers des Dänen oder die Kreuzfahrer. Helden der mythologischen Erzählungen sind Gargantua, Till Eulenspiegel oder Skaramusch. R. Mandrou betont das aktive Interesse der Leser an der übernatürlichen Welt und schätzt diese Druckerzeugnisse als eine »Literatur der Lebensflucht« (*littérature d'évasion*) ein (170, S. 40). Obwohl man unter den Büchern der »Blauen Bibliothek« Werke findet, die Erziehung, Handwerk, Arithmetik und – besonders häufig – medizinische Grundkenntnisse betreffen, sind sie im ganzen weit entfernt vom Alltagsleben und ziehen den Leser in eine phantastische Zauberwelt (172, S. 157).

In den Bänden der »Blauen Bibliothek« sucht man vergebens nach Namen von Philosophen, Wissenschaftlern und Schriftstellern der Aufklärung oder wenigstens nach einer mittelbaren Widerspiegelung ihrer Ideen. Diese Literatur bezieht sich auf die Vergangenheit. Sie entlehnt ihre Themen und Sujets meistens dem Mittelalter. Hier kann man beobachten, wie die aristokratische und ritterliche Kultur umgestrickt und an den weniger anspruchsvollen Geschmack des Plebs angepaßt wird. Die Geschichte findet darin insofern einen Widerhall, als sie in mythologische und legendäre Erzählungen und Anekdoten, in denen einzelne historische Fakten mit Fabeln vermengt werden, umgearbeitet wird.

Bezüglich ihrer sozialen Problematik wird die Gesellschaft in der Kolportageliteratur »schamhaft« und einseitig dargestellt: Massenausbeutung, Klassenantagonismen, Hunger, religiöse Krisen und die erdrükkende Steuerlast finden hier keinen Niederschlag. Der vorherrschende Ton dieser Erzählungen sind sozialer Konformismus und Fatalismus. R. Mandrou nennt dieses Konglomerat aus Glauben, Wissen und Ideen, welche zum Teil durch die Folklore aus einer früheren Zeit entlehnt wurden, »Volkskultur« und stellt fest, daß diese in den zwei Jahrhunderten der Existenz der »Blauen Bibliothek« nichts von ihrer Stetigkeit verloren hat. Aber er gibt auch zu, daß diese Summe von Sujets und Erzählungen eine »Form der Verfremdung der Volkskultur« darstellt (170, S. 40).

Der Meinung R. Mandrous und G. Bollèmes (90) wurde aber seitens anderer Forscher mit plausiblen Einwänden begegnet (102, S. 190, 123). Man kann sich kaum eine Vorstellung von der Volkskultur, unter anderem der Bauernkultur, im 17.–18. Jh. machen, wenn man nur den Inhalt der Heftchen und Almanache berücksichtigt, die den einfachen Menschen zur Verfügung standen. Denn man weiß nichts darüber, wie sie diese Werke rezipiert haben und was genau sie in ihnen wahrgenommen haben. Mandrou vermutete wahrscheinlich, daß ihre Wahrnehmung vollkommen passiv war. Es gibt aber keine Gründe für diese Annahme. Wir haben es hier eher mit einer Kultur *für* das Volk, die dem Volk angeboten oder aufgedrängt worden ist, zu tun. Es handelt sich nicht um Volkskultur im direkten Sinne des Wortes; daher wäre es unvorsichtig, aus den Heften der »Blauen Bibliothek« Teile des Weltbildes des einfachen Menschen ableiten zu wollen. Wenn man den geringen Grad der Schriftkundigkeit der dörflichen Bevölkerung in dieser Zeit berücksichtigt, gibt es keinen Grund, die Wirkung der populären Literatur zu überschätzen. Die Bauernkultur blieb mündlich und folkloristisch.

Auf welche Art und Weise einfache Menschen die Literatur rezipierten, die ihnen von Kolporteuren angeboten wurde, bleibt unbekannt. Man kann aber dank der Forschungen des italienischen Historikers C. Ginzburg einen Blick in das »geistige Labor« zumindest eines Dorfbewohners, der in der zweiten Hälfte des 16. Jh.s lebte, werfen. Es handelt sich um den Müller aus Friaul (italienische Ostalpen) Domenico Scandella, genannt Menoccio. Von der Inquisition des Papstes wurde er zweimal wegen des Verdachts auf Häresie festgenommen. Letztendlich büßte er sein Leben auf dem Scheiterhaufen ein, und zwar ungefähr zur selben Zeit wie Giordano Bruno (Ende 1600 oder Anfang 1601). Protokolle der Vernehmungen Menoccios, in denen er seine ungewöhnlichen Ansichten ziemlich frei und offen darstellt, sind erhalten geblieben. Dieser dörfliche Denker hatte seine eigenen Anschauungen über die Welt, Gott, Christus und die Kirche, welche sich wesentlich von den orthodoxen

Auffassungen unterschieden, aber nicht mit irgendeiner in damaliger Zeit bekannten Häresie übereinstimmten.

Gott und die Engel sind nach seinen Worten im Urchaos entstanden, ungefähr so wie Würmer in reifendem Käse. Christus ist Gottes Sohn in dem Sinne, in dem alle Menschen Gottes Kinder sind. Er wurde aus der Ehe Marias und Josephs heraus geboren und konnte daher nicht auferstehen. Er ist lediglich ein heiliger Gerechter und Prophet, aber seine göttliche Natur spricht Menoccio ihm ab. An die Hölle glaubt der Philosoph vom Dorfe nicht, ebensowenig an die Unsterblichkeit der Seele und an den göttlichen Geist des Evangeliums (alle religiösen Texte, behauptet er, sind von Geistlichen und Mönchen zu ihrem eigenen Nutzen erdacht worden). Er hält sich für einen Christen und will auch ein solcher bleiben, weil es die Religion seiner Vorfahren ist. Er erkennt aber auch das Recht der Religionen anderer Völker an, etwa die der Türken oder Juden, denn keiner weiß, welcher Glaube richtig ist. Religion läuft für ihn auf Moral und Liebe zum Nächsten hinaus.

Die Anschauungen Menoccios ergeben kein bestimmtes System. Man könnte ihn einen Hobbyphilosophen nennen, der gern mit jedem, den er traf, seine Ideen diskutierte und zu allen Dingen eine eigene Meinung hatte. Diese bildete er sich zum Teil auf der Grundlage einiger weniger, ziemlich unterschiedlicher und höchst zufälliger Bücher, die ihm in die Hände gerieten. Um welche Art von Literatur handelte es sich dabei? Es war die Bibel in der Übersetzung, die »Blümchen der Bibel« (eine Übersetzung einer mittelalterlichen katalanischen Chronik, welche Teile der Vulgata, der »Chronik« Isidors von Sevilla, die apokryphen Evangelien und den »Lichtbringer« des Honorius Augustodunensis umfaßte), eine Sammlung von Heiligenlegenden des Jacobus de Voraigne, die »Reisen« von Sir John Mandeville (eine Erzählung aus dem 14. Jh. über legendäre Reisen in asiatische Länder), das *Dekameron* und vielleicht der Koran.

Es geht aber nicht darum, welche Bücher ihm zugänglich waren, sondern darum, wie Menoccio sie gelesen und was er aus ihnen herausgelesen hat. C. Ginzburg ist es gelungen zu zeigen, wie selbständig er dabei handelte und vor allen Dingen wie wählerisch er in seiner Lektüre war. Menoccio suchte sich beim Lesen nur das aus, was seinen Bedürfnissen entsprach und seine eigenen Ideen unterstützen konnte. So gab die »Reise« Mandevilles, die eine erfundene Beschreibung der Sitten und Glauben von Völkern ist, welche angeblich auf Inseln in der Nähe von China und Indien wohnten, Scandellas Gedanken über die Relativität der Religionen und der von ihnen verkündeten Wahrheiten neue Nahrung.

Nicht die Meinungen dieses Müllers und Häretikers als solche interessieren uns in diesem Zusammenhang, wie interessant sie auch sein mögen. Sie sind ein einmaliges, deshalb aber nicht minder wertvolles Zeugnis darüber, daß ein einfacher Mensch aus dem Volk die Literatur, die ihm zugänglich war, sehr aktiv lesen konnte. Das ursprüngliche Material wurde dabei in etwas absolut Eigenständiges umgewandelt, das seinem Weltbild entsprach. Diese Eigenart des Bücherlesens von Menoccio nennt C. Ginzburg »aggressiv«. Wie er schreibt, hat »nicht das Buch als solches, sondern das Aufeinandertreffen der gedruckten Seite mit der mündlichen Kultur eine Sprengladung im Kopf Menoccios entstehen lassen«. Für ihn war nicht der gelesene Text wichtig, sondern der Filter, den er unbewußt zwischen sich und die Buchseite stellte und der einzelne Worte hervorhob und andere in den Hintergrund treten ließ. Es war wichtig für ihn, bestimmte Ausdrücke und Redewendungen aus dem Kontext ausgliedern zu können. Wie Ginzburg schreibt, führt uns dieser Filter ständig zu jener Kultur zurück, die sich von der auf der Buchseite unterscheidet: zu der Kultur, die auf der mündlichen Tradition beruht. Der Kontakt mit dem Buchtext läßt in Menoccios Kopf eine bestimmte Idee entstehen; ihre Quelle ist aber nicht die gelehrte, sondern die Volkskultur.

Die Reformation eröffnete diesem autodidaktischen Denker die Möglichkeit, seine Ideen über die Kirche und die Welt zu äußern. Die Buchdruckerkunst stellte ihm das sprachliche Material zur Verfügung, um seiner dunklen und noch unartikulierten Sicht der Welt Ausdruck zu verleihen. Damit machte Menoccio einen »historischen Sprung von großer Bedeutung« und überwand den Abgrund zwischen »der gestikulierenden, murmelnden und gellenden Sprache der mündlichen Kultur« und der schriftlichen Kultur, die lautlos ist und sich auf der Buchseite herauskristallisiert. Er benutzte Termini und Gedankensplitter, die vom Christentum, Neuplatonismus und von der Scholastik hervorgebracht worden waren, als Baumaterial und versuchte, den »instinktiven Materialismus« von Generationen von Bauern auszudrücken (123). Dieser »Dorfmaterialismus« ist religiös, aber die Kosmogonie Menoccios wie auch die bäuerliche Religion, die er auf seine Art ausdrückte, lehnen die göttliche Schöpfung, die Inkarnation Gottes und die Buße ab, ebenso die Wirksamkeit der Sakramente. Sie hatte mit der Religion, die der Pfarrer von der Kanzel predigte, wenig gemein.

Das Beispiel Domenico Scandella ist einzigartig. Einen einfachen schriftkundigen Bauern, deren Zahl im 18. Jh. stieg, verwandelte das Lesen nicht in einen Philosophen. Man kann aber behaupten, daß die Aneignung von Informationen aus der den Bauern zugänglichen Literatur unweigerlich zu ihrem Verschmelzen mit der Folklore führte. Der Vater Rétifs de la Bretonne, eines französischen Schriftstellers aus dem letzten Drittel des 18. Jh.s, Autor des Buches »La vie de mon père« (1778) und ein Nachfahre von Bauern aus Niederburgund, war der erste schriftkundige Mensch in seinem Dorf und verfügte über einen großen Wissenshorizont. Für seine zahlreichen Hausbewohner (Ehefrau, Kinder, Knechte und Dienerinnen, die ihm ehrfürchtig zuhören mußten), war er die Hauptinformationsquelle, inklusive Auskünfte über das Wetter, lokale Nachrichten und Gebete aus dem Alten und Neuen Testament. Der Schwerpunkt lag eindeutig auf dem ersteren mit seiner gnadenlosen patriarchalischen Ethik. Er sang ihnen auch zur Weihnacht alte Lieder vor, die er den Bänden der »Blauen Bibliothek« entnommen hatte (163, S. 375–376).

Man darf die Bedeutung des Buches im Leben der einfachen Menschen im 16.–18. Jh. nicht unterschätzen. Es erweiterte ihren Horizont und trug zum partiellen Umbau ihres geistigen Universums bei. Aus dem Dargelegten kann man aber auch ersehen, daß das Lesen oder das Zuhören sie kaum aus den Grenzen des religiösen Weltbildes herausführte. Das Beispiel des Müllers aus Friaul ist, obwohl es sonst untypisch ist, gerade in dieser Hinsicht bemerkenswert: Die Gedanken Scandellas sind auf Hauptfragen der Religion konzentriert, die er auf seine Weise interpretierte. Aber wie war die religiöse Mentalität der Mehrzahl der einfachen Menschen beschaffen?

4.

Die Kultur am Ende des 15. bis zum 17. Jh. untersucht man traditionell im Rahmen der Begriffe »Renaissance«, »Barock« und »Aufklärung«, d. h., man bewegt sich im Rahmen einer elitären Kultur. Wenn wir aber das geistige Leben der gesamtem europäischen Bevölkerung betrachten möchten, wird deutlich, daß diese Begriffe nicht nur beschränkt, sondern gänzlich untauglich sind. Die weitaus meisten Menschen wurden von diesen neuen ideellen Tendenzen und der intellektuellen Orientierung überhaupt nicht berührt und blieben in einem Stadium, das man sozusagen mittelalterlich nennen kann. Ich erinnere an eine Bemerkung von J. Le Goff: Für die zeitgenössischen Historiker, die begriffen haben, daß der Schwerpunkt des sozialpolitischen Lebens im mittelalterlichen Europa das Dorf war, dauert die Zeit des Mittelalters trotz des vielfältigen Einflusses der Stadt auf die bäuerliche Umgebung bis ins 19. Jh. an (153, S. 10, 339).

Diese Periodisierung geht von einem prinzipiell anderen Verständnis des historischen Rhythmus der europäischen Kultur aus. Sie sieht sie nicht als relativ kurze, aufeinanderfolgende Etappen einer dynamischen Entwicklung, die sich qualitativ voneinander unterscheiden, sondern als einen Zustand. Natürlich herrschte nicht völlige Bewegungslosigkeit, aber die Bewegung war so langsam, daß sie kaum zu bemerken ist. Es ist eine Schwingung um eine Hauptachse, die Explosionen und Paroxysmen mit sich bringt, aber den Gesetzen von Fortschritt und Evolution nicht unterworfen ist, in denen man die Etappen der »hohen« Kultur des Westens beschreibt. Sobald ein Historiker von den Höhen der elitären Kultur und Zivilisation in deren »Keller« hinuntersteigt, stößt er auf Stereotypen traditionellen archaischen Bewußtseins und Verhaltens.

Es ist hier weder möglich noch notwendig, die Volkskultur am Ende des Mittelalters und Anfang der Neuzeit in ihrem ganzen Umfang zu betrachten. Unsere Kenntnisse darüber sind begrenzt, und ihr Studium ist mit großen Schwierigkeiten verbunden. Eine der Schwierigkeiten besteht darin, daß die Quellen, die man zur Untersuchung der geistigen Kultur des Volkes heranziehen könnte, zahlreich, aber gleichzeitig nur sehr eingeschränkt zu verwerten sind. Im 17.–19. Jh. begann man, die Werke der Volkskultur zu sammeln. Märchen, Lieder und Aphorismen von Lebensweisheiten, die sonst für die Historiker unwiderruflich verloren gewesen wären, wurden niedergeschrieben. Diese Werke sind aber keineswegs in der Form fixiert worden, in der sie in mündlicher Tradition im Umlauf waren. Ihre Sammler hinterließen in ihren Aufzeichnungen Spuren ihres aufgeklärten Geschmacks und verwischten und eliminierten vieles von dem, was sie beim Volk vorgefunden hatten.

Die »Entdeckung« der Volkskultur war ein Bestandteil der romantischen Bewegung des kulturellen Primitivismus, eine Art Reaktion auf die Aufklärung. Vertreter dieser Bewegung setzten das »Alte« mit dem »Volkstümlichen« gleich. Sie stellten der Vernunft die Tradition gegenüber, dem Bewußten das Natürliche, dem Intellekt den Instinkt. In einer Situation des wachsenden nationalen Selbstbewußtseins war die Suche nach »Wurzeln« und »Quellen« nur natürlich. Die Romantiker neigten dazu, Traditionen und Kultur der Bauern zu idealisieren und sie als Bollwerk und Gewähr der geistigen Gesundheit und Einheit der Nation auszulegen.

Wissenschaftler und Laien bemühten sich vielfach darum, die bäuerliche Kultur, die zunehmend der Vergangenheit gehörte, vor dem Vergessen zu bewahren. In der Regel aber kümmerten sich die Folkloresammler wenig um eine exakte Aufzeichnung. Sie wurden von eigenen Kriterien der »wahren Volkstümlichkeit« geleitet und transformierten dementsprechend bäuerliche Traditionen, indem sie sie »glätteten« und von »Grobheit« und »Vulgärem« »reinigten«. Aus ihrer Feder kam eine Volkskultur, die durch ihre eigene Wahrnehmung verzerrt worden war. »Die Volksballade ... befreite sich aus vulgären Händen, um in der Gesellschaft der Menschen mit Geschmack einen Platz einnehmen zu können« (V. Knox, 1799) (94, S. 5). Hier zeigte sich gegen den Willen der Sammler selbst das gegenseitige Unverständnis von Volkskultur und gelehrter Kultur.

In der zweiten Hälfte des 18. und der ersten Hälfte des 19. Jh.s ist sehr anschaulich zu beobachten, daß der wirklichen Volkskultur eine Kultur untergeschoben wurde, wie sie aufgeklärte Sammler und Restauratoren sahen. Pseudovolkstümliche Lieder und Überlieferungen wurden erdichtet. Bei Versuchen, den »Geist des Volkes«, das »echte« nationale Bewußtsein und seine Werte zu glorifizieren, schufen Dichter und Schriftsteller Sagen und Balladen, die sie als historisch authentisch ausgaben. Man muß zugeben, daß das »restauratorische Schaffen« solcher Dichter und Prosaiker das Studium der bäuerlichen Kultur in unverzerrter Form behinderte. Dies ist einer der Gründe, warum die Folklore, die im 18. und zu Anfang des 19. Jh.s aufgeschrieben wurde, nur eingeschränkt als Quelle für die Geschichte des geistigen Lebens des Volkes zu verwenden ist. Es geht aber nicht nur darum.

Es ist schon von der Sache her problematisch, für die Erforschung der Kultur der Bevölkerung Westeuropas im 16.–18. Jh. die Folklore heranzuziehen. Welchen Zustand spiegelt die Folklore wider: die Zeit, zu der sie aufgeschrieben wurde, oder eine frühere Zeit? Wenn eine frühere, welche? Einige Forscher sehen im Märchen einen Ausdruck des archaischen Stadiums des menschlichen Bewußtseins oder vorhistorischer Etappen der Evolution der Gesellschaft. Das Märchen aber wurde im Prozeß der mündlichen Tradition ständig verändert. Die alte Hexe im Märchen zum Beispiel hat ein Analogon in der Realität der Zeit, in der das Märchen aufgeschrieben wurde. Ein Historiker wird jedoch das Verhältnis der Gesellschaft zu einer Hexe nicht anhand von Märchen erforschen, sondern anhand von Gerichtsprotokollen und dämonologischen Traktaten. Im Märchen findet man viele Einzelheiten aus der Zeit, in der es aufgeschrieben wurde und die man unmöglich von der ursprünglichen Märchenstruktur und von dem märchenspezifischen Rollensystem abstrahieren kann.

Ist es womöglich einfacher, für das Studium des geistigen Lebens des Volkes Sprichwörter und Idiome heranzuziehen? Hier gab es über Jahrhunderte nur bestimmte Varianten, und ihr Bestand veränderte sich wenig. Wir finden bei verschiedenen Völkern gleiche oder ähnliche Aphorismen der Lebensweisheit. Das Volkslied mußte auf die Bedürfnisse des Alltagslebens antworten, aber gleichzeitig begegnet man hier auch immer zeitlosen Situationen: Liebe, Trennung, Schicksalsschläge, Sorgen um das tägliche Brot, Arbeitprozesse. In Bauernliedern klagt man über schwere Zeiten und Unterdrückung. »Ach, ich bin wohl ein armer Bauer«, »Das Bauernwerk ist nichts mehr wert«, »Ist es nicht ein elendes Leben?!«, »Kein Bauer mag ich nicht mehr sein«, »Das Bauernleben tut mich nicht freuen«, »Es ist jetzt um das Bauernleben eine miserable Zeit« – so lauten die Titel von Klageliedern der deutschen Bauern des 17.–18. Jh.s. Sie spiegeln die Wirklichkeit damaliger Zeit wider. Aber zu welcher Zeit haben Dorfbewohner nicht über ihr Leben geklagt? Es ist kein leichtes Unterfangen, sich beim Studium des geistigen Lebens des Volkes im 16.–18. Jh. der Folklore zu bedienen.

Eine andere Schwierigkeit liegt darin, die Begriffe klar zu definieren. Der Begriff »Volkskultur« in bezug auf das Früh- und Hochmittelalter ist inhaltlich nicht identisch mit demselben Begriff bezüglich der Übergangszeit, die uns interessiert. In dem eigentlich mittelalterlichen Stadium war der Komplex von Vorstellungen über die Welt, den Glauben und die geistigen Einstellungen und Verhaltensweisen, das man als »Volkskultur« oder »Volksreligiosität« bezeichnen könnte, bei all seinen Unterschieden zur offiziellen Weltanschauung allen Mitgliedern der Gesellschaft eigen. Diese Bewußtseinsebene, die bei einfachen Menschen dominierte, war auch den Gebildeten, bei denen sie allerdings von kirchlicher und antiker Gelehrtheit überlagert wurde, nicht fremd. Das Verhältnis der »Kultur der Idioten« und der »gelehrten Kultur« kann man als »Dialog und zugleich Konflikt« bezeichnen (67, S. 342). Diese wechselseitige Einflußnahme oder gar dieser Kampf spielte sich gleichzeitig sowohl zwischen verschiedenen gesellschaftlichen Schichten als auch im Bewußtsein jedes Individuums ab.

Das »Volkschristentum« oder der »Gemeindekatholizismus« stellten eine spezifische Wahrnehmung von Elementen der kirchlichen Lehre durch ein Bewußtsein dar, das gleichzeitig von eigenen Ideen und Bildern genährt wurde. Diese waren vom Christentum unabhängig. Die mittelalterliche Kirche selbst, die sich den Sitten, Glauben und der religiösen Praxis der einfachen Menschen gegenüber vorsichtig und mit Bedacht verhielt, war von ihrem Einfluß nicht ausgeschlossen. Sie paßte sich zum Teil den Bedürfnissen der Gemeinde an, für deren Erziehung sie verantwortlich war (195; 238, S. 128 ff.). Beispiele: Die Kirche sanktionierte den Kult der Heiligen in seiner Auslegung durch das Volk; das Papsttum nahm die Idee vom Fegefeuer an, die schon seit längerem in einer dunklen, noch unlogischen Form im Volksbewußtsein vorhanden war.

Das Denken im Mittelalter war vorwiegend theologisch, und daran änderte sich auch zu Beginn der Neuzeit nichts. Diese allgemeine Feststellung aber beschreibt nicht die realen Inhalte der Religiosität der Bevölkerung. Neue Forschungen haben gezeigt, daß die Behauptungen der früheren Historiographie über die Herrschaft der Frömmigkeit und des tiefen Glaubens bei einfachen Menschen vor der Reformation haltlos und einseitig sind. Im Gegenteil, aus der Analyse der Werke der Moralisten und Theologen, Beschlüsse der Konzile und Synoden, Predigten und Protokolle der Bischofsvisitationen, Gerichtsverhandlungen und Augenzeugenberichte ergibt sich ein ganz anderes Bild. Die Bauern, die unmittelbar in den agrarischen Zyklus eingebunden waren, waren wie früher davon überzeugt, daß die Natur beseelt ist und daß man ihre Erscheinungen mit Hilfe eines verzweigten Systems magischer Mittel beeinflussen kann und muß. Von der Fähigkeit, diese Mittel anzuwenden, hingen Ernte und Gesundheit des Viehs ebenso wie das geistige und physische Wohl der Einwohner ab. Die Dorfmagie war weit vom Christentum entfernt. Ihre Hauptträger waren Leute, die über ein bestimmtes Wissen verfügten – Hexen und Hexer, Wahrsager und Heiler.

Der magische Zugang zur Natur griff auch auf christliche Bräuche über. Wie wir gesehen haben, führte die Gemeinde mit dem Pfarrer an der Spitze religiöse Prozessionen auf den Feldern durch, damit die Ernte gut würde. Ein effektives Mittel gegen Insekten, die die Getreidekulturen schädigten, war das Anathema der Kirche. Gegen Hagel läutete man die Kirchenglocken. Neben Heilern bat man Heilige um Hilfe. Der heilige Benedikt zwang eine Axt, die ein Bauer ins Wasser hatte fallenlassen, dazu, wieder aufzutauchen. Der heilige Nikolaus warf Geld ins Haus eines Armen, damit dieser seine Töchter verheiraten konnte (94, S. 155). Solche einfachen Erzählungen über die wunderbare Mitwirkung der Heiligen gibt es in großer Zahl. Gleichzeitig sah das Volk in den Heiligen mächtige Wesen, die schaden konnten, wenn man sie nicht besänftigte. Dieser Glaube blieb im Volk auch nach der Reformation, die das Anbeten der Heiligen abgeschafft hatte, bestehen. »Wir beten die Heiligen aus Angst an, damit sie nicht zornig werden und uns nicht schaden. Wer fürchtet nicht den heiligen Laurentius? Wer gibt dem heiligen Antonius kein Garn aus Angst vor seinem schrecklichen Feuer, damit er unseren Schafen keine Seuchen schickt?« So drückte zu Beginn des 16. Jh.s ein Schriftsteller die Stimmungen der englischen Bauern aus (225, S. 27). Die klare Abgrenzung von Heiligen als Träger des absoluten Guten und Dämonen als Vertreter des metaphysischen Bösen war im Verständnis des Volkes nur relativ verschwommen vorhanden.

Die Geistlichen betrachteten den Magismus, der die religiöse und kulturelle Praxis des Volkes durchdrang, mit Bangen, weil er ein eigenes Verständnis von Kausalität hatte. Dies widersprach der Lehre von der Allmacht Gottes. Die Kirche kämpfte gegen Zauberei, Beschwörungen, Wahrsagungen und Heilungen, die für sie teuflischen Ursprungs waren. Gleichzeitig eigneten sich auch die Geistlichen solche magischen Methoden an. Wie wir oben sehen konnten, arbeitete die Kirche ein ganzes System von Beschwörungen der Nahrungsmittel und Werkzeuge, Wohnungen und Transportmittel, Haushaltsgeräte und des Viehs aus, die man ebenso schwer von magischen Beschwörungen und Formeln der Dorfzauberer und -hexen unterscheiden kann, wie man eine deutliche Grenze zwischen der Verwünschung einer Hexe und einem Kirchenbann ziehen kann. Man muß hervorheben, daß die mittelalterliche Kirche den Volksglauben an Hexen und an ihre Fähigkeiten, alle möglichen magischen Handlungen auszuüben, ihr Aussehen zu ändern, sich in Tiere zu verwandeln und auf verschiedenen Gegenständen zu fliegen, nicht geteilt hat; dieser Glauben war aber für die Masse des Volkes eine Selbstverständlichkeit. Die Kirche verurteilte ihn im Gegenteil als eine sündige Verfehlung und Eingebung des Satans.

In der Übergangszeit, mit der wir uns hier beschäftigen, begann die kulturelle Tradition der einfachen Menschen immer mehr die Funktion eines Rückhalts für das vielschichtige Gebäude der Kultur zu verlieren. Wie wir weiter sehen werden, wurde sie langsam aus den Grenzen des geistigen Universums hinausgedrängt. Die Toleranz dieser Tradition gegenüber, die es in früherer Zeit gegeben hatte, verwandelte sich in Intoleranz und zog Verfolgungen nach sich. Der Komplex von Vorstellungen, Glauben, rituellen und praktischen Handlungen, der die Volkskultur bildete, wird von nun an von der Kirche und der weltlichen Elite als wilder

Aberglauben, als Suggestion des Satans, praktisch als »Unkultur« abge-
urteilt. Der ganze Bestand der bäuerlichen kulturellen und religiösen
Traditionen und Vorstellungen wurde der Kultur der Kirche und der Gebildeten kategorisch gegenübergestellt. Die Geistlichen, die den Kontakt
mit dem geistigen Leben des Volkes verloren hatten, stellten die Mitglieder ihrer Gemeinde mit Eingeborenen der kürzlich entdeckten Neuen
Welt gleich: Sie verstehen Gottes Wort nicht, und mit dem gleichen Erfolg hätte man mit ihnen Arabisch sprechen können. Auch von seiten
der Humanisten und später der Aufklärer wurden die Sitten und Glauben der einfachen Menschen ausgelacht und verurteilt. Eine bekannte
Beschreibung der Bauern von Labrujère, in der man wirkliches Mitleid mit dem einfachen Volk erkennen kann, lautet folgendermaßen:
»Manchmal sehen wir auf den Feldern irgendwelche wilden Tiere männlichen und weiblichen Geschlechts; sie, die schmutzig, erdfahl und von
der Sonne verbrannt sind, beugen sich zur Erde hinunter und graben sie
wieder und wieder mit unumstößlicher Beharrlichkeit um. Sie haben allerdings eine artikulierte Rede. Wenn sie sich aufrichten, erscheint eine
menschliche Gestalt vor unseren Augen. Es sind tatsächlich Menschen.
Für die Nacht verstecken sie sich in einem Unterschlupf, wo sie ihren
Hunger mit Roggenbrot, Wasser und Wurzeln stillen. Sie ersparen anderen Menschen die Notwendigkeit, zu pflügen, zu säen und zu ernten,
und verdienen damit das Recht, nicht ohne das Brot zu bleiben, das sie
gesät haben.« Diese Beschreibung kann man als einen mittelbaren Beweis dafür werten, daß die Adeligen und Aufgeklärten ein Verhältnis zu
den Bauern hatten, bei dem sie ihnen den Status des Menschseins abspra-
chen. Ein anderer Autor schrieb Anfang des 17. Jh.s: »Ich würde sagen,
das einfache Volk ist ein seltsames Tier« (169, S. 160).

Thomas More lachte über den religiösen »Partikularismus« der Gläubigen, bei dem eher ein lokaler Heiliger angebetet wurde als ein weit ent-
fernter und unverständlicher Gott und der dazu führte, daß man nicht
an den einen Gott glaubte, sondern an die Menge der Christen, nicht an
die Mutter Gottes, sondern an »lokale« Gottesmütter. Im »Dialog über
Tyndale« macht er sich über diese Menge von Madonnen lustig und erzählt ein Gespräch zweier Gläubiger nach, das er gehört haben will:
»Von all unseren Gottesmüttern bete ich am meisten unsere Jungfrau von
Wallsingham an«, sagt der eine, und der andere antwortet: »Und ich unsere Jungfrau von Eapswich« (225, S. 27).

Die Anbetung der Mutter Gottes als ein wundertätiger Fetisch führte
zum Beispiel dazu, daß ihr in der Diözese von Autun Bauern im Jahr

1686 eine Kuh opferten, damit sie ihr Vieh vor der Pest bewahren würde. Ein paar Jahre später öffneten dieselben Gläubigen nach Opfern und Gebeten den Leib der Statue der Muttergottes und betrachteten das Jesuskind, weil sie sich Sorgen um eine glückliche Niederkunft gebärender Frauen machten. Um diesen gotteslästerlichen Aberglauben zu beenden, mußte der Priester befehlen, den Bauch der Statue mit einem Eisenring zu umbinden. Abbildungen von Heiligen, welche gegenüber Gebeten taub blieben, wurden von Bauern beschimpft und sogar geschlagen. Die Bevölkerung von Sankt Pedro de Usum (Spanien) drohte, die Statue des heiligen Pedro, des Beschützers dieser Gegend, in den Fluß zu werfen, wenn er ihre Bitten nicht erhören würde. Die Bevölkerung eines französischen Dorfes machte eine solche Drohung im Jahr 1735 wahr und versenkte eine Darstellung des heiligen Georgius in der Seine, weil er sich nicht um ihre Weinstöcke gekümmert hatte (104, S. 237, 256, 261; 94, S. 173). Bauern aus Lotharingien brachten an der Grenze vom 16. zum 17. Jh. Exkremente eines Kranken in die Kirche, in der Hoffnung, daß der Heilige ihn heilen würde (104, S. 239). In der Beichte sahen ungebildete Gemeindemitglieder, die von ebenfalls ungebildeten Pfarrern auf die rechte Bahn gebracht werden sollten, eine Art hygienischer Prozedur. Sie meinten, daß die Seele, die schwarz beim Beichtvater ankommt, ihn nach der Vertreibung des Teufels weiß wieder verließe.

Der Glaube an Wunder war überall anzutreffen. In England verband man allein mit dem heiligen Thomas Becket mehr als fünfhundert Wunder. Wer im Besitz eines Abbildes eines Heiligen war, glaubte, daß es ihn nicht nur vor irdischem Unglück beschützen, sondern auch seine Seele vor den Qualen des Fegefeuers retten würde. Außerdem konnte es bei Feinden Krankheiten heraufbeschwören. Man glaubte an die Wirksamkeit des physischen Kontaktes mit heiligen Gegenständen, die man als magische Amulette benutzte. Ein Kind heilte man dadurch, daß man ihm ein Evangelium um den Hals hängte. Die Heilige Schrift wurde gegen Kopfschmerzen auf den Kopf gelegt und sogar auf Geschlechtsorgane, um die Wollust zu vertreiben (237, S. 446). Eine magische Kraft wurde der Messe und dem Abendmahl zugeschrieben. Man glaubte, daß Gebete wie Beschwörungen wirkten, und daß ein Gebet, das von hinten gelesen wurde, unheilvolle Folgen habe. Im Languedoc wurde eine schwarze Messe beschrieben, die der Priester auf dem Kopf stehend gelesen hatte; ein anderer Priester hielt eine Messe mit dem Gesicht zur Gemeinde, d. h. mit dem Rücken zum Altar (161, S. 412–413).

Die Geistlichen beklagten sich darüber, daß einfache Menschen nicht einmal das elementarste Wissen von der christlichen Lehre hatten. Am Ende des 17. Jh.s empörte sich ein englischer Prediger darüber, daß ein Junge nicht wußte, wie viele Götter es gab. Er konnte die Mitglieder der Heiligen Dreifaltigkeit nicht nennen, er hatte nichts von Christus, Himmel und Hölle gehört. Eine Unzahl von Erwachsenen wußte genausowenig von solchen Dingen. Ein sechzig Jahre altes Mitglied der Gemeinde, das sein ganzes Leben die Kirche besucht und die Predigten des Pfarrers gehört hatte, sagte diesem auf dem Totenbett, daß Gott ein »guter Greis« sei und die Seele »ein großer Knochen im Körper« (225, S. 151, 163).

Die Menge kannte die wichtigsten Gebete und die Zehn Gebote nicht, und viele waren nicht einmal getauft. Wir erwähnten schon die Vielzahl der Gottesmütter in der Wahrnehmung der Gläubigen. Ebenso existierte Christus in ihrer Vorstellung vielfach – eine eigenartige Form des Polytheismus!

Beschwerden über das niedrige Niveau der religiösen Bildung gegen Ende des Mittelalters gab es überall. Die meisten Geistlichen entsprachen mit Sicherheit nicht den ihnen übertragenen Aufgaben. »Sie lehren uns und sind selber ungebildet«, schrieb ein flandrischer Moralist. »Es ist, als ob die Nacht die Nacht beleuchte.«

Ein Gemälde von Lucas van Leyden (Anfang 16. Jh.) stellt die Predigt eines Pfarrers vor Bauern dar, die ihm keine Aufmerksamkeit widmen und mit Kindern, Hunden, dem Ordnen der Frisur oder dem Kartenspiel beschäftigt sind. Dies illustriert anschaulich die Aussagen vieler Autoren der damaligen Zeit, daß einfache Menschen entweder nicht die Kirche besuchen oder der Predigt nicht zuhören, die Messe nicht verstehen und ihre Pfarrer nicht verehren. Vor der Reformation führte ein Dorfpfarrer in der Regel ein Leben, das sich wenig vom Leben eines Bauern unterschied. Er arbeitete in der Landwirtschaft, hatte eine inoffizielle Familie, er verbrachte seine Freizeit in derselben Schenke wie seine Gemeinde. Auch im Aussehen hob er sich nicht von seiner Umgebung ab. Kirchliche Gebäude benutzte man zu ganz verschiedenen Zwecken, bis hin zu Trinkgelagen und Einlagerung des Korns. Die Grenze zwischen dem Weltlichen und dem Sakralen war, wenn nicht ganz ausgelöscht, so auf jeden Fall verwischt. Diese Profanisierung des Sakralen wurde unvermeidlich davon begleitet, daß die Pfarrer die Reste ihrer Autorität verloren. Wenn die Predigt zu lang war, riskierte der Pfarrer, von ungeduldigen Gemeindemitgliedern zu hören, daß es schon Zeit sei, die Dienerinnen nach Hause gehen zu lassen, um die Kühe zu melken (225, S. 162).

Pfarrer waren häufig unbeliebt; nicht selten wurden sie überfallen oder sogar ermordet.

Viele Pfarrer in Dorfgemeinden waren kaum der Schrift mächtig. Sie konnten nur langsam und mit Mühe lesen, sie kannten die Formel der Vergebung der Sünden nicht. Ein Pfarrer, der mehrere Bücher religiösen Inhalts besaß, war eine Ausnahme. In Protokollen bischöflicher Visitationen werden Pfarrer häufig folgendermaßen eingeschätzt: »sehr dumm und ungebildet«, »ungebildet und ein Idiot« (Diözese von Autun, Mitte und zweite Hälfte des 17. Jh.s) (104, S. 239).

Eine Vermischung von Religion und Magie ist nicht nur auf das starke Bedürfnis der Gläubigen zurückzuführen, Wunder zu sehen und zu erleben und mittels Zauberhandlungen das gewünschte Ergebnis zu erhalten, sondern auch darauf, daß die Geistlichen zwischen Christentum und heidnischer Praxis nur ungenau unterschieden. Deswegen, wie wir oben gesehen haben, nahmen die Priester nicht selten an Prozessionen um die Felder mit Evangelium und Kreuz in den Händen teil. Um Regen oder eine gute Ernte herbeizuführen, läuteten sie die Glocken bei Unwetter und sprachen Kirchenflüche über Würmer und Insekten aus. Es gab Kleriker, die die Lehre vom Jenseits eigenartig interpretierten. Ein Priester aus Kent lehrte Mitte des 16. Jh.s, daß es nicht einen Himmel gebe, sondern drei: einen für die Armen, einen zweiten für durchschnittlich Bemittelte und einen dritten für »große Leute« (225, S. 152). Ein so deutlich sozial stratifiziertes Jenseits haben wir in mittelalterlichen Dokumenten, unter anderem in den Visionen, nicht gefunden.

Solche Beispiele religiöser Unwissenheit und schlecht verborgenen Heidentums der Christen könnte man noch vermehren. Sie bezeugen aber nicht nur, daß sich die Christen die kirchliche Lehre oberflächlich angeeignet hatten, sondern außerdem, daß sie die Lehre auf ihre Weise umgedeutet und sie an ihre eigenen Vorstellungen über die Welt und die Kräfte, die sie lenken, angepaßt hatten.

Die zuletzt genannten Beispiele betreffen das 16. und 17. Jh., aber analoge Beispiele kann man auch für das eigentliche Mittelalter finden. Hatte die Psychologie und Religiosität des Volkes sich geändert, oder war sein Geistesleben eher konstant geblieben? Seine grundlegenden kulturellen Einstellungen scheinen sich nicht verändert zu haben. Etwa im Jahr 1260 beobachtete der Dominikaner und Inquisitor Etienne de Bourbon in einem Dorf nicht weit von Lyon folgenden Aberglauben. Die Bäuerinnen brachten zum Grab des heiligen Guinefort kranke Säuglinge in der Hoffnung auf dessen Hilfe. Der Inquisitor fand indessen heraus, daß dieser Heilige ein Windhund war, der versehentlich von seinem Herrn, einem Schloßbesitzer, getötet worden war. Etienne de Bourbon verbot natürlich diesen gotteslästerlichen Kult. Sechs Jahrhunderte später, 1879, entdeckte ein Liebhaber der Antike aus Lyon, daß Bauern aus dieser Gegend immer noch diesen Heiligen anbeteten, wohl wissend, daß er ein Hund war (209)! Mittelalter, Reformation, Aufklärung, Revolution und Dechristianisierung sind vorbei, aber bestimmte wesentliche Merkmale des bäuerlichen Bewußtseins, die eine solche widernatürliche Vermischung eines Heiligen mit einem Hund möglich machten, sind anscheinend unverändert geblieben.

Nach Meinung der Geistlichkeit handelt es sich um einen wilden Aberglauben, und nicht nur nach ihrer. In diesem Amalgam eines Heiligen und eines Hundes drückt sich, wie es besser nicht möglich wäre, die spezifische Logik der Volkskultur aus, die sich wesentlich von der Logik der Kultur der Gebildeten und Geistlichen unterscheidet. Die Logik der Wissenschaftler, die durch die Schule von Aristoteles gegangen waren und sich auf den Satz vom Widerspruch stützten, erlaubte keine Annäherung zweier verschiedenartiger Wesen, eines Heiligen und eines Hundes, eines Menschen und eines Engels, eines Menschen und eines Dämons. Die ambivalente Logik der Volkskultur durchbrach diese Grenze ohne weiteres, sie sorgte sich nicht um solche Annäherungen und wechselseitigen Übergänge (210, S. 346).

Christliche Prediger und Moralisten beschwerten sich zu allen Zeiten über den Verfall des Glaubens oder den Mangel an Glauben der Gemeinde, über ihren Aberglauben und ihr sündiges Verhalten. Angaben über den Zustand der Religiosität der Bevölkerung Westeuropas im 15.–18. Jh. verraten jedoch mehr als lediglich einen Mangel an Frömmigkeit und Kenntnissen von Gottes Wort. Der Inhalt ihrer Vorstellungen über das Sakrale war höchst widersprüchlich, wenn man die Standards des Evangeliums zugrunde legt. Bauern und Städter kannten tatsächlich oft elementare Grundlagen der christlichen Religion nicht. Sie nahmen die Lehre der Kirche oder vielmehr einzelne Teile davon in der Interpretation ihrer geistlichen Lehrer wahr, von denen die meisten kaum schriftkundig waren und keine Autorität hatten. Noch dazu stellten sie sie in den Zusammenhang des mythomagischen, chthonischen und animistischen Weltbildes, das der agrarischen Gesellschaft traditionell eigen war.

Ist die Ursache dieses geistigen Zustandes in der Degradierung des Christentums gegen Ende des Mittelalters, wie einige Historiker meinen

(181, S. 268), oder in einer »Atonie« des religiösen Lebens des Volkes zu sehen (197, S. 315 ff.)? Das ist unwahrscheinlich, weil die Erforschung der Volksreligiosität einer früheren Zeit im großen und ganzen ein ähnliches Bild ergibt. Aber diese Feststellung ist kein Grund für den Schluß, zu dem viele verzweifelte Theologen im 16.–17. Jh. kamen, nämlich daß sie es mit »Nichtchristen«, mit Heiden zu tun hätten, die den christlichen Gott ablehnten, mit »Indianern«. Nein, diese Menschen waren Christen, sie gingen in die Kirche und zur Beichte, sie beteten, so gut sie konnten, und das Wesentliche war, sie hatten Angst vor der Hölle und dem Verderben der Seele. Die Empörung und Ablehnung der christlichen Moralisten wurde dadurch verursacht, daß sie die Volkskultur offensichtlich nicht verstanden oder nicht den Wunsch verspürten, sie zu verstehen. Sie legten an das Bewußtsein des Volkes die Kriterien der vom Aberglauben gereinigten verfeinerten Religion der gebildeten Menschen, die in theologischen Spekulationen und Debatten geübt waren und durch eigene oder fremde Erfahrung mystische Extasen und die Erleuchtung von Auserwählten kannten; d. h., sie legten von vornherein keine adäquaten Kriterien an dieses Bewußtsein.

Während die dörfliche Bevölkerung im Alltagsleben Zeichen religiöser Indifferenz, des Nichtverstehens der Grundlagen der christlichen Religion und eine Anhänglichkeit an nichtchristliche Glauben und Riten an den Tag legte, zeigen die Bauernaufstände des 16. Jh.s, die unter religiöser Flagge liefen, ein ganz anderes Bild. Dies gilt besonders für Deutschland. Der Milleniarismus spielte bei den großen plebejischen Bauernaufständen eine bedeutende Rolle: Das Ziel der Aufständischen war nicht, die eine oder andere soziale Ungerechtigkeit und deren Träger zu beseitigen, sondern sie waren davon überzeugt, daß sie »am Ende der Zeiten« vor der Wiederkehr Christi lebten, die sie mit ihren revolutionären Taten vorbereiteten und näherbrachten. Ihre sozialpolitischen Programme hatten einen religiösen Charakter und stützten sich auf die Heilige Schrift. Das Manifest »Zwölf Artikel«, eines der wichtigsten aus der Zeit des Bauernkrieges in Deutschland, beinhaltet eine Klausel mit einem Vorbehalt: Die Bauern sind bereit, auf diejenigen ihrer Forderungen zu verzichten, die dem Evangelium widersprechen könnten. Offensichtlich war nach der Auslegung der Verfasser dieses Programms die Heilige Schrift ein Dokument, das soziale Gerechtigkeit festschrieb. Außerdem spielten die meisten Führer der Bauernaufstände in Deutschland – von Hans Böhm (Böheim) aus Nicklashausen (1476) bis Thomas Münzer – die Rolle von religiösen Propheten und Boten Christi. Die Tatsache, daß unter diesen Führern niedere Geistliche und Mönche dominierten, spricht für sich selbst.

Die Kultur der Massen und die Kultur der kirchlichen und weltlichen Elite hatten sich weit voneinander entfernt. Im 16. und 17. Jh. hatten sie eigentlich keine gemeinsame Basis mehr. Aber diese Auseinanderentwicklung führte dazu, daß die herrschenden Kirchen, die katholische und die protestantischen verschiedener Schulen, ihre Aufgabe in der geistigen Unterwerfung der Bevölkerung sahen. Einige zeitgenössische Historiker stellten die These auf, daß Reformation und Gegenreformation bei allen Gegensätzen auch Gemeinsamkeiten hatten: Sowohl Luther als auch Ignatius von Loyola gingen bei ihrer Tätigkeit von einer Vorstellung vom Volk aus, nach der es eine nicht christianisierte Masse sei, die erst christianisiert werden müsse. Nach Meinung dieser Forscher waren Reformation und Gegenreformation ein energischer Versuch des Kampfes gegen Polytheismus und Magismus, mit denen die mittelalterliche Kirche sich hatte abfinden müssen, und die wahre Christianisierung der westeuropäischen einfachen Menschen, vor allen Dingen Bauern, fand eigentlich erst am Ende des 16. und im 17. Jh. statt (104, S. 227ff., 236ff., 248ff., 330; 105, S. 57ff.). Hier ist nicht der Ort, um zu besprechen, ob diese Aussage richtig ist, aber sie enthält ein Stück Wahrheit. Diese besteht darin, daß sowohl die katholische als auch die protestantische Kirche die Volksreligiosität und -kultur angriffen und versuchten, sie auszurotten.

Die erste Voraussetzung dafür, daß die »Erneuerung« des Christentums Erfolg hatte, war die Reformierung der Geistlichkeit selbst. In der posttridentinischen katholischen Kirche bildete man im Laufe des 17. Jh.s neue Pfarrer aus. Diese Absolventen der geistlichen Seminare waren materiell relativ gut abgesichert und verfügten über ein gewisses Maß an Allgemeinbildung. Durch ihre Kleidung, ihr Aussehen, ihren Lebensstandard und ihr Verhalten hoben sich diese Pfarrer stark von ihrer Umgebung ab. Von nun an sollte sich ihre ganze Sorge auf die religiöse Erziehung der Gemeindemitglieder richten. Die Stütze der Tätigkeit des Pfarrers war die Gemeinde, in der sich das religiöse und soziale Leben der Gläubigen abspielte und durch die/die kirchliche Kontrolle über ihr Verhalten gewährleistet wurde. Die Gemeinde wurde in eine Diözese eingebettet, deren Leiter die Gemeindepfarrer kontrollierte, indem er die Gemeinden systematisch aufsuchte. Der Erzbischof von Mailand, Charles Borromeo (1564–1584), einer der bedeutendsten Vertreter der Gegenreformation, der kurz nach seinem Tod kanonisiert wurde, bestand darauf, daß eine Diözese einer »gut organisierten Armee mit ihren Generälen, Obersten und Hauptmännern« gleichen solle.

Die Veränderungen in den Ländern, in denen die Reformation gesiegt hatte, waren noch wesentlicher. Der protestantische Pastor unterschied sich stark von dem früheren katholischen Pfarrer; er spielte die Rolle des Vertreters einer strengen Gottheit. Deutsche lutherische Geistliche bekamen gewöhnlich eine solide humanistische und theologische Ausbildung. Viele hatten Universitäten absolviert. In Deutschland, wo das Prinzip *cuius regio, eius religio* (»wes Land, des Glaube«) gesiegt hatte, war die religiöse Tätigkeit dem wachsamen Auge der weltlichen Macht ausgeliefert. Diese reglementierte alle Lebensbereiche der Untertanen und mischte sich in einem Maße ein, das früher undenkbar gewesen wäre. Die biblischen Zehn Gebote mußten bei strengen Strafen eingehalten werden und wurden sozusagen zum staatlichen Gesetz. Für die Mehrheit der Bevölkerung war es kein freier Entschluß, ihre Religion zu ändern, sondern es wurde ihr durch die weltlichen Mächte, den Adel und die Geistlichkeit aufgezwungen. Die Gläubigen konnten Katholizismus und Protestantismus längst nicht immer deutlich voneinander unterscheiden. Es war kein Zufall, daß der Heiligenkult in den reformierten Teilen Deutschlands, in denen er verfolgt wurde, nicht aus der Welt geschafft werden konnte.

Die Bevölkerung Westeuropas eignete sich in der hier untersuchten Zeit mehr religiöse Kenntnisse an und erfuhr mehr über die Lehre des Evangeliums als in dem ganzen vorangegangenen Jahrtausend. Dies ist unter anderem auf die zielstrebigen Bemühungen der katholischen Geistlichen und die Tätigkeit der protestantischen Pastoren in den reformierten Ländern zurückzuführen. Der Katechismus wurde jedem Gemeindemitglied zu Bewußtsein gebracht, eine Aufgabe, die durch die Entwicklung des Buchdrucks zu lösen war. Gemeindeschulen verbreiteten sich. Die Effektivität, mit der die Bevölkerung sich den Katechismus aneignete, war allerdings nicht immer gleich. Während der kurze und in rhythmischer Prosa verfaßte Katechismus Luthers ziemlich einfach zu lernen war, war der sehr umfangreiche sogenannte Heidelberger Katechismus, der viele theologische Feinheiten enthielt, dem geistigen Niveau Ungebildeter wenig angepaßt (235, S. 773 ff., 1276).

Dennoch ist es schwierig, die Frage zu beantworten, wie groß der Erfolg dieser Aktivitäten der Geistlichkeit war. Die innere Welt der Gläubigen ist in keiner Quelle festgehalten worden, und ihre Bewertung seitens der Geistlichkeit und der weltlichen Macht ist einseitig und tendenziös. Einige Forscher meinen, der Kirche sei es gelungen, das Bauerntum sogar in den rückständigsten Gebieten zu christianisieren, andere nehmen eine skeptischere Position ein. Wahrscheinlich zeigten die Bemühungen der Geistlichen in verschiedenen Ländern und Provinzen unterschiedliche Erfolge.

Oben wurden Beispiele dafür aufgeführt, daß sich die katholische Gemeinde in der Kirche am Anfang der hier behandelten Übergangszeit nicht eben gottesfürchtig verhielt. Ähnliche Überlieferungen gibt es auch aus dem protestantischen Deutschland. Während der Predigt amüsierten sich viele. Junge Leute lasen die damals populären Erzählungen über Eulenspiegel und lachten laut. Einige, die das Reden des Pastors ermüdet hatte, schliefen ein und fielen im Schlaf auf den Boden. Ein Forscher erläutert, daß eine Predigt Aufmerksamkeit und ein Minimum an Wissen voraussetzte, das die meisten schriftunkundigen Gemeindemitglieder nicht hatten (235, S. 660). Die obligatorische Aneignung des Katechismus trug zu einer gewissen Verbreitung der christlichen Lehre bei. Trotzdem konnte man am Ende des 16. Jh.s in Gemeinden im deutschen Rheinland Menschen finden, die weder vom *Schöpfer* noch von Christus etwas gehört hatten, das Vaterunser nicht kannten und nicht imstande waren, die Mitglieder der Dreifaltigkeit zu unterscheiden. Auch Simplizissimus erzählt davon, daß er als Halbwüchsiger über keinerlei religiöse Kenntnisse verfügte. In einzelnen Gemeinden war diese Unwissenheit fast durchweg anzutreffen. Diejenigen, die Gebete oder Antworten auf die Fragen des Katechismus mechanisch auswendig gelernt hatten, verstanden ihren Sinn nicht. Die Pastoren beklagten sich, daß sie die Worte des Gebets verstellten und ungewollt eine Lästerung daraus machten. Statt »Unser tägliches Brot gib uns heute ...« sagten sie »Nimm uns unser tägliches Brot ... führe uns in Versuchung ...« (235, S. 797).

Es wäre aber falsch, daraus zu schließen, daß die Reformation vergebens gewesen war und keine Veränderungen im religiösen Leben mit sich gebracht hätte. Der Protestantismus entwickelte ein neues Verständnis von Religion als unmittelbare Verbindung zwischen den Gläubigen und Christus. Die Hinwendung an die Heiligen oder die Mutter Gottes wurde durch das direkte Gebet an Christus ersetzt. Die bloße passive Teilnahme an einem kirchlichen Ritual hielt man nicht mehr für ausreichend. Statt der Unsicherheit über das Schicksal der Seele im Jenseits, die im katholischen Europa überall verbreitet war, versprach die lutherische und kalvinistische Kirche dem Menschen Hoffnung auf Rettung nur mit Hilfe des Glaubens, ohne »gute Taten«. Die Religiosität wurde persönlicher. Dabei setzte man bei jedem Gläubigen ein gewisses Minimum an Kenntnissen voraus. Die Verbreitung einer elementaren Schulbildung führte dazu, daß fünfzig Jahre nach dem Auftreten Luthers die Hälfte der Bevölkerung Deutschlands schriftkundig war (235, S. 881, 1290).

Der Protestantismus brachte wichtige Veränderungen im geistigen Leben der Gesellschaft mit sich. Neu definiert wurde das Verhältnis zur Arbeit, welche jetzt einen religiös-ethischen Wert bekam. Müßiggang galt als »aller Laster Anfang«, berufliche Inkompetenz als Sünde, weil Gott jedem seine Beschäftigung gegeben und den Beruf zur menschlichen Berufung gemacht hat (eine Idee, die, wie wir gesehen haben, schon von Berthold von Regensburg entwickelt worden war). Der Protestantismus betonte auch den hohen Wert des Familienlebens und die gegenseitigen Verpflichtungen von Eltern und Kindern. Der Familie wurde eine neue Aufgabe gestellt: Sie sollte gehorsame Untertanen für den Staat erziehen.

Natürlich tat sich zwischen der Doktrin und der realen Praxis mitunter ein Abgrund auf. Nicht die ganze Bevölkerung hatte Verständnis für die neue Lehre. Der Übergang vom katholischen Glauben an die kollektive Rettung zum Glauben an eine individuelle Rettung, die man als die Grundlage des Protestantismus ansehen kann, war nicht problemlos und brauchte seine Zeit. Im Jahr 1620, d. h. ein Jahrhundert nach dem Auftreten Luthers, glaubten immer noch viele Bauern, daß das Gebet des Pastors ausreichend für ihre Rettung sei und daß er dafür auch bezahlt würde.

Sowohl die partiellen Erfolge als auch die Rückschläge des Protestantismus lassen sich vielfach auf die unmittelbare und ständige Einmischung der weltlichen Macht und auf ihre kleinlichen Reglementierungen, die alle Seiten des privaten und gesellschaftlichen Lebens betrafen, zurückführen. Trotz aller Erfolge der Reformation war die dörfliche Zivilisation unter ihrem Einfluß keinen tiefgreifenden Veränderungen ausgesetzt, wie B. Vogler bemerkt (235, S. 890, 1295).

In katholischen Ländern waren die Veränderungen noch weniger spürbar. Gegen die Behauptung des Konzils von Trient, daß in diesen Gebieten unter den Bauern das »erneuerte« Christentum den Siegeszug angetreten habe, spricht die Tatsache, daß relativ bald ein gegenläufiger Prozeß einsetzte. Diese Dechristianisierung bedeutete den Verlust des einstigen Einflusses der Religion auf das Bewußtsein der Menschen. In Frankreich kann man diesen Prozeß seit der Mitte des 18. Jh.s beobachten (236, S. 267).

Ein Ausdruck der kulturellen Assimilation der Bauernschaft, die sowohl von der protestantischen als auch von der »erneuerten« katholischen Kirche betrieben wurde, war die Beschränkung der Volksfeste oder sogar ihr direktes Verbot. Im dörflichen Leben, das in jeglicher Hinsicht monoton und eingeschränkt war, ermöglichte das Fest, lang angestaute und unterdrückte Emotionen auszuleben. Gleichzeitig war es ein Ereignis, dessen regelmäßige Wiederholung gewissermaßen den Verlauf des Lebens rhythmisierte. In den Festen traten wesentliche Seiten der Weltsicht des Volkes zutage. Deshalb wird in der heutigen wissenschaftlichen Literatur dem Fest im Mittelalter und der Renaissance völlig zu Recht mehr Aufmerksamkeit gewidmet. Im Karneval und anderen saisonalen Feiern sieht man die Quintessenz des Volkslebens, des Elementes des Lachens und des Freidenkertums. Man sucht nach den tiefen Wurzeln dieser Feste, die fast bis zur Urgesellschaft zurückreichen (M. M. Bachtin). Zu beachten sind aber meines Erachtens die Stimmen der Wissenschaftler, die feststellen, daß die Feste im 16.–18. Jh. keine unmittelbare Fortsetzung der Feiern des Mittelalters waren und daß ihre Genesis und Herausbildung eng mit der Entwicklung der Stadt als kulturellem Zentrum verbunden waren (84, S. 9 ff.).

In der Geschichte des Karnevals, die im Gegensatz zu seinem Inhalt noch lange nicht geklärt ist, kann man einen Widerspruch erkennen. Auf der einen Seite sind hier Elemente agrarischer Feste, die teilweise bis in die heidnische, vorchristliche Epoche zurückreichen, nicht zu bezweifeln. Auf der anderen Seite bildete sich der Karneval als Massenfest in den Formen, die Historikern und Ethnographen bekannt sind, wahrscheinlich erst in der zweiten Hälfte des Mittelalters heraus. Dieses Fest dauert viele Tage und unterliegt einem komplizierten, ausgearbeiteten »Drehbuch«. Erste Erwähnungen des Karnevals in Quellen sind kaum vor dem Ende des 13. Jh.s oder Anfang des 14. Jh.s auszumachen. Um so unvorsichtiger und regelrecht falsch wäre es, den mittelalterlichen Karneval nach den Formen einzuschätzen, die in der ersten Hälfte des 19. Jh.s künstlich restauriert worden sind (in Köln 1823, in Nürnberg 1843, in Nizza gegen 1850) (94, S. 29).

Der Karneval ist eine der schillerndsten Erscheinungen der Volkskultur am Ende des Mittelalters und Anfang der Neuzeit. In den Formen, in denen er im 16.–18. Jh. existierte, war der Karneval aber eine typisch urbane Erscheinung, die nur bei einer relativ hohen Bevölkerungsdichte und Einwohnerzahl, die Träger verschiedenartiger kultureller Traditionen war, möglich gewesen ist.

Das Dorf kannte nur wenige Feste, die entfernte Ähnlichkeit mit dem

Karneval hatten, darunter das Frühlingsfest, das Fest der Sommersonnenwende (Johannistag) und das Erntefest. Diesen Festen gegenüber verhielt sich die mittelalterliche Kirche einigermaßen tolerant, obwohl sie weder ihrer Herkunft noch ihrem Sinn nach etwas mit dem Christentum zu tun hatten (vgl. z. B. das Ritual des reinigenden Feuers in der Johannisnacht). Im hier untersuchten Zeitraum änderte sich das Verhältnis der kirchlichen und weltlichen Macht zu den Festen. Von nun an sah man in ihnen, wie auch in vielen anderen Dingen des dörflichen Lebens, etwas Unerlaubtes und Unzulässiges.

In ganz Westeuropa gab es eigentümliche Jugendvereinigungen. Sie hatten weder religiösen noch politischen Charakter; es waren natürliche Zusammenschlüsse Halbwüchsiger und Kinder einer Altersgruppe, die feierliche Prozessionen, Feiern und Radau veranstalteten. Solche Vereinigungen erwähnen die Quellen seit dem 13. Jh. In den meisten Domen wählte man aus der Zahl der Kinder, die den Kirchenchor bildeten, einen »Kinderbischof« (*episcopus puerorum*), *Kinderbiscop* oder »Geckenabt« (*Abbot of Unreason*). Aus dieser Sitte, die von der Kirche geduldet wurde, erwuchs das Fest der Narren, das auf absurde und karikaturistische Weise Vertreter aller Schichten der Gesellschaft darstellte. Bis zum 16. Jh. trat in mehreren englischen Städten der Bürgermeister öffentlich Seite an Seite mit seinem komischen Doppelgänger (*Mock Mayor*) auf. Jugendliche aus Städten und Dörfern führten Narrengerichtsverhandlungen durch.

Seit dem 14. Jh. ist in Westeuropa eine Sitte namens »Schariwari« bekannt. So nannte man einen schrecklichen Radau mit wilder Musik. Jugendliche veranstalteten diese »Katzenmusik« unter den Fenstern von Menschen, denen sie ihre Mißbilligung kundtun wollten. Am häufigsten waren die Opfer des *Schariwari* Menschen, die eine zweite Ehe geschlossen hatten; ein Witwer, der ein junges Mädchen geheiratet hatte, eine Witwe, die einen jüngeren Mann geheiratet hatte, oder die Partner einer »ungleichen« Ehe, etwa ein Reicher, der eine Arme zur Frau hatte. In Prozessionen, die organisiert wurden, mußten diejenigen selbst teilnehmen, die den Anlaß dazu gegeben hatten. *Schariwari* war ein rituelles Auslachen der Brecher der »Ehenormen«. Der Brauch verhinderte aber die Schließung einer solchen Ehe nicht, sondern beschränkte sich auf ein »Lösegeld«, das die Opfer zu zahlen hatten. Diese Narrensitte sanktionierte sozusagen eine neue Ehe und befreite den Witwer oder die Witwe von ihren früheren Verpflichtungen. Nach mittelalterlichen Vorstellungen waren diese Verpflichtungen mit dem Tod eines der Gatten nicht erloschen (in damaliger Zeit waren eine frühe Witwenschaft und eine nachfolgende zweite Ehe an der Tagesordnung). Das Ritual *Schariwari* garantierte in der widersinnigen Form des Auslachens die Reibungslosigkeit und Produktivität der neuen Ehe. Außerdem dachte man, daß jedes Abweichen der Menschen von den gesetzten Normen sich verderblich auf die Ernte auswirken könne. Das *Schariwari* stand also auch mit dem agrarischen Glauben der Bauern in Zusammenhang. Die Kirche war diesem Brauch immer feindlich gesonnen, und Verbote und Repressalien gegen ihn verstärkten sich besonders nach der Reformation (96).

Religiöse Feste im Mittelalter schlossen nichtorthodoxe Sitten und Rituale mit ein. Ein Volksbrauch machte nicht an der Schwelle der Kirche halt, und ein Pfarrer sah keine Schande darin, an einer Feier teilzunehmen, die von der Gemeinde in der Kirche selbst arrangiert wurde. Hier wurden nicht selten Tanzfeste veranstaltet und Lieder keineswegs religiösen Inhalts gesungen. In einer burlesken Parodie auf ein Gebet, im Hineinführen eines Esels in die Kirche oder einer Narrenlithurgie sah man keine Gotteslästerung und erkannte darin nicht etwa die Hand des Teufels. Aber diese teils folklorisierte mittelalterliche Religion, die Teile der Volkskultur in sich aufgenommen hatte und bei Festen offen das Sakrale mit dem Weltlichen zusammenbrachte, gehörte seit dem 16.–17. Jh. der Vergangenheit an. Sie war mit dem neuen Geist des Christentums, der im Laufe der Reformation und Gegenreformation eingeführt wurde, unvereinbar. Aber nicht nur Geistliche mißbilligten Volksfeste und Volkssitten, auch Aufklärer brachten ihnen Vorurteile und Unverständnis entgegen. Sie sahen in ihnen »Unwissenheit« und »Barbarei«, die der vergangenen »gotischen Epoche« angehörten. Im »Philosophischen Wörterbuch« (1766) werden sie im Eintrag »Feste« als Quelle für Sauferei, Radau und Verbrechen eingeschätzt.

Der neue unternehmerische Geist, dessen Träger nicht nur Puritaner waren, konnte sich mit der »Verschwendung« wertvoller Zeit für unproduktive Beschäftigungen nicht abfinden. »Alle Belustigungen sind ungesetzlich, wenn sie Zeit kosten, die wir für ernstere Dinge verwenden können« (R. Baxter, 168). Die Zahl der jährlichen Feste, die im Mittelalter fast ein Drittel des Jahres eingenommen hatten (wenn man auch die Sonntage mitzählt), wurde stark gekürzt. In der zweiten Hälfte des 17. Jh.s war der Sieg der Arbeit über die Freizeit endgültig. Königliche Deklarationen über den Sport in England (1618, 1633), die sportliche Wettkämpfe, das Maifest, Tanzveranstaltungen usw. verteidigten, wurden von puritanischen Predigern als satanisch verurteilt. Die Revolution schaffte sie ab (168, S. 11 ff.). Die Ausrottung der Volkstraditionen, Vergnügungen und Feste verlief im Dorf langsamer und nicht so konsequent wie in den Städten. Landwirtschafts- und Viehzuchtsrituale und Feste lebten in verschiedenen Orten bis zum Anfang des 20. Jh.s fort.

Dennoch trugen der Angriff der Kirche und des Staates auf Volksfeste und Freizeitbeschäftigungen und die verstärkte allseitige Kontrolle über das alltägliche Leben ihre Früchte. Der Verfall der traditionellen Gesellschaft wurde vom Zerfall der bäuerlichen Festkultur und deren Belustigungen begleitet. »Die alte Welt, in der das Lachen und die Religion, die Arbeit und das Fest miteinander verwoben waren, weil das Fest dem Verlauf der Jahreszeiten und dem ganzen Leben seinen Rhythmus gab – diese alte Welt wurde zerstört« (181, S. 215).

Die Historiker sind sich keineswegs einig bei der Frage, inwieweit die relative Autonomie der Volkskultur zu Anfang der Industriellen Revolution in Europa zerstört wurde (149, S. 12). Es ist aber kaum zu bestreiten, daß sie zielgerichtet eingeschränkt und unterdrückt wurde. In keinem anderen Bereich war die Feindseligkeit der Kirche, des Staates und der intellektuellen Elite der Weltsicht des Volkes und dem daraus resultierenden praktischen Verhalten gegenüber so stark und konsequent, in keinem Bereich hatte diese Feindlichkeit so zerstörerische und grausame Folgen wie im bezug auf die Volksmagie und ihre Träger, die in Hexen und Hexer umgedeutet wurden.

5.

Wie wir gesehen haben, waren in der geschlossenen Welt des mittelalterlichen Dorfes Zauberer und Zauberinnen, Heilerinnen und Wahrsager für das Wohl und das normale Funktionieren der dörflichen Gemeinschaft unerläßlich. Diese Personen, die die Magie auf das meisterhafteste beherrschten, waren lebensnotwendig, auch wenn sie Angst und Besorgnis hervorriefen. Der Mikrokosmos, also der menschliche Körper, befindet sich unter dem Einfluß von Kräften, die im Weltall konzentriert sind, und man muß diese mächtigen geheimnisvollen Kräfte des Makrokosmos besänftigen oder neutralisieren. In Krankheiten und Tod sah der mittelalterliche Mensch nicht etwas vollkommen Natürliches. Er neigte dazu, ihre Ursachen in falschem Verhalten, im Nichtbeachten von Vorzeichen, aber vor allen Dingen in arglistigen Handlungen anderer Menschen zu suchen. Ein Zauberer und eine Hexe konnten nützlich sein, konnten aber auch zur Bedrohung werden; daher rührt das gespaltene Verhältnis zu ihnen. Nach Meinung von R. Muchembled, der Materialien zu Hexenprozessen in Nordfrankreich erforscht hat, riefen Zauberer Angst bei ihren Nachbarn hervor und erfreuten sich gleichzeitig großer Popularität bei den Bewohnern weiter entfernt gelegener Dörfer (182, S. 55 ff.). Man nahm ihre Dienste und Hilfe in Anspruch, nicht selten aber wurde ihnen nachgestellt. Während des größten Teils des Mittelalters hatten diese Verfolgungen den Charakter spontaner Abrechnungen und wurden nicht im Gerichtssaal ausgetragen. Wie schon erwähnt wurde, verurteilte die Kirche in damaliger Zeit den Volksglauben an die übernatürliche Macht der Hexen und Zauberer und hielt ihn für einen Aberglauben, der dem Christentum widersprach.

Die Lage änderte sich zum Ende des Mittelalters grundlegend, als die geistlichen und weltlichen Mächte mit Nachdruck begannen, Hexerei in die Nähe von Häresie zu stellen (in mehreren Ländern wurden die Worte »Hexe« und »Waldenser« zu Synonymen) und sie grausam verfolgten. Scheiterhaufen brannten. Die Meinung von Theologen und Juristen hatte sich durchgesetzt, nach der ein Mensch in der Lage ist, einen Vertrag mit dem Satan zu unterschreiben, ihm zu dienen und sich dafür seiner Unterstützung sicher sein kann. Solche Vorstellungen hatte es auch schon früher gegeben, jetzt aber wurden sie theologisch und rechtlich sanktioniert. Damit entstand ein neues Konzept von Hexerei: Eine Hexe ist nicht nur Heilerin oder Zauberin, die die Geheimnisse der Magie kennt, sie ist eine Dienerin des Satans, die mit ihm einen Pakt geschlossen hat, mit ihm geschlechtlich verkehrt und auf sein Betreiben und mit seiner Hilfe Menschen und ihr Hab und Gut ins Verderben stürzt. Während es in einer früheren Zeit (ebenso wie auch bei nichteuropäischen Völkern) um individuelle Handlungen von Hexen und Hexern gegangen war, klagten ihre Verfolger im 15.–17. Jh. Hexen der Massenversammlungen und des organisierten Satanskults an: Hexen versammeln sich regelmäßig am Sabbat, um Rituale auszuüben, die eine umgekehrte kirchliche Messe sind, und andere abscheuliche Handlungen, derer früher Häretiker angeklagt wurden. Satan hat also seine eigene Antikirche, und die Hexen sind ihre Mitglieder und Dienerinnen. All dies ermöglichte es, Anklagen der Hexerei und der Häresie einander anzunähern und gleichzustellen (205).

Die gelehrten Vorstellungen von Hexen waren weit von dem Hexenbild des Volksbewußtseins entfernt. Das Bild der Hexe veränderte sich und wurde dämonisiert. Pfarrer und Prediger suggerierten den Gemeindemitgliedern den Gedanken von der Allgegenwart Satans und seiner Diener. Diese Dämonenmanie erfaßte breite Schichten der Bevölkerung und verschärfte das ohnedies angespannte sozialpsychologische Klima. Man gewöhnte sich daran, in politischen und religiösen Gegnern Diener Satans zu erkennen: Protestanten in Papisten, Katholiken in Protestanten, Protestanten und Katholiken in Juden, Türken, Hexen. Die Dämonenmanie lieferte ein universales Klischee für die Darstellung eines Feindes (106). Man kann sich leicht davon überzeugen, daß bei der Konstruktion der Idee des Sabbats mit Hexenreigen und rituellen Gelagen das Modell der Volksbräuche zugrunde gelegt wurde. Hinzugefügt wurden nur noch die Anbetung Satans und die kollektive Versündigung der Teilnehmer gegen das siebte Gebot (»Du sollst nicht ehebrechen«). Die Dämonisierung der Hexe verlief Hand in Hand mit der Dämonisierung des bäuerlichen Festes.

Wo soll man die Lösung für das historische Phänomen der Hexenjagd suchen? Die traditionelle Meinung einer liberalen Historiographie lautet: Die Hexenjagd resultiert aus den Irrtümern der dunklen Masse, die von kirchlichen Obskuranten zu ihren Zwecken ausgenutzt wurden; das Ende der Verfolgungen war die Folge der Überwindung dieser »im Dunkel des Mittelalters geborenen« Irrtümer in den Strahlen der Aufklärung. Heute ist klar, daß das Volk nicht nur benutzt wurde, sondern daß es manchmal recht aktiv auf den Gang der Dinge eingewirkt hat. An der Spitze der Verfolgungen standen Dominikanermönche, die mit den unteren städtischen Schichten und mit den Bauern eng verbunden waren, vor denen sie predigten. Dominikaner hatten einen besseren Einblick als alle anderen in die Stimmungslagen und die Psyche der Volksmassen; sie konnten sie beeinflussen und ihrerseits von ihnen Impulse bekommen. Es sind viele Fälle bekannt, in denen bei Hexenverfolgungen die Initiative von Dorfbewohnern ausging. Sie wandten sich an die herrschenden Mächte und forderten, daß die Hexen ausgerottet würden. Auch vor Ausgaben scheuten sie dabei nicht zurück. Die Gemeinde, in der ein Prozeß stattfand, mußte die Kosten für die Gerichtsverhandlung, für die Bezahlung der Beamten und des Henkers, für die Verpflegung der Gefangenen, die Hinrichtung der Verurteilten und ein Bankett, das nach der Hinrichtung arrangiert wurde, bestreiten. Diese Ausgaben waren hoch und wurden nicht immer durch das Vermögen abgedeckt, das bei dem Opfer beschlagnahmt worden war.

Es ist nicht so sehr das Verdienst der Historiker der letzten anderthalb bis zwei Jahrzehnte, das Rätsel der Massenverfolgungen von Hexen in Westeuropa gelöst, sondern es neu gestellt zu haben. Jetzt erforscht man nicht nur die Traktate der Dämonologen und ihrer Kritiker, sondern auch Protokolle von Gerichtsverhandlungen, und beschränkt sich dabei nicht auf einzelne Beispiele[34], sondern betrachtet sie in ihrer Gesamtheit. Sie spiegeln also die Situation in dieser oder jener Gegend, Grafschaft oder einem ganzen Land zu einer bestimmten Zeit wider. Dadurch ändert sich die Herangehensweise entschieden. Die Hexenverfolgungen werden nicht mehr »von oben«, aus der Sicht der Intellektuellen und Obrigkeiten, betrachtet, sondern »von unten«. In Gerichtsakten wurde neben der Position der Richter, die von der dämonologischen Doktrin und der durch sie beeinflußten gerichtlichen Gesetzgebung geleitet wurden, auch die Einstellung der Kläger und Zeugen zur Hexerei festgehalten, d. h. der Nachbarn der Angeklagten. Dies gilt auch für die Verdächtigen und Angeklagten selbst, wie leise ihre Stimme in den Gerichtsnotizen auch zu vernehmen ist.

Wenn man Gerichtsprozesse gegen Hexerei in dem oben genannten Zusammenhang des Wechselverhältnisses der kulturellen Volkstradition und der offiziellen kirchlichen Tradition betrachtet, wird gerade hier im Gerichtssaal am deutlichsten, wie sich diese Wechselwirkung geändert hat. Es geht nicht mehr um die Anpassung einer Tradition an eine andere; von dem ambivalenten »Dialog und Konflikt zugleich« ist nur der Konflikt geblieben. Die Richter haben kein Verständnis für eine andere Tradition und wollen sie nicht verstehen. Die relative Toleranz, die die mittelalterliche Kirche in bezug auf Volksglauben, Rituale und magische Praxis hatte haben müssen, wird durch eine neue Strategie ersetzt, die man als die vollkommene Unterdrückung der Autonomie der Volkskultur bezeichnen kann. Träger der gelehrten Kultur strebten hartnäckig und konsequent danach, bestimmte Teile der Volkskultur in die Sprache der Dämonologie zu übersetzen. Diese Übersetzung, die im Kern den Sinn und Inhalt der Volkstradition ändert, bereitet ihre Vernichtung vor.

Eine solche Umstrukturierung setzte einen scharfen Positionswechsel der Kirche voraus. Von der Verurteilung des Volksglaubens an Hexen, die für den größten Teil des Mittelalters gegolten hatte, ging die Kirche am Ende des Mittelalters zur Verurteilung der Hexen selbst über. Der Glaube an den Teufel und seine Macht, an die menschliche Fähigkeit, mit ihm Kontakt zu haben und einen Vasallenvertrag mit ihm zu schließen, war ebenso gelehrter wie volkstümlicher Herkunft. Heute kann man nicht mehr mit Sicherheit sagen, in welchem Milieu dieser Glaube zuerst aufgetreten ist. Wir können nur seine allgemeine Verbreitung feststellen. Eine theologische Idee vereinte ihn zu einem zusammenhängenden dämonologischen System, aber seine einzelnen Elemente lebten in den alltäglichen Vorstellungen des Volkes und in der Folklore. Der Glaube an die tatsächliche Existenz der Hexen und ihre Fähigkeiten, Böses zu tun, kam »ursprünglich« aus dem Volksbewußtsein. Man kann vermuten, daß die Änderung der Position der Kirche, ihr Übergang von der Ablehnung dieses Glaubens zur Behauptung der Arglist der Hexen, unter dem Einfluß der Gläubigen geschah. Die »gelehrte« Auslegung der Hexerei wandelte dann ihr Bild in Richtung ihrer totalen Dämonisierung. Der Glaube an Hexen war in dieser neuen, theologischen und juristischen Auslegung gegen die kulturelle Volkstradition gerichtet, in der er geboren wurde und in der jahrhundertelang bestimmte Elemente davon existiert hatten.

Man muß hier anmerken, daß die Dämonisierung der Hexen lange vor ihren Massenverfolgungen begonnen hatte: Schon im 13. Jh. wurde von Theologen, unter anderem von Thomas von Aquin, die Möglichkeit eingeräumt, daß eine Hexe in Beziehung zu Satan treten kann. Die Lehre über *Incuben* und *Succuben* wurde ausgearbeitet. Aber sowohl damals als auch wesentlich später fanden diese scholastischen Überlegungen keine reale Anwendung. Man sollte die praktischen Auswirkungen solcher traurig berühmten Dokumente wie der Bulle von Papst Innozenz VIII. »Summis desiderantes affectibus« (1484) und des »Hexenhammers« von Institoris und Sprenger (1486) daher auch sehr vorsichtig bewerten. Ihre inspirierende Wirkung auf künftige Hexenverfolger ist natürlich nicht zu bezweifeln. Man sollte aber nicht vergessen, daß die Papstbulle und der »Hexenhammer« ein Jahrhundert früher erschienen sind, als die Massenverfolgung der Hexen sich entfaltete, nämlich erst in den 80er Jahren des 16. Jh.s. Anders gesagt wurden die theoretischen Grundlagen der Hexenverfolgungen mehrere Generationen vor diesen Verfolgungen selbst gelegt.

Die Geschichte der Hexenjagd ist nicht so geradlinig und einfach, wie es sich Historiker am Ende des 19. und zu Beginn des 20. Jh.s vorgestellt haben (G.-Ch. Lee, J. Hansen u. a.) und wie man sie noch heute manchmal darstellt. Die Verfolgungen am Ende des 16. und im 17. Jh. waren keine Fortsetzungen der früheren Verfolgungen von Häretikern, und die Dämonologie als solche hat nicht die schreckliche Praxis dieser Verfolgungen hervorgebracht. Spezifische soziale und sozialpsychologische Bedingungen waren notwendig, um diesen Prozeß in Gang zu setzen, in dem sich rationalisierter Aberglaube mit Massenängsten und politischer Kalkulation vermischte.

Betrachten wir genauer, was bei einem Hexenprozeß vor sich ging.

Eine standardmäßige Beschuldigung, die vor dem Prozeß vorgebracht wurde, war eine Beschwerde der Nachbarn über einen Schaden, die eine gewöhnlich im selben Ort oder in der Nähe wohnende Person durch ihre Zaubertaten verursacht haben sollte. Das Bild der Hexe, mit dem die Historiographie manchmal bis heute operiert, ist eine alleinstehende ältere Frau, eine Greisin oder Witwe, die alle Verwandten verloren hat und keine materielle Unterstützung bekommt. Die Nachbarn haben ihr ihre Bitte um Hilfe abgeschlagen; daraufhin spricht sie eine Drohung aus, die sich bald verwirklicht. Aber dieses Stereotyp entspricht der Wirklichkeit nur in begrenztem Maß. Unter den der Hexerei Angeklagten sind neben älteren Frauen nicht weniger häufig jüngere Frauen oder junge Mädchen, manchmal auch Männer, neben Armen auch Wohlhabendere anzutreffen. Der Hexenforscher G. Schwerhoff (Bielefeld) meint, daß Neid zu den häufigsten Gründen der Hexereibeschuldigungen von seiten der weniger wohlhabenden Nachbarn zählte. Jede Person, bis hin zum Kind, konnte Opfer einer Anklage und Verfolgung werden.

Es mußte auch seitens der angeblichen Hexe nicht unbedingt eine Drohung und den Versuch, sie zu verwirklichen, gegeben haben. Die Mitglieder der kleinen dörflichen Welt oder städtischen Nachbarschaft, die einander gut kannten, hatten ihre eigenen Einschätzungen von jedem, mit dem sie täglich umgingen. Ihre Vorstellungen über die Ursachen von alltäglichen, familiären oder persönlichen Unglücksfällen waren ungefähr so, wie sie Ethnologen bei afrikanischen Völkern entdeckt haben: Wenn irgendein Familienmitglied krank wurde, ein Kind gestorben, eine Kuh oder ein Pferd verendet war, bestimmte Sachen verschwanden oder die Ernte schlecht ausfiel, waren sie fest davon überzeugt, daß dieses Unglück nicht mit bloßem Zufall oder natürlichen Gründen allein zu erklären war. Es mußte unbedingt eine Arglist dahinterstecken, die sich in magischen Handlungen und Zauber ausdrückte. Es war nicht schwer, die eine oder andere Person zu verdächtigen, deren Ruf nicht tadellos war oder zu der die Beziehungen problematisch waren. In Beschuldigungen der Hexerei kamen häufig lokale Konflikte zwischen einzelnen Personen oder zwischen einer Gemeinschaft und einer Person zum Ausdruck.

Manche, die sich für Opfer hielten, versuchten, sich bei der mutmaßlichen Schuldigen zu rächen, indem sie selbst mit ihr abrechneten. In anderen Fällen wurde die Person bei der Obrigkeit denunziert. Dabei ging es um den Schaden, der durch die schwarze Magie verursacht worden war, aber die Beschuldigung bewegte sich innerhalb der Grenzen des *maleficium*. Der Teufel wurde nicht erwähnt. Die Tatsache aber, daß der Fall an die Justiz kam, änderte die ganze Situation wesentlich. Hier fand der Übergang von dem volkstümlichen, alltäglichen und traditionellen Verständnis von Hexerei zu ihrer anderen Auslegung statt, der gerichtlich-theologischen und dämonologischen.

Von Anfang an stand im Zentrum der Aufmerksamkeit der Richter nicht das *maleficium*, sondern die Bedingungen, die ihrer Meinung nach erst die magischen Handlungen effektiv machen konnten. Die Richter hatten von vornherein eine lange Liste von Fragen, die sie der Beschuldigten stellten. Sie mußte zugeben, daß sie ihre Zaubertaten mit Hilfe Satans ausgeübt hatte. Die Aufmerksamkeit der Richter konzentrierte sich auf den Vertrag mit Satan und auf die Voraussetzungen, unter denen er geschlossen wurde, auf die Buhlschaft der Hexe mit dem Fürsten der Finsternis, auf die Teilnahme der Angeklagten am Sabbat, dessen Beschreibungen sowie darauf, wer noch daran teilgenommen hatte[35]. Eine unvermeidliche und leicht erklärbare Folge dieser Beschuldigungen war das beharrliche Leugnen des Opfers des Prozesses, das seine Beziehung zu Satan verneinte. Die Richter aber legten in solchen Fällen eine außerordentliche Hartnäckigkeit an den Tag und erzwangen die Geständnisse, die sie brauchten. Aus ihrer Sicht bestand der Sinn des Prozesses gerade in der Entlarvung der verbrecherischen Verschwörung zwischen der Hexe und Satan.

Im wesentlichen waren die Kräfte hier folgendermaßen verteilt: Vor den Richtern, die von dämonologischen Begriffen durchdrungen waren und glaubten, daß sie gegen Satan und sein Heer kämpften, stand eine Frau, die in ihren Heilfertigkeiten die jahrhundertealte Erfahrung der kulturellen Volkstradition akkumuliert hatte. Sie wurde nicht dessen angeklagt, was sie wirklich getan hatte, d. h. der Wahrsagungen, Prophezeiungen oder Heilungen. Ihre Schuld wurde in ganz anderen Kategorien dargestellt. Ein Pakt mit dem Teufel (die Teufelsbuhlschaft), nächtliche Besuche des Sabbat, Werwolf-Verwandlungen, Säuglingsmorde zu dem Zweck, ihre Körper für Zaubermittel zu gebrauchen. Die Volksmagie, ein untrennbarer Teil des damaligen dörflichen Lebens, wurde bei den Verhören, denen die Angeklagte unterzogen wurde, in die Negierung und den Verrat Gottes umgedeutet, in den Dienst für eine satanische Antikirche. Volksfeste und jahreszeitlich bedingte Bräuche wurden in lästerliche Versammlungen verwandelt, die angeblich die Vereinigung der Hexe mit Dämonen bewiesen. Ich wiederhole: Nicht nur das Prozeßopfer wurde dämonisiert, sondern die gesamte bäuerliche Volkskultur. Die

Angeklagte war von vornherein verurteilt, aber daneben weitete sich die Verurteilung auf die gesamte magische und mythologische Tradition aus, die sie im Gericht ungewollt verkörperte.

Den Anhängern und Trägern der volkstümlichen Kultur wurde die Idee von der Sündhaftigkeit ihres Glaubens und ihrer Sitten suggeriert. Obschon die Richter diese kulturell-religiöse Tradition direkt nicht erwähnten und vielleicht gar nicht daran dachten, wurde objektiv ohne irgendwessen bewußte Absicht ausgerechnet sie verurteilt.

In diesem Zusammenhang muß man die Forschung C. Ginzburgs über die *benandanti* aus Friaul (wörtlich »die Wohlgehenden«) am Ende des 16. und in der ersten Hälfte des 17. Jh.s erwähnen. Sie hielten sich für gute Zauberer, die mit Hilfe der Magie den bösen Zauberern entgegenwirken und sich bei nächtlichen Flügen mit ihnen messen. Als Waffen dienen dabei Bündel von Kümmel in den Händen der *benandanti* und Sorghumhalme bei den bösen Zauberern. Wenn die *benandanti* gewinnen, wird die Ernte in diesem Jahr gut sein. Beim Sieg der bösen Zauberer droht eine schlechte Ernte. Im Unterschied zu den Hexen erklärten die *benandanti*, daß sie für den »christlichen Glauben kämpfen«.

Nach Meinung C. Ginzburgs haben wir es hier mit einem Phänomen der Volksreligiosität zu tun, in dem ein Fruchtbarkeitskult mit einem Totenkult verbunden ist. Es ist bezeichnend, daß die Inquisitoren, die mit dem Fall der *benandanti* zu tun hatten, versuchten, sie in eine ihnen bekannte Kategorie von Hexen einzuordnen. Letztendlich gab ein *benandanti* auch zu, daß er an einem Sabbat teilgenommen hatte! Spontane Aussagen dieser Leute und Geständnisse, die ihnen Richter herauspreßten, sind in den erhaltenen Protokollen miteinander vermengt. Es ist sehr schwer, die ursprünglichen Glauben und Vorstellungen der *benandanti* zu rekonstruieren (124; 125, S. 341–354).

Die Ausrottung von Aberglauben und Resten von Heidentum, die Unterweisung in den Grundlagen des christlichen Glaubens, die Beschränkungen und Verbote der dörflichen agrarischen Kulte, Feste und Vergnügungen einerseits und die Verfolgungen der Hexen und Hexer andererseits waren ihrem Wesen nach Angriffe auf die Volkskultur. Sie drückten sich nur auf unterschiedliche Weise aus. Der Hauptunterschied bestand darin, daß das Volk bei den Hexenverfolgungen selbst aktiv zur Vernichtung der Träger seiner eigenen Kultur herangezogen wurde. Bauern und Städter übten Druck auf die Staatsgewalt aus und forderten eine Verurteilung der Hexen. Sie jubelten beim Anblick der Scheiterhaufen, auf denen diese verbrannt wurden, und waren sich nicht darüber klar, daß das Urteil außer den Hexen ihr eigenes traditionelles Weltbild und Handlungssystem betraf.

Hinter dem Haß auf Satan und seine Dienerin verbarg sich bei den Richtern, die gebildete und nicht selten intelligente Menschen waren, möglicherweise ein unbewußter Ekel vor der Kultur des einfachen Volkes. Weil sie ihre eigene Kultur als die einzig mögliche und zulässige ansahen, empfanden sie diese andere Kultur als Antikultur. Ihre Kultur war ganz auf Gott orientiert, folglich mußte die andere Kultur von Satan hervorgebracht worden sein. Deshalb waren im Kampf dagegen alle Mittel gestattet und gerechtfertigt. Das effektivste Mittel, mit dem man Satan besiegen, d. h., ein Geständnis aus einer Hexe herauspressen konnte (ohne ein solches Geständnis konnte ein Urteil nicht gefällt werden), war die Folter.

Eine neue Strafgesetzgebung, die im 16. Jh. in einigen Ländern eingeführt wurde (*Constitutio criminalis carolina* 1532 im Kaiserreich, die königlichen *Ordonnanzen* 1539 und 1570 in Frankreich, die *Kriminalordonnanz* 1570 in den Spanischen Niederlanden), ließ im Unterschied zum mittelalterlichen Strafgesetz die Folter zu. Diese wurde bei Prozessen gegen Hexerei zum wichtigsten und entscheidenden Mittel der Einwirkung auf die Angeklagten.

Bei den Verhören war ein Henker anwesend. Den Angeklagten wurde das Folterwerkzeug gezeigt. Nicht selten reichte lediglich die Drohung seiner Anwendung, damit das Opfer sein »Geständnis« ablegte. Die am häufigsten praktizierte Foltermethode war, daß man dem Angeklagten die Hände auf dem Rücken zusammenband und ihn an den Händen aufhängte. An die Füße wurde eine Last gebunden, die bei beharrlichem Leugnen erschwert wurde. Auch andere Foltermethoden waren gebräuchlich.

Neben der Folter, die das Opfer des Prozesses zwingen sollte, die Beziehung zu Satan zu gestehen, wurden auch andere Prozeduren angewendet, die seine Hexennatur feststellen sollten. Man rasierte der Angeklagten alle Haare vom Körper, und Ärzte suchten mit Nadeln nach schmerzunempfindlichen Stellen. Solche Stellen zeigten, daß Satan sie berührt hatte, ergo die Angeklagte seine Dienerin war. Die »Tränenprobe« bestand darin, daß der Angeklagten ein Ausschnitt aus der Bibel vorgelesen wurde. Wenn sie nicht weinte, wurde sie für schuldig befunden (insbesondere aus diesem Grund wurde die Mutter Keplers verurteilt). Ein beharrliches Leugnen der Angeklagten ihrer Schuld konnte auch als ein Schuldbeweis ausgelegt werden; es sollte dann Satan sein, der sie daran hinderte, die Wahrheit zu sagen. Die Angeklagte wurde auf einer Waage gewogen, denn der Glaube an die Fähigkeit der Hexen, fliegen zu können, setzte voraus, daß sie weniger als ehrliche Menschen wogen. Sehr verbreitet war die Wasserprobe: Die an Händen und Füßen zusammengebundene Frau wurde ins Wasser geworfen. Wenn sie nicht unterging, bedeutete das, daß das reine Element die Hexe nicht annahm. Schließlich gab es »Spezialisten«, die eine Hexe angeblich nach dem Aussehen von anderen unterscheiden konnten.

Ein solcher Fall ereignete sich 1644 in der Diözese von Dijon. Ein Verrückter ging durch die Dörfer und begutachtete mit Genehmigung der Obrigkeit die Bauern, die für die Proben versammelt worden waren. Diejenigen, die von ihm der Zauberei beschuldigt wurden, wurden den Versuchen unterzogen und ein Teil von ihnen letztendlich verbrannt (141, S. 249).

Die eingeschüchterten und verwirrten Opfer der Verfolgungen, die meistens nicht lesen und schreiben konnten und von ihrer Umgebung isoliert waren, wurden dem subtilen mentalen Druck gelehrter Juristen ausgesetzt. Diese gingen nach einem vorbereiteten System von Fragen vor, welche häufig den Geständnissen früherer Prozesse entnommen worden waren. In der Regel konnten die Opfer ihm nicht widerstehen. Ein Geständnis der Hexerei und der Beziehung zu Satan war eine notwendige Voraussetzung für das Urteil. Die wenigen Angeklagten, die trotz grausamster Folterungen, welche in Frankreich vielsagend als *géhenne* (»Glut«, »Hölle«) bezeichnet wurden, nicht »gestanden« hatten, wurden nicht ins Feuer, sondern in die Verbannung geschickt.

Religiös gebildete und rechtskundige Menschen wußten sehr gut, daß physische Qualen den Opfern beliebige, auch phantastischste Geständnisse entreißen können. Das zeigen Erklärungen von Kritikern der Hexenprozesse, deren Stimmen im 16.–17. Jh. zu vernehmen waren. Man fragt sich natürlich: Warum sahen sie, wenn es um Hexerei ging, dennoch in der Folter eine zulässige und notwendige Waffe des Gerichts? Hinweise auf Grausamkeit, sadistische Neigungen und Verantwortungslosigkeit der Richter sowie die Tatsache, daß sie straffrei ausgingen, erklären nichts. Jede beliebige Person, die einen solchen Fall untersuchte, mußte höhere Gründe haben, um die Folter anzuwenden, und solche Grundlagen gab es. Das wichtigste war, daß damalige Juristen und Theologen in Diensten für und Beziehungen zu Satan ein außergewöhnlich schweres Verbrechen (*crimen exceptum*) und eine Verunglimpfung der göttlichen Majestät sahen. Einschränkungen in bezug auf die Anwendung der Folter hatten hier keine Kraft.

Es gab noch einen anderen Grund, warum die mutmaßliche Hexe der Folter unterzogen werden mußte. Bedenken wir, daß das beharrliche Leugnen ihrer Beziehung zu Satan der Angeklagten den Verdacht der Richter nur verstärkte, ja in ihren Augen sogar als Beweis einer solchen Beziehung diente. Die Folter wurde erneut und verstärkt angewandt, denn die Person, die man einer Beziehung mit Satan verdächtigte, wurde als von ihm besessen betrachtet. Während des ganzen Mittelalters traf man Menschen, deren Verhalten zu der Überzeugung führte, daß sich ein Dämon in ihnen befand. Der Ruhm vieler Heiligen beruhte darauf, daß sie Dämonen vertreiben konnten. Exorzismus ist in der Geschichte der Kirche Routine. Im Mittelalter wurde die Dämonenvertreibung jedoch für gewöhnlich nicht von Folterungen begleitet. Jetzt wurde ausgerechnet diese Methode zur Regel. Eine Frau, die der Hexerei verdächtigt ist, verneint ihre Beziehung zu Satan deshalb, weil sie von ihm besessen ist; folglich muß man den Teufel vertreiben. Zu diesem Zweck verwendet man gegen das »Behältnis«, in dem sich der Dämon versteckt, die grausamsten Mittel. Die Folter war eigentlich nicht gegen die Angeklagte, sondern gegen den Dämon gerichtet, der in ihr saß. Die Richter, die die »Hexe« quälten, meinten, sie seien ihre Beschützer und bemühten sich, sie aus den Fängen Satans zu retten. Solange er sich im menschlichen Körper befand, hinderte er sie daran, die Geständnisse abzulegen, die die Richter brauchten. Ihr Einverständnis jedoch, über den Sabbat, ihre Flüge, ihre Verwandlungen in andere Wesen, über ihre Teufelsbuhlschaft zu erzählen, die nach dem Volksglauben einer Hexe kein Vergnügen versprach, sondern nur die Empfindung seines eisigen Fleisches, und schließlich über Missetaten, die sie nach seiner Aufhetzung begangen habe, bedeutete, daß der Exorzismus erfolgreich gewesen war und der Dämon den Körper der Unseligen verlassen hatte (116; 117).

Hexenverfolgungen gab es in allen Ländern des katholischen und reformierten Europas, jedoch mit unterschiedlicher Intensität und einer ganzen Reihe regionaler Besonderheiten. So weichen gerichtliche Hexenprozesse beispielsweise in England etwas von den kontinentalen ab. Hexerei wurde hier eher als ein gegen die Gesellschaft gerichtetes Verbrechen denn als Häresie angesehen. In Gerichten wurden daher zwar Anschuldigungen erhoben, daß bei bestimmten Personen ein Schaden entstanden war, aber selten spielte die Beziehung zu Satan eine Rolle. Die Lehre von Sabbat, Incuben und Succuben und von der Fähigkeit der

Hexen, ihr Aussehen zu verändern, wurde nicht anerkannt. Der Hauptunterschied Englands zu anderen Ländern Europas in bezug auf die Hexenprozesse bestand darin, daß die Angeklagten nicht gefoltert wurden.

Bei den kontinentalen Ländern war die Hexenjagd am meisten in Frankreich und dem deutschen Kaiserreich verbreitet, aber sie hatte auch hier ihre lokalen Besonderheiten. Der kanadische Historiker L. Rothkrug behauptet, daß die Hexenverfolgungen, die in Deutschland am häufigsten waren, von der kirchlichen Macht provoziert wurden, vor allem in reichsunmittelbaren Bistümern, um die Kontrolle der Geistlichen über das religiöse Leben der Untertanen zu behalten (201). Zwar kann man der Idee, daß die Verfolgungen absichtlich initiiert wurden, zustimmen, jedoch bleibt das Problem der Bereitschaft der Menge, daran teilzunehmen, bestehen.

Die Verfolgungen waren keine permanente Erscheinung. Es gab Perioden, in denen sie verstärkt auftraten, und solche, in denen sie abnahmen. Die Hypothese, nach der ein Bollwerk der Hexenhäresie die bergigen Alpenregionen waren, deren bäuerliche Bewohner nur oberflächlich christianisiert waren (H. R. Trevor-Roper), wird von anderen Historikern nicht bestätigt. Hexenverfolgungen waren gerade in den dichtbewohnten und entwickelten Teilen des westlichen Europas am stärksten verbreitet.

Der Charakter der Verfolgungen war von Gegend zu Gegend unterschiedlich. Eine besondere Bedeutung hatten die Beschuldigungen der Beziehung zu Satan bei französischen Hexenprozessen. In einigen Fällen fielen ihnen einzelne Menschen zum Opfer, in anderen entstanden sozusagen »Kettenreaktionen«: Die Verbrennung einer oder mehrerer Hexen führte zu neuen Prozessen gegen Personen, die von den Verurteilten genannt worden waren. Es gab Gebiete, in denen die Hexenjagd so viele Frauen und Männer aus dem Leben herausriß, daß ganze Dörfer leergefegt wurden. Dies war aber keine allgemeine Regel. In einigen Gebieten Westdeutschlands unternahmen letztlich Gerichtsbeamte Versuche, die Verfolgungen einzustellen. Ein Kritiker der Verfolgungen, Friedrich von Spee, schrieb im Jahr 1631: »Wem ist nicht klar, daß es so ohne Ende weitergehen kann? Es bleibt deswegen den Richtern nichts anderes übrig, als mit den Prozessen aufzuhören ... sonst werden sie ihre eigenen Angehörigen verbrennen müssen, sich selber und die ganze Welt ...« (149, S. 123).

Heute haben die Historiker die Versuche aufgegeben, die Gesamtzahl der Opfer der Hexenverfolgungen wenigstens ungefähr zu bestimmen;

es gibt keine entsprechenden Angaben. Ein Teil der Gerichtsprotokolle ist unwiderruflich verloren. Sie wurden zusammen mit den Hexen ins Feuer geworfen, damit jede Erinnerung an sie ausgelöscht würde. Eine Überprüfung zeigte, daß die Erklärungen einiger Richter, Tausende von Hexen verbrannt zu haben, Angeberei war. So gibt es keine Gründe, dem lothringischen Richter Nicolas Rémy zu glauben, der behauptete, daß er zwischen 1576 und 1612 3000 Hexen verbrannt habe (182, S. 123). Solche Erzählungen sind interessant, aber nicht aus statistischer Sicht, sondern aus psychologischer. Die alte Vorstellung von »Millionen von Opfern« läßt sich auf nichts begründen. Es waren wohl nicht Hunderttausende (»hunderttausend Scheiterhaufen«, nach einem Ausdruck von Voltaire), sondern eher Zehntausende. Wenn man die mögliche Zahl der Verurteilten niedriger ansetzt, vermindert das natürlich nicht die Ungeheuerlichkeit des Fanatismus, der wie eine lange Epidemie wütete, und der Gewaltakte, die ihn begleiteten.

6.

Es ist äußerst schwierig, eine überzeugende Erklärung für eine so komplizierte historische Erscheinung wie die Hexenverfolgungen, die sich über mehrere Generationen erstreckten, zu geben. Bisher ist es noch nicht gelungen. Wie schon erwähnt, sind die Historiker heute weiter von einer gemeinsamen Meinung entfernt als vor einer Generation. Aber im Zusammenhang mit neuen sozialanthropologischen Zugängen zu diesem Problem neigt eine Reihe von Historikern zu einer möglichen Interpretation, die K. Thomas, A. Macfarlane und R. Muchembled vorgeschlagen haben.

Diese Wissenschaftler stellen eine tiefe Gärung im westeuropäischen Dorf des 16.–17. Jh.s fest, eine Zerstörung des einstmaligen sozialpsychologischen Gleichgewichts, das im Mittelalter die Grundlage des dörflichen Gemeindelebens gewesen war. Zum ersten läßt sich eine Verschärfung der Antagonismen im Dorf und der Zerfall der Beziehungen gegenseitiger Hilfe feststellen. Zum zweiten war die traditionelle Weltanschauung in eine Krise geraten, die sowohl das Ergebnis dieser sozialen Veränderungen als auch der Einwirkung der Kirche war. Die neue reformierte Version des Christentums, die unter Druck eingeführt worden war, bedeutete einen Bruch mit dem mittelalterlichen Volkschristentum. All dies führte bei den Bauern zu einem quälenden Spannungszustand, der noch von der oben erwähnten Angst und Unsicherheit verstärkt wurde[36].

Eine Situation war entstanden, die die Bauern unbewußt dazu veranlaßte, Schuldige für ihre materiellen und psychologischen Mißstände zu suchen. Es ist typisch, daß Beschuldigungen der Hexerei verstärkt in Zeiten auftraten, in denen sich der Kampf gegen die Häresie entspannte. Umgekehrt drängte ein Ansteigen des religiösen Kampfes die Hexenverfolgungen in den Hintergrund. Man brauchte einen Sündenbock, eine Figur, auf die man seine eigenen Ängste und Sünden projizieren konnte (u. a. die eigene Teilnahme an magischen Ritualen), und deren Verfolgung der dörflichen Gemeinschaft ein Gefühl der Gesundheit und des inneren Wohls zurückgeben konnte. Eine solche in jeder Hinsicht bequeme Figur wurde die Hexe, die praktisch schutzlos war. Ihre Beschuldigung diente als Gewähr der Rettung der Seele des Denunzianten. Die Zahl der Schuldigen konnte man nach Bedarf vermehren. Aber das Wichtigste war, daß eine Hexe immer in der Nähe und bei der Hand war und ihre Vernichtung eine sofortige Befriedigung verschaffte. Dazu kam die für das Christentum traditionelle Frauenfeindlichkeit, die zur Folge hatte, daß man in einer Frau ein »Gefäß des Bösen« sah.

Als Ergebnis der Hexenverfolgungen griff jedoch eine Atmosphäre großer allgemeiner Angst um sich. Diejenigen, die andere nicht beschuldigten, gingen das Risiko ein, selbst beschuldigt zu werden. Panik verbreitete sich und forderte immer neue Opfer. Die ersten waren alle möglichen Randfiguren des Dorfes, die den Anforderungen des allgemeinen Konformismus nicht entsprachen. Dies ermöglichte es der Dorfgemeinschaft, sich homogener zu fühlen und sich sozusagen »von der Seuche zu reinigen«. Die regionalen Forschungen von A. Macfarlane über Gerichtsprotokolle aus der englischen Grafschaft Essex von 1560–1680 lassen den Eindruck entstehen, daß Hexenverfolgungen damals eine Routine des dörflichen Lebens waren. Unter den Beschuldigten dominierten Menschen, die weniger wohlhabend waren als ihre angeblichen Opfer (167). Häufig aber, wenn die Verfolgungen den Charakter von Kettenreaktionen annahmen, wie es im Südwesten Deutschlands der Fall war, konnten auch wohlhabendere Menschen hineingezogen werden. Es wäre eine Vereinfachung, nur in armen alten Frauen potentielle Opfer der Hexenjagd zu sehen. Alles war viel komplizierter.

Zeugen und sozusagen Beteiligte der Hinrichtung einer Hexe mußten alle örtlichen Anwohner sein. Nach der Verbrennung des Prozeßopfers wurde für die Richter und Beamten ein Bankett ausgerichtet. Die Zeremonie der Hinrichtung trug offenbar einen betont öffentlichen und feierlichen Charakter. Sie war klar dazu gedacht, ein Maximum psychologischer Wirkung auf die Gemeinschaft zu erzielen, aus deren Mitte das Opfer der rituellen Vernichtung kam. Die terrorisierten Bauern und Städter waren dennoch erleichtert: Eine Trägerin des Bösen war beseitigt!

Die von K. Thomas und R. Muchembled behauptete Korrelation zwischen den sozialen Prozessen, die sich im Dorf abspielten, und den Hexenverbrennungen bleibt aber hypothetisch. Wenn es solche Verbindungen gab, waren sie auf komplizierte Weise vermittelt. Der Mechanismus dieser Vermittlung ist noch nicht aufgeklärt worden. A. Macfarlane ist zu dem Schluß gekommen, daß man Hexenverfolgungen nicht mit wirtschaftlichen und demographischen Gründen erklären kann. Er betont eine Spannung in den Beziehungen zwischen den Altersgruppen: Fast zwei Drittel der von Hexen »Verzauberten« in Essex waren Halbwüchsige oder Kinder. Manchmal wurden auch Verwandte der Hexerei beschuldigt. Hier wird man an Parallelen erinnert, die Ethnologen zur Hexerei in Afrika gezogen haben. Feindschaften zwischen Verwandten sind dort als Ursache für solche Beschuldigungen ganz wesentlich. In England und anscheinend in Europa überhaupt waren im 16.–17. Jh. jedoch nachbarschaftliche Beziehungen die Quelle für Konflikte, die Invektiven gegen Hexen hervorbrachten. A. Macfarlane vermutet, daß die Hexenverfolgungen den Übergang von einer auf enge nachbarschaftliche Beziehungen gegründeten dörflichen Gemeinschaft zu einer mehr individuellen und von Angst ergriffenen Gesellschaft widerspiegelt. Hierin sieht er den Ausdruck der Krise der traditionellen Moral.

K. Thomas ergänzt, daß der Glaube an Hexen in einem Zustand verborgener Feindseligkeit wurzelte, für die die dörfliche Gemeinschaft keinen natürlichen Ausweg fand. Diese Spannung entsprang aus der Lage der armen und unselbständigen Mitglieder der Gemeinde. Eine Person, die der Hexerei verdächtigt wurde, hatte im Vergleich zu ihrem mutmaßlichen Opfer und den Personen, die als Zeugen auftraten, eine niedere soziale und wirtschaftliche Stellung. Gerade deshalb verwendete sie magische Mittel der Rache. Arme, denen zu helfen eine traditionelle Verpflichtung der Gemeinde gewesen war, wurden von nun an als eine materielle und moralische Last und eine Bedrohung der Ordnung empfunden. Aus dem unbewußten Gefühl der Schuld ihnen gegenüber erwuchsen die Beschuldigungen der Hexerei. Nach Ansicht von Thomas war es ein Konflikt nicht zwischen Reichen und Armen, sondern zwischen relativ Armen und denen, die gar nichts hatten (225). R. Muchembled besteht mehr darauf, daß sich in der Hexenjagd, die sich im nordfranzösischen und südniederländischen Dorf verstärkt zu Anfang des 17. Jh.s entfaltete, ein Antagonismus zwischen den reichen Oberen, die die Angelegenheiten der Gemeinde führten, und den unteren Schichten ausdrückte. Nach seiner Meinung hatte die dörfliche Oligarchie Angst vor den Armen und benutzte die Ausrottung der dörflichen Hexen, um die Aufmerksamkeit der Bauern von sozialen und materiellen Widersprüchen abzulenken. Dabei war die Zahl der Hexen, die in einem Dorf »entdeckt« werden konnten, manchmal sehr hoch (182, S. 191 ff.). Eine Reihe sehr interessanter Gedanken über den komplexen Charakter des Phänomens der Hexenjagd sowie über deren Ursprung und Ende in der habsburgischen Monarchie hat G. Klaniczay in seinem unlängst ins Englische übersetzten Buch »The Uses of Supernatural Power« (1990) geäußert. Er macht u. a. auf die »magischen Konflikte« aufmerksam, die der Grund für eine Beschuldigung werden konnten, z. B. wenn die Heilung eines Kranken mit Hilfe von Zaubermitteln mißlungen war.

Die Entstehung und Verbreitung der Hexenjagd im katholischen und protestantischen Europa und die breite Einbeziehung der Stadt- und Landbevölkerung in diese Verfolgungen erfordern noch weitere Forschungen. Auch die Gründe dafür, daß diese kollektive Psychose letztlich aufhörte, müßten noch näher untersucht werden. Das Phänomen der Hexenjagd in Europa ist beispiellos. Die Hexerei bei nichteuropäischen Völkern hat niemals organisierte und religiös und theologisch begründete Verfolgungen eines solchen Ausmaßes hervorgerufen. Man kann feststellen, daß die Rolle der einfachen Menschen bei dieser Jagd außerordentlich groß war. Die Tatsache, daß die Anklage der schwarzen Magie sehr häufig auf Initiative von Anwohnern hin erhoben wurde, ist ein unbedingtes Zeichen von Reibungen und Konflikten in der Gemeinde.

Was die Einstellung der Jagd auf Hexen in der zweiten Hälfte des 17. Jh.s betrifft, hat sich die These aus dem letzten Jahrhundert, nach der sie sich mit dem Sieg von Vernunft und Aufklärung über Obskurantismus und Unwissenheit erklären läßt, wie schon erwähnt, als falsch erwiesen. Nach Meinung eines amerikanischen Historikers kam die »Ernüchterung« nicht aus Büchern und nicht aus der Umgebung irgendeiner gemäßigten Gruppe, sondern aus der dunklen Einsicht heraus, daß bei einer weiteren Hexenverfolgung die Zerstörung aller sozialen Beziehungen drohe. Dieser Gedanke kam erst allmählich den Menschen in den Sinn, die die massenhaften Hexenprozesse miterlebt hatten (177, S. 171). Man muß aber anmerken, daß sich auch nach der offiziellen Einstellung gerichtlicher Verfolgungen noch lange die Praxis außergerichtlicher Abrechnungen mit denjenigen hielt, die beschuldigt wurden, mittels der Magie einen Schaden bei ihren Nachbarn angerichtet zu haben.

Die Versuche einer soziologischen Interpretation der Hexenjagd waren also bisher noch nicht sehr überzeugend. Innere Konflikte im Dorf hat es auch schon früher gegeben, ohne daß sie zu solchen katastrophalen Folgen geführt hätten. Auch wenn man berücksichtigt, daß sich die Widersprüche im westeuropäischen Dorf im 16.–17. Jh. verschärft hatten, kann man damit eine einmalige Erscheinung solchen Ausmaßes nicht ohne Übertreibungen erklären. Eine Tatsache bleibt eine Tatsache: In der zweiten Hälfte des 16. und im 17. Jh. waren Massen von Menschen von Angst gepackt, die sie dazu trieb, die Schuldigen an ihrem Unglück bei den Nachbarn zu suchen und sie wegen phantastischer Verbrechen bei der Justiz zu denunzieren. Geistliche, Prediger und Mönche der damals zahlreichen Orden trugen sicherlich zur Verbreitung der Ängste bei, indem sie überall »die Hand des Teufels« sahen. Dies erklärt aber nicht die außerordentliche Empfänglichkeit des Volkes für eine solche Art von Predigt und seine aktive Teilnahme an der Hexenjagd. Diese Teilnahme bedingte das Ausmaß, die Dauer und den Grad der Erbitterung, mit der sie durchgeführt wurde.

Bei dieser Frage sollte man auch die Rolle der Staatsmacht berücksichtigen. Das mittelalterliche Dorf löste seine inneren Konflikte gewöhnlich aus eigener Kraft, in bestimmten Fällen mit Hilfe des Lehnsherren. Seit dem Ende des 15 Jh. und im 16. Jh. mischte sich der erstarkte Absolutismus immer entschiedener und umfassender ins bäuerliche Leben ein. Die Selbstjustiz gegen Hexen, die man hin und wieder in Stadt und Land beobachten konnte, wurde eingestellt. Die zentrale Macht monopolisierte gerichtliche und polizeiliche Funktionen und duldete keine lokale Initiative außerhalb ihrer Kontrolle. Von nun an wurden Hexen von staatlichen Richtern verurteilt. Anders gesagt, waren die Konflikte, die in Verfolgungen der »Diener Satans« mündeten, nicht mehr die Sache der Gemeinde; das ganze Verfahren wurde von nun an von Staat und Kirche geleitet.

Wie wir gesehen haben, standen die zweite Hälfte des 16. Jh.s und das 17. Jh. unter dem Zeichen eines neuen Verständnisses der christlichen Religion, das den Massen von den protestantischen Kirchen wie von der posttridentinischen katholischen Kirche aufgezwungen wurde. Dieses neue Verständnis führte zur Zerstörung des traditionellen Weltbildes und der Verhaltensregeln der Gemeinde. Diese kulturelle Assimilation war ein Symptom des starken Auseinanderdriftens der kulturellen Tradition der ungebildeten Schichten und der Kultur der kirchlichen und Beamtenelite und ebenso der Kultur der beginnenden Aufklärung. Nach Meinung P. Chaunus wurden hauptsächlich Frauen der Hexerei beschuldigt, weil gerade die Frau die Hauptbewahrerin und Überlieferin der Werte der mündlichen archaischen Kultur, die sich einer kulturellen Assimilation widersetzte, war (97, S. 906).

Die kirchlichen und weltlichen Mächte sahen in der Hexerei den Inbegriff der spezifischen Weltsicht des Volkes und der entsprechenden Praxis, die ihrem Wesen nach dem ideologischen Monopol widersprachen, auf das die Kirche und der absolutistische Staat im 16.–17. Jh. Anspruch erhoben. Deshalb ließ die Abrechnung mit den Hexen eine Situation entstehen, die die Unterdrückung der Volkskultur begünstigte. R. Muchembled erklärt die Einstellung der Hexenjagd damit, daß die traditionelle Volkskultur – die Grundlage, auf der der Glaube an die Hexerei gewachsen war – im wesentlichen schon vernichtet war (181). In einem solchen Fall kann man die historische Tragödie der Massenjagd auf Hexen als einen Akt des langen Kampfes der Kirche gegen die Volkskultur auslegen. Dieser Kampf verschärfte sich am Ende des Mittelalters außerordentlich, als das Auseinanderdriften von offizieller und volkstümlicher kultureller Tradition zum Bruch zwischen ihnen führte und als der Absolutismus und die ihm dienende Kirche der Volkskultur, die bis dahin relativ autonom gewesen war, einen vernichtenden Schlag versetzten. In erster Linie betraf dies die bäuerliche Kultur, die der herrschenden Kultur am meisten fremd war. Nach diesem Schlag kann man eigentlich von der Volkskultur nur noch als von den Scherben einer desintegrierten Einheit oder von einer »Pseudovolkskultur« reden, d. h. von Surrogaten der Kultur, die die das geistige Leben beherrschende Elite den Volksmassen anbot (94).

Nachwort

Dies ist ausdrücklich ein Nachwort und kein Schluß. Der Autor ist nicht bereit, eine »Formel« der Volkskultur des Mittelalters aufzustellen oder die Hauptstufen ihrer Veränderungen über eine tausendjährige Epoche hinweg aufzuzeigen. Alles, was er zum Schluß seiner Forschungen wagen kann, sind einige Bemerkungen und Gedanken. Das Material ist zu heterogen und fragmentarisch, und die Zugangswege zur Kultur der »schweigenden Mehrheit« der mittelalterlichen Gesellschaft sind äußerst beschränkt. Der Autor sah seine Aufgabe eher darin, die Frage überhaupt aufzuwerfen und nach einzelnen Aspekten ihrer Lösung zu suchen, als darin, ein folgerichtiges und vollständiges Bild zu zeichnen.

Auf einige Fragen sollte man aber näher eingehen. Zunächst möchte ich kurz die Stationen meines Schaffens aufzeigen. Mir scheint, daß in einem solchen Rechenschaftsbericht eine bedeutende Tendenz der modernen Historiographie sichtbar wird.

Ich habe meine wissenschaftliche »Karriere« als Historiker der sozialen Beziehungen des Frühen Mittelalters begonnen. Als einen solchen sehe ich mich eigentlich bis heute.

Aber wie sehr haben sich meine Forschungsmethoden und das Verständnis des Gegenstandes der Sozialgeschichte geändert! Anfangs habe ich in den Bauern des fränkischen Staates, des angelsächsischen Englands und Skandinaviens hauptsächlich ein Objekt der Ausbeutung und Transaktionen der Feudalherren gesehen, die ihre Besitztümer mitsamt den Untertanen, die sie bewohnten, der Kirche ausgeliefert hatten.

Das wirtschaftliche Leben sah ich als einen gesonderten Bereich, den man, wie ich dachte, isoliert von den Erscheinungen des geistigen Lebens der Zeit erforschen könne. Nach und nach wurden mir aus verschiedenen Gründen die Beschränktheit und Enge einer solchen Herangehensweise deutlich.

Vom Verständnis der Gesellschaft als einer soziologischen Abstraktion ging ich zu ihrem Verständnis als einer strukturierten Selbstorganisation von Menschen über, von denkenden und fühlenden Individuen, deren Handlungen nicht unmittelbar von äußeren Lebensumständen bestimmt werden, sondern davon, wie sie diese Umstände wahrnehmen. In der Sphäre der Mentalität, des geistigen Lebens, der Kultur sah ich nun einen untrennbaren Aspekt der sozialen Wirklichkeit. Individuen und soziale Gruppen handeln so, wie es ihnen ihre Weltsicht diktiert. Vom sozialen und materiellen Leben ausgehende Impulse werden nur dann zu wirksamen Faktoren des menschlichen Verhaltens, wenn sie die menschliche Psyche durchlaufen haben.

In dem Buch »Das Weltbild des mittelalterlichen Menschen« (68) wollte ich demzufolge hervorheben, wie wichtig es ist, eben dieses Weltbild zu rekonstruieren. Vorstellungen von Zeit und Raum, das Verhältnis zur Natur, die Wahrnehmung der Geschichte, das Verständnis vom Recht als einem Ausdruck des Wesens der Beziehungen zwischen Individuen, die Einschätzung der wirtschaftlichen Tätigkeit, des Eigentums, des Reichtums und der Armut sah ich als unterschiedliche und zugleich zusammenhängende Aspekte des mittelalterlichen Weltbildes, das in vielem die Struktur der menschlichen Persönlichkeit bestimmte und ihr soziales Verhalten beeinflußte.

Ein solcher Versuch, das mittelalterliche Weltbild wiederherzustellen, war mit gewissen Kosten verbunden. Trotz aller Präzisierungen und Vorbehalte wurde dieses Bild zu global. Es berücksichtigte nicht genügend die Eigenheiten der Weltwahrnehmung der ungebildeten, einfachen Menschen. Einer der Gründe dieses Mangels bestand darin, daß die Aussagen der Träger der mittelalterlichen Gelehrsamkeit für die Meinung aller Menschen der damaligen Zeit gehalten wurden.

Kritiker haben noch einen anderen Nachteil meiner Konzeptionen festgestellt. Ihrer Meinung nach ist in ihnen die religiöse Natur des mittelalterlichen Weltbildes nicht hinreichend berücksichtigt. Der Autor war sich noch nicht ganz im klaren darüber, in welchem Ausmaß sich die Religiosität der Ungebildeten von der offiziellen Religion der Kirche unterschied.

Diese Fehler, die nicht zuletzt von der Auswahl der untersuchten historischen Dokumente herrühren, versuchte ich in dem Buch »Mittelalterliche Volkskultur« (67) zu korrigieren. In diesem Buch stand im Zentrum der Aufmerksamkeit die Weltsicht der einfachen Menschen, vor allen Dingen der Bauern. Daher habe ich hier einen anderen Komplex von Quellen erforscht, und zwar solche, die von Geistlichen und Mönchen verfaßt worden waren, sich an die Gemeinde richteten und ihre

Sichtweise der sozialen und natürlichen Welt nach dem Prinzip der »Rückkopplung« widerspiegelten. In diesem Werk ist es mir, wie ich meine, gelungen, der Religiosität der einfachen Menschen etwas näherzukommen und ihre typischen Eigenschaften aufzuzeigen. Wir können hier die Konturen eines »Gemeindekatholizismus« mit seinen eigenen Akzenten, Meinungen und Praktiken, eines »Volkschristentums«, das häufig weit von der offiziellen Doktrin entfernt war, erkennen.

Eine Konkretisierung und Entwicklung dieser Beobachtungen stellte das nächste Buch »Die Kultur und die Gesellschaft des mittelalterlichen Europa in den Augen der Zeitgenossen: *Exempla* des 13. Jahrhunderts« dar.

Im Verlauf der Forschungen ergab sich natürlich eine neue Schwierigkeit, die mit der Unbestimmtheit und Verschwommenheit des Begriffes »Volkskultur« selbst verbunden war. Sie wurde als die Kultur der ungebildeten, schriftunkundigen Menschen ausgelegt, die keinen Zugang zur schriftlichen Kultur hatten und deswegen keine unmittelbaren Aussagen hinterlassen haben. Wir erfahren nur durch die Vermittlung der gelehrten Autoren etwas über ihre Meinungen und Lebenseinstellungen. Aus diesem Grund sind die Volkskultur und -religiosität in den Quellen stark deformiert und fragmentarisch.

Vielleicht sollte man diesen Nachteil der vorhandenen Information nicht nur als Nachteil interpretieren, sondern selbst als ein wichtiges Zeugnis auffassen? Waren vielleicht die Züge der mittelalterlichen Kultur, die den »einfachen, ungebildeten Menschen« und »Idioten« vorbehalten zu sein scheinen, mehr oder weniger ein allgemeiner Besitz? Handelt es sich womöglich um bestimmte Aspekte von Weltwahrnehmung und Religiosität, die auch den Gelehrten eigen war?

Die Erforschung der Volkskultur führt einen Historiker zum Problem der Wechselwirkung verschiedener kultureller Niveaus einer Epoche. Anders gesagt ist es wahrscheinlich falsch, sich lediglich mit der Opposition der gelehrten und der volkstümlichen (oder folkloristischen) Kultur auseinanderzusetzen. Wahrscheinlich könnte man im Bewußtsein eines jeden Menschen damaliger Zeit verschiedene Schichten aufdecken. Nicht nur ein ungebildeter Bauer oder Handwerker war ein »einfacher Mensch«; solch ein »einfacher Mensch« verbarg sich auch in einem mittelalterlichen Intellektuellen, wie sehr auch immer diese »niedere« Schicht seines Bewußtseins durch die Last der Gelehrtheit niedergedrückt wurde.

Diese Vielschichtigkeit des Bewußtseins und seine verschiedenen Ebenen stellen die Wissenschaft vor große Probleme. Es ist nicht einfach, verborgene Schichten des Bewußtseins aufzudecken, die die mittelalterlichen Autoren nicht direkt und bewußt zum Ausdruck gebracht haben und es wahrscheinlich auch nicht konnten. Man sollte Methoden wählen, mittels derer man sich an ein niedriges irrationales Niveau, an das kollektive »Unbewußte« annähern kann.

Eine solche Herangehensweise ist meiner Meinung nach in dem Bild von Raum und Zeit zu sehen, das implizit in dem einen oder anderen schriftsprachlichen Dokument enthalten ist. In dem Buch, dessen Nachwort ich gerade schreibe, habe ich eine entsprechende Suche an dem Material der isländischen Sagas, des »Nibelungenliedes«, der lateinischen *Exempla* und der Erzählungen über die Reisen der Seele im Jenseits vorgenommen. Natürlich hatte jedes dieser Genres sein eigenes »Chronotopos«, aber es gibt auch Gemeinsamkeiten. Wie man erwarten konnte, wurzelte das latente »räumlich-zeitliche Kontinuum«, das die Auswahl und Auslegung des Erzählmaterials in den von uns untersuchten Werken bestimmte, in mythologischen Vorstellungen der Autoren und des Publikums.

Die Tiefen, in die ein Erforscher der Saga, des Epos oder moralistischer lateinischer Erzählungen vorstoßen kann, sind mythologische Tiefen. Der Mythos gehörte nicht ausschließlich dem archaischen Stadium der menschlichen Geschichte an; er bleibt auch später im menschlichen Bewußtsein bestehen. Das Mittelalter liefert uns in dieser Hinsicht sehr lehrreiche Beispiele. Es geht also nicht um irgendwelche Bruchstücke der Folklore, die in der mittelalterlichen gelehrten Literatur »steckengeblieben« sind, sondern um den Mythos als eine form- und sinnbildende Grundlage der Weltsicht des Menschen der damaligen Zeit. Dabei ist es wichtig festzustellen, daß der Mythos nicht einfach wiederhergestellt wurde, sondern – und das zeigte sich wahrscheinlich besonders stark bei der Analyse der *Exempla* – daß er erneuert und neu erschaffen wurde. Er war nicht nur ein kulturelles Erbe aus der grauen Vorzeit, sondern ein lebendiger Mitspieler des neuen kulturellen Schaffens.

Ein noch heute verbreitetes Verständnis des Mittelalters als einer Zeit der Epigonen und Kommentatoren ist sehr einseitig und vereinfacht. Erinnern wir uns daran, wie ausgesprochen frei Berthold von Regensburg Gleichnisse aus dem Evangelium auslegte. Wie wir gesehen haben, arbeitet er das Gleichnis von den »Talenten« um, indem er ihm einen ganz neuen Inhalt gibt, der den Bedürfnissen seiner Zeit entspricht. Ich glaube nicht, daß ich bei der Analyse dieser Predigt in ein ungerechtfertigtes Soziologisieren verfallen bin, als ich sie als Ausdruck der Einstellungen des erstarkten Bürgertums auslegte, an welches Berthold seine Predigt vor allen Dingen richtete. Berthold atmete die Luft einer mittelalterlichen deutschen Stadt und mußte mit der Gemeinde in einer ihr verständlichen Sprache der Bilder und Begriffe reden.

Aber kann man nicht auch beim aufmerksamen Lesen des Poems Wernhers des Gartenaeres einen solchen Umgang mit dem frühchristlichen Erbe beobachten? Es ist keine »Widerspiegelung« der Stimmungen der deutschen Bauern des 13. Jh.s, wie einige Forscher meinen. Es ist das umgekehrte, auf den Kopf gestellte Gleichnis aus dem Evangelium vom verlorenen Sohn. Ein solches »Antigleichnis« konnte wahrscheinlich unter anderem durch die Tendenz von Vertretern der niederen Schicht entstehen, in die höhere Schicht aufzusteigen, und in dem gleichzeitigen Bestreben der Oberen, eine solche vertikale Dynamik zu verhindern.

Die ideelle Quelle, aus der die mittelalterlichen Autoren schöpften, blieb traditionell. Es waren in der Hauptsache die Bibel, das Evangelium und die Patristik; ihr Gebrauch und ihre Auslegung wurden jedoch vom Leben diktiert. Bei ihren Auslegungen zeigten die Autoren ein Maximum an Freiheit und Erfindergeist. Wesentlich ist nicht die Quelle des Zitats und nicht einmal eine Autorität an sich, sondern die Anpassung eines alten Textes an geänderte Umstände und – was das Wichtigste ist – der neue Sinn, der ihm gegeben wird, eine im Regelfall wohl nicht bewußte neue Auslegung. In alte Maximen strömte Leben und erfüllte sie dabei unmerklich mit neuem Inhalt.

Die hier untersuchten Denkmäler der mittelalterlichen Literatur sind ein Produkt der gelehrten Kultur. Aber man spürt darin deutlich den Boden, auf dem sie gewachsen sind, das Milieu, an das sie sich wandten, die Begriffs- und Vorstellungswelt, die diesem Publikum eigen waren. Wir sind offensichtlich nicht imstande, uns der Mentalität dieser »schweigenden Mehrheit« noch weiter anzunähern. Sogar in den Fällen, in denen es scheint, als sei die Stimme eines einfachen Menschen zu vernehmen, zum Beispiel in Protokollen der Inquisition, die E. Le Roy Ladurie oder C. Ginzburg erforscht haben, und in Gerichtsakten über Hexerei, haben wir es mit einem »vermittelnden Kettenglied« zu tun, nämlich den Notizen der Gerichtsbeamten mit ihren repressiven Zielen und einem negativen Bild von der Volkskultur, die von ihnen als eine Sammlung von Aberglauben und Eingebungen des Teufels verstanden wurde. Daher kann man unbedingt von einer Deformierung dieser Kultur in den von ihnen hinterlassenen Zeugnissen ausgehen.

Ein Sozialhistoriker, der zu dem Schluß kommt, daß man die Gesellschaft als ein hochkompliziertes System verstehen muß, in dem das Objektive mit dem Subjektiven verschmolzen ist und sich in der Regel nur über letzteres ausdrücken kann, und zwar als ein System, das im wesentlichen vom Verhalten seiner Mitglieder bestimmt wird, muß auch ein Historiker der Mentalitäten und Weltbilder sein, die im Bewußtsein der die Gesellschaft bildenden Menschen vorhanden sind. Wenn er ein Sozialhistoriker bleiben will, hat er nicht das Recht, vom geistigen Leben zu abstrahieren, nicht nur auf dem Niveau der höchsten Leistungen der Kultur, sondern vor allen Dingen auf dem Niveau ihrer alltäglichen Erscheinungsformen.

Der Begriff der Sozialgeschichte selbst muß durch eine organische Einbindung des ganzen komplizierten und vielschichtigen Komplexes der geistigen Einstellungen und sozialpsychologischen Mechanismen, die die Menschen in ihrer sozialen Praxis leiten, und zwar (ich betone es noch einmal) in der Regel unbewußt, erweitert und neu bestimmt werden. Ich bin zutiefst davon überzeugt, daß eine solche Erweiterung dieses Begriffes dringend notwendig ist, wenn die Historiker nicht in soziologischen und politisch-ökonomischen Abstraktionen gefangen bleiben wollen und wenn sie keine Angst davor haben, in der Geschichte das zu sehen, was sie in Wirklichkeit ist: die Geschichte des Menschen in der Gesellschaft und die Geschichte der Gesellschaft, die aus lebendigen Menschen besteht.

Ich wiederhole zum Schluß: Ich würde beim heutigen Zustand historischen Wissens nicht wagen, ein zusammenhängendes Bild der mittelalterlichen Volkskultur und ihrer Entwicklung zu zeichnen. Die Ziele, die ich im Laufe dieser Arbeit verfolgt habe, waren hauptsächlich methodischer Art. Ich wollte die Wichtigkeit dieses Problems benennen und einige Wege einer solchen Forschung aufzeigen, bei der man Schwierigkeiten, die bei jedem Schritt auf uns warten, nicht vermeidet.

Teil IV
Anhang

Anmerkungen

1 »Rusticitati autem meae veniam date; necesse est, quia rusticatio, ut quidam ait, ab altissimo creata est« (101, S. 414).

2 »Quia non est amplius nisi liber et servus« (11, I, Nr. 58).

3 Hrabanus Maurus fiel über »die, die bei Mondfinsternis mit Jammergeschrei herumlaufen«, her. Wie im »Indiculus superstitionum« bemerkt wird, riefen die Heiden aus: »Siege, Mond!« (35, II, 1, S. 222 f.).

4 Vgl.: Poeta Saxo. De gestis Caroli magni (49, I, S. 268): über die »Volkslieder«, die die fränkischen Könige preisen.

5 Übrigens bemerkt Snorri, daß der oberste Gott Odin zu Zeiten der römischen Eroberungen herrschte. Wie wir sehen, ist ihm die gelehrte Tradition nicht vollkommen fremd.

6 Nach der Lehre des griechischen Philosophen Euhemeros (4.–3. Jh. vor unserer Zeitrechnung) sind Götter mächtige Männer, Helden der alten Zeit, die dann in späterer Zeit vom Volk als Götter verehrt wurden.

7 Bei den Skandinaviern gab es in heidnischer Zeit (wie bei vielen anderen Völkern der Erde) eine Sitte, nach der man schwache oder kranke Neugeborene oder Mädchen, deren Nutzen geringer als der von Jungen war, in eine unbewohnte Gegend brachte, aussetzte und damit dem Tod preisgab. Diese Sitte wurde in Island nach der Einführung des Christentums noch nicht sofort abgeschafft.

8 In einzelnen isländischen Quellen wird die Herkunft des Königsgeschlechts außer von Odin und den Asen von den biblischen Patriarchen, angefangen mit Noah, und von den trojanischen Königen abgeleitet. Selbst Snorri geht in seiner »jüngeren Edda« davon aus, daß die Wohnstatt der Asen, der Asgard, das alte Troja war und aus ihm das Geschlecht Odins hervorging. Hier zeigt sich das Bedürfnis der Skandinavier, sich in die Weltgeschichte einzuschalten. Auf ähnliche Weise waren auch die angelsächsischen Könige, welche ihr Geschlecht auf Wotan (Odin) zurückführten, bestrebt, die heidnische Genealogie mit der christlichen Tradition in Übereinstimmung zu bringen. Ein englischer Chronist versuchte, Wotan mit biblischen Personen in Verbindung zu bringen: Er ist demnach ein Nachkomme Noahs und letztlich Adams. Aber von einem solchen Versuch, die heidnische Genealogie der Könige mit dem christlichen Mythos zu verbinden, nimmt Snorri Abstand.

9 Zu Beginn des 12. Jh.s wurde die Vision des zehnjährigen italienischen Jungen Alberic von einem Mönch aus Monte Cassino aufgeschrieben. Bald darauf trat Alberic in ein Kloster ein und lernte lesen und schreiben. Nachdem er die Niederschrift seiner eigenen Vision gelesen hatte, beschuldigte er den Verfasser der Fälschung und verlangte, daß einige Abschnitte des Textes gestrichen würden oder als nicht authentisch vermerkt würden (57, S. 191; 208, S. 51).

10 *Glebo-arator;* in einer Anmerkung zu dieser Stelle in der Handschrift A aufge-

führt. Im Einführungsteil der Erzählung charakterisiert derselbe Autor Gottschalk: »… ein einfacher und gerechter Mann, arm an Geist und irdischen Habseligkeiten, ein Bebauer des Ödlands, aber kein Einsiedler, sondern ein Ackerbauer« (*vir simplex et rectus, pauper spiritu et rebus, heremi cultor – non heremita, sed agricola*) (23, A. 1, 1).

11 Übrigens bleibt der Ort seiner Geburt strittig. Vom Leben Bertholds ist uns abgesehen von den oben angeführten legendären Mitteilungen wenig bekannt, auf seine Persönlichkeit kann man fast nur aufgrund seiner Predigten schließen.

12 Die spezifischen Werte des Rittertums, darunter höfisches Verhalten und höfische Umgangsformen, werden von Berthold nicht sehr hoch eingeschätzt. Als er die Tugenden (*tugent*) beurteilt, stellt er die wahren Tugenden, die von Gott und den Engeln gutgeheißen werden, den Scheintugenden entgegen, die bei manchen Leuten Begeisterung hervorrufen. Für Tugend halten diese z. B. die Würde, mit der Botschaften übermittelt werden können, oder die Fertigkeit, einen Pokal zu reichen und sich auf elegante Gesten zu verstehen. Wenn sie so etwas sehen, rufen diese Leute aus: »Oh, wie wohlerzogen ist dieser junge Mann!« Aber für Gott sind solche »Tugenden« lächerlich und nicht nach seinem Geschmack. Denn auch einen Hund kann man lehren, auf den Hinterbeinen zu stehen (8, Nr. 7).

13 Ahithophel und Huschai sind Verräter, die planten, König David ins Verderben zu stürzen (2. Buch der Könige, 15, 16, 17).

14 Rehabeam ist der Sohn des Königs Salomon; zum beschriebenen Konflikt s. 3. Buch der Könige (12:3-16).

15 In den Fällen, in denen Berthold die ganze Vielfalt seiner Zuhörer einbeziehen will, verwendet er kontrastive Aufzählungen: Männer und Frauen, Junge und Alte, Herren und Diener, Mönche und Weltliche, Reiche und Arme, Geistliche und Weltliche, Adlige und Nichtadlige, Gelehrte und Nichtgelehrte (8, Nr. 2, 5, 20, 33).

16 Die Aufständischen gegen Mose, Abiram und Datan, wurden von der Erde verschluckt, die sich unter ihnen auftat (Chronik, 16:1-36).

17 Vgl. die lateinische Version der Predigt »Von den sieben Planeten«: Hier wird der Wucherer ein Jude genannt; er ist ausschließlich damit beschäftigt, Zeit zu verkaufen, und beraubt dadurch die ganze Welt, weil die Zeit ein allgemeines Gut ist (vgl.: 212, S. 13).

18 A. E. Schönbach hat zu seiner Zeit bemerkenswertes Material zum Volksglauben und Aberglauben in den Predigten Bertholds gesammelt (212).

19 Diese Predigt wird folgendermaßen fortgesetzt: »Bruder Berthold, man hat mir überbracht, daß viele Pfarrer von dem, was sie in der Beichte gehört haben, ihren Frauen erzählen.« »Das glaube ich nicht«, entgegnet der Prediger, »aber wenn ihr euch fürchtet zu beichten und euch vor dem Pfarrer an eurem Heimatort schämt, geht in die Stadt, wo es Geistliche und Mönche gibt, Prediger und geringere Brüder« (8, Nr. 22).

20 J.-Ch. Payen, der feststellt, daß der Teufel ein »bequemer Gehilfe des Predigers und Beichtvaters« war, stellte darüber hinaus die Behauptung auf, daß es den Anschein habe, als hätte das 13. Jh. den Glauben an den Teufel vergessen: In den *Exempla* behielte er die aktive Rolle des Antagonisten der Gnade Gottes bei, aber im übrigen existiere er anscheinend so gut wie nicht (193, S. 401–425). Diese Behauptung ist ganz zweifelhaft, und insbesondere die Predigten Bertholds unterstützen sie keineswegs. Übrigens gibt auch Payen das zu, denn in einer späteren Zeit erweist sich der Teufel und überhaupt alles Teuflische als überaus aktiv und allgegenwärtig.

21 Die erste Finsternis fiel auf den 5. August 1263; folglich wurde die Predigt im Jahr

1264 gehalten. Eine andere Finsternis, die erwähnt wird, fällt offensichtlich in den Mai 1250.

22 Als er das siebte Gebot auslegt (»Du sollst nicht ehebrechen«), wendet sich Berthold an die Jugend mit dem Rat, die Ehe einzugehen. Als Antwort hört er: »Bruder Berthold, ich bin noch ein junger Bursche und würde trotzdem gern heiraten, aber sie will mich nicht heiraten.« Berthold: »Nimm eine Frau; wenn du diese nicht willst, nimm eine andere, wenn du keine kurze möchtest, nimm eine lange, wenn dir eine lange nicht gefällt, heirate eine kurze. Wenn du keine blonde möchtest, nimm eine schwarzhaarige; wenn dir aber eine schwarze nicht gefällt, dann nimm eine blonde. Wenn du keine kleine möchtest, nimm halt eine große, und wenn dir eine große nicht gefällt, heirate eine kleine.« Der Gesprächspartner unterbricht diese lange Aufzählung: »Bruder Berthold, ich bin arm und besitze nichts.« Aber Berthold hat für alles eine Antwort: »Es ist um vieles besser, wenn du arm ins Himmelreich gelangst, als reich in die Hölle.« Und dem, der ein ausschweifendes Leben führt, erklärt er: »Nimm sie (diejenige, mit der er sündigt) an die eine Hand und den Teufel an die andere, und ihr alle drei sollt in den Hades gehen.« Bezüglich des zehnten Gebotes (»begehre nicht deines Nächsten Weib«) sagt sein Gegenüber: »Oh Bruder Berthold, wieviel Volk ist schon verdorben! Fast niemand ist mehr geblieben!« (8, Nr. 19).

23 Dante Alighieri schreibt in der Göttlichen Komödie: »Wer Omo liest im Angesicht des Menschen,/der hätte hier das M gar wohl erkannt« (*Purgatorio*, XXIII, 32 f.).

24 Siehe 73, S. 130. Im zweiten Band der »Geschichte der Weltliteratur« sind diese Überlegungen ausführlich dargestellt: »Die rauhe Erzählung, die in einer groben, aber bilderreichen Sprache verfaßt wurde, hinterläßt einen glaubwürdigen, lebendigen Eindruck. In der Erzählung wird der Haß des Dichters auf das Rittertum und der Glaube an die Kräfte der Bauern sichtbar, denen der tödliche Kampf mit den jahrhundertealten Unterdrückern noch bevorsteht« (71, S. 577). Ein anderer Autor schreibt: »Nirgendwo ist vor dem Bauernkrieg in Deutschland das Selbstbewußtsein des deutschen Volkes so stark zum Ausdruck gekommen, und der glühende Haß der Bauern auf das Rittertum war noch nirgendwo so offen« (1, S. 95). Mediävisten, die solchen Bewertungen der Philologen folgen, behaupten, daß das Poem des »bäuerlichen Dichters« »offen und unmittelbar die Meinungen und Hoffnungen des einfachen Volkes oder genauer des Bauerntums ausdrückt«; im »Meier Helmbrecht« drücke sich »der Anstieg des bäuerlichen individuellen Bewußtseins« aus (70, S. 18, 286, 291; 72, S. 600).

25 In einem Artikel über die Träume des Vaters Helmbrecht behauptet J. Le Goff, daß mögliche Verbindungen und Assoziationen zwischen dem Inhalt des Poems und der sozialpolitischen Situation im Süddeutschland des 13. Jh.s, die einige Forscher immer wieder festzustellen versuchen, nur »Epiphänomene« sind, die den inneren Sinn des Poems nicht berühren. Er bemerkt eine ideelle Ähnlichkeit zwischen dem Werk von Wernher dem Gartenaere und den Predigten Bertholds von Regensburg, weil auch das Poem eine Lehre des »sozialen Konservatismus« ist. Seine Struktur bildet die Opposition zwischen dem Vater Helmbrecht, einem idealen Bauern und arbeitenden Menschen, einem Familienoberhaupt, und dem Sohn Helmbrecht, einem Meuterer, der danach strebt, in das Milieu der Herren aufzusteigen. Der junge Helmbrecht ist sowohl eine Karikatur auf einen Bauern als auch eine Karikatur auf einen Ritter. J. Le Goff vermutet, daß es womöglich im Poem noch einen anderen, versteckten Sinn geben könnte. Der Vater und der Sohn tragen denselben Namen. Vielleicht vereint der junge Helmbrecht zwei Gesichter auf sich wie auf Porträts von Picasso, das des idealisierten Bauern und das des satanisierten Bauern.

Vielleicht verbirgt sich ein Aufruf zum Aufstand hinter dem Aufruf zum Gehorsam? Die Träume des Vaters sind, nach Meinung Le Goffs, eine spezifische Form dessen, wie sich sein Bewußtsein von allein öffnet, eine »in Träumen ausgedrückte Autobiographie« (156, S. 327–330). Obschon Le Goff betont, daß man von einer Hypothese verlangt, daß sie einem literarischen Text nicht aufgedrängt wird, sondern sich aus seinem Inhalt ableiten läßt, entspricht diese Hypothese, wie mir scheint, nicht ganz dieser Forderung. Das Poem Wernhers des Gartenaeres gibt keine Grundlage anzunehmen, daß sich in der Tiefe der Seele oder des Bewußtseins des Helmbrechts senior das verbirgt, was in den Reden und Taten seines meuternden Sohnes offen zum Ausdruck kommt.

26 Zum Generationskonflikt im Mittelalter siehe 190.

27 Im Mittelalter »bildete die katholische Kirche ihre Hierarchie ohne Ansehn von Stand, Geburt, Vermögen aus den besten Köpfen im Volk …« (78, S. 150).

28 Formeln zur Segnung des Wassers (21, I, S. 138–192), die zunächst verhältnismäßig einfach waren, wuchsen zum Ende des Mittelalters zu immer detaillierteren und wortreicheren Beschwörungen aus. Über die Verwendung von Weihwasser zu magischen Zwecken berichten viele Quellen. Wie Gervasius von Tilbury berichtet, erreichten zum Beispiel in einem Ort in Italien alle Kinder, die die Taufe im Baptisterium der Kirche des heiligen Quentins erhalten hatten, das 40. Lebensjahr. Da sie den ruchlosen Mißbrauch des Weihwassers befürchtete, schrieb die Kölner Synode von 1281 vor, die Baptisterien zu verschließen (21, I, S. 53–54). Wie die Heiligenviten berichten, erhielt Brot, das von einem Heiligen gesegnet worden war, die Kraft, Dämonen zu vertreiben und Krankheiten zu heilen. Dieselbe Funktion hatte auch die Weihung von Brot in bestimmten Formeln. Man betete Christus an, daß das geweihte Brot die Rettung der Menschen und Tiere begünstigen möge, die davon äßen, »damit sie an Mund, Leib, am Herzen, an den Augen, Ohren, Nüstern, Händen, Füßen und allen ihren Körperteilen gesund sein mögen, damit der Teufel sie nicht überwältigen möge, wenn sie lachen, schauen, hören, gehen, schlafen, aufstehen, essen oder trinken … « (21, I, S. 270). Die kirchlichen Zeremonien der Segnung des Weins waren ein Ersatz für entsprechende heidnische Rituale bei den Germanen (21, I, S. 287–289, 302).

29 Über die Symbolik, die mit Waffen und mit Vasallenverhältnissen verbunden ist, siehe 153, S. 349–420.

30 Eine der wichtigsten Funktionen der Heiligen ist die Heilung von Kranken. Man denke an eine beinahe humoristische Episode aus einer Lebensbeschreibung der heiligen Fida. Ein Kranker mit einem Leistenbruch bat sie um Hilfe. Sie antwortete, daß sie Heilmittel für viele Erkrankungen wisse, aber gegen so ein Unglück, das sie bisher noch nicht gesehen hatte, könne sie nur eins empfehlen: Er solle sich auf einen Amboß legen, und ein Schmied solle mit einem Hammer auf die kranke Stelle schlagen. Der Kranke aber lief weg, als der Schmied den Hammer erhob (21, II, S. 448–449).

31 Der Verweis auf Papst Eugen (gest. 657) ist gefälscht (siehe 21, II, S. 321 ff.).

32 Zweifellos ist dem Thema unter anderem durch die historische Erfahrung des 20. Jh.s ein so großer Platz in der Geschichtsforschung eingeräumt worden. Wie westdeutsche Autoren eingestehen, machten die Judenvernichtung durch die Nazis und die westeuropäische Entwicklung der feministischen Bewegung das Thema »Hexenjagd« aktuell (Siehe 241, S. 181). Der Begriff »Gegenkultur«, den einzelne Historiker in bezug auf Verhalten und Gedanken der Personen, die wegen Zauberei verurteilt wurden, verwenden, lehnt sich ebenfalls an die zeitgenössische sozialkulturelle Situation an (136, S. 23). Man darf aber nicht vergessen, daß die sozialpsy-

chologischen Phänomene des 16. und 17. Jh.s eine starke Eigenart aufwiesen. Eine Abhängigkeit der Problematik und Interessen der Historiker von den Sorgen und Anfragen der heutigen Zeit ist jedoch nicht zu bezweifeln.

33 Der Erforscher dieses bedauerlichen Werks zeigte, daß Bodins Ansichten in allen seinen Werken einheitlich und unverändert blieben (180, S. 371–389).

34 Erforschungen einzelner Prozesse können allerdings auch sehr lehrreich sein. Als Beispiel kann eine Monographie des westdeutschen Historikers und Juristen M. Kunze über den Fall des armen und verelendeten Bürgers Pappenheimer dienen, der 1600 in München mit seiner ungeheuerlichen Hinrichtung und der seiner Familie endete (150).

35 Den erwähnten Unterschied zwischen dem gelehrten und dem volkstümlichen Verständnis der Hexerei, die bei Gerichtsverhandlungen aufeinandertrafen, hat der amerikanische Historiker R. Kieckhefer bei der Erforschung von Material früher Hexenprozesse (bis 1500) festgestellt (143). Heute wird er bei der Erforschung von Hexenprozessen der »klassischen Zeit« bestätigt (149, S. 68).

36 Zu ähnlichen Schlüssen kam J. Kahk auf der Grundlage estnischer Dokumente aus dem 17. und 18. Jh. Die Spezifik Estlands besteht darin, daß hier Verfolgungen der Zauberer und Hexen ein Mittel der Christianisierung der heidnischen dörflichen Bevölkerung waren, die das Christentum als eine neue und fremde Form der Magie empfand (140, S. 522–535).

Quellen- und Literaturverzeichnis

Quellen

1. Verner Sadovnik. Krest'janin Gel'mbrecht. Moskau 1971.
2. Pamjatniki srednevekovoj latinskoj literatury IV–IX vv. Moskau 1970.
3. Adalberonis Carmen ad Rotbertum regem Francorum – Patrologia Latina (P.L.), t. CXLI.
4. Aelfric's Colloquy. Ed. by G. W Garmonsway. London 1939.
5. Agobardi Liber contra insulsam vulgi opinionem de grandine et tonitruis – P.L., t. CIV
6. Anecdotes historiques, légendes et apologues tirés du recueil inédit d'Etienne de Bourbon, publiés par A. Lecoy de la Marche. Paris 1877.
7. Bede's Ecclesiastical History of the English People. Ed. by B. Colgrave, R. A. B. Mynors. Oxford 1969.
8. Berthold von Regensburg. Vollständige Ausgabe seiner Predigten, von Fr. Pfeiffer. Bd. 1–2. Wien 1862–1880.
9. Boudriot, W. Die altgermanische Religion in der amtlichen kirchlichen Literatur des Abendlandes vom 5. bis 11. Jahrhundert. Bonn 1928.
10. Caesarii Heisterbacensis monachi Dialogus miraculorum, textum recognovit J. Strange, Bd. 1–2. Köln-Bonn 1851.
11. Capitularia – Monumenta Germaniae Historica (M.G.H.).
12. Die Chronik Salimbene von Parma. Bearb. von A. Doren. Bd. II. Leipzig 1914.
13. Concilia – M.G.H.
14. Conversio sanctae Afrae – M.G.H., Scriptores. t. III.
15. Edda, die Lieder des Codex Regius nebst verwandten Denkmälern. Hrsg. von G. Neckel. I. Text. Heidelberg 1962.
16. Epistolae – M.G.H., t. III.
17. Erzählungen des Mittelalters. Hrsg. von J. Klapper. Breslau 1914.
18. Exempla aus Handschriften des Mittelalters. Hrsg. J. Klapper. Heidelberg 1911.
19. Die Exempla des Jakob von Vitry. Ein Beitrag zur Geschichte der Erzählungs-Literatur des Mittelalters. Hrsg. von C. Frenken. München 1914.
20. The Exempla or illustrative stories from the Sermones vulgares of Jacques de Vitry Ed. by Th. Fr. Crane. London 1890.
21. Franz, A. Die kirchlichen Benediktionen im Mittelalter. Bd. 1–2. Graz 1960.
22. Gallus Anonymus. Chronica et Gesta Ducum sive Principum Polonorum. – Monumenta Poloniae Historica, nova series, t. II. Krakau 1952.
23. Godeschalcus und Visio Godeschalci. Mit deutscher Übersetzung. Hrsg. von E. Assmann (Quellen und Forschungen zur Geschichte Schleswig-Holsteins, Bd. 74). Neumünster 1979.

24. Gregorius episcopus Turonensis. Historia Francorum – M.G.H., Scriptores, t. I, pars 1. Hannover 1951.
25. Hákonar saga herðibreiðs – Heimskringla, III (s. unten, 50).
26. Hálfdanar saga svarta – Heimskringla, I.
27. Haralds saga ins hárfagra – Heimskringla, I.
28. Haralds saga Sigurðarsonar – Heimskringla, III.
29. Honorius Augustodunensis. De Imagine mundi – P.L., t. CLXXII.
30. Islendingabók. Landnámabók. J. Benediktsson gaf út. Reykjavik 1968.
31. Johannes de Bromyard. Summa Praedicantium. 1–2 partes. Basel 1484.
32. King Alfred's Old English Version of Boethius De consolatione philosophiae. Ed. by W J. Sedgefield. Darmstadt 1968.
33. Kongesoger. Sverre-soga, Baglarsoger. Oslo 1962.
34. Lefèvre, Y. L'Elucidanum et les lucidaires. Paris 1954.
35. Leges – M.G.H.
36. Liber exemplorum ad usum praedicantium, ed. by A. G. Little. Aberdoniae 1908.
37. Magnúss saga Erlingssonar – Heimskringla, III.
38. Meier Helmbrecht von Wernher dem Gartenaere. Hrsg. von Fr. Panzer. 5. Aufl., Halle (Saale) 1949.
39. Das Nibelungenlied. Nach der Ausgabe von Karl Bartsch. Hrsg. von H. de Boor. 20. revid. Aufl. Wiesbaden 1972.
40. Óláfs saga helga – Heimskringla, II.
41. Óláfs saga Tryggvasonar – Heimskringla, I.
42. Poeta Saxo. De Gestis Caroli magni – M.G.H., Scriptores, t. I.
43. Rudolf von Schlettstadt. Historiae Memorabiles. Zur Dominikanerliteratur und Kulturgeschichte des 13. Jahrhunderts. Hrsg. von E. Kleinschmidt. Köln, Wien 1974.
44. Sachsenspiegel. Landrecht. T. I. pars 1. Hrsg. von K. A. Eckhardt. 2. Ausg. Göttingen 1955.
45. Saga Hákonarsonar. – Fornmanna sögur, 10. Bd. Kaupmannahöfn, 1835.
46. The Saga of Hallfred The Troublesome Scald. Transl. and Introd. by A. Boucher. Reykjavík 1981.
47. Schmitz, H. J. Die Bußbücher und das kanonische Bußverfahren. Graz 1958.
48. Schmitz, H. J. Die Bußbücher und Bußdisziplin der Kirche. Graz 1958.
49. Scriptores – M.G.H.
50. Snorri Sturluson – Heimskringla, I–III, Bjarni Aðalbjarnarson gaf út. Reykjavík 1941, 1945, 1951.
51. Sverris saga. Udg. ved G. Indrebø. Kristiania 1920.
52. La Tabula Exemplorum secundum ordinem alphabeti. Recueil d'exempla compilé en France à la fin du XIIIᵉ siècle, éd. par J. Th. Welter. Paris–Toulouse 1926.
53. P. Cornelii Taciti libri qui supersunt. Bd. V pars 2. Lipsiae 1957.
54. Tertulliani De Spectaculis – P.L., t. I.
55. Versus de Unibove – Lateinische Gedichte des X. und XI. Jh. Hrsg. von J. Grimm, A. Schmeller. Göttingen 1838.
56. La Vie de Saint Alexis, poème du XIᵉ siècle. Paris 1872.
57. Visio Alberici – Bibliotheca Casinensis, V 1. Montecassino 1894.
58. Visio Thurkilli relatore, ut videtur, Radulpho de Coggeshall recens. P. C. Schmidt. Leipzig 1978.
59. Vita Germani episcopi Parisiaci – M.G.H., Scriptores, t. VII.
60. J. Th. Welter. Le Speculum laicorum. Edition d'une collection d'exempla, composée en Angleterre à la fin du XIIIᵉ siècle. Paris 1914.

61. Winterfeld, P v. Deutsche Dichter des lateinischen Mittelalters. Hrsg. von H. Reich. 2. Aufl. Münster 1917.
62. Ynglinga saga – Heimskringla, I.

Literatur

63. Bachtin, M. M. Tvorčestvo Fransua Rable i narodnaja kul'tura Srednevekov'ja i Renessansa. Moskau 1965.
64. Bachtin, M. M. Voprosy literatury i ėstetiki. Moskau 1979.
65. Bachtin, M. M. Ėstetika slovesnogo tvorčestva. Moskau 1979.
66. Bessmertnyj, Ju. L. Ob izučenii massovych social'no-kul'turnych predstavlenij karolingskogo vremeni. – V kn.: Kul'tura i isskustvo zapadnoevropejskogo Srednevekov'ja. Moskau 1981.
67. Gurevič, A. J. Problemy srednevekovoj narodnoj kul'tury. Moskau 1981. Dt.: Mittelalterliche Volkskultur. München 1987.
68. Gurevič, A. J. Kategorii srednevekovoj kul'tury. Izd. 2-e. Moskau 1984. Dt.: Das Weltbild des mittelalterlichen Menschen. München 1989.
69. Gurevič, A. J. O sootnošenii narodnoj i učenoj tradicij v srednevekovoj kul'ture (Zametki na poljach knigi Žaka Le Goffa). – V kn.: Francujskij ežegodnik 1982. Moskau 1984.
70. Gutnova, E. V. Klassovaja bor'ba i obščestvennoe soznanie krest'janstva v srednevekovoj Zapadnoj Evrope (XI–XV vv.). Moskau 1984.
71. Istorija vsemirnoj literatury. T. 2. Moskau 1984.
72. Istorija krest'janstva v Evrope. Ėpocha feodalizma. T. 2. Moskau 1986.
73. Istorija nemeckoj literatury. T. 1. Moskau 1962.
74. Kaplan, A. B. Nekotorye voprosy izučenija francuzskoj srednevekovoj antroponimii. – V kn.: Evropa i Srednie veka: ėkonomika, politika … Moskau 1972.
75. Losev, A. F. Ėstetika Vozroždenija. Moskau 1978.
76. Lotman, Ju. M. Ob »ode, vybrannoj iz Iova« Lomonosova. – »Izv. AN SSSR. Ser. lit-ry i jaz.«, 1983, t. 42, No 3.
77. Ljublinskaja, A. D. O metodologii issledovanija istorii narodnych mass i social'nych otnošenij ėpochi absoljutizma. – V kn.: Kritika novejšej buržuaznoj istoriografii. Leningrad 1967.
78. Marx, K. Das Kapital. 3 Bde. Berlin 1988.
79. Amira, K. von. Thierstrafen und Thierprozesse. Innsbruck 1891.
80. Ankarloo, B. Trolldomsprocesserne i Sverige. Lund 1971.
81. Ankarloo, B. Das Geschrei der ungebildeten Masse. Zur Analyse der schwedischen Hexenprozesse. – Hexenprozesse. Deutsche und skandinavische Beiträge. Hrsg. von Chr. Degn, H. Lehmann, D. Unverhau. Neumünster 1983.
82. Ariès, Ph. Centuries of Childhood. Social History of Family Life. New York 1962. Dt.: Geschichte der Kindheit. München 1978.
83. Baschwitz, K. Hexen und Hexenprozesse. Die Geschichte eines Massenwahns und seiner Bekämpfung. München 1963.
84. Bercé, Y.-M. Fête et révolte. Des mentalités populaires du XVIᵉ au XVIIIᵉ siècle. Essai. Paris 1976.
85. Bernhardt, E. Berthold von Regensburg. Ein Beitrag zur Kirchen-, Sitten- und Literaturgeschichte Deutschlands im XIII. Jahrhundert. Erfurt 1905.
86. Beumann, H. Gregor von Tours und der Sermo rusticus. – Spiegel der Geschichte. Festgabe für Max Braubach. Münster 1964.

87. Bigongiari, D. Were there Theaters in the Twelfth and Thirteenth Centuries? – The Romanic Review, vol. 37, No 3, 1946.

88. Bloch, M. La société féodale. Paris 1968.

89. Bollème, G. Littérature populaire et littérature de colportage du 18e siècle. – Livre et société dans la France du XVIIIe siècle. Paris 1963.

90. Bollème, G. Les almanachs populaires aux XVIIe siècle. Essai d'histoire sociale. Paris 1969.

91. de Boor, H. Die deutsche Literatur im späten Mittelalter. 1. Bd. München 1973.

92. Bosl, K. Die Grundlagen der modernen Gesellschaft im Mittelalter. Eine deutsche Gesellschaftsgeschichte des Mittelalters. 2 Bde. Stuttgart 1972.

93. Boutruche, R. Seigneurie et féodalité. 2. éd. T. 1. Paris 1968.

94. Burke, P. Popular Culture in Early Modern Europe. London 1983.

95. Caro Baroja, J. Les sorcières et leur monde. Paris 1972.

96. Le charivari. Actes de la table ronde. Publ. par J. Le Goff et J.-C. Schmitt. Paris, La Haye, New York 1981.

97. Chaunu, P. Sur la fin des sorcièrs au XVIIe siècle. – Annales. E.S.C., 24e année, No 4, 1969.

98. Chiffoleau, J. La comptabilité de l'au-delà. Les hommes, la mort et la religion dans la région d'Avignon à la fin du Moyen Age (vers 1320 – vers 1480). Rom 1980.

99. Cohn, N. Europe's Inner Demons. London 1975.

100. La culture populaire au Moyen Age. Sous la dir. de P. Boglioni. Montréal 1979.

101. Curtius, E. R. Europäische Literatur und lateinisches Mittelalter. 8. Aufl. Bern, München 1973.

102. Davis, N. Z. Society and Culture in Early Modern France. Stanford 1975.

103. Davis, N. Z. The Return of Martin Guerre. New York 1985.

104. Delumeau, J. Le catholicisme entre Luther et Voltaire (Nouvelle Clio, 30). Paris 1971.

105. Delumeau, J. Au sujet de la déchristianisation. – Revue d'histoire moderne et contemporaine, t. 23, 1975.

106. Delumeau, J. La Peur en Occident (XIVe–XVIIIe siècles). Une cité assiegée. Paris 1978.

107. Delumeau, J. Une enquête historiographique sur la peur vers quoi? pourquoi? comment? – L'histoire et ses méthodes. Amsterdam, Lille 1981.

108. Deutsche Geschichte. Bd. 2. Berlin 1983.

109. Dhondt, J. Das frühe Mittelalter. Frankfurt a. M. 1968.

110. Dinzelbacher, P. Vision und Visionsliteratur im Mittelalter. Stuttgart 1981.

111. Duby, G. Les trois ordres ou l'imaginaire du féodalisme. Paris 1978.

112. Duby, G., Mandrou, R. Histoire de la civilisation française. T. 2. Paris 1958.

113. Dupont-Bouchat, M. S., Frijhoff, W. Muchembled, R. Prophètes et sorciers dans les Pays-Bas, XVIe–XVIIIe siècle. Paris 1978.

114. Ehrismann, G. Geschichte der deutschen Literatur bis zum Ausgang des Mittelalters. 2. T., Schlußband. München 1935.

115. Elias, N. Über den Prozeß der Zivilisation. Soziogenetische und psychogenetische Untersuchungen. Bd. 1. Frankfurt a. M. 1981.

116. Fehr, H. Zur Lehre vom Folterprozeß. – »Zeitschrift der Savigny-Stiftung für Rechtsgeschichte. Germanistische Abteilung«, 53. Bd., 1933.

117. Fehr, H. Zur Erklärung von Folter und Hexenprozeß. Zeitschrift für schweizerische Geschichte, 24. Bd., 1944.

118. Fichtenau, H. Das karolingische Imperium. Zürich 1949

119. Fischer, H. Gestaltungsschichten in Meier Helmbrecht. – Beiträge zur Geschichte der deutschen Sprache und Literatur, Bd. 79. Tübingen 1957.
120. Fossier, R. Histoire sociale de l'Occident médiéval. Paris 1970.
121. Fuhrmann, H. Einladung ins Mittelalter. München 1987.
122. Gildemeister, H. Das deutsche Volksleben im XIII. Jahrhundert nach den deutschen Predigten Bertholds von Regensburg. Jena 1889.
123. Ginzburg, C. Il formaggio e i vermi. Il cosmo di un mugnaio del'500. Torino 1976.
124. Ginzburg, C. I benandanti: Stregoneria e culti agrari tre Cinquecento e Seicento. Torino 1979.
125. Ginzburg, C. Présomptions sur le sabbat. – Annales. É.S.C., 39e année, No 2, 1984.
126. Goubert, P. Beauvais et le beauvaisis de 1600 à 1730. Contribution à l'histoire sociale de la France du XVIIe siècle. Paris 1958.
127. Goubert, P. La vie quotidienne des paysans français au XVIIe siècle. Paris 1982.
128. Graus, F. Volk, Herrscher und Heiliger im Reich der Merovinger. Prag 1965.
129. Grimm, J. Kleinere Schriften. 4. Bd., 1. Tl. Berlin 1869.
130. Gudde, E. G. Social Conflicts in Medieval German Poetry. Berkeley 1936.
131. Gurevič, A. Au Moyen Age: conscience individuelle et image de audelà. – Annales É.S.C., 37e année, No 2, 1982.
132. Hansen, J. Zauberwahn, Inquisition und Hexenprozeß im Mittelalter und die Entstehung der großen Hexenverfolgung. München und Leipzig 1900.
133. Hansen, J. Quellen und Untersuchungen zur Geschichte des Hexenwahns und der Hexenverfolgung im Mittelalter. Bonn 1901.
134. Harmening, D. Superstitio: Überlieferungs- und theoriegeschichtliche Untersuchungen zur kirchlich-theologischen Aberglaubensliteratur des Mittelalters. Berlin 1979.
135. Hattenhauer, H. Zum Übersetzungsproblem im hohen Mittelalter. – Zeitschrift der Savigny-Stiftung für Rechtsgeschichte. Germanistische Abteilung, Bd. 81, 1964.
136. Honegger, C. (Hrsg.) Die Hexen der Neuzeit. Studien zur Sozialgeschichte eines kulturellen Deutungsmusters. Frankfurt a. M. 1978.
137. Hügli, H. Der deutsche Bauer im Mittelalter dargestellt nach den deutschen literarischen Quellen vom 11.–15. Jahrhundert. Bern 1929.
138. Jackson, W. T. H. The Composition of Meier Helmbrecht. – Modern Language Quarterly, Vol. 18, No 1, 1957.
139. Jacob, G. Die lateinischen Reden des seligen Berthold von Regensburg. Regensburg 1880.
140. Kakh, J. Heidnische Glaubensvorstellungen, Zauberei und religiöser Eifer in Estland um 1700. – Zeitschrift für Ostforschung, 34. Jg., H. 4, 1985.
141. Kamen, H. The Iron Century. Social Change in Europe 1550–1660. London 1971.
142. Keil, E. W. Deutsche Sitte und Sittlichkeit im 13. Jahrhundert nach den damaligen Predigern. Dresden 1931.
143. Kieckhefer, R. European Witch Trials: Their foundations in popular and learned cultures. 1300–1500. Berkeley, Los Angeles 1976.
144. Kolb, H. Der »Meier Helmbrecht« zwischen Epos und Drama. – Zeitschrift für deutsche Philologie, 81. Bd., 1. H., 1962.
145. Kratins, O. Ethical Absolutism in Meier Helmbrecht. – »Symposium«, vol. XVIII, No 4, 1964.

146. Kretzenbacher, L. Legende und Spiel vom Traumgesicht des Sünders auf der Jenseitswaage: Zu Fortleben und Gehaltswandel einer frühchristlichen Legende um einen »sozialen« Heiligen. – Rheinisches Jahrbuch für Volkskunde 1956.

147. Kretzenbacher, L. Des Teufels Sehnsucht nach der Himmelsschau. – Zeitschrift für Balkanologie, Jg. IV, 1966.

148. Kuczynski, J. Geschichte des Alltags des deutschen Volkes. Bd. 2. Berlin 1981.

149. Kultur der einfachen Leute. Bayerisches Volksleben vom 16. bis zum 19. Jahrhundert. Hrsg. von R. van Dülmen. München 1983.

150. Kunze, M. Straße ins Feuer. Vom Leben und Sterben in der Zeit des Hexenwahns. München 1982.

151. Lammers, W. Gottschalks Wanderung im Jenseits: Zur Volksfrömmigkeit im 12. Jahrhundert nördlich der Elbe. – Sitzungsberichte der Wissenschaftlichen Gesellschaft an der Johann Wolfgang Goethe-Universität, 19, 2, 1982.

152. Le Goff, J. La civilisation de l'Occident médiéval. Paris 1965.

153. Le Goff, J. Pour un autre Moyen Age. Temps, travail et culture en Occident: 18 essais. Paris 1977.

154. Le Goff, J. Les trois fonctions indo-européennes, l'historien et l'Europe féodale. – Annales. É.S.C., 1979, No 6.

155. Le Goff, J. La naissance du Purgatoire. Paris 1981.

156. Le Goff, J. L'imaginaire médiéval. Essais. Paris 1985.

157. Le Goff, J., Schmitt, J.-C. Au XIIIe siècle: Une parole nouvelle. Histoire vécue du peuple chrétien. Sous la direction de J. Delumeau. T. 1. Paris 1979.

158. Lehmann, H. Hexenglaube und Hexenprozesse in Europa um 1600. – Hexenprozesse. Deutsche und skandinavische Beiträge. Hrsg. von Chr. Degn, H. Lehmann, D. Unverhau. Neumünster 1983.

159. Lehmann, P. Die Parodie im Mittelalter, mit 24 ausgewählten parodistischen Texten. 2., neu bearb. und ergänzte Aufl. Stuttgart 1963.

160. Le Jan-Hennebicque, R. »Pauperes« et »paupertas« dans l'Occident carolingien aux IX et X siècles. – Revue du Nord, t. L, No 197, 1968.

161. Le Roy Ladurie, E. Les paysans de Languedoc. T. 1. Paris 1966.

162. Le Roy Ladurie, E. Montaillou, Village occitan de 1294 à 1324. Paris 1975.

163. Le Roy Ladurie, E. Le territoire de l'historien. II. Paris 1978.

164. Le Roy Ladurie, E. Carnaval de Romans. Paris 1979.

165. Linsenmayer, A. Geschichte der Predigt in Deutschland von Karl dem Großen bis zum Ausgange des vierzehnten Jahrhunderts. München 1886.

166. Lühe, I. von der, Röcke, W. Ständekritische Predigt des Spätmittelalters am Beispiel Berthold von Regensburg. – Literatur im Feudalismus (Literaturwissenschaft und Sozialwissenschaften, 5). Stuttgart 1975.

167. Macfarlane, A. Witchcraft in Tudor and Stuart England: A regional and comparative study. New York 1970.

168. Malcolmson, R. W. Popular Recreations in English Society 1700–1850. Cambridge 1960.

169. Mandrou, R. Introduction à la France moderne (1500–1640). Essai de psychologie historique. Paris 1961.

170. Mandrou, R. De la culture populaire au XVIIe et XVIIIe siècle: La Bibliothèque bleue de Troyes. Paris 1964.

171. Mandrou, R. Magistrats et sorciers en France au XVIIe siècle: Une analyse de psychologie. Paris 1968.

172. Mandrou, R. La France aux XVIIe et XVIIIe siècles (Nouvelle Clio, 33). Paris 1974.

173. Mandrou, R. Possession et sorcellerie au XVIIᵉ siècle. Textes inédits. Paris 1979.
174. Margetts, J. Gotelint and Helmbrecht. – Neophilologus, vol. LVI, No. 1, 1972.
175. Martini, F. Das Bauerntum im deutschen Mittelalter von den Anfängen bis zum 16. Jahrhundert. Halle (Saale) 1944.
176. Merzbacher, Fr. Die Hexenprozesse in Franken. München 1957.
177. Midelfort, H. C. E. Witch Hunting in South Western Germany, 1562–1684. Stanford 1972.
178. Möbius, Fr., Sciurie, H. Symbolwerte mittelalterlicher Kunst. Leipzig 1984.
179. Monter, E. W. (ed.) European Witchcraft. New York 1969.
180. Monter, E. W. Inflation and Witchcraft: The Case of Jean Bodin. – Action and Conviction in Early Modern Europe. Essays in Memory of E. H. Harbison. Princeton, New Jersey 1969.
181. Muchembled, R. Culture populaire et culture des élites dans la France moderne (XVᵉ–XVIIIᵉ siècles). Essai. Paris 1978.
182. Muchembled, R. La sorcière au village (XVᵉ–XVIIIᵉ siècle). Paris 1979.
183. Murray M. The Witch-cult in Western Europe. Oxford 1921.
184. Murray, M. The God and the Witches. London 1933.
185. Naess, H. E. Trolldomsprosessene i Norge på 1500–1600-tallet. En rettsog sosialhistorisk undersøkelse. Oslo 1982.
186. Nagel, B. Probleme der Nibelungenlieddeutung. – Zeitschrift für Deutsche Philologie, Bd. 75, H. 1, 1956.
187. Neumann, Fr. Schichten der Ethik im Nibelungenlied. – Festschrift für Eugen Mogk. Halle 1924.
188. Neumann, Fr. Meier Helmbrecht. – Wirkendes Wort, 2, 1951–52.
189. Neuschäfer, H.-J. Boccaccio und der Beginn der Novelle. Strukturen der Kurzerzählung auf der Schwelle zwischen Mittelalter und Neuzeit. München 1969.
190. Nitschke, A. Junge Rebellen. Mittelalter, Neuzeit, Gegenwart: Kinder verändern die Welt. München 1985.
191. Nouvelle histoire de l'Église. T. 3. Paris 1968.
192. Oexle, O. G. Die funktionale Dreiteilung der »Gesellschaft« bei Adalbero von Laon. Deutungsschemata der sozialen Wirklichkeit im früheren Mittelalter. – Frühmittelalterliche Studien, Bd. 12, 1978.
193. Payen, J.-Ch. Pour en finir avec le diable médiéval ou pourquoi poètes et théologiens du Moyen-Age ont-ils scrupule à croire au démon? – Le diable au Moyen Age. Doctrine. Problèmes moraux. Représentations. (Senefiance, No 6). Aix-en-Provence 1979.
194. Pfannenschmid, H. Germanische Erntefeste im heidnischen und christlichen Kultus. Hannover 1878.
195. Popular Belief and Practice. Ed. by G. J. Cuming and D. Baker. Cambridge 1972.
196. Ragotzky, H. Die Thematisierung der materiellen Bedeutung von »guot« in Texten des Strickers. – Soziale Ordnungen im Selbstverständnis des Mittelalters. 2. HlbBd. (Miscellanea mediaevalia, Bd. 12/2). Berlin–New York 1980.
197. Rapp, F. L'Église et la vie religieuse à la fin du Moyen Age. Paris 1971.
198. Rebel, H. Peasant Classes. The Bureaucratisation of Property and Family Relations under Early Habsburg Absolutism, 1511–1636. Princeton 1983.
199. Richter, D. Die deutsche Überlieferung der Predigten Bertholds von Regensburg. Untersuchungen zur geistlichen Literatur des Spätmittelalters. München 1969.
200. Rosenfeld, H. Der Totentanz als europäisches Phänomen. – Archiv für Kulturgeschichte, 48. Bd., H. 1, 1966.

201. Rothkrug, L. Religious Practices and Collective Perceptions: Hidden Homologies in the Renaissance and Reformation. – Réflexions historiques, vol. 7, No 1, 1980.

202. Rudé, G. The Crowd in History, 1730–1848. New York, London 1964.

203. Rumpf, M. Das gemeine Volk. Stuttgart 1933.

204. Runeberg, A. Witches, Demons and Fertility Magic. Helsingfors 1947.

205. Russell, J. B. Witchcraft in the Middle Ages. Ithaca, London 1972.

206. Schild, W. Strafrecht als Phänomen der Geistesgeschichte. – Strafjustiz in alter Zeit. Rothenburg 1980.

207. Schindele, G. »Helmbrecht«. Bäuerlicher Aufstieg und Landesrechtliche Gewalt. – Literatur im Feudalismus (Literaturwissenschaft und Sozialwissenschaften, 5). Stuttgart 1975.

208. Schmidt, P. G. The Vision of Thurkill. – Journal of the Warburg and Courtauld Institutes, vol. 41, 1978.

209. Schmitt, J.-C. Le saint lévrier. Guinefort, guérisseur d'enfants depuis le XIIIᵉ siècle. Paris 1979.

210. Schmitt, J.-C. Menschen, Thiere und Dämonen. Volkskunde und Geschichte. – Saeculum, 32. Bd., H. 4, 1981.

211. Schmitt, J.-C. Les revenants dans la société féodale. – »Le temps de la réflexion«. III. Paros 1982.

212. Schönbach, A. E. Studien zur Geschichte der altdeutschen Predigt. II. Zeugnisse Bertholds von Regensburg zur Volkskunde. – Sitzungsberichte der philosophisch-historischen Classe der kaiserlichen Akademie der Wissenschaften. 142. Bd., Wien 1900.

213. Schönbach, A. E. Studien zur Geschichte der altdeutschen Predigt. II. Das Wirken Bertholds von Regensburg gegen die Ketzer. Sitzungsberichte der philosophisch-historischen Classe der kaiserlichen Akademie der Wissenschaften. 147. Bd., Wien 1903.

214. Schormann, G. Hexenprozesse in Nordwestdeutschland. Hildesheim 1977.

215. Schröder, W. J. Das Nibelungenlied. Versuch einer Deutung. – Beiträge zur Geschichte der deutschen Sprache und Literatur, 76, 1, 1954.

216. Scribner, B. Cosmic order and Daily Life: Sacred and Secular in Pre-Industrial German Society. – Religion and Society in Early Modern Europe, 1500–1800. Ed. by K. von Greyerz. London 1984.

217. Soldan-Heppe. Geschichte der Hexenprozesse. Bd. I–II. 3. Aufl. von M. Bauer. München 1911.

218. Sowinski, B. Helmbrecht der Narr. – Beiträge zur Geschichte der deutschen Sprache und Literatur, 90. Bd., 2./3. H., 1968.

219. Spilling, H. Die Visio Tnugdali. Eigenart und Stellung in der mittelalterlichen Visionsliteratur zum Ende des 12. Jahrhunderts. München 1975.

220. Stahleder, H. Arbeit in der mittelalterlichen Gesellschaft. (Miscellanea bavarica monacensia, H. 42). München 1972.

221. Stahleder, H. Das Weltbild Bertholds von Regensburg. – Zeitschrift für bayerische Landesgeschichte, Bd. 37, H. 3, 1974.

222. Summers, M. Witchcraft and black Magic. London 1958.

223. Sumption, J. Pilgrimage: an Image of Mediaeval Religion. Totowa u. a. 1976.

224. Thomas, K. Anthropology and the Study of English Witchcraft. – Witchcraft. Confessions and Accusations, ed. by M. Douglas. London, New York 1970.

225. Thomas, K. Religion and the Decline of Magic. Studies in popular beliefs in XVIth and XVIIth century England. London, New York 1971.

423

226. Thompson, E. P. The Moral Economy of the English Crowd in the Eighteenth Century. – Past and Present, No 50, 1971.

227. Töpfer, B., Engel, E. Vom Staufischen Imperium zum Hausmachtkönigtum. Deutsche Geschichte vom Wormser Konkordat 1122 bis zur Doppelwahl von 1314. Weimar 1976.

228. Trachtenberg, J. The Devil and the Jews. The medieval conception of the Jew and its relation to modern antisemitism. New Haven 1943.

229. Trenard, L. Devotion populaire à Lille au temps de la Contreréforme. – »La piété populaire de 1610 à nos jours« (Actes du 99e congrès national des sociétés savants, Besançon 1974. Histoire moderne et contemporaine, t. 1). Paris 1976.

230. Trevor-Roper, H. R. Religion, the Reformation and Social Change, and other essays. London, Melbourne 1967.

231. Trondsen, L. Høvding i herad. – »Drammens Tidende«, 17. Jan. 1981.

232. Unkel, K. Berthold von Regensburg. Köln 1882.

233. Vauchez, A. La sainteté en Occident aux derniers siècles du Moyen Age d'après les procès de canonisation et les documents hagiographiques. Paris 1981.

234. Veit, L. A. Volksfrommes Brauchtum und Kirche im deutschen Mittelalter. Freiburg i. Br. 1936.

235. Vogler, B. Vie religieuse en pays rhenan dans la seconde moitié du XVIe siècle (1556–1619). Lille 1974.

236. Vovelle, M. Piété baroque et déchristianisation, attidudes provençales devant la mort au siècle des Lumières, d'après les clauses des testaments. Paris 1978.

237. Vovelle, M. De la cave au grenier. Québec 1980.

238. Vovelle, M. Idéologies et mentalités. Paris 1982.

239. Vovelle, M. La mort et l'Occident de 1300 à nos jours. Paris 1983.

240. Vovelle, G. et M. Vision de la mort et de l'au-delà en Provence d'après les autels des âmes du purgatoire, XVe–XXe siècles. Paris 1970.

241. Wunder H. Hexenprozesse im Herzogtum Preußen während des 16. Jahrhunderts. – Hexenprozesse. Deutsche und skandinavische Beiträge. Hrsg. von Chr. Degn, H. Lehmann, D. Unverhau. Neumünster 1983.

242. Ziegeler, W. Möglichkeiten der Kritik am Hexen- und Zauberwesen im ausgehenden Mittelalter. Zeitgenössische Stimmen und ihre soziale Zugehörigkeit. Köln 1973.

Namenregister

Abbo von Fleury; frz. Benediktiner 34

Abiram; bibl. Name 244, 412

Abraham; bibl. Name 265, 277

Adalbero(n); Bf. von Laon 31, 35, 42

Adam; bibl. Name 45, 258 ff., 265

Aelfric; angelsächsischer Mönch 46

Afra; Hl. 63

Agatha; Hl. 322

Agathon; Abt 168

Agni; Kg. 116 f.

Agobard; Ebf. von Lyon 314, 330

Ahithophel; bibl. Name 233, 412

Alberic; ital. Visionär 411

Albertus Magnus; Universalgelehrter, Kirchenlehrer, Hl. 200

Albertus (Siculus); Hl. 322

Alboin; Kg. der Langobarden 138

Aldebert; Haretiker 313

Alexander der Große; Kg. von Makedonien 271

Alexios; Hl. 32

Alfonso de Salasar y Fryas; Inquisitor 337

Alfred d. Gr.; angelsächsischer Kg. 34 f., 52

Alkuin; angelsächsischer Mönch und Gelehrter 32

Amandus; Hl. 25

Amira, Karl von 320

Andreas; Apostel, Hl. 155 f.

Anna; Hl. 322

Antonius; Hl. 317, 371

Ari der Weise; isl. Gelehrter 110

Ariès, Philippe 354

Aristoteles 376

Artus; sagenhafter Kg. 176

Assmann, Erwin 181 f.

Atli; nord. Sagenfigur (vgl. Etzel) 128, 130 f.

Attila; Kg. der Hunnen 137

Augustinus; Bf. von Hippo Regius, Kirchenlehrer, Hl. 63, 184, 258

Aun; leg. schwed. Kg. 91

Avicenne (Ibn Sina); arab. Arzt 285

Bachtin, Michail Michajlowitsch 12, 16 f., 130, 140, 352, 382

Bacon, Roger; engl. Theologe und Naturphilosoph 202

Balthasar; bibl. Name 321

Barbara; Hl. 322

Bartholomäus; Apostel, Hl. 263, 285

Baxter, Richard 384

Beatrice; Figur in einer Erzählung (Exemplum) 156

Bekker, Balthasar; niederl. ref. Theologe 337

Becket, Thomas; Ebf. von Canterbury 254, 373

Beda Venerabilis; angelsächsischer Mönch und Gelehrter 53, 68, 70, 184, 194

Benedikt; Hl. 370

Benedikt von Aniane; Abt, Hl. 35

Beowulf; Sagengestalt des gleichnamigen Heldengedichts 131

Bernlew; Sänger 61

Bernold; Visionär 194

Bercé, Yves-Marie 350

Berthold von Regensburg; Fanziskaner, Prediger 196–289, 297–301, 406 f., 412 f.

Bertrande; Figur aus »Martin Guerre« 356

Bjarki; Gestalt eines Heldenliedes 124

Blasius; Hl. 317

Bloch, Marc 15 f., 68, 180

Bodin, Jean; frz. Philosoph und Staatstheoretiker 336 f., 415

Böhm, Hans; Spielmann und Laienprediger 377

Boethius; röm. Philosoph und Staatsmann 34

425

Jacques Le Goff (Hg.)

Der Mensch des Mittelalters

Übersetzt von Michael Martin, Rainer Spiss,
Matthias Springer und Friedrich Giese

Band 12604

Die Menschen des Mittelalters, waren sie nun Handwerker oder
Bauern, Mönche oder Ritter, Künstler oder Intellektuelle, hatten al-
le einen festen Platz in ihrer Welt. Heute noch zeugen die gotischen
Kathedralen von der einstigen Macht des Christentums und der
Baukunst jener Epoche. Viele der uns überlieferten Sitten und Bräu-
che sind uns eigenartig nah und fern zugleich. Einen Schatten auf
dieses Zeitalter werfen aber die Scheiterhaufen der Inquisition, die
Züge der Kreuzfahrer und die Armut der Bauern.

Wie nun lebten und dachten die Menschen dieser Welt? Wonach
strebten sie? Worin fanden sie Glück und Bestätigung? Wie gingen
sie miteinander um?

In diesem Buch zeichnen international renommierte Mediävisten
(darunter Enrico Castelnuovo, Aron J. Gurjewitsch, Bronislaw Ge-
remek) zehn die Zeit prägende Menschen, Gruppen und Gemein-
schaften nach, wie sie arbeiteten, beteten oder sich amüsierten. Sie
geben Einblick in den Alltag und zeichnen ein Panorama der mittelalterlichen Lebenswelten.

Fischer Taschenbuch Verlag